KB233431

새로운 시작

창세기 II

새로운 시작

창세기 II
12~36장

제임스 몽고메리 보이스

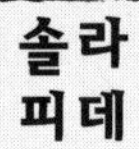

예배와 삶의 일치

복음에는 하나님의 의가 나타나서
믿음으로 믿음에 이르게 하나니 기록된 바
"**오직** 의인은 **믿음**으로 말미암아 살리라" 함과 같으니라
로마서 1:17

새로운 시작 창세기 II (12-36장)

초판 1쇄 인쇄 : 2014년 12월 15일
초판 1쇄 발행 : 2014년 12월 30일

저자 : 제임스 몽고메리 보이스
역자 : 문원욱
발행인 : 이원우 / 발행처 : 솔라피데출판사
주소 : (413-756)경기도 파주시 문발로 123 파주출판문화정보산업단지
전화 : (031)992-8692 / 팩스 : (031)955-4433
Email : vsbook@hanmail.net
등록번호 : 제10-1452호
공급처 : 미스바출판유통
전화 : (031)992-8691 / 팩스 : (031)955-4433

Printed in Korea
값 25,000 원
ISBN 978-89-5750-063-7 04230(제2권)
ISBN 978-89-5750-061-3 04230(전3권)

A New Beginning

GENESIS

Volume II

Genesis 12~36

JAMES

MONTGOMERY

BOICE

Originally Published in English under the title

Genesis / A New Beginning

Published by Baker Books,
a division of Baker Book House Company
Grand Rapids, Michigan, 49516-6287, U. S. A.

James Montgomery Boice
Genesis / Vol. II A New Beginning / Genesis 12~36
1.Bible. O. T. Genesis - Commentaries. I. Title.

Printed in Korea

아브라함, 이삭, 야곱의

하나님이신

우리의 아버지 되시는

하나님께 이 책을 드립니다.

◆차 례◆

머리말

수년 전에 트리니티복음주의신학교(Trinity Evangelical Divinity School)의 신약학 연구교수 칼슨(D. A. Carson) 박사가 「하나님께 재갈 물리기: 기독교, 다원주의에 직면하다」(Gagging of God: Christianity Confronts Pluralism)라고 하는 책을 썼습니다. 그 책은 우리가 처한 포스트모던 세계를 노련하게 분석했고, 그리스도인이 그리스도 안에 있는 하나님의 은혜를, 그런 종류의 이야기라면 바로 거부해버리는 세대에게 어떻게 전할 수 있는가에 대해 탐구를 했습니다.

현대인들에게는 성경이 진리라는 주장이 받아들여질 여지가 없습니다. 우리가 그들에게 하나님이 그들을 사랑하시고 그들의 생애를 위한 놀라운 계획을 가지고 계신다고 하는 당연한 이야기해 주어도 말입니다. 그들은 사랑받을 만한 가치가 있고, 실제로 그럴 권리도 있습니다. 그리고 그들은 또한 그들의 생애를 위한 어떤 놀라운 계획을 가지고 있기도 합니다. 예수님이 구주시라는 사실에 관해서는, 우리가 똑같은 효력을 가진 다른 구주들이 있다는 것을 부인하지 않고 또 예수님이 우리 삶에 어떤 의미심장한 요구를 할 수 있다고 우기지 않는 한, 그 사실을 수용합니다.

칼슨이 주장하는 것은 우리 세대에 효과적인 그리스도의 증인이 되기 위해서 우리는 성경으로 돌아가서 우리 입장을 성경 자체가 하는 것처럼 제시해야 한다는 것입니다. 우리는 창조주로서의 하나님이 누구신지 그리고 무슨 일을 하셨는지를 설명하는 하나님의 교리에서 시작할 필요가 있습니다. 그래서 어떻게 인간이 하나님의 형상대로 창조되었는지, 또 그렇기 때문에 그들이 하는 일을 두고 하나님께 어떻게 책임을 지는 것인지, 어떻게 우리가 하나님의 고귀한 부르심과 목적에서 떨어져나가게 되었는지, 그리고 지금 우리를 파멸에서 구해줄 누군가를 얼마나 필요로 하는지를 설명할 것입니다. 우리는 아브라함, 모세, 다윗, 기타 구약의 위대한 인물들을 거쳐 예수 그리스도의 나타나심과 역사(役事)의 절정에 이르는 성경 이야기의 궤도를 추적해야 합니다.

다시 말하면, 우리는 오늘의 세계가 구약 및 신약에 나타나 있는 하나님의 은혜의 복음이 처음 들어왔던 때의 세계와 같이 영적으로 무지하고 신앙심이 없는 세계라는 것을 인정해야만 합니다. 그래서 우리는 성경이 지금까지 그래왔던 것처럼 우리의 메시지를 제시해야만 합니다. 우리는 이에 대해 신약에서 사도 바울이 기독교의 입장을 아덴의 이방 철학자들 앞에서 변증했던 훌륭한 예를 가지고 있습니다(행 17:2-31).

이 모든 것은 창세기를 공부하기에 지금보다 더 좋고 필요한 때는 없다는 것을 말해줍니다. 근 20년 전, 내가 창세기를 처음 설교했을 때만 해도 창조와 고대(古代)인, 그리고 대홍수의 범위 같은 주제를 다루는 경쟁적인 다양한 이론들로 얼을 빼앗길 지경이었습니다. 그 당시 많은 그리스도인들이 그러한 문제들 속에서 허우적대고 있었습니다. 하지만 오늘 나는 창세기를 알고 그 메시지와 복음전도의 방법을 활용할 필요가 매우 깊어졌다는 사실을 통감하고 있습니다. 우리는 복음주의 교회에서 조차 그 실재를 찾아보기 힘든 하나님에 대해 생각해 볼 필요가 있으며, 타락했지만 구속받아야 할 존재로서의 우리 자신에 대하여 알 필요가 있습니다.

그러므로 창세기를 공부합시다! 모든 것의 시작에서 출발합시다! 당신의 기독교 신앙에 대한 이해가 놀랄 만큼 깊이 있게 더해지고, 예수 그리스도와 복음에 대한 전달 능력이 현저하게 자라나는 것을 발견하게 될 것입니다.

나는 베이커출판사로부터 큰 은혜를 입었습니다. 그 출판사는 수 년 동안 품절되었던 이 책들을 재발행 하는데 있어서, 내가 이미 저술한 강해서인 시편, 사도행전, 로마서 및 에베소서의 개선된 형식에 맞춰 발행하고자 관심을 표해왔습니다. 나의 간절한 기도는, 내가 저술한 모든 책에서와 마찬가지로, 이 책에서의 가르침이 하나님의 영광으로만 나타나기를 간절히 바라는 것입니다. 왜냐하면, 사도 바울이 로마서 11장 끝에서 그의 가르침을 요약한 바와 같은 아래의 말씀 때문입니다.

이는 만물이
주에게서 나오고
주로 말미암고
주에게로 돌아감이라
그에게 영광이 세세에 있을지어다 아멘

바울은 창세기에 관해서도 훌륭한 저술을 할 수 있었을 것입니다.

펜실베이니아, 필라델피아
제임스 몽고메리 보이스

61

조상 아브람

창세기 12 : 1

여호와께서 아브람에게 이르시되 너는 너의 고향과 친척과 아버지의 집을 떠나 내가 네게 보여 줄 땅으로 가라

예수 그리스도를 제외하고, 창세기 12장에서 만나는 아브라함은 아마도 성경에서 제일 중요한 인물일 것입니다. 그 증표의 하나가 아브라함에게 할당된 지면의 분량입니다. 아브라함 이전의 2천 년 이상(적어도 19세대에 걸친 기간)의 세계 역사 전체를 열한 장에 할당했는데, 이 한 사람의 삶을 설명하기 위해서는 열네 장이 사용되고 있습니다. 아브라함과 그의 직계 자손들의 역사가 창세기의 큰 중간 부분을 채우고 있습니다(12장-36장).

아브람(그의 처음 이름이었음)은 믿음의 사람이었고, 이 때문에 그는 성경에서 거장이 되고 있습니다. 모세는 위대한 법률 제정자였습니다. 그는 시내산에서 하나님으로부터 십계명과 다른 율법들을 받아 백성들에게 전했습니다. 하나님의 명령 하에 그는 민족을 애굽의 속박에서 이끌어 내는 일에 쓰임을 받았습니다. 여호수아는 위대한 군사 지도자였습

니다. 그는 민족을 인도하여 요단강을 건너 팔레스타인을 정복했습니다. 다윗은 이스라엘의 가장 훌륭한 왕이었습니다. 그는 이스라엘을 근동지역에서 거대한 힘을 가진 나라로 만들었으며, 그들의 깊은 신앙심을 최고로 사랑받는 시편의 몇 편에 표현했습니다. 다니엘은 탁월한 정치가였습니다. 엘리야는 위대한 선지자 중 한 명입니다. 이들 각각은 여타의 선지자들이나 지도자들처럼 거장이었습니다. 그러나 이들 각각은 아브람이 자기의 믿음의 조상이라고 망설임 없이 고백했습니다. 그리고 이런 고백은 신약의 인물들에 있어서도 마찬가지로 사실입니다. 특별히, 바울은 하나님의 백성이 어떻게 믿음으로 의롭게 되며 믿음으로 살아야 하는가에 대한 가장 훌륭한 예로 아브람을 들었습니다.

앞에 나올 창세기의 처음 몇 장들에서 우리는 아브람이 많은 민족의 조상이 될 것이라는 하나님의 약속을 듣게 됩니다. 이 약속은 육신적으로, 영적으로 모두 성취되었습니다. 육신적인 면에서 아브람은 그의 아들 이삭을 통해 유대 민족의 조상이 되었습니다. 이 계보에서 메시아가 탄생했습니다. 아브람은 또한 그의 아들 이스마엘을 통해 많은 아랍 족속의 조상이 되었습니다. 영적인 면에서 그는 현재 그 숫자가 각기 언어가 다른 수많은 민족의 그리스도인들로 크게 늘어난, 믿는 자들의 대단한 무리의 조상이 되었습니다.

아브람을 이해하지 못하고는 아무도 구약성경을 이해할 수 없습니다. 왜냐하면 여러 면으로 나타나는 구속의 역사는 하나님께서 그를 부르시는 것으로 시작하기 때문입니다. 아브람의 생애에 대한 기록에는 성경이 최초로 언급한 하나님의 의를 담고 있습니다(창 15:6). 마태는 그의 복음서에 구원의 초창기를 추적하기 위해 아브람까지 거슬러 올라가는 예수님의 계보를 넣었습니다(마 1:1). 누가는 그의 복음서에 예수님의 탄생이 하나님의 아브람에 대한 약속의 성취로 일어난 것이라는 스가랴의 선언을 포함시켰습니다.

"찬송하리로다 주 이스라엘의 하나님이여 그 백성을 돌보사 속량하시며… 우리 조상을 긍휼히 여기시며 그 거룩한 언약을 기억하셨으니 곧 우리 조상 아브라함에게 하신 맹세라"(눅 1:68, 72-73)

신약의 많은 부분들이 아브람의 중요성을 설명합니다. 믿음을 통한 은혜에 의한 칭의의 교리를 입증하기 위해 로마서의 한 장 전체가 하나님의 아브람에 대한 조치를 언급하고 있습니다. 갈라디아서의 두 장은 구원이 선행과 관계가 없음을 증명하기 위해 아브람의 삶을 언급합니다. 히브리서 11장의 가장 긴 문단의 하나가 이 히브리 족장의 생애에서의 믿음의 성장에 바쳐지고 있습니다.

성경에 아브람을 "하나님의 친구" 라고 세 번이나 부르고 있습니다(대하 20:7, 사 41:8, 약 2:23). 왜 아브람을 특별히 "하나님의 친구" 라고 불렀습니까? 그가 하나님을 믿고, 또 믿음으로 특징지어진 삶을 산 까닭이 아니겠습니까? 이것이 아브람의 삶에 두드러진 점입니다. 욥은 우리에게 소망에 대해 말해 주고, 호세아는 하나님의 사랑에 대해서 말해 줍니다. 그러나 아브람은 "믿음의 탁월한 본보기" 입니다. 이것은 하나님의 친구가 되고자 하는 누구에게나 필요한 것입니다. 왜냐하면 히브리서에서 말씀하는 것처럼 "믿음이 없이는 하나님을 기쁘시게 못하기" (히 11:6) 때문입니다.

"친구" 라는 별칭은 아브람을 격찬하는 것입니다. 그러나 그것은 그 족장을 우리 수준으로 끌어 내리는 것이기도 합니다. 우리들 대부분은 우리가 모세 같은 입법자들이 결코 될 수 없을 것임을 압니다. 우리는 여호수아 같은 하나님을 위한 장군들이 되거나, 다윗과 같은 왕들이 될 가망이 없습니다. 우리는 우리가 그리스도의 증인으로 부르심을 받았다는 점을 제외하면, 선지자들도 되지 못할 것입니다. 그러나 우리가 비록 입법자, 장군, 왕, 또는 선지자가 될 수 없다고 해도, 우리는 아브람 같은 사람은 될 수 있습니다. 아브람은 하나님의 말씀을 듣고, 하나님을 그분이 하시겠다고 말씀하신 것은 반드시 이루시는 신뢰할 수 있는 분으로 믿은 사람, 그리고 그의 전 삶을 그 확신에 기초하고 있는 사람이었습니다.

아브람 안에 선한 것이 없다

이와 같은 소개 후에 아브람에 대해서 말하는 첫 번째 이야기가 아브람 자신에게 있어 하나님께 칭찬 받을 만한 것이 아무 것도 없다는 것을 알면 충격을 받게 됩니다. 하나님은 구원받을 만한 믿음을 조금 가진 사람 또는 조금의 의를 가진 사람을 찾으시려고 하늘에서 내려다보시며 이렇게 말씀하시지 않습니다. "오, 놀라운 일이 아닌가! 내가 참된 믿음을 조금 가지고 있는 사람을 발견하다니… 그 믿음이 나로 하여금 그를 구원할 수 있게 하는구나! 내가 구원해 주어야지!" 하나님이 하늘에서 내려다보시면 모두가 믿음이 없다는 것을 아십니다. 사실은 그보다도 더 못합니다. 하나님은 창세기 6:5절에 기록된 것처럼 사람이 "그의 마음으로 생각하는 모든 계획이 항상 악할 뿐임을" 아십니다. 그와 같은 마음이나 생각에서 하나님이 어떤 의나 믿음을 찾으실 수 있겠습니까? 사람에게 그런 것은 존재하지 않습니다. 하나님의 평가는 이렇습니다.

"의인은 없나니 하나도 없으며 깨닫는 자도 없고 하나님을 찾는 자도 없고 다 치우쳐 함께 무익하게 되고 선을 행하는 자는 없나니 하나도 없도다"(롬 3:10-12)

이 기본적인 성경의 원리가 아브람에게서 사실적으로 설명되고 있습니다. 왜냐하면 아브람은 분명히 참 하나님보다는 우상숭배 수준으로 매몰된 가정 출신이었기 때문입니다. 이것은 아브람도 애당초 우상숭배자였을 것임을 의미합니다. 우리는 이 점에 있어서 조심해서 이야기해야 합니다. 왜냐하면 아브람의 우상숭배적 배경이라는 완전한 증거가 있기는 하지만, 그럼에도 불구하고 어쩌면 당시 여러 곳에 참 하나님에 대한 지식을 가진 사람들이 있었고, 아브람은 그들 중 몇 사람과 가까이 지냈을지도 모르기 때문입니다. 멜기세덱이 그런 사람입니다. 그는 창세기 14장에서 소개됩니다. 또한 창세기 11장에 열거된 노아의 후손들을 통해 아브람까지 내려오는 존경할만한 경건한 계보가 있습니다. 그 계보는 하나님을 경외하는 셈에게서 시작하여 아르박삿, 셀라, 에벨, 벨렉, 르우, 스룩, 나홀, 데라로 지속됩니다. 이 사람들 중 몇 명은 아브람의 생애 기간 중에도 생존해 있었던 것 같고, 참되신 하나님에 대한 지식을 그에게 전해 주었을 지 모릅니다. 이와 반대로, 아브람 출생 이전 수세기에 걸쳐 영적 쇠퇴가 있었는데 실제로 이 계보의 어느 누가 아담과 노아 사이의 족장들이 했던 것처럼 하나님을 기억하고 예배했는지에 대한 기록은 없습니다(창 5).

아브람이 우상숭배적인 배경을 가지고 있었다는 증거는 오히려 분명해 보입니다. 다음의 문단들을 생각해 봅시다. 여호수아서 맨 끝에 여호수아가 그의 죽음 직전에 이스라엘 백성에게 주는 마지막 메시지가 있습니다. 그는 그들에게 영적인 도전을 주고자 그들의 우상숭배적 과거를 회상시켰습니다. 그는 이렇게 말했습니다.

"이스라엘의 하나님 여호와께서 이같이 말씀하시기를 옛적에 너희의 조상들 곧 아브라함의 아버지, 나홀의 아버지 데라가 강 저쪽에 거주하여 다른 신들을 섬겼으나 내가 너희의 조상 아브라함을 강 저쪽에서 이끌어 내어 가나안 온 땅에 두루 행하게 하고 그의 씨를 번성하게 하려고… 그러므로 이제는 여호와를 경외하며 온전함과 진실함으로 그를 섬기라 너희의 조상들이 강 저쪽과 애굽에서 섬기던 신들을 치워 버리고 여호와만 섬기라"(수 24:2-3, 14)

이 구절이 아브람 자신이 거짓 신들을 섬겼는지 명확히 말하고 있지는 않습니다. 그러나 그의 아버지 데라가 그랬다는 것은 말하고 있고, 이것은 아브람에게 있어서도 역시 사실이었음을 암시해 주는 것일 수도 있습니다. 그는 3절에서 "조상" 이라고 부르고 있고, 그 전 절에서는 민족의 "조상들" 이 우상숭배자들이었다고 했습니다. 이 문구는 분명히 아브람이 우상숭배를 하는 조상에게서 왔다는 말인 것입니다. 같은 개념이 이사야 51장에 언급되고 있는 것처럼 보이는데 거기서 선지자는 백성에게 그들의 평범했던 과거를 살펴볼 것을 요구했습니다.

"너희를 떠낸 반석과 너희를 파낸 우묵한 구덩이를 생각하여 보라 너희의 조상 아브라함과 너희를 낳은 사라를 생각하여 보라"(사 51:1-2)

요점은 유대인들의 조상에게 있어 하나님에게 칭찬받을 만한 것은 전혀 없었다는 것입니다. 세 번째 문단은 한층 더 결정적입니다. 왜냐하면 아브람의 손자 야곱의 생애에 있었던 사건을 포함하고 있기 때문입니다. 좀 더 정확히 말하면 그 사건은 아브람 자신의 가정에서 일어난 것입니다. 야곱은 계략가였으며(그의 이름조차 '탈취자' 를 의미함), 또한 아주 비열하여 그의 형인 에서가 화가 잔뜩 나서 그를 죽이려고 할 정도였고, 야곱은 살기 위해 도망을 쳐야만 했습니다. 야곱은 많은 사람들이 삶에서 정처 없이 헤맬 때 행하는 것처럼 그의 친척이 있는 메소포타미아로 여정을 잡았습니다. 그곳은 그의 할아버지 아브람이 살았던 곳이었습니다. 거기서 그의 외삼촌 라반을 만났고, 후에 라반의 두 딸인 레아와 라헬과 결혼을 했습니다. 그는 또한 많은 양과 가축들을 소유하게 되었습니다.

시간이 지나면서 야곱과 외삼촌인 라반 간에 좋지 않은 감정이 생겼습니다. 그래서 창세기 31장에서 야곱은 라반이 사업상 출타했을 때, 그 틈을 타서 가나안 땅으로 돌아갈 결심을 했다고 말씀하고 있습니다. 라반이 돌아왔을 때, 그의 손자들, 그의 딸들 그리고 많은 재산이 사라졌습니다. 집안에서 모시던 신도 없어졌습니다. 라반은 추적을 시작했습니다. 그가 야곱이 이끄는 무리를 따라잡고 야곱의 행동을 꾸짖으며 우상을 도둑질했다고 비난하며 조사를 했습니다. 그러나 우상을 찾지 못했습니다. 그러나 그것은 그것들이 거기에 없어서 못 찾은 것이 아니라, 야곱의 아내 라헬이 그것을 훔쳐 낙타 안장 밑에 숨겨놓았기 때문이었습니다. 창세기 31장의 이야기는 아브람의 가정이 우상을 섬겼을 뿐만 아니라, 하나님이 아브람을 메소포타미아에서 불러내신 후, 적어도 3세대에 이르기까지 우상을 소유하고 신봉했음을 보여주고 있는 것입니다.

하나님의 부르심

하나님이 보시고 많은 민족의 조상으로 선택하신 자가 아브람입니다. 하나님은 이렇게 말씀하지 않으셨습니다. "여기 믿음을 좀 가진 사람이 있구나! 내가 민족들을 축복하기 위해 그를 사용할 수 있을 것이다." 하나님은 우리 안에 하나님의 칭찬을 받을 만한 아무 것도 없다는 것과 똑같이, 아브람 안에도 역시 하나님의 호의의 대상으로서 칭찬 받을 만한 것이 아무 것도 없음을 아셨습니다. 그러나 하나님은 이렇게 말씀하셨습니다. "내가 이 사람을 구원하고자 한다. 그는 내 선택을 받을 만한 아무 일도 하지 않았다. 하지만 나는 그를 구원하고자 한다. 그리고 나는 그에게 풍성하게 복을 주어 미래의 어느 날, 천국에 있을 수많은 사람들이 그들의 영적 조상이 그 사람임을 알도록 해 주고자 한다."

아브람 생애의 기록이 창세기 12:1절에서 시작합니다. "여호와께서 아브람에게 이르시되 너는 너의 고향과 친척과 아버지의 집을 떠나 내가 네게 보여 줄 땅으로 가라." 이렇게 하나님이 아브람을 부르신 것에 대한 매우 중요한 두 가지 사실이 있습니다.

첫째, 그 부르심은 그의 과거로부터의 단호한 단절을 필요로 했습니다. 아브람이 자기 안에 하나님의 칭찬 받을 만한 선한 것을 가지고 있지 않았다는 것은 사실입니다. 뿐만 아니라 그는 하나님을 찾지도 않았습니다. 그러나 이것이 일단 하나님이 관계를 시작하신 상황에서 아브람이 해야 할 일이 아무 것도 없었다는 것을 의미하는 것은 아닙니다. 하나님의 부르심의 필수적인 요소는 아브람으로 하여금 그의 고향, 그의 친척 그리고 그의 아버지 집을 떠나라는 명령이었습니다.

고향을 떠나라는 명령부터 그의 아버지 집을 떠나라는 명령으로 끝나면서 하나님이 표현하시는 명령의 도가 높아지고 있습니다. 정든 우르 지방을 떠나라는 것은 아브람을 곤란케 했을 것이 틀림없습니다. 갈대아 우르는 북부 메소포타미아에 위치해 있는 것으로 생각되어졌지만, 오늘날은 페르시아 근처 머그헤어(Mugheir)에 위치했던 것으로 생각하고 있습니다. 수 세기에 걸쳐 티그리스와 유브라데스 강이 페르시아 북쪽 끝에 거친 침적토인 침니(沈泥)를 퇴적시켜(마치 미시시피 강이 뉴올리언스에 있는 미시시피 삼각주 지역에 많은 암설을 퇴적시킨 것처럼) 바다가 우르에서 약 160km 정도 뒤로 물러났습니다. 그러나 옛날에는 우르가 해안 수로를 따라 무역 활동이 왕성했던 항구 도시였습니다. 땅은 비옥했습니다. 두 개의 강이 물을 공급했고, 기름진 흙은 곡물과 대추야자 농작물을 풍성하게 생산했습니다. 야생으로 자라는 사과, 포도, 석류 및 위성류(渭城柳)가 있었습니다. 그런 지방을 떠나 아라비아 사막을 건너 알지도 못하는, 아마도 덜 바람직한 땅으로 가는 것은 쉬운 일이 아니었습니다. 그러나 그것은 하나님이 아브람에게 행하도록 말씀하신 것입니다. 그분은 말씀하셨습니다. "너의 고향을 떠나…."

당시 그의 아버지의 가족, 즉 직계존속이 있었습니다. 만일 그들이 모두 한 씨족으로서 같이 이주했다면 그리 나쁘지는 않았을 것입니다. 그랬다면 아브람에게는 일행이 있어 어느 정도의 지원과 보호를 받았을 것이기 때문입니다. 그러나 아니었습니다! 그는 이들에게서도 역시 떠나라는 요구를 받은 것입니다. 그의 아버지와 어머니, 그의 형제자매들, 그의 삼촌과 숙모들, 조카들, 조부모님들을 떠나라는 요구였습니다(결과적으로는 이들 중 소수가 그와 함께 떠났습니다. 그러나 그들의 동행은 아브람에게 영적 유익이 되지 못했습니다). 왜 하나님은 그에게 그의 친척들을 떠나라고 요구하셨습니까? 하나님은 단순히 희생을 위한 희생을 아브람에게 요구하시는 가혹하신 분이 아닙니다. 아브람의 떠남은 그의 영적 성장을 위해서 필요했습니다. 그의 환경은 영적 성장에 도움이 되지 못했습니다.

그의 가족은 순례의 길에 있어 그에게 도움이 되지 못할 것입니다. 그러므로 그는 그의 고향, 그의 친척 그리고 그의 아버지 집을 떠나야만 했습니다.

이 말씀이 친숙하게 들립니까? 그렇게 들려야 합니다. 왜냐하면 이것은 예수 그리스도를 따르는 모든 사람 각자에게 하시는 하나님의 요구이기 때문입니다.

"아무든지 나를 따라오려거든 자기를 부인하고 날마다 제 십자가를 지고 나를 따를 것이니라 누구든지 제 목숨을 구원하고자 하면 잃을 것이요 누구든지 나를 위하여 제 목숨을 잃으면 구원하리라 사람이 만일 온 천하를 얻고도 자기를 잃든지 빼앗기든지 하면 무엇이 유익하리요" (눅 9:23-25)

이 구절이 들어가 있는 장의 조금 뒤에는 예수님이 무엇을 의미하신 것인지 실례(實例)가 나옵니다. 예수님은 한 사람을 불러 따르라고 하셨습니다. 그런데 그 사람은 먼저 가서 아버지 장례식에 참석해야만 한다고 대답했습니다. 예수님이 말씀하셨습니다. "죽은 자들로 자기의 죽은 자들을 장사하게 하고 너는 가서 하나님의 나라를 전파하라" (눅 9:60).

또 다른 사람은 그리스도를 기꺼이 따르겠지만, 먼저 집에 가서 식구들에게 작별 인사를 하기를 원한다고 말했습니다. 예수님이 대답하셨습니다. "손에 쟁기를 잡고 뒤를 돌아보는 자는 하나님의 나라에 합당하지 아니하니라" (눅 9:62).

이것은 그리스도인이 가족을 갖는 것이 불가능하다는 것을 의미하는 것이 아닙니다. 그것은 우리가 하나님과 믿지 않는 가족을 동시에 섬길 수 없다는 뜻입니다. 그것은 "좋은" 시절은 아예 기대하지 말아야 한다는 뜻은 더구나 아닙니다. 반대로, 예수님은 친히 이렇게 말씀하셨습니다.

"하나님의 나라를 위하여 집이나 아내나 형제나 부모나 자녀를 버린 자는 현세에 여러 배를 받고 내세에 영생을 받지 못할 자가 없느니라 하시니라"(눅 18:29-30)

이러한 떠남은 주로 무엇으로부터 떠나는 것으로 가능해지는 것이 아닙니다. 어떤 사람들에게는 그런 경우가 있기도 했지만 말입니다. 그러한 떠남은 특별히 무엇에로 떠남, 즉 하나님과 그분의 영적 나라에서 얻는 여러 배의 복으로 떠나는 것이 가능해 집니다.

믿음이 약할 때

둘째, 하나님이 아브람을 부르심에서 주목할 필요가 있는 사항은 아마도 그 부르심이 적어도 두 번 정도 있었을 것이라는 것인데, 이것은 아브람이 첫 번째 부르심을 받고 출발을 했다가 도중에 머뭇거렸거나, 멈춘 것을 암시하는 것입니다. NIV성경의 창세기 12:1절의 번역("The Lord had said to Abram… 주께서 아브람에게 말씀하셨었다" 라고 과거 완료형으로 표현했음-역주)은 어쩌면 창세기 12:1절과 사도행전 7:2절을 조화시켜 아브람과 그의 아버지 데라가 하란에 간 것과, 거기서 그의 아버지가 죽은 후에 아브람이 다시 출발한 것을 설명하려고 의도한 것일 수 있습니다. 그러나 히브리어 본문은 실제로 "말씀하셨었습니다(had said)." 라고 하지 않았습니다. 그것은 "말씀했습니다(said)."로 이것은 아마도 스데반이 공회 앞에서 말할 때 분명히 표현했던 것처럼(행 7:2) 하나님이 아브람을 그가 갈대아 우르에 있을 때 한 번 부르셨고, 그리고 하란에 정착한 후에 다시 부르셨다는 의미일 것입니다(창 15:7, 느 9:7 참조).

이것은 아브람이 갈대아 우르에서 하나님이 그에게 나타나신 후에 그분을 충분히 믿고 여정을 시작했지만, 그의 믿음은 아직 약해서 많은 훈련이 필요했음을 의미합니다. 이것은 하나님을 따르는 자가 되기 위해 영적 거장이 될 필요는 없다는 것을 말하는 것입니다. 즉, 우리 중 누구도 영적 거장이 아닌 것입니다. 다만 사람이 해야 할 일은 오직 그분을 따르기 시작하는 것입니다.

그것이 실제로 이 아브람의 연구에서 다루고 있는 것입니다. 목표는 당신이 그리스도의 제자로서의 삶을 시작하려고 하거나, 혹은 만일 그런 삶을 시작했다면, 하나님이 부르신 믿음의 여정을 계속하는 것입니다. 당신은 영적으로 세 종류 중 하나가 될 수 있습니다. 당신은 영적 이해가 없는 안 믿는 자일 수 있습니다. 당신은 영적인 일들에 대해 알기 시작하는 안 믿는 자일 수 있습니다. 당신은 믿는 자일 수도 있습니다.

만일 당신이 영적 이해가 없는 안 믿는 자라면, 아브람의 생애는 당신에게 소망의 메시지가 되어야 합니다. 하나님이 그에게 오시기 전에는 아브람도 전혀 이해가 없었습니다. 그에게는 참되신 하나님의 지식이 없었습니다. 그는 우상숭배 환경의 영향 하에 있었습니다. 그러나 하나님이 그를 은혜로 구원하셨습니다. 하나님은 아마도 당신이, 특히 하나님 말씀의 가르침을 듣고 이해하려고 노력할 때, 당신의 삶에서도 비슷한 방법으로 역사하실 것입니다.

만일 당신이 믿지는 않지만, 영적인 일들에 깨어 있고 하나님이 누구신지, 그분이 당신에게 요구하시는 것이 무엇인지 이해하려고 애쓴다면, 아브람의 삶은 당신이 배울 수 있는 삶입니다. 아브람은 하나님이 먼저 그에게 관심을 보이셨기 때문에 하나님께 응답했습니다. 그는 하나님이 부르셨기 때문에 대답했습니다. 같은 맥락에서 만일 당신이 복음의 요구에 깨어 있다면, 그것은 하나님이 이미 당신 안에서 역사하고 계시기 때문입니다. 당신을 방해하는 어떤 것도 내려놓고 그분이 하시는 말씀에 응답해야 합니다. 그분이 인도하시는 대로 따라야 합니다.

세 번째 종류는 예수 그리스도를 믿는 그리스도인입니다. 아마도 당신은 믿는 사람일 것입니다. 그렇다면 아브람 생애의 연구는 당신을 위한 것이기도 합니다. 이것은 당시 대부분의 사람들보다 더 낫지도, 못하지도 않았던 한 사람이 어떻게 하나님의 부르심을 듣고 하나님이 그를 위해서 정해 놓으신 복을 위해 모든 것을 기꺼이 포기하고자 했는지를 보여줍니다. 그는 그의 고향을 떠났지만 새로운 고향을 찾았고, 심지어 그 땅 너머에 있는 하늘의 고향, 하나님이 설계하시고 지으실 터가 있는 성을 바라보게 되었습니다. 그는 그의 친척을 떠났지만, 새로운 사람들의 아버지가 되었습니다. 그는 그의 아버지 집을 떠났지만, 주 예수 그리스도가 그를 위하여 하늘에 준비해 주신 하나님의 집에 있는 방을 얻었습니다. 당신도 이와 같이 될 것입니다. 이러한 복은 이 순례의 길을 떠나는 모든 사람을 위한 것입니다.

● 각주 ●

이 장의 몇몇 부분들은 이전에 출판되었던 제임스 몽고메리 보이스의 *How God Can Use Nobodies: Small Enough to Be Great* (Wheaton: Victor, 1974), 13-51의 자료를 반영한 것이다.

62

아브람의 하나님 또 나의 하나님

창세기 12 : 1-3

여호와께서 아브람에게 이르시되 너는 너의 고향과 친척과 아버지의 집을 떠나 내가 네게 보여 줄 땅으로 가라 내가 너로 큰 민족을 이루고 네게 복을 주어 네 이름을 창대하게 하리니 너는 복이 될지라 너를 축복하는 자에게는 내가 복을 내리고 너를 저주하는 자에게는 내가 저주하리니 땅의 모든 족속이 너로 말미암아 복을 얻을 것이라 하신지라

앞장에서 이미 지적한 바와 같이 창세기 12-25장은 아브람에 대한 이야기입니다. 그러나 더 큰 의미에서 보면, 그것은 아브람의 하나님에 대한 이야기입니다. 하나님 없이 아브람은 무슨 존재였겠습니까? 그는 그의 친척들처럼 우상숭배자였을 것입니다. 그는 당시 그들 중 많은 사람들이 그랬듯이 좋은 환경에서 아마도 부유한 농부가 되어 있었을 것입니다. 그러나 그는 역사적으로는 전혀 알려지지 않은 사람이 되었을 것이고, 하나님의 구원의 큰 역사에 분명히 끼어들지 못했을 것입니다. 하나님을 떠나서는 아브람이 우리를 위한 존재가 아닌 것입니다. 사실상 창세기 12장에 보면 하나님의 이름이 아브람의 이름 앞에 나오고(여호와께서 아브람에게 이르시되…), 첫 절에 나타나는 행위는 "하나님의 행위" 입니다. 하나님이 아브람에게 그의 고향, 그의 친척, 그의 아버지 집을 떠나 새로운 땅으로 가라고 말씀하셨습니다. 그리고 하나님

은 그에게 복을 약속하십니다.

이것은 우리에게도 중요합니다. 왜냐하면 아브람의 하나님은 우리의 하나님이시기도 하기 때문입니다. 따라서 하나님은 우리에게도 또한 약속을 하십니다. 훌륭한 찬송가 중 하나가 이것 때문에 하나님을 찬양한다고 말해 줍니다.

하늘 보좌에서 다스리시며
옛적부터 영원히 계시는
그리고 사랑의 하나님이신
아브람의 하나님을 찬송하네

땅과 하늘도 고백했네
여호와, 위대하신 하나님
나는 엎드려 거룩한 이름을 찬양하네
영원히 송축 받으실 그 이름을

큰 소리로 외치네
아브람의 하나님 또 나의 하나님
나는 하늘의 계획에 참여하네
모든 권세와 주권, 그리고 끊임없는 찬양도 당신의 것입니다

(찬송가 14장의 원문을 직역한 것으로 강해 본문의 아브람을 이야기 하고 있음 - 역주)

그들이 말했다 / 하나님이 말씀하셨다

하나님께서 아브람에게 하시는 이러한 첫 말씀(노아 이후 사람에게 말씀하신 첫 번째 하나님의 기록된 말씀)의 두드러진 특징은 "내가 하겠다(I will)" 라는 말씀을 일곱 번이나

반복하고 있는 것입니다. "내가 네게 땅을 보여 주겠다, 내가 너로 큰 민족을 이루게 하겠다, 내가 네게 복을 주겠다, 내가 네 이름을 창대하게 하겠다, 너를 축복하는 자에게는 내가 복을 내리겠다, 너를 저주하는 자에게는 내가 저주하겠다." 그리고 마지막으로 7절에서 "내가 이 땅을 네 자손에게 주겠다."

이 장의 어조는 창세기 11장의 어조와 매우 다릅니다. 11장의 시작은 세속 도시의 정신으로 들어가는 열려진 입구입니다. 그것은 하나님과 그분의 도움 없이 그들 자신의 이름을 내려고 꾀하는, 하나님 없이 움직이는 사람들을 보여줍니다. 그것은 그들이 무엇을 했고, 무엇을 계획하고 있는 지의 이야기입니다. 반대로 창세기 12장은 하나님과 하나님의 계획을 말씀합니다. 그것은 우리에게 그분이 무엇을 하실 지를 말씀해 줍니다.

말씀의 대조가 인상적입니다. 그래서 나는 그 다음에 이어지는 여러 말씀들을 굵은 서체로 강조했습니다. 창세기 11:3절은 "[그들이] 서로 말하되" 라고 말씀합니다(개역개정성경에는 [그들이]가 생략됨-역주). 창세기 12:1절에서는 "**여호와께서** 아브람에게 이르시되" 라고 말씀한 것을 봅니다. 11장에서는 사람들이 스스로 선택한 땅으로 여정을 진행하는 것을 기록하고 있습니다. "이에 그들이 동방으로 옮기다가 시날 평지를 만나 거기 거류하며"(2절). 12장은 어떻게 하나님께서 아브람을 그의 땅에서 불러내셔서 하나님이 선택하신 땅으로 가도록 하시는지를 보여줍니다. "너는 너의 고향과 친척과 아버지의 집을 떠나 내가 네게 보여 줄 땅으로 가라"(1절). 11장에서 바벨 도시의 건축자들은 말했습니다. "자, 벽돌을 만들어 견고히 굽자… 자, **[우리가]** 성읍과 탑을 건설하여 그 탑 꼭대기를 하늘에 닿게 하여 우리 이름을 내고 온 지면에 흩어짐을 면하자"(3-4절). 창세기 12장에서는 하나님이 아브람에게 말씀하십니다. "내가 너로 큰 민족을 이루고 **[내가]** 네게 복을 주어 **[내가]** 네 이름을 창대하게 하리니 너는 복이 될지라"(2절).

여기에 오직 그 자체로서 가지고 있는 교훈이 있습니다. 우리는 사람들이 할 수 있는 것을 상상하는 것으로 깊은 감명을 받고, 또한 우리 스스로 위대한 일을 성취하기 원합니다. 그러나 이것은 일반적으로 단순히 바라는 생각입니다. 우리 중에 세계적 차원에서 위대해질 사람은 거의 없습니다. 만일 성취한다 해도 우리가 성취하는 위대함은, 곧 사라져 버리고, 우리는 바벨론의 건축자들처럼 잊혀집니다. 그러나 하나님이 우리를 위해서 행동하시면 달라집니다. 그 결과는 영원합니다. 그리고 그분이 만들어내신 위대함은 정말로 위대한 것이 됩니다.

내가 하겠다, 내가 하겠다

이사야서 14장은 사탄이 하나님을 배반하면서 한 말을 기록하고 있습니다. 그는 "내가 하겠다(I will)" 라는 말을 다음과 같이 다섯 번씩이나 썼습니다. "내가 하늘에 올라 [내가] 하나님의 뭇 별 위에 내 자리를 높이리라 내가 북극 집회의 산 위에 앉으리라 [내가] 가장 높은 구름에 올라가 [내가] 지극히 높은 이와 같아지리라" (13-14절; 개역개정성경에는 [내가]는 생략됨-역주)). 그러나 사탄은 하나님이 아니었습니다. 그의 말은 단순한 허풍이었습니다. 우주를 다스리시는 분이신 하나님을 대체하기는커녕, 그는 실제로 하늘에서 쫓겨나 구덩이 밑으로 떨어졌습니다(15절). 창세기 12장에서 하나님도 "내가 하겠다." 라고 말씀하십니다. 그러나 여기서의 결과는 사뭇 다릅니다. 이 경우에서는 약속된 결과가 따릅니다. 왜냐하면 하나님은 하나님이시고, 그분의 뜻은 우주의 법칙이기 때문입니다. 이 구절에서 하나님은 아브람에게 일곱 가지 일을 약속하십니다.

첫째, **"내가 네게 땅을 보여주겠다."** 이 일곱 가지 약속은 점진성을 보이고 있는데 특히 첫 번째 것과 마지막 것을 비교하면 명백히 그렇습니다. 하나님께서는 "내가 네게 땅을 보여주겠다" 라는 말씀으로 시작하십니다. 이 문단의 끝에 가면, 이 부분은 하나님이 가나안에 있는 아브람에게 두 번째 나타나신 부분으로 이렇게 말씀하십니다. "내가 이 땅을 [네게] 주리라." 땅을 보여주신다는 약속으로 시작한 것이 하나님의 은혜로운 성취로 땅을 보는 것뿐만 아니라 소유도 하게 됩니다.

하나님은 종종 이처럼 인도하십니다. 그분은 먼저 우리에게 좋은 것을 보여주십니다. 그런 다음 우리로 그것을 소유할 수 있게 해 주십니다. 더욱이, 그분은 우리 자신의 개인적 필요에 대한 약속과 소유를 신중하게 맞추시면서 우리 자신의 영육간의 성장과 선을 위해 그렇게 하십니다. 이것이 우리가 하나님으로 하여금 우리를 위해 땅을 선택하시도록 하면 행복하게 되는 이유입니다. 도널드 반하우스는 이 주제에 대하여 이렇게 썼습니다.

"그것이 어디에 있든, 또는 그것의 지질 또는 지형이 어떠하든 아무 차이가 없다. 만일 하나님이 우리를 그리로 인도하신다면, 그곳은 우리를 위한 땅인 것이다. 만일 하나님이 우리를 인도하지 않으신다면, 그곳은 비록 다이아몬드로 포장되었다고 할지라도 결코 올바른 땅이 될 수 없다." [1]

둘째, "내가 너로 큰 민족을 이루게 하겠다." 이것은 하나님이 아브람에게 주신 많은 무조건적인 약속들 중 첫 번째 것입니다. 조건이 없는 것은 좋은 것입니다. 왜냐하면 그것은 아브람이나 그의 후손들의 도리나 실제 행위와는 관계가 없기 때문입니다.

마르틴 루터(Martin Luther)는 그의 주석에서 이것을 모든 성경 중 가장 탁월하고, 가장 중요한 구절의 하나라고 말하면서 이 약속의 파격적인 성격에 대해 많은 지면을 할애했습니다. 그는 이렇게 기술했습니다.

"당신은 주님이 여기서 아브라함에게 약속하시는 것이 당신의 이성에 비추어본다면 전혀 불가능하고, 믿을 수 없으며, 옳지 않은 것으로 생각할 것이다. 왜냐하면 그것은 볼 수가 없는 것이기 때문이다. 만일 주님이 아브라함을 위해 이와 같은 생각을 가지고 계신다면, 왜 주님은 그를 어느 정도 영향력이나 명성을 틀림없이 가지고 있었을 그의 땅에 친족들과 함께 머물게 하지 않으셨을까? 발을 들여다 놓을 틈조차 없는 낯선 사람들 사이에 있는 것이 그의 땅과 친구들과 이웃들과 친척들이 있고, 그의 집안이 잘 정착해 있는 고향에 있는 것보다 더 쉬운 성공의 길이란 말인가?… 그는 칠십오 세였고, 사라는 그보다 십년 어렸으며, 당시에 아이가 없었다. 내가 묻는 것은 이런 사실들이 어떻게 '내가 너로 큰 민족을 이루게 하겠다' 라는 약속과 조화된다는 말인가? 이것은 그의 후손이 크고 수가 많은 민족이 될 것이라는 의미이다. 그러나 아브람의 결혼생활에 아이가 없는데 어디서 후손들이 나온단 말인가? 그의 믿음을 완전히 짓눌러버릴 수 있었던 이러한 거대한 불신과 높은 산들과 같은 장애를 그 거룩한 족장은 믿음으로 극복하고 건넌다. 그는 '보라, 하나님이 이 약속을 하고 계신 것이다. 너는 그 길이나 방법이나 또는 이 약속 성취의 시간을 알지 못하지만, 그분은 너를 속이지 않으실 것이다' 라는 오직 이 한 가지 생각만을 붙들고 있다." [2]

아브람은 이의를 제기했을지도 모릅니다.

"그러나 하나님, 내가 당신의 인도를 잘못 이해하고 있거나 당신의 뜻을 벗어나고 있는 것은 아닙니까?"

하나님이 말씀하십니다.

"내가 너로 큰 민족이 되게 하겠다."

"내 후손들이 내가 살던 땅의 사람들처럼 우상숭배자들이 되는 때가 오면 어쩌지요? 그들이 금으로 만든 우상들 앞에 엎드려 경배하면 어쩝니까?"

"내가 너로 큰 민족이 되게 하겠다."

"내 백성들의 마음이 당신에 대해 완고해져서 당신의 아들을 십자가에 못박으면 어쩝니까?"

하나님이 말씀하십니다.

"내가 너로 큰 민족이 되게 하겠다."

하나님이 아브람에게 하신 약속은 무조건적인 성격상 아브람이 어떻게 성취할 수 있고, 성취할 것이냐 하는 그의 능력이나, 또는 그와 그의 후손들이 그 약속에 준해서 살 수 있는 능력이 있느냐 없느냐에 따라 좌우되는 것이 아닙니다.

이것이 옳은 이유는 하나님이 말씀하신 복은 그분에게서 나오는 것이지 민족에게서 나오는 것이 아니기 때문입니다. 아브람 후손의 위대함은 무엇입니까? 그들의 수효가 아니었습니다. 그들은 아브람이 기대했을 어떤 수보다 훨씬 많은 수의 백성으로 성장했습니다. 그러나 그들은 세상 다른 민족들의 수만큼 많지는 않았습니다(신 7:7 참조). 그들은 또한 그리스인들과 같은 위대한 철학을 만들어내지도 못했고, 로마인들처럼 위대한 인간 정부 제도를 만들어내지도 못했습니다. 이스라엘의 위대함은 영적 위대함이었는데 이것은 분명히 인간 성취에 의한 것이 아니라 하나님의 영에 의한 것이었습니다. 그들은 하나님이 그들에게 사랑을 부어주셨고, 영적으로 축복하셨으며, 무엇보다도 그들을 통해 그분의 아들이신 주 예수 그리스도를 세상의 구주로 보내셨기 때문에 위대했습니다. 물론 아브람은 이 어떤 것도 미리 보지를 못했습니다. 그래서 그가 하나님을 믿었고, 그 믿음에 따라 그의 고향과 친척을 떠나 가나안으로 향한 것이 아브람의 영광이 되는 것입니다.

셋째, **"내가 네게 복을 주겠다."** 하나님이 아브람에게 큰 민족을 이루게 해 주시겠다는 약속만으로도 충분히 훌륭한 것이었습니다. 그런데 이 약속에 하나님은 아브람에게 개인적으로 복을 주시겠다는 약속을 더하십니다. 사람은 하나님의 은혜로운 역사로 인해서 하는 일이 잘되고 그가 하는 일이 형통하면 복을 받는 것입니다. 이것이 아브람에게 일어난 것입니다. 하나님은 그의 일을 형통하게 하셨습니다. 다음 장의 시작 부분에 "아브람에게 가축과 은과 금이 풍부하였더라"(창 13:2)는 말씀이 나옵니다. 하나님께서는 그의 가족을 잘되게 하셨습니다. 무엇보다도 하나님은 아브람의 믿음을 번창케 하셔서 그가 구약과 신약 시대의 전반에 걸쳐서 칭송을 받고 있는 것입니다.

"하지만 내가 하란에 머물러 내 아버지 데라가 죽을 때까지 기다리게 되면 어쩌지요?"

"내가 네게 복을 주겠다."

"내가 애굽에 가게 되고, 거기서 애굽 사람들이 사래를 취하려고 나를 죽일까봐 그녀에게 내 누이라고 말하도록 거짓말을 하게 되면 어쩌고, 또 내 비겁함 때문에 그녀가 거의 더럽힘을 당할 뻔하게 되면 어쩌지요?"

"내가 네게 복을 주겠다."

"민족을 이루어주시겠다는 당신의 약속을 믿지 못해 자녀들을 얻으려고 사래의 하녀 하갈을 첩으로 취하면 어쩌구요?"

"내가 네게 복을 주겠다."

"그런데 주님, 왜인가요? 왜 내게 복을 주시는 것입니까?"

하나님께서는 그 이유가 그분이 그렇게 하시기로 "결정"하셨기 때문이며, 그 외의 다른 이유는 없다고 말씀하십니다. 이것이 은혜입니다.

넷째, **"내가 네 이름을 창대하게 하리니 너는 복이 될 것이다."** 긴 세계의 역사 속에서 사람들의 수를 이름 별로 (엘리자베스, 조지, 메리, 하인리히, 이사벨라, 존, 피에르, 빅토리아 등) 더해 본다면 흥미로울 것입니다. 많은 이름들이 공통적일 것입니다. 그리고 예를 들어 어쩌면 아브라함이란 이름을 가진 사람들보다 조지라는 이름을 가진 사람들이 더 많을 지도 모릅니다. 그러나 유대인들이나 그리스도인들뿐만 아니라 이슬람교도들도 그들의 자녀들의 이름을 아브라함으로 지었다는 것과 이런 현상이 거의 4천 년간 지속되어 왔다는 것을 기억한다면, 아브라함이라는 이름은 숫자상으로도 모든 이름 중에서 가장 위대한 이름일 것입니다.

그러나 그 이름의 위대함이 아브라함이라고 불리는 사람들의 수효에 있는 것은 아닙니다. 그것은 그 이름이 의미하는 것, 즉 하나님에 대한 믿음이라는 의미에 있는 것입니다. 나아가 그것은 하나님께서 약속하시는 것과, 하나님께서 이루신 것을 의미합니다. 우리는 하나님께서 이 원래 이름인 아브람(많은 사람들의 아버지를 의미함)을 아브라함(많은 민족들의 아버지를 의미함)으로 바꾸신 것을 기억합니다. 이 이름을 바꾸신 것은 아브라함의 가장 위대한 자손이신 주 예수 그리스도를 통해 그분의 이름을 부르는 각 민족의 모든 사람에게 복을 주실 것을 가리키는 것입니다. 아브라함의 복은 예수 그리스도를 통한 구속의 복입니다(갈 3:14 참조).

다섯째, "너를 축복하는 자에게는 내가 복을 내리겠다."

여섯째, "너를 저주하는 자에게는 내가 저주하겠다." 하나님의 백성은 적들에 대해 조금도 부족한 것이 없었습니다. 그러므로 아브람과 그에게서 나올 민족을 위한 하나님의 약속에 더해서, 하나님은 그가 접촉하게 될 사람들이나 민족들에 관련해서 약속을 더하십니다. 우호적 관계가 되는 자들이 있을 것이고, 적대적 관계에 있는 자들이 있을 것입니다. 본문 말씀에서 하나님은 유대인들을 축복하는 자들에게 복을 주시고, 그들을 저주하는 자들을 저주하시겠다고 약속하십니다.

역사는 하나님께서 이 약속을 진지하게 지키고 계심을 보여줍니다. 예를 들면 하나님은 이스라엘 백성을 노예로 삼고 학대한 이집트 바로의 군대를 홍해에서 멸절시키셨습니다(출 14:28, 15:4-5, 19). 반대로 유대인의 편을 들어준 히브리 산파들은 하나님께서 은혜를 베푸심으로써 그들의 집안을 번성케 하셨습니다(출 1:20-21). 라합이 정탐꾼들을 돌봐준 것 때문에 유대인들이 가나안을 침공했을 때, 라합과 그녀의 가족들은 보존되었고, 복을 받았습니다(수 6:25). 그러나 여리고 성은 파괴되었습니다. 가나안의 모든 백성 중에서 오직 기브온 족속들만이 하나님의 백성과의 언약 체결을 실현했기 때문에 그 침공의 상황에서 멸절을 모면했습니다(수 9장). 나는 미국이 복을 받은 이유는 아마도 이 나라가 박해 받는 유대인들 및 다른 소수 민족들의 피난처가 되었기 때문이라고 믿고 있습니다. 도널드 반하우스(Donald G. Barnhouse)는 이렇게 기록하고 있습니다.

"사람이 죽으면 의사는 사망 확인서에 사망의 원인을 기록해야 한다. 한 민족이 죽으면 종종 죽음의 원인이 그 민족이 유대인들을 학대했기 때문이다. 함이 셈을 배반했을 때, 함의 족속들은 하나씩 멸절되거나 애굽, 가나안, 헷 족속과 같이 미미한 상태로 격하되었다. 그리스인들이 팔레스타인을 침략해서 유대인 성전의 제단을 모독하자 그들은 이내 로마 제국에 정복당하고 말았다. 로마 제국이 바울과 많은 사람들을 죽이고, 티투스(Titus) 치하에서 예루살렘을 파괴하자 로마 제국도 이내 멸망하고 말았다. 스페인은 유대인에 대한 종교 재판소(Inquisition) 사건 이후에 5류 국가로 강등되었고, 폴란드는 유대인 학살 이후에 멸망했다. 히틀러의 독일은 반유대주의로 법석을 떤 후에 가라 앉았고, 영국은 이스라엘과의 신뢰를 깨버리자 대영 제국을 잃었다."[3]

일곱째, "내가 이 땅을 네 자손에게 주겠다." 이 약속이 주어질 때, 아브람은 자손도, 땅도 없었습니다. 실제로 여러 해가 지난 후에 하나님의 특별하신 은혜의 역사로 드디어 아들 하나를 얻었을 때에도 그는 여전히 땅이 없었고, 결국은 그와 사래가 장사된 땅 외에 소유한 땅이 없이 죽었습니다. 그러나 하나님은 아브람의 자손들에게 땅을 약속하셨고 그리고 아브람의 자손들이 그 땅을 받았습니다. 이 약속은 하나님이 아브람에게 하신 약속들의 절정이 됨은 물론, 구약성경 전반을 통해 대단히 중요한 주제가 되고 있는 약속의 출발점이 되기도 합니다.

명령과 약속

하나님이 아브람에게 주신 특정한 약속들이, 교회에 주시는 약속과 유사점이 있기는 하지만 반드시 우리에게 주는 약속은 아님을 인정합니다. 그러나 세부적인 사항들은 서로 다를 수는 있어도 그 원리는 같은데, 가장 위대한 원리의 하나는 "믿음과 제자도"에 대한 하나님의 명령에는 약속이 수반된다는 것입니다.

하나님의 명령에 이유가 항상 수반되는 것은 아닙니다. 그러나 표현되거나 또는 암시되거나 간에 약속은 항상 수반됩니다. 예수님이 이렇게 말씀하셨습니다. "수고하고 무거운 짐 진 자들아 다 내게로 오라… 나의 멍에를 메고 내게 배우라." 이러한 명령에 그분은 약속을 주셨습니다. "내가 너희를 쉬게 하리라" 그리고 "너희 마음이 쉼을 얻으리니"(마 11:28-29). 부자 청년에게 그분이 하신 말씀은 "네가 온전하고자 할진대 가서 네 소유를 팔아 가난한 자들에게 주라… 그리고 와서 나를 따르라" 그 청년은 약속을 받았습니다. "하늘에서 보화가 네게 있으리라"(마 19:21).

이것이 하나님이 아브람을 부르신 원리입니다. 그는 고향과 친척과 아버지의 집을 떠나 하나님이 보여주실 땅으로 가라는 명령을 받았습니다. 하나님은 그에게 약속을 주셨습니다. "내가 너로 큰 민족을 이루게 하겠다, 내가 네게 복을 주겠다, 내가 네 이름을 창대하게 하겠다, 너를 축복하는 자에게는 내가 복을 내리겠다, 너를 저주하는 자에게는 내가 저주하겠다, 내가 이 땅을 네 자손에게 주겠다." 아브람이 하나님의 명령에 순종한 것은 그 명령이 아주 만족스러운 것이라는 이유를 생각했기 때문이 아니라, 그가 약속의 배후에 계시는 "하나님의 본질"에 대한 믿음을 통해서 그분의 약속을 믿었기 때문입니다.

● 각주 ●

1. 도널드 반하우스, *Genesis: A Devotional Commentary*, 2 vols.(Grand Rapids: Zondervan, 1970), 1:75. 허가 받고 사용함.

2. 마르틴 루터, *Luther's Works*, vol. 2, *Lectures on Genesis Chapters 6-14*, ed. Jaroslav Pelikan and Daniel E. Poellot(St. Louis: Concordia, 1960), 254.

3. 도널드 반하우스, *Genesis, A Devotional Commentary*, 1:77.

63

두 번째 메시아 예언

창세기 12 : 3

너를 축복하는 자에게는 내가 복을 내리고 너를 저주하는 자에게는 내가 저주하리니 땅의 모든 족속이 너로 말미암아 복을 얻을 것이라 하신지라

하나님이 아브람에게 주신 일곱 가지의 "내가 하겠다(I will)" 라는 말씀 중에 물질적인 약속들을 훨씬 뛰어넘는, 그것만으로도 중히 여길 가치가 있는 복의 약속이 있습니다. 그것은 예수 그리스도의 오심에 대한 두 번째 예언입니다. 아담과 하와의 타락 후에 하나님이 아담과 하와와 뱀을 심판하시는 중에 첫 번째 메시아 예언이 나왔습니다. 거기서 하나님께서 뱀에게 이렇게 말씀하셨습니다. "내가 너로 여자와 원수가 되게 하고 네 후손도 여자의 후손과 원수가 되게 하리니 여자의 후손은 네 머리를 상하게 할 것이요 너는 그의 발꿈치를 상하게 할 것이니라"(창 3:15). 그리고 두 번째 예언에서 하나님은 구원자의 사역에 대해 사탄을 정복하고 그의 역사를 쳐부수는 것보다는 오히려 세상 모든 사람에게 올 영적 축복의 사역을 말씀하십니다. 그것은 간단하지만 힘이 있는 말씀입니다.

"땅의 모든 족속이 너로 말미암아 복을 얻을 것이라"(창 12:3)

아브람은 이 약속에 대해 어떻게 반응했습니까? 하나님이 그에게 주신 완전한 계시에 대해 어떤 특별한 반응의 이야기가 없습니다. 그러나 아브람의 반응은 다윗이 하나님의 말씀을 들었을 때의 반응과 비슷했을 것이라고 상상할 수 있습니다. 하나님은 다윗에게 장차 집을 세워주실 것과 그의 한 후손이 영원히 그의 왕좌에 앉을 것임을 말씀하셨습니다. 다윗은 놀라서 이렇게 말했습니다. "주 나의 하나님, 이것이 어찌 주님께서 사람을 대하시는 일상적인 방법이겠습니까?"(삼하 7:19 새번역성경). 다윗은 주님이 약속하고 계신 것은 단순한 인간들에게는 불가능한 일이고, 따라서 메시아의 오심이 수반되어야만 하는 일임을 알았습니다. 아브람 역시 하나님의 민족들에 대한 복의 약속이 이 범주에 속한다는 것을 분명히 인식했을 것입니다.

하나님은 이런 말씀을 하셨습니다. "나는 네게 네 자신의 땅, 큰 민족으로 자라날 자손들, 명성, 장래의 복과 번영의 약속 등을 포함한 많은 물질적인 복을 주었다. 그러나 이것이 모두가 아니다. 이러한 물질적인 복 위에 너에게서 넘쳐 세상의 모든 민족에게 흘러갈 영적 축복으로 너를 구별하겠다." 영적인 일에 바보가 아니었던 아브람은 분명히 이렇게 판단을 내렸을 것입니다. "세상의 모든 민족이 나를 통해 복을 받는다면, 그 복은 개인으로서 나에게 종속하는 것이 아니다. 왜냐하면 나는 살아서 그러한 인간 민족들을 보지 못할 것이기 때문이다. 그 밖에도 나는 나 자신을 위한 복이 필요한 사람이고, 내가 내 자신의 복의 원천이 될 수 없는 사람이다. 이 약속은 내 후대에 태어날 분을 지칭하는 것임에 틀림없다. 그분은 나보다 훌륭한 분이실 것이다. 왜냐하면 그분은 그분 자신이 복의 근원이 되실 것이기 때문이다. 그분은 참된 나의 자손이 되기 위해서 인간의 몸과 본질을 취하실 것이지만, 단순한 인간이 아니라 하나님이심에 틀림없다."

이러한 판단으로 인해서 루터는 창세기 12:3절의 하나님의 약속은 인류의 구속뿐만 아니라 예수님의 성육신까지도 예언한 것이라고 생각했습니다. 그는 그것은 "금 글씨"로 기록되어야 하고, "모든 사람의 언어로 격찬"되어야 한다고 말했습니다. 왜냐하면 "하나님의 아들, 주 예수 그리스도 외의 그 누가… 이 복을 모든 민족에게 나누어 주었는가?"[1]

미리 공표된 복음

구약을 공부하면서 우리는 때로 어떤 본문을 만나는데 그것이 전체적인 구속 계획에 있어 매우 중요하여 신약에서 그것을 가져와 설명하되 어떤 때는 길게 설명하는 것을 봅니다. 창세기 12:3절의 경우가 그렇습니다. 이 구절과 이 구절이 제시하는 생각을 바울이 가져다가 갈라디아서에서 믿음을 통해 은혜로 얻는 칭의를 다루면서 길게 논하고 있습니다. 따라서 갈라디아서는 그 구절에 대한 권위 있는 주석이 되고 있고, 바울이 말한 것에 비추어 우리는 마르틴 루터가 옳았다는 것과 약속에 대한 아브람의 인식에 관한 우리의 판단이 옳다는 것을 알게 됩니다. 사실상 그 구절은 내가 말한 것보다 훨씬 더 많은 내용을 내포하고 있습니다.

사도 바울의 창세기 12:3절에 대한 첫 번째 언급은 믿음에 의한 칭의의 복음과 특정 거짓 교사들의 모순되는 "복음"을 대조하는 부문에서 이루어지고 있습니다. 거짓 교사들은 사람이 단순히 하나님이 이루신 일로 인해, 다시 말해 그것을 믿는 것으로 구원될 수 없다고 가르쳤습니다. 행위도 필요하다고 했습니다. 특히 그들은 할례 받는 것(그렇게 해서 유대 민족의 구성원이 되는 것)과 율법을 지키는 것이 필요하다고 말했습니다.

그러나 사도 바울은 (사람이 구원받기 위해) 유대 민족의 혈연적이고 육신적인 구성원이 될 필요가 없으며, 선행은 하나님에 의해 변화된 삶에 반드시 보여야 하는 것이지만, 행위 자체가 칭의를 얻게 하는 것은 아니라고 대응했습니다. 그것은 오로지 하나님의 은혜에 의한 것입니다. 이것을 증명하는데 있어 그는 아브람을 주된 예로 들고 있습니다. 그는 이렇게 말합니다.

"아브라함이 하나님을 믿으매 그것을 그에게 의로 정하셨다 함과 같으니라 그런즉 믿음으로 말미암은 자들은 아브라함의 자손인 줄 알지어다 또 하나님이 이방을 믿음으로 말미암아 의로 정하실 것을 성경이 미리 알고 먼저 아브라함에게 복음을 전하되 모든 이방인이 너로 말미암아 복을 받으리라 하였느니라 그러므로 믿음으로 말미암은 자는 믿음이 있는 아브라함과 함께 복을 받느니라"(갈 3:6-9)

이 논의는 창세기 15:6절의 "아브람이 여호와를 믿으니 여호와께서 이를 그의 의로 여기셨다" 고 하는 말씀과 12:3절의 "하나님의 아브람에 대한 복은 또한 민족에 대한 복이기도 하다" 라는 말씀에 중심을 두고 있습니다. 특히 바울은 이것을 진짜 복음이라고 부릅니다. 창세기 12:3절과 15:6절은 그 복음에 대한 초기의 공표였습니다. 여기에 두 가지 생각이 두드러지게 나타납니다. 첫째, 그것은 바울이 갈라디아서의 장들에서 요점으로 제기하고 있는 믿음을 통한 구원의 복음입니다. 둘째, 그것은 모든 민족을 위한 것입니다. 다시 말해 유대인뿐만 아니라 이방인(이방인으로 와서 이방인으로 머물고 있는 사람들)을 위한 것입니다. 이것은 참으로 좋은 소식(복음의 의미임)이며, 오늘날의 사람들에게 그런 것과 같이 아브람에게도 좋은 소식이었음에 틀림없습니다.

구속

아브람의 경험을 소개한 후에, 바울은 계속해서 아브람에 대한 하나님의 약속은 많은 사람들의 구속을 포함하고 있다고 말합니다.

"그리스도께서 우리를 위하여 저주를 받은 바 되사 율법의 저주에서 우리를 속량하셨으니 기록된 바 나무에 달린 자마다 저주 아래에 있는 자라 하였음이라 이는 그리스도 예수 안에서 아브라함의 복이 이방인에게 미치게 하고 또 우리로 하여금 믿음으로 말미암아 성령의 약속을 받게 하려 함이라"(갈 3:13-14)

필시 아브람은 하나님이 그에게 말씀하셨던 초기 단계에서 이 내용의 많은 부분을 이해하지 못했겠지만, 이 내용은 매우 중요합니다. 중요한 이유는 이렇습니다. 즉, 약속된 복은 육신적 필요에 관련되거나 또는 영적인 필요라고 해도 명확성이 없는 일반적인 복이 아니라 그 복은 거룩하신 하나님의 피조물로서의 우리 모두가 당면하고 있는 문제를 다루는 복이기 때문입니다. 우리는 하나님을 배반했습니다. 그래서 우리는 그분의 저주(바울이 율법의 저주라고 칭한 저주) 아래 처하게 되었습니다. 우리는 심판 아래 처해 있습니다. 우리는 하나님과 올바른 관계를 갖지 못하고 있습니다. 특히, 죄가 그 촉수로 우리 둘레를 단단히 조이고 있어서 우리가 원할지라도 우리는 그 손아귀에서 피할 수가 없습니다. 우리에게 필요한 것은 하나님의 진노에서 우리를 구출하고 죄의 속박에서 우리를 자유롭게 해 줄 어떤 구속자입니다. 이것이 아브람에게 주어진 복의 내용입니다. 예수님이 성취하신 것이 바로 이것입니다.

구속이란 무엇입니까? 구속의 개념은 상업 용어입니다. 그 특징은 감금되어 있는 어떤 것을 값을 지불하고 자유롭게 해 주는 것입니다. 전당포를 연상해 볼 수 있습니다. 물건을 전당포에 맡기고 정해진 돈을 받습니다. 후에 그 물건은 받았던 원금과 이자를 지불하고 되찾을 수가 있습니다. 옛날에는 구속이 주로 노예를 풀어주는 것과 관련되었지만, 개념은 같았습니다. 노예는 어떤 사람이 그의 구속의 대가(代價)를 지불함으로써 자유롭게 되었습니다. 그러므로 예수님이 우리의 구속자가 되셨다고 하는 말은, 그분의 생명을 값으로 지불하고 (우리를 사랑하셨기 때문에) 우리를 얽어맨 죄의 속박에서 우리를 구원하셨다는 것을 의미합니다.

오늘날의 많은 성경학자들에게 비싼 값을 지불한 구속의 개념이 논쟁의 대상이 되고 있습니다. 그들은 이렇게 주장합니다. "만일 하나님이 비용이든, 값이든 그것에 근거해서 우리를 구원하신다면 우리의 구원은 공짜로 얻는 것이 아니다. 따라서 그것은 은혜로 얻는 것이 아니다. 우리가 구원은 은혜로 받는다는 것을 모두 알고 있기 때문에 이 구속의 이해는 잘못된 것임에 틀림없다. 성경적으로 맞는 말이 되기 위해서는 구속이 값을 지불하고 얻은 것이 아니라 단순히 구원으로서의 구속을 생각하지 않으면 안 된다."

우리는 성경에서 이 견해를 지지하는 것같이 보이는 구절을 찾을 수 있습니다. 예를 들어 예수님의 부활 후에 제자들이 엠마오 마을로 돌아가다가 예수님이 그들에게 나타나셨을 때, 그들은 실망을 표현하면서 구속이란 말을 사용했습니다(개역개정성경에서는 속량이란 말로 표현되어 있음 - 역주). 예수님이 그들에게 "너희가 슬퍼 보이는구나. 어쩐 일이냐?" 라고 물으셨습니다. 그들은 "이 주말에 예루살렘에서 일어난 일 때문이오." 라고 대답했습니다. 예수님이 물으셨습니다. "무슨 일이냐?" 그들이 대답했습니다. "무슨 일이 일어났는지 모르오? 위대한 선지자가 있었소. 그분의 이름은 예수였소. 그분은 나사렛 출신이오. 그분은 사람들 앞에서 기적을 행했소. 그분은 위대한 선생이었소. 요 며칠 전에 백성의 관리들에게 잡혀 재판받아 유죄 판결을 받고 십자가에 처형되었소. 우리는 이 사람이 이스라엘을 속량할 자라고 바랐소"(눅 24:17-21 참조). 예수님이 이스라엘을 구속하시고자 했습니다. 그러나 그들은 그 구속이 영적 구속이라는 것을 생각하지 않았습니다. 그들은 오직 정치적인 해방만을 생각하고 있었습니다. 그들이 말한 것은 "우리는 이분이 로마로부터 해방 시켜줄 메시아이기를 바랐었소." 라는 의미였습니다.

만일 내가 마귀의 옹호자 역할을 하고 있었다면, 나는 그 단어를 사용해서 이렇게 말할 수 있었을 것입니다. "신약시대에는 구속(redemption)이란 말이 오늘날 보수주의 신학자들이 주장하는 그런 의미가 아니었다. 그것은 오직 '해방' 만을 의미한다." 그러나 만일 내가 그렇게 말했다면, 잘못된 것입니다. 그런 생각이 잘못된 것임을 알 수 있는 한 가지 사실은 엠마오로 가는 제자들은 그리스도가 무엇을 하러 오셨는지에 대해 명백하게 오해하고 있었다는 것입니다. 우리는 이것을 그때 예수님이 그들에게 하나님의 말씀의 기록들을 들어 자기에 관한 것을 설명해 주신 것으로 보아 알 수 있습니다. 그분은 자신이 "고난을 받고 제 삼일에 죽은 자 가운데서 살아날 것" 이 필요했다는 것과 "또 그의 이름으로 죄 사함을 받게 하는 회개가 예루살렘에서 시작하여 모든 족속에게 전파될 것" 을 설명하셨습니다(눅 24:46-47). 예수님의 입에서 나온 말씀이 구속의 참된 해석입니다.

하지만 이 사건이 구속에 대한 성경적 견해로서 대가(代價)의 개념을 내포한 것으로 주장하는 유일한 증거는 아닙니다. 첫째, 비용의 문제는 구약의 개념입니다. 예를 들어 구속하다(ga'al, redeem)란 말과 기업 무를 자(go'el, kinsman-redeemer로 번역함)란 말이 있습니다. 기업 무를 자가 무엇입니까? 유대 율법은 가능하다면 재산은 가문 안에 머물러 있어야 한다는 원칙을 가지고 있었습니다. 재산을 박탈당하는 것은, 곧 그 땅에서 자신의 몫, 자신의 유산을 박탈당하는 것을 의미했습니다. 그것은 재난이었습니다. 그래서 이스라엘 율법은 재산을 잃어버린 자가 친척에게 의무를 지워 잃어버린 재산을 다시 찾을 수 있도록 대책을 마련했습니다. 이것은 만일 어떤 사람이 빚을 져서 빚을 갚기 위해 그의 땅이 팔렸다면, 가장 가까운 친척이 어느 시점에 그 땅을 다시 사서 그 가문이 소유하도록 회복시켜야 할 의무를 갖는 것을 의미합니다. 이 의무를 수행한 사람을 "기업 무를 자" 라고 불렀고, 그 과정을 기업 무르기(redemption 속전, 속량, 대속)라고 불렀습니다. 보아스가 룻의 남편에게 속했었던 재산을 속량했습니다. 보아스보다 더 가까운 친척이 있었지만 그는 의무 수행을 거절했습니다. 보아스는 가까운 친척과 사전 합의를 하여 자신이 기업 무를 자의 역할을 떠맡았습니다.

구속의 개념과 관련되는 또 다른 히브리 단어는 코페르(kopher)인데, 이 단어는 몸값(ransom price)을 의미합니다. 당신이 황소를 소유한 농부인데 그 소가 도망을 하여 이웃의 농장으로 내려가 헤매다가 농부 한 사람을 죽였다고 가정해 봅시다. 히브리 율법 상 그 사건은 황소를 죽일 수 있는 범죄입니다. 주인의 태만으로 일어난 일이라면, 그 주인은 죽은 사람으로 인해 목숨을 잃어야만 하는 경우를 상상할 수도 있습니다. 그러나 그럴 경우 누구에게도 큰 이익은 없을 것입니다. 그래서 만일 그 소의 주인이 죽임을 당한 사람의 친척들과 값을 결정할 수 있으면 합의가 이루어지고, 그는 그 자신이나 또는 그 소를 구속할 수 있게 됩니다. 그 구속의 값이 코페르입니다.

요점은 값을 지불하는 구속의 개념은 구약 문화 세계에 고착되어 있는 것이어서 대부분이 유대인이었던 신약 저자들이 구속을 그와 같은 방식으로 생각하는 것이 자연스러웠을 것이란 점입니다.

둘째, 대가(代價)의 개념은 구약 문화에서 뿐만 아니라 신약 문화에서도 발견됩니다. 구속을 의미하는 가장 중요한 헬라어는 루오(luo)로서 이는 "놓아주다, 풀어주다(to loose)"를 뜻합니다. 이 단어는 구속 또는 구원을 의미할 수 있습니다. 시간이 흐르면서 그리고 단어 그룹이 진화하면서 (많은 기본 단어 그룹들이 그랬던 것처럼) 몇몇 파생어들은 "값을 지불하고 구원함"을 의미하게 되었습니다. 처음 나온 것이 명사 루트론(lutron)인데 그것은 "몸값"을 의미합니다. 예를 들어 사람이 노예를 자유롭게 해 주기 위해서 지불한 값을 나타냈습니다. 루트론에서 다른 하나의 동사 루트루(lutroo)가 파생되었는데 그것은 언제나 "값을 지불하고 구원하는 것"을 의미했습니다. 이 단어에서 루트로시스(lutrosis) 또는 아포루트로시스(apolutrosis)라는 "구속(redemption)"을 의미하는 단어가 나왔습니다. 이 단어들은 통상적으로 비용을 말해 주고 있습니다.

같은 개념이 그 시대의 세속 문화에서도 발견됩니다. 예를 들어 아돌프 다이스만(Adolf

Deismann)의 「고대 동방으로부터의 빛」(Light from the Ancient East)과 레온 모리스(Leon Morris)의 「십자가에 대한 사도적 선포」(Apostolic Preaching of the Cross) 라는 책에서 고대 그리스 세계가 노예 해방을 위한 표준 공식을 가지고 있었음을 밝히고 있습니다.[2] 그 공식은 남신들이나 여신들 중 한 신에게 값을 지불해서 노예가 해방되도록 하는 것을 분명하게 보여주고 있습니다. 그 공식은 이렇습니다. "…는 노예 …를 위해 그(그녀)가 해방되는 것을 조건으로 델피의 아폴로 신에게 일금 …므나를 지불한다." 이 공식은 자주 이용되어서 사람을 노예 상태에서 돈을 지불하고 구원한다는 개념이 고대 그리스 세계에서는 일반적인 것이었습니다.

우리가 왜 구속을 논하면서 값의 개념을 가지고 있어야만 하는가에 대한 셋째 이유는, 신약의 중요 구절들이 그것을 언급하고 있기 때문입니다. 예를 들면 예수님이 이런 말씀을 하셨습니다. "인자가 온 것은 섬김을 받으려 함이 아니라 도리어 섬기려 하고 자기 목숨을 많은 사람의 대속물로 주려 함이니라"(마 20:28). 그분이 여기서 말씀하시는 것이 무엇입니까? 분명히 그분은 그분의 생명을 희생해서 우리를 죄에 대한 노예 상태에서 사고자 한다고 말씀하고 계시는 것입니다. 디도서 2:14절은 예수님이 "우리를 대신하여 자신을 주심은 모든 불법에서 우리를 **속량하시고** 우리를 깨끗하게 하사 선한 일을 열심히 하는 자기 백성이 되게 하려 하심이라"고 기록하고 있습니다. 이 구절에서 우리를 대신하여 자신을 주셨다는 것은 무슨 의미입니까? 그것은 그분이 우리를 위하여 사신다(lives for us)라는 의미에서 자신을 주셨다는 의미가 아닙니다. 물론 그 말도 맞기는 합니다. 그러나 그 말씀은 우리가 구속되기 위해서 그분의 생명을 주셨다는 의미입니다. 마지막으로 아마도 모든 구절 중에 가장 분명한 구절은 베드로전서 1:18-19절일 것입니다. 그 구절은 이렇게 말씀합니다. "너희가 알거니와 너희 조상이 물려 준 헛된 행실에서 대속함을 받은 것은 은이나 금 같이 없어질 것으로 된 것이 아니요 오직 흠 없고 점 없는 어린 양 같은 그리스도의 보배로운 피로 된 것이니라." 이 구절에서 그리스도의 생명이 우리 구속의 대가(代價)가 되고 있다는 개념은 피할 수가 없습니다.

넷째, luo 단어 그룹(luo, lutron, lutroo, lutrosis)은 신약에서 구속의 개념으로 사용하는 유일한 단어 그룹이 아닙니다. **아고라조**(agorazo, 이것은 시장에서 사는 것을 의미함. 이 단어는 시장을 의미하는 헬라어 아고라agora에서 나온 것임)와 익사고라조(exagorazo, 이것은 구입된 것은 다시 그리로 되돌리지 않도록 시장에서 돈을 내고 구입 하는 것을 의미함)도 역시 구속에 대해 말하고 있습니다. 이 단어들은 모두 예수님이 어떻게 죄의 시장에 들어가셨고, 그리고 그분 자신의 생명을 값으로 우리를 사셔서 우리로 하여금 하나님의 자녀로서 우리의 것인 "영광스러운 자유" 속으로 들어오도록 하셨는가를 설명합니다.[3]

나는 아브람이 그 당시 이 모든 것을 인식하고 있었다고 말하려고 의도하는 것이 아닙니다. 하나님이 그와 관계하셨던 이 초기 단계에서는 인식하지 못한 것이 분명합니다. 그러나 그가 인식했든 못했든 간에, 그럼에도 이것이 "세상의 모든 민족이 너를 통해서 복을 얻을 것" 이라는 약속의 요지인 것입니다. 바울이 말한 것처럼 이것은 하나님의 아들 예수 그리스도께서 장래 어느 날, 자기 백성의 구속을 위해 자신의 생명을 주시려고 세상에 오실 것이라는 "복음의 공표" 였습니다.

우리의 복되신 구속자

바울은 갈라디아서에서 창세기 12:3절을 해석하며 한 가지를 더 언급하고 있습니다. 오셔야 할 분은 오직 그리스도였습니다. "이 약속들은 아브라함과 그 자손에게 말씀하신 것인데 여럿을 가리켜 그 자손들이라 하지 아니하시고 오직 한 사람을 가리켜 네 자손이라 하셨으니 곧 그리스도라" (갈 3:16).

이것은 우리가 앞에서 이미 논한 것에 관하여 반복하는 것으로 보입니다. 왜냐하면 구속을 논함에 있어 우리는 예수님이 이 일을 이루신 분이심을 지적했기 때문입니다. 실제로 바울도 같은 지적을 하고 있습니다. 그렇다면 왜 이 추가적인 사항이 언급되었습니까? 그것은 오직 그리스도만이 필요한 것을 이루실 수 있었다는 것을 설명하기 위해서입니다. 우리는 율법의 저주와 하나님의 진노 아래 처해 있습니다. 우리는 죄에 묶여있습니다. 우리는 구속자를 필요로 합니다. 그러나 어디서 그런 구속자를 찾을 수 있겠습니까? 아브람이 구원할 수 있습니까? 아닙니다, 아브람은 그 자신도 죄에 묶여 있어 구원을 필요로 합니다. 다윗이 우리를 구원할 수 있습니까? 이사야가 할 수 있습니까? 마리아가 할 수 있습니까? 아닙니다. 이들 중 그 누구도 이 필요한 일을 할 수 없습니다. 왜냐하면 그들 개개인이 죄인이고 그들도 구주를 필요로 하기 때문입니다. 마리아가 이것을 고백했습니다. 그녀가 친척 엘리사벳을 만나 이렇게 외쳤습니다. "내 영혼이 주를 찬양하며 내 마음이 하나님 내 구주를 기뻐하였음은" (눅 1:46-47). 구속자는 예수님입니다. 육신적으로는 아브람의 씨로 태어나셨지만 "죽은 자들 가운데서 부활하사 능력으로 하나님의 아들로 선포" (롬 1:4)되셨습니다. 아브람은 구속자이신 예수님이 하실 일을 모두 이해하지는 못했을 것입니다. 그러나 그는 그분을 믿음으로 미리 바라보는 것에 대한 이해는 충분히 했습니다. 오직 예수님만이 필요를 채우실 수 있으셨습니다. 우리가 부르는 찬송가의 하나는 그것을 이렇게 표현합니다.

그 흘린 보배 피로써
날 속량했으니
저 하늘 문을 여시고
날 인도 하시리

그 귀한 주의 사랑이
날 구원 하시니
그 사랑 나도 본받아
주 위해 힘쓰리

우리의 인격적인 구속자이신 예수님을 믿고 의지함으로써 우리는 우리 자신이 믿음의 조상인 아브라함의 "참된 자손" 임을 나타내고, 또한 두 번째 메시아 예언의 "참된 영성" 안으로 들어가게 됩니다.

● 각주 ●

1. 마르틴 루터, *Luther' s Works*, 2:260.

2. 아돌프 다이스만, *Light from the Ancient East*(Grand Rapids: Baker, 1978) and 레몬 모리스, *Apostolic Preaching of the Cross*(Grand Rapids: Erdmans, 1956).

3. 이 논의의 일부분은 이전에 출판된 제임스 몽고메리 보이스, ed., *Our Savior God: Studies on Man, Christ, and the Atonement*(Grand Rapids: Baker, 1980), 142-146의 자료에서 가져왔다.

64

믿음의 선물

창세기 12 : 4

이에 아브람이 여호와의 말씀을 따라갔고 롯도 그와 함께 갔으며 아브람이 하란을 떠날 때에 칠십오 세였더라

아브람이 창세기 11:26절에 소개되기는 했지만, 창세기 12:4절에 들어와서야 아브람이 어떤 일을 하게 되는 것을 우리가 보게 됩니다. 우리는 별로 칭찬할 것이 없는 그의 과거에 대해서 살펴보았습니다. 우리는 창세기 12:1절에서 아브람에 대하여 "너는 너의 고향과 친척과 아버지의 집을 떠나 내가 네게 보여 줄 땅으로 가라"는 하나님의 부르심을 살펴보았습니다. 우리는 "내가 너로 큰 민족을 이루고 네게 복을 주어 네 이름을 창대하게 하리니 너는 복이 될지라 너를 축복하는 자에게는 내가 복을 내리고 너를 저주하는 자에게는 내가 저주하리니 땅의 모든 족속이 너로 말미암아 복을 얻을 것이라 하신지라"(창 12:2-3)는 하나님의 약속의 말씀도 들었습니다. 그러나 아브람은 그때까지 단지 구경꾼 노릇만 했습니다. 이제야 우리는 하나님의 약속에 대한 그의 반응을 보게 됩니다. "이에 아브람이 여호와의 말씀을 따라갔고 롯도 그와 함께

갔으며 아브람이 하란을 떠날 때에 칠십오 세였더라" (창 12:4).

이것이 믿음입니다. 하나님은 말씀하셨고, 아브람은 하나님을 믿는 것으로 반응합니다. 특히 그는 단순히 추상적이고 지적인 깨달음으로 믿는 것이 아니라, 적극적이고 실용적인 방법으로 믿습니다. 즉, 그는 하나님을 순종하고, 그래서 그에 따라 그의 삶을 바꿉니다. 하나님은 그에게 고향과 친척과 아버지의 집을 떠나라고 말씀하셨고, 아브람은 그렇게 합니다. "이에 아브람이 여호와의 말씀을 따라갔고." 그러므로 히브리서 저자가 이것을 아브람의 믿음의 시작점으로 삼고 다음과 같이 기록하며 우리 앞에 한 본보기로 내어놓고 있는 것은 적절한 것입니다.

"믿음으로 아브라함은 부르심을 받았을 때에 순종하여 장래의 유업으로 받을 땅에 나아갈새 갈 바를 알지 못하고 나아갔으며"(히 11:8)

이것을 읽는 많은 사람들이 아브람의 본보기를 따를 필요가 있습니다. 하나님은 당신을 부르고 계십니다. 그분은 당신에게 분명한 지시를 주셨습니다. 당신의 의무이며, 당신의 유일한 지혜로운 행동의 길은 명령을 주시고 약속을 주신 하나님을 믿고 나아감으로 순종하는 것입니다.

가장 자연스럽고, 가장 부자연스러운

이런 일의 성격이 믿음을 요구한다는 것에 대해 분명히 정리를 해야 합니다. 믿음이란 것은 세상에서 가장 자연스러운 것이면서 동시에 가장 부자연스러운 것이기 때문에 분명한 정리가 필요합니다.

믿음은 모든 사람이 그것을 지속적으로 실행한다는 점에서 세상에서 가장 자연스러운 일입니다. 사실상 믿음이 없이 정상적인 삶을 살아가는 것은 불가능합니다. 만일 누군가가 특정 장소에서 특정 시간에 당신을 만나려고 약속을 하였다면, 당신이 그 사람에게 대한 믿음을 가지고 있는 한, 그 사람을 만날 것을 기대하고 그 장소로 그 시간에 나갑니다.

만일 당신이 스포츠 게임을 보려고 입장권을 산다면, 당신은 그 게임을 계획하고, 입장권을 인쇄하고, 당신에게 그 입장권을 판매한 사람들을 믿는다는 것을 나타내는 것입니다. 당신이 돈을 지불할 때 당신은 그 입장권이 가짜가 아니라 진짜인 것을 믿음으로써 입장권을 판매하는 사람에 대한 믿음을 드러내는 것입니다. 당신이 버스를 탄다는 것은 당신이 운전사, 버스 회사, 버스 정비사들, 버스 노선을 계획하는 사람들, 도로 및 다리 정비사들, 그리고 셀 수 없이 많은 다른 사람들을 믿는다는 것을 보여주는 것입니다. 당신이 일기예보를 듣고 비가 올 것이라는 예보에 외출하면서 우산을 들고 나가는 것은 당신이 일기예보자를 믿는다는 것을 보여주는 것입니다. 때로 당신이 믿었던 사람들 중에 신실치 못한 사람들이 더러 있을지라도, 당신은 (이것이 중요한 것인데) 이러한 믿음의 행동을 합니다. 결국은 사람들이 약속을 지키지 못하고, 입장권 부정 사건이 있고, 버스가 고장 나고, 일기예보자가 때로 틀리는 때가 있지만 말입니다.

요점은 믿음이 인간의 자연스런 행사라는 것과, 사람에게는 하나님을 믿도록 요구하는 똑같은 자연스런 감각이 있다는 것입니다. 성경적 믿음은 아브람이 했던 것처럼 단순히 하나님을 믿고 그 믿음에 따라 행동하는 것입니다. 하나님은 단순한 인간들을 믿는 것과 하나님 자신을 믿는 것을 비교하시면서 이렇게 말씀하십니다. "만일 우리가 사람들의 증언을 받을진대 하나님의 증거는 더욱 크도다" (요일 5:9). 다시 말해 우리가 사람들을 믿는다면, 우주의 유일한 존재이신 그분의 어떤 약속들에 대해서도 결코 거짓말을 안 하시고 실패가 없으신 그 존재를 믿는 것은 더욱 자연스럽고 타당한 것입니다.

이 같은 필요와 약속과 믿음이라는 자연스런 순서는 창세기 3:15절의 하나님의 약속에 대한 아담의 반응에서 보았습니다. 아담과 하와가 죄를 범하여 거룩하신 하나님의 진노 아래 떨어졌습니다. 하나님이 심판하러 오셨고, 그들이 육신적이고 심리적인 벌거벗음으로 그분 앞에 섰을 때 그들의 필요는 명백했습니다. 이런 상황에서 하나님은 위대한 약속을 하셨습니다. 그분은 여자에게서 태어날 누군가가 사탄과의 투쟁 과정에서 발꿈치가 상하겠지만, 사탄의 머리를 상하게 할 것이라는 약속을 하셨습니다. 그러자 이 약속에 대한 반응으로 죄 있는 인간에 의한 참된 믿음이 처음으로 나타나는 것을 봅니다. 아담이 그의 아내를 하와라고 부른 것인데, 이것은 "생명" 또는 "생명을 주는 자"를 의미하는 것이며,

아담이 그의 아내를 하와라고 부른 것은 그녀를 통해 하나님이 죄의 저주인 죽음에서 인류를 구원할 자를 정말로 보내실 것이라는 믿음의 증거였습니다(20절).

아브람의 경우에 있어서도 똑같은 순서였습니다. 아브람은 아담이 그랬던 것처럼 하나님의 진노와 죄의 저주 아래서 영적인 필요가 있었던 사람이었습니다. 그런데 하나님이 아브람에게 오셨습니다. 하나님이 그에게 약속을 하셨고, 아브람은 즉시로 그의 과거에서 돌이켜 가나안을 향해 떠남으로써 하나님의 약속을 믿는 구원의 믿음을 나타냈습니다.

나는 믿음이 세상에서 가장 자연스러운 일임을 말했는데 실제로 그렇습니다. 그러나 그것은 또한 가장 부자연스러운 일이기도 합니다. 우리가 근본적으로 단순히 우리 같은 사람들을 믿는 믿음이 아닌, 하나님을 믿는 믿음에 대해 이야기할 때, 우리는 본성과 행동이 우리의 합리적 이해를 전적으로 초월하는 분을 믿는 믿음을 이야기하는 것입니다. 그 결과로 하나님이 명령하시는 것은 종종 이성에 반하는 것으로 보입니다. 물론 믿음은 불합리한 것이 아닙니다. 이것은 분명히 말해 두어야 합니다. 만일 하나님이 하나님이시라면, 그리고 만일 그분이 창조와 구속의 역사에 나타나신 하나님이시라면, 그렇다면 그분을 믿는 것은 세상에서 가장 자연스러운 일입니다. 요한이 말한 것처럼 "우리가 사람들의 증언을 받을진대 하나님의 증거는 더욱"(요일 5:9) 큽니다. 그러나 이것은 오직 그분이 하나님이시기 때문에 타당한 것입니다. 만일 우리가 환경을 보고 가능성의 문제를 논한다면, 하나님의 약속은 단지 하나님이 우리의 이해를 초월해 계시고 우리를 위한 그분의 계획이 항상 우리의 현재의 경험을 초월해 있기 때문에 우리의 믿음을 초월해 있는 것처럼 보입니다. 이런 의미에서 아브람의 믿음은 아주 부자연스러운 것이었습니다. 그것은 그의 고향과 친척과 가족을 떠나는 것을 의미했는데, 이 모든 것은 그것들을 버리면 주시겠다고 하나님이 약속하고 계신 복을 얻기 위해 필요하다고 생각되는 것들이었습니다.

솔직하게 이야기해서 우리가 실행하는 가장 자연스러운 믿음은 하나님과 그분의 약속에 대한 믿음이 아니라, 사탄과 그의 약속에 대한 믿음입니다. 왜냐하면 사탄은 항상 우리 수준으로 그의 미끼를 펼쳐놓기 때문입니다. 그는 말합니다. "장래에 대해서 염려하지 마라. 하나님은 결코 너에게 어떤 해도 안 끼치실 것이다. 그는 너무 자비로우셔서 아무도 꾸짖지 않으신단다." 그는 또 말합니다. "하나님은 스스로 돕는 자를 도우신다. 그러므로 너의 의무는 현세에서 네 자신을 위해 준비하는 것과, 어떤 수단을 쓰든지 간에 그것을 실천하는 것이다." 그는 또 말합니다. "성경은 종교적 관념에 대한 좋은 책이다. 그러나 그것은 시대에 뒤떨어진 것이고, 그 의미를 문자적으로 택해서는 안 된다." 그는 또 말합니다. "돌로 떡을 만들어라. 성전 꼭대기에서 뛰어내려 하나님을 시험해라. 엎드려 나를 경배해라." 사실상 그는 예수님의 말씀을 사용합니다. "수고하고 무거운 짐 진 자들아 다 내게로 오라 내가 너희를 쉬게 하리라." 이 사탄의 말이 진실이라면 그것은 매우 훌륭한 말입니다. 그러나 사탄이 하는 말들은 진실하지가 않습니다. 마귀는 처음부터 거짓말쟁이였습니다. 그러므로 지혜로운 행동은 이러한 "타당한" 요구를 거부하고 하나님을 의지하는 것입니다. 그것이 정말로 타당한 것입니다.

이렇듯 우리는 믿음이 자연스러우면서도 왜 어렵고 부자연스러운 것인가를 깨닫습니다. 그리고 우리는 왜 믿음이 하나님에 의해서 우리에게 주어져야 하고, 또한 왜 우리가 일단 하나님을 믿으면 믿음이 그렇게 능력이 있게 되는지를 깨닫습니다. 마르틴 루터가 이것을 깨닫고 감동적으로 이렇게 기술했습니다.

"믿음은 능동적이고, 어렵고, 능력이 있는 것이다. 정말로 그것이 무엇인지 숙고해보려고 한다면, 그것은 우리가 행하는 어떤 것이라기보다는 우리에게 행해진 어떤 것이다. 왜냐하면 그것은 마음과 생각을 바꾸기 때문이다. 그리고 이성(理性)은 현재 나타나 있는 것과는 곧잘 관계하지만, 믿음은 현재 나타나 있지 않은 것들을 이해하는 것이고 그러면서 이성과 반대로 그것들을 나타나 있는 것으로 여기는 것이다. 이것이 마치 모든 사람에게 청각이 있는 것처럼 왜 모든 사람에게 믿음이 있지 않은지에 대한 이유이다. 왜냐하면 소수의 사람들만이 믿기 때문이다. 나머지 다수는 말씀과 관계하기보다는 그들이 만지고 느낄 수 있는 현재 나타나 있는 것과 관계하기를 선호한다."[1]

믿음과 순종

마르틴 루터는 믿음에 관하여 우리도 역시 놓치기를 원하지 않는 또 다른 것을 깨달았습니다. 그는 믿음이 순종과 거의 같은 것으로 보일 정도로 아주 가까이 연결되어 있다는 것을 깨달았습니다. 그리고 그는 순종이 믿음을 계시된 하나님의 말씀에 얼마나 단단히 묶고 있는가를 깨달았습니다. 본문에서 "이에 아브람이 여호와의 말씀을 따라갔고" 라고 말씀합니다.

이것이 강조되어야만 하는 이유는 사람들이 두 가지 오류 중 하나를 범하는 경향을 가지고 있기 때문입니다. 그들이 하나님께 순종할 의도를 가지고 있지 않으면서도 그분에 대한 가냘픈 믿음을 적절한 것으로 생각하거나, 또는 그들이 순종이라는 개념에 아주 매혹되어 때로 성경적 진리에 어긋나게 다른 사람들을 권위에 순종하도록 강요합니다. 첫 번째 것은 영적 기만의 경우입니다. 왜냐하면 행함이 없는 믿음은 죽은 것이기 때문입니다. 그것은 참 믿음이 아닙니다. 그러나 두 번째는 다른 이치이지만 역시 기만입니다. 그것은 종교적 인물들이 그들에게 있지도 않은 권위를 내세우면서 다른 사람들을 미혹시키는 경우입니다.

후자는 오늘날 특히 위험합니다. 우리는 기존의 권위가 파괴되고 사람들이 정당한 권위를 대신할 다른 권위들을 찾는 시대에 살고 있습니다. 정부, 교회, 그리고 가정에서의 부모의 정당한(그리고 제한된) 권위는 약화되고 있고, 그 자리에 사이비 종교 교주들이 들어와 그들의 추종자들에게 무엇을 믿어야 하는지, 어떻게 옷을 입어야 하는지, 어디에 살아야 하는지, 그리고 어떻게 생각해야 하는지 등 성경을 벗어난 그들 자신의 권위를 가지고 말을 합니다. 여기에 포함되는 사람들 중에 가이아나(Guyana)의 짐 존스(Jim Jones)같은 사교 교주들이 있습니다.

오해하지 마십시오. 정상적인 세속적 권위(정부, 교회, 가정의 권위)가 있습니다. 그러나 그것들은 단지 하나님 자신이 그것들에 권위를 부여하셨기 때문에 권위가 있는 것입니다. 그렇더라도 하나님의 말씀 안에서 허용되는 수준의 권위일 뿐입니다. 그들의 권위는 절대적인 것이 아닙니다. 그리고 어떤 그리스도인도 무턱대고 순종하는 것이 아닙니다. 오히려 우리는 우리에게 요구되고 있는 것이 무엇인지 판단하는데 하나님의 말씀을 사용해야 합니다.

마르틴 루터(Martin Luther)는 이렇게 말합니다.

"그러므로 그 말씀이, 또는 그 부르심이 우리의 주요 관심이 되게 하자. 왜냐하면 이것만이 참된 순종을 낳고 하나님을 기쁘시게 하는 예배를 낳기 때문이다. 만일 우리가 이것을 행하면, 우리는 우리 양심의 증거로써 우리 자신을 변호할 수 있을 뿐만 아니라, 우리가 실제 위험 속에서도 하나님의 목소리를 따름으로 그분으로부터 도우심을 구할 수 있게 된다." [2]

믿음의 단계들

우리는 우리의 궁극적 신뢰와 충성을 누군가에게(사탄, 인간 지도자들, 또는 하나님에게) 바치려고 합니다. 사탄(그리고 다른 사람들)은 우리를 아래쪽 캄캄한 뒷골목으로 인도하여 결국에는 파멸로 이끌고 갑니다. 그러나 오직 하나님께 순종할 때만이 하나님은 서서히 우리의 믿음을 성장시키시고 영적 경험의 새로운 전망을 열어주시면서 우리를 위쪽으로 인도하십니다.

아브람의 믿음이 그와 같았습니다. 이것이 그의 경험이었습니다. 앞 장에서 우리는 갈라디아서 2장이 아브람에게 주신 하나님의 약속의 성격에 대한 권위 있는 주석을 제공한 것을 보았습니다. 이번 경우도 유사한 상황입니다. 왜냐하면 히브리서 11장에 설명된 것이 아브람 믿음의 성격과 성장이기 때문입니다. 히브리서 11장은 많은 구약 인물들의 믿음을 개관하고 있습니다. 그들은 아벨, 에녹, 노아, 아브라함, 이삭, 야곱, 요셉, 모세, 그리고 기타 인물들입니다. 여기서 가장 길게 설명된 부분이 아브람에 대한 것입니다. 그 부분에서 아브람은 그의 믿음에 대해 네 번이나 칭찬을 받는데, 매번 그가 칭찬받는 믿음은 먼젓번 믿음의 단계를 넘어 발전된 것입니다.

아브람에 관한 이 구절들의 첫 번째 단계는 이렇습니다. "믿음으로 아브라함은 부르심을 받았을 때에 순종하여 장래의 유업으로 받을 땅에 나아갈새 갈 바를 알지 못하고 나아갔으며"(히 11:8). 이것이 이미 우리가 본 바와 같이 아브람의 제자도의 삶의 출발점이었습니다. 그는 인간적 관점에서 볼 때 불합리한 것을 행하라는 요구를 받았습니다. 그는 참 믿음으로 반응했습니다. 하지만 거기에 개입된 순종은 대단한 것은 아니었습니다. 그는 단지 고향을 떠나라는 이야기를 들었는데 이것은 (그가 그렇게 하기를 별로 달가워하지 않을 수도 있습니다만) 그가 분명히 할 수 있는 일이었고, 하나님이 틀림없이 예비해 주시는 새로운 땅으로 갈 수 있는 일이었습니다.

두 번째 단계는 좀 더 어렵습니다. "믿음으로 그가 이방의 땅에 있는 것 같이 약속의 땅에 거류하여 동일한 약속을 유업으로 함께 받은 이삭 및 야곱과 더불어 장막에 거하였으니 이는 그가 하나님이 계획하시고 지으실 터가 있는 성을 바랐음이라"(히 11:9-10). 이 단계에서는 아브람이 하나님의 약속의 땅에 있었습니다. 그러나 그는 그것을 소유하지 못했습니다. 반대로 그는 낯선 사람들 틈에 외인으로 있었고, 장막에 살았는데 이 모든 것은 임시적인 것의 상징이었습니다. 특히 이 기간은 위험과 실망이 가득 차 있던 때였습니다. 기근의 때가 있었는데, 그때 그는 넉넉히 먹을 양식을 얻는 일에 절망하고 있었습니다. 이 기간 중에 그는 그렇게 하지 않았어야 했는데, 그 땅을 떠나 애굽으로 내려갔습니다. 그의 생명에 위협을 느낀 때도 있었습니다. 바벨론 지역 연합군의 왕들이 그 땅에 침입하여 그의 조카 롯을 잡아갔을 때였습니다. 이러한 기간 동안 아브람은 혹시 그가 하나님을 순종하는 일에 실수를 저지른 것은 아닌가 하는 의아심도 있었을 것이 틀림없습니다. 많은 사람들이 그리스도인이 되고 나서 어려운 때를 만나면 하나님이 정말로 그들과 함께 하시는지, 믿음의 부름에 순종해서 주님을 따른 것이 지혜로운 일이었는지 의아해하는 것처럼 아브람도 자신에게 이렇게 물어보았을 것이 틀림없습니다. "하나님이 정말로 나와 함께 하시는가? 이 땅이 정말로 나와 내 후손의 것이 될 것인가?"

아브람은 그의 생각이 어떠했든지 간에 이러한 고난의 기간 동안 성장했는데 그가 성장한 방법은 현재의 고난 너머에 있는 하나님의 약속을 바라본 것이었습니다. 히브리서가 말하듯이 "그가 하나님이 계획하시고 지으실 터가 있는 성을 바랐음이라."

아브람이 믿음에서 성장한 세 번째 단계는 다음의 히브리서 11:11-12절이 보여주고 있습니다. "믿음으로 사라 자신도 나이가 많아 단산하였으나 잉태할 수 있는 힘을 얻었으니 이는 약속하신 이를 미쁘신 줄 알았음이라 이러므로 죽은 자와 같은 한 사람으로 말미암아 하늘의 허다한 별과 또 해변의 무수한 모래와 같이 많은 후손이 생육하였느니라."

이 구절은 매우 놀랄만한 사건을 가리킵니다. 이에 대해 나중에 자세히 생각해 보고자 합니다. 아브람은 많은 민족의 조상이 될 것이라는 하나님의 약속을 받았습니다. 그러나 시간은 흐르고, 아브람은 늙어 가는데 아이는 태어나지 않았습니다. 그 약속은 아브람이 75세 때 처음 받았습니다(창 12:2). 85세 때에 그는 그의 염려를 하나님께 표명했고, 하나님은 그 약속을 되풀이하셨습니다(창 15:5). 그가 86세였을 때, 그의 아내의 하녀 하갈에게서 이스마엘이라는 아들을 얻었습니다(창 16:16). 세월은 계속 흘렀고, 그와 사래 사이에는 아이가 없었습니다. 마침내 아브람은 99세가 되었고, 사래도 그렇게 나이가 들었습니다. 그들이 자식을 볼 나이 또는 아이를 임신할 나이는 지났습니다. 그래서 아브람은 이스마엘이 약속의 아들로서 하나님의 복을 받게 되기를 소망하고 있었습니다(창 17:18).

그러나 이스마엘이라는 서자는 하나님이 약속하신 아이가 아니었습니다. 그래서 아브람이 99세가 됐을 때 하나님은 사래(사래는 이후 사라로 불려짐)를 통한 아들의 약속을 가지고 다시 오셔서 말씀하셨습니다.

"보라 내 언약이 너와 함께 있으니 너는 여러 민족의 아버지가 될지라 이제 후로는 네 이름을 아브람이라 하지 아니하고 아브라함이라 하리니 이는 내가 너를 여러 민족의 아버지가 되게 함이니라 내가 너로 심히 번성하게 하리니 내가 네게서 민족들이 나게 하며 왕들이 네게로부터 나오리라"(창 17:4-6)

이 약속이 성취되려면 기적이 필요했습니다. 아브람이 한 일은 무엇이었습니까? 성경은 이렇게 말씀하고 있습니다. "아브라함이 바랄 수 없는 중에 바라고 믿었으니 이는 네 후손이 이같으리라 하신 말씀대로 많은 민족의 조상이 되게 하려 하심이라… 믿음이 없어 하나님의 약속을 의심하지 않고 믿음으로 견고하여져서 하나님께 영광을 돌리며 약속하신 그것을 또한 능히 이루실 줄을 확신하였으니"(롬 4:18, 20-21). 그 다음 해에 사라는 약속의 아들이자 예수 그리스도의 조상인 이삭을 낳았습니다. 히브리서는 아브람의 성장의 네 번째 단계를 이 말씀으로 묘사했습니다.

"아브라함은 시험을 받을 때에 믿음으로 이삭을 드렸으니 그는 약속들을 받은 자로되 그 외아들을 드렸느니라 그에게 이미 말씀하시기를 네 자손이라 칭할 자는 이삭으로 말미암으리라 하셨으니 그가 하나님이 능히 이삭을 죽은 자 가운데서 다시 살리실 줄로 생각한지라 비유컨대 그를 죽은 자 가운데서 도로 받은 것이니라"(히 11:17-19)

저지(低地)에서 위로 오름

나는 당신이 개인적으로 어떤 믿음의 단계에 있는지 모릅니다. 그러나 나는 당신이 아브람의 긴 영적 여정의 어떤 지점에 있다고 짐작합니다. 아마도 당신은 영적으로 말해서 갈대아 우르에 있을지 모릅니다. 그렇다면 하나님은 당신에게 불가능한 것을 믿으라고 요구하지 않으십니다. 그분은 단지 그분이 하나님이시라는 것과 그분이 약속하신 것은 무엇이든 이루실 수 있는 분이시라는 것을 믿으라고 당신에게 요구하고 계십니다. 그분은 당신에게 이전의 죄된 행실을 떠나 그분이 당신에게 보여주실 길을 따라 나서라고 말씀하십니다. 이 길은 무엇보다 첫째로 예수님께 인도하는 길입니다. 이는 당신이 예수님에게 나와 예수님을 믿고, 예수님에게 당신 자신을 맡기는 것을 의미합니다. 당신은 그분의 제자가 되어야만 합니다.

아마도 당신은 그 단계에 이미 이르렀고 그 이상 진행했을지 모릅니다. 만일 그렇다면, 당신은 지금 믿음으로 사는 것을 배우는 어려운 시기에 처해 있을지 모릅니다. 당신은 문제와 고난에 직면해 있습니다. 하나님이 처음에 당신과 함께 계셨던 것처럼 지금도 당신과 함께 계신다는 것, 그리고 끝까지 당신과 함께 계실 것이라는 사실을 기억하십시오. 그리고 마지막을 보고 사십시오. 당신의 눈을 하나님이 설계하시고 지으신 하늘의 성에 고정하십시오!

아마도 당신은 아브라함이 하나님은 불가능한 일을 하실 수 있다는 것을 믿으라고 요구 받았을 때에 그가 처해 있던 믿음의 단계에 있을지 모릅니다. 어쩌면 하나님은 하얀 벽돌로 된 벽밖에는 아무 것도 없는 길을 가라고 요구하셨을지도 모릅니다. 그것은 당신 스스로 극복할 수 없는 성격의 것일 수도 있습니다. 그것은 선교사가 되라는 부르심일 수도 있고, 절대로 들을 것 같지 않게 생각되는 사람에게 복음을 증거 하는 일일 수도 있습니다. 그것은 결혼하지 않거나 결혼하거나, 어찌했든 간에 평생을 섬기는 삶으로의 부르심일 수도 있습니다. 당신은 그것이 불가능함을 압니다. 그래서 당신은 이렇게 말합니다. "오, 주여! 나는 당신을 섬기기를 원합니다. 그러나 그것은 내가 지금까지 보아온 것 중 가장 높은 벽입니다. 내가 절대로 넘지 못할 것입니다. 도대체 어떻게 해야 합니까?" 당신은 분명히 당신을 부르신 하나님은 불가능한 것을 하실 수 있는 하나님이시라는 것을 알아야 합니다. 당신은 그분이 당신의 삶에 놓인 벽을 옮기실 것을 신뢰하고, 그분을 신뢰하는 자들을 위해, 만일 필요하다면 벽을 통해서 기적을 행하실 수가 있으심을 알고, 믿음으로 앞으로 나아가야만 합니다.

아마도 당신은 아브라함이 그의 생애 마지막 때에 도달했던 단계에 와 있을지 모릅니다. 하나님은 그에게 개인적인 많은 고민과 영적인 추구를 하게 하는 시험을 주셨습니다. 그러나 하나님은 그것에 대한 목적을 가지고 계셨습니다. 만일 당신이 이 단계에 있다면 하나님은 역시 당신에 대한 어떤 목적을 가지고 계신 것입니다. 따라서 당신은 하나님이 그것을 사용해서 그분에 관한 중요한 것들을 당신에게 가르치시도록 맡겨야만 합니다.

● 각주 ●

1. 마르틴 루터, *Luther' s Works*, 2:267.

2. 같은 책, 2:273.

65

지나가기

창세기 12 : 4-9

이에 아브람이 여호와의 말씀을 따라갔고 롯도 그와 함께 갔으며 아브람이 하란을 떠날 때에 칠십오 세였더라 아브람이 그의 아내 사래와 조카 롯과 하란에서 모은 모든 소유와 얻은 사람들을 이끌고 가나안 땅으로 가려고 떠나서 마침내 가나안 땅에 들어갔더라 아브람이 그 땅을 지나 세겜 땅 모레 상수리나무에 이르니 그 때에 가나안 사람이 그 땅에 거주하였더라 여호와께서 아브람에게 나타나 이르시되 내가 이 땅을 네 자손에게 주리라 하신지라 자기에게 나타나신 여호와께 그가 그 곳에서 제단을 쌓고 거기서 벧엘 동쪽 산으로 옮겨 장막을 치니 서쪽은 벧엘이요 동쪽은 아이라 그가 그 곳에서 여호와께 제단을 쌓고 여호와의 이름을 부르더니 점점 남방으로 옮겨갔더라

히브리서 11:9-10절은 아브람이 믿음 안에서 성장하는 두 번째 단계를 이와 같이 그려주고 있습니다. "믿음으로 그가 이방의 땅에 있는 것 같이 약속의 땅에 거류하여 동일한 약속을 유업으로 함께 받은 이삭 및 야곱과 더불어 장막에 거하였으니 이는 그가 하나님이 계획하시고 지으실 터가 있는 성을 바랐음이라"

이 단계는 본문에 기술되어 있습니다. 이 본문에 있는 사건과 아브람이 갈대아 우르에서 그의 아버지 데라와 함께 처음 부르심을 받았을 때 하나님을 온전히 순종하는 데 실패했던 이전 사건과는 중요한 대조를 이루고 있습니다. 아브람과 데라는 "갈대아인의 우르를 떠나 가나안 땅으로 가고자 하더니 하란에 이르러 거기 거류하였으며"(창 11:31). 아브

람은 가나안으로 가도록 부르심을 받았습니다. 그 부르심에 대해서 스데반이(사도행전 7장에서) 공회 앞에서 행한 위대한 설교에서 말했습니다. 그러나 그는 하란에서 멈췄습니다. 본문 4-5절은 말씀합니다. "이에 아브람이 여호와의 말씀을 따라갔고 롯도 그와 함께 갔으며 아브람이 하란을 떠날 때에 칠십오 세였더라 아브람이 그의 아내 사래와 조카 롯과 하란에서 모은 모든 소유와 얻은 사람들을 이끌고 가나안 땅으로 가려고 떠나서 마침내 가나안 땅에 들어갔더라." 여기서 온전한 순종이 이루어집니다. 왜냐하면 그의 믿음의 첫 번째 단계(히 11:8)에서의 부분적 순종과 이 두 번째 단계(히 11:9-10) 사이에서 아브람은 그가 세상에서 살도록 부르심을 받았지만 세상에서 편히 살도록 된 것이 아니었다는 것을 배웠기 때문입니다. 그때부터 그는 세상 순례자로서의 그 자신을 올바로 보고 그의 눈을 하늘에 있는 "하나님의 성"에 고정시켰습니다.

이 구절의 요점은 아브람이 그 땅에 들어간 후 조차 이런 방식으로 살았다는 것입니다. 그는 한때 데라와 함께 하란에 머물렀었습니다. 그런데 이제는 그런 실수를 되풀이하기를 원하지 않게 되었습니다. 그래서 그는 변화된 사람으로 가나안에 도착했습니다. 우리는 이 단계에서 아브람의 가나안 삶을 역설적으로 설명할 수 있습니다. 그 당시 가나안에 살고 있었던 모든 사람 중에서 아브람이 가장 오래 거주한 사람이었습니다. 그는 오랫동안 거기에 살았습니다. 그러나 동시에 그는 그 땅이나 그의 소유물에 가장 고착되지 않은 사람이었습니다.

하나님의 순례자

이와 같은 진술은 위대한 믿음의 조상이 한 본보기라는 중요한 사실을 보여줍니다. 그는 우리가 본 바와 같이 믿음의 한 본보기입니다. 그러나 또한 이와 연결해서 그는 우리가 세상에 소속되지 않고 어떻게 세상을 살아야 하는지에 대한 하나의 본보기가 됩니다. 간단히 말하자면 그는 "순례자"로서의 삶의 한 본보기입니다.

영국의 경건한 문학작가인 존 번연(John Bunyan)의 「천로역정」(Pilgrim' s Progress)에서는 하나님의 순례자에 대하여 훌륭한 기술을 하고 있습니다. 무대는 세상과 유혹이라는 저자의 상징인 허영의 시장(Vanity Fair)입니다.

"순례자들은 그 시장에서 사고파는 것과는 다른 종류의 옷을 입고 있었다. 그래서 그 시장 사람들은 그들을 대단한 호기심으로 바라보았다. 어떤 이들은 그들을 바보들이라고 했고, 어떤 이들은 미친 사람들이라고 했으며, 또 어떤 이들은 그들이 괴인들이라고 했다. 그들의 말을 이해하는 사람은 거의 없었다. 그들은 당연히 가나안의 언어를 말했지만, 시장 상인들은 이 세상에 속한 사람들이어서 이들은 시장 이쪽 끝에서 저쪽 끝까지 각기 서로에게 난폭자 같았다…. 그러나 상인들의 기분을 상하게 만든 것은 순례자들이 모두 자신들의 제품으로 아주 간소한 차림을 한 것이었다. 그들은 상인들을 보는 데 관심이 없었고, 만일 상인들이 물건을 사라고 부르기라도 하면 그들은 의례히 손으로 귀를 막고 외쳤다. '허영에서 내 눈을 돌려라.' 그러면서 그들의 사고파는 장사는 하늘에 있다는 표시로 위를 쳐다본다." [1]

순례자의 특징에는 세 가지가 있습니다. 다른 옷을 입는 것, 다른 언어를 말하는 것, 다른 가치관을 갖는 것입니다. 번연이 의미한 첫 번째는, 믿는 자는 자기 자신의 의의 옷이 아닌 그리스도의 의로 옷 입고 있다는 것입니다. 그가 의미한 두 번째는, 그리스도를 따르는 자들은 자주 그분의 이야기 또는 그분의 관심사를 말한다는 것입니다. 그가 의미한 세 번째는, 세상은 하나님의 영광에 눈을 고정하고 사는 사람들에게 호소력을 잃었다는 것입니다. 아브람이 이런 특징을 갖추었습니다. 그는 하나님을 믿었고, 그래서 하나님의 의를 은혜로 받음으로써 의롭게 되었습니다(창 15:6). 그는 제단에서 하나님을 예배했습니다(창 12:8, 13:4). 그의 가치관이 변했습니다. 왜냐하면 그는 더 이상 안주하지 않고 대신에 이 세상의 임시 거주자라는 상징으로 장막에 살았습니다.

아브람만 순례자로 부르심을 받았습니까? 아닙니다. 번연(그리고 모든 청교도)이 매우 명백히 이해한 것처럼, 이런 부르심은 하나님의 참된 자녀들이라면 누구나 받고 있는 것입니다. 이런 노래가 있습니다. "나는 방랑하는 순례자였네. 나는 죄의 차가운 밤길을 배회했네. 그때 친절하신 목자 예수님이 나를 발견하셨네. 그래서 나는 지금 집으로 가는 길이네." 그러나 이 노래는 거꾸로 되었습니다. 이 노래는 우리가 그리스도에게 발견되기 전에 순례자였고, 지금은 그분에게 발견되어 우리의 순례를 마친 것을 의미하고 있습니다. 실제로 우리는(우르의 아브람처럼) 세상에 잘 안주해 있었고, 하나님은 우리들 중에 약간은 우리가 정박해 있던 불경건한 곳에서 글자 그대로 쳐내셔야 했습니다. 오직 그리스도에게 발견된 때만이 우리는 순례자들이 되는 것입니다.

당신은 하나님의 순례자입니까? 나는 많은 신자들이 하란에 있는 아브람을 더 닮았다고 생각합니다. 당신은 하나님에게서 부르심을 받았습니다. 당신은 그리스도인의 삶을 시작했습니다. 그러나 당신은 당신의 하란에 안주해 있습니다. 당신은 세상 사람들처럼 옷을 입습니다. 당신은 세상 사람들처럼 이야기합니다. 당신은 세상 가치관을 가지고 있습니다. 당신들 중에 이렇게 사는 사람들은 내게 말해 보십시오. 당신을 보는 사람들이 어떻게 당신이 그리스도인인 줄 알 수가 있습니까? 마이어 (F. B. Meyer)는 이렇게 도전하고 있습니다.

"하나님의 자녀가 세상에 대해 증인으로서 구별된 삶을 살아야 한다는 것은 매우 중요한 일이다. 우리가 우리의 소망을 이야기할 때, 그것이 우리 주변에 있는 일들에 대한 지나친 애착으로부터 우리를 떼어놓지 않는다면, 사람들이 우리를 어떻게 믿을 것인가? 만일 우리가 사라져버릴 세상에 대해 세상 사람들처럼 심히 열망하거나 근심 걱정에 찌들면, 심히 탐욕을 내거나 욕심 부리면, 쾌락이나 매력에 심히 의지한다면, 그들은 한편으로 우리의 고백이 진실인지, 그리고 다른 한편으로 내세는 과연 있는 것인지 의문하기 시작할 것이다. 우리는 이대로 계속해서는 안 된다. 신앙고백을 한 그리스도인들이 사업에 대한 관심에, 쾌락추구에, 사치에, 방종에 너무 많이 빠져있다. 천국의 자녀들과 이 세대의 자녀들 간에 차이가 거의 없다. 영리한 관찰자도 그들의 가정에서, 그들의 자녀들에 대한 교육에서, 그들이 입는 옷에서, 또는 그들이 운영하는 사업 방식에서 어떤 차이점을 거의 찾아내기 어렵다. 그들은 먹고, 마시고, 사고, 팔고, 심고, 세우고, 결혼하고, 결혼을 공표하고 - 홍수가 그들을 모두 휩쓸어 버리려고 무너진 방벽을 이미 돌파해 들어오는데도 그렇게 한다." [2]

마이어는 오늘날의 기독교에 대해 많이 기술하고 있습니다. 하지만 그것을 어떻게 치료해야 합니까? 재산의 끈을 끊으면 그것이 치료됩니까? 그렇습니다. 어떤 경우에서는 그것이 좋습니다. 강제적으로라도 그렇게 해야 합니다. 예수님은 부자였던 청년 관리에게 그가 가진 모든 것을 팔아 가난한 자들에게 주고 나서 자신을 따르도록 말씀하셨습니다. 아직도 나는 이것이 모든 것의 답인지 확신을 하지 못하고 있습니다. 그것은 아브람에게 있어서 그랬던 것처럼 출발점일 수가 있습니다. 그는 갈대아 우르를 떠나는 것으로 시작해야 했습니다. 그러나 우르를 떠난 후에도 그는 여전히 하란에 머물러 있었습니다. 하나님의 이 햇병아리 추종자를 끝내 순례자로 돌이킨 것은 무엇이었습니까? 그가 순례자가 된 때는 "그가(아브람이) 하나님이 계획하시고 지으실 터가 있는 성을 바랐음이라" 고 히브리서 저자가 기술하고 있는 것처럼 그가 바라보기 시작한 때였습니다. 순례자들을 만든 것은 하나님의 성에 대한 비전이었습니다.

순례자는 무엇입니까? 단지 집을 떠난 사람이 아닙니다. 집을 떠났지만, 그저 떠돌아다니는 사람이 아닙니다. 오히려 순례자는 집을 떠나 또 다른 집으로 여행 중인 사람입니다. 순례자는 목표와 도착지의 비전을 가지고 있고, 그 새롭고 더 좋은 곳에 다다를 때까지 다른 모든 일에는 신경을 쓰지 않는 사람입니다.

나는 하나님이 이 글을 읽는 사람들이 지금까지 살아온 순례자의 삶보다 더 헌신된 순례자가 되기를 원하신다고 확신합니다. 당신은 말할 것입니다. "하지만 그렇게 할 수가 없습니다. 나는 신경 써야 될 일이 너무도 많습니다. 게다가 나는 너무 늙었습니다." 이런 것들이 걸림돌이 되지는 않습니다. 믿음의 조상 아브람에게서 배우십시오. 우리는 여기서 아브람이 소유가 많았다고 처음으로 듣습니다. 그는 "하란에서 모은 모든 소유와 얻은 사람들을 이끌고" (5절) 갔습니다. 그는 이것이 제자의 삶에 방해가 되는 것을 허용하지 않았습니다. 거기에 더해서 그는 75세였습니다. 아브람이 175세까지 살았다는 것을 감안하면 그가 순례를 시작한 때는 아직 비율적으로 중년의 때였다고 말할 수 있습니다. 그러므로 당신이 너무 많이 소유했다고 말하지 마십시오. 만일 그렇다면 당신은 그것들로 무엇을 할 수 있는지 알고 있습니다! 또 당신은 너무 늙었다고 말하지 마십시오. 하나님은 당신을 현재 있는 곳에서 현재 상태 그대로 부르십니다. 하나님의 명령은 "나를 따르라!" 는 것입니다.

거인들과 메뚜기들

아브람이 하나님을 온전히 순종하여 따르는 사이에 그는 그 땅에 도착했습니다. 그러나 거기에는 그의 순종을 시험하는 문제가 있었습니다. 다른 사람들이 그보다 앞서 와 그 땅에 거주하고 있었습니다. 본문은 말씀합니다. "그 때에 가나안 사람이 그 땅에 거주하였더라" (6절). 이것은 어떤 환경에서도 믿음의 시험이 될 것입니다. 왜냐하면 하나님은 "내가 이 땅을 네 자손에게 주리라" 고 말씀하실 참이었기 때문입니다. 이미 다른 사람들이 소유하고 있는 것을 어떻게 주실 수 있단 말입니까? 그 외에도 거기에 살고 있던 족속은 다른 족속이 아닌 가나안 족속이었습니다. 그들은 지극히 악하고 폭력적인 사람들로서 훗날 여호수아의 지휘 하에 요단강을 건넌 후, 그들과 싸워야 했던 사람들입니다.

하나님이 아브람을 이렇게 다루시는 기간 동안에 그가 강하게 성장하게 된 것은 어째서입니까? 왜 그는 하나님이 그를 가나안으로 보내신 것은 그분의 실수였다고 여기며 하란으로 되돌아가지 않았습니까? 그 답이 본문에 나옵니다. "여호와께서 아브람에게 나타나셨습니다." (7절) 하나님이 아브람에게 나타나셨을 때 그는 가나안에 있었습니다. 다시 말하면 가나안 족속이 그 땅에 있었지만, 하나님도 또한(다른 의미로) 그 땅에 계셨습니다. 그분은 가나안 족속보다 강하신 분이었습니다. 하나님은 단순히 아브람이 그분과 처음으로 친분을 맺은 우르의 하나님만이 아니셨습니다. 그분은 또한 가나안의 하나님이시기도 했습니다. 사실상 그분은 전세계와 그 안에 있는 모든 족속들의 하나님이십니다. 바울이 아레오바고에서 아덴 사람들에게 행한 연설에서 말한 것과 같이 하나님은 "인류의 모든 족속을 한 혈통으로 만드사 온 땅에 살게 하시고 그들의 연대를 정하시며 거주의 경계를 한정" (행 17:26)하신 분입니다. 하나님은 가나안을 다스리셨습니다. 그리고 그분은 아브람에게 그의 후손이 아브람의 힘이나 재주가 아니라 신적인 힘으로 그 땅을 소유하게 될 것을 약속하신 것입니다.

아브람 자손 중 두 명 역시 하나님의 이 약속을 알고 있었지만, 그들은 그것으로 그들의 형제들을 설득시킬 수가 없었습니다. 그들은 모세가 첫 번째 가나안 정복 시도 전에 그 땅으로 보냈던 열 두 정탐꾼 중의 두 사람인 여호수아와 갈렙이었습니다. 정탐꾼들은 가나안 전역을 다니며 40일을 보냈으며, 그 땅이 정말로 훌륭한 땅이라는 것에 모두가 동의했습니다. 그러나 열 명의 정탐꾼 또한 가나안 사람들과 그들 중에 있는 거인들도 보았습니다. 그들은 이렇게 보고했습니다.

"당신이 우리를 보낸 땅에 간즉 과연 그 땅에 젖과 꿀이 흐르는데 이것은 그 땅의 과일이니이다 그러나 그 땅 거주민은 강하고 성읍은 견고하고 심히 클 뿐 아니라 거기서 아낙 자손(거인들)을 보았으며 아말렉인은 남방 땅에 거주하고 헷인과 여부스인과 아모리인은 산지에 거주하고 가나안인은 해변과 요단 가에 거주하더이다… 우리는 능히 올라가서 그 백성을 치지 못하리라 그들은 우리보다 강하니라… 거기서 네피림 후손인 아낙 자손의 거인들을 보았나니 우리는 스스로 보기에도 메뚜기 같으니 그들이 보기에도 그와 같았을 것이니라"(민 13:27-29, 31, 33)

이 불신의 정탐꾼들은 하나님에게서 눈을 떼어 거인들을 보고는 자신들을 메뚜기라고 결론지었습니다. 그러나 여호수아와 갈렙은 그들의 눈을 하나님에게서 떼지 않고 말했습니다. "우리가 곧 올라가서 그 땅을 취하자 능히 이기리라"(30절).

이 사건의 적용은 우리에게 두 번째 중요한 역설을 제공합니다. 우리는 아브람처럼 세상에서 순례자들이 되도록 하나님의 부르심을 받았습니다. 그러나 또한 아브람처럼 그것을 소유하도록 하나님의 이름으로 부르심을 받았습니다. 우리가 가져야 하는 하늘의 영원한 성에 대한 비전은 현재의 세상을 예수 그리스도의 이름으로, 예수 그리스도의 영광을 위하여 소유하는 것을 적대하는 것이 아닙니다. 그것은 예수 그리스도께서 말씀하신 것처럼 되는 것입니다.

"하늘과 땅의 모든 권세를 내게 주셨으니 그러므로 너희는 가서 모든 민족을 제자로 삼아 아버지와 아들과 성령의 이름으로 세례를 베풀고 내가 너희에게 분부한 모든 것을 가르쳐 지키게 하라 볼지어다 내가 세상 끝날까지 너희와 항상 함께 있으리라 하시니라"(마 28:18-20)

우리 중 많은 사람이 이 점에서 예수님께 순종하지 않는 이유는, 출애굽하여 하나님이 약속하신 가나안 땅을 들어가려던 열 명의 정탐꾼이 가나안 정복을 찬성하지 않았던 이유와 똑같습니다. 우리는 세상의 거인들에게 눈을 돌리고 있었고, 예수 그리스도가 하늘과 땅의 주인이시고, 세상 끝날까지 우리와 항상 함께 하시겠다고 성경에서 분명히 약속하신 것을 잊고 있습니다.

"그가 제단을 쌓고"

마지막 한 가지가 있습니다. 즉, 우리의 정복이나 소유에 대한 본질입니다. 우리는 그리스도를 위해 이 세상을 소유하는 것이 찬송가에서 말하듯이 "큰 소리로 부딪치는 칼이나 분발시키는 북"과 함께 하는 것이라고 생각하면 안 됩니다. 우리의 소유는 하나님의 진리 선포를 통한 영적 소유가 되어야 합니다. 이것이 왜 우리가 순례자가 되면서도 동시에 소유자가 될 수 있는 지의 이유입니다. 나는 이것이 역설이라고 말했습니다. 그러나 참된 역설은 아닙니다. 왜냐하면 우리는 다른 의미로 소유도 하고 소유하지 않기도 하기 때문입니다. 재산을 움켜쥐려고 하는 것과 관련해서는 우리는 순례자입니다. 우리는 지나갑니다. 그러나 그리스도의 주 되심의 고백에 관한 한, 현세뿐만 아니라 영원을 위해서 세상을 소유하고자 나서야 합니다.

나는 이것이 아브람이 제단을 쌓은 의미라고 생각합니다. 그것은 하나님을 위해 땅을 요구하는 비유적인 방법이었습니다. 나는 이 순서에 주목합니다. 첫째로 아브람이 한 장소에 도착하고, 둘째로 하나님이 그에게 말씀하시고, 셋째로 그가 제단을 쌓은 순서입니다. 아브람은 이 기간 동안 각각 다른 세 장소인 세겜 땅 모레 상수리나무 근처에, 벧엘 동편 산에, 그리고 남방에 살았던 것 같습니다. 성경은 그가 두 개의 제단을 쌓은 것을 말씀합니다. 그리고 하나님은 그에게 한 번 나타나셨습니다. 나는 그 순서가 항상 자세히 설명되고 있지는 않지만 반복되는 것으로 이해되어야 한다고 생각합니다. 첫째, 아브람이 한 장소에 도착했습니다. 둘째, 그는 하나님의 임재를 확인했습니다. 셋째, 그는 그 장소와 거기에서 계속 살아갈 자손들에 대한 하나님의 주장에 대한 증거로 제단을 쌓았습니다. 아브람은 다른 장소들로 그리고 마침내는 영광으로 이동을 했지만, 제단들은 남았습니다.

그것들은 하나님의 한 자녀가 한때 그 장소에서 무릎을 꿇고 기도했고, 은혜의 복음을 선포했고, 그 자리를 하나님의 영광을 위해 자기 소유로 주장했다는 사실의 증거로 남았습니다.

우리도 어디 있든지 항상 그렇게 하도록 부르심을 받았습니다. 우리는 순례자들이 되도록 부르심을 받았습니다. 그러나 그것은 우리가 이 세상을 지나가는 것이며 세상을 건드리지 말고 놔둬야 한다는 것을 의미하는 것이 아닙니다. 왜냐하면 하늘의 성의 주인은 또한 이 세상의 주인이시기 때문이며, 우리는 그분의 왕국의 대사들로서 우리가 순례의 여정의 어디에 있든지 그분의 통치를 선포하고, 실제로 그 통치를 세워나가는 책임을 맡고 있기 때문입니다. 당신은 이렇게 살고 있습니까 아니면 그저 떠도는 생활을 하고 있습니까? 이쪽입니까, 저쪽입니까? 그냥 떠돌고 있었다면 당신은 그곳에 제단을 쌓고 예수님을 위하여 그 지역을 요구해야 합니다.

아브람은 가나안을 지나갔습니다. 그러나 그가 지나간 후의 가나안은 전과 같은 가나안이 아니었습니다. 당신도 이런 말을 들을 수 있습니까? 당신이 죽어 장사될 때, 당신의 비문에 "이 사람은 달랐습니다. 그의 삶이 그리스도의 왕국을 확장시켰습니다." 라고 기록될 수 있습니까? 많은 사람이 왕국을 확장하지만 그것이 그리스도의 왕국이 아니라는 것이 나의 생각입니다. 그것은 결국 당신 자신의 작은 왕국인 세상의 왕국입니다. 당신은 당신의 집, 당신의 행복, 당신의 명성을 세워가고 있습니다. 그러나 당신이 죽으면 이런 것들은 바람에 흩어지는 민들레 씨앗보다 더 빨리 흩어져버릴 것입니다. "오직 한 번의 생만 있다. 그것은 곧 지나갈 것이다. 오직 그리스도만을 위해서 이룬 것만이 오래 남을 것이다!" 라는 말은 참된 진술입니다.

갈대아 우르 시절에 아브람에게는 나홀이라는 이름의 형제가 있었습니다(창 11:26-29). 그의 생전에 그는 성을 건축하고 그 성에 자신의 이름을 붙였습니다(창 24:10). 만일 당신이 갈대아 땅에 살았던 사람들에게 데라의 아들들에 대해 물어보았다면 누구나 나홀에 대해 이렇게 말했을 것입니다. "아, 나홀이요! 그는 성공한 사람입니다. 그는 큰 성을 건축했지요. 그는 영원히 기억될 것입니다. 우리는 다 나홀을 알지요." 그러나 아브람에 대해서 물어보았다면 "아, 그는 어디론가 갔는데 내 생각으로는 가나안으로 갔지요. 그는 하나도

해 놓은 일이 없습니다." 이것이 세상이 사람들을 보는 관점입니다. 즉, 나홀은 성공자이고, 아브람은 실패자입니다. 그러나 "하나님의 관점"에서 보면 문제가 달라집니다. 오늘날 나홀은 사실상 잊혀져 있는데 반해(아브람과의 연관성만 없었다면 완전히 잊혀졌을 것임), 아브람은 온 세상의 수억 수천만 사람들에게 알려져 있고, 존경을 받고 있습니다.

나홀이 한 것처럼 이 세상을 위해서 건축을 하지 마십시오. 아브람이 되십시오. 그래서 영원에 흔적을 남기십시오.

● 각주 ●

1. 존 번연, *The Pilgrim's Progress, Everyman's Library*(London: J. M. Dent; New York: 1954), 91.

2. F. B. 마이어, *Abraham: or, The obedience of Faith* (New York: Revell, n.d.), 30.

66

들어갔다 나온 애굽

창세기 12 : 10-20

그 땅에 기근이 들었으므로 아브람이 애굽에 거류하려고 그리로 내려갔으니 이는 그 땅에 기근이 심하였음이라 그가 애굽에 가까이 이르렀을 때에 그의 아내 사래에게 말하되 내가 알기에 그대는 아리따운 여인이라 애굽 사람이 그대를 볼 때에 이르기를 이는 그의 아내라 하여 나는 죽이고 그대는 살리리니 원하건대 그대는 나의 누이라 하라 그러면 내가 그대로 말미암아 안전하고 내 목숨이 그대로 말미암아 보존되리라 하니라 아브람이 애굽에 이르렀을 때에 애굽 사람들이 그 여인이 심히 아리따움을 보았고 바로의 고관들도 그를 보고 바로 앞에서 칭찬하므로 그 여인을 바로의 궁으로 이끌어들인지라 이에 바로가 그로 말미암아 아브람을 후대하므로 아브람이 양과 소와 노비와 암수 나귀와 낙타를 얻었더라 여호와께서 아브람의 아내 사래의 일로 바로와 그 집에 큰 재앙을 내리신지라 바로가 아브람을 불러서 이르되 네가 어찌하여 나에게 이렇게 행하였느냐 네가 어찌하여 그를 네 아내라고 내게 말하지 아니하였느냐 네가 어찌 그를 누이라 하여 내가 그를 데려다가 아내를 삼게 하였느냐 네 아내가 여기 있으니 이제 데려가라 하고 바로가 사람들에게 그의 일을 명하매 그들이 그와 함께 그의 아내와 그의 모든 소유를 보내었더라

성경에는 하나님이 그분의 사람들 중 한 명에게 애굽으로 가는 것을 허용 내지 명령하는 곳이 몇 군데 있습니다. 예를 들면 야곱(애굽으로 내려가기를 두려워하지 말라 내가 거기서 너로 큰 민족을 이루게 하리라 - 창 46:3)

과 예수님의 양부인 요셉(일어나 아기와 그의 어머니를 데리고 애굽으로 피하여 내가 네게 이르기까지 거기 있으라 - 마 2:13)입니다. 그러나 대부분의 경우 성경적 언어에서 애굽은 세상을 의미하고 또 그것과 연합하는 것은 잘못임을 의미합니다. 따라서 하나님의 사람들은 애굽과 떨어져 있어야 합니다. "도움을 구하러 애굽으로 내려가는 자들은 화 있을진저 그들은 말을 의지하며 병거의 많음과 마병의 심히 강함을 의지하고 이스라엘의 거룩하신 이를 앙모하지 아니하며 여호와를 구하지 아니하나니"라고 이사야 31:1절이 이 관점을 나타내고 있습니다.

애굽을 의지하는 것은 하나님보다는 인간의 수단을 신뢰하는 것을 의미합니다. 그것은 믿는 자들이 피해야만 하는 것으로 만일 그들이 하나님의 힘이나 약속에 대한 믿음이 부족해 자신들이 애굽에 있다는 것을 깨달았다면 유일한 해결책은 가능한 한 빨리 그곳을 빠져나오는 것입니다. 그리고 다시는 돌아가지 않는 것입니다.

이것이 다음 부분에 나오는 아브람의 삶이 가르치는 내용입니다. 아브람은 하나님의 부르심을 들었고, 그 부르심에 믿음으로 응답했습니다. 그는 우르와 하란 두 곳에서 떠나 가나안에 도착했습니다. 그때 시험이 닥쳤습니다. 가나안에 기근이 든 것입니다. 그래서 아브람은 하나님을 따르는 것에서 돌이켜 애굽으로 갔습니다.

시험 중의 믿음

그러나 우리는 아브람에게 돌을 던질 수 없습니다. 왜냐하면 우리도 똑같은 짓을 하기 때문입니다. 더군다나 아브람은 이미 어려운 시험을 겪은 바 있고, 그 시험을 훌륭하게 이겨냈습니다. 그러나 우리는 늘 그렇게 하지 못합니다. 로버트 캔들리시(Robert Candlish)는 이러한 실패에 이르게 한 일곱 가지 시험을 열거하고 있습니다.

첫째, "아브람의 아내가 아이를 낳지 못했다." 아브람의 순례의 연수가 길어질수록 사래가 아이를 임신할 가능성은 점점 더 불확실해지고 있었습니다. 그러나 그녀의 불임은 처음부터 알려져 있었고, 그것은 분명히 하나님이 아브람에게 개입하신 초기부터 아브람에게 어려움이 되고 있었습니다.

둘째, "그의 목적지를 몰랐다." 아브람이 우르를 떠날 때 그는 분명히 가나안이 약속의 땅이라는 것을 알지 못했습니다. 히브리서 저자가 이렇게 말합니다. "믿음으로 아브라함은 부르심을 받았을 때에 순종하여 장래의 유업으로 받을 땅에 나아갈새 갈 바를 알지 못하고 나아갔으며"(히 11:8). 그는 그에게 매우 익숙한 땅을 떠나라는 요구를 받았습니다. 의심할 바 없이 그는 그곳에 그대로 있는 것이 마음이 편했을 것입니다. 그런데 전혀 새로울 뿐만 아니라 당시 알지도 못하는 땅으로 떠나라는 명령을 받은 것입니다.

셋째, "그는 그의 친척들을 남겨 두고 떠났다." 아브람이 여정을 시작할 때, 혼자만 있었던 것이 아닙니다. 그의 아내, 그의 아버지, 그의 조카 롯 그리고 몇몇 하인들이 그와 함께 갔습니다. 그러나 그 사람들 외에는 모두 남겨 두고 떠났습니다.

넷째, "도중에 일행이 더 줄어들었다." 데라가 죽었습니다. 물론 이것은 보통의 자연적인 섭리입니다. 모두가 죽기 때문입니다. 그러나 아브람의 상황에서 아버지의 죽음은 비통하게 느껴졌을 것이 틀림없습니다. 이제 단지 사래와 롯만 남았습니다. 그런데 나중에 롯도 그와 헤어졌습니다.

다섯째, "그는 집이 없었다." 가나안에 도착했을 때, 그는 우르에 있는 자기 집처럼 거주할 곳이 없었습니다. 그래서 그는 한 곳에 거주하는 대신에 세겜에서 벧엘로, 벧엘에서 남방으로 그리고 또 다른 곳들로 이동하는 방랑자가 되었습니다. 그 땅은 그의 자손에게 주어질 땅이었습니다. 그러나 그의 생애 기간 중에는 사래의 장지 외에는 아무 땅도 소유하지 못했습니다.

여섯째, "가나안 사람들이 가나안에 있었다." 가나안 사람들은 우상숭배자들이었습니다. 아마도 그들이 더 잔인하고 타락했다는 것 외에 근본적인 삶의 방식에서 우르의 사람들과 차이가 없었습니다. 아브람은 자문해 보았을 것입니다. '하나님이 나를 여기로 데려오시려고 내 고향 땅에서 불러내셨나? 여기가 더 좋은가?'

일곱째, "기근이 있었다." 캔들리시는 창세기 12장의 주석을 저술하면서 이렇게 기술하고 있습니다.

"그리고 이것마저도 부족하듯이 일용할 양식조차 구하기 힘들어졌다… 이제 무엇을 해야 하나? 지금까지 그는 확고부동한 삶을 살아 왔다. 그는 그가 거쳐해 온 곳마다 '제단을 쌓고', '주의 이름을 불러' 왔다(7, 8절). 그는 그의 믿음을 공언했고, 하나님을 영화롭게 해드리는 일을 추구해 왔다. 그러나 이제 그는 어쩔 수 없이 열매 없는 의무 수행을 포기해야만 할 것 같다. 그는 그 땅에서 굶주리고 있다. 어째서 그는 그의 옛 집으로 돌아가 그가 할 수 있는 좋은 일을 하지 못한단 말인가? 그곳에 가면 평안을 누리고 일할 수 있는 충분히 넓은 장소를 발견할 수 있을 것이다. 그러나 그는 여전히 믿음이 있어서 고향으로 돌아가는 것보다는 더 큰 위험과 맞서고자 한다. 그는 당분간 애굽으로 내려가기로 한다."[1]

이 점에서 우리는 아브람과 생각이 같습니까? 그가 애굽으로 가고자 한 결정이 타당하다고 생각합니까? 종종 우리는 전적으로 그와 생각이 같습니다. 왜냐하면 이것이 정확히 우리가 논리적으로 판단하는 것이기 때문입니다. 우리는 모든 것이 잘 돌아가는 한, 하나님께 순종하는 것은 옳다고 판단합니다. 그러나 기근, 위험 또는 칼이 닥치면 신앙심은 창문 밖으로 사라지고, 우리는 하나님이 아닌 우리 자신의 수단을 의지합니다. 이렇게 실패를 하면서 우리는 필요를 얻으려고 세상으로 향합니다. 그런데 세상은 필요를 예비하고 있습니다! 세상은 자신을 위해 그리고 세상을 기꺼이 지지하고 세상적인 방법을 따르는 자들을 위해 필요를 공급합니다. 이것은 우리 그리스도인이 가야할 참된 길이 아닙니다. 하나님을 믿는 사람이 하는 가장 부적절한 일은 하나님이 아닌 다른 곳의 도움을 찾는 것입니다. 아브람은 무엇을 했어야 했습니까? 그는 하나님을 의지했어야 했습니다. 하나님은 그를 굶주리게 하시려고 가나안으로 데려오신 것이 아닙니다. 그의 굶주림은 하나님이 나중에 아브람의 자손들을 광야에서 굶주리도록 인도하셨던 것(출 16:3, 17:3 참조) 그 이상도 아니었습니다.

그러나 하인 한 명이 아브람에게 와서는 이제 일주일치 먹을 식량밖에 남지 않았다고 말했다고 생각해 보십시오. 아브람은 "그들에게 7분의 1의 양식을 주어라." 라고 대답했어야 합니다. "그런데 이제 3일분밖에 남지 않았습니다." "3분의 1을 주거라." "그러나 아브람이여, 이제 양식이 단 하루치밖에 남지 않았습니다. 이것을 먹고 나면 아무 것도 없게 됩니다. 짐승과 사람들은 모두 죽을 것입니다." 아브람은 이렇게 말했어야 합니다. "그것을 모두 주거라. 하나님이 예비해 주실 것이다." 이것을 하나님이 아브람에게 가르치고자 하셨던 것입니다. 그러나 불행히도 아브람의 믿음은 아직 충분히 성장하지를 못했습니다. 그래서 하나님을 의지하는 것 대신에 그는 자신을 의지했고, 은혜의 장소에서 빗나가 버렸습니다.

"불신"의 단계

이전 장에서 우리는 아브람이 그의 삶을 통해 하나님을 의지하는 것에서 성장해 가는 믿음의 단계에 대해 기술했습니다. 이 단계들은 히브리서 11:8-19절에 기록되어 있습니다. 여기서 우리는 믿음의 단계가 아닌 불신, 즉 불신앙의 단계를 봅니다. 그 단계를 추적해 보면 우리는 아브람이 기근의 상황에서 하나님을 의지하는 일에 실패한 것이 그를 이끌어간 결과를 보게 됩니다. 그리고 그것은 우리가 아브람의 결정에 대해 갖는 어떤 동정심도 잘못된 것임을 확증해 줍니다. 그 이야기는 하락하는 6단계를 보여주고 있습니다.

첫째, 불신. 세상적 입장에서 본다면 아브람의 결정은 지혜로운 것이었습니다. 기근이 발생했습니다. 아브람은 가나안 사람들에게서 아무 양식도 얻을 수 없었습니다. 그들 역시 똑같은 궁지에 처해 있었으며, 혹 그들이 궁지에 처해 있지 않았더라도 그들이 낯선 자를 도와주리라고 기대하기가 어려웠습니다. 도대체 그가 무엇을 해야 했습니까? 불행히 그의 일련의 행동을 합리화시킬 충분한 사정이 있기는 했어도 만일 그 행동이 하나님에 대한 불신으로 나타났다면, (실상은 그렇게 나타났는데) 불신은 여전히 불신이고, 하나님을 신뢰하지 못하는 그 누구도 그분을 기쁘시게 할 수 없는 것입니다(히 11:6).

그렇다면 우리는 처한 상황을 보지 않아야 합니까? 아닙니다. 우리는 보아야 합니다. 현실에 소경이 되면 영적 성장은 없습니다. 우리의 어려움은 우리가 처한 상황을 보는 것에 있는 것이 아니라 전체적인 그림, 즉 세상 상황뿐만 아니라 상황의 하나님이신 주님도 포함한 그림을 보지 못하는 것에 있습니다. 갈릴리 바다에서 예수님을 향해 걷기 시작했을 때 베드로의 고민은 무엇이었습니까? 그가 단순히 바다를 보고 위험한 것을 알게 된 것이었습니까? 아닙니다. 그는 걸어 나가기 전에 그것을 이미 알았고, 처음에는 아주 잘 걸었습니다. 문제는 그가 예수님에게서 눈을 떼어 오직 환경만 바라보기 시작한 것이었습니다. 그러자 그는 두려워졌고, 물에 잠기기 시작했습니다(마 14:30). 거인과 메뚜기의 경우도 마찬가지입니다. 거인들은 두 명의 정탐꾼에게도 열 명이 본 것과 다르지 않은 거인들이었습니다. 그러나 두 명의 정탐꾼은 그들의 눈을 하나님의 광대하심에 두고 그들을 이길 수 있다는 것을 알았습니다. 열 명은 단지 거인들만 보았고, 그들은 스스로를 평가하는 데 있어 메뚜기가 되었던 것입니다.

어떤 사람이 한 그리스도인에게 요즘 어떻게 지내냐고 묻자 그는 대답했습니다. "어려운 상황 아래서 그리 나쁘게 지내지는 않습니다." 그 질문자가 얼버무리며 말했습니다. "그 상황 아래서 무엇을 하고 있는 것입니까? 그리스도인은 그 상황 위에 있는 것으로 알고 있는데요."

둘째, **예배의 결여**. 아브람이 기울어진 두 번째 단계는 간접적으로 시사되고 있습니다. 아브람은 그의 예배 처소인 벧엘을 떠났습니다. 그리고 애굽에서 쫓겨나기 전까지는 벧엘로 다시 돌아오지 않았습니다. 이것은 연구해 볼 가치가 있습니다. "하나님의 집"을 의미하는 벧엘은 아브람이 애굽으로 떠나기 전에 마지막으로 기록된 거주지였습니다. 그리고 그곳에서 아브람은 "여호와께 제단을 쌓고 여호와의 이름을"(창 12:8) 불렀다고 성경은 말씀하고 있습니다. 어쩌면 아브람이 벧엘을 떠나면서 그의 예배 처소도 떠난 것 같습니다. 왜냐하면 성경이 그가 다시 돌아올 때까지 그가 예배했다는 것을 기록하고 있지 않기 때문입니다.

이런 일은 사람들이 하나님 신뢰를 중단할 때 일어납니다. 그 이유는 불신은 죄이고, 죄는 우리를 하나님으로부터 떼어 놓기 때문입니다. 한 젊은이가 깊은 그리스도의 신앙을 가지고 대학으로 진학할 수 있습니다. 그러나 만일 그가 성적인 죄나 또는 다른 죄에 빠지면 그는 곧 이어서 성경 읽기, 기도 그리고 다른 믿는 자들과 함께 예배하는 것을 중단합니다. 그는 그의 모순된 삶을 견딜 수가 없습니다. 그는 신앙고백은 위에 있는데, 실행은 아래에 있는 삶을 살 수가 없습니다. 그래서 그가 신앙고백과 실행의 두 가지를 위에 있게 하려면 죄를 포기해야 하는데 죄는 포기하고 싶지 않기 때문에 그는 자신의 신앙고백을 실행의 수준으로 끌어내리고 기독교를 무시하기 시작합니다. 그는 이렇게 말할지도 모릅니다. "기독교는 위선 덩어리다. 나는 하나님을 믿는다. 그러나 자칭 의인들이 많은 교회에 가서 내가 해야 할 일이나 하지 말아야 할 일에 대한 설교를 들을 필요는 없다. 그저 집에 있겠다." 결국 그의 영적인 삶은 메말라버립니다.

하나님을 신뢰하십시오. 그러면 당신은 그분을 더욱더 예배하기 원하는 자신을 발견할 것입니다. 실제로 이것은 당신의 개인적 신앙 활력에 대한 리트머스 시험지입니다. 예배 드리는 것이 싫습니까? 당신은 일주일에 단 한 번 교회에 오고, 단지 거기 왔다는 것으로 대단한 일을 했다고 생각합니까? 빨리 집에 가고 싶어 끝나는 시간을 기다리기가 힘이 듭니까? 주일 저녁 예배나 주중 교회 모임에 오는 것은 아예 싫습니까? 만일 그렇다면 당신은 필시 하나님과 가까이 지내지 않고 그분을 신뢰하지 않는 것입니다.

반면에, 당신은 다른 그리스도인 동료들과 하나님을 예배하는 데 참여하기를 좋아합니까? 당신은 주일을 기쁨으로 여깁니까? 당신은 믿는 자들을 다른 때에도 만나고 싶어 합니까? 만일 그렇다면 나는 당신이 하나님을 많이 신뢰한다는 것과 당신이 그분과 함께 지내면서 많은 은혜를 받을 것이라고 믿습니다.

셋째, **자기 신뢰.** 어떤 사람이 불신이나 다른 죄로 하나님에게서 끊어지면, 그 사람이 기울어지는 다음 단계는 자기 신뢰입니다. 다시 말해 그 사람은 성경에서 발견되는 하나님의 지혜를 무시하고 대신에 자신의 지혜와 신뢰로 대체하기 시작합니다.

이것이 아브람이 한 짓입니다. 그는 기근으로 인해 가나안을 떠나 애굽으로 가기로 결정을 했습니다. 그러나 이 결정을 하자마자 그가 거기서 부딪칠 것으로 알고 있던 위험에 직면하게 되었습니다. 사래는 아리따웠고, 아브람은 어떤 애굽인이 그녀를 아내 또는 첩으로 삼으려고 그를 죽일 것을 두려워했습니다.

그가 하고자 한 일은 무엇입니까? 그는 이 문제를 해결하기 위해 하나님을 신뢰할 수가 없었습니다. 왜냐하면 그는 기근이라는 훨씬 작은 문제에 있어서도 하나님의 도우심에 대한 신뢰를 이미 포기했기 때문입니다. 그는 자신의 지혜를 의지했습니다. 그는 사래를 설득했습니다. "내가 알기에 그대는 아리따운 여인이라 애굽 사람이 그대를 볼 때에 이르기를 이는 그의 아내라 하여 나는 죽이고 그대는 살리리니 원하건대 그대는 나의 누이라 하라 그러면 내가 그대로 말미암아 안전하고 내 목숨이 그대로 말미암아 보존되리라"(창

12:11-13). 어쩌면 아브람은 이것이 거짓말이라는 것조차 생각하지 못했는지도 모릅니다. 왜냐하면 사래는 실제로 그의 이복 누이였기 때문입니다(창 20:11-12 참조). 게다가 그는 그것이 잘 생각한 것이라고 말했을 것입니다. 그는 애굽인들이 사래를 놓고 그와 협상할 것을 기대했습니다. 그리고 그는 협상을 기근이 끝날 때까지 질질 끌 수 있다고 생각했습니다. 하지만 아브람이 어떠한 변명을 한다고 해도 거짓말은 거짓말입니다.

당신이 잘못된 일을 하고자 할 때, 당신은 언제나 그 일을 하려는 그럴 듯한 이유를 찾을 수 있을 것입니다. 만일 당신이 그런 이유를 생각해 낼 수 없다면 마귀가 그것을 제공해 줄 것입니다. 그렇기 때문에 하나님은 이렇게 말씀하십니다. "너는 마음을 다하여 여호와를 신뢰하고 네 명철을 의지하지 말라 너는 범사에 그를 인정하라 그리하면 네 길을 지도하시리라" (잠 3:5-6).

넷째. 더 많은 죄. 아브람의 불신은 죄였습니다. 그런데 이 처음 죄에 더 많은 죄가 더해집니다. 아브람은 우리가 본 바와 같이 거짓말을 합니다. 더군다나 그는 사래에게도 거짓말을 하게 합니다. 이런 식으로 죄에 개입되는 사람들의 수가 늘어나면서 죄는 더욱 커집니다(사래, 하인들 및 다른 사람들). 바로 왕 조차 거의 개입될 뻔했습니다. 그는 하나님이 사래의 명예를 지켜주시지 않았더라면 그녀가 아브람의 아내인 것도 모르고 그의 누이로 생각하고 그녀와 간통할 뻔했습니다. 이것이 죄가 역사하는 방식입니다. 그것은 눈덩이가 아래로 구르며 커지듯이 스스로 더해 갑니다. "아주 조금" 은 죄를 지을 수 있다고 생각하지 마십시오. 그렇게 되지 않습니다. 죄는 당신보다 더 강합니다.

다섯째. 큰 손실. 아브람은 애굽에서 그에게 어떤 일이 일어날지 몰랐습니다. 그러나 거기 있은 지 얼마 안 되어 그는 그의 책략이 부적절했다는 것을 알았습니다. 그는 협상하는 동안 사래는 자기 보호 안에 있을 것으로 생각했습니다. 그러나 그의 계산과는 전혀 다르게 사래를 아브람에게서 취하여 통치자의 아내로 삼고자 바로의 궁에 이끌어 들였을 때, 아브람이 받았을 충격과 두려움을 상상해 보십시오.

당신이 하나님의 분명한 명령에 순종하지 않고 당신의 책략을 쓴다면, 당신은 당신의 "귀중한 것" 을 지키기 위해 하나님을 기꺼이 포기할 것입니다. 그렇게 하면 당신은 틀림없이 잃을 것입니다. 당신은 아무것도 얻지 못할 것입니다. 그리고 영적 유산도 잃을 것입니다. 마이어(F. B. Meyer)가 이 구절에 대해 훌륭한 관찰 내용을 기록했습니다.

"세상은 우리에게 호의적으로 간청할지 모른다. 그러나 그것에 대한 보상은 우리가 입을 손실에 비해 빈약할 것이다. 애굽에는 제단이나, 하나님과의 교제나, 새로운 약속은 없고 쓸쓸한 가정(家庭)과 잘못에 대한 비참한 의식만이 있다. 탕자가 그의 아버지 집을 떠날 때, 금지된 쾌락을 잠시 맛볼지는 모르지만 삶을 삶답게 만드는 모든 것을 잃고, 자신을 돼지의 수준으로 떨어뜨린다. 그런 경우 '처음 행위' 로 가기 위해서는 우리가 온 길을 되돌아가는 것 밖에는 도리가 없다. 아브라함처럼 애굽에서 나와 우리가 '처음에' 있었던 제단이 있는 장소로 올라가는 것 외에 다른 방도가 없는 것이다. 아브라함의 애굽에서의 실패는 결코 영웅적이지 않은 그 족장의 본질을 통찰하게 해 준다." [2]

여섯째. 꾸짖음과 심한 굴욕. 다행히도 하나님은 그분의 자녀들이 무한정으로 자신들의 길을 가도록 허락지 않으시고, 결국에는 그들의 잘못을 깨우쳐 주시고 그분에게로 돌아오게 하십니다. 이것은 좋은 소식입니다. 또 그분은 그들의 죄를 드러나게 하셔서 그들로 하여금 꾸짖음과 심한 굴욕을 경험하게 하십니다. 이것은 나쁜 소식입니다. 누구든지 하나님은 사래를 위해 전체 사건에 개입하신 것이라고 말하고 싶을 것입니다. 왜냐하면 바로에게 가해진 재앙이 그녀 자신의 직접적인 잘못을 통하지 않고 그로 하여금 그의 권력 안에 있는 사람을 더럽히지 못하도록 했기 때문입니다. 그러나 하나님의 개입은 또한 아브람을 위한 것이었습니다. 이교도가 하나님의 자녀를 바로잡는 장면이 벌어졌습니다. 바로는 아브람을 불러 꾸짖었습니다. "네가 어찌하여 나에게 이렇게 행하였느냐 네가 어찌하여 그를 네 아내라고 내게 말하지 아니하였느냐 네가 어찌 그를 누이라 하여 내가 그를 데려다가 아내를 삼게 하였느냐" 그리고 그를 애굽으로부터 쫓아냅니다. "네 아내가 여기 있으니 이제 데려가라" 아브람이 가나안으로 떠난 것은 크게 패배한 결과였지만 사려 있는 일이었습니다. 반하우스는 이렇게 기술하고 있습니다. "그것은 멋진 광경은 아니었다. 하지만 죄의 결과는 언제나 결코 멋진 것이 아니다." [3] 잘된 일은 아브람이 벧엘로 돌아가 하나님께 대한 예배를 다시 시작한 것이었습니다(창 13:3-4).

앞면 아니면 뒷면

도널드 반하우스는 이 사건에 대하여 앞면과 뒷면이 있는 동전처럼 삶에 있어서 모든 사건은 우리를 하나님에게로 가까이 이끌든지 아니면 하나님에게서 멀어지게 하든지 할 수 있다고 언급합니다. 기근이 닥쳤을 때 만일 아브람이 가나안에 머물렀었다면, 그의 믿음은 성장했을 것입니다. 그는 주님이 예비하시는 것을 보았을 것입니다. 그가 가나안에 머물지 않았기 때문에 영적 성장의 수단이 될 수 있었던 똑같은 기근이 그를 실제로 하나님에게서 멀리 떨어지게 하여 죄로 이끌고 결국에는 대단한 굴욕을 당했습니다. 우리가 삶에 대해 이 교훈을 배운다면 대단히 중요한 발판이 될 것입니다. 불평하는 대신에 우리는 하나님을 의지할 것입니다. "하나님이 왜 나에게 이 일이 일어나게 하셨는가? 그분은 나를 돌보지 않으시는가? 하나님이 왜 나를 버리셨는가?" 라고 말하는 대신에 "나로 하여금 하나님을 의지하게 하는 또 하나의 기회구나. 이번에는 그분이 내게 어떤 멋진 일을 하실지 궁금하네!" 라고 우리는 말할 것입니다. 그렇게 하는 것이 항상 쉬운 것은 아닙니다. 때로는 애굽으로 가는 것보다 가나안에 머무는 것이 은혜를 더 필요로 합니다. 그러나 그것이 하나님이 원하시는 것입니다. 그분은 우리의 길이 쉽게 되기를 원하지 않으십니다. 왜냐하면 길이 쉬우면 우리는 성장하지 않을 것이기 때문입니다. 그분은 우리의 영적 근육이 강해지고, 마침내는 위대한 은총의 고지에 올라갈 수 있도록 위로 향하는 믿음의 단계를 마련하시는 것입니다.

● 각주 ●

1. 로버트 S. 캔들리시, *Studies in Genesis*(Edinburgh: Adam and Charles Black, 1868; reprint, Grand Rapids; Kregel, 1979), 189.

2. F. B. 마이어, *Abraham*, 39.

3. 도널드 반하우스, *Genesis*, 1:83.

67

롯의 잘못된 선택

창세기 13 : 1-13

아브람이 애굽에서 그와 그의 아내와 모든 소유와 롯과 함께 네게브로 올라가니 아브람에게 가축과 은과 금이 풍부하였더라 그가 네게브에서부터 길을 떠나 벧엘에 이르며 벧엘과 아이 사이 곧 전에 장막 쳤던 곳에 이르니 그가 처음으로 제단을 쌓은 곳이라 그가 거기서 여호와의 이름을 불렀더라 아브람의 일행 롯도 양과 소와 장막이 있으므로 그 땅이 그들이 동거하기에 넉넉하지 못하였으니 이는 그들의 소유가 많아서 동거할 수 없었음이니라 그러므로 아브람의 가축의 목자와 롯의 가축의 목자가 서로 다투고 또 가나안 사람과 브리스 사람도 그 땅에 거주하였는지라 아브람이 롯에게 이르되 우리는 한 친족이라 나나 너나 내 목자나 네 목자나 서로 다투게 하지 말자 네 앞에 온 땅이 있지 아니하냐 나를 떠나가라 네가 좌하면 나는 우하고 네가 우하면 나는 좌하리라 이에 롯이 눈을 들어 요단 지역을 바라본즉 소알까지 온 땅에 물이 넉넉하니 여호와께서 소돔과 고모라를 멸하시기 전이었으므로 여호와의 동산 같고 애굽 땅과 같았더라 그러므로 롯이 요단 온 지역을 택하고 동으로 옮기니 그들이 서로 떠난지라 아브람은 가나안 땅에 거주하였고 롯은 그 지역의 도시들에 머무르며 그 장막을 옮겨 소돔까지 이르렀더라 소돔 사람은 여호와 앞에 악하며 큰 죄인이었더라

어느 그리스도인 남녀가 세상을 그리스도 위에 놓으면서 교회에 출석하는 한 가정에 대해 이야기하고 있었습니다. 그 가정은 교회에 나오지만 그것은 형식적인 출석이었습니다. 그들의 마음은 거기에 있지 않았습니다.

돈과 불순한 친구들에 대한 그들의 관심은 그들로 하여금 믿는 자들보다는 안 믿는 자들과 어울리게 만들었습니다. 그들 소득의 많은 부분이 그들의 삶의 스타일을 유지하는데 지출되었습니다. 그리고 추가적인 자금이 그들의 딸들을 교육시키는데 지출되었고 딸들은 학비가 비싸고 세속적인 사립학교에 다니고 있었습니다. 불행히도 딸들은 기독교를 거부했습니다. 이것이 서두의 그리스도인 남녀가 이야기하고 있던 것이었습니다.

남자가 말했습니다. "그 딸들이 그렇게 하는 것은 슬픈 일이 아닌가요?" 여자가 대답했습니다. "당신이 소돔 가까이에 장막을 칠 때 당신이 기대하는 것은 무엇일까요?" 그 여자는 창세기 13장에 주의를 돌리고 있었습니다. 거기에 보면 아브람과 롯이 헤어지는데 아브람은 주님과 그분의 은총을 선택했고, 롯은 평야지역의 번영하지만 악한 도시 쪽을 선택했습니다. "아브람은 가나안 땅에 거주하였고 롯은 그 지역의 도시들에 머무르며 그 장막을 옮겨 소돔까지 이르렀더라"(12절). 결국 롯의 선택은 대단히 나쁜 선택이었습니다. 그런데 그런 선택을 오늘날 그리스도인들이 종종 반복하고 있습니다.

벧엘로 돌아오다

이 사건은 아브람과 롯을 대조시키고 있습니다. 이때의 아브람의 영적 상태를 살펴보는 것으로 시작하고자 합니다.

아브람은 하나님에 대한 신뢰의 부족으로 애굽으로 내려갔었고, 거기서 불신의 결과로 굴욕을 당했습니다. 그는 하나님을 의심하기 시작했습니다. 그는 그의 예배 장소를 떠났습니다. 자기 신념이 강해졌습니다. 하나의 죄가 다른 죄를 낳았습니다. 그리고 그 자신의 죄는 다른 사람들에게 영향을 끼쳤습니다. 그는 일시적으로나마 그의 아내를 잃는 고통을 당했습니다. 끝내 그는 바로에게 꾸짖음을 당했습니다.

지난 장 끝 부분에서 말한 것처럼 결국 그의 소수의 동행자들을 데리고 가나안으로 돌아오는 사람에게 이것은 슬픈 일이었고, 의심할 바 없이 대단한 패배였습니다. 그러나 아브람은 사려 깊은 사람이었습니다. 그는 한때 하나님을 의심했었고 그래서 여러 곳을 전전하는 경험을 한 바 있습니다. 창세기 13장의 첫 절을 읽으면서 우리는 그 족장이 그가 처음에 있었던 벧엘에 이르기까지 쉴 새 없이 이동하는 모습을 볼 수 있습니다. 본문은 이렇게 기록하고 있습니다. "그가 네게브에서부터 길을 떠나 벧엘에 이르며 벧엘과 아이 사이 곧 전에 장막 쳤던 곳에 이르니 그가 처음으로 제단을 쌓은 곳이라 그가 거기서 여호와의 이름을 불렀더라"(3-4절).

아브람이 하나님의 이름을 불렀을 때, 그는 의심할 바 없이 그의 죄를 자백하고 온전한 교제를 회복했을 것입니다. 요한일서 1:9절은 이렇게 말씀합니다. "만일 우리가 우리 죄를 자백하면 그는 미쁘시고 의로우사 우리 죄를 사하시며 우리를 모든 불의에서 깨끗하게 하실 것이요." 이것이 아브람이 경험한 것입니다. 그는 죄를 범해 곤경에 처했습니다. 그러나 그는 그것이 죄라는 것을 기꺼이 받아들이고 하나님께 죄를 자백합니다. 불행히도 죄를 범하는 많은 그리스도인들은 이렇게 하지 않습니다. 그들은 때로 어떤 죄를 멈추도록 강요를 받아도 그들은 자백하지 않습니다. 그들은 그것을 덮으려고 애쓰고 그 결과로 처음 믿었을 때의 기쁨을 결코 회복하지 못합니다.

우리가 이 일에 실패한다는 것은 얼마나 어리석은 일인지 모릅니다. 마귀는 우리에게 우리가 죄를 지었으면 결코 되돌아갈 수 없다고 말할 것입니다. 그러나 하나님은 새로 시작하시는 하나님이십니다. 혹자는 말하기를 그분은 두 번째의 기회를 주시는 하나님이라고 했습니다. 그러나 그분은 그 이상으로 은혜로우신 분입니다. 그분은 단순히 두 번째의 기회를 주시는 분이 아니라 일흔 두 번째의 기회 또는 백 일흔 두 번째의 기회, 또는 얼마든지의 기회를 주시는 하나님이십니다.

아브람은 한 때 실패했습니다. 그는 우르에서 부르심을 받았으나 하란에서 멈추어 거기서 주옥같은 여러 해를 낭비했습니다. 하나님이 그를 부르셨습니다. 그는 새로운 기회를 얻었습니다. 그는 약속의 땅으로 왔지만 거기서 또 실패를 했습니다. 그는 애굽으로 내려간 것입니다. 아브람은 하나님이 그를 애굽에서 빼내오시기 전까지 많은 문제 속에 빠졌습니다. 그러나 마침내 그는 그곳을 빠져나와 은총의 자리로 돌아왔습니다.

탁월한 주석가 도널드 반하우스는 애굽에서의 아브람의 경험을 신약성경에서 먼 나라로 떠나 그의 소유를 탕진한 탕자에 비유한 바 있습니다. 그가 매우 굶주려 돼지의 음식을 먹게 될 때에야 비로소 제 정신이 돌아왔습니다. 요점은 이렇습니다. "돼지 사료는 종종 살찐 송아지에게는 식사 전에 먹는 전채에 지나지 않는다. 하나님의 뜻으로 돌아가는 유일한 길은 떠났던 이유로 되돌아가 자백하고, 지금의 생활을 버리고 하나님과의 교제의 자리로 돌아가는 것이다.”[1]

아브람이 그렇게 했습니다. 그는 죄의 열매를 맛보았는데 그 경험을 반복하기가 싫었습니다. 이제 다른 어떤 일이 있더라도 그는 주님의 상에서 먹기를 원했습니다. 우리는 아브람이 그의 슬픈 경험에서 결코 회복하지 못할 것이라고 생각했을지 모릅니다. 그러나 아니었습니다. 그는 벧엘로 돌아와 그곳을 떠났을 때와 같은 장소를 찾아냅니다. 그는 실패했지만 하나님은 그를 버리지 않으셨습니다.

유약한 자의 선택

아브람의 조카 롯의 경우는 달랐습니다. 롯은 아마도 애굽으로 내려간 것이 아브람의 죄이지 자신의 죄가 아니라고 판단했을지도 모릅니다. 그래서 어쩌면 그는 아브람의 굴욕에서 자신을 떼어놓았을지도 모릅니다. 그러나 자신이 이 점에서 그의 삼촌보다 낫다고 생각함으로써 그는 자신의 죄를 인정하는 것에 실패하고, 그 결과로 아브람과의 말다툼으로 번지는 씨를 심기 시작하면서 결국 슬픈 내리막길을 내려갑니다.

롯은 누구입니까? 그는 아브람의 형제 하란의 아들이었습니다. 하란은 아브람이 가나안으로 떠날 때 갈대아인의 땅에 남았습니다. 사람들은 롯이 그의 아버지와 함께 남아 있을 것으로 기대했을 것입니다. 그러나 아브람이 순례자가 되기로 결심한 열정에 사로잡혔든지 아니면 단순히 변화를 맛보거나 그의 처지를 개선하고 싶은 욕구가 있었든지 롯은 아브람과 함께 떠났습니다. 그는 아브람의 믿음의 물결 속으로 휩쓸려 들어갔습니다. 마이어(F. B. Meyer)는 롯이 존 번연의 「천로역정」에 나오는 유약(Pliable) 같다고 말합니다. 그는 영적인 일에 대해서 아브람만큼 진지하다고 생각했을 것입니다. 그러나 그것은 잘못이었습니다. 결과적으로 실제 시험이 닥쳤을 때, 그는 세상과 그 세상의 보상을 선택했습니다. 그 까닭에 그는 자신의 목숨을 건진 것 외에는 아무 것도 건지지 못하고 파멸을 탈출하게 되었습니다.

당신은 이와 같은 사람들을 본 적이 있습니까? 나는 본 적이 있습니다. 마이어도 분명히 그런 사람을 본 적이 있었습니다. 그가 기술합니다.

"모든 위대한 신앙 운동에는 그 운동을 고취시키는 동력을 알지 못하고 그 운동과 연합하는 다수의 사람들이 항상 있어왔고, 또 항상 있을 것이다. 그들을 조심하라! 그들은 하나님에게로 분리된 삶의 압박을 견뎌낼 수 없는 사람들이다. 단순한 흥분은 곧 그들에게서 사라질 것이고 그리고 그 자리를 대신할 어떤 원칙도 없이 그들은 평화의 장애물이나 방해자가 될 것이다. 그들이 진영에 숨어 있는 한 또는 그들의 도덕이 그들 마음 안에서 허용하는 한, 반드시 그들은 영적인 기풍을 떨어뜨릴 것이고, 세상적인 방책을 부추길 것이며, 우리에게 문제를 초래하게 할 방법들을 제안하고, 우리를 애굽 세상 쪽으로 이끌어 갈 것이다. 오직 최고의 원칙만이 하나님 자녀의 참되고, 구별되고, 복종하는 삶을 성취시켜 줄 수 있다. 만일 당신이 흥분, 열광, 스타일, 오염되어 있는 본보기 같은 최고의 원칙에 못 미치는 것에 의해 이끌린다면, 당신은 우선적으로 장애물이 될 것이고, 마지막은 실패로 끝날 것이다. 당신이 믿음 안에 있는지 자신을 점검해 보라. 당신 자신을 검증해 보라. 그래서 만일 당신이 저급의 이기적인 동기에서 의식적(意識的)으로 행동을 하고 있다면, 하나님께 그분 자신의 순수한 사랑을 당신에게 불어넣어달라고 요구하라."[2]

롯의 실패가 원칙의 결여에서 온 것이고, 숙고해서 선택한 악에서 온 것이 아니라는 사실은 그 이야기에서 명백히 드러납니다. 왜냐하면 그를 넘어뜨린 시험은 간접적으로 왔기 때문입니다. 롯과 아브람은 번창했습니다. 그들은 가축이 많았고 하인들도 많았는데 그들 중 얼마는 애굽에서 온 사람들이었습니다. 그래서 그들이 떠났던 산지로 되돌아 왔을 때 그들은 그들이 덜 부유했을 때 그들을 수용할 수 있었던 땅이 이제는 불충분한 것을 알게 되었고 그래서 아브람의 목자들과 롯의 목자들 사이에 다툼이 불가피하게 일어났습니다. 누구의 가축의 떼가 좋은 목초지를 차지하는가, 우물에서 누구의 떼에게 먼저 물을 주어야 하는가와 같은 상황에서 두 사람의 하인들 간의 사소한 다툼은 결국 두 사람의 관계에 영향을 주게 되었습니다.

그래서 그 둘 중에서 더 지혜로웠던 아브람은 다툼을 미연에 방지하기로 결심했습니다. 그는 둘이 서로 헤어질 것을 제안했습니다. "아브람이 롯에게 이르되 우리는 한 친족이라 나나 너나 내 목자나 네 목자나 서로 다투게 하지 말자 네 앞에 온 땅이 있지 아니하냐 나를 떠나가라 네가 좌하면 나는 우하고 네가 우하면 나는 좌하리라"(창 13:8-9).

아브람 편의 성숙하고 민감한 조처였습니다. 연장자로서 그리고 모험적인 삶을 전체적으로 이끄는 지도자로서 우선적인 선택권은 그에게 있었습니다. 그러나 그는 중요한 것을 배운 바가 있습니다. 그가 애굽으로 내려갔을 때, 그가 자신을 위해 선택했다가 큰 어려움에 빠졌습니다. 이제 그는 선택을 기꺼이 하나님에게 맡기고 그의 장래 삶의 문제를 위해서 하나님을 의지하기로 했습니다. 그는 "제1번"에 신경 쓸 필요가 없었습니다. 하나님이 하실 것을 믿었습니다. 그러므로 그는 하나님이 예비하실 것을 확신했기 때문에 그는 이 세상의 것들을 가볍게 여겼습니다. 하나님이 그것들을 주신다면, 그것으로 좋을 뿐이었습니다. 아브람은 그것들을 하나님으로부터 위탁받은 것으로 여기고, 하나님의 영광을 위해 사용할 것이었습니다. 그러나 하나님이 그것들을 옮기신다면, 그것 또한 좋았습니다. 궁극적으로 중요한 것이 있다면, 하나님을 소유하는 것인데 그는 그분을 소유하고 있었기 때문입니다.

가련한 롯! 그의 삶은 천박했고, 이와 같은 선택에 직면했을 때 그는 그가 보살펴야 할 일행과 관계없이 물질적으로 더 좋은 것을 선택하지 않을 수 없었습니다. 그는 벧엘 산지에서 요단의 평야를 바라보았습니다. 그곳은 에덴처럼(또는 애굽처럼) 물이 넉넉한 것을 보았습니다! 그에게는 그 둘의 차이가 없었습니다. 그래서 그는 요단을 택했습니다.

많은 사람들이 그 선택을 되풀이하고 있다고 마이어는 기술하고 있습니다.

"얼마나 많은 사람들이 그 벧엘 산지에 서서 롯이 그랬던 것처럼 똑같은 목적에 몰두해 왔는가! 대대로 각 시대는 젊은 심장을 가진 군중들을, 그들 앞에 이 세상 모든 왕국들과 그들의 영광이 펼쳐져 있는 동안에 매우 높은 산에 서도록 몰아쳐 왔다. 그리고 유혹자는 순종 한 번만 하면 모든 것이 그들의 것이 될 것이라고 속삭여 왔다. 그들은 자기 확신을 가지고 그들 자신을 위해 최선의 열심을 다하면서 인생의 주요한 기회가 될 것이라고 붙들고 있는 것들을 방해하지 않는 범위 내에서만 도덕규범을 고려해 줄 태세를 갖춰왔다. 이런 식으로 계속 이어져 온 세대들이 멀리 있는 소돔 평야 쪽을 바라보아 왔다. 그리고 아! 롯처럼, 그들은 돌로 떡을 만들려고 애썼다. 그들은 천사들이 붙들어 주도록 자신들을 산 중턱에서 아래로 내던졌다. 그들은 유혹자 앞에 무릎을 꿇었다. 그러나 그의 약속은 깨어지고, 상상했던 능력은 환상이었으며, 영혼은 영원히 거지가 되었음을 발견했다. 그러는 동안 유혹자는 공허한 웃음을 웃으며, 그에게 잘 속아 넘어가는 얼간이들을 황량한 광야 가운데 혼자 서 있도록 남겨놓고 사라졌다."[3]

당신은 롯과 다르다고 생각할지도 모릅니다. 그러나 만일 당신이 당신의 직업을 가정의 영적인 삶보다 우선시키고 있다면, 만일 당신이 당신의 사회적 출세를 하나님의 사람들과의 적절한 교제관계보다 우선시키고 있다면, 만일 당신 가정의 선택이 당신을 믿음과 예배로 성장할 수 있게 하는 교회를 방해하게 했다면, 당신은 산지에서 요단 평야로 이동한 것입니다. 당신은 거기서도 벧엘에서와 같이 하나님을 섬길 수 있다고 말할 것입니다. 롯도 "나는 하나님을 섬기는 일에서 당신만큼 열심입니다. 요컨대 그 평야의 도시들도 증인들을 필요로 합니다." 라고 말했을 것입니다. 그 말은 옳습니다. 그들에게는 증인들이 필요했습니다. 그러나 롯의 마음은 증거에 있지 않았습니다. 그는 하나님을 위해 아무 것도 하지 않고 있었습니다. 그의 마음은 그의 소유, 세상 물정 그리고 황홀하게 만드는 매력에 잡혀 있었고, 그것 때문에 그는 모든 것을 잃었습니다.

성경에서 부(富)에 대해 처음으로 언급된 곳이 여기라는 것은 뜻깊은 일입니다. 아브람과 롯이 부유했지만, 각자의 부에 대한 개념은 달랐다는 것에 주목하십시오. 아브람은 가축 떼를 소유하고 있었습니다. 그러나 그 가축 떼가 그를 소유하지는 않았습니다. 반대로, 롯의 가축 떼는 그를 소유했습니다. 따라서 아브람은 믿는 자들의 조상이 되었지만, 롯은 소유물에 의해 소유된 자들의 조상이 되었고, 그들이 구원을 받았다면 오직 "불 가운데서 받은 것 같은"(고전 3:15) 구원을 받은 사람들의 조상이 되었습니다. 롯의 부는 다툼의 근거가 되었습니다. 그리고 그는 믿는 자였기 때문에 그 모두를 잃는 것을 통해 배워야 했습니다. 신실하신 하나님은 그가 가진 소유를 잃는 것을 보셨습니다.

내리막길

지난 장에서 아브람의 경우를 예로 든 불신으로 인한 내리막길을 보았습니다. 롯에게 있어서도 역시 내리막길이 있습니다. 다만 롯의 내리막길은 더 나쁩니다. 아브람은 하나님에 대한 신뢰의 부족으로 하락했습니다. 그러나 아브람은 하나님의 자리에 다른 것을 채워 넣지 않았습니다. 그러나 롯은 채워 넣었습니다. 그는 하나님 대신 재물을 선택했고, 그 결과는 끔찍했습니다.

롯의 내리막길의 첫 번째, 그가 **소돔을 바라본 것이었습니다**(창 13:10). 이 바라봄은 단순히 눈으로 본 것이 아니었습니다. 왜냐하면 아브람 자신도 그렇게 했을 것이기 때문입니다. 롯뿐만 아니라 아브람도 요단강을 따라 기름진 평야가 있다는 것을 알았고, 그 안에 평야의 도시들이 있다는 것을 알았습니다. 롯의 바라봄은 그것을 원하는 마음으로 바라본 것이었습니다. 그는 아브람과 산지에 있었습니다. 그는 아브람처럼 하나님으로 인해 번영을 누려왔습니다. 그러나 그는 그것으로 만족하지 못했습니다. 그는 아직도 갖지 못했다고 생각하는 것들을 갖기 원했습니다. 그는 소돔이 갖고 있는 것들을 원했습니다. 그래서 탐욕스런 눈으로 그 쪽을 바라본 것입니다.

두 번째, 그는 그의 **장막을 소돔 가까이에 세웠습니다**(창 13:12). 만일 당신이 롯에게 왜 그때 도시 안에서 살려고 들어가지 않고 소돔 근처에 거했는가라고 물어보았다면 그는 당신에게 소돔은 지극히 악한 도시였기 때문이라고 설명했을 것입니다. 그는 소돔의 삶에 밀착되는 것을 보류했을 것입니다. 그는 이렇게 말했을 것입니다. "하지만 시도할만한 어느 정도의 이점은 있다." 롯은 예상되는 소돔의 이점을 즐기지만, 그 삶에 사로잡히지는 않기 위해 (하나님과 그분의 백성에 반대되는 죄된 세상의 그림인) 소돔에 필요한 만큼 가까이에 살기를 원했습니다.

그러나 세월이 흐르면서 그를 그 골짜기로 오게 했던 마음은 그를 도시로 이끌어 왔고 롯의 하락의 세 번째, 성경은 롯이 "**소돔에 거주했다**"(창 14:12)고 말씀합니다. 추락입니다! 신약은 롯이 "(소돔의) 무법한 자들의 음란한 행실로 말미암아… 이 의인이 그들 중에 거하여 날마다 저 불법한 행실을 보고 들음으로 그 의로운 심령이 상함이라"(벧후 2:7-8)

고 말씀합니다. 그럼에도 불구하고 그는 거기서 살았습니다. 특히 그는 주변에서 보는 것으로 인해 괴로워했지만, 그의 아내나 딸들은 분명히 그렇지 않았습니다. 왜냐하면 그의 딸들은 소돔 남자와 결혼을 했고, 그의 아내는 소돔을 사모해서 소돔이 파괴될 때조차도 소돔과의 관계를 끊기를 거절함으로 소금 기둥이 되는 심판을 받았기 때문입니다.

롯이 몰락한 네 번째는, 성경은 롯이 소돔 성문에 앉아 있었다고 말씀합니다(창 19:1). 다시 말해서 롯은 그 도시의 장로들 중의 한 명, 즉 정치적, 사업적 지도자들 중의 한 명이 되었던 것입니다. 우리가 아는 한, 그는 그 도시를 조금도 변화시키지 못했습니다. 그는 한 사람의 결신자도 얻지를 못했습니다. 소돔에 심판이 닥쳤을 때, 롯은 단지 자기 아내와 두 딸만을 데리고 탈출했습니다(딸들의 남편들조차 떠나지 않았습니다). 그리고 그는 그의 모든 소유를 잃었습니다. 시편 1편의 저자가 시를 쓸 때, 롯과 그의 실패를 생각하고 있지 않았을까 생각해 봅니다. 시편 1편은 이렇게 기록되어 있습니다.

"복 있는 사람은 악인들의 꾀를 따르지 아니하며 죄인들의 길에 서지 아니하며 오만한 자들의 자리에 앉지 아니하고 오직 여호와의 율법을 즐거워하여 그의 율법을 주야로 묵상하는도다 그는 시냇가에 심은 나무가 철을 따라 열매를 맺으며 그 잎사귀가 마르지 아니함 같으니 그가 하는 모든 일이 다 형통하리로다 악인들은 그렇지 아니함이여 오직 바람에 나는 겨와 같도다 그러므로 악인들은 심판을 견디지 못하며 죄인들이 의인들의 모임에 들지 못하리로다 무릇 의인들의 길은 여호와께서 인정하시나 악인들의 길은 망하리로다"(시 1:1-6)

● 각주 ●

1. 도널드 G. 반하우스, *Genesis*, 1:84
2. F. B. 마이어, *Abraham*, 44.
3. 같은 책, 50.

68

네 눈을 들어 바라보라

창세기 13 : 14-18

롯이 아브람을 떠난 후에 여호와께서 아브람에게 이르시되 너는 눈을 들어 너 있는 곳에서 북쪽과 남쪽 그리고 동쪽과 서쪽을 바라보라 보이는 땅을 내가 너와 네 자손에게 주리니 영원히 이르리라 내가 네 자손이 땅의 티끌 같게 하리니 사람이 땅의 티끌을 능히 셀 수 있을진대 네 자손도 세리라 너는 일어나 그 땅을 종과 횡으로 두루 다녀 보라 내가 그것을 네게 주리라 이에 아브람이 장막을 옮겨 헤브론에 있는 마므레 상수리 수풀에 이르러 거주하며 거기서 여호와를 위하여 제단을 쌓았더라

누가복음 18:18-30절에 한 사건이 나오는데 그것은 아브람이 롯과 헤어진 후의 아브람에게 들어맞는 사건이기도 합니다. 한 젊은 부자 관리가 예수님께 물었습니다. "선한 선생님이여 내가 무엇을 하여야 영생을 얻으리이까" 그러자 예수님은 자신을 "선하시다" 라고 올바로 부를 수 있는 유일한 길은 예수님을 하나님으로 인정하는 것임을 지적하시면서 자신에 대해 설명하셨습니다. 예수님은 또한 그에게 율법에 대해서도 설명하셨습니다. 그러나 청년이 그가 어려서부터 율법의 모든

명령을 지켜왔다고 대답하자 예수님은 "네게 아직도 한 가지 부족한 것이 있으니 네게 있는 것을 다 팔아 가난한 자들에게 나눠 주라 그리하면 하늘에서 네게 보화가 있으리라 그리고 와서 나를 따르라" 고 말씀하셨습니다. 이 말씀에 젊은이는 그가 부자였던 고로 심히 근심하며 그 자리를 떠났다고 기록하고 있습니다.

그리고 이 사건에 대한 논의가 일어나자 예수님이 말씀하셨습니다. "재물이 있는 자는 하나님의 나라에 들어가기가 얼마나 어려운지 낙타가 바늘귀로 들어가는 것이 부자가 하나님의 나라에 들어가는 것보다 쉬우니라." 제자들이 물었습니다. "그런즉 누가 구원을 얻을 수 있나이까?" 예수님은 부자가 천국에 들어가는 것이 어렵지만 불가능한 것은 아니라고 대답하셨습니다. 왜냐하면 "무릇 사람이 할 수 없는 것을 하나님은 하실 수 있기" 때문이었습니다.

이 말씀이 가장 거리낌 없이 말하는 제자인 베드로를 조금 우쭐하게 만들었습니다. 그가 말했습니다. "보옵소서 우리가 우리의 것을 다 버리고 주를 따랐나이다." 이에 예수님은 주목할 만한 말씀으로 대답하셨습니다. "내가 진실로 너희에게 이르노니 하나님의 나라를 위하여 집이나 아내나 형제나 부모나 자녀를 버린 자는 현세에 여러 배를 받고 내세에 영생을 받지 못할 자가 없느니라"

이 말씀은 성경에서 처음으로 아브람의 삶에서 분명하게 실증이 되고 있습니다. 아브람은 땅 문제에 관해서 우선권을 롯에게 줌으로써 가나안에서 제1급 부동산을 일시적으로 잃었습니다. 무엇보다 그는 롯을 잃었습니다. 그전에는 아버지를 죽음 때문에 잃었었습니다. 그러나 하나님은 아브람에게 오셔서 그가 현세와 내세에 있어 하나님이 주시는 보상의 그 어떤 것도 잃지 않았음을 말씀하셨습니다. 하나님은 아브람에게 이렇게 말씀하셨습니다.

"너는 눈을 들어 너 있는 곳에서 북쪽과 남쪽 그리고 동쪽과 서쪽을 바라보라 보이는 땅을 내가 너와 네 자손에게 주리니 영원히 이르리라 내가 네 자손이 땅의 티끌 같게 하리니 사람이 땅의 티끌을 능히 셀 수 있을진대 네 자손도 세리라 너는 일어나 그 땅을 종과 횡으로 두루 다녀 보라 내가 그것을 네게 주리라"(창 13:14-17)

아브람은 가장 좋은 땅을 잃었습니까? 결코 그렇지 않습니다. 하나님은 그에게 가나안 전 땅을 주시겠다고 했습니다. 그는 물이 풍부한 한줌의 작은 평야를 포함한 북과 남, 동과 서의 모든 땅을 갖게 되었습니다. 아브람이 제자가 된 것 때문에 가족을 잃었습니까? 아닙니다. 하나님은 그에게 땅의 티끌 같이 많은 자손을 주시겠다고 했습니다. 그래서 만일 누가 그 티끌을 셀 수 있다면 그 자손도 셀 수 있을 것입니다.

그러나 아브람이 해야 할 두 가지 일이 있었습니다. 첫째, 그는 눈을 들어 하나님이 주시고자 하는 것을 바라보아야만 합니다. 둘째, 그는 그 땅의 길이와 넓이대로 다녀야 합니다. 그래서 땅을 조금씩 소유해 가야 합니다.

두 종류의 바라봄

이 본문 이야기에는 "자신의 눈을 든다." 라는 개념의 말이 두 군데서 나옵니다. 첫 번째는 "눈을 들어 요단 지역 전체를 바라본"(10절 직역) 롯에 관련된 이야기입니다. 우리는 이미 이 바라봄에 대해 숙고를 해보았습니다. 그것은 실제로 깊은 "열망의 바라봄" 이었는데, 그 열망은 아브람 조카의 무책임하고 탐욕스런 마음에서 자라난 것이었습니다. 그는 이 좋은 땅을 원했습니다. 두 번째는 아브람에 의한 바라봄인데 그는 하나님의 명령에 따라 그의 눈을 들어 바라본 것이었습니다. 이것은 열망의 바라봄이 아니었습니다. "순종의 바라봄" 이었습니다. 그러므로 아브람이 순종하자 그 굴복의 장소는 그에게서 이미 자라나고 있는 믿음을 통해 그가 소유한 장소가 되었습니다.

나는 당신이 롯이 아닌 아브람처럼 "당신의 눈을 들기를" 권합니다. 나는 하나님이 당신에게 보라고 명령하시는 것을 바라보기를 원합니다. 나는 길에서 1달러짜리 지폐를 발견하고 그 후로 또 돈을 발견할까 해서 아래만 쳐다보고 다니면서 여생을 보낸, 그래서 해가 뜨는 것을 한 번도 보지를 못한 사람의 이야기를 들었습니다. 눈을 들어 하나님이 당신을 위해 가지고 계신 것을 보십시오.

성경이 우리에게 눈을 들어 보기를 원하는 첫 번째 것은 하늘입니다. 왜 우리가 거기를 봐야 합니까? 이사야가 우리에게 말합니다.

"너희는 눈을 높이 들어 누가 이 모든 것을 창조하였나 (하늘을) 보라 주께서는 수효대로 만상을 이끌어 내시고 그들의 모든 이름을 부르시나니 그의 권세가 크고 그의 능력이 강하므로 하나도 빠짐이 없느니라 야곱아 어찌하여 네가 말하며 이스라엘아 네가 이르기를 내 길은 여호와께 숨겨졌으며 내 송사는 내 하나님에게서 벗어난다 하느냐 너는 알지 못하였느냐 듣지 못하였느냐 영원하신 하나님 여호와, 땅 끝까지 창조하신 이는 피곤하지 않으시며 곤비하지 않으시며 명철이 한이 없으시며"(사 40:26-28)

이 말씀은 실망해서 "내 길은 여호와께 숨겨졌으며 내 송사는 내 하나님에게서 벗어난다." 라고 불평하는 사람들을 위한 말씀입니다. 사람들이 그렇게 생각할 때, 그들의 눈의 시선은 아래로 떨어집니다. 그들은 땅을 보고 자신의 작은 문제들에 집중합니다. 그들은 하나님을 볼 수가 없어 하나님이 자신들을 보지 않는다고 생각합니다. 그런 사람들에게 하나님은 말씀합니다. "눈을 들어라. 아무 것도 볼 수 없거든 하늘의 별이라도 바라보라. 그리고 '이 모든 별들은 누가 만들었는가? 누가 별들에게 이름을 붙였고, 그것들을 기억하고 있고, 인도하고 있는가?' 를 생각하고 그분이 나를 모르거나 나를 인도하실 수 없는 분이 아님을 생각하라. 이 믿음이 작은 자들아!" 예수 그리스도께서는 산상설교에서 주의를 별들이 아닌 백합화에 돌리시면서 같은 것을 주장하셨습니다. 그분은 이렇게 말씀하셨습니다.

"또 너희가 어찌 의복을 위하여 염려하느냐 들의 백합화가 어떻게 자라는가 생각하여 보라 수고도 아니하고 길쌈도 아니하느니라 그러나 내가 너희에게 말하노니 솔로몬의 모든 영광으로도 입은 것이 이 꽃 하나만 같지 못하였느니라 오늘 있다가 내일 아궁이에 던져지는 들풀도 하나님이 이렇게 입히시거든 하물며 너희일까보냐 믿음이 작은 자들아"(마 6:28-30)

나는 이 말씀을 들을 필요가 있는 많은 사람들에게 이야기합니다. 어쩌면 이 글을 읽는 당신도 그 중 한 명일지도 모릅니다. 아브람처럼 당신은 당신 자신의 작은 산 위에서 혼자 장래의 문제를 질문하며 서 있을지도 모릅니다. 당신은 버림받았다고 느끼고, 풀이 죽어 있을지도 모릅니다. 당신의 시선은 전적으로 당신 자신에게 머물러 있습니다. 그렇다면 당신에게 들려줄 하나님의 말씀이 있습니다. "네 눈을 들라! 하늘을 보라! 들의 백합화를 보라!" 당신이 기죽어 있는 상태에서 하나님이 당신을 보살피고 계시지 않은지 여쭈어 보십시오.

성경이 우리에게 눈을 들어 보라고 하는 두 번째 것은 특별히 기도에서 하나님 아버지를 보라는 것입니다. 이 점에 있어 예수님이 우리의 본보기가 되십니다. 나사로의 무덤 앞에서 그분은 "눈을 들어 우러러 보시고 이르시되 아버지여 내 말을 들으신 것을 감사하나이다 항상 내 말을 들으시는 줄을 내가 알았나이다 그러나 이 말씀 하옵는 것은 둘러선 무리를 위함이니 곧 아버지께서 나를 보내신 것을 그들로 믿게 하려 함이니이다" (요 11:41-42). 요한복음 17장에는 이런 말씀이 있습니다. "예수께서 이 말씀을 하시고 눈을 들어 하늘을 우러러 이르시되(기도하시되)" (1절).

당신은 지쳐있습니까? 하나님께 말씀하십시오. 예수님께서 이렇게 말씀하셨습니다. "구하라 그리하면 너희에게 주실 것이요 찾으라 그리하면 찾아낼 것이요 문을 두드리라 그리하면 너희에게 열릴 것이니 구하는 이마다 받을 것이요 찾는 이는 찾아낼 것이요 두드리는 이에게는 열릴 것이니라" (마 7:7-8). 야고보는 이렇게 기술했습니다. "너희가 얻지 못함은 구하지 아니하기 때문이요" (약 4:2). 당신에게 지혜가 부족합니까? 하나님께 간구하십시오. 성경은 이렇게 말씀합니다. "너희 중에 누구든지 지혜가 부족하거든 모든 사람에게 후히 주시고 꾸짖지 아니하시는 하나님께 구하라" (약 1:5). 예수님이 말씀하셨습니다. "너희가 내 이름으로 무엇을 구하든지 내가 행하리니 이는 아버지로 하여금 아들로 말미암아 영광을 받으시게 하려 함이라 내 이름으로 무엇이든지 내게 구하면 내가 행하리라" (요 14:13-14).

이러한 구절들은 우리에게 하나님은 그분의 자녀들에게 좋은 선물을 주시는 것을 기뻐하신다는 것을 말해 줍니다. 따라서 만일 우리가 그런 선물을 가지고 있지 않다면 잘못은 하나님에게 있는 것이 아닙니다. 그것은 눈을 들어 하늘을 보고, 구하지 않은 우리에게 있는 것입니다.

이것이 어쩌면 많은 현대 그리스도인들의 약점을 설명해 주는 것일 수도 있습니다. 때때로 그리스도인들이 목사에게 묻습니다. "내가 그리스도인으로서 삶에서 승리하지 못하는 것 같은 것은 무엇 때문입니까? 왜 성경은 이해하기가 어렵습니까? 왜 나는 아직도 끊임없이 괴롭히는 어떤 죄에 속박되어 있는 것 같습니까? 왜 나는 전도하는 일에 이토록 빈약합니까? 왜 그리스도인으로서의 행동의 고귀한 원칙이 내 직장과 가정사에서 효과가 이렇듯 거의 없습니까?" 아마도 대답은 그 사람이 이러한 은혜를 하나님께 구하지 않은 것에 있을 것입니다.

많은 목사들도 묻습니다. "내 설교에 하나님의 능력이 없는 것은 어째서입니까? 왜 결신자가 거의 없습니까? 왜 사역을 확장하고 강화시킬 지도자들이 없습니까?" 다시 말씀드리지만 대답은 기도의 결여일 수 있습니다. "왜 그리스도인 사역을 위한 우수한 지망자들이 적습니까? 왜 교회는 이리도 약하고, 설교는 빈약하고, 사회에 대한 우리의 영향력은 비효과적이며, 우리의 목표는 이렇게도 실현되지 않습니까?" 다시 한 번 우리는 "그 이유는 우리가 기도를 게을리 하기 때문인가?" 하고 의심해 봐야 합니다.

이런 말들이 오늘날의 많은 교회들의 이야기가 아닙니까? 우리 중에 많은 이들에게 개인적으로 해당되는 이야기가 아닙니까? 이 문제들의 많은 부분을 토레이(R. A. Torrey)가 쓴 「기도의 능력과 능력의 기도」(The Power of Prayer and the Prayer of Power)에서 토레이는 이렇게 기술하고 있습니다.

"우리는 기도하는 시대에 살고 있지 않다. 우리는 혼잡하고 사람이 힘쓰고 사람이 결정하는, 자신을 신뢰하고 자신의 힘으로 목적을 이루는 시대에 살고 있으며, 인간이 조직하고, 인간이 기계가 되며, 인간이 추진하고, 인간이 계획하며, 하나님의 것으로는 실질적인 성취가 전혀 없음을 의미하는 인간이 성취하는 시대에 살고 있다… 우리가 필요로 하는 것은 어떤 새로운 조직, 어떤 새로운 원동력이 아니라, 우리가 이미 소유하고 있는 '원동력들 가운데 있는 살아 역사하시는 성령' 이다."[1]

우리의 눈을 들어 보라고 권함 받는 세 번째 대상은 예수님입니다. 히브리서 저자는 이 필요를 특별히 의식하고 있습니다. 만물이 그리스도에게 종속되었음을 기술하면서 그는 지금 우리는 모든 것이 그분에게 종속된 것을 아직 보지 못한다고 했습니다. 그리고 덧붙입니다. "하지만 우리는 예수를 본다" (히 2:9). 히브리서 12장에서 죄는 종종 그리스도인의 생활을 방해한다는 사실을 이야기한 다음에 이렇게 기술합니다.

"믿음의 주요 또 온전하게 하시는 이인 예수를 바라보자 그는 그 앞에 있는 기쁨을 위하여 십자가를 참으사 부끄러움을 개의치 아니하시더니 하나님 보좌 우편에 앉으셨느니라 너희가 피곤하여 낙심하지 않기 위하여 죄인들이 이같이 자기에게 거역한 일을 참으신 이를 생각하라" (히 12:2-3)

우리가 가지고 있는 문제의 하나는 우리는 다른 비전이나 다른 충성 대상자에게 쉽게 우리의 마음을 돌리는 것입니다. 우리는 변화산상의 베드로와 같습니다. 예수님이 베드로, 야고보 그리고 요한 앞에서 변화되셨습니다. 그런데 베드로가 이 경험으로 너무 감명을 받아 그는 즉시 무엇인가를 하고 싶었습니다. 그는 말했습니다. "주여 우리가 여기 있는 것이 좋사오니 만일 주께서 원하시면 내가 여기서 초막 셋을 짓되 하나는 주님을 위하여, 하나는 모세를 위하여, 하나는 엘리야를 위하여 하리이다" (마 17:4). 모세와 엘리야는 예수님과 함께 나타났습니다.

베드로가 말할 때 빛난 구름이 그들을 덮으며 소리가 들립니다. "이는 내 사랑하는 아들이요 내 기뻐하는 자니 너희는 그의 말을 들으라" (5절). 그들은 땅에 엎드려 심히 두려워했습니다. 예수님이 그들에게 손을 대시며 일어나라고 말씀하셨습니다. 그리고 성경은 이렇게 말씀합니다. "제자들이 눈을 들고 보매 오직 예수 외에는 아무도 보이지 아니하더라" (8절).

이 사건은 우리를 위한 것입니다. 우리는 목소리들이 서로 충돌하고 불협화음을 이루는 가운데 살고 있습니다. 그 소리들은 밖에서도 오고 안에서도 옵니다(세상에서, 육신에서 그리고 마귀에게서). 그런데 이런 상황에서 우리가 그리스도인으로서 매우 혼란되고 무력한 이유는 우리가 그 소리들을 모두 듣기 때문입니다. 그 치료책은 베드로에게 하도록 권고된 것(그의 눈을 들어 예수님을 보고 그분의 말씀만 듣는 것)을 우리도 하는 것입니다.

하나님의 추수

성경이 우리에게 눈을 들어 보라고 말씀하는 대상은 단지 이것들만이 아닙니다. 지금까지 우리 자신과 우리의 필요와 관계가 되는 대상은 하늘, 하나님 아버지, 예수님이었습니다. 그러나 또 다른 본문에 보면 이런 말씀이 있습니다.

"너희는 넉 달이 지나야 추수할 때가 이르겠다 하지 아니하느냐 그러나 나는 너희에게 이르노니 너희 눈을 들어 밭을 보라 희어져 추수하게 되었도다 거두는 자가 이미 삯도 받고 영생에 이르는 열매를 모으나니 이는 뿌리는 자와 거두는 자가 함께 즐거워하게 하려 함이라" (요 4:35-36).

이 말씀은 우리에게 눈을 들어 하나님의 추수 밭을 보라고 합니다. 유대에 계시던 예수님이 갈릴리로 가시고자 북쪽으로 올라가시다가 사마리아에 있는 야곱의 우물이라고 부르는 장소에 멈추셨습니다. 그 우물은 수가성 밖 작은 산 아래 있었습니다. 예수님이 우물가에서 쉬고 계시는 동안, 제자들은 점심으로 먹을 음식을 사고자 마을로 갔습니다. 잠시 후에 한 여인이 물을 길러 왔습니다. 밝혀진 바에 의하면, 그 여인은 현재 남편이 아닌 사람과 살고 있는 부도덕한 여인이었습니다. 예수님은 여인과 이야기를 나누셨습니다. 예수님은 여인의 호기심을 유발시키심으로써 자신이 메시아임을 여인에게 계시하셨습니다. 예수님은 여인을 믿음으로 인도하셨습니다. 이에 반응해서 여인은 물동이를 그대로 두고 (그 여인은 작은 일들에 대해서는 잊어버렸습니다) 마을로 들어가 사람들에게 말했더니 그들은 사마리아 여인의 초청에 응했고, 많은 사람들이 예수님께 왔습니다.

"내가 행한 모든 일을 내게 말한 사람을 와서 보라 이는 그리스도가 아니냐"(요 4:29)

한편, 제자들에게는 다른 각본이 연출되고 있었습니다. 사마리아 여인이 물을 길러 내려 올 때, 그들이 산을 올라 수가성에 갔다면 그들은 여인과 길에서 마주쳤을 것이 틀림없습니다. 그들은 남자였고, 여인은 여자였기 때문에 그리고 여인은 사마리아인이었고, 그들은 유대인이었기 때문에 그들이 여인으로 인해 길을 비켜서지 않았을 것은 자명합니다. 여인이 그들을 위해 길을 비켜섰을 것입니다. 그리고 예수님은 산 아래서 위를 쳐다보시며 아마도 그 모든 일을 보고 계셨을 것입니다. 그들이 우물로 돌아왔을 때, 예수님이 그 여인과 말씀하고 계신 것을 보고 소스라치게 놀랐을 것이고 여인은 그들이 불쾌해 하는 것을 눈치챘음에 틀림없습니다. 그래서 여인은 마을 사람들을 예수님께 데려오려고 그곳을 재빨리 떠났을 것입니다.

그러자 예수님은 제자들에게 세상에서 그들의 사명에 대한 것을 내가 앞에서 인용한 말씀을 하시면서 가르치기 시작하셨습니다. "너희 눈을 들어 밭을 보라 희어져 추수하게 되었도다" 나는 예수님이 이 말씀을 하실 그때, 여인이 마을에서 사람들을 데리고 오고 있었다고 생각합니다. 제자들은 추수에 대해 깜깜했습니다. 그러나 추수 밭이 예수님을 향해 몰려오고 있었습니다. 그들은 눈을 들어 보지 않았기 때문에 그것을 보지 못할 뻔했습니다. 그들은 오직 그들의 뱃속만 생각하고 있었습니다.

오늘날도 역시 추수를 할 때입니다. 예수님의 지상 사역 이래로 항상 그래왔던 것처럼 예수님은 죽으시고, 죽음에서 부활하셨습니다. 그리고 성령님이 지금 사람들을 그분에게 오도록 세상에서 역사하고 계십니다. 환경의 예기치 않은 조절 때문이나 또는 환경을 만들어내는 우리의 상상 속의 능력 때문이 아니라 예수님의 오심 때문에 추수할 때인 것입니다.

이 생각은 그 구절에 제시되어 있는데 아마도 무관심한 독자들에게는 즉각 분명하지 않을 수 있습니다. 예수님은 심고 거두려면 넉 달이 지나야 한다는 격언을 인용하시고 나서 이 말씀에 동의하지 않으시고 심는 것과 거두는 것은 동시에 일어날 수 있다고 말씀하셨을 때, 제자들은 아마도 메시아의 오심에 관련되는 구약의 예언을 생각했을지도 모릅니다. 구약에 의하면 메시아는 이 땅에 큰 물질적 축복의 시대를 선도하실 것입니다. 아모스가 이렇게 기술했습니다.

"여호와의 말씀이니라 보라 날이 이를지라 그때에 파종하는 자가 곡식 추수하는 자의 뒤를 이으며 포도를 밟는 자가 씨 뿌리는 자의 뒤를 이으며 산들은 단 포도주를 흘리며 작은 산들은 녹으리라"(암 9:13)

영적인 의미에서 이것은 예수님이 말씀하신 내용에 맞는 이야기입니다. 메시아는 오셨고, 그래서 부단한 추수를 할 수 있는 것입니다. 당신은 우리 시대에 성령님이 역사하고 계시는 것을 알고 있습니까? 여러 곳, 즉 여러 도시에서, 여러 캠퍼스에서, 제3세계 전역에서 분명히 역사하고 계십니다. 당신은 이들 기회에 대비해 깨어 있습니까? 만일 그렇지 않다면 당신은 눈을 들어 추수할 것을 보고 하나님에게 그분의 일꾼으로 당신을 사용하시기를 요청해야만 합니다.

한 걸음 한 걸음

마지막 사항이 한 가지 더 있습니다. 가나안 땅이 분명히 아브람의 것이었던 것처럼 이 추수 밭은 우리의 것입니다. 그러나 우리의 생애 기간 중에 우리의 노동에 대한 모든 열매를 봐야할 필요는 없습니다. 아브람은 그의 씨가 가나안 온 땅을 소유하는 것을 사는 동안에는 보지 못했습니다. 우리도 풍요한 추수의 결과에 참여하지 못할 것입니다. 실제로 한 걸음 한 걸음 그 땅을 소유하기 시작하지 않는 한, 우리가 참여한 정도의 결과조차도 보지 못할 것입니다. 나는 하나님이 아브람에게 말씀하신 이유가 이것이라고 생각합니다. "너는 일어나 그 땅을 종과 횡으로 두루 다녀 보라 내가 그것을 네게 주리라"(창 13:17).

나중에 하나님은 모세에게 그 땅은 이스라엘 백성이 그 땅을 점령하는 만큼 그들에게 속하게 될 것임을 말씀하셨습니다. "너희의 발바닥으로 밟는 곳은 다 너희의 소유가 되리니"(신 11:24). 아브람에게 있어서도 마찬가지였습니다. 탁월한 강해설교가 도널드 반하우스(Donald Barnhouse)는 다음과 같이 기술했습니다.

"그가 1에이커(4,047 ㎡)의 땅을 걸으면 그는 1에이커의 땅을 소유했고, 1마일(1.6 km)을 걸으면 그는 1마일을 소유 했다. 그가 산을 오르면 그 산이 그의 것이 되었고, 그가 골짜기로 내려가면 그 골짜기가 그의 것이 되었다."[2]

우리는 하나님의 추수를 단번에 대량으로 끌어들이는 것이 아닙니다.

노력 없이는 추수를 할 수가 없습니다. 그것은 하나씩 하나씩 그리고 큰 노력을 들이는 것입니다. 그러나 종종 실망하기도 하지만 "하나씩 하나씩" 하는 것이 이루게 하고 하나님은 영광을 받으십니다. 당신의 눈을 들어 바라보십시오! 당신 주변 전역에서 추수 밭이 생겨나고 있습니다.

● 각주 ●

1. 루벤 토레이, *The Power of Prayer and the Prayer of Power*, (New York: Revell, 1924; reprint, Grand Rapids: Zondervan, 1955), 16.

2. 도널드 반하우스, *Genesis*, 1:83.

69

5 대 4

창세기 14 : 1-17

당시에 시날 왕 아므라벨과 엘라살 왕 아리옥과 엘람 왕 그돌라오멜과 고임 왕 디달이 소돔 왕 베라와 고모라 왕 비르사와 아드마 왕 시납과 스보임 왕 세메벨과 벨라 곧 소알 왕과 싸우니라 이들이 다 싯딤 골짜기 곧 지금의 염해에 모였더라 이들이 십이 년 동안 그돌라오멜을 섬기다가 제십삼년에 배반한지라 제십사년에 그돌라오멜과 그와 함께 한 왕들이 나와서 아스드롯 가르나임에서 르바 족속을, 함에서 수스 족속을, 사웨 기랴다임에서 엠 족속을 치고 호리 족속을 그 산 세일에서 쳐서 광야 근방 엘바란까지 이르렀으며 그들이 돌이켜 엔미스밧 곧 가데스에 이르러 아말렉 족속의 온 땅과 하사손다말에 사는 아모리 족속을 친지라 소돔 왕과 고모라 왕과 아드마 왕과 스보임 왕과 벨라 곧 소알 왕이 나와서 싯딤 골짜기에서 그들과 전쟁을 하기 위하여 진을 쳤더니 엘람 왕 그돌라오멜과 고임 왕 디달과 시날 왕 아므라벨과 엘라살 왕 아리옥 네 왕이 곧 그 다섯 왕과 맞서니라 싯딤 골짜기에는 역청 구덩이가 많은지라 소돔 왕과 고모라 왕이 달아날 때에 그들이 거기 빠지고 그 나머지는 산으로 도망하매 네 왕이 소돔과 고모라의 모든 재물과 양식을 빼앗아 가고 소돔에 거주하는 아브람의 조카 롯도 사로잡고 그 재물까지 노략하여 갔더라 도망한 자가 와서 히브리 사람 아브람에게 알리니 그때에 아브람이 아모리 족속 마므레의 상수리 수풀 근처에 거주하였더라 마므레는 에스골의 형제요 또 아넬의 형제라 이들은 아브람과 동맹한 사람들이더라 아브람이 그의 조카가 사

> 로잡혔음을 듣고 집에서 길리고 훈련된 자 삼백십팔 명을 거느리고 단까지 쫓아가서 그와 그의 가신들이 나뉘어 밤에 그들을 쳐부수고 다메섹 왼편 호바까지 쫓아가 모든 빼앗겼던 재물과 자기의 조카 롯과 그의 재물과 또 부녀와 친척을 다 찾아왔더라 아브람이 그돌라오멜과 그와 함께 한 왕들을 쳐부수고 돌아올 때에 소돔 왕이 사웨 골짜기 곧 왕의 골짜기로 나와 그를 영접하였고

인류 역사에 전쟁처럼 흔히 일어나는 것이 없습니다. 현재 잔존하고 있는 가장 오래된 중심주(中心柱)로 알려진 기념물들은 전쟁에 대해 말하고 있습니다. 가장 오래된 그림들도 전쟁 그림입니다. 실제로 모든 역사 기록들 중 가장 오래된 기록은 바벨론에서 나온 수메르인의 조각품(bas-relief 기원전 약 3000년)인데 그 조각품은 군인들이 모두 방패를 들고 철모를 쓰고 집결된 전투 대형으로 싸우는 것을 보여줍니다.

창세기 14장에 기록된 전투는 역사상 첫 번째로 기록된 부분이 되고 있습니다. 다시 말해 그 이전의 시대에도 전쟁의 증거는 있지만, 이 창세기 기록이 첫 번째로 구체적인 군사적 참전 이야기인 것입니다. 이것은 결코 작은 일이 아닙니다. 이 당시 여러 동방 왕국들은 작았습니다. 아마도 도시 국가보다도 그리 크지 않았을 것입니다. 그러나 창세기 14장에 기록된 전투들은 전투들 중 소수에 지나지 않는 것입니다. 즉, 유브라데스 강 지역의 도시들을 대표하는 네 왕들의 동맹과 사해에 접한 요단 계곡 저지대의 도시들을 대표하는 다섯 왕의 동맹의 군사 대결입니다. 동맹의 우두머리 엘람 왕 그돌라오멜이 (시날 왕 아므라벨과 엘라살 왕 아리옥과 고임 왕 디달과 함께) 십 몇 년 전에 요단 지역을 침공해 와서 사해 도시들로 하여금 조공을 바치도록 했습니다. 그 도시들은 12년 동안 조공을 바쳤습니다. 그러나 13년째 가서 배반을 했고, 14년째에 다시 침공을 받은 것입니다. 이 침공에서 동방의 동맹군들은 남부 수리아부터 시내(Sinai)에 이르기까지 전 지역에 대해 광포의 고삐를 풀고, 그 지역의 도시들을 난폭하게 제압하며 약탈을 했습니다. 팔레스타인의 저명

한 고고학자인 넬슨 글루크(Nelson Glueck)는 이 지역을 샅샅이 조사하여 이런 보고를 했습니다. "나는 그들이 지나간 모든 마을이 약탈당하고 폐허가 되었으며, 지방은 불모지가 된 것을 발견했다. 주민들은 죽임을 당했거나 포로로 끌려갔다. 그 후 수백 년 동안 그 전 지역은 모든 유적들이 파괴되고 산산조각이 나서 땅위에 버려진 채 끔찍하게 난잡한 버려진 무덤 같았다."[1]

이 역사의 첫 번째로 기록된 전쟁의 와중에 우리는 또다시 하나님의 사람 아브람을 발견합니다. 그의 조카 롯이 소돔 사람들과 함께 포로로 잡혀갔습니다. 그래서 아브람은 롯과 그의 소유를 되찾고자 대담하고 강력한 시도로 승리자들을 추격합니다.

실제 역사

이 이야기는 아브람에 대한 역사적 평가를 위해 중요합니다. 왜냐하면 우리는 족장 시대에 대한 성경의 세부사항을 아브람의 존재조차 포함해서 부정하는 시대를 살아왔기 때문입니다. 율리우스 벨하우젠(Julius Wellhausen)이라는 이름이 들어간 19세기 후반의 고등 비평은 창세기가 그 시대의 역사적 정보를 제공하는 것이 아니라, 후대의 정보를 가지고 알 수 없는 세기로 거슬러 올라가 거기에 투영하는 것이라고 주장했습니다. 벨하우젠에 의하면 아브람 및 여타 족장들에 관련된 설화는 신화라는 것입니다.

이러한 학자들에게는 불행히도 20세기가 그들의 관점을 완전히 반전시킨 결과로 시간은 성경 편임을 보여주었습니다. 이 반전은 창세기에서 이미 우리에게 알려진 법률, 관습, 종교적 풍습, 명칭 그리고 사회적 환경에 대한 내용을 포함한 우르, 바벨론, 누지(Nuzi), 마리(Mari), 알랄라(Alalah), 우가리트(Ugarit) 및 보가츠코이(Boghazkoi) 등의 많은 기록된 자료의 발견을 통해 이루어졌습니다. 이것들은 성경 시대와 동일한 시대의 것들이었고, 심지어 어떤 것들은 성경 시대 이전의 것들도 있었습니다. 이 발견은 오늘날도 계속되고 있습니다.

창세기 14장의 독특한 적정성에 대해서는 고대 에블라(Ebla) 지역인 시리아의 텔 마르디크(Tell Mardikh)에서 최근 발견된 물증들이 있습니다. 1974년과 1976년 사이에 약 2만 개의 설형문자판이 이 고대 중심도시의 유물들 가운데서 발견되었습니다. 이들 중 많은 것들이 성경 초기의 이름들(여호와, 아브람, 에서, 다윗, 사울, 미가엘 및 이스라엘과 같은 이름들)을 많이 포함하고 있다는 점에서 이것들은 성경의 역사를 적어도 간접적으로 나타내주는 것으로 볼 수 있습니다. 족장들의 이름이 나타나는 것은 특별한 중요성을 갖습니다. 왜냐하면 그것은 족장 시대가 보다 회의론적 학자들이 주장하고 있는 기원전 2천년기(기원전 1600년에서 2000년 사이)가 아니라 기원전 3천년기(기원전 2500년에서 2000년 사이)임을 제시해주고 있기 때문입니다.

특히, 이 설형문자판 중에는 창세기 14장에 언급된 평야 도시들까지 상당히 포함된 장소 이름들이 나오고 있습니다. 에블라판의 초기 조사자의 한 사람인 지오바니 페티나토(Giovanni Pettinato)는 다섯 마을(소돔, 고모라, 아드마, 스보임, 그리고 벨라 또는 소알) 모두가 정확한 성경 순서대로 언급되어 있다고 주장했습니다.[2]

가장 중요한 사실은 1924년에 시작해서 누메이라(Numeira)의 두 개의 중요한 발굴(1979년에 마지막 발굴)로 완결된 사해 동쪽 지역의 고고학적 발굴의 결과로 그돌라오멜에 반기를 들었던 다섯 도시가 현재 명확하게 확인된다는 것입니다. 그 첫 번째이며 또한 주요한 지역은 밥 에드-드라(Bab edh-Dhra)입니다. 그곳은 제일 북쪽에 있는 지역으로 거기서 마을의 잔해와 50만 명 이상의 유해를 가진 거대한 묘지를 발굴했습니다. 그곳은 1924년에 윌리엄 올브라이트(William Albright)에 의해 발견되었습니다. 두 번째 지역인 누메이라는 1973년에 발견되었습니다. 그곳은 기원전 2450년에서 2350년 사이의 약 100년간만 사람이 살았던 곳으로 불로 멸망해 없어졌고, 그 도시의 유물들은 그 지역에서 지금도 볼 수가 있습니다. 다른 세 지역은 오늘날의 이름으로 사피(Safi), 페이파(Feifa), 카나시르(Khanazir)입니다. 최근의 보고에 의하면 이 도시들이 그 평야의 다섯 도시들의 유물이고, 그 도시들은 정확히 창세기에서 말씀한대로 파괴된 것임을 믿을 수 있는 충분한 이유가 있다는 것입니다.[3]

전쟁과 믿는 자

이렇듯이 우리는 창세기 14장에서 진짜 전쟁을 다루고 있습니다. 이 전쟁은 경쟁적인 지역 수령들 간의 단순한 말다툼이 아니라, 승리자들에 의해 패배한 지역에 대한 무서운 파괴는 물론, 군인들에 의해 세상의 다른 지역으로부터 한 지역에 대한 생명을 위협하는 침공이 수반된 진짜 전쟁입니다. 그리고 여기에 중요한 사항이 있습니다. 즉, 우리는 그러한 전쟁에서 하나님의 사람으로서의 역할을 다루고 있다는 것입니다.

오늘날 윤리적인 논쟁의 하나가 그리스도인이 전쟁에 참여할 수 있는가 하는 것입니다. 그것은 반전론에 대한 문제입니다. 예수님은 그분의 제자들에게 "화평케 하는 자들"(마 5:9)이 되라고 말씀하셨고, 그래서 많은 사람들이 그 말씀으로부터 그리스도인들은 어떤 상황에서도 싸울 권리가 없다고 결론지었습니다. 어떤 특정 상황에서 싸움을 하느냐, 또는 나라와 소유와 집 그리고 때로 가족들과 생명을 잃어버리느냐 하는 선택의 기회가 주어질 때, 그들은 만일 그러한 손실이 하나님이 뜻하시는 것이라면 그렇게 되어야 한다고 대답해 왔습니다. 만일 하나님이 뜻하신 것이 아니라면, 그분은 그러한 어려움 속에서도 그분의 자녀들을 보살피실 것이라고 합니다. 물론 그리스도인들이 싸워야 하느냐 하는 것은 큰 문제입니다. 전쟁이 때로는 합리화 된다고 할지라도(전쟁 찬성주의자 입장) 모든 상황에서 합리화가 되는 것은 분명히 아닙니다. 이에 대한 인정이 "정당한 전쟁론"을 일으켰습니다. 그러나 기본적으로 창세기 14장의 강해를 다루면서 그 문제를 충분히 논하기에는 그 문제가 너무 크지만, 성경의 이 부분이 논쟁의 여지를 지니고 있는 것은 분명합니다.

첫째, 아브람은 싸웠습니다. 특히 그는 싸우기 위한 준비를 했습니다. 그는 분명히 방랑자들 중 가장 평화적이고 비호전적이었지만 그럼에도 그는 그의 가솔들에게 호신술을 훈련시켰습니다. 그 결과로 그가 그들을 필요로 했을 때(이 대결에서 그렇게 했는데), 그는 전술로 훈련된 자 삼백십팔 명을 불러낼 수가 있었습니다(14절).

혹자는 이렇게 말할지 모릅니다. "아브람은 당시 완전히 성화되지 않은 상태였다. 그에게는 배워야 할 많은 것들이 있었다." 물론 그 말은 옳습니다. 아브람에게는 배워야 할 많은 것들이 있었고, 그는 온전히 성화되지 못했습니다. 그러나 그것은 여기서 문제가 되지 않습니다. 왜냐하면 논점은 그가 얼마나 성화가 되었는가 하는 것이 아니라 그가 롯과 그의 소유를 구하기 위해 전투를 한 것이 하나님의 뜻을 수행한 것인가 하는 것이기 때문입니다. 그것에 대한 대답은 명확합니다. 왜냐하면 이 이야기의 다음 부분에 가면 아브람이 동방의 동맹군을 격파하고 돌아올 때 지극히 높으신 하나님의 제사장 멜기세덱이 그를 영접하고 다음과 같이 축복한 말씀이 있기 때문입니다.

"천지의 주재이시요 지극히 높으신 하나님이여 아브람에게 복을 주옵소서 너희 대적을 네 손에 붙이신 지극히 높으신 하나님을 찬송할지로다"(창 14:19-20)

이것보다 더 분명한 그 어떤 것도 상상하기가 어렵습니다. 하나님 자신이 그분의 제사장 멜기세덱을 통해 아브람은 옳은 일을 했고, 그래서 하나님은 아브람에게 승리를 주셨다고 선언합니다.

아브람은 싸우지 말아야 할 많은 이유를 발견할 수 있었을 것입니다. 그는 이 세상은 불의하지만 세상이란 것이 그런 것이라는 견해인 운명론을 주장할 수도 있었습니다. 롯의 멸망에 대해 아무 것도 할 수 없습니다. 자신을 위해 할 수 있는 한 최선으로 대비하는 것이지만 동시에 할 수 있는 최선의 일은 그것을 받아들이는 것입니다. 아브람은 그의 운명론을 옹호하고 그래서 전쟁에 끼어들지 않기 위한 종교적 정당성을 찾아낼 수도 있었습니다. 어쨌든 그는 주권적이신 하나님에게 예배했습니다. 이 세상에서 주권적이신 하나님의 승인 없이는 아무 것도 일어나지 않습니다. 만일 하나님이 동방의 왕들로 하여금 사해 평야의 도시들을 정복하는 것을 허락하셨다면 아브람이 누구기에 감히 그것을 방해한단 말입니까? 더군다나 하나님이 그를 유대 산지에 살도록 하지 않으셨습니까? 하나님은 분명히 그가 무엇을 하는지 알고 계셨습니다. 그는 거기서 안전했습니다. 그가 산의 성역을 떠나 동방의 군대와 공공연한 전투를 벌이는 것은 하나님을 시험하는 것이고, 어쩌면 실로 명백한 불순종이 되는 것입니다.

둘째, 다른 주장이 신중론으로부터 나올 수 있습니다. 아브람의 사건들의 결과는 비록 하나님의 불변하시는 뜻의 확실한 표현이라고 간주하지는 않았다 해도, 그래도 그가 있던 곳에 머물러 있는 것이 지혜로운 일이 아니겠습니까? 그돌라오멜과 동맹한 왕들은 아마도 아브람이 어디에 사는지, 혹은 그가 존재하는지조차도 몰랐을 것입니다. 그들이 그것을 알았다면, 그들은 아마도 산지까지도 연장해서 정복했을 것입니다. 아브람은 그저 토끼 형제(Br' er Rabbit)를 잡으려고 타르 아기(tar baby 타르로 만든 인형)를 놓고 기다리는 곰 형제(Br' er Bear)와 여우 형제(Br' er Fox)처럼 몸을 숨기고 있어야 했을 것입니다. 그밖에도 만일 아브람이 이 왕들을 공격했다면 그는 그들의 적이 되는 것입니다. 그러면 이 전투의 결과에 관계없이 승리자(또는 생존자)는 그를 기억할 것이고 다음번 팔레스타인 습격 시에 그를 멸망시킬 준비를 할 것입니다.

한 가지 주장이 더 있을 수 있습니다. 롯에 대한 하나님의 심판입니다. 아브람은 영적인 사람이었습니다. 그래서 그는 이 전쟁을 단순히 세상적인 충돌로 보지 않았을 것입니다. 그는 사건들을 하나님의 관점에서 보았을 것이고, 소돔의 멸망에서 하나님의 손을 확인했을 것입니다. 롯과 그의 가족이 잡혀갔을 때, 아브람은 이렇게 말했을 것입니다. "이것은 내 조카에 대한 하나님의 벌이다. 그가 요단 평야를 선택한 것은 어리석은 짓이었다. 그리고 그가 소돔 안에서 살려고 들어간 것도 분명히 어리석은 행동이었다. 그가 당할 만한 짓을 했다. 일어날 만한 일이 일어난 것뿐이다. 주님의 이름을 찬양할지어다." 얼마나 영적이고, 얼마나 경건하며, 얼마나 틀렸습니까!

아브람은 그렇게 생각하지 않았습니다. 동방의 동맹군과 평야 도시들의 동맹 사이의 전쟁 그 자체로는 그에게 이해관계가 없었습니다. 그러나 롯은 그의 이해관계의 대상이었습니다. 롯은 어리석었을지 모릅니다. 그가 소돔 안에서 산 것은 지혜롭지 못한 일이었을 수 있습니다. 아브람 자신도 그가 애굽으로 내려갔었던 것은 지혜롭지 못한 일이었습니다. 더군다나 롯은 믿음의 친구이면서 친척이었습니다. 아브람은 하나님께 "내가 내 아우를 지키는 자니이까" (창 4:9) 라고 말한 가인과는 같을 수 없었습니다. 아브람은 롯을 지키는 자였습니다. 롯이 사건 속에 빠졌습니다. 그리고 그를 구하는 것은 하나님과 사람 앞에서의 아브람의 의무였습니다.

주석가 마이어는 이 사건을 이렇게 기술합니다.

"믿음은 우리를 독립하게 만들지만, 무관심하게 만들지는 않는다. 형제가 포로가 되었다는 것을 듣는 것으로 충분하다. 그래서 즉시로 무장하고 추격에 나설 것이다." [4]

또다른 주석가 도널드 반하우스는 이렇게 말합니다.

"믿음의 사람은 현실주의자다. 수동적인 겁쟁이나 지도력에 무능한 자가 아니다. 위기가 닥치면 그는 하나님에게서 새 힘을 받아 승리를 추구한다."[5]

내가 앞에서 이미 말한 바와 같이, 이 사건의 이야기가 전쟁이나 또는 그리스도인의 전쟁 참여에 대해 가지고 있을 우리의 모든 의문들에 답해 주지는 않습니다. 그러나 그것은 절대적이고 무조건적인 반전론을 배제합니다(또는 내게 그렇게 하는 것으로 보입니다).

그리스도인들이 전쟁을 해도 됩니까? 해도 될 뿐만 아니라 해야만 할 때가 있습니다. 몇 년 전 나는 형무소에서 출소한지 얼마 안 된 한 젊은이와 대화를 나누었습니다. 그는 형무에서 그리스도인이 되었으며 내가 그를 만났을 때, 그는 그의 몇 가지 경험들을 회고하고 있었습니다. 그는 소름끼치는 상황을 이야기했습니다. 그는 더 힘이 세거나 더 잔인한 죄수들이 그들의 기본 욕구를 다른 사람에게서 채우는 강요된 동성애에 대해 말했습니다. 그는 이렇게 말했습니다. "당신이 그런 상황에 처하게 된다면 당신은 싸워야만 합니다." 그의 말은 옳은 말이었습니다. 그런 환경에서는 누구나 특히 그리스도인들은 싸워야 합니다. 더욱이 그리스도인은 잔인한 일을 당하고 있는 다른 사람들을 지키기 위해서 자신은 안전하다고 할지라도 싸워야만 합니다.

국가 간의 전쟁은 어떻습니까? 그것은 좀 다르지 않습니까? 아마도 그럴지 모릅니다. 그러나 반드시 다를 필요는 없습니다. 만일 어느 한 나라가 다른 나라에 대해 아무 이유 없이 단지 자국의 이익만을 위해 잔인하게 군다면(독재국가들이 그렇게 하는 것처럼), 희생자를 지켜주기 위해 가야 하는 것은 그리스도인들의 의무입니다. 이것은 그러한 고통을 당하는 많은 사람들이 그리스도인들일 경우 더욱 맞는 말이 됩니다.

전쟁은 하나님께 속한 것이다

이 사건에서 아브람은 동방의 네 왕들을 추격해서 롯을 구했습니다. 롯이 포로가 되었다는 소식이 아브람에게 들렸을 때, 그는 그의 훈련된 사람들(그의 친구들인 마므레, 에스골, 아넬과 함께)을 소집해서 북쪽에 있는 단까지 추격을 했습니다. 그는 그의 군대를 나누어서 밤에 불시에 공격을 했습니다. 그것은 지혜로운 작전이었습니다. 왕들은 그들을 공격한 수가 얼마나 되는지 알 수가 없었고, 그런 작은 규모의 병력이 기습을 시도했다는 것에 대한 의문도 가져 볼 겨를이 없었습니다. 더구나 그들은 의심할 바 없이 그들의 적이 누구인지 어리둥절했을 것입니다. 왜냐하면 그들은 사해 교전 전에 반격의 가능성을 제거했다고 믿었기 때문입니다. 혼란 가운데 아브람은 그의 적들을 완패시키고, 그들을 다메섹 왼편 호바까지 추격했습니다. 그는 빼앗겼던 재물과 포로들을 모두 되찾아왔습니다.

빈틈없는 전쟁 계획이었으며 훌륭한 지휘관이었습니다. 하지만 아브람은 오직 하나님의 주권적인 힘으로 승리를 거두었습니다. 나는 아브람이 이것을 마치 기드온이 사사기 6-8장에 기록된 비슷한 이야기에서 알고 있었던 것처럼 알고 있었다고 확신합니다. 기드온은 소심했습니다. 그래서 천사가 그에게 이스라엘을 미디안 족속에게서 구원해야 한다는 메시지인 "너는 가서 이 너의 힘으로 이스라엘을 미디안의 손에서 구원하라… 내가 반드시 너와 함께 하리니 네가 미디안 사람 치기를 한 사람을 치듯 하리라"(삿 6:14, 16)는 메시지를 가지고 왔을 때, 기드온은 표징을 구했고 그 응답을 받았습니다. 그러나 그는 여전히 망설였습니다. 그는 다른 표징을 구했고 그 응답도 받았습니다. 마침내 그는 하나님이 그와 함께 하신다는 것을 확신하고 군사를 이끌고 전쟁에 나갔습니다.

처음에 그에게는 삼만 이천 명의 군사가 있었습니다. 하나님은 그에게 이 군대는 너무 많다고 말씀하심으로 기드온은 두려워하는 자들을 집으로 돌려보냈습니다. 이만 이천 명이 떠나 일만 명이 남았습니다. 그러나 이들도 너무 많았습니다. 하나님은 기드온에게 그들을 물가로 데리고 가도록 하셨는데 거기서 대다수가 무릎을 꿇고 물을 떠 마셨고 오직 소수만이 경계를 하며 서서 두 손으로 물을 퍼서 마셨습니다. 하나님은 기드온에게 준비가 된 사람들과 함께 가라고 하셨습니다. 결국 남은 숫자는 겨우 삼백 명이었습니다. 이것은 아브람이 앞에서 싸웠던 수와 거의 같은 적은 수였습니다. 기드온이 말했습니다. "일어나라 여호와께서 미디안과 그 모든 진영을 너희 손에 넘겨 주셨느니라"(삿 7:15). 그는 용사들을 세 대로 나누어 밤에 적진을 습격해서 그들을 참패시켰습니다. 아브람 때와 같이 승리는 숫자, 훈련, 무기, 부대 배치에 있는 것이 아닙니다. 그것은 승리를 주시는 하나님에게 있는 것입니다.

그리스도인은 이런 정신을 가지고 싸워야 합니다. 전쟁이 군사적인 것이든, 도덕적인 것이든, 영적인 전쟁이든 그래야 합니다. 담대해야만 합니다. 준비되어야만 합니다. 그러나 무엇보다도 다윗을 통해 "여호와의 구원하심이 칼과 창에 있지 아니함을 이 무리에게 알게 하리라 전쟁은 여호와께 속한 것"(삼상 17:47)이라고 말씀하신 "하나님의 힘"을 가지고 나가야만 합니다.

● 각주 ●

1. 넬슨 글루크, *Rivers in the Desert*(New York: Farrar, Strauss and Cudahy, 1959), 72-73.

2. 페티나토(Pettinato)는 그후 이 주장을 철회했다. 그래서 최종 판결을 내리기 전에 더 신중하고 독자적인 문자판의 해석이 필요할 것이다. *Biblical Archaeology Review* 5:6(November/December 1979): 52-53의 "에블라 증거 증발하다(Ebla Evidence Evaporates)"를 보라.

3. *Biblical Archaeology Review* 6:5(September/October 1980): 27-36의 "소돔과 고모라는 발견되었는가?"

4. F. B. 마이어, *Abraham*, 60.

5. 도널드 반하우스, *Genesis*, 1:98

70

제사장과 족장

창세기 14 : 18-20

살렘 왕 멜기세덱이 떡과 포도주를 가지고 나왔으니 그는 지극히 높으신 하나님의 제사장이었더라 그가 아브람에게 축복하여 이르되 천지의 주재이시요 지극히 높으신 하나님이여 아브람에게 복을 주옵소서 너희 대적을 네 손에 붙이신 지극히 높으신 하나님을 찬송할지로다 하매 아브람이 그 얻은 것에서 십분의 일을 멜기세덱에게 주었더라

위대한 사람들의 만남에는 마음을 끄는 무언가가 있습니다. 그들의 만남의 가능성조차 마음을 끕니다. 국가의 수반들이 함께 회담을 할 때면 언제나 보도기자들의 관심을 끌고, 그 보도기자들의 기사를 읽거나 방송 뉴스를 시청하는 사람들의 관심도 끕니다. 우리는 로널드 레이건(Ronald Reagan)과 마가렛 대처(Margaret Thatcher)의 만남을 기억하고 있습니다. 또는 알렉산드르 솔제니친(Aleksandr Solzhenitsyn)이 하버드대학교의 교수단에게 연설한 것을 기억합니다. 만일 역사를 좀 더 뒤로 돌이켜 본다면, 우리는 프랭클린 루즈벨트(Franklin D. Roosevelt), 요제프 스탈린(Josef Stalin) 그리고 윈스턴 처칠(Winston Churchill)이 1956년 2월 알타에서 가진 역사적 만남을 기억합니다.

역사에 있어서 일어날 수 있었던 만남의 사건이 실제로 일어나지 않았던 것을 생각해

보는 것도 호기심을 갖게 합니다. 윈스턴 처칠은 세계 제2차 대전의 역사를 기록한 그의 저서인 「몰려오는 폭풍」(The Gathering Storm) 제1권에서 한 가지를 회상하고 있습니다. 때는 나치 독일이 일어나기 전으로 젊은 아돌프 히틀러(Adolf Hitler)가 젊은 처칠을 만날 기회를 가졌지만 "그는 기회를 놓쳤습니다." 공상과학 소설은 이러한 가능성들을 중요하게 여기는데 영화 셜록 홈즈(Sherlock Holmes)가 런던의 연쇄 살인범인 잭 더 리퍼(Jack the Ripper)를 추적하고 있고, 또 다른 영화들에서는 현대인들이 나폴레옹, 율리우스 카이사르, 또는 아틸라 더 훈(Attila the Hun 5세기 훈족의 통치자)과 같은 고대의 "위대한 인물들"을 만나기도 합니다.

위대한 두 사람

창세기 14장은 역사에서 실제로 일어난 마음을 끄는 만남을 진술하고 있습니다. 아브람(구약에서 가장 위대한 영적 인물로 보이는)이 멜기세덱이라는 이름을 가진 지금까지 알려지지 않은 왕을 만나는데, 그 멜기세덱은 신약성경에 의하면 아브람보다도 더 높다고 했습니다(히 7:4-7). 아브람이 동방 왕들과의 전쟁을 마치고 돌아올 때에 멜기세덱이 나와서 그를 만나 이렇게 말했습니다. "지극히 높으신 하나님이여 아브람에게 복을 주옵소서" (창 14:19). 아브람은 얻은 것의 십분의 일을 그에게 줌으로써 멜기세덱의 위대함을 인정했습니다(20절).

아브람의 믿음의 위대함은 재삼 강조할 필요가 없습니다. 우리는 그것을 본서 맨 앞 장(61장)에서 이미 강조한 바 있습니다.[1] 그는 믿음의 거장입니다. 그의 믿음은 신약의 몇 군데, 즉 로마서 4장, 갈라디아서 3장, 히브리서 11장에서 격찬되고 있습니다. 그의 생애는 창세기에서 길게 취급되고 있지만 멜기세덱의 경우는 그렇지 않습니다. 그는 단지 창세기에서만 간단히 언급될 뿐입니다. 그러나 천년 후에 그는 감명 깊게 다시 언급되는데 시편 110:4절에서 언급됩니다. "여호와는 맹세하고 변하지 아니하시리라 이르시기를 너는 멜기세덱의 서열을 따라 영원한 제사장이라 하셨도다" 좀 더 정확히 말하면 그 시편은 멜기세덱을 시온에서 다스리실 기름부음 받은 주님과 연결시키고 있습니다. 그로부터 천년

후, 또다시 멜기세덱은 히브리서 5-7장에서 길게 논의되고 있는데 거기서 우리는 도전을 받습니다. "이 사람이 얼마나 높은가를 생각해 보라" (히 7:4).

멜기세덱에 관련해서는 문제점들이 있는데 대부분은 해결이 불가능합니다. 우선 그는 예상치도 않고, 알려지지도 않은 상태로 가나안에 있습니다. 멜기세덱 같은 사람이 가나안에 있게 되었다는 것이 어떻게 된 일입니까? 대홍수 이후 시대는 급속한 영적 부패 시대로 소수의 믿는 자들만 있었는데 아브람은 그 중 한 명이었습니다. 그러나 아브람의 직계 가족들조차 거짓 신을 섬기는 것으로 확인되었고(수 24:14-15), 이때까지 가나안에 아브람 외에 누구도 참 하나님을 섬기는 작은 흔적조차도 없는데 멜기세덱이 어떻게 그곳에 있게 되었습니까? 그는 어디서 왔습니까? 그는 여호와에 대해 어떻게 배웠습니까?

그의 제사장직에 대한 문제점 또한 있습니다. 성경에서 창세기 5장과 11장에서 경건한 가족들의 가장들이 속죄를 위해 짐승을 희생시키는 데 있어 제사장적 기능을 했지만 누군가가 제사장이라고 선언된 곳은 여기가 처음입니다. 멜기세덱의 제사장직이 공식적으로 인정되었다면 누가 인정했습니까? 아브람은 멜기세덱이 참 하나님의 제사장인 것을 어떻게 알았습니까?

또 다른 질문은 그 두 사람의 상대적인 탁월성에 관련됩니다. 만일 멜기세덱이 신약에서 말씀하는 것처럼 위대한 인물이었고, 아브람조차 인정한 위대한 인물이었다면 왜 아브람이 아닌 그가 메시아가 오실 새로운 민족의 조상으로 선택되지 않았습니까?

우리는 멜기세덱이 도대체 누구였는지 묻고 싶을 것입니다. 멜기세덱은 개인적인 이름이 아닙니다. 문자적으로 그것은 "의의 왕" 이란 뜻입니다. 이 의의 왕은 누구입니까? 고대 유대인들의 해석을 마르틴 루터가 받아들였는데 멜기세덱이 창세기 11장에 나오는 인물들에 준하건대 아브람 조상의 한 명인 셈이었으며, 아브람이 죽은 후 35년을 더 살았을 것이라고 합니다. 만일 멜기세덱이 실제로 셈이었다면 우리는 그의 참 하나님에 대한 지식을 이해할 수가 있습니다. 그러나 불행히도 이 견해는 성경적 근거를 갖지 못하고 있습니다. 그밖에도 히브리서 저자는 멜기세덱의 조상들을 알 수 없다고 했는데(히 7:3) 만일 그가 셈이었다면 히브리서의 말씀은 진실이 아닌 것입니다. 셈의 아버지는 노아였습니다. 오리겐(Origen)은 멜기세덱이 천사였다고 생각했습니다. 앰브로즈(Ambrose)와 일부 현대 주석가들은 그는 어쩌면 성육신 전의 형태로 나타나신 예수 그리스도일 수도 있다는 견해를 제시하고 있습니다. 그러나 이 견해의 경우에는 히브리서가 예수님을 단순히 멜기세덱이었다고 말하는 대신에 "멜기세덱의 반차를 따른 영원한 제사장"[2]이라고 말한 것이 이상해집니다. 그의 근본이 무엇이었든지 간에 멜기세덱은 칼빈이 말한 것처럼 "그 땅에서 홀로 고결하고 성실한 개척자요 신앙의 수호인"[3]으로서 그저 사람일 뿐이라고 가정하는 것이 최선인 것 같습니다.

그러나 이것이 멜기세덱에 대해 말할 수 있는 모두가 아닙니다. 우리는 그의 고유한 이름과 어디서 왔는지를 모를 수 있습니다. 그러나 그가 상징한 것이 무엇이었는지를 압니다. 그의 이름(또는 직함) 멜기세덱은 이미 말한 바와 같이 "의의 왕"을 의미합니다. 그것은 멜기세덱이 의의 편에 섰다는 것을 의미합니다. 그의 삶은 자신을 하나님 편으로 간주하는 모든 사람의 삶이 그렇듯이 고결하고 거룩한 삶이었습니다. 이런 삶은 아브람과 멜기세덱이 살았던 시대에 있어 특별히 중요했습니다. 우리는 가나안 인들의 부패하고 비열한 제사, 또는 평야 도시들의 공개적이고 난잡한 성행위와 타락을 기억합니다. 평야의 왕들(소돔 왕 베라, 고모라 왕 비르사, 아드마 왕 시납, 스보임 왕 세메벨과 벨라 왕)은 불의한 왕들이었습니다. 그러나 그들 중에 하나님을 섬겼던 의의 왕 멜기세덱이 있었습니다.

멜기세덱은 또한 "살렘 왕"이었습니다. 살렘은 "평화"를 의미합니다. 이렇듯 멜기세덱은 성경에서 전쟁의 왕들이라고 이름을 붙이는 것이 적절한 자들 가운데서 평화의 왕으로서 나타난 것입니다.

멜기세덱은 그가 상징한 것으로 보아 위대했다는 것이 사실이라면 우리도 이렇게 되어야 합니다. 우리는 곧 이어지는 연구에서 멜기세덱이 그의 반차를 따르는 영원한 제사장이신 그리스도의 모형이었음을 보고자 합니다. 그러나 멜기세덱이 그리스도에 속한 자들의 모형이라는 것도 옳은 말입니다. 우리도 역시 제사장입니다. 베드로는 우리를 "거룩"하고 "왕 같은 제사장"(벧전 2:5, 9)이라고 불렀습니다. 우리는 의와 평화를 위해 살아야 합니다. 예수님은 "화평하게 하는 자는 복이 있다"(마 5:9)고 말씀하셨습니다. 히브리서 저자도 이렇게 기술했습니다. "모든 사람과 더불어 화평함과 거룩함을 따르라 이것이 없이는 아무도 주를 보지 못하리라"(히 12:14). 멜기세덱 시대의 어떤 왕들도 멜기세덱을 위대하다고 생각하지 않았을 것입니다. 그들이 동맹을 결성했을 때 그들은 그를 포함시키지 않았습니다. 그러나 그는 위대했고, 그들은 (그의 기준으로) 아무 것도 아니었습니다. 마찬가지로 우리도 하나님과 그분의 의로 인해 이런 것들에 아무 가치도 두지 않는 세상 가운데서 위대해져야 합니다.

더 위대하게 되기

이 세상의 위대한 사람들이 함께 모이면 종종 경쟁이 뒤따릅니다. 각자는 자기 명성을 세우고 높이기 위해 다른 사람을 능가하려고 노력합니다. 만일 경쟁이 치열하게 되면 자신의 고매함을 떨어뜨립니다. 그러나 이런 일이 아브람과 멜기세덱이 만났을 때에는 일어나지 않았습니다. 이 두 사람은 서로 지원하고 격려했습니다. 이렇듯 영적인 일에서 위대한 자들은 더욱 위대해졌습니다.

먼저 멜기세덱을 생각해 봅시다. 그는 그의 이름과 직함의 신분처럼 왕이었습니다. 아브람보다도 그가 그의 백성들과 함께 동방의 왕들에 대항해서 전쟁에 임했어야 했다고 생각할 수 있습니다. 그러나 전쟁에서 돌아오고 있는 자는 아브람이었습니다. 멜기세덱은 그의 명성이 아브람의 성공에 의해 떨어졌다고 질투를 느낄 수도 있었을 것입니다. 그러나 멜기세덱은 하나님의 종이었습니다. 그는 아브람의 정복을 기뻐하며 축복했습니다. 그는 아브람의 승리를 그와 아브람이 섬기는 하나님의 위대하심을 선포하는 기회로 보았습니다. 그가 말한 것이 이렇습니다.

"천지의 주재이시요 지극히 높으신 하나님이여 아브람에게 복을 주옵소서 너희 대적을 네 손에 붙이신 지극히 높으신 하나님을 찬송할지로다"(창 14:19-20).

루터는 이것을 위대한 설교로 생각했습니다. 그는 멜기세덱이(창세기에는 기록되지 않았지만) 다음과 같은 소견을 포함해서 적어도 한 시간은 말했을 것이라고 주장했습니다. "너희가 지금까지 섬겨 온 너희 신들은 무엇이냐? 나의 하나님만이 지극히 높으신 하나님이시다. 그분이 이 승리를 그분의 신실한 종에게 주셨고, 너희가 본 이 기적을 행하셨다. 이 한 사람이 소수의 협력자들과 함께 그렇게 많은 왕들과 거기에 더해 그들의 큰 승리 때문에 두려워하는 자들을 전투에 몰아넣고 완패시킨 것이 기적이 아니냐? 너희를 적들에게 수탈되도록 너희를 넘어지게 한 무가치한 우상에게서 너희 자신을 해방시키고, 우리의 하나님을 받아들여라. 그분은 '홀로 큰 기이한 일들을 행하시는' (시 136:4) 분이시다" 그리고 마르틴 루터(Martin Luther)는 통찰력으로 이렇게 말합니다.

"이전에 아브람은 멸시를 당한 사람이었고, 그의 예배는 이교도들의 눈에 극도로 경멸스럽게 보였다. 그가 이곳저곳으로 자주 옮겨 다니며 새로운 거처를 찾을 수밖에 없었던 것은 이 때문이었다. 그러나 이제 그의 주목할 만한 승리에 고무되어 이 외지인을 보려는 간절한 마음에서 많은 사람들이 달려 나왔다. 하늘에 계시는 하나님은 아브람을 이런 방식으로 도와주셨다… 이 설교에서… 멜기세덱은 아브라함을 그의 집과 가솔 안에서 오직 그에게만이 예배, 천국, 구원, 죄용서와 하나님의 축복이 있다고 온 세상에 소개한다… 그런 까닭에 포로의 무리가 해방되었을 뿐만 아니라, 또한 그들이 분명한 기적과 그것을 깨닫게 해 준 설교에 근거해서 참 하나님에 대한 지식을 알고 난 후에 무수한 영혼들이 영원한 죽음에서 구원을 받았다. 사실상 이 승리는 헛된 것이 아니었다. 만일 당신이 숙고해 본다면 그것은 훌륭했고 대단히 효과적인 것이었다." [4]

아브람에 대해서도 생각해 봅시다. 그는 승리로 인한 흥분된 얼굴로 전쟁에서 돌아오고 있었습니다. 만일 이것이 영화라면 이 대목에서 오케스트라가 "보라, 정복의 영웅이 오도다!" 라고 긴장감을 조성하며 아브람이 권력을 과시하며 승리를 자랑하는 것을 기대할 것입니다. 아브람이 이 승리를 이용해서 가나안에서 그의 정복을 굳건히 하는 것도 상상해 볼 수 있습니다. 평야의 도시들은 이제 그의 것이었습니다. 산지도 그의 것이었습니다. 모든 것이 그의 것이었습니다. 일찍이 승리의 구름 위로 떠오를 이러한 최고의 기회를 가졌던 사람은 거의 없었습니다. 그러나 아니었습니다! 아브람은 권력을 과시하지 않았습니다. 그는 그의 수익을 강화하지 않습니다. 그는 멜기세덱을 깎아내리지 않습니다. 대신에 그는 지극히 높으신 하나님의 신실하고 겸손한 종으로서의 모습 그대로 돌아옵니다. 심지어 그는 멜기세덱에게 그가 얻은 것의 십분의 일을 바침으로써 멜기세덱의 위대함을 인정합니다(창 14:20).

마르틴 루터는 계속 기술하고 있습니다.

"아브람은 이 성취의 영광이 그에게서부터 하나님에게로 옮겨지고 있는 말을 기쁘게 들었다. 그에게 있어서는 지극히 높으신 하나님 안에서 축복을 받고, 그의 집이 참 예배의 처소로 정해진 것으로 충분했다. 그는 영광을 감사함으로 하나님께 남겨둔다."[5]

아브람과 멜기세덱은 그들이 이미 위대한 인물들이었지만 서로의 접촉과 그 접촉이 결과한 대화를 통해 더욱 위대해졌습니다. 따라서 우리도 이와 같은 입장을 실현해야 합니다. 하나님의 제사장인 우리 역시 서로 힘을 주어야 합니다. 신약은 이러한 의무로 가득 차 있습니다. "그러므로 우리가 화평의 일과 서로 덕을 세우는 일을 힘쓰나니" (롬 14:19). "우리 각 사람이 이웃을 기쁘게 하되 선을 이루고 덕을 세우도록 할지니라" (롬 15:2). "사랑하는 자들아 이 모든 것은 너희의 덕을 세우기 위함이니라" (고후 12:19). "그가 어떤 사람은 사도로, 어떤 사람은 선지자로, 어떤 사람은 복음 전하는 자로, 어떤 사람은 목사와 교사로 삼으셨으니 이는 성도를 온전하게 하여 봉사의 일을 하게 하며 그리스도의 몸을 세우려 하심이라" (엡 4:11-12). "무릇 더러운 말은 너희 입 밖에도 내지 말고 오직 덕을 세우는 데 소용되는 대로 선한 말을 하여 듣는 자들에게 은혜를 끼치게 하라" (엡 4:29). "그러므로 피차 권면하고 서로 덕을 세우기를 너희가 하는 것 같이 하라" (살전 5:11).

우리는 영적 순례의 길을 가는 아브람이나 가나안에 있는 멜기세덱처럼 고독을 느낄 때가 있습니다. 우리는 엘리야를 흉내냅니다. "오직 나만 남았거늘 그들이 내 생명을 찾아 빼앗으려 하나이다" (왕상 19:10). 그러나 우리는 혼자가 아닙니다. 하나님에게는 아직도 바알 신에게 절하지 않은 칠천 명이 있으며, 이들은 우리에게 격려가 될 것이고 뿐만 아니라 우리도 그들에게 격려가 되어야 합니다. 우리는 우리 주변에 있는 아브람들에게 멜기세덱들이 되어야 하고, 멜기세덱들에게 아브람들이 되어야 합니다.

모든 이들 중의 가장 위대하신 분

우리는 이런 일을 어떻게 해야 합니까? 왜 아브람과 멜기세덱은 똑같이 서로 지극히 높으신 하나님을 가리키며 그런 일을 했습니까? 이 사람들은 위대했습니다. 그들은 대화를 통해 더욱 위대해졌습니다. 그들은 모든 이들 중에 가장 위대하신 분을 가리키며 그렇게 했습니다.

나도 그 자리에 있어서 이 두 사람이 한 말을 들을 수 있었다면 얼마나 좋았겠습니까? 몇 년 전에 나는 바울의 서신인 갈라디아서를 면밀하게 연구하고 있었는데 거기서 바울은 그가 회심한지 3년 후에 예루살렘 여행에 대해 이야기합니다. 그것은 짧은 여행이었습니다. 그는 겨우 15일간 머물렀습니다. 그러나 그가 예루살렘에 있는 동안 베드로를 만납니다(그것이 그의 방문의 목적이었습니다). 그리고 베드로와 함께 지냈습니다. 바울은 이 만남에 대하여 그 외의 다른 말을 하지 않습니다. 그런데 다른 주석가의 설명을 읽으면서 그 중요성에 대해 숙고하게 되었습니다. 그는 이 두 사람이 틀림없이 나누었을 이야기에 대해 이렇게 말했습니다. "바울은 그들이 무슨 이야기를 나누었는지 우리에게 말해주고 있지는 않지만, 우리는 그들이 그 두 주간 전부를 날씨 이야기만 하며 보내지 않았을 것이라는 추측은 할 수 있다." 아마도 각자 개별적인 주님의 인도하심과 주님으로부터 얻은 지식을 소개하면서 이야기를 했을 것입니다. 이렇게 이방인을 위한 위대한 사도 바울과 유대인을 위한 위대한 사도 베드로는 서로 잘 알게 되었고 그들의 장래 사역을 위해 서로 격려하게 되었습니다.

아브람과 살렘 왕의 경우도 이와 같았을 것이 틀림없습니다. 모세는 그들의 공식적인 만남에 대해서만 이야기를 합니다. 그렇다고 우리는 그들이 그 이상의 주고받은 말없이 헤어졌다고 생각해야 합니까? 전혀 아닙니다! 아브람이 도망치는 동방 군대의 전리품을 가지고 왔고, 또 멜기세덱은 빵과 포도주를 가지고 나왔기 때문에 우리는 이것을 지쳐있는 군인들을 위한 양식이 아닌, 멜기세덱이 승자들을 위해 준비한 공식적인 축하용이라고 생각해야 합니다.

만일 그렇다면 멜기세덱과 아브람은 지금까지 하나님에 대해 아는 것을 나누면서 그들 앞에 놓여있는 일에 대해 서로를 격려하며 많은 시간을 함께 즐겁게 보냈을 것이 틀림없습니다. 아브람은 그를 통해 모든 민족이 복을 받을 큰 민족의 조상이 될 것이라는 하나님이 그에게 주신 약속을 이야기했을 것입니다(창 12:1-3). 그는 하나님이 약속하신 아들에 대한 소망을 나누었을 것입니다. 그 두 사람은 이 복이 어떻게 이루어질지에 대해 틀림없이 숙고했을 것입니다. 그리고 멜기세덱은 제사 수행을 맡은 제사장이었으므로 제사의 의미를 되새기며 앞으로 다가올 위대한 제사를 가리켰을지도 모릅니다.

당신은 멜기세덱과 아브람이 이런 이야기들을 함께 할 수 있었다고 생각합니까? 당신은 그들이 어떻게 아브람의 씨(이삭이 아닌 예수 그리스도)가 완전하고 효과적인 제물이 될 것인지 알았다고 생각합니까? 그들이 속죄를 미리 알았을지는 모르는 일이지만 가능은 합니다. 우리가 알 수 있는 것은 말라기 시대의 믿는 자들처럼 이들은 "여호와를 경외하는 자들"로서 "피차에 말했고" 그리고 "여호와께서 그것을 분명히 들으셨다"(말 3:16)는 것입니다. 하나님께서 이 사람들에 대해 말씀하셨습니다.

"나는 내가 정한 날에 그들을 나의 특별한 소유로 삼을 것이요 또 사람이 자기를 섬기는 아들을 아낌 같이 내가 그들을 아끼리니 그때에 너희가 돌아와서 의인과 악인을 분별하고 하나님을 섬기는 자와 섬기지 아니하는 자를 분별하리라"(말 3:17-18)

우리는 악한 자들 가운데가 아니라 의로운 자들 가운데 거하며 하나님을 섬겨야 합니다. 우리는 모든 이들 중에서 가장 위대하신 분을 가리키며 서로를 격려해야 합니다.

● 각주 ●

1. 본서 61장, "조상 아브람(창세기 12:1)," 17-27

2. 이러한 학설들은 여러 곳에서 논의되고 있다. 예를 들어 마르틴 루터, *Luther's Works, 2:381-83*; John Calvin, *Commentaries on the First Book of Moses Called Genesis*, trans. John King, 2 vols. (Grand Rapids: Eerdmans, 1948), 1:387-88; Henry Alford, *The Book of Genesis and the Part of the Book of Exodus* (1872; reprint, Minneapolis: Klock and Klock, 1979), 68-69;

Arthur W. Pink, *Gleanings in Genesis* (Chicag: Moody, 1922), 159; and Henry M. Morris, *The Genesis Record: A Scientific and Devotional Commentary on the Book of Beginnings* (Grand Rapids: Baker, 1976), 318-22.

3. 존 칼빈, *Commentaries on Genesis*, 1:388.

4. 마르틴 루터, *Luther' s Works*, 2:389, 391.

5. 같은 책, 2:392.

71

두 명의 멜기세덱

창세기 14 : 18-20

살렘 왕 멜기세덱이 떡과 포도주를 가지고 나왔으니 그는 지극히 높으신 하나님의 제사장이었더라 그가 아브람에게 축복하여 이르되 천지의 주재이시요 지극히 높으신 하나님이여 아브람에게 복을 주옵소서 너희 대적을 네 손에 붙이신 지극히 높으신 하나님을 찬송할지로다 하매 아브람이 그 얻은 것에서 십분의 일을 멜기세덱에게 주었더라

창세기 14장 연구에서 멜기세덱만을 이해하려고 했다면 매우 어려웠을 것입니다. 그가 어디에서 왔는지, 그가 가나안에서 무슨 일을 하고 있었는지, 그는 여호와에 대해 어떻게 알았는지, 멜기세덱이 인정된 제사장이었다면 누가 그를 인정했는지, 아브람은 멜기세덱이 참 하나님의 종이란 것을 어떻게 알았는지, 멜기세덱은 과연 누구인지와 같은 질문들은 지난 연구에서 지적한 바와 같이 아마도 대답이 불가능할 것입니다. 그러나 지금 마치 그것(창 14장의 내용)만으로는 충분치 않다는 것을 아는 것처럼 우리는 성경이 이 사람을 다루고 있는 것에서 멜기세덱뿐만 아니라 히브리서에 언급된 멜기세덱의 반차를 따른 제사장이신 예수 그리스도도 고찰해 보아야만 한다는 것을 누구든지 알게 됩니다.

이 주제에 대해 히브리서가 말씀하고 있는 것을 고찰하노라면 우리는 저자가 멜기세덱

을 소개하자마자(히 5:6, 10에서) 하던 말을 중단하고 이렇게 한탄하는 것을 보게 됩니다. "멜기세덱에 관하여는 우리가 할 말이 많으나 너희가 듣는 것이 둔하므로 설명하기 어려우니라 때가 오래 되었으므로 너희가 마땅히 선생이 되었을 터인데 너희가 다시 하나님의 말씀의 초보에 대하여 누구에게서 가르침을 받아야 할 처지이니…"(히 5:11-12). 다음 장으로 넘어가면 히브리서 6장 마지막 절에 가서야 저자가 그의 주제로 돌아옵니다. "그리로 앞서 가신 예수께서 멜기세덱의 반차를 따라 영원히 대제사장이 되어 우리를 위하여 들어가셨느니라"(20절). 이 장들을 읽어보면 저자가 그의 독자들에게 멜기세덱의 예수 그리스도에 대한 관계에 깊고 중요한 것들을 말하고 싶어 하지만 독자들의 무지함 때문에 어려움을 가지고 있다는 것을 감지합니다. 그런데 그들은 유대인들이었습니다. 만일 그들이 어려워했다면(구약을 히브리어로 읽고, 제사 제도에 대한 모든 것을 알았던 그들이 읽고 실행하는 것을 통해서도 어려워했다면 제사장이 무엇인지 잘 모르는) 우리 대부분에게 있어서는 얼마나 더 어렵겠습니까?

지극히 높으신 하나님의 제사장

개신교와 현대 유대교에는 제사장이 없습니다. 제사장은 제사를 수행하고, 제사는 구약 종교의 중심이기 때문에 유대인들에게는 제사장이 있어야 합니다. 그러나 우리가 아는 바와 같이 오늘날의 유대인들에게 공식적으로 인정되어 성경 시대의 제사장처럼 기능하는 제사장은 없습니다. 구약의 제사장이 이스라엘을 위해 제사를 드렸던 속죄일조차도 지금은 더 이상 제사가 특징을 이루지 않습니다. 대신에 이날은 자신이 지은 죄를 슬퍼하는 회개의 날이 되어 왔습니다. 물론 개신교는 모든 믿는 자의 제사장 교리를 가지고 있습니다. 그러나 이것이 구약의 제사장을 제대로 의미하는 것은 아닙니다. 그래서 만일 제사장이 무엇인가 정의하라거나 또는 제사장이 하는 일이 무엇인지에 대해 설명하라고 하면 대부분의 사람들은 말을 못합니다.

로마 가톨릭은 이 점에서 유리합니다. 그들은 제사장들이 무엇을 하는지 압니다. 그들은 제사장들이 미사의 제사를 행한다는 것을 압니다. 가톨릭 교리로 "피 없는" 제사라고 부르는 제사입니다. 제사장들은 또한 죄 고백을 듣고 사죄를 합니다. 즉, 그들은 고백된 죄가 사해질 것임을 선언합니다. 이것은 제사장들이 중보자의 위치에 서는 것을 의미합니다. 그들은 하나님과 관계되는 일에서 사람들을 위해 행하고 그리고 사람들에게는 하나님을 대변합니다.

나는 가톨릭에 제사장이 존재하는 것은 대체로 세계적인 간구를 위한 책임 때문으로 생각합니다. 내가 의미하는 것은 죄가 사람들을 하나님으로부터 떼어놓았기 때문에 그들은 중보가 필요하다고 느낀다는 것입니다. 죄가 없다면 우리 모두는 하나님에게 담대하게 나아갈 수 있고 우리가 받아들여진다는 것을 알 수 있습니다. 그러나 우리는 죄를 범했고 그래서 나아갈 수 없다는 것을 직관적으로 압니다. 따라서 우리는 우리를 위해 중보하여 우리 대신 하나님 앞에 서줄 누군가를 찾습니다. 우리는 그러한 존재가 어떤 의미이든 우리와 하나님 사이에 일을 올바르게 해줄 수 있기를 바랍니다. 가톨릭교도들은 그들의 제사장이 이 필요를 채워줄 것을 기대합니다. 물론 개신교도들은 미사의 제사는 헛된 것이며 그것은 그리스도의 충분한 제사를 그런 식으로 부적절한 것으로 만듦으로써 그분을 모욕하는 것이라고 주장합니다. 개신교도들은 제사장이 죄를 사면하는 특별한 권위가 없다는 입장을 견지할 것입니다. 그러나 중보자로서 제사장의 필요는 보편적입니다(이것이 나의 요점입니다). 그래서 이것이 부분적으로 가톨릭의 위대한 간구를 변명해 줍니다.

이것은 또한 교황의 인기를 설명해 줍니다. 겉보기에는 상당히 매력적입니다. 그는 가장 사치스럽고 비싼 옷을 입는 사람입니다. 그는 공표되지 않은 막대한 부의 표본입니다. 그는 신앙과 도덕 문제에 있어 하나님을 대변할 수 있고, 따라서 오류 없이 말할 수 있다고 주장합니다. 이런 것들만으로도 대부분의 현대인들은 그를 경멸의 대상으로 만듭니다. 그러나 그가 과격한 터키의 살인자요 폭력주의자에게 저격당한다면 세계는 전혀 다른 사람이 하는 것처럼 애도를 할 것입니다. 세속적인 마음을 가진 한 유대인 이웃이 말했습니다. "교황에게 일어난 일은 끔찍한 일이 아닌가요?" 왜 그렇습니까? 그것은 실제로 교황이(개신교도들의 입장에서 볼 때) 우리의 필요에 대한 대답은 아니지만, 그는 우리가 필요하다고 느끼는 것을 대표하고 있기 때문입니다. 사람들에게 있어 그는 하나님의 중보자의 대표입니다. 그는 속죄를 대리합니다.

이것이 멜기세덱이 대리한 것이고 그것은 예수 그리스도가 완성하신 것입니다. 이것이 왜 예수님이 참 멜기세덱이시고, 왜 그가 히브리서에서 그렇게 길게 찬양되고 있는가 하는 이유입니다. 구약의 제사장들은 멜기세덱같이 하나님이 희생을 통해 죄를 용서하시겠다고 말씀하신 길을 가리킬 뿐이었습니다. 그러나 그들의 희생제물은 죄에 대한 참된 속죄가 되지 못했습니다. 왜냐하면 짐승의 죽음은 불충분한 대속물이었기 때문입니다. 참된 속죄를 위해서는 하나님의 아들의 죽음을 필요로 했습니다.

제사장과 왕

히브리서 저자는 예수님이 다른 종류의 제사장과는 달리, 멜기세덱의 반차를 따른 영원한 제사장이심을 강조합니다. 그래서 묻습니다. 예수님의 제사장직의 탁월성을 가리키는 멜기세덱이 어쨌다는 것입니까? 예수님이 아론의 반차가 아닌 멜기세덱의 반차를 따른 제사장이시란 것이 왜 중요합니까(히 7:11)?

대답의 한 가지는 히브리서 저자가 멜기세덱에 대해서 말하는 첫 번째 것에서 얻습니다. "이 멜기세덱은 살렘 왕이요 지극히 높으신 하나님의 제사장이라 여러 왕을 쳐서 죽이고 돌아오는 아브라함을 만나 복을 빈 자라"(히 7:1). 이 문장에서 중요한 단어는 "이요(and)" 입니다. 왜냐하면 구약시대에는 왕 직과 제사장 직이 분리되어 있었기 때문입니다. 이 두 가지 중요한 기능이 겸해진 것은 오직 멜기세덱과 그리스도뿐이었습니다. 이스라엘에는 마치 미국 정부의 행정부, 입법부 그리고 사법부 사이에 존재하는 상호 제한이 있는 것처럼 억제와 균형을 위한 제도 같은 것이 있었습니다. 이 부서들은 독립되어 각 부서는 다른 부서들이 갖지 못한 권력을 가진 것처럼 어떤 왕도 제사장이 될 수 없었습니다. 어떤 제사장도 왕이 될 수 없었습니다. 실제로 유다 왕 웃시야가 제사장들만 들어가는 성전 안으로 들어와 하나님에게 분향하려고 했을 때, 하나님은 그를 심판하셔서 나병환자가 되게 하셨습니다. 그에 대해 이렇게 말씀합니다. "웃시야 왕이 죽는 날까지 나병환자가 되었고 나병환자가 되매 여호와의 전에서 끊어져 별궁에 살았으므로 그의 아들 요담이 왕궁을 관리하며 백성을 다스렸더라"(대하 26:21).

이스라엘과 미국 모두 권력의 균형을 유지하는 이유는 분명합니다. 즉, 단순한 인간들에게 과다한 권력을 맡길 수 없다는 것입니다. 액톤 경(Lord Acton)이 이렇게 표현한 바와 같습니다. "권력은 부패하기 쉽다. 절대 권력은 절대 부패한다." 그러나 예수님은 단순한 인간이 아니십니다. 그분은 그분의 인간적 속성에서와 같이 신성에서도 완전하신 신이시며 인간(God - man)이십니다. 예수 그리스도만이 제사장과 왕, 둘 다 하실 수가 있습니다. 마이어(F. B. Meyer)는 이렇게 기술하고 있습니다.

"예수님의 지상 생애에서 (이것들이) 얼마나 훌륭하게 조화되었는지! 제사장으로서 그분은 불쌍히 여기시고, 도와주시고, 사람들을 먹이셨고, 왕으로서 그분은 파도를 다스리셨다. 제사장으로서 그분은 장엄한 중보기도를 드리셨고, 왕으로서 그분은 왕의 특권인 '내가 원하노니(I will)' 를 말씀하셨다. 제사장으로서 그분은 말고의 귀를 만져주셨고, 그분이 아닌 가이사를 선호한, 버림받은 왕으로서 그분은 죽기까지 박해를 당하셨다. 그분은 그분의 학살자들을 위해 간청을 하셨고, 죽어가는 도적에게 낙원에 대해 말씀하셨으며, 그러는 동안 그분의 십자가에 그분이 왕이시라는 것이 부착되어 선포되었다. 제사장으로서 그분은 그분의 제자들에게 평안의 숨을 불어주셨고, 왕으로서 그분은 승천하셔서 그분의 보좌에 앉으셨다." [1]

멜기세덱의 왕권은 예수님의 왕권과 관련해서 특별히 중요합니다. 왜냐하면 그것은 그분의 왕으로서의 최상의 특성을 가리키기 때문입니다. "멜기세덱" 은 그저 이름일 수 있습니다. 그러나 그것은 "의의 왕" 을 의미합니다. 멜기세덱이 왕이었던 살렘은 오직 초기의 지상 예루살렘으로 볼 수 있습니다(참조 시 76:2). 살렘은 "평화" 를 의미합니다. 예수님은 탁월하신 의의 왕이요, 평화의 왕이십니다. 특히 그분은 그 둘 다이시고, 또 그 순서대로이십니다. 계속해서 마이어는 말합니다.

"그분은 '의의 왕' 이셨고, 평화의 왕이신 살렘 왕이셨다(히 7:2). 어떤 값을 치루고 얻는 또는 의의 값을 치루고 얻는 평화가 먼저가 아니라 의(그분의 인격적 품성의 의), 곧 우리를 위한 하나님의 거룩한 법의 정당한 요구에 대한 의로운 대처가 먼저다. 이 견고하고 파괴할 수 없는 토대에 기초를 두고 일어난 사람의 영혼이 충격을 받을 때 피할 수 있는 평화의 성전이 생겨났다. '공의의 열매는 화평이요 공의의 결과는 영원한 평안과 안전이라 내 백성이 화평한 집과 안전한 거처와 조용히 쉬는 곳에 있으려니와' (사 32:17-18)." [2]

많은 사람들이 갖고 있는 문제는 그들이 의가 없이 평화를 원하는 것입니다. 다시 말해 그들은 죄 짓는 것은 원하면서 그 결과로 인해 고통 받는 것은 원하지 않습니다. 그들은 모든 일이 잘될 거라고 하면서 마음대로 자기 길을 가기를 원합니다. 그러나 원하는 일이 자신의 뜻대로 되지 않을 때 낙담하고 실망합니다. 하나님은 우리가 먼저 의를 가져야한다고 말씀하십니다. 왜냐하면 근본 문제는 죄이기 때문입니다. 그래서 평화를 경험하려면 먼저 죄를 처리해야만 합니다.

이 의는 어디서 찾을 수 있습니까? 우리에게는 의가 없습니다. 우리가 가져야 하지만 가지고 있지 않은 의 대신에 우리는 온갖 형태의 불의를 가지고 있습니다. 성경은 로마서 3장에서(시 5:9, 140:3, 10:7, 36:1, 사 59:7-8을 인용해서) 이렇게 말씀합니다.

"다 치우쳐 함께 무익하게 되고 선을 행하는 자는 없나니 하나도 없도다 그들의 목구멍은 열린 무덤이요 그 혀로는 속임을 일삼으며 그 입술에는 독사의 독이 있고 그 입에는 저주와 악독이 가득하고 그 발은 피 흘리는 데 빠른지라 파멸과 고생이 그 길에 있어 평강의 길을 알지 못하였고 그들의 눈 앞에 하나님을 두려워함이 없느니라 함과 같으니라(롬 3:12-18)

성경은 말씀하기를 사람의 마음으로 생각하는 모든 계획이 "항상 악할 뿐"(창 6:5)이라고 했습니다. 우리는 우리가 필요로 하는 의를 사회에서 찾을 수 없습니다. 왜냐하면 사회는 단지 그 사회를 이루는 죄인들의 산물이기 때문입니다. 의는 세상에서 찾을 수 없습니다.

만일 의를 얻을 수 있긴 한데 그것이 세상에서 생기는 것이 아니라면, 그것은 하늘에서 와야만 합니다. 바울이 그것을 이렇게 말합니다. "이제는 율법 외에 하나님의 한 의가 나타났으니 율법과 선지자들에게 증거를 받은 것이라"(롬 3:21). 이 의는 의의 왕이신 예수님이 가지고 오신 것입니다. 그것은 우리의 죄 값으로 돌아가신 그분의 죽음을 믿음으로 얻게 됩니다.

우리는 또한 평화(peace)를 필요로 합니다. 이것은 어디서 찾을 수 있습니까? 이것 역시 우리 안에 없습니다. 바울이 말했습니다. "평강(peace)의 길을 알지 못하였고" (롬 3:17). 사회는 평화를 모릅니다. 세계도 평화를 모릅니다. 혼란 속에 있습니다. 우리는 정신병 의사들의 도움을 기대합니다. 그러나 그들은 우리에게 평화를 주지 못합니다. 우리는 유엔의 도움을 기대하지만 평화를 만들어내지 못합니다. 우리는 정부와 군대의 도움을 기대합니다. 그러나 그들은 평화를 유지하지 못합니다. 평화는 어디에서 찾을 수 있습니까? 예수님 안에서만 발견이 됩니다. 예수님은 평화의 왕이십니다. 바울은 로마서에서 이렇게 말합니다. "그러므로 우리가 믿음으로 의롭다 하심을 받았으니 우리 주 예수 그리스도로 말미암아 하나님과 화평(peace)을 누리자" (롬 5:1).

예수님을 통해서 사람들은 평화의 세 가지 면을 경험할 수 있습니다. 첫째는 하나님과의 화평, 둘째는 내적 평안, 셋째는 서로 간의 평화입니다. 특히 우리는 예수님 자신이 의 안에서 다스리시고, 이 세상에 참되고 지속적인 평화를 가지고 오실 날을 내다보고 있습니다.

우리의 영원하신 제사장

예수님이 아론의 제사장 반차를 따르지 않고 멜기세덱의 제사장 반차를 따랐다고 성경이 밝히면서 예수님을 멜기세덱에 비유하고 있는 두 번째 이유가 있습니다. 그것은 멜기세덱의 제사장 직이 영원한 것이기 때문입니다. 히브리서 저자가 말하는 것을 유의해 보십시오. "아버지도 없고 어머니도 없고 족보도 없고 시작한 날도 없고 생명의 끝도 없어 하나님의 아들과 닮아서 항상 제사장으로 있느니라" (히 7:3).

"아버지도 없고 어머니도 없고 족보도 없고 시작한 날도 없고 생명의 끝도 없다"는 것은 무엇을 의미합니까? 멜기세덱이 글자 그대로 시작한 날도 없이 하나님이 영원하신 것처럼 그도 영원했다는 뜻입니까? 그가 글자 그대로 아버지 또는 어머니가 없었다는 뜻입니까? 생명의 끝도 없다면 그가 지금도 살아있다고 볼 수가 있는 것입니까? 많은 사람들이 이런 시사를 했고, 어떤 사람들은 멜기세덱이 아마도 삼위의 하나님 중 성육신 전에 현현(顯現)하신 2위의 하나님이실 것이라는 암시를 했습니다. 그러나 나는 그렇게 생각하지 않습니다. 나는 이것을 지나친 성경 해석이라고 생각합니다.

나는 저자가 실제로 ("족보도 없이"를 덧붙여서) 어떻게 그의 말을 받아들여야 하는가를 보여주고 있다고 생각합니다. 족보는 조상과 자손에 대한 기록입니다. 따라서 저자는 멜기세덱이 그러한 기록이 없다는 것을 이야기하고 있는 것이지, 조상이나 자손이 없다는 것을 이야기하고 있는 것이 아닙니다. 이런 점에서 멜기세덱은 그리스도의 모형인 것입니다. 오직 그리스도만이 시작도 끝도 없으십니다. 따라서 그분은 완전하시고 충분하신 제사장으로서 "자기를 힘입어 하나님께 나아가는 자들을 온전히 구원하실 수 있으니 이는 그가 항상 살아 계셔서 그들을 위하여 간구"(히 7:25)하시는 분입니다.

우리는 변화하는 세상, 아무 것도 영속하는 것이 없는 세상에 살고 있습니다. 우리가 사람들로 하여금 우리의 구원자들이 되기를 기대할 때, 우리는 그들이 변하는 존재들임을 깨닫게 됩니다. 그들은 떠나갑니다. 그들은 우리를 저버립니다. 그들은 죽습니다. 우리가 이 세상의 단체들로 하여금 우리의 구원자가 되기를 기대할 때, 이들 또한 변하고 부적당하다는 것을 깨닫게 됩니다. 우리가 사회, 정부, 교육, 재산을 기대한다고 해도 그 모두는 우리의 기대를 저버리게 됩니다.

우리에게 필요한 분은 오늘이나 내일만이 아닌, 그 다음 날도, 또 그 다음날도 계속해서 영원히 구원하실 수 있는 영원한 중보자입니다. 우리는 생명이 끝나도 여전히 거기 계신 분, 멜기세덱의 반차를 따른 영원하신 제사장이신 예수님을 필요로 합니다.

우리는 그분을 소유하고 있습니까? 확실히 그분은 존재하십니다. 그래서 만일 당신이 그분을 믿음으로 영접한다면 그분은 당신 편이 되십니다. 사람들 중에는 하나님의 보증이 없이 하나님과 다른 사람들 사이의 중보자로 처신하는 제사장이 있습니다. 그러나 그들은 사람일 뿐입니다. 그들은 죄인입니다. 그들은 죽습니다. 나는 당신을 사람 이상이신 예수님께 초청합니다. 그분은 영원히 사신다는 사실을 포함하여 사람의 모든 속성 이상의 속성을 가지신 사람이십니다. 그분은 당신이 필요로 하는 분입니다. 그분은 당신을 대신해 죽으셨습니다. 그분은 다시 사셨고, 지금 의와 평강의 왕으로 살아 계십니다. 그분에게 오십시오. 그분에게 당신의 삶을 드리십시오. 그분으로 하여금 당신이 필요로 하는 것을 틀림없이 공급해 주시도록, 그렇게 해서 당신을 이 세상에 사는 동안 다른 사람들에게 복이 되고, 하나님 은혜의 전달자 역할을 하는 사람으로 갖추어 주시도록 허락하십시오.

● 각주 ●

1. 마이어, *Abraham*, 69-70.

2. 같은 책, 56-57.

72

우리의 영원하신 제사장

창세기 14 : 18-20

살렘 왕 멜기세덱이 떡과 포도주를 가지고 나왔으니 그는 지극히 높으신 하나님의 제사장이었더라 그가 아브람에게 축복하여 이르되 천지의 주재이시요 지극히 높으신 하나님이여 아브람에게 복을 주옵소서 너희 대적을 네 손에 붙이신 지극히 높으신 하나님을 찬송할지로다 하매 아브람이 그 얻은 것에서 십분의 일을 멜기세덱에게 주었더라

히브리서의 특별한 관심은 예수님이 (지난 장에서 고찰한 바) 멜기세덱의 반차를 따른 제사장이시기 때문에 그분은 모든 제사장보다 탁월하시다는 것을 보여주는 데 있습니다. 더 구체적으로 말하면, 그분은 열 두 지파 중 한 지파의 조상인 레위 및 그 지파 출신인 첫 번째 대제사장 아론 계통의 제사장들보다 탁월하시다는 것입니다. 히브리서 저자는 이것을 유대인 식으로 특이하게 말합니다.

"이 사람이 얼마나 높은가를 생각해 보라 조상 아브라함도 노략물 중 십분의 일을 그에게 주었느니라 레위의 아들들 가운데 제사장의 직분을 받은 자들은 율법을 따라 아브라함의 허리에서 난 자라도 자기 형제인 백성에게서 십분의 일을 취하라는 명령을 받았으나 레위 족보에 들지 아니한 멜기세덱은 아브라함에게서 십분의 일을 취하고 약속을 받은 그를 위하여 복을 빌었나니 논

란의 여지 없이 낮은 자가 높은 자에게서 축복을 받느니라 또 여기는 죽을 자들이 십분의 일을 받으나 저기는 산다고 증거를 얻은 자가 받았느니라 또한 십분의 일을 받는 레위도 아브라함으로 말미암아 십분의 일을 바쳤다고 할 수 있나니 이는 멜기세덱이 아브라함을 만날 때에 레위는 이미 자기 조상의 허리에 있었음이라"(히 7:4-10)

이 주장이 우리가 설명하려는 방향은 아니지만, 그 요점은 명확합니다. 멜기세덱은 아브람보다 두 가지 면에서 탁월하다는 것입니다. 첫째, 그가 아브람을 축복했습니다. 높은 자가 낮은 자를 축복합니다. 둘째, 그는 아브람에게 무엇을 준 것이 아니라 그로부터 전리품의 10분의 1을 받았습니다. 멜기세덱은 아브람보다 높기 때문에 또한 레위 및 아론을 포함한 아브람 자손 그 누구보다도 높았습니다.

완전한 제사장직

그러나 히브리서 저자가 제시하고자 하는 것은 이것만이 아닙니다. 저자가 가장 관심을 가지고 있고, 그래서 가장 많은 지면을 할애한 것은 예수님의 제사장 직이 다른 인간의 제사장 직보다 탁월하다는 면을 고찰한 내용입니다. 이것이 히브리서 7장 뒷부분과 8장, 10장 전체를 차지합니다. 이 장들에서 저자는 그 이전의 제사장들 및 그들의 사역과는 달리 예수님은 완전하신 제사장으로서, 완전한 제사를 드리시고, 그 제사는 완전하고 영원한, 다시는 되풀이할 필요가 없다는 것을 보여줍니다.

첫째, 구약의 제사제도 하에서 이스라엘 제사장들은 그들이 대표하는 사람들뿐만 아니라 자신들을 위해서도 제사를 드리는 것이 필요했습니다. 왜냐하면 그들도 죄인들이었기 때문입니다. 속죄일에 대제사장이 지성소 안으로 들어가기 전에 자신과 그의 가족들을 위해서 수송아지 한 마리를 번제로 드린 후에(레 16:6) 그는 속죄소에 뿌려질 피를 바칠 속죄양과 제물에 관련된 의식을 거행할 수 있었습니다. 이것은 이스라엘의 제사장들이 드리는 제사는 불충분한 것으로 그들은 무죄한 제물의 죽음을 통해서 구원받는 길을 가르쳤습니다. 그러나 양이나 염소의 피는 구약이나 신약이 확인하는 것처럼 죄를 없이할 수가 없었습니다(암 5:22, 미 6:6-7, 히 10:4-7). 결국 세상 제사장들의 제사 역시 그것이 계속 반복해서 드려진다는 사실로 보아 불완전한 것이었습니다. 예루살렘에서 대제단의 불은 결코 꺼지는 일이 없었습니다. 그리고 유월절 같은 큰 명절에는 글자 그대로 수십만 마리의 어린양이 희생되었습니다. 이 세상의 제사장 직과는 대조적으로 예수님의 제사는 당신 자신이 완전하신 분의 제사였고, 그래서 자신을 위해 속죄를 할 필요가 없는 분에 의한 제사입니다. 히브리서 저자가 이렇게 말한 바와 같습니다.

"이러한 대제사장은 우리에게 합당하니 거룩하고 악이 없고 더러움이 없고 죄인에게서 떠나 계시고 하늘보다 높이 되신 이라 그는 저 대제사장들이 먼저 자기 죄를 위하고 다음에 백성의 죄를 위하여 날마다 제사 드리는 것과 같이 할 필요가 없으니 이는 그가 단번에 자기를 드려 이루셨음이라"(히 7:26-27)

둘째, 완전하시다는 것과 동시에 자신이 제물이 되셨다는 것은 예수님이 드리신 제사는 완전했다는 결론이 됩니다. 그러므로 이스라엘의 제사가 할 수 없었던 것과는 달리, 실제로 죄 값을 치러 죄를 제거할 수 있었습니다. 짐승의 희생은 장차 올 것의 그림자이지 현실이 아니었습니다. 예수님의 죽음이 실제적인 속죄(하나님이 죄인을 의롭다고 선언하시는 토대)를 이루었습니다. 히브리서 9장에 이 점이 언급되고 있습니다.

"그리스도께서는 장래 좋은 일의 대제사장으로 오사 손으로 짓지 아니한 것 곧 이 창조에 속하지 아니한 더 크고 온전한 장막으로 말미암아 염소와 송아지의 피로 하지 아니하고 오직 자기의 피로 영원한 속죄를 이루사 단번에 성소에 들어가셨느니라 염소와 황소의 피와 및 암송아지의 재를 부정한 자에게 뿌려 그 육체를 정결하게 하여 거룩하게 하거든 하물며 영원하신 성령으로 말미암아 흠 없는 자기를 하나님께 드린 그리스도의 피가 어찌 너희 양심을 죽은 행실에서 깨끗하게 하고 살아 계신 하나님을 섬기게 하지 못하겠느냐"(히 9:11-14)

셋째, 매일 반복해야만 했던 구약 제사장들의 제사와는 달리, 예수님의 제사는 완벽하고 영원한 것이었습니다. 그 증거로 그분은 지금 하나님 우편에 앉아 계십니다. 유대 성전에는 의자가 없었습니다. 이는 제사장의 사역은 결코 끝남이 없다는 것을 의미했습니다.

"오직 그리스도는 죄를 위하여 한 영원한 제사를 드리시고 하나님 우편에 앉으사 그 후에 자기 원수들을 자기 발등상이 되게 하실 때까지 기다리시나니 그가 거룩하게 된 자들을 한 번의 제사로 영원히 온전하게 하셨느니라"(히 10:12-14)

믿음의 확신

나는 지난 장에서 그리스도의 제사장 직이 특별히 멜기세덱과 관련해서 어려운 주제라는 것을 말한 바 있습니다. 그러나 그것은 또한 실제적인 것입니다. 그래서 그 교리가 실제적으로 내포한 의미를 고찰함 없이 그 어려운 교리를 고찰한다는 것 또한 옳지 못할 것입니다. 그러나 당연하게 히브리서 저자는 이것을 고찰하고 있습니다(7장에서 10장까지). 그리스도의 제사장 직이 다른 모든 제사장의 그것보다 탁월하다는 것을 설명한 후에 그는 이 교리를 최대한 활용함으로써 인내하며 하나님을 섬기도록 하는 도전으로 그의 논지의 결론을 맺습니다.

"그러므로 형제들아 우리가 예수의 피를 힘입어 성소에 들어갈 담력을 얻었나니 그 길은 우리를 위하여 휘장 가운데로 열어 놓으신 새로운 살 길이요 휘장은 곧 그의 육체니라 또 하나님의 집 다스리는 큰 제사장이 계시매 우리가 마음에 뿌림을 받아 악한 양심으로부터 벗어나고 몸은 맑은 물로 씻음을 받았으니 참 마음과 온전한 믿음으로 하나님께 나아가자 또 약속하신 이는 미쁘시니 우리가 믿는 도리의 소망을 움직이지 말며 굳게 잡고 서로 돌아보아 사랑과 선행을 격려하며 모이기를 폐하는 어떤 사람들의 습관과 같이 하지 말고 오직 권하여 그 날이 가까움을 볼수록 더욱 그리하자"(히 10:19-25)

이 놀라운 구절은 기독교의 세 가지 위대한 덕목에 초점을 맞추고 있는데, 그것은 믿음,

소망, 사랑입니다. 그리스도의 완전하고 완벽하게 이루신 역사를 믿는 믿음을 통해 우리는 하나님께 가까이 나아가야 합니다. 그분이 주신 소망 때문에 우리는 하나님을 섬기는 일에서 인내해야 합니다. 우리는 하나님과 형제들을 함께 사랑하게 되었기 때문에 그리스도의 재림의 날이 가까워질수록 다른 그리스도인들을 더욱더 격려해야 합니다.

믿음에 대한 권면은 이 서신서에서 전술한 주요 사항의 요약에 기초하는데 그것은 첫째 우리는 예수님의 피에 의해 하나님께로 올 자유가 있다는 것, 둘째 이것은 그분이 우리를 위해 마련하신 새로운 생명의 길 때문이라는 것, 셋째 우리가 하나님께 오는데 있어 우리가 접근하고 기원하는 것을 인도해 주시는 예수님이 우리에게 계시다는 것입니다.

우리가 담대하게 하나님께 나아 올 자유가 있다는 사실은 히브리서 초기 독자들 대부분에게는 새로운 개념이었습니다. 왜냐하면 유대교에서 이스라엘 사람들은 여호와께 접근하는 것이 금지되었기 때문입니다. 이것은 장막을 세우고 거기서 예배하는 지침에 나타납니다. 장막의 전체적인 취지는 죄인이 이스라엘의 거룩하신 분께 단순히 "끼어들" 수 없도록 하는 데 있었습니다. 하나님은 상징적으로 성전에 거하시는 것으로 이해되었습니다. 따라서 사람들은 그 안에 들어갈 수가 없었습니다. 그리스인은 그리스의 어떤 신전에도 들어갈 수 있었습니다. 그들은 남신과 여신으로 된 많은 상(像)들 중 어느 상 앞에서도 기도할 수 있었습니다. 로마인은 로마의 많은 신전들 중 어느 곳에도 들어갈 수 있었습니다. 그러나 유대인은 지성소에 들어갈 수 없습니다. 그러나 오직 한 사람만이 들어갈 수 있었는데 그 조차도 일 년에 한 번 속죄일에만 들어갈 수 있었고, 그것도 바깥뜰에서 그가 먼저 자신을 위해 그리고 백성을 위해 제사를 드린 다음에야 가능했습니다.

성전 안쪽은 바깥쪽과 두꺼운 휘장으로 분리되어 방들을 나누었습니다. 그것이 전부가 아니었습니다. 지성소와 성소(안쪽과 바깥쪽 방) 사이에 휘장이 있었던 것처럼, 성소와 바깥뜰을 분리하는 또 다른 두꺼운 장막도 있었습니다. 그리고 뜰의 입구와 이스라엘 백성의 막사 주변을 분리하는 세 번째 휘장이 있었습니다. "휘장"이란 말의 의미는 "분리 한다" 또는(후에) "가린다" 라는 것입니다. 따라서 성전 구조의 의미는 하나님이 그분의 백성과 함께 거하기로 결정하셨지만 그럼에도 그분의 거룩하심과 그들의 죄 때문에 그들로부터 분리되거나 또는 가려지셨다는 것입니다.

하나님과의 교제는 오직 지성소 안에서만 이루어져야 했습니다. 그러나 그 안으로 들어가기 위해서는 세 개의 휘장을 지나야만 했는데 그 각각의 휘장은 하나님과 인간 사이에 존재하는 거대한 간격에 대한 실감을 더해 주었습니다. 그 휘장들은 첫째는 바깥 막사와 성전 뜰 사이에 있는 휘장, 둘째는 성소로 들어가는 입구를 가리고 있는 휘장, 셋째는 성소와 맨 안쪽에 있는 방을 분리하는 휘장입니다. 특히 지성소로 들어가기 위해서는 대제사장은 성전 뜰에 있는 놋 제단에서 제사를 드리고, 뜰에 있는 놋대야에서 씻고 나서는 일곱 개의 가지가 있는 금 촛대로 밝혀진 성소를 통과하고, 그 방 안에 있는 제단 위에서 항상 불타고 있는 향로를 통과해야만 했습니다. 누구든지 이러한 관문 통과를 무시하면 제사장은 과거 그것들을 무시했던 사람들이 당했던 것처럼 당장에 불에 타 소멸될 것입니다. 하나님의 진노가 하나님의 거룩하심을 침범하고 손상시키려고 시도한 죄에 대해서 갑자기 불타오를 것입니다.

그러나 그리스도가 죽으셨을 때 무슨 일이 일어났습니까? 우리는 공관복음(마태복음, 마가복음, 누가복음)에서 즉시로 "성소 휘장이 위로부터 아래까지 찢어져 둘이" 된 것 (마 27:51; 참조 막 15:38, 눅 23:45)을 알고 있습니다. 이스라엘 역사에서 이때에는 오직 하나의 휘장만 있었습니다. 그러나 그것은 지성소와 성소 사이, 성전의 안쪽 방과 바깥쪽 방 사이에 있는 극히 중요한 것이었습니다. 그것은 큰 관문이었습니다. 하나님은 이제 그것을 둘로 찢으셨는데 이것은 그렇게 해서 그리스도의 죽음이 죄에 대한 완전한 속죄가 되고 또한 하나님 존전으로 가는 길이 그리스도의 희생을 믿음으로 나오는 모든 사람에게 영원히 열려져있다는 것을 의미하는 것이었습니다. 히브리서 저자는 이렇게 결론을 맺습니다.

> "그러므로 형제들아 우리가 예수의 피를 힘입어 성소에 들어갈 담력을 얻었나니 그 길은 우리를 위하여 휘장 가운데로 열어 놓으신 새로운 살 길이요 휘장은 곧 그의 육체니라… 우리가 마음에 뿌림을 받아 악한 양심으로부터 벗어나고 몸은 맑은 물로 씻음을 받았으니 참 마음과 온전한 믿음으로 하나님께 나아가자"(히 10:19-20, 22)

우리의 담대함에 대해 추가적인 지원 구절이 있습니다. 즉, 우리가 접근하고 기원하는

데 있어서 인도자가 계신 것입니다(히 10:21). 예수님이 제자들과 함께 계실 때, 이에 대해 친히 말씀하셨습니다. 그분이 우리를 위하여 하실 역사와 또한 성령님이 하실 역사에 대해 말씀하셨습니다. 그분은 **파라클레토스**(parakletos)라는 단어를 사용하셨습니다. 영어에서 이 단어는 보통 "위로자, 조언자" 또는 "변호자"로 번역됩니다. 이 단어는 법정 색채를 띠고 있습니다. 예수님은 이것을 요한복음 14:16절(요 14:26, 15:26, 16:7 참조)에서 성령님에 대해 사용하셨고, 요한일서 2:1절에서는 이 단어가 예수님 자신에 대해 사용되고 있습니다. 문자적으로 이것은 어떤 사람 곁에서 그 사람을 돕는 자로 불리는 사람을 의미합니다. 그래서 변호자입니다(곁에서를 의미하는 para와 불리다를 의미하는 kletos에서 변호자라는 말이 나옴). 매우 흥미 있는 것은 이것이 또한 영어 용어의 의미이기도 하다는 것입니다. "Advocate(변호자)"는 "to" 또는 "toward"을 의미하는 "ad"와 "to call"을 의미하는 "vocare"의 두 단어로 구성되어 있습니다.

이 단어가 그려주는 것은 고객인 우리를 변호하는 천국의 법률 사무소라고 부를 수 있는 어떤 그림과 같습니다. 그것은 예수 그리스도가 관장하시는 천국 지사와 성령님이 관장하시는 세상 지사를 가지고 있습니다. 그 두 곳 모두 우리를 위해 변호합니다. 우리로 기도하도록 감동시키시고 그 기도를 우리 자신이 더 이상 할 수 없는 지경까지 도를 더 하시는 것이 성령님의 역할입니다. 바울이 이 사역에 대해 이렇게 기술하고 있습니다. "이와 같이 성령도 우리의 연약함을 도우시나니 우리는 마땅히 기도할 바를 알지 못하나 오직 성령이 말할 수 없는 탄식으로 우리를 위하여 친히 간구하시느니라"(롬 8:26). 이와 유사하게 천국에서의 예수님의 사역은 우리의 기도를 바르게 해석하시고, 하나님에게 나오는 근거로서 그분의 희생의 효력을 내세우시는 것입니다.

이 결과는 이미 언급한 바와 같이 기도에서의 큰 담력입니다. 만일 우리 기도의 응답이 우리가 기도하는 데 들이는 힘이나 기원 자체의 올바름의 여부에 달려있다면 우리가 어떻게 담력을 가질 수 있겠습니까? 가질 수 없습니다. 바울이 고백한 것처럼 우리의 기도는 약하고, 우리는 종종 잘못 기도합니다. 그러나 우리는 그럼에도 불구하고 담대합니다. 우리에게는 우리의 요구를 강화시켜 주시는 성령님과 그 요구를 바르게 해석해 주시는 예수 그리스도가 계시기 때문입니다.

소망 안에서의 인내

그리스도의 제사장 직 교리에 대한 저자의 적용의 두 번째는 우리는 소망 안에서 인내해야 한다는 것입니다. "약속하신 이는 미쁘시니 우리가 믿는 도리의 소망을 움직이지 말며 굳게 잡고"(히 10:23). 그리스도인의 소망은 성경에서 여러 면으로 또 적절하게 표현되어 있는데, 그것은 그 소망이 크고 많은 면을 가진 개념이기 때문입니다. 그러나 요한일서 3장에서 언급된 것보다 더 아름답고 감동적인 것은 어디에도 없습니다.

"사랑하는 자들아 우리가 지금은 하나님의 자녀라 장래에 어떻게 될지는 아직 나타나지 아니하였으나 그가 나타나시면 우리가 그와 같을 줄을 아는 것은 그의 참모습 그대로 볼 것이기 때문이니 주를 향하여 이 소망을 가진 자마다 그의 깨끗하심과 같이 자기를 깨끗하게 하느니라"(요일 3:2-3)

그리스도인의 소망은 마치 단순히 "바라지만" 그것을 얻을 확신이 없는 것 같은 불확실한 것이 아닙니다. 그것은 우리가 소유하고 있지만 아직 손에 잡지는 않고 있는 것입니다. 그것은 예수님을 보는 것, 예수님과 함께 있는 것, 예수님처럼 되는 것입니다. 특히 그것은 현재적인 관련성을 가지고 있습니다. 만일 우리가 그분과 함께 있게 되고 그분처럼 될 것이라면 우리는 지금 그분처럼 되기 위하여 노력해야 하는 것입니다.

이점에서 인내가 필요합니다. 어떤 사람들은 하나님이 우리에게 인내하시기 때문에 우리의 인내는 불필요하다는 것을 근거로 해서 그리스도인이 이 소망에 있어서 인내할 필요가 없는 것처럼 말합니다. 우리가 무엇을 하든 관계없이 현재 구원을 받았고 그리고 장차 구원을 받을 것이라고 하는 것은 성경이 가르치는 것이 아닙니다. 하나님이 인내하시는 것은 사실입니다. 그분이 일단 우리 안에서 선한 일을 시작하셨으면 그분은 예수 그리스도의 날까지 계속해서 그 일을 수행하실 것입니다(빌 1:6). 그러나 단순히 그분이 인내하시기 때문에 우리도 인내하는 것입니다. 우리는 요한이 "주를 향하여 이 소망을 가진 자마다 그의 깨끗하심과 같이 자기를 깨끗하게 해야 한다."고 말하지 않고 이렇게 말했습니다.

"주를 향하여 이 소망을 가진 자마다 그의 깨끗하심과 같이 자기를 깨끗하게 하느니라" (요일 3:3). 우리가 왜 그렇게 합니까? 그것은 우리의 대제사장이신 예수님이 천국으로 들어가셔서 우리를 위해 들어갈 길을 준비하시고 지금은 그 큰 기쁨과 영광 안으로 우리를 영접하려고 기다리시기 때문입니다. 그것이 우리의 운명이기 때문에 우리는 지금 인내하며 우리 자신을 깨끗하게 합니다. 우리는 우리 앞에 놓인 길을 확고히 잡고 있습니다.

사랑에 대한 격려

그리스도의 제사장 직 교리에 대한 마지막 적용은 예수님이 우리를 사랑하시고 격려하신 것과 같이 우리는 서로에 대한 사랑으로 격려해야 한다는 것입니다. 히브리서 저자는 이렇게 기술하고 있습니다. "서로 돌아보아 사랑과 선행을 격려하며 모이기를 폐하는 어떤 사람들의 습관과 같이 하지 말고 오직 권하여 그 날이 가까움을 볼수록 더욱 그리하자" (히 10:24-25).

아더 핑크(Arthur Pink)는 영어의 "숙고하다(consider)"란 말로 번역되는 헬라어 단어가 모두 열 한 개 이상이라는 것을 관찰하면서 이 점에 대해서 흥미 있는 주석을 달았습니다. 그는 이렇게 기술하고 있습니다.

"그 중 네 개는 단순 동사이고, 그 중 일곱 개는 특별한 강조를 목적으로 하는 합성어이다. 첫 번째는 문제에 대해 진지하게 의논하는 것을 나타내고(행 15:6), 두 번째는 신중한 숙고를 (히 7:4), 세 번째는 파수꾼처럼 정밀하게 정탐 또는 살펴보는 것을(갈 6:1), 네 번째는 문제를 마음속으로 곰곰이 생각하는 것을 나타낸다(딤후 2:7). 첫 번째 단순 동사는 사도행전 12:12 절에서 합성되었는데 문제에 대해 스스로 깨닫는 것을 의미한다. 두 번째 단순 동사는 히브리서 13:7절에서 합성되었는데 일을 열심히 재고해 보는 것을 의미한다. 세 번째 단순 동사는 사도행전 11:6절에서 합성되었는데 문제에 대한 완전한 지식에 이르기 위해 문제를 면밀하게 응시하는 것을 의미한다(이것이 현재 우리 본문에서 사용하는 단어임). 마가복음 6:52 절에는 다른 합성어가 있다. 제자들은 상황을 합쳐서 비교하는 데 실패했다. 히브리서 12:3

절에는 또 하나의 합성어가 그리스도가 받으신 모든 고난의 요약을 나타내고 있다. 요한복음 11:50절에는 면밀하게 계산한다는 유사한 합성어가 있다. 마태복음 6:28절의 '백합화를 생각해 보라'는 것은 거기서 교훈을 얻도록 철저히 배우라는 것을 의미한다."[1]

요점은 분명합니다. 하나님은 우리에게 특정한 사항을 신중히 고찰하기를 원하십니다. 우리가 완전하고 영원한 그리스도의 제사장 직을 이해한 결과로 우리는 무엇을 숙고해야 합니까? 우리는 사랑과 선행을 위해 어떻게 서로 격려해야 할지를 숙고해야 합니다. 히브리서 저자가 말한 그것을 연구합시다. 예수님은 우리로 하여금 죄로부터 구원받고, 진리를 이해하고, 믿고, 살아가는 그런 유형의 사람들이 될 수 있도록 하시기 위하여 십자가에서 죽으셨습니다.

● 각주 ●

1. 아더 핑크, *An Exposition of Hebrews* (Grand Rapids: Baker, 1954), 602.

73

살렘인가 아니면 소돔인가?

창세기 14 : 21-24

소돔 왕이 아브람에게 이르되 사람은 내게 보내고 물품은 네가 가지라 아브람이 소돔 왕에게 이르되 천지의 주재이시요 지극히 높으신 하나님 여호와께 내가 손을 들어 맹세하노니 네 말이 내가 아브람으로 치부하게 하였다 할까 하여 네게 속한 것은 실 한 오라기나 들메끈 한 가닥도 내가 가지지 아니하리라 오직 젊은이들이 먹은 것과 나와 동행한 아넬과 에스골과 마므레의 분깃을 제할지니 그들이 그 분깃을 가질 것이니라

살렘인가 아니면 소돔인가? 이 두 이름은 비슷합니다. 그러나 그것이 뜻하는 것은 빛과 어두움 또는 선과 악처럼 다릅니다. 살렘은 "평화(peace)"를 뜻합니다. 이것은 하나님이 인간에게 주신 고귀한 선물 중의 하나입니다. 그리고 살렘 왕(평화의 왕)이란 직함을 지녔던 멜기세덱은 십자가 희생을 통해 하나님과 믿는 자 사이에 평화를 심어주신 예수 그리스도의 모형입니다. 소돔은 뚜렷한 의미를 가지고 있지 않지만 그 이름이 나온 도시에서 행해졌던 것과 같은 부패를 나타냅니다. 옥스

퍼드 영어사전은 소돔(Sodom)을 "극단적으로 악하고 퇴폐한 곳"으로 정의하고, 예전의 작가는 "여인숙은 작은 소돔이다. 거기서 일찍이 큰 소돔에서 행해진 것으로 알려졌던 것 같은 악이 매일같이 행해진다." 라는 말을 인용하고 있습니다.

아브람이 동방 왕들과의 전쟁에서 승리하고 돌아올 때, 그를 만나러 두 곳의 대표가 나왔습니다. 그 두 곳의 한 곳은 살렘인데 그곳은 아마도 초기의 예루살렘 성이었을 것이고, 다른 하나는 사해 끝에 자리 잡은 퇴폐한 도시 소돔이었습니다. 그 첫 번째 대표는 살렘 왕 멜기세덱이었습니다. 그는 하나님의 이름으로 와서 아브람을 축복했습니다. 두 번째 대표는 패배한 소돔 왕 베라였는데 그는 빠졌던 역청 구덩이에서 나온 상태였습니다. 그는 전리품으로 손실을 가능한 한 많이 만회하고자 나왔습니다. 아브람은 그 중 한 사람에게는 본능적으로 다가갔지만, 다른 사람은 기피했습니다.

아브람이 멜기세덱에게는 십분의 일을 주었다고 말씀합니다. 그러나 본문 22-24절은 아브람이 베라에게 이렇게 말합니다. "천지의 주재이시요 지극히 높으신 하나님 여호와께 내가 손을 들어 맹세하노니 네 말이 내가 아브람으로 치부하게 하였다 할까 하여 네게 속한 것은 실 한 오라기나 들메끈 한 가닥도 내가 가지지 아니하리라 오직 젊은이들이 먹은 것과 나와 동행한 아넬과 에스골과 마므레의 분깃을 제할지니 그들이 그 분깃을 가질 것이니라."

세상의 욕망

소돔 왕은 세상이 뜻하고 원하는 것을 그려주고 있기 때문에 그의 관심이 어디에 있는지를 알기 위해 그를 분석해 보는 것은 흥미롭습니다. 네 왕들과 전쟁을 한 후에 정복자의 권한에 의해 모든 것은 아브람에게 속하게 되었습니다. 베라는 그의 재산을 동방 연합군에게 빼앗겼고, 그들은 또한 그것을 아브람에게 빼앗겼습니다. 그런데 지금 소돔 왕이 자신의 재산을 되돌려 받기 원하고, 가능한 많이 되돌려 받기 위해 기꺼이 타협을 하려고 합니다. 그는 아브람에게 이렇게 말합니다. "사람은 내게 보내고 물품은 네가 가지라"(21절).

이것은 소인배에게는 대단한 유혹이 될 수 있습니다. 왜냐하면 그 제안은 아브람에게 부자도 되고(그는 물품을 갖게 될 것임), 동시에 명예롭고 관대한 용사도 되는(그는 사람들을 되돌려 줄 것임) 기회를 제공하는 것이기 때문입니다. 이것이 세상이 이해하고 있는 것입니다. 왜냐하면 세상은 부를 위하여 명성을 희생하거나 명성을 위해서 부를 희생하기를 원하지 않기 때문입니다. 타협해야만 한다면 보통은 명성이 아닌 부를 택하게 될 것이지만 세상은 둘 다를 원합니다. 소돔 왕은 이렇게 생각했기 때문에 그는 의심할 바 없이 아브람도 역시 그럴 것이라고 생각했습니다. 그러나 아브람은 그렇지 않았습니다. 그는 다르게 생각했을 뿐만 아니라, 베라의 제안을 유혹이라고 보았습니다. 아브람은 그것을 그의 승리에 대한 영광의 얼마를 베라 자신이 얻고자 하는 노림수로 보았습니다. 그것은 하나님의 영광의 얼마를 세상 사람에게 주는 것을 의미했습니다. 아브람은 자기가 만일 소돔이나 또는 평야 다른 도시들의 물품을 취한다면 그는 그 다음부터는 그의 유일한 의지 그리고 복의 유일한 원천은 하나님이시라는 말을 결코 할 수가 없을 것이라는 사실을 잘 알고 있었습니다. 소돔 왕은 이렇게 말할 것입니다. "틀림없습니다. 그것이 신앙인들이 말하는 것입니다. 그러나 아브람이 성공한 진짜 이유는 내가 그에게 내 재산을 갖도록 했기 때문입니다."

르폴드(H. C. Leupold)는 이렇게 밝히고 있습니다. "아브람은 분명히 오직 하나님의 축복 때문에 성공한 사람으로 드러나기를 바라고 있다. 지금까지 그의 이러한 입장은 의심의 여지없이 분명하다. 아브람은 결코 부(富)를 추구한 적이 없고, 그것을 얻는 데 있어 의심스러운 방법에 호소한 적도 없고, 어느 누구도 그의 부에 기여한 적이 없다… 그 선물을 받는다면 아브람의 영적 지위는 비난을 받게 될 것이다. 따라서 아브람은 그 제안을 즉석에서 거절한다."[1] 만일, 아브람이 선언한 것처럼 하나님이 하늘과 땅의 소유자시라면 아브람은 퇴폐한 이방 왕에 의해 재물을 축적하는 혜택 없이도 그의 하인들을 보살필 수가 있는 것입니다. 아브람은 이것을 알았습니다. 그래서 그는 그것이 비록 전쟁에서 얻은 그의 권리에 속한 것이었지만 아무 것도 취하지 않기로 결심했습니다.

만일 세상이 그리스도인의 삶에서 얻은 성공의 일부를 제 것이라고 주장할 수 있다면 믿는 자의 증거의 날은 무디어지고 그의 증언은 무시될 것입니다. 반대로 만일 아브람이 이 경우에 그렇게 되어야 한다고 결심한 것처럼 영광이 모두 하나님께 드려진다면 하나님은 정말로 영광을 받으시고 증거는 효과를 보게 됩니다. 진정한 그리스도인이라면 누구나 이것을 선택하고 살아야만 합니다.

하나님께 영광 돌리기

소돔 왕에 대한 아브람의 태도에 있어 첫 번째 두드러진 점은 그가 무엇보다(부, 성공, 명성, 말로 표현할 수 있는 그 어떤 것보다) 하나님의 영광을 바랐다는 것입니다. 이것은 자연히 그를 이방 왕으로부터 완벽하게 구별되게 했습니다. 어쩌면 소돔 왕은 전에 소돔에서 때때로 행했던 어떤 종교 의식에서 어떤 신에게 어떤 정해진 "빚"을 인정했었는지도 모릅니다(세상은 자체의 종교들을 가지고 있습니다). 그러나 그것은 연기(演技)였을 것입니다. 실제로 소돔 왕은 하나님이나 그분의 영광에 대해서는 전혀 관심이 없었습니다. 멜기세덱의 위대한 설교를 듣고서도 그는 감동하지 않았습니다. 그는 공손히 그리고 겸손하게 들었어야 했습니다. 그러나 그동안 내내 그의 마음은 전리품에 있었을 것입니다. 그리고 그는 얼마나 되돌려 받을 수 있을까를 생각하고 있었을 것입니다. 부와 명성 이것이 그의 삶의 두 영역이었습니다. 그러나 아브람은 무언가 다른 것을 가지고 있었습니다. 그는 하나님을 소유했고, 무엇보다 "하나님의 영광"을 바랐습니다.

아브람은 "웨스트민스터 소요리 문답"을 가지고 있지 않았습니다. 그러나 만일 그가 그것을 가지고 있었더라면 첫 번째 질문에 대한 답을 기탄없이 주장했을 것입니다. 그 소요리는 질문합니다. "사람의 제일 되는 목적이 무엇인가?" 소요리는 대답합니다. "사람의 제일 되는 목적은 하나님을 영화롭게 하는 것과 영원토록 그를 즐거워하는 것이다." 이것이 아브람의 큰 바람이었습니다. 그는 어떻게 모든 면에서 하나님께 온전히 영광을 돌려야 하는지 몰랐을 수 있습니다. 그는 후에 이를 실행하는 것에 대해 배우게 됩니다. 그러나 그는 전리품을 취하는 것은 하나님의 명예를 손상시킨다는 것은 알았습니다. 그래서 그는 그것 중 아무 것도 갖지 않기로 결심했습니다.

나는 여기서 바벨론 왕 아닥사스의 유대인 귀환 허락이 내려진 후에 유대인의 큰 무리를 이끌고 예루살렘으로 온 서기관 에스라를 생각해 봅니다. 그들의 귀환 길은 호위상 위험했습니다. 그래서 아닥사스에게 그 사람들을 보호하기 위해 군대를 보내 줄 것을 요구할 수 있었습니다. 왜냐하면 그들은 그의 포고 하에 그리고 그의 축복을 받고 귀환하는 것이기 때문이었습니다. 그러나 에스라는 하나님의 능력에 대해 자주 말해 왔었고, 그는 왕에게 보호를 요청하는 것을 부끄러운 일로 여겼습니다. 그는 이렇게 말했습니다.

"그때에 내가 금식을 선포하고 우리 하나님 앞에서 스스로 겸비하여 우리와 우리 어린 아이와 모든 소유를 위하여 평탄한 길을 그에게 간구하였으니 이는 우리가 전에 왕에게 아뢰기를 우리 하나님의 손은 자기를 찾는 모든 자에게 선을 베푸시고 자기를 배반하는 모든 자에게는 권능과 진노를 내리신다 하였으므로 길에서 적군을 막고 우리를 도울 보병과 마병을 왕에게 구하기를 부끄러워 하였음이라 그러므로 우리가 이를 위하여 금식하며 우리 하나님께 간구하였더니 그의 응낙하심을 입었느니라"(스 8:21-23)

당신은 하나님의 영광을 위해 권리를 포기한 적이 있습니까? 아브람은 전리품에 대한 권리를 가지고 있었습니다. 에스라에게는 군대를 요청할 권리가 있었습니다. 그러나 그들은 하나님을 영화롭게 하는 것에 대한 관심 때문에 그들의 권리를 버렸습니다. "나의 제일 되는 목적은 하나님을 영화롭게 하는 것이다." 라고 말하는 것은 쉽습니다. 하지만 당신은 그것을 실행하고 있습니까?

당신은 예배를 통해서 하나님의 고유한 속성을 생각하고 그것들로 인해 그분을 찬양하면서 영광을 돌립니다. 그러나 세상은 이렇게 말할 것입니다. "말은 싸구려다. 당신의 하나님이 얼마나 위대하신지 그분을 신뢰하는 것으로 내게 보여라." 당신은 그분을 신뢰하고 있습니까?

당신은 하나님이 전능하시다고 고백합니다. 당신의 가정에서, 당신의 이웃에서, 도시의 취약한 보호지역에서, 그리스도인의 일을 하면서 그분이 당신을 보호하시도록 실제로 그분을 의지합니까? 당신은 하나님이 전지하시고 온전히 지혜로우시다고 고백합니다. 당신의 지혜와 하나님의 지혜가 다를 때, 당신의 명철을 신뢰하지 않고 성경에 계시된 바와 같은 그분의 지혜를 신뢰합니까?

당신은 하나님은 영이시고 영적인 것들은 물질적인 모든 것이 소멸되어도 지속된다고 고백합니다. 당신은 물질적 관심보다 영적 관심을 앞세웁니까? 당신 영혼의 상태가 실제로 당신 지갑의 상태보다 더 중요합니까? 이런 것들에 대해 생각해본 적이 없다면 이제부터 생각해 보기를 권합니다. 그리고 하나님께 영광을 돌리고자 노력하는 자들이 그분을 영원히 기뻐할 자들임을 기억하십시오.

절대적인 헌신

아브람이 소돔이 아닌 살렘을 선택한 것이 두 번째로 내게 감명을 주는 것은 그가 그 선택을 가장 절대적인 내용으로 표현했다는 것입니다. 이것이 본문의 요점입니다. 아브람은 이렇게 말하지 않았습니다. "베라여, 그것은 참으로 좋은 제안이다. 하지만 나는 너에게 아무 것도 남겨주지 않고 전리품 모두를 갖기를 원치 않는다. 네가 반을 갖고 내가 반을 갖자." 그는 이렇게도 말하지 않았습니다. "베라여, 나는 마므레에 내 소유의 재산이 있기 때문에 지금은 아무 것도 필요하지 않다. 지금은 네가 이 재산을 다 가져라. 그리고 혹시 내게 어떤 필요가 생기면 네게 요구하겠다." 우리 중 많은 사람들이 이런 식으로 생각합니다. 그러나 아브람은 아니었습니다! 그는 본문 22-24절에서 이렇게 말했습니다. "천지의 주재이시요 지극히 높으신 하나님 여호와께 내가 손을 들어 맹세하노니 네 말이 내가 아브람으로 치부하게 하였다 할까 하여 네게 속한 것은 실 한 오라기나 들메끈 한 가닥도 내가 가지지 아니하리라…"

이것이 얼마나 절대적인 표현인지 생각해 보십시오. 아브람은 어떤 오해도 막기 위해 "아무 것도(nothing)"란 말을 두 번이나 반복합니다(NIV성경에 두 번 나오고 있음 - 역주). 그는 실오라기 하나 또는 들메끈 한 가닥이라도 가지지 않는 다는 것을 말하면서 그가 의미하는 것을 설명합니다. 그는 모든 것을 맹세로 엄숙하게 말하고 있습니다. 그는 하나님 앞에서 그가 이런 입장을 취하고 지킬 것임을 맹세합니다.

내 의견으로 오늘날 교회의 큰 약점의 하나는 그리스도와 그분의 나라에 대해 기꺼이 시종일관 전심(全心)으로 헌신하는 사람이 극소수라는 것입니다. 물론 헌신은 있습니다.

그러나 많은 경우가 반심(半心)의 헌신입니다. 그리스도인들의 하나님께 대한 헌신, 서로 간의 헌신, 그리스도를 섬기는 헌신이 반심의 헌신인 것입니다.

나는 최근에 그리스도인 리더십의 관점에서 이 문제를 생각해 왔는데, 나는 사람과 장소에 대한 전적인 헌신만이 우리가 절실하게 필요로 하는 변화와 진보 같은 것을 이루어 낼 수 있다고 확신합니다. 나는 다음 세 가지 면에서 우리의 필요를 피력하고자 합니다. 첫째, 우리는 프로그램에 앞서 사람들에게 헌신하는 것이 필요합니다. 이것은 프로그램이 중요하지 않다는 것을 뜻하는 것이 아닙니다. 그것은 나름대로 매우 유용합니다. 그러나 사람에 대한 헌신이 먼저 와야 한다는 것을 뜻하는 것입니다. 우리는 사람들이 발전하는 것을 보기를 원해야 합니다.

둘째, 우리는 출세에 앞서 본분에 헌신하는 것이 필요합니다. 그리스도인 직장에서 조차 많은 사람들이 하나의 직무를 단순히 다른 더 중요한 지위로 가기 위한 디딤돌로 이용합니다. 사업하는 사람에게는 이것이 괜찮을지 모릅니다. 이것이 소돔이 생각하는 방식입니다. 그러나 그리스도인 직무에서는 이런 일을 멈추어야 합니다. 우리는 주님께서 우리를 부르신 본분에 관심을 갖고 거기에 충실하고자 하는 사람들로 알려져야만 합니다.

셋째, 우리는 사람들과 본분 둘 다에 무기한으로 헌신하는 것이 필요합니다. 이것은 하나님이 분명하게 그리고 강권적으로 다르게 인도하시지 않는 한, 죽을 때까지 그렇게 해야 하는 것을 의미합니다. 이러한 시간적 헌신 없이 하는 다른 헌신은 단지 반심의 편의일 뿐이고 "헌신"이란 말은 아무 의미도 없는 것입니다.

최근에 필라델피아에 있는 다수의 그리스도인들이 하나님과 그 도시에 있는 사람들에 대한 헌신을 다음과 같이 표현했습니다.

"여러 해에 걸쳐 필라델피아의 그리스도인 사역과 필라델피아에 대한 그리스도인 증거가 그리스도인들이 서로 가졌던 불신과 의심, 그룹 간의 불충분한 소통 그리고 많은 사람들을 고립감과 욕구불만으로 인도한 서로간의 고무(鼓舞)의 결여로 방해를 받아왔다. 그러므로 이러한 특유한 실패와 도시에 대한 변치 않는 효과적인 전도의 필요적 관점에서 우리는 다음 사항에 헌신을 한다. 첫째, 예수 그리스도에게, 인격적 신앙으로 그분께 예배하고 순종하며 그분을 섬기는 것에 헌신한다. 둘째, 서로에게, 정기적으로 만나고 서로 간의 사역에서 서로 기도하고 격려함으로 헌신한다. 셋째, 필라델피아 도시에, 삶과 문화의 견실한 개혁을 위해 노력하고 이를 추구함으로 헌신한다. 넷째, 이 일을 수행함에 있어 귀중하고 무한정한 기간 동안에 주님께서 분명하게 인도하시지 않는 한, 그리고 그럴 때라도 오직 서로 간의 합의가 있지 않는 한, 출세를 위한 이주로 인해 이 엄숙한 헌신에서 이탈하는 것을 허락하지 않는다."

(필라델피아연합: 서약, The Philadelphia Coalition: A Covenant)

나는 이것이 우리에게 꼭 필요로 하는 것이라고 확신합니다. 그러나 이것은 예수 그리스도에 대한 어떤 도시나 프로그램으로가 아닌, 개인적이고 전적인 헌신으로 시작해야 합니다. 그러한 헌신을 하십시오. 반심의 헌신이 되지 않게 하십시오. 드와이트 무디(Dwight Moody)는 한 설교자에게서 "세상은 하나님께 전적으로 헌신한 사람을 아직 보지 못하고 있습니다." 라는 말을 들었을 때, 그는 이렇게 대답했습니다. 당신도 이런 대답을 하기를 바랍니다. "하나님의 은혜로 내가 그 사람이 되겠습니다."

하나님과의 교제

그러나 우리는 우리 자신의 힘으로 하나님께 영광을 돌릴 수 있다거나 또는 그와 같은 전적인 헌신을 할 수 있다고 생각하면 결코 안 됩니다. 이점에서 이 사건의 세 번째 사항이 전개됩니다. 사실상 아브람은 이 사건에서 힘든 길을 택하고 있습니다. 그러나 그의 소돔에 대한 저항은 멜기세덱이라는 인물로 표현된 살렘에 대한 그의 절대적인 복종과 결코 분리될 수가 없습니다. 다른 말로 표현하면, 아브람은 평야의 악한 왕들에게는 아무 빚이 없다는 것을 인정했습니다. 그러나 그는 하나님에 대해서는 빚이 있다는 것을 하나님의 제사장인 멜기세덱을 통해서는 인정했습니다. 그는 그것을 전리품의 첫 부분을 멜기세덱에게 바침으로써 보여주었습니다. 아브람이 강하게 된 것은 하나님과의 관계로 인한 것이었습니다.

달리 말해서 아브람은 소돔과 멀어지기에 앞서 하나님을 가까이 했습니다. 그래서 그가 하나님의 축복을 받았으므로 그는 세상이 줄 수 있을 것으로 생각되는 어떤 축복도 받아야 할 필요가 없었습니다. 나는 멜기세덱이 아브람을 만나러 나왔을 때, 그가 "떡과 포도주"를 가지고 와서 아브람이 그것을 먹고 어쩌면 그의 병사들과도 나누었다고 하는 것이 우연이 아니라고 생각합니다. 이 선물에 대해서 창세기에 더 이상의 언급은 없습니다. 그러나 우리는 이것이 신약시대의 성찬의 요소이고, 그것이 하나님과의 가장 친밀한 교제를 상징한 것이었다는 사실을 간과할 수 없습니다.

떡은 생명의 상징이며(요 6:50), 하나님은 생명의 원천이십니다. 포도주는 기쁨의 상징이며(시 104:15), 하나님은 기쁨의 원천이십니다. 더욱 극적인 것은 이것들이 예수님의 선물이라는 것인데 예수님은 "나는 부활이요 생명이니"(요 11:25)라고 하셨고, "내가 세상에서 이 말을 하옵는 것은 그들로 내 기쁨을 그들 안에 충만히 가지게 하려 함이니이다"(요 17:13) 라고 말씀하셨습니다. 성만찬에서 예수님은 떡에 대해 "이것은 너희를 위하는 내 몸"이라고 하셨고, 포도주에 대해서는 "이 잔은 내 피로 세운 새 언약"(고전 11:24-25)이라고 말씀하셨습니다. 생명과 기쁨은 어디에서 옵니까?

도널드 반하우스(Donald Barnhouse)는 이렇게 기술합니다.

"이것들은 의와 평화에 수반하는 것이다. 그래서 의의 왕이시고 평화의 왕이신 분에 의해 이것들이 주어질 때 그것들은 왕의 방식으로 주어진다. 왕이 그 이하로 할 수 없으시다. 그 왕은 우리로 생명을 얻고 우리가 그것을 더욱 풍성하게 얻게 하시려고 오셨다(요 10:10). 그리고 우리에게 우리 기쁨이 충만하게 하시겠다고 말씀하셨다(요 15:11)." [2]

하나님과의 밀접한 친교 과정에서 그분의 생명과 기쁨을 얻는 것은 아브람의 비밀 무기였습니다. 그것은 우리의 것이 되기도 해야 합니다. 우리가 하나님과 멀리 떨어져 있는 한, 세상은 유혹할 것이고 우리는 그 유혹에 질 것입니다. 왜냐하면 우리 안의 깊은 곳에 우리를 유혹에 가까이 가지 못하도록 경고하는 아무 것도 없을 것이기 때문입니다. 만일 우리가 전쟁의 날 끝에 우리에게 오시고 그분의 떡과 포도주로 채워주실 하나님으로 충만

하면 우리는 차고 넘칠 것이고 그 이상 아무 것도 바라지 않을 것입니다. 그러면 우리는 다시 나가서 싸울 준비가 되어 있을 것입니다. 어느 날, 위대한 스코틀랜드의 종교개혁자 존 낙스(John Knox)는 스코틀랜드 여왕을 대면하는 것이 두렵지 않느냐고 질문을 받은 적이 있었습니다. 그는 이렇게 대답했습니다. "내가 방금 4시간을 하나님과 함께 보냈는데 어떻게 세상의 한 군주를 두려워할 수 있겠는가?" 하나님과 가까이 사는 사람은 세상 어떤 권력자에게도 굴욕을 당할 수 없습니다.

그와 함께 간 사람들

마지막 사항 한 가지가 있습니다. 조건입니다. 아브람이 취한 입장은 그리스도를 믿는다고 고백하는 모든 사람에게 올바르게 제시되고 촉구될 수 있는 것입니다. 그러나 그들에게 제시되고 촉구될 수 있다고 해도 강제로 요구되어서는 결코 안 됩니다. 우리는 아브람이 그와 함께 전쟁에 나간 사람들(아넬, 에스골, 마므레)을 다루는 것에 주목해야 합니다. 이 사람들은 아브람 편이었습니다. 그래서 우리는 그들에 대해 거의 아무 것도 모르지만 그들이 아브람의 하나님과 그분을 따른다는 것이 무엇을 의미하는 것인지 알기 시작했다고 생각할지 모릅니다. 어떤 사람은 그들이 아브람의 본을 따라 전리품을 거절하거나 또는 히브리 족장이 그들에게 그렇게 하도록 요구했을 것으로 추측했을지도 모릅니다. 그러나 아브람은 그런 요구를 하지 않았습니다. 그는 전리품을 거절했습니다. 그러나 그는 아넬, 에스골, 마므레가 그들의 몫을 챙기는 것은 허용했습니다. 그 이유는 어떤 의미에서 제자도가 요구하는 것은 자발적인 것이고, 그가 이 사람들로 하여금 전리품을 그대로 놔두고 가게 할 수도 있었지만, 그렇게 되면 그들은 그들 마음속에 그것에 대한 욕망을 지닌 채 떠날 것을 알았기 때문입니다.

나이 든 그리스도인들은 젊은 그리스도인들을 젊은이들이 도달했거나 경험하지 못했던 수준으로 살도록 강요해서는 안 됩니다. 아브람 자신은 이전에 이와 같은 수준에 이를 기회가 없었을 것입니다. 그러나 하나님이 때에 맞춰 그를 이 수준으로 데려오셨습니다. 그리고 그분은 그와 같이 다른 사람들도 그들의 때에 맞춰 같은 헌신의 수준으로 데려오실 것입니다. 우리는 우리 자신의 헌신에 관심을 가져야 합니다. 우리의 헌신을 기준으로 우리는 성공하거나 실패하게 될 것입니다.

● 각주 ●

1. 르폴드, *Exposition of Genesis*, 2 vols. (Columbus, Ohio: Wartburg, 1942; reprint, Grand Rapids: Baker, 1979), 1:467.

2. 도널드 반하우스, *Genesis*, 1:100.

74

우리의 방패와 큰 상급

창세기 15 : 1

이 후에 여호와의 말씀이 환상 중에 아브람에게 임하여 이르시되 아브람아 두려워하지 말라 나는 네 방패요 너의 지극히 큰 상급이니라

사람이 과거를 기억한다는 것이 생소할 때가 있습니다. 내가 고등학생일 때, 나는 일 년 과정의 생물학을 배웠습니다. 그래서 나는 생물학 기초 과정에서 가르친 일반 사항은 모두 알고 있는 체 했습니다. 그러나 돌이켜 생각해보면 다음 질문에 대한 답 외에는 그 과목에서 배운 것을 단 한 가지도 구체적으로 기억할 수가 없습니다. 그 질문은 "왜 곤충은 다리가 여섯 개인가?" 라는 것이었습니다. 아마도 요즈음 그런 질문에 어리둥절해 하는 사람은 세상에 거의 없을 것입니다. 그 대답에 관심을 갖는 사람도 거의 없을 것입니다. 그러나 아무튼 그런 질문이 있었습니다. 다리 여섯 개는 다리 세 개의 두 배입니다. 그리고 세 개의 다리는 곤충이 기어갈 때 안정을 주기 위해 필요한 최소한의 수입니다. 곤충은 한 번에 세 개의 다리를 움직입니다. 그래서 다른 세 개의 다리는 항상 표면에 머물고 있습니다. 세 발 걸상이 안정을 줍니다. 충돌 선에서

웅크리고 있는 미식축구 선수는 세 지점에 손과 발을 두기 위해 팔 하나는 땅에서 떼고 있습니다. 해안에서 멀리 떨어져 있는 여러 나라의 석유 시추 대들은 바닥에 있는 단지 세 개의 다리로 고정되어 있어 최소의 비용으로 최대의 안정 효과를 얻고 있습니다.

이런 것들이 지금 내 생각을 스치는 이유는 우리가 아브람 생애의 또 하나의 부문에 와 있는데 이 부문에서 아브람의 세 가지 위대한 영적 지주 중 세 번째인 "하나님의 능력"이 우리의 고찰을 위해 소개되고 있기 때문입니다. 두 가지는 이미 연구를 한 것인데 그것은 하나님의 영원하신 계획 또는 신의(神意)에 기초한 "하나님의 부르심"과 우리를 부르심에 대한 하나님의 의도는 변치 않을 것이라는 것을 우리에게 말해 주는 "하나님의 신실하심" 입니다. 우리는 하나님이 어떻게 아브람을 부르시고, 그리고 어떻게 그에게 신실하심을 증명하셨는지를 이미 살펴보았습니다. 이 두 가지는 위대한 진리입니다. 그러나 그것들 자체로는 생의 고난 속에서 안정이나 생의 폭풍 가운데서 생존에 대한 보증을 충분히 해주지 못합니다. 하나님이 우리를 도와주시고 또 신실하게 우리 곁에 계시기를 원하시지만 상황이 어려워질 때, 우리를 구원하기에는 불행히도 충분히 강하지 못하신 경우는 상상할 수 없습니다. 그래서 우리는 이 세 번째 다리를 필요로 하는 것입니다.

본문은 "이 후에 여호와의 말씀이 환상 중에 아브람에게 임하여 이르시되 아브람아 두려워하지 말라 나는 네 방패요 너의 지극히 큰 상급이니라" 하나님은 아브람에게(그리고 우리에게) 어떤 상황에서도 그분의 백성을 지키실 수 있는 능력을 가지고 계시다는 것을 가르치십니다.

우리의 확실한 방패

창세기 15장이 "이 후에" 라는 말로 시작하고 있기 때문에 이 하나님의 약속이 앞서 나온 어떤 것과 연관되어 있음이 확실합니다. 즉, 그 약속의 세부 사항이 창세기 14장에 기술된 네 왕과의 전쟁과 관련되고 있는 것입니다.

이 장에서 기술하고 있는 전쟁이 일어나기 얼마 전에 아브람과 롯은 헤어졌고 롯은 소돔에서 살고자 가버렸습니다. 소돔은 하나님의 축복의 장소가 아니었습니다. 따라서 롯과 그의 가족은 거기서 여러가지 문제에 부딪쳤습니다. 먼 메소포타미아로부터 네 명의 왕이 가나안의 동쪽 끝을 약탈하기 시작하더니 결국 그들은 소돔 및 그 주변 도시와의 전쟁을 일으켰습니다. 소돔 왕과 그의 동맹국 왕들은 참패를 했습니다. 소돔은 완전히 짓밟히고 롯과 그의 가족 그리고 그의 재산은 빼앗겼습니다. 전쟁의 소식이 아브람에게 들렸습니다. 롯이 포로 되었다는 말을 듣자 아브람은 롯을 구하기 위해 떠났습니다. 성경은 이렇게 말씀합니다.

"아브람이 그의 조카가 사로잡혔음을 듣고 집에서 길리고 훈련된 자 삼백십팔 명을 거느리고 단까지 쫓아가서 그와 그의 가신들이 나뉘어 밤에 그들을 쳐부수고 다메섹 왼편 호바까지 쫓아가 모든 빼앗겼던 재물과 자기의 조카 롯과 그의 재물과 또 부녀와 친척을 다 찾아왔더라" (창 14:14-16)

이 시점에서 아브람은 큰 위기를 맞이하게 되었습니다. 그곳 땅의 대부분을 황폐게 하고 여러 도시에서 전리품을 쓸어갔던 네 명의 왕이 아직도 살아있습니다. 그들은 아마도 아브람이 대수롭지 않은 인물이었고 또 멀리 떨어져 있어서 그대로 두었었을 것입니다. 그런데 아무 것도 아닌 자가 그들을 공격했던 것입니다. 그는 작은 병력을 가지고 공격을 해왔지만 승리하고 전리품을 되찾아왔습니다. 그들은 틀림없이 격노했을 것이고 아브람은 틀림없이 그의 조카를 영웅적으로 구출한 결과에 대해 불안감을 가지고 있었을 것입니다. 그가 그렇게 불안할 때 하나님이 보호의 약속, 그에게 필요한 약속을 가지고 그에게 오셨습니다. 하나님이 말씀하셨습니다. "아브람아 두려워하지 말라 나는 네 방패요 너의 지극히 큰 상급이니라" (창 15:1하).

당신은 누구를 의지합니까?

당신은 아브람이 보호받았던 것처럼 보호받고 있습니까? 하나님이 당신의 방패이십니까? 당신은 그분을 의지합니까? 많은 사람들은 다른 것들을 의지합니다. 그들은 정부를 의지하거나 그들의 투자, 그들의 친구, 가족, 재산, 인기를 의지합니다. 그러나 이런 것들은 궁극적으로 그것들을 의지하는 자들을 실망시킵니다. 당신이 진정한 보호자를 원한다면, 하나님을 의지하십시오.

하나님을 의지하는 자를 보호하신다는 약속에 대항하는 것들 몇 가지에 대해서 간단히 생각해 봅시다. 첫째, 하나님은 믿는 자를 그의 적들로부터 보호하신다고 약속하십니다. 다윗은 이 사실을 알았습니다. 다윗에게는 많은 적들이 있었습니다. 그는 민족을 합쳐 하나로 만들었습니다. 적들을 만들지 않고는 누구에게도 불가능한 일이었습니다. 그는 이스라엘 주변의 적대국들, 이전 왕의 오래된 친구들, 그 자신의 정부 내의 파벌과 그의 직계 가족 내의 모반자로부터 위협을 받았습니다. 그러나 다윗은 하나님의 보호의 능력을 알았습니다. 그는 이렇게 기술했습니다.

"여호와는 나의 반석이시요 나의 요새시요 나를 위하여 나를 건지시는 자시요 내가 피할 나의 반석의 하나님이시요 나의 방패시요 나의 구원의 뿔이시요 나의 높은 망대시요 그에게 피할 나의 피난처시요 나의 구원자시라"(삼하 22:2-3).

하나님은 적들로부터 당신을 보호하시는 방패가 되실 것입니다. 당신은 어떤 사람들이 말하는 것처럼 "아, 나에게는 적이 없습니다." 라고 말할지도 모릅니다. 그러나 나는 당신이 예수 그리스도를 위한 매우 역동적인 역할을 감당하지 않고 있지는 않은가 하는 의심을 합니다. 복음은 어떤 사람들의 마음은 녹이고, 어떤 사람들의 마음은 완고하게 합니다. 예수님에게 조차도 적들이 있었습니다. 그러나 만일 당신에게 적들이 있거나 또는 복음 때문에 앞으로 적들과 맞서게 된다면, 당신은 하나님이 그들에 대항하여 당신의 방패가 되실 것을 확신해도 좋습니다.

둘째, 하나님은 사탄에 대항하여 믿는 자를 보호하신다고 약속하십니다. 성경은 대적 마귀가 "우는 사자 같이 두루 다니며 삼킬 자를 찾는다"(벧전 5:8) 라고 말씀하고 있습니다. 그러나 성경은 마귀로부터의 구출에 대해서도 말씀합니다. "그런즉 너희는 하나님께 복종할지어다 마귀를 대적하라 그리하면 너희를 피하리라"(약 4:7).

이 구절들의 진리는 욥의 경험에 의해 예시되고 있습니다. 욥은 사탄의 호된 공격을 받았던 의로운 사람이었습니다. 그는 양떼, 낙타, 나귀, 아들과 딸 모두를 잃었습니다. 그러나 그는 사탄에게 굴복하지 않았습니다. 욥의 상황에 있어서 중요한 점은 하나님이 그의 둘레에 울타리를 쳐 놓으셨다는 것입니다. 사탄은 하나님이 욥의 성품을 보여주시려고 장벽을 조금 낮추시는 것을 허용하실 때까지 그에게 아무 짓도 할 수 없었습니다. 하나님은 욥이 승리하리라는 것과 욥이 잃었던 모든 것을 되찾을 것이라는 것을 아시고 허용을 하신 것입니다. 성경은 이것을 흥미 있게 상세히 설명하고 있습니다. 사탄과 천사들이 주님 앞에 나왔을 때 하나님은 욥에 대해 이렇게 말씀하셨습니다. "네가 내 종 욥을 주의하여 보았느냐 그와 같이 온전하고 정직하여 하나님을 경외하며 악에서 떠난 자는 세상에 없느니라" (욥 1:8).

사탄은 욥이 정말 경건한 사람이긴 하지만 그럴만한 분명한 이유가 있어서 그런 것이라고 대답했습니다. 사탄은 욥의 마음을 하나님이 아시는 것처럼 알 수가 없었습니다. 그래서 사탄은 욥이 하나님을 예배하는 것이 단순히 그것에서 이익을 얻을 수 있기 때문이라고 결론을 내렸습니다. 하나님은 지금까지 욥을 번창케 하심으로 욥이 하나님께 예배를 안 드릴 이유가 없어 보였습니다. 그것은 욥에게 유리한 장치였던 것입니다. 사탄은 만일 하나님이 욥의 재산을 거두실 것을 허용하신다면, 욥은 하나님에게 저주를 퍼부을 것이라고 믿었습니다. 이 주장을 하면서 사탄은 흥미로운 고백을 합니다. 사탄은 하나님이 욥을 보호하고 계신다는 것을 인정합니다. "주께서 그와 그의 집과 그의 모든 소유물을 울타리로 두르심 때문이 아니니이까" (욥 1:10). 아마 사탄은 전에도 욥을 공격하려고 시도했었던 것 같습니다. 그런데 울타리가 도중에 쳐져 있어서 공격을 할 수가 없었습니다. 그는 욥과 하나님 양측에 대해서 비난을 하고 있습니다. 그러나 그것은 결국 사탄 자신이 약하다는 것과 하나님은 당신을 의지하는 자들에게 반드시 신실하시다는 두 가지를 인정하는 것이 됩니다.

하나님은 그 문제를 시험에 넘기겠다고 대답하십니다. 그분은 사탄이 욥의 재산을 공격할 수 있도록 울타리를 조금 낮추고자 하시지만, 여전히 욥을 개인적으로 보호하기 위한 여지는 충분히 남아있게 됩니다. 사탄은 그곳을 떠나 욥의 재산을 파괴하고 자녀들을 죽입니다. 욥은 일어나 슬픔을 표시하지만 이런 말을 합니다.

"내가 모태에서 알몸으로 나왔사온즉 또한 알몸이 그리로 돌아가올지라 주신 이도 여호와시요 거두신 이도 여호와시오니 여호와의 이름이 찬송을 받으실지니이다(욥 1:21)"

"하고 이 모든 일에 욥이 범죄하지 아니하고 하나님을 향하여 원망하지 아니하니라" (욥 1:22).

사탄은 이 첫 번째 비난에서 틀렸음이 증명되었지만, 그는 곧 다른 비난을 준비했습니다. 그는 욥이 그의 재산을 가치 있게 여겼지만 그의 생명을 더욱 가치 있게 여겼다고 말했습니다. 욥이 신실한 것은 하나님을 사랑해서가 아니라 두려워하기 때문이라고 했습니다. 욥은 그의 건강에 대해 염려하고 있었습니다. "이제 주의 손을 펴서 그의 뼈와 살을 치소서 그리하시면 틀림없이 주를 향하여 욕하지 않겠나이까" (욥 2:5). 하나님은 울타리를 더 낮추시는 것으로 대답하십니다. 사탄은 욥의 몸에 손을 댈 수가 있습니다. 그러나 그의 생명은 취할 수가 없습니다. 그에 따라 사탄은 부스럼으로 욥을 계속 괴롭혔습니다. 욥은 태어난 날을 한탄했습니다. 그러나 이 모든 일에 "욥이 입술로 범죄하지 아니" (욥 2:10)하였습니다.

우리가 욥이 가졌던 성품의 힘을 갖지 못한 것 외에는 우리도 욥과 다르지 않습니다. 욥이 그랬던 것처럼 우리는 하나님의 소유이고, 하나님은 우리의 방패이십니다. 하나님은 우리의 적들에 대해서 뿐만 아니라 모든 적들 중 최고의 적인 사탄에 대해서도 우리의 방패가 되십니다. 먼저 하나님의 뜻을 통하지 않고는 사탄이 당신에게 할 수 있는 일은 아무것도 없습니다. 하나님은 영적 승리를 얻는 수단으로서만 사탄의 개입을 허용하십니다.

셋째, 하나님은 유혹에 대항하는 우리의 방패이십니다. 바울은 이렇게 기술하고 있습니다. "사람이 감당할 시험 밖에는 너희가 당한 것이 없나니 오직 하나님은 미쁘사 너희가 감당하지 못할 시험 당함을 허락하지 아니하시고 시험 당할 즈음에 또한 피할 길을 내사 너희로 능히 감당하게 하시느니라" (고전 10:13).

이 구절은 두 가지를 말씀하고 있습니다. 첫째는 당신이 감당하지 못할 힘을 가진 어떤 유혹도 당신의 삶에 결코 다가오지 않는다는 것입니다. 하나님은 당신이 극복할 수 없는 유혹을 결코 경험하지 않게 하실 것을 약속하십니다. 당신은 성적인 유혹을 받습니까? 당신은 속이는 것이 가능하고 탄로 나지 않을 것이라는 승산이 있을 때 유혹을 받습니까? 또는 출세를 위해 무자비한 방법을 사용하고자 하는 유혹 또는 기회가 생길 때 험담하고자 하는 유혹을 받습니까? 받는다면 하나님은 그것을 아시고 당신이 그 유혹을 견뎌낼 수 있다는 것을 아십니다. 당신은 이렇게 말해야 합니다. "주여, 내가 감당할 수 없는 어떤 유혹도 내게 주지 않으시겠다는 주님 약속의 실행을 요구합니다. 주님의 힘을 통해서 그것을 이겨내도록 도와주시고 구출 받을 길을 보여주십시오."

바울이 유혹에 관해 말하는 두 번째는 하나님은 언제나 유혹의 상황에서 우리가 피할 길을 만드신다는 것입니다. 대부분 사람들의 문제는 그들이 피할 길을 찾지 않고 마치 새가 자기를 삼키려고 하는 뱀에 매혹되듯이 유혹에 매혹된다는 것입니다. 당신도 그렇습니까? 그렇다면 당신은 그런 습관에서 나오는 것이 필요합니다. 하나님의 구출을 구해야 함을 기억하십시오. 그러면 당신의 삶은 더욱 힘이 강해질 것이고, 당신은 하나님이 유혹에 대항해서 당신의 방패이심을 깨달을 것입니다.

마지막으로, 하나님은 비통함에 대항하는 우리의 방패이십니다. 빌립보서 1:12절에서 바울은 그가 인내한 고난이 실제로 "복음전파의 진전이 되었다" 고 말합니다. 그것으로 인해 그는 기뻐하고 있습니다. 워싱턴에 사는 한 여인이 내게 여기서 언급할만한 가치가 있는 한 이야기를 해 주었습니다. 그녀와 그녀의 남편은 파키스탄 선교사였습니다. 그러나 임기 중간에 갑자기 고국으로 발령이 났습니다. 그들은 버지니아 주 포츠머스 시에 정착을 했습니다. 그런데 얼마 되지 않아 열네 살과 열일곱 살 난 청소년이 이끄는 갱단이 그들의 어린 아들을 폭행했습니다. 아들은 못이 박힌 줄로 얼굴과 목을 얻어맞아 왼쪽 눈은 90% 시력을 잃었고, 오른쪽 눈은 중앙의 시력을 잃었습니다. 나중에 오른쪽 눈은 정상 시력의 약 절반이 회복되었습니다. 범죄에 가담한 소년들이 법원에서 재판을 받고 판결을 받았습니다. 재판이 진행되는 동안 다친 소년의 부모는 비통함에 젖고 좌절감에 빠지지 않으려고 했습니다. 그들은 가해자들에게 예수 그리스도의 복음을 증거 했습니다. 그 어머니는 신문 인터뷰에서 이렇게 이야기했습니다. "만일 필요하다면 우리는 육신적인 불구로 살 수도 있습니다. 그러나 비통함을 가지고는 살 수 없습니다."

그녀는 나에게 그리스도의 사랑과 능력에 대해 말할 기회가 많았던 것을 이야기하며 그녀는 그러한 고통을 통해 복음을 전파하려고 주님을 의지했다고 말했습니다. 같은 방법으로 하나님은 비통함에 대한 당신의 방패가 되실 수 있습니다.

아브람의 상급

보호의 약속은 이 구절에서 아브람에게 주신 하나님의 약속 이야기의 절반에 지나지 않습니다. 하나님은 이렇게 말씀하셨습니다. "아브람아 두려워하지 말라 나는 네 방패다." 그런데 거기에다 이 말씀을 추가하셨습니다. "너의 지극히 큰 상급이니라" 라는 이 어구의 의미는 창세기 14장 후반에서 발견됩니다.

아브람이 네 왕과 싸우고 돌아올 때, 그는 살렘 왕 멜기세덱을 만났습니다. 아마도 살렘은 옛 예루살렘 도시였을 것입니다. 그리고 멜기세덱은 왕이요 또 지극히 높으신 하나님의 제사장이었습니다. 우리는 아브람이 그를 대단히 존경했던 것을 알고 있습니다. 왜냐하면 그는 멜기세덱에게 전리품의 십분의 일을 주었기 때문입니다. 아브람은 나머지 전리품을 소돔 왕에게 돌려주었습니다. 옛날에는 전리품은 용사의 상급이었습니다. 전리품은 용감함과 성취의 표식이었습니다. 아브람은 그가 전리품을 가질 전적인 권리가 있었지만 그는 그것들을 포기했습니다. 그때 하나님은 그에게 오셔서 이런 말씀을 하셨습니다. "나는… 너의 지극히 큰 상급이니라."

이것은 대단한 약속입니다. 하나님 자신이 아브람의 상급이 되시는 것입니다. 그분은 당신의 상급이시기도 합니다. 당신은 물질을 추구합니까? 당신은 당신의 상급이 당신이 노력하거나 행하거나 아는 것으로 이루어져있다고 생각합니까? 만일 당신이 그렇게 생각한다면, 당신은 틀림없이 실망할 것입니다.

하나님을 상급으로 갖는다는 것은, 하나님이 가지신 모든 것을 공유한다는 것을 의미합니다. 아브람은 그의 생애 동안에 하나님으로부터 많은 계시를 받았습니다. 그리고 그 중 많은 것이 그 계시들과 연결된 하나님의 이름을 가지고 있습니다. 어느 시점에서 아브람은 하나님을 "하나님이 준비하신다." 라는 의미의 여호와 이레로서 알게 되었습니다.

본문의 사건에서 아브람은 그분을 "천지의 주재이시요 지극히 높으신 하나님"이란 의미의 엘 엘론으로 알게 되었습니다. 아브람에게 상급이 되시겠다고 약속하신 분이 이 하나님이십니다.

만일 당신이 예수 그리스도를 믿는 사람이라면 그분은 하늘과 땅을 당신과 공유하실 것입니다. 성경은 우리가 하나님의 자녀이며 거기에 더해 "자녀이면 또한 상속자 곧 하나님의 상속자요 그리스도와 함께 한 상속자"(롬 8:17) 라고 말씀합니다. 당신은 그리스도와 함께 한 상속자(공동 상속자)입니다. 상속자와 공동 상속자는 크게 다릅니다. 만일 당신이 단독 상속자이면 당신 혼자 모든 것을 상속받습니다. 만일 당신이 네 명의 상속자 중 한 명이라면 당신은 유산의 사분의 일만 받게 됩니다. 그러나 만일 당신이 네 명의 공동 상속자 중 한 명이라면 당신은 모두 상속을 받습니다. 왜냐하면 공동 상속자는 유산을 함께 소유하기 때문입니다. 이와 같은 방식으로 모든 그리스도인은 예수 그리스도와 공동 상속자들인 것입니다. 하나님이 가지신 모든 것은 바로 우리의 것입니다. 우리는 공동으로 그것을 소유합니다. 그리고 어느 날, 예수 그리스도와 함께 우리의 유산을 받으면서 그 안으로 들어갈 것입니다.

하나님이 우리의 상급이시라는 것은 또한 하나님 속성의 모든 것을 우리가 공유하는 것을 의미합니다. 우리는 지금도 그것을 부분적으로 가지고 있습니다. 성경에 언급된 하나님의 여러 가지 속성이 그리스도 예수 안에서 우리의 것이 됩니다. 하나님은 지혜이십니까? 우리는 그 지혜를 공유합니다. 하나님은 거룩하십니까? 우리는 그 거룩을 공유합니다. 하나님은 전능하십니까? 우리는 그 능력을 공유합니다.

당신은 그리스도인으로서 어떤 삶을 살고 있습니까? 당신은 두 가지 길 중 하나를 택하여 살 수 있습니다. 당신은 이미 하나님 안에서 안전합니다. 심지어 해안에서 떨어져 있는 유정 굴착 장치들보다도 더 안전합니다. 당신은 하나님의 성품에 정박해 있습니다. 당신은 위대한 유산을 가지고 있습니다. 그러나 당신은 그 안에서 안식할 수도 있고, 두려울 수도 있습니다. 당신은 갑판에 앉아 폭풍이 몰려오는 것을 보며 "아, 저 물건이 떨어지면 어떡하지? 그러면 나는 어떻게 되지? 내가 신실치 못하다고 판명되면 어떡하지?" 라고 말할 수 있습니다. 또는 당신은 아브람처럼 그분 안에서 안식하면서 믿음을 강하게 할 수 있습니다. 그분은 당신이 타락하는 것을 능히 막아주시고, 당신을 그분의 임재 앞에 흠 없이 넘치는 기쁨으로 내어놓을 수 있으신 분입니다. 당신의 믿음은 아브람의 것과 같습니까? 아니라면 하나님이 당신을 가르치실 수 있습니다. 그러면 당신은 하나님께 영광을 돌리면서 믿음이 강해질 것입니다. 당신은 하나님이 약속하신 것은 그분이 실행하실 수 있다는 것을 분명히 알게 될 것입니다.[1]

● 각주 ●

1. 이 장은 제임스 몽고메리 보이스, *How God Can Use Nobodies: Small Enough to Be Great*, 23-31의 "A Shield for You" 장에서 취한 것이다.

75

붙잡고 살아야 할 약속들

창세기 15 : 2-5

아브람이 이르되 주 여호와여 무엇을 내게 주시려 하나이까 나는 자식이 없사오니 나의 상속자는 이 다메섹 사람 엘리에셀이니이다 아브람이 또 이르되 주께서 내게 씨를 주지 아니하셨으니 내 집에서 길린 자가 내 상속자가 될 것이니이다 여호와의 말씀이 그에게 임하여 이르시되 그 사람이 네 상속자가 아니라 네 몸에서 날 자가 네 상속자가 되리라 하시고 그를 이끌고 밖으로 나가 이르시되 하늘을 우러러 뭇별을 셀 수 있나 보라 또 그에게 이르시되 네 자손이 이와 같으리라

당신은 당신의 삶에서 얼마나 많은 일을 다른 사람의 약속에 의존하고 있는지 주목해 본적이 있습니까? 당신은 누군가의 약속으로 인해 사업을 시작하고, 결혼을 하고, 직업을 갖고, 부동산을 구입하는 등 기타 수천 가지 일을 합니다. 당신이 그리스도인이라면 당신은 하나님의 약속에 따라 행동합니다. 그분의 약속으로 인해 당신은 당신의 죄가 용서되었다는 것, 당신이 영생을 소유했다는 것, 하나님이 기도를 들으시고 응답하신다는 것, 하나님이 당신을 위해 현재 삶의 필요를 예비하신다는 것, 그분은 내세의 삶에서도 당신을 위해 필요를 충분히 예비하실 것이라는 것을 믿습니다. 이러한 약속들은 여러 구절에서 발견됩니다. "만일 우리가 우리 죄를 자백

하면 그는 미쁘시고 의로우사 우리 죄를 사하시며 우리를 모든 불의에서 깨끗하게 하실 것이요"(요일 1:9). "무릇 살아서 나를 믿는 자는 영원히 죽지 아니하리니 이것을 네가 믿느냐"(요 11:26). "너희는 마음에 근심하지 말라 하나님을 믿으니 또 나를 믿으라 내 아버지 집에 거할 곳이 많도다 그렇지 않으면 너희에게 일렀으리라 내가 너희를 위하여 거처를 예비하러 가노니 가서 너희를 위하여 거처를 예비하면 내가 다시 와서 너희를 내게로 영접하여 나 있는 곳에 너희도 있게 하리라"(요 14:1-3). 이러한 약속들은 우리 삶의 모든 곳에 미치고 있으며 큰 중요성을 가집니다.

아브람에 대한 하나님의 약속

아브람은 하나님의 약속을 붙잡고 살았던 사람입니다. 하나님이 그에게 주신 약속들은 오늘을 살아가는 우리에게 주신 것들과 똑같지는 않았습니다. 그러나 그 약속들을 주신 하나님은 같은 분이시고 또한 그 약속들을 주신 이유도 같습니다. 하나님은 우리로 그분을 의지하며 살도록 하시기 위해 약속들을 주십니다.

성경은 아브람이 하나님과 동행을 시작했던 그때부터 하나님의 약속을 붙잡고 살았다고 말씀합니다. 하나님은 그에게 오셔서 명령을 하셨는데 그 명령은 아브람으로 하여금 고향과 친척과 아버지의 집을 떠나 하나님이 그에게 보여 주실 땅으로 가라는 것이었습니다. 창세기 12장 처음 절들에 있어 가장 주목할 만한 특성은 하나님이 "내가 ~ 하겠다(I will)" 고 말씀하신 횟수입니다. 그분은 "내가 (땅을) 네게 보여주겠다" 고 말씀하십니다. 이것은 약속입니다. 아브람은 사막으로 쫓겨나 방황하지 않을 것이고, 하나님으로 하여금 자기를 잊어버리도록 하지 않을 것입니다. 하나님은 그를 한 지역에서 이끌어 내시지만 그에게 다른 땅을 보여주실 것입니다. 하나님은 "내가 너로 큰 민족을 이루겠다" 고 말씀하셨습니다. 하나님은 아브람을 한 민족(그가 이미 소속되어 있던 민족)에게서 이끌어내셔서 다른 더 큰 민족으로 만들어 주실 것입니다. 하나님은 "(내가) 네게 복을 주겠다" 고 말씀하셨습니다. 아브람은 그가 태어나고 자랐던 불경건한 환경에서는 복을 받을 수 없었습니다. 그러나 하나님은 그에게 새로운 환경을 만들어주실 것이며, 그를 새롭고 복된 삶으로 인도하실 것입니다. 하나님은 "(내가) 네 이름을 창대하게 하리니 너는 복이 될지라" 고 말씀하셨습니다. 3절에서는 "너를 축복하는 자에게는 내가 복을 내리고 너를 저주하는 자에게는 내가 저주하겠다" 고 말씀하셨습니다. 하나님은 아브람을 두고 그를 위해 상당한 일을 하실 것이고, 아브람은 하나님의 약속을 믿고 걸음을 떼어서 새롭게 영적인 삶을 시작했습니다.

아브람은 하나님과 흥정하지 않았습니다. 그는 "하나님, 내가 그 말씀을 제대로 이해하고 있는지 확신이 안 갑니다. 표적을 주시겠습니까?" 라고 말하지 않았습니다. 그는 "하나님, 나는 하나님이 내게 말씀하시는 것을 좋아하지만 이것은 내가 원하는 것이 전혀 아닙니다. 다른 말씀을 해 주시겠습니까?" 라고 말하지 않았습니다. 아브람은 "네! 알겠습니다." 라고 대답했습니다. 그는 하나님이 하시는 약속은 그 자신의 노력으로 얻을 수 있는 그 어떤 것보다 모든 면에서 훌륭하다는 것을 인식했습니다. 그래서 큰 믿음을 필요로 했고, 그의 과거를 끊는 것이 분명히 고통스러웠겠지만, 아브람은 고향과 친척과 아버지의 집을 떠나 이 약속들을 따라갔습니다.

몇 절 후에 다른 약속들이 나옵니다. 아브람은 하나님이 보내신 땅에 이르렀고 하나님은 땅 자체에 관련된 새로운 약속을 하십니다. 하나님은 전에 "내가 보여줄 땅" 이라고 말씀하셨습니다. 지금 하나님은 "내가 이 땅을 (네 자손에게) 주리라" (창 12:7)고 말씀하십니다. 이것은 먼저 번의 복의 일반적 약속에 더하여 하나님이 지금 하시고자 하는 것에 대한 실체적이고 현세적인 서약을 더하시는 것을 의미합니다. "내가 너를 데려다 놓은 이 땅, 내가 네게 보여주는 이 땅은 너의 것이 될 것이다." 라고 하나님은 약속하십니다.

다시 한 번 아브람은 "알겠습니다!" 라고 대답했습니다. 그는 "왜 이 땅입니까? 왜 다른 땅은 안 됩니까?" 또는 "저는 하나님이 주시고자 하는 것보다 더 많은 땅을 원합니다." 라고 말하지 않았습니다. 아브람은 하나님이 약속하신 것을 받아들였고, 그는 하나님의 약속을 믿음으로 살아가면서 그 땅에 거했습니다.

창세기 13장에서도 같은 일이 일어납니다. 여기서 롯은 어떤 땅이든 그가 원하는 땅을 선택할 기회가 주어진 것을 말씀에서 봅니다. 이기적인 마음으로(많은 사람들이 그렇듯이) 롯은 자신을 위해 제일 좋은 땅을 취했습니다. 그곳은 곡식이 잘 자라는 요단 계곡 이었습니다. 천혜의 땅이었습니다. 아브람은 그에게 그것을 갖게 했습니다. 그래서 롯은 그의 가족, 양떼와 소떼, 그리고 하인들과 함께 그곳을 떠났고 아브람과 그의 가족, 양떼와 소떼, 하인들은 산지에 남았습니다. 바로 이때 하나님이 아브람에게 연속적 약속의 세 번째인 또 하나의 다른 약속을 주셨습니다. 하나님은 그 땅에 대한 약속을 되풀이 하셨습니다. 하나님은 이렇게 말씀하셨습니다. "내가 네게 이 모든 것을 주겠다. 북으로, 남으로, 동으로, 서로 가보라. 네 발이 닿는 곳은 어디든지 너의 것이 될 것이다." 하나님은 또한 이렇게 말씀하셨습니다. "이에 더해 내가 네게 가히 셀 수도 없는 많은 자손들을 주겠다. 그들은 마치 땅의 티끌 같을 것이다." 다시 한 번 아브람은 하나님을 믿었고 그 약속에 대한 믿음을 지속했습니다.

나는 하나님이 아브람에게 그의 삶에 시련이나 위기가 닥칠 때마다 그에 대응하여 매번 약속을 주시는 것에 주목합니다. 즉, 그의 가족과 고향을 떠나는 위기의 때에 하나님은 새로운 땅과 가족을 약속하십니다. 또 롯이 떠나는 위기의 때에 하나님은 이전에 하셨던 약속을 강화하십니다. 하나님이 인도하시고, 보상하시고, 축복하시는 것은 모두 이 약속들에 따른 것입니다.

우리는 창세기 15장에서 같은 원리를 발견합니다. 아브람은 티그리스와 유브라데스 계곡에서 온 네 왕과 전쟁을 치렀습니다. 그들은 약탈을 위한 원정을 왔었고, 소돔 왕이 우두머리였던 평야의 다섯 왕을 이겼습니다. 소돔을 정복하는 과정에서 침략자들은 사람들을 붙잡아 갔는데 거기에는 소돔에서 살려고 떠났던 조카 롯도 포함되어 있었습니다. 우리가 아는 바와 같이 아브람은 그의 조카를 구하기 위해 네 왕을 추격했습니다. 그는 그들을 밤에 습격해서 그들을 참패시켜서 흩어버렸습니다. 그는 모든 사람과 빼앗겼던 재산을 다시 찾았습니다. 그리고 그가 돌아올 때, 그는 전리품의 십분의 일을 하나님의 제사장인 멜기세덱에게 주었고, 그 외의 것은 모두 소돔 왕에게 돌려주었습니다. 아브람은 이런 사람이었습니다! 그는 종전에 그래왔던 것처럼 다시 혼자가 되었습니다. 그의 소수의 측근자들과 재산만이 그에게 있을 뿐이었습니다. 어쩌면 그는 정복했던 왕들이 이제 그에게 보복하려고 습격해 올 것을 두려워했는지도 모릅니다. 그런 상황에서 하나님이 말씀하셨습니다.

"아브람아 두려워하지 말라 나는 네 방패요 너의 지극히 큰 상급이니라"(창 15:1)

이 말씀은, 곧 "내가 너를 위험에서 지켜주겠다. 그리고 내가 네게 물질적인 것보다 훨씬 좋은 것으로 보상하겠다." 라는 말씀입니다.

아브람의 문제

그러나 아브람은 자녀가 없었습니다. 하나님은 아브람에게 그가 "땅의 티끌" 같이 무수한 자손(창 13:16)을 갖게 될 것이라고 말씀하셨습니다. 아브람은 그것을 믿었습니다. 그는 하나님이 그렇게 하시리라고 믿었습니다. 그러나 여러 해가 지나도 아브람과 그의 아내는 여전히 자녀가 없었습니다.

아브람은 하란을 떠날 때 일흔 다섯 살이었습니다(창 12:4). 후에 아브람은 사래와 합의하여 사래의 하녀인 하갈을 통해 아이를 갖기로 했습니다. 그래서 이스마엘이라는 아이를 얻은 때가 아브람의 나이 여든 여섯 살 때였습니다. 그 두 사건 사이에 흐른 시간은 십일 년이었습니다. 그리고 그 사이 어느 시점에서 동방의 왕들과 전쟁을 한 것입니다. 아마도 5년에서 10년 쯤 지난 때였을 것입니다. 아브람은 점점 더 늙어가고 있었습니다. 그는 이렇게 생각했을 것이 틀림없습니다. '하나님이 약속을 정말로 지키실 것 같지 않아 보인다. 그분은 내게 자녀를 주시겠다고, 큰 민족을 이루게 하시겠다고 말씀하셨다. 하지만 그런 일은 일어날 것 같지 않다.'

본문 구절에서 우리는 아브람이 이제 그의 문제를 말하기 시작하는 것을 봅니다. 하나님은 아브람에게 하나님이 그의 방패시요 큰 상급이시라고 말씀하셨습니다. 아브람은 그 말씀을 받아들였습니다. 그러나 사실상 그는 이렇게 말합니다. "주여, 주께서는 내가 이 큰 문제를 가지고 있는 것을 아십니다. 주께서는 나에게 많은 것을 주시겠다고 약속하셨습니다. 그런데 이제 와서 그것들을 어떻게 주실 수 있단 말입니까? 나는 늙었습니다. 자녀가 없습니다. 내 재산을 상속받을 자는 다메섹 사람 엘리에셀입니다." 엘리에셀은 아마도 오늘날 아브람의 자금 관리인 또는 사업 관리인으로 부르는 사람이었을지 모릅니다.

다메섹은 상업의 중심지였습니다. "다메섹 사람 엘리에셀" 은 금융회사원이었을 수도 있습니다. 아브람은 이 문제를 매우 염려해서 그것을 두 번이나 되풀이 합니다. 한 번은 2절에서 "주 여호와여 무엇을 내게 주시려 하나이까 나는 자식이 없사오니 나의 상속자는 이 다메섹 사람 엘리에셀이니이다." 그리고 3절에서 반복 합니다. "주께서 내게 씨를 주지 아니하셨으니 내 집에서 길린 자가 내 상속자가 될 것이니이다."

아브람이 그의 문제를 두고 하나님께 목소리를 내는 것은 옳았습니다. 그러나 하나님께 질문을 하는 데는 옳지 않은 방법들도 있습니다. 우리는 도전적으로 물어볼 수도 있습니다. 당신의 삶에서 어떤 실망스러운 일이 일어났다고 가정해 봅시다. 당신은 그것에 반항할 수 있습니다. 당신은 하나님의 면전에 주먹을 흔들며 말합니다. "하나님, 왜 내게 이와 같은 일이 일어나게 하셨습니까? 왜 이것이 내 삶에 들어오도록 하셨습니까?" 또는 "아버지, 제가 여기에 있습니다. 나는 주님의 자녀입니다. 그런데 큰 문제를 가지고 있습니다. 내가 이 문제에 대해 좀 더 잘 이해하면 좋겠습니다. 왜 이런 특별한 일이 일어났습니까? 왜 사건들이 나에게 홀딱 반한 것처럼 일어났습니까?" 하나님은 종종 두 번째 방법으로 제시된 질문에 대답하시기를 기꺼워하십니다.

만일 당신이 하나님의 면전에서 주먹을 흔들며 "왜 이 일이 내게 일어나도록 하고 계십니까?" 라고 말하면 당신이 실제로 말하는 것은 "하나님, 이리로 내려오셔서 자신을 변명해보십시오. 나는 옳고 그름에 대한 내 기준으로 당신을 평가하고 싶습니다." 라고 하는 것입니다. 만일 당신이 사람들에게 그와 같은 식으로 말을 하면 그들은 응답하기를 싫어합니다. 당신의 남편이나 아내에게 그렇게 말해보십시오! 결혼의 행복은 촉진되지 않을 것입니다. 그것이 인간관계에서도 효과가 없다면, 그것은 분명히 하나님과의 관계에서도 효과가 없을 것입니다.

반대로 당신이 "하나님, 이 일들이 왜 일어났는지 알고 싶습니다. 왜냐하면 내가 이 일로부터 배우고, 주님의 뜻을 더 잘 이해해서 주님께 온전히 순종하고 따를 수 있도록 하기 위함입니다." 라고 기도한다면 당신은 하나님의 응답을 듣게 될 것입니다. 옳은 방법으로 하나님께 질문하는 것은 결코 그른 일이 아닙니다. 실상 묻지 않는 것이 잘못입니다.

어떤 때 우리는 하나님이 답변하시기를 요구하지 않고 오히려 그 반대로 나갑니다. 전혀 의문을 제기하지 않는 것입니다. 우리에게 문제가 있을 때, 우리는 다른 그리스도인들에게 가서 "내게 이런 문제가 생겼습니다. 이것을 어떻게 처리해야 합니까? 이런 일은 잘 이해를 못하겠습니다." 라고 말합니다. 어떤 때는 그것에 대해 불평을 합니다. 투덜대며 불평을 합니다. 우리는 그 일로 기쁘지가 않습니다. 그런데도 우리는 하나님께 나가지 않습니다.

아브람은 이 문제를 하나님 앞에 내 놓았습니다. 그는 이렇게 말했습니다. "주여, 왜 이 일이 일어났습니까? 나는 자녀가 없습니다. 어떻게 주님의 약속이 자녀도 없이 성취될 수 있는 것인지 알 수가 없습니다." 하나님은 그분의 종에게 대답하셨고, 아브람에게 여러 해 동안 신뢰해 온 약속을 주셨습니다.

아브람에 대한 하나님의 응답

"여호와의 말씀이 그에게 임하여 이르시되 그 사람이 네 상속자가 아니라 네 몸에서 날 자가 네 상속자가 되리라 하시고 그를 이끌고 밖으로 나가 이르시되 하늘을 우러러 뭇별을 셀 수 있나 보라 또 그에게 이르시되 네 자손이 이와 같으리라"(창 15:4-5)

하나님은 이 시점에서 은혜로운 방법으로 아브람을 대하셨습니다. 하나님의 뜻과 길에 대한 추가적인 계시를 아브람에게 주시면서 그분이 무엇을 하셨는지 생각해 보십시오. 첫째, 그분은 그분의 약속을 **되풀이 하셨습니다.** 아브람은 하나님의 약속을 한 번 들었습니다. 만일 우리가 거친 사람들이라면 우리는 이렇게 말할 것입니다. "아브람은 하나님이 처음 하셨던 말씀을 붙잡고 살 수 있어야만 했습니다. 요컨대 하나님은 그에게 다시 말씀하실 필요가 없었습니다. 모든 진리의 하나님이 우리가 그분을 믿기 전에 몇 번이나 말씀을 하셔야 합니까? 한 번이면 족하지 않습니까?" 그래서 만일 하나님이 "내가 너로 큰 민족을 만들어 주겠다. 내가 네게 땅의 티끌같이 많은 자손을 주겠다." 라고 말씀하셨다면 아브람은 이렇게 대답해야만 했습니다. "그 약속을 의지하고 살겠습니다. 다른 질문은 하지 않겠습니다. 하나님이 그것을 말씀하셨고 나는 그것을 믿으면 되는 것입니다." 그러나 아브람은 여전히 문제를 가지고 있었습니다. 그는 난감해 했습니다. 그래서 은혜로우신 하나님은 "다른 말은 더 하지 않겠다. 왜냐하면 네가 알 필요가 있는 것을 이미 말해주었기 때문이다." 라고 말씀하지 않으십니다. 오히려 하나님은 그것을 다시 말씀하십니다. 그분은 이렇게 말씀하십니다. "아니다. 아브람아! 내가 네게 말한 것이 무엇이었더냐? 내가 네게 큰 민족을 갖게 될 것이라고 말했다. 너는 큰 민족의 조상이 될 것이다. 너는 네 재산을 다메섹 사람 엘리에셀에게 넘길 필요가 없다."

하나님이 당신에게 약속을 되풀이 하신 적이 있습니까? 나는 그렇다고 확신합니다. 그분은 과거에 무엇인가 당신에게 가르쳐주셨습니다. 그런데 당신은 어리둥절해 있었습니다. 그래서 하나님이 오셔서 그 교훈을 다시 가르쳐 주셨습니다. 당신은 성경을 읽고 있었습니다. 그러다가 당신은 어떤 구절에 부딪쳤습니다. 거기서 하나님이 말씀하셨습니다. "너는 내가 약속한 것을 기억하지 못하느냐? 나는 같은 하나님이다. 나는 마음을 바꾸지 않았다." 하나님은 약속의 되풀이를 통해서 당신이 성장하도록 그분의 약속을 되풀이하셨습니다.

하나님은 아브람에 대한 응답에서 그 외에 다른 사항을 더 하셨습니다. 약속을 되풀이 하셨을 뿐만 아니라 그것을 분명하게 하셨습니다. 아브람의 경우에 있어 이것은 단순히 약속을 되풀이 하는 것보다 더더욱 중요했습니다. 왜냐하면 아브람은 실제로 그 약속이 어떻게 성취될 것인지에 대해 어리둥절해 있었기 때문입니다. 우리는 이것을 그가 하갈을 통한 성취를 생각하기 시작한 창세기 16장에서 알게 됩니다. 여기서는 엘리에셀을 통한 성취를 생각하고 있는 것이 분명합니다. 그는 어떻게 그 약속이 이루어질지에 대해 모르고 있습니다. 하나님이 그 문제를 명확하게 하십니다. 그분은 말씀하십니다. "아브람아, 내가 말한 것을 들어라. 나는 네가 큰 민족의 조상이 될 것이라고 말했다. 그런데 그것은 다메섹 사람 엘리에셀을 통해 이루어지는 것을 의미하는 것이 아니다. 내 약속에서 의미를 찾는다면 그것은 그 약속이 네 몸에서 나오는 아들에 의해 이루어진다는 것이다. 그가 네 상속자가 될 자이다." 이런 식으로 하나님은 아브람이 이해할 수 있는 말씀으로 설명을 시작하십니다.

당신은 하나님으로 하여금 당신에게 몸을 굽혀 설명하시도록 한 적이 있습니까? 그때 당신은 하나님이 무엇을 하고 계셨는지 깨닫지 못했을 수도 있습니다. 당신은 이해하려고 애쓰고 있었습니다. 그러나 후에 당신은 뒤를 돌아보며 이렇게 말했습니다. "하나님이 그와 같이 설명하신 것이 얼마나 은혜로웠는지요! 어떤 바보도 무엇이 일어나고 있었는지 이해할 수 있었을 것입니다. 하지만 나는 이해하지 못했습니다. 그래서 하나님이 내 수준으로 내려오셔서 내가 알 필요가 있는 것을 정확히 말씀하셨습니다." 이것이 하나님이 아브람에게 하신 일입니다. 그분은 약속을 명확히 해 주셨습니다.

하나님은 세 번째 일을 행하셨습니다. 그분은 약속을 되풀이 하시고 명확히 해 주셨을 뿐만 아니라 그것을 확대하셨습니다. 그분은 이것을 별을 가지고 비교하시면서 말씀하셨습니다. 별은 우리가 그리 자주 보지 않기 때문에 우리에게 큰 의미가 없습니다. 오늘날 많은 공해 도시에서는 별을 보고 싶어도 잘 볼 수가 없습니다. 그러나 근동에는 하늘이 대단히 맑습니다. 낮에는 하늘이 맑아 햇빛이 거의 눈을 가리게 합니다. 밤에는 별들이 손을 뻗치면 닿을 수 있다고 느낄 정도입니다. 이것을 하나님이 아브람에게 보여주신 것입니다. 하나님은 그를 데리고 바깥 맑은 밤공기 속으로 나가셔서 말씀하셨습니다. "저 별들을 봐라." 아브람이 쳐다봤습니다. 거기에는 창조주의 아름다움과 지혜를 드러내는 별들이 있었습니다. 하나님이 말씀하셨습니다. "저 별들을 셀 수 있느냐?" 물론 아브람은 셀 수 없습니다.

그러자 하나님이 말씀하셨습니다. "자, 네 자손도 저 별들처럼 될 것이다. 세월이 흐르고 네가 '정말로 하나님이 약속을 지키시려는지 모르겠어!' 하는 의심의 생각이 드는 때가 오면, 밤이 올 때를 기다렸다가 밖으로 나가 마당에 서서 하늘을 쳐다보고 별들로 하여금 내가 얼마나 위대한지 그리고 네게 약속한 것이 얼마나 위대한지 생각나게 하도록 해라. 왜냐하면 네 자손이 저렇게 될 것이기 때문이다. 네 자손은 하늘의 별처럼 무수하게 될 것이다."

하나님은 아브람에게 아래가 아닌 위를 가리키셨습니다. 전에 하나님이 아브람 자손의 수에 대해 말씀하셨을 때 이렇게 말씀하셨습니다. "그들은 땅의 티끌같이 무수해 질 것이다." 그것은 아마도 하나님이 땅과 관련해서 하셨던 약속과 관계가 있을 것입니다. 하나님은 이렇게 말씀하셨습니다. "내가 이 땅을 네게 주겠다. 동, 서, 남, 북 네가 다니는 곳은 어디라도 그 땅은 네 것이 될 것이다. 그리고 네 후손은 그 땅의 티끌처럼 될 것이다." 일리가 있는 말씀이었습니다. 그러나 지금은 더 큰 약속과 훨씬 좋은 삶의 길이 있습니다. 하나님이 말씀하십니다. "위를 쳐다봐라! 별들을 봐라! 아래를 보지 말아라!"

우리가 가지고 있는 문제의 하나는 언제나 아래를 보고 있다는 것입니다. 본질적으로 우리는 우리 자신을 보고 있는데 이것은 불확실성으로 이끌어갑니다. 우리는 자신을 바라보며 말합니다. "내가 그것을 어떻게 할 수 있을지 모르겠다. 하나님이 약속하고 계시는 것을 내가 어떻게 믿을 수 있을지 모르겠다." 만일 우리가 아브람의 입장에 있었다면 우리는 이렇게 말했을 것입니다. "내 나이에 어떻게 자녀를 가질 수 있을지 모르겠다." 문제는 우리가 우리 자신을 보고 있다는 것입니다. 우리는 약속을 하는 자가 아닙니다. 약속을 하시는 분은 하나님이십니다. 따라서 우리는 아래를 보는 것을 멈추고 위를 보기 시작해야 합니다. 우리는 하나님의 위대하심으로 우리의 마음을 크게 할 필요가 있습니다.

하나님은 자신을 아브람과 대조하시면서 이렇게 물으셨습니다. "네가 저 별들을 모두 셀 수 있느냐?" 아브람은 물론 그것들을 셀 수 없습니다. 그러나 하나님은 셀 수 있으셨습니다. 하나님은 또한 이렇게 물으실 수 있습니다. "네가 저 별들의 이름을 말할 수 있느냐?" 아브람은 그것들의 이름을 말할 수 없었지만, 하나님은 하셨습니다. 우리는 욥기 38장에서 그것을 봅니다. 그 장에서 하나님은 욥에게 창조를 회상시키시면서 이렇게 말씀하십니다. "네가 묘성을 매어 묶을 수 있으며 삼성의 띠를 풀 수 있겠느냐 너는 별자리들을 각각 제 때에 이끌어 낼 수 있으며 북두성을 다른 별들에게로 이끌어 갈 수 있겠느냐"(욥 38:31-32). 하나님은 별들을 만드셨고 이름을 붙이셨습니다. 우리가 위를 볼 때 우리는 하나님의 위대하심을 봅니다. 그리고 당신이 알고자 원한다면, 우리는 별들 너머에 계시는 약속을 주시는 하나님을 봅니다.

인생에 있어서 궁극적인 문제는 당신이 하나님을 믿는가 하는 것입니다. 그것은 하나님의 존재를 믿는가(believe in God) 하는 질문이 아닙니다. 많은 사람들이 하나님의 존재를 믿는다고 말합니다. 그들의 의견으로는 하나님이 존재하셔야 한다는 것입니다. 그러나 이것은 그들에게 아무런 의미가 없습니다. 참된 질문은 당신이 이러한 약속들을 주시는 하나님을 믿는가 그리고 당신이 하나님이 약속하신 것을 붙잡고 살아가는가 하는 것입니다. 하나님이 말씀하셨습니까? 분명하게 말씀하셨습니까? 만일 하나님이 분명하게 말씀하셨다면 하나님이 약속하신 것을 하나님이 이행하신다는 것을 신뢰할 수 있습니까? 이러한 질문들에 "예" 라고 대답하고 그 약속들을 믿음으로 붙잡고 살아가는 사람은 참으로 지혜로운 사람입니다.

76

구원의 요체

창세기 15 : 6

아브람이 여호와를 믿으니 여호와께서 이를 그의 의로 여기시고

영원하시고 자존하시는 하나님이 만물을 창조하신 것을 이야기하는 창세기의 1장과 아담과 하와가 죄 속으로 타락한 것을 이야기하는 3장 다음으로, 구약에서 가장 중요하고 위대한 장은 창세기 15장입니다. 여러 기준으로 볼 때, 15장은 가장 위대한 장입니다. 왜냐하면 15장은 믿음을 통해 은혜로 얻은 아브람의 칭의에 대해 말하고 있고, 하나님이 그와 맺으신 공식적 언약을 기록하고 있기 때문인데 이를 통해 그의 자손이 복을 받았습니다.

이 장의 중간에 어쩌면 성경 전체에서 가장 중요한 구절이 나오는데, 그 구절이 오늘의 본문입니다. 그 안에 믿음으로 얻는 "칭의의 교리"가 처음으로 등장합니다. 이것은 성경에서 "믿음", "의", "칭의" 에 대해 명확하게 말씀하고 있는 첫 번째 절입니다. 아브람 이전에도 믿음이 존재 했다는 것을 우리는 압니다. 아벨, 에녹, 노아(히 11:4-5, 7) 및 기타 경건

한 족장들이 믿음으로 구원을 받았습니다. 바울이 로마서 3:21-26절에 명확하게 말한 바와 같이 하나님은 그리스도로 인한 의에 근거해서 믿음으로 이 구약의 인물들을 의롭다고 하셨습니다. 그러나 창세기의 이 지점에 이르기까지 이 진리를 명확하게 가르치지 않았습니다. 이제 믿음을 통한 은혜로 인한 칭의의 교리 및 여기서 유래한 성경 전체의 주제가 우리 앞에 놓여 있습니다.

16세기에 칭의에 대한 진리를 재발견하여 종교개혁을 일으킨 마르틴 루터(Martin Luther)는 이것을 **"교회가 서느냐 무너지느냐"**를 판가름하는 중요한 교리라고 생각했습니다. 그는 이렇게 기술했습니다.

"칭의의 조항이 무너졌을 때, 모든 것이 무너졌다… 이것은 모든 다른 교리들이 거기로부터 흘러나오게 하는 최고의 조항이다… 그것만이 하나님의 교회를 낳고, 양육하고, 세우고, 보존하고, 지킨다. 그것 없이는 하나님의 교회는 한 시간도 존재할 수가 없다." 그것은 "모든 종류의 교리 위에 있는 주인이자 군주이고, 지배자, 통치자 그리고 심판자이다."[1]

존 칼빈(John Calvin, 마르틴 루터를 뒤따라서 개혁 초기에 종교개혁을 발전시켰고, 그의 「**기독교 강요**」는 종교개혁의 조직신학이 되었음)도 같은 말을 했습니다. 그는 그것을 "신앙이 방향을 잡는 주요 요체"[2] 라고 불렀습니다.

토마스 왓슨(Thomas Watson)은 이렇게 말했습니다. "칭의는 기독교의 참된 요체이고 기둥이다. 칭의에 대한 오류는 토대에 있는 결함처럼 위험하다. 그리스도에 의한 칭의는 생명의 샘물이다. 부패한 교리의 독약을 이 샘에 던지는 것은 가증한 것이다."[3]

이러한 진술들은 과장이 아닙니다. 그것들은 꾸밈없는 진실입니다. 왜냐하면 믿음으로 얻는 칭의는 모든 신앙적 질문 중에서 가장 기본적인 질문인 "사람이 어떻게 하나님과 올바른 관계가 될 수 있는가" 하는 질문에 대한 하나님의 대답이기 때문입니다. 우리는 그분과 올바른 관계에 있지 못합니다. 이것이 죄의 교리가 의미하는 것입니다. 죄는 우리가 하나님을 배반하는 것을 의미하며 우리가 하나님을 배반하면 우리는 하나님과 올바른 관계를 가질 수 없는 것입니다. 우리는 법을 어긴 죄인들입니다. 특히 우리 모두가 바울이 말한 것처럼 죄인들입니다. 바울은 "모든 사람이 죄를 범하였으매 하나님의 영광에 이르지 못하더니"(롬 3:23) 라고 했습니다. 믿음으로 얻는 칭의의 교리는 기독교 교리 중에서 가장 중요한 교리입니다. 왜냐하면 그것은 하나님을 배반한 자가 어떻게 그분과 올바른 관계를 가질 수 있느냐를 말해주기 때문입니다. 그 교리는 우리가 우리 자신의 행위에 의한 의가 아니라 오직 믿음으로 얻는 그리스도의 역사로 의로워지는 것을 말하고 있습니다.

믿음은 대용품인가

이미 말씀드린 것처럼 이 교리는 성경에서 처음으로 창세기 15:6절에 나옵니다. 따라서 우리는 이 본문을 주의해서 연구하기 위해서 시간을 들여야만 합니다. 본문은 아브람이 하나님의 무수한 자손들을 주시겠다는 약속에 대해 질문을 하고, 하나님이 그 약속을 되풀이 하시고 그것을 별들과 연결시켜 대답하신 후에 성경은 "아브람이 여호와를 믿으니 여호와께서 이를 그의 의로 여기셨다" 라고 말씀합니다.

이 구절은 실제로 무엇을 의미합니까? 어떤 사람들은 그것이 마치 아브람이 하나님 앞에서 의롭게 될 아무 의도 없었기 때문에 하나님이 그 의를 대신해서 받을 만한 것을 생각해 보시다가 아브람에게서 약간의 믿음을 발견하시고는 그 믿음을 취하신 것이라고 말씀하는 것으로 보았습니다. 또 어떤 사람들은 터무니없게 하늘에 계신 하나님이 모든 사람이 불경건하다는 것을 아셨지만, 구원을 가능케 하는 근거가 되는 선한 것을 조금이나마 가지고 있는 누군가를 발견할지도 모른다는 요행을 바라시며 누군가를 구원하시려고 찾아보신 것이라고 제시했습니다. 드디어 하나님은 아브람을 발견하셨습니다. 그도 다른 사람들처럼 불경건했습니다. 그러나 그는 작은 것 하나를 가지고 있었는데 그것이 믿음이었습니다. 그래서 하나님이 말씀하셨습니다. "비록 이 작은 믿음이 의는 아니지만 최소한 내가 이것으로 역사할 수는 있다. 나는 그것을 의 대신에 취하겠다. 나는 그것을 의롭다고 여기고 아브람을 구원하겠다."

이같이 설명하는 것은 엉터리 해석입니다. 왜냐하면 하나님은 진리를 조작하시는 분이 아니시기 때문입니다. 하나님은 아닌 것을 그런 척 하지 않으십니다. 따라서 만일 하나님이 아브람을 의롭다고 여기셨다면 그것은 참 의를 근거로 하고 있음에 틀림없습니다. 이는 그의 경우나 다른 사람의 경우나 똑같습니다. 그것은 오렌지 대신 사과로 대체하는 것이나 또는 구원에 대한 말도 안 되는 소리를 하는 것 같은 단순히 꾸며낸 이야기가 결코 아닙니다.

우리가 이 해석을 경계해야 하는 몇 가지 이유가 있습니다. 첫째, 본문이 "여호와께서 이를 그의 의로 여기셨다"고 말할 때, "이를"은 무엇을 지칭하는 것이며, 그 선행사가 무엇입니까? 나는 그 선행사가 아브람이 하나님을 믿었다고 하는 사실 또는 그(아브람의) 믿음(faith)은 그 믿음(belief)을 포함했다는 사실이라고 설명해 왔는데 나는 이 견해를 유지하고자 합니다. 그러나 이것을 문법적으로 합리화시키는 것은 매우 어려운 일입니다. "이를"의 "이"는 선행사로서 명사를 필요로 하거나 아니면 최소한 동명사를 필요로 합니다. 그러나 이 선행사가 생략되어 있습니다. 이 사실은 무엇이 아브람을 실제로 의롭다고 여겼는가 하는 것에 대해 더 찾아봐야 하는 것을 시사하고 있습니다.

다시 말해서 나머지 성경을 통해 믿음을 지칭하고 있는 것을 고려해 보아야만 합니다. 성경은 결코 사람들이 그들의 믿음 **때문에**(because) 또는 그들의 믿음을 **근거로**(on the basis of) 구원된다고 말씀하고 있지 않습니다. 그들은 믿음**으로**(by) 구원받는데 이것은 "**매개로서의** 믿음"을 의미합니다.

둘째, "믿음으로 의롭게 된다"는 말의 "으로(by)" 라고 번역되는 헬라어 전치사 **디아**(dia)는 "때문에(because of)" 또는 "통하여(through)"를 의미할 수 있습니다. 만일 그것이 "때문에"를 의미하면 믿음은 실로 구원의 근거도 되고, 의의 대체물도 됩니다. 그러나 그것은 그런 의미가 아닙니다. 왜냐하면 **디아**(dia)가 "때문에(because of)"를 의미할 때는 언제나 그 목적어가 여격(dative case)인데 이것은 "믿음"이 목적어일 때는 절대로 일어나지 않습니다. "믿음"이라는 헬라어가 **디아**(dia)와 함께 쓰일 때, 그것은 언제나 소유격(genitive case)을 나타내고, 이런 경우 목적어는 **디아**(dia)가 "으로(by)" 또는 "통하여(through)"를 의미할 때여야만 합니다. 따라서 **디아 피스테오스**(dia pisteos)는 "믿음을 통하여(through faith)" 또는 "믿음으로(by faith)"를 의미하며, 이것은 믿음이 구원의 근거가 아니라 매개임을 가리키는 것입니다.

20달러짜리 지폐를 쓰기 위해서는 당신은 그것이 갖는 구매력에 대한 믿음이 있어야 합니다. 그러나 구매의 근거는 당신의 믿음이 아닙니다, 그것은 돈의 가치입니다. 영적 차원에서도 마찬가지입니다.

셋째, 이 구절이 하나님은 작은 믿음을 가진 사람을 뽑으셔서 그의 믿음 때문에 구원하셨다는 것을 의미하는 것이 아니라는 이유는 이것이 여기에 나오는 "여기시고" 라는 말의 의미가 아니라는 것입니다. 히브리어로 그 말은 하샵(hashab)이고, 헬라어로는 로기조마이(logizomai)입니다. 아마도 둘 다 "평가하다" 또는 "간주하다" 로 번역할 수 있을 것입니다. 이 단어들에 있어 중요한 것은 그 단어들이 재무 회계에서와 같이 정확한 회계장부 같은 것과 관련이 된다는 것입니다. 회계는 정밀과학입니다. 작업자가 100% 옳아야만 하는 분야입니다. 만일 회계사가 100% 옳지 않으면 그 사람은 좋은 회계사가 아닙니다. 내가 주머니에 1달러를 가지고 다각적인 검토를 하고 있는데 나는 이것이 많은 돈은 아니라는 것을 알고 있다고 생각해 봅시다. 돈을 더 갖고 싶습니다. 그래서 작은 포켓용 회계 장부를 꺼내서 10달러가 더 있는 것으로 "평가합니다." 내 장부에 의하면 나는 지금 11달러를 가지고 있습니다. 하지만 이것이 무슨 의미를 가집니까? 전혀 아무 것도 아닙니다. 만일 내가 내 계정에 10달러가 평가되기를 원하면 나는 10달러를 더 가지고 있어야만 합니다. 따라서 평가하는 것, 간주하는 것, 또는 여기는 것은 실제 있는 경우임을 반드시 인정하는 것이어야만 합니다.

칭의에 있어서도 마찬가지입니다. 시편 32:2절의 "마음에 간사함이 없고 여호와께 정죄를 당하지 아니하는 자는 (죄로 간주함을 받지 아니하는) 복이 있도다" 라는 문장에 어떤 진리가 내포되어 있습니까? 하나님은 단순히 우리 삶의 회계장부에서 죄를 빼버리고 그것을 잊어버리는 것입니까? 전혀 그렇지 않습니다. 그분은 그것을 우리의 장부에서 제거하십니다. 그러나 이것은 그분이 그것을 예수 그리스도의 장부에 옮겨 놓으셨기 때문입니다. 예수님은 십자가에 죽으심으로 죄의 벌과금을 지불하셨습니다. 이에 대응해서 하나님은 그리스도의 의를 우리의 것으로 간주하셨습니다. 이것이 아브람에게 일어난 일이고, 또 이것이 지금까지 구원받은 모든 사람에게 일어난 일입니다. 우리의 구원을 위해 하나님이 그리스도 안에서 하신 일에 대한 이해의 정도에 차이가 있습니다. 구약 성도의 이해도는 낮고, 신약 성도의 이해도는 높습니다. 그러나 언제나 이해가 된 것은 믿는 것이고, 우리에게 귀속되는 것은 "그리스도의 의" 인 것입니다.

법률상의 용어

칭의는 회계장부 기록에 그치는 것만이 아니라 법률상의 문제이기도 합니다. 왜냐하면 이 경우 심판자의 역할로 등장하시는 하나님의 판결을 포함하기 때문입니다. 심판자가 한 사람에게 유죄 판결을 내리지 않고 무죄 판결을 내릴 때 어떤 일이 일어납니까? 그분은 그를 결백하게 만들지는 않으십니다. 그분은 심판에서 그분 앞에 서 있는 피고인에 대하여 죄가 없고 대신에 법적으로 정당하고 타당한 신분임을 선언하십니다. 칭의는 심판자가 집행하도록 지정된 어떠한 법 앞에서도 해당 피고인이 올바르다는 선언입니다.

칭의는 어떤 사람에 대해 하나님 앞에서 의롭다고 선언하는 것을 의미합니다. 그러나 여기서 우리는 문제에 부딪칩니다. 사람들은 하나님 앞에서 올바르지 못합니다. 그러나 하나님은 그들을 옳다고 하십니다. 하나님의 판단이 항상 진실하고 공평에 준한 것임을 부정할 수는 없습니다. 우리가 불경건하다는 것을 부정할 수도 없습니다. 그럼에도 불구하고 하나님이 불경건한 자들을 옳다고 하시는 것을 부정할 수가 없습니다(롬 4:5; 참조 롬 3:19-24). 어떻게 이것이 가능합니까? 만일 우리가 불경건한 자들을 옳다고 한다면, 다시 말해 우리가 죄가 있는 사람을 죄가 없다고 선언한다면, 우리의 행동은 하나님과 사람 앞에서 불법이 됩니다. 그런데 이것을 하나님이 하십니다. 어떻게 그렇게 하실 수가 있습니까? 어떻게 그분은 불경건한 자들을 옳다고 하시면서 동시에 올바르실 수가 있습니까?

이 질문에 대한 대답으로 우리는 단순히 의롭게 된다는 것이 아니라 본문에서 보여주는 것처럼 믿음으로 의롭게 되는 것이 기독교 교리라는 것에 주목합니다. 오직 칭의는 우리가 이미 지적한 바와 같이 의롭다고 선언하는 것입니다. 그러나 기독교 교리는 그것뿐만이 아닙니다. 그것은 "믿음으로" 의롭게 되는 것인데, 이 말은 우리의 죄에 대한 하나님의 대책으로서의 예수님을 믿는 믿음을 의미합니다. 따라서 칭의라는 기독교 교리는 실제로 믿는 개인이 자신의 행위 또는 다른 어떤 것을 근거해서가 아니라, 그리스도의 희생을 근거로 해서 의롭다고 하는 하나님의 선언입니다. 죄인들에 대한 하나님의 칭의에는 어떤 다른 경우의 칭의에 해당되지 않는 독특한 요소가 있습니다. 그 독특한 요소는 우리 죄에 대한 그리스도의 속죄와 그분을 통한 신적인 의의 필요에 대한 하나님의 대책이 결합된 것입니다. 칭의와 관련해서 하나님은 우리 죄의 대가에 대한 지불로서의 그리스도의 희생을 받으셨다는 것과 죄 대신에 그리스도의 의를 우리에게 귀속시키셨다는 것을 선언하십니다. 이것이 바울이 로마서 3장에서 밝히고 있는 요지입니다.

"이제는 율법 외에 하나님의 한 의가 나타났으니 율법과 선지자들에게 증거를 받은 것이라 곧 예수 그리스도를 믿음으로 말미암아 모든 믿는 자에게 미치는 하나님의 의니 차별이 없느니라 모든 사람이 죄를 범하였으매 하나님의 영광에 이르지 못하더니 그리스도 예수 안에 있는 속량으로 말미암아 하나님의 은혜로 값 없이 의롭다 하심을 얻은 자 되었느니라 이 예수를 하나님이 그의 피로써 믿음으로 말미암는 화목제물로 세우셨으니 이는 하나님께서 길이 참으시는 중에 전에 지은 죄를 간과하심으로 자기의 의로우심을 나타내려 하심이니 곧 이 때에 자기의 의로우심을 나타내사 자기도 의로우시며 또한 예수 믿는 자를 의롭다 하려 하심이라"(롬 3:21-26)

이 구절의 중요성은 이렇게 설명될 수 있을 것입니다. 미국에서 꽤 오래 전에 한 단체가 무신론을 전파하기 위해 구약 인물들의 비행에 대한 선정적인 묘사와 함께 대여섯 장의 스케치를 포함한 전단지를 만들었습니다. 그 스케치들은 보기가 추했고 그들의 죄를 나타내는 데 노력을 아끼지 않았습니다. 그 사람들 중에 아브라함이 끼어 있었습니다. 그 전단지는 그가 자기 목숨을 건지려고 아내의 명예를 기꺼이 희생시키려했다는 것을 지적했습니다. 그런데도 그는 "하나님의 친구" 라고 불리었습니다. 무신론자들은 아브라함 같은 친구를 가진 이런 존재가 무슨 하나님인가라고 물었습니다. 다른 인물은 야곱이었습니다. 그는 사기꾼이요 거짓말쟁이로 묘사되었습니다. 그런데도 하나님은 자신을 "야곱의 하나님" 이라고 불렀습니다. 모세는 살인자요, 도망친 범인으로 그려졌는데 그것은 사실이었습니다. 그런데도 모세는 하나님과 "마주 대하며" 이야기를 했습니다. 다윗은 여인의 남편을 살인한 죄까지 더한 간통자로 밝혀졌습니다. 그런데도 다윗을 "하나님의 마음에 합한 사람" 으로 불렀습니다. 무신론자들은 다윗을 기뻐할 수 있는 하나님이 도대체 어떤 하나님인지를 물었습니다.

이 전단지에 대해 주목할 만한 것은 그것이 하나님도 인정하시는 절대적으로 옳은 것들을 지적했다는 것입니다. 하나님은 자신이 의롭고 거룩하다고 말씀하십니다. 하지만 수세기 동안 그분은 계속해서 이와 같은 사람들을 의롭게 하셨습니다. 혹자는 수세기 동안 하나님의 이름이 더럽혀져왔다고 말할지도 모릅니다. 왜냐하면 바울이 말하는 것처럼 그분은 실제로 "전에 지은 죄" 를 간과해 오셨기 때문입니다. 그렇다면 하나님은 불의하십니까? 아닙니다. 바울이 지적하듯이 예수 그리스도의 죽음으로 하나님의 이름과 목적은 그 정당성이 입증되었기 때문입니다. 그분의 죽음을 근거로 하나님은 불경건한 자들을 의롭게 하셨고 지금도 계속해서 의롭게 하시는 것을 보고 있습니다.

바울의 전향

바울의 전향이 이점을 설명합니다. 사도행전에서 바울은 그리스도인들을 체포하고 핍박하려고 다메섹으로 갈 때 일어났던 자신의 경험을 역사적 시각에서 이야기합니다. 그러나 빌립보서 3장에서 그의 설명은 신학적이 되면서 하나님과 하나님의 구원의 방법에 대한 그의 생각이 그가 그리스도를 만났을 때, 어떻게 바뀌었는지를 보여줍니다.

"만일 누구든지 다른 이가 육체를 신뢰할 것이 있는 줄로 생각하면 나는 더욱 그러하리니 나는 팔일 만에 할례를 받고 이스라엘 족속이요 베냐민 지파요 히브리인 중의 히브리인이요 율법으로는 바리새인이요 열심으로는 교회를 박해하고 율법의 의로는 흠이 없는 자라 그러나 무엇이든지 내게 유익하던 것을 내가 그리스도를 위하여 다 해로 여길뿐더러 또한 모든 것을 해로 여김은 내 주 그리스도 예수를 아는 지식이 가장 고상하기 때문이라"(빌 3:4-8)

이 구절에서 바울이 말하고 있는 것은 그가 예수 그리스도를 만나기 이전에는 그의 삶을 대차대조표 같은 것으로 보았다는 것입니다. 자산과 부채가 있었는데 그는 구원받기 위해서는 부채계정보다 자산계정이 더 커야 하는 것으로 생각했습니다.

또한 그는 그의 생애를 보면서 상당한 자산이 있다고 생각했습니다. 어떤 것은 유산으로 물려받은 것이고, 어떤 것은 자신이 획득한 것이었습니다. 유산에 속하는 자산 중에는 바울이 유대인 가정에서 태어났다는 것과, 난 지 팔일 만에 유대 율법에 따라 할례를 받았다는 사실입니다. 그는 인생 후반에 할례를 받은 유대 개종자가 아니었습니다. 그는 열세 살에 할례를 받은 이스마엘 족속도 아니었습니다. 그는 유대인 부모에게서 태어난 순수 혈통의 유대인이었습니다(히브리인 중의 히브리인). 그는 이스라엘 족속으로 하나님의 언약 백성의 일원이었습니다. 더욱이 그는 베냐민 지파 출신이었습니다. 솔로몬이 죽은 후에 이스라엘로부터 유다가 분리되는 내란이 일어났을 때, 베냐민은 유다 지파와 함께 한 지파였습니다. 북부의 열 지파들은 하나님의 계시된 신앙을 버리고 분리된 종파의 제단을 쌓았습니다. 레위기 17장을 위반하고 피의 제사를 드렸습니다. 그러나 베냐민 지파는 충성되게 남아있었는데 바울이 그 지파 출신인 것입니다.

또한 바울은 스스로 얻은 이점을 가지고 있었습니다. 율법과 관련해서 그는 바리새인이었습니다. 바리새인들은 모든 유대인 교파 중에서 율법을 고수하는 데 있어 가장 신실했는데 바울은 자진해서 그들 중의 일원이 되었습니다. 더욱이 그는 열성적인 바리새인이었습니다. 그는 그의 열심을 갓 태어난 교회를 핍박하는 것으로 증명했습니다.

인간적 관점에서 이런 것들은 실질적인 자산이었습니다. 그러나 바울이 이런 것들을 의로우신 하나님의 시각으로 보는 날이 왔습니다. 예수님이 다메섹 도상에서 그에게 나타나신 날이었습니다. 그 이전까지 바울은 율법을 지켜서 의를 얻는 것으로 생각했습니다. 그러나 그가 그리스도를 만났을 때, 그는 이러한 의롭다고 한 행동들이 실제로는 더러운 누더기 옷 같은 것이었음을 깨달았습니다. 전에는 "율법의 의로는 흠이 없는 자" 라고 말했습니다. 그러나 이제는 "죄인 중에 내가 괴수다"(딤전 1:15 참조) 라고 말하면서 그는 그리스도의 죽음을 근거로 불경건한 자를 대가 없이 의롭게 하시는 하나님 앞에서 자신을 정당화하려는 노력을 멈추었습니다. 그의 대차대조표에 관한 한, 바울은 그가 평생 쌓아놓았던 것이 실제로는 전혀 자산이 아니라는 것을 확인했습니다. 그것은 부채로 그를 예수 그리스도로부터 멀어지게 했기 때문입니다. 그는 그것을 "해" 로 여기고 자산계정에 오직 "예수 그리스도"만을 올려놓았습니다. 이것은 언제나 기독교의 심장이자 그리스도인의 경험이 되어왔습니다. 한 찬송가는 그것을 이렇게 표현했습니다.

빈손 들고 앞에 가 십자가를 붙드네
의가 없는 자라도 도와주심 바라고
생명 샘에 나가니 나를 씻어주소서

만세반석 열리니 내가 들어갑니다
창에 허리 상하여 물과 피를 흘린 것
내게 효험 되어서 정결하게 하소서

(한글찬송가 494장 - 역주)

하나님이 구원을 획득하거나 구원의 공덕을 얻기 위하여 선행하려는 노력을 포기하고 대신에 믿음으로 예수 그리스도를 인격적 구주로 영접하는 모든 사람의 삶에 은혜롭게 역사하신 것, 하나님이 그들을 영적으로 살리시고(그들을 거듭나게 하시고), 그들의 죄는 갈보리에서 벌을 받았다고 선언하시고, 그들에게 예수 그리스도의 의를 귀속시키시는 것이 영광스런 기독교의 복음입니다.[4]

● 각주 ●

1. 마르틴 루터, *What Luther Says: An Anthology*, comp. Ewald M. Plass, 2 vols. (St. Lois: Concordia, 1959), 2:702-4, 715.

2. 존 칼빈, *Institutes of the Christian Religion*, ed. John T. McNeill, trans. Ford Lewis Battles, 2 vols. (Philadelphia: Westminster, 1960), 1:726.

3. 토마스 왓슨, *A Body of Divinity* (London: Banner of Truth, 1970), 226.

4. 이 장의 몇 부분은 보이스의 *Awakening to God* (Downers Grove, Ill.: InterVarsity, 1979), 71-81에 있는 "Justification by Faith: The Hinge of Salvation"의 연구에서 취한 것이다.

77

아브람은 무엇을 믿었나?

창세기 15 : 6

아브람이 여호와를 믿으니 여호와께서 이를 그의 의로 여기시고

본문은 성경 전체에서 가장 중요한 유일한 구절이 아니라면 적어도 가장 중요한 구절들 중의 하나입니다. 왜냐하면 그 구절은 어떻게 죄인이 하나님과 올바른 관계가 될 수 있는가를 처음으로 말하고 있기 때문입니다. 우리 자신을 보건대 우리는 하나님과 올바른 관계에 있지 않습니다. 우리는 우리의 죄성 그리고 고의적인 죄의 선택으로 인하여 하나님으로부터 단절되었습니다. 우리는 하나님의 진노 아래 있으며, 그분과 떨어져서는 우리의 운명은 비참한 멸망인 것입니다. 만일 우리가 다시 한 번 그분과 올바른 관계를 가질 수 있다면(본문 구절이 그럴 수 있다고 말하는 것처럼), 그래서 죄에서 벗어나 거룩에 이르고 진노를 벗어나 은총에 이를 수 있다면 이는 분명히 위대한 소식이고, 이런 일이 어떻게 일어날 수 있는가를 우리에게 말해 주는 이 구절은 최고로 중요한 구절인 것입니다.

이것을 다른 면으로 설명해 볼 수 있습니다. 본문은 "아브람이 여호와를 믿었다" 라는 것과 "여호와께서 이를 그의 의로 여기셨다" 라는 것을 말씀하고 있습니다. 아브람이 믿은 것은 무엇입니까? 만일 우리가 아브람이 무엇을 믿었는지를 찾아낼 수 있다면 우리도 역시 그것을 믿을 수 있고, 아브람처럼 의로 여김을 받을 수 있게 됩니다.

그러나 한 가지 문제가 생깁니다. 본문은 아브람이 하나님을 "믿었다" 라고 말씀합니다. 그러나 엄격하게 말하면 그것은 우리에게 아브람이 믿은 것을 말하는 것이 아닙니다. 그의 믿음의 대상이 있는데, 곧 하나님이십니다. 그러나 우리는 하나님의 계시의 명확한 내용에 대해서는 깜깜합니다. 그 대화에 의하건대 하나님이 아브람에게 말씀하신 것은 무엇이고, 그 말씀으로 아브람이 이해한 것은 무엇이었습니까? 그것은 하나님이 그의 "방패" 시요 "지극히 큰 상급"(1절)이라고 하신 약속입니까? 그것은 아브람의 몸에서 "상속자"(4절)가 나온다는 하나님의 보증입니까? 그것은 하늘의 별처럼 셀 수 없는 "자손"(5절)에 대한 예언입니까? 아니면 그 약속의 내용과 아브람의 믿음이 아예 뒤로 더 멀리 돌아가 고국에 있을 때, 창대케 해 주시겠다는 이름과, 아브람의 복을 통해 다른 사람들이 받게 된다는 복입니까(창 12:1-7)? 그것은 이 모든 것들입니까? 아니면 그 약속은 그 족장의 인생 여정 초기에 이미 언급된 것들보다 더욱 크고 깊은 그 어떤 것입니까? 만일 우리가 창세기 외에 다른 성경이 없다면 우리는 이 모든 약속이 포함된 것이고, 아브람은 모든 일에서 하나님을 신뢰하는 태도에 근거하여 그분 앞에서 의로워졌다고 결론지어야만 할 것입니다. 우리가 그렇게 생각하는 것이 그리 틀리지는 않을 것입니다. 그러나 이에 대해 더 해야 할 말이 있습니다. 본문에 관해서 흥미로운 점은 그것이 성경에서 세 번 더 반복되는 것인데(롬 4:3, 갈 3:6, 약 2:23) 매번 다른 문맥에서 반복되고 있는 것입니다. 이들 중 하나는(갈 3:6과 그 주변 구절인데) 우리의 질문에 대한 명확한 대답을 주고 있습니다. 그것은 아브람이 믿은 것이 무엇인가를 말하고, 그의 믿음을 모든 사람에게 본보기로 제시합니다.

바울과 갈라디아 교인들

갈라디아서에는 하나의 중요한 문맥이 있는데, 우리는 아브람에 대한 구절이 어디에 들어가 맞는 것인지 알기 위해 그 문맥을 살펴봐야만 합니다. 바울은 제1차 전도여행 시에 안디옥을 출발해서(행 13-14장) 소아시아 남부의 갈라디아인들에게 복음을 전파하고 그곳에 교회를 세웠습니다. 그는 갈라디아인들에게 죄로부터의 구원은 율법을 지켜서거나 또는 어떤 다른 형태의 도덕적 재무장을 통해서 이루어지는 것이 아니라 그리스도의 역사로 이루어지는 것임을 가르쳤습니다. 그분의 죽음으로 우리의 죄는 처벌되고, 그분의 희생을 믿는 믿음이라는 매개를 통해서 하나님은 믿는 자에게 예수 그리스도의 의를 자유로이 주신다는 것을 가르쳤습니다. 갈라디아인들은 이 복음을 믿고 세례를 받았으며 명백히 그들 가운데서 기적을 행하기 시작하셨을 하나님의 성령의 능력 안에서 살기 시작했습니다(갈 3:5).

얼마 후에 (우리는 그때가 언제인지 정확히 모릅니다) 바울은 갈라디아 교인들이 전에 받았던 믿음에서 떠나고 있다는 말을 들었습니다. 갈라디아 교인들은 주의 형제 야고보가 보낸 공식 대표단인 예루살렘에서 온 유대인들의 방문을 받았습니다. 그들은 갈라디아 교인들의 "잘못된" 교리를 바로 잡기 위해 온 것이었습니다. 이 사람들에 의하면 바울은 이단 교리를 가르쳤다는 것입니다. 바울은 그리스도에 대한 믿음이 구원을 얻는 데 충분한 것이라고 가르쳤습니다. 그러나 그들은 그것이 옳지 않다고 말했습니다. 그리스도에 대한 믿음만으로는 충분치 않다는 것입니다. 이방인들이 구원을 얻으려면 모세의 율법을 지키지 않으면 안 된다는 것입니다. 그들은 그리스도를 믿을 수 있지만, 모세도 믿어야만 한다는 것입니다. 그들은 은혜를 누릴 수 있지만, 행위도 있어야만 한다는 것입니다. 믿음은 좋지만, 할례 의식 또한 더해야만 한다는 것입니다.

그들의 주장은 바울의 그에 대한 대답으로 보아 세 가지가 있었음을 알 수가 있습니다. 예루살렘 대표단은 바울이 자신을 사도라고 주장했지만 실제로는 사도가 아니라고 비난했습니다. 바울은 갈라디아서 1장과 2장에서 이 비난에 대하여 대답합니다. 그들은 그의 가르침이 비성경적이라고 비난했습니다. 왜냐하면 모든 구약 인물들이 율법을 지킴으로써 그리고 할례를 받음으로써 구원을 받았기 때문입니다(그들이 그렇게 말했습니다). 바울은 이에 대해 갈라디아서 3장과 4장에서 대답합니다. 끝으로 그들은 바울의 이 가르침이 해이한 삶 또는 공공연한 부도덕성을 야기 시킨다고 비난했습니다. 바울은 이 비난에 대해 갈라디아서 5장과 6장에서 대답합니다.

갈라디아서의 가장 중요한 부분은 중앙 부문인데 거기서 바울은 그의 가르침이 성경적일 뿐만 아니라 그의 가르침만이 진실 된 것임을 주장합니다. 그러므로 아무도 심지어 아브람조차도 예수 그리스도를 구주로 믿는 믿음이 아닌, 다른 어떤 방법으로 구원된 바가 없다는 것입니다.

아브람의 믿음

바울이 갈라디아서 3장에서 아브람을 언급할 때, 그는 단지 그를 어떤 역사적 본보기로(그것이 중요한 것이기는 하지만) 언급한 것이 아니었습니다. 바울은 인정된 조상이자 이스라엘의 원형인 사람을 가리킨 것이었습니다. 하나님은 우상을 숭배하는 가계로부터 아브람을 불러내셨습니다(수 24:1-2). 그분은 그와 구원의 언약을 맺으셨습니다(창 15:7-21). 모든 유대인들, 심지어 바울의 적대자들조차 아브람을 믿음에 있어 그들의 조상으로 그리고 따라야 할 본보기로 추억하고 있었습니다. 그렇다면 이 중요한 인물은 어떻게 구원을 받았습니까? 어떻게 아브람이 의롭게 되었습니까? 바울은 아브람이 "하나님을 믿었고" 그래서 "그것을 그에게 의로 정하셨다"(갈 3:6) 라고 본문을 인용하여 대답을 합니다.

그러나 아브람은 무엇을 믿었습니까?바울은 여기서 갈라디아 교인들의 문제를 우리가 창세기에서 묻고 있는 문제와 관련시켜 다루고 있습니다. 바울의 적대자들은 아브람이 행위로, 즉 율법을 지켜 구원받는다는 것을 믿었다고 주장했을 것입니다. 또는 아브람이 할례로 구원을 받았다고 주장했을 것입니다. 만일 바울이 주장하는 것처럼 아브람은 율법이 주어지기 이전에, 할례 의식이 주어지기 이전에 하나님에 의해 의롭게 되었다고 주장했다면(갈 3:17, 롬 4:9-12) 그들은 그가 또한 그리스도가 오기 이전에 의롭게 되었다고 주장했을 것입니다. 따라서 만일 율법 또는 할례의 경우로 사건의 순서를 따지는 주장이 유효하다면 나사렛 예수의 경우에 있어서도 마찬가지로 유효하다는 것입니다. 아브람은 그리스도를 믿음으로 구원받을 수 없었다는 것입니다. 왜냐하면 그는 그리스도를 몰랐기 때문입니다. 그러므로 그리스도는 필수 요소가 아니라는 것입니다. 그러나 바울은 반대로 아브람이 그리스도의 오심을 내다보았고, 그분을 죄로부터 구원하실 그의 개인적 구주로 신뢰했다고 대답합니다. 그는 세 가지로 대답을 합니다.

첫째, 그는 아브람이 영적인 것들에 관련된 하나님의 말씀을 믿음으로, 즉 다시 말해서 복음을 믿음으로 의롭게 되었다고 말합니다. 갈라디아서 3:8-9절에서 이를 발견합니다. "또 하나님이 이방을 믿음으로 말미암아 의로 정하실 것을 성경이 미리 알고 먼저 아브라함에게 복음을 전하되 모든 이방인이 너로 말미암아 복을 받으리라 하였느니라 그러므로 믿음으로 말미암은 자는 믿음이 있는 아브라함과 함께 복을 받느니라" 바울이 말한 "모든 이방인이 너로 말미암아 복을 받으리라" 라는 말씀은 아브람이 순례 여정을 시작할 그때 받은 약속의 일부인 창세기 12:3절에서 인용한 것입니다. 바울은 아브람이 믿은 이 복은 하나님이 약속하신 땅이나 자손 또는 세상의 이방 족속에 대한 평화 같은 단순한 세속적인 복이 아니라고 말하고 있습니다. 하나님은 그런 종류의 복을 언급하신 것이 아니었습니다. 그분은 모든 족속에 대한 영적인 복인 구원을 약속하신 것이고, 또 이 약속된 구원이 아브람을 통해 그들에게 올 것이라고 말씀하신 것입니다. 바울은 이것을 미리 알려진 "복음" 이라고 부릅니다.

따라서 우리가 아브람의 삶에 대한 기록을 읽을 때, 우리는 그의 믿음이 오늘날 우리 믿음의 수준과 똑같이 작동한 것으로 생각해서는 안 됩니다. 종종 우리는 하나님이 우리에게 주실 수 있는 물질적인 것들만을 생각합니다. 그러나 아브람은 처음부터 가장 높은 수준에서 일을 했습니다. 그는 물론 땅의 약속을 들었습니다. 그러나 그의 마음에 먼저 떠오르는 것은 모든 족속에 대한 영적 구원의 약속이었습니다. 이것을 보면 아브람은 믿음에 있어 난장이가 아닌 거인이었습니다. 그가 약속의 땅을 개인적으로 소유하지 못했어도 기꺼이 살았던 것은 이 복 때문이었습니다. "이는 그가 하나님이 계획하시고 지으실 터가 있는 성을 바랐음이라" (히 11:10).

둘째, 바울은 아브람이 받고 믿은 영적 약속이 구속에 관련된 것이라고 말하고 있습니다. 다시 말해 그 약속들은 세상 재난으로부터의 막연한 구원의 약속이 아니라 앞으로 올 구속의 역사로 인한 죄의 저주로부터의 구원과 관련된 것입니다. 그는 이것을 "아브라함의 복" 이라고 부르고 있습니다. "그리스도께서 우리를 위하여 저주를 받은 바 되사 율법의 저주에서 우리를 속량하셨으니 기록된 바 나무에 달린 자마다 저주 아래에 있는 자라 하였음이라 이는 그리스도 예수 안에서 아브라함의 복이 이방인에게 미치게 하고 또 우리로 하여금 믿음으로 말미암아 성령의 약속을 받게 하려 함이라"(갈 3:13-14).

이 책 처음 부분에서, 창세기 12:3절을 자세히 논하면서[1] 우리는 구속의 약속이 매우 값진 것임을 알았습니다. 구속은 상업용어에서 가져온 개념으로서 이에 의하면 속박되어 있는 어떤 것을 값을 지불해서 자유롭게 하는 것입니다. 우리는 그 용어를 전당포에 관련시켜 사용합니다. 만일 당신이 돈이 추가로 필요하면 한 전당포에 가서 물건을 저당 잡히고 돈을 구할 수 있습니다. 당신은 그 물건을 그 가치에 따라 소액의 돈과 바꿉니다. 나중에 당신의 형편이 나아져서 그 물건을 다시 찾기 원한다면 당신이 빌린 돈에 이자를 더해 다시 갚으면 찾을 수 있습니다. 우리는 저당 잡힌 물건을 되산다고 말합니다. 구속이란 말은 이처럼 고대에 있어 교역의 주요 품목이었던 노예를 구속하는 것에 특별히 관련되어 사용되었습니다. 사람들은 노예를 살 수 있었지만, 또한 구속의 값을 지불하고 해방시킬 수도 있었습니다.

이것이 예수님이 구원에 있어 우리를 위해 하신 일이었습니다. 예수님은 우리를 사랑하셨기 때문에 그분 자신의 목숨을 값으로 지불하여 우리를 죄의 속박에서 구원해 주셨습니다. 우리는 아브람이 예수님이 오신 후에 살았던 사람들 그리고 그분의 탄생, 생애, 죽음 그리고 부활에 대해 알고 있는 사람들만큼 잘 알지 못했을 것이라고 생각할 수 있습니다. 그러나 우리는 아브람이 구원의 내용에 대해 전적으로 무지했다고 섣불리 단정해서는 안 됩니다. 바울은 아브람의 믿음은 하나님의 약속(복음, 갈 3:8)에 있었다고 말합니다. 그가 하나님의 타락한 인류를 죄의 노예로부터 구원하는 일에 있어서 하나님의 어떤 역사를 내다보았다는 것보다 더 지당한 것이 무엇이겠습니까?

셋째, 바울은 아브람이 하나님의 구속의 역사로 얻을 영적인 복을 기다리는 것에 더해, 그는 특별히 예수 그리스도의 오심을 내다보았다고 말합니다. 바울이 말하기를 "이 약속들은 아브라함과 그 자손에게 말씀하신 것인데 여럿을 가리켜 그 자손들이라 하지 아니하시고 오직 한 사람을 가리켜 네 자손이라 하셨으니 곧 그리스도라"(갈 3:16)고 했기 때문입니다. 이것은 확인하기가 쉽습니다. 창세기로 돌아가 보면 하나님이 "자손(seed)"이란 말을 약속에 대한 말씀에서 사용하고 계심을 봅니다(12:7, 13:15, 24:7). 바울은 아브람이 그것이 단순히 많은 자손에 대한 것(다른 곳에서 아브람에게 주신 또 다른 약속)이 아니라 구원을 가져오시고 그래서 온 세상에 영적인 복의 궁극적 원천이 되실 특정 자손인 그리스도에 대한 약속임을 알고 그것을 들추어낸 것이라고 말합니다. 아브람은 예수님의 이름을 몰랐습니다. 그러나 그는 믿음으로 그분의 오심을 내다보고 있었고, 하나님이 그에게 죄가 없다고 하시고, 그를 의롭게 여기신 것은 이 믿음을 근거로 한 것이었습니다.

구약의 본보기들

이 중대한 사항은 이렇게 확대될 수 있습니다. 그리스도를 믿음으로 의롭게 된 자는 아브람뿐만이 아니라 이미 구원되었고, 현재 구원되고 있고, 앞으로 구원될 모든 사람들, 즉 모든 구약의 인물들, 모든 신약의 인물들, 그리고 성경 시대 이후의 모든 믿는 자들에게도 해당되는 것입니다.

이에 대해 구약 인물들에게 물어봅시다. 첫 번째로 질문할 야곱이 여기에 있습니다. 야곱은 아브람의 손자입니다. 그는 그리 훌륭한 인격자가 아니었습니다. 왜냐하면 그는 어느 만큼은 마마보이였던 것으로 보이고, 그의 형을 기만하여 장자의 명분을 사취했으며, 그 과정에서 아버지를 속였기 때문입니다. 그런데도 우리는 야곱이 구원받은 것을 압니다. 왜냐하면 하나님은 자신을 "아브라함의 하나님, 이삭의 하나님, 야곱의 하나님"(출 3:15)이라고 부르고 계시기 때문입니다.

"야곱이여, 당신은 무엇을 근거로 구원을 받았습니까? 당신의 인격 때문이 아닌 것을 우리는 압니다. 왜냐하면 당신의 인격은 자랑할 것이 못 되었으니까요." 야곱이 말합니다. "분명히 인격 때문이 아닙니다." "그러면 당신의 조상 덕으로 구원을 받았나요?" "그렇지 않습니다. 내가 구원받은 것은 내가 구주를 믿은 것 때문입니다. 나는 그분에 대해 많이 알고 있지를 못했습니다. 나는 이런 것들에 대해 할아버지 아브라함만큼 이해하지 못한 것이 확실합니다. 그러나 내가 죽기 전에 내 자식들에게 축복을 한 이야기를 읽어본다면 당신들은 내가 구주를 내다보고 있었음을 발견할 것입니다. 그때 내가 이런 말을 했지요.

"규가 유다를 떠나지 아니하며 통치자의 지팡이가 그 발 사이에서 떠나지 아니하기를 실로가 오시기까지 이르리니 그에게 모든 백성이 복종하리로다"(창 49:10).

다음으로 모세를 봅시다. "모세여, 당신은 이스라엘이 가졌던 가장 위대한 지도자의 한 사람이었습니다. 당신은 위대한 율법 전달자였습니다. 당신은 그 율법을 받으려고 주님의 산에 올라간 사람이었습니다. 당신은 그것을 백성에게 전해 주고, 그것을 가지고 40년 동안 백성을 섬겼습니다. 일찍이 누군가 율법으로 구원을 받은 사람이 있다면 그는 바로 당신이었을 것입니다. 우리에게 말씀해 주세요. 당신은 율법에 대한 엄격한 순종과 선행을 근거로 해서 의롭다고 간주된 것이 아닌가요?" 모세가 대답합니다. "아닙니다. 당신들은 내 생애에 대해 알고 있습니다. 나는 살인자였습니다. 애굽인을 죽였지요. 나는 그리스도의 역사를 근거로 구원을 받은 것이지 율법을 순종해서 받은 것이 아닙니다. 나는 약속들을 알고 있었습니다. 나는 그분이 나의 구원자로 오실 것을 알고 있었습니다. 하나님은 그분에 대한 어떤 특별한 것들을 내게 계시하셨습니다. 주님은 내게 말씀하셨습니다. '내가 그들의 형제 중에서 너와 같은 선지자 하나를 그들을 위하여 일으키고 내 말을 그 입에 두리니 내가 그에게 명령하는 것을 그가 무리에게 다 말하리라' (신 18:18). 나는 그 선지자를 내다보았고 그분을 믿음으로 구원을 받은 것입니다."

다음 증인은 왕의 옷차림을 하고 나타납니다. 그의 이름은 다윗입니다. 그는 얼마나 깊은 인상을 주고 있는지요! "다윗이여, 우리에게 말해 주시오. 사람들은 당신을 '하나님의 마음에 합한 사람' 이라고 부릅니다. 그렇지요?" 다윗이 대답합니다. "예!" "그것은 당신이 하나님이 생각하시는 대로 생각하고 하나님이 당신에게 행하도록 하시는 것을 항상 행하려고 노력했다는 뜻이지요?" "그렇다고 생각합니다." "그랬기 때문에 구원받은 것으로 볼 수 있겠습니다. 당신은 당신이 어떻게 생각하고 행했느냐 때문에 구원받은 것입니다." 다윗이 대답합니다. "아닙니다. 그것은 틀린 말입니다. 아무도 그가 행하는 것으로 구원받지 못합니다. 사람은 오직 구주를 믿음으로만 구원되는 것입니다. 당신들은 하나님이 내게 내 집과 내 왕위가 영원히 견고할 것이라고 약속하셨을 때, 내가 그것은 단순한 사람들에게 가당치 않은 것이라고 이의를 제기했던 것을 기억하지 않습니까(삼하 7:16-19)? 만일 내 왕위가 영원히 견고할 것이라면, 그것은 사람 이상의 존재(하나님의 참된 왕이시며, 또한 구주이신 분)의 역사를 통해서일 것입니다. 내가 지금 하늘에 있는 것은 그 분이 하신 일과 그분을 믿은 믿음 때문입니다."

이사야에게 이야기를 해 보면 우리는 그가 우리의 슬픔과 고통을 대신 지신 "간고를 많이 겪은 사람"이 오실 것을 내다보고 있었음을 알게 됩니다. "우리는 다 양 같아서 그릇 행하여 각기 제 길로 갔거늘 여호와께서는 우리 모두의 죄악을 그에게 담당시키셨도다"(사 53:6). 다니엘은 "기름 부음을 받은 자"(단 9:25)에 관해 예언을 했습니다. 미가는 그분이 베들레헴에서 태어나실 것을 알았습니다(미 5:2). 예수님 이전의 위대한 성경 인물 중 마지막 인물인 세례 요한(예수님은 그에 대해서 아무도 그보다 더 위대하지 않다고 말씀하셨는데)이 구주의 오심을 기다렸습니다. 요한은 이렇게 말했습니다.

"나는 너희로 회개하게 하기 위하여 물로 세례를 베풀거니와 내 뒤에 오시는 이는 나보다 능력이 많으시니 나는 그의 신을 들기도 감당하지 못하겠노라 그는 성령과 불로 너희에게 세례를 베푸실 것이요 손에 키를 들고 자기의 타작 마당을 정하게 하사 알곡은 모아 곳간에 들이고 쭉정이는 꺼지지 않는 불에 태우시리라"(마 3:11-12)

당신의 이유는 무엇인가?

이제 당신에게 질문을 하고자 합니다. 무엇을 근거로 당신은 구원되기를 기대하고 있습니까? 무엇을 근거로 당신은 천국에 들어가기를 소망하고 있습니까? 여러 해 전, 필라델피아제십장로교회의 전임 목사인 도널드 반하우스는 복음에 대해 혼동하고 있던 사람들에게 이 문제를 명확히 해 주는 방법을 고안해 냈습니다. 그 후, 플로리다 주의 포트 로더데일 시에 있는 코럴리지장로교회(Coral Ridge Presbyterian Church)의 제임스 케네디(James Kennedy) 목사가 이를 활용해서 그의 "전도 폭발(Evangelism Explosion)" 프로그램을 만들었습니다. 도널드 반하우스는 이렇게 말하곤 했습니다. "잠시 후 당신과 나 둘 다 죽임을 당해서 천국 문 앞에 와 있는 우리 자신을 발견했다고 가정해 보십시오. 하나님이 '너는 무슨 권리로 천국에 들어오려고 하느냐?' 라고 물으신다면, 당신은 무슨 대답을 할 것입니까?" 반하우스는 많은 사람들을 상대해 본 결과 이에 대해 단지 세 가지의 대답만이 가능하다는 것을 알아냈습니다.

어떤 사람들은 그들의 선행을 이야기합니다. "나는 정말로 착한 사람이라고 말하고 싶습니다. 나는 나쁜 짓은 결코 저지른 일이 없습니다. 나는 자선 목적의 기부를 합니다. 전반적으로 나는 최선을 다했습니다." 반하우스는 그런 사람들을 로마서 3:20절로 안내해서 그들에게 "율법을 지키는 것으로 의롭다고 선언된 사람은 아무도 없다!" 라는 것을 보여주면서 그들의 선행은 구원을 얻게 하기는커녕 실제로 제일 먼저 그들을 문젯거리 속으로 이끌어 가는 것임을 언급합니다.

다른 사람들은 이렇게 대답합니다. "나는 말할 만한 것이 없다고 생각합니다." 반하우스는 이런 사람들이 실제로 성경을 인용하고 있는 것임을 보여 줍니다. 왜냐하면 하나님의 심판 날에는 "모든 입이 막히기"(롬 3:19) 때문입니다.

세 번째 대답이자 받아들일 수 있는 유일한 대답은 아브라함, 야곱, 모세, 다윗, 그리고 기타 구약과 신약 시대의 모든 성도가 해 준 대답입니다. 그것은 "내가 천국에 들어가는 이유는 예수 그리스도가 하신 일에 있습니다. 예수님은 나를 위해 돌아가셨습니다. 그분은 내 대신에 돌아가셨습니다. 나는 그분을 신뢰합니다. 나는 그분의 나를 위한 역사를 신뢰합니다. 나는 내 자신의 죄와 불의가 아니라 그리스도의 사람으로 하나님 앞에 섭니다."

이것이 당신의 대답입니까? 그래야 합니다. 왜냐하면 만일 당신이 그런 길로 나오면 당신은 하나님이 받으실 유일한 길로 나오는 것이며, 당신은 그분이 당신을 받아들이실 것을 확신할 수가 있기 때문입니다. 한 찬송가가 기록하고 있는 것처럼 "그분은 아들의 존재를 외면할 수 없네." 만일 이것이 당신의 대답이라면 당신은 성대한 하늘 문들을 통해 들어가 모든 시대의 구속된 사람들, 뒤로는 인류 초창기에까지 이르는 사람들(아담, 하와, 아브라함 그리고 그리스도를 믿은 모든 사람들)과 앞으로는 구주를 믿을 모든 사람들과의 교제에 참여하게 되는 날이 올 것이라는 것을 알 수 있을 것입니다.

● 각주 ●

1. 제63장 "두 번째 메시아 예언(창세기 12:3)" 450-56.

78

하나님 앞에서는 자랑할 것이 없다

창세기 15 : 6

아브람이 여호와를 믿으니 여호와께서 이를 그의 의로 여기시고

예전에 내가 성경을 처음 배우던 소년이었을 때, 나는 제십장로교회의 전임 목사들 중 한 분인 도널드 반하우스에게서 큰 영향을 받았습니다. 나는 그가 성경의 진리를 밝혀주기 위해 해 준 많은 이야기들을 기억합니다. 그 이야기들 중 하나는 한 청년에 대한 이야기로 그 청년은 뉴욕의 빈민가에서 자랐지만 그는 노래를 작사하는 재능을 통해 연극 분야에서 명성과 부를 얻었습니다. 그는 번 돈으로 요트를 샀고, 그가 요트를 조종하기 위해 무엇부터 해야 하는지를 몰랐지만 그는 그를 위해서 배를 조종해 줄 사람들을 고용하고 스스로 "선장" 이라는 직함을 가졌습니다. 그리고 그의 어머니를 초청하여 함께 항해하고자 했습니다. 그의 어머니는 동부 유럽에서 온 여인으로 아들보다 상식적인 여인이었습니다.

청년은 그의 어머니를 요트 선미에 앉히고 선장 제복으로 갈아입으려고 아래로 내려갔

습니다. 잠시 후에 그가 갑판에 나타났을 때 그의 모습은 찬란했습니다. 그의 제복은 흰색이었고, 많은 금줄과 황동 단추로 장식되어 있었습니다. 청년은 적절한 자세를 취하면서 말했습니다. "어머니, 보세요. 나는 선장입니다." 늙은 어머니는 조용히 그를 훑어보았습니다. 그리고 자만하는 자녀들의 지나친 자부심에 바람을 빼는데 익숙한 어머니처럼 대답했습니다. "아들아, 네가 보기에 너는 선장이다. 그리고 내가 보기에도 너는 선장이다. 그러나 선장들이 보기에는 너는 선장이 아니다." 이 이야기를 한 후에 반하우스는 그것을 선행과 하나님 앞에서의 우리의 부족함에 적용을 했습니다. 그는 이렇게 말했습니다. "당신 보기에 당신은 선합니다. 내가 보기에도 당신은 선합니다. 그러나 하나님이 보시기에 당신은 선하지 않습니다. 그분의 눈으로 보면 당신에게는 전혀 선한 것이 없습니다." [1]

아브람의 예

지난 두 장에 걸쳐 우리는 아브람 생애의 기록에 들어있는 구절이고 아마도 구약에서 아니, 성경 전체에서 가장 중요한 구절일 수 있는 창세기 15:6절을 살펴보았습니다. 그것이 중요한 까닭은 성경에서 그 구절이 죄인이 어떻게 하나님 앞에서 올바르게 될 수 있는가에 대해 말해 주는 최초의 구절이기 때문입니다. 이 구절에 관해 흥미 있는 점은 그 구절이 창세기에서만 나오는 것이 아니라는 것입니다. 그것은 그와 같은 중요한 구절에 대해 예상할 수 있는 것처럼 성경 다른 곳에서도 반복되고 있습니다. 로마서 4:3절, 갈라디아서 3:6절, 야고보서 2:23절에서 입니다. 이 사례들의 각각에서 적어도 원문의 한 면이 확대되어 적용되고 있습니다.

앞 장에서 우리는 두 번째 인용인 갈라디아서 3:6절을 살펴보았습니다. 여기서는 첫 번째 인용인 로마서 4:3절을 살펴보면서 우리는 본문이 어떻게 청년 선장과 그의 어머니 이야기에 들어가 맞는지 알아보고자 합니다. 로마서 4:3절은 하나님 앞에서 자랑하는 사람들을 경고하는 구절에 나오는 말씀입니다. 바울은 아브람을 한 예로 사용합니다. 아브람은 위대한 인격의 소유자였습니다. 그는 그의 육신의 후손들인 유대인들이 그를 좋게 회상하고 그에 대해 대단한 긍지를 갖는 인물이었습니다. 그러나 아브람이 사람들 앞에서는 위대했지만, 하나님 앞에서 위대한 것은 아니었고 따라서 그가 일찍이 누구였다는 것, 그가 어떤 일을 했다거나 또는 어떤 일을 할 수 있었다는 것에 근거해서 의롭게 된 것이 아니었습니다. 바울은 이렇게 기술하고 있습니다.

"그런즉 육신으로 우리 조상인 아브라함이 무엇을 얻었다 하리요 만일 아브라함이 행위로써 의롭다 하심을 받았으면 자랑할 것이 있으려니와 하나님 앞에서는 없느니라 성경이 무엇을 말하느냐 아브라함이 하나님을 믿으매 그것이 그에게 의로 여겨진 바 되었느니라"(롬 4:1-3)

바울이 말하는 것은 아브람이 비록 그가 자랑할 수 있는 어떤 것을 소유했다고 할지라도 (바울은 이것조차도 인정하고 있지 않습니다. 단지 가정적 가능성을 말할 뿐입니다) 아브람의 자랑은 단지 사람들 앞에서만 가능했다는 것입니다. 우리 식으로 말하면 아브람은 이렇게 말할 수 있을 것입니다. "나는 아주 선한 사람이야!" 그러나 하나님은 대답하실 것입니다. "네가 보기에 너는 선할 것이다. 네 육신의 자손들인 유대인들의 눈에 너는 선할 것이다. 하지만 내가 보기에 너는 선하지 않다." 아브람은 사람들 앞에서는 자랑할 수 있었지만, 구원에 대해서는 결코 자랑할 수 없었습니다.

하나님은 자랑을 미워하신다

이와 같은 것들을 기술하면서 나는 아직까지 우리가 자랑이란 문제를 두고 제대로 바르게 다루지 못했다고 생각합니다. 왜냐하면 우리 이야기가 하나님 앞에서 자랑할 수는 없지만, 실상 다른 사람들 앞에서 자랑하는 것은 거의 괜찮은 것으로 암시하고 있는 것 같기 때문입니다. 이렇게 생각하는 것은 대단한 잘못입니다. 하나님이 모든 일에서 자랑을 미워하시고, 교만에 대해서는 단호히 거부하는 입장이심을 깨닫기까지는 우리는 자랑에 대해 결코 바르게 생각하고 있다고 말할 수 없을 것입니다.

하나님이 자랑을 미워하시는 몇 가지 이유가 있는데, 그것은 첫째, "교만"과 "자랑" 간의 연결성이 보여주듯이 이것이 원죄라는 것이고, 따라서 다른 모든 죄의 근원이라는 것입니다. 교만은 사탄의 죄였습니다. 에스겔에 의하면 사탄은 "완전한 도장이었고 지혜가 충족하며 온전히 아름다웠습니다"(겔 28:12). 그는 그의 모든 길에 "완전"하였으나 마침내 "불의"(15절)가 드러났습니다. 그 불의가 무엇이었습니까? 에스겔은 17절에서 "네가 아름다우므로 마음이 교만하였으며 네가 영화로우므로 네 지혜를 더럽혔음이여" 라고 말하고 있으며, 이사야는 뒤를 이어 자랑에 대해 언급합니다.

"네가 네 마음에 이르기를 내가 하늘에 올라 하나님의 뭇 별 위에 내 자리를 높이리라 내가 북극 집회의 산 위에 앉으리라 가장 높은 구름에 올라가 지극히 높은 이와 같아지리라 하는도다" (사 14:13-14)

만일 하나님이 자랑을 미워하실 다른 이유가 없다면 모든 것이 그 자체로 충분합니다. 하나님이 자랑을 미워하시는 이유는 그것이 모든 죄 중에서 제일 먼저 시작되는 죄이고, 따라서 다른 모든 죄를 인류에게 가져온 죄이기 때문입니다.

둘째, 하나님 앞에서의 자랑은 정당화 되지도 못하고 전혀 효과도 없다는 것입니다. 이것이 로마서에서 바울이 논증하는 요지입니다. 우리는 로마서 4:1-3절을 살펴보았는데 거기서 바울은 아브람의 자랑에 대한 가능성에 대해 말합니다. 그러나 이것이 바울이 그 서신에서 자랑에 대해 처음 말한 것은 아닙니다. 자랑은 비슷한 요지를 가진 고린도후서만을 제외하고, 신약의 다른 어떤 책들에서 보다 로마서에서 더 많이 언급됩니다. 자랑이란 말이 로마서 1:30, 2:17, 23, 3:27, 11:18, 15:17절에서 발견됩니다.

좀 더 정확히 말하면 로마서 2장에서 아브람을 언급하는 구절 전에 NIV성경은 그 말을 "자만하다(brag)" 라는 말로 번역하고 있습니다. 이것은 율법을 지키는 것에 대해 자만하는 사람들과 연관된 것입니다. 이 사람들은 바울 당시의 종교적인 사람들이었습니다. 로마서 1장에서 바울은 이방인들의 죄들을 자랑의 죄를 포함하여 설득력 있게 드러냈습니다. 그러나 그 시점에 이 종교적인 인물들은 의심할 바 없이 멋진 의상을 끌고 다니며 바울의 고발은 이방 사람들에게는 옳은 말이지만, 자신들에게는 옳지 않은 말이라고 결론지었을 것입니다. 그들은 단지 그들이 유대인이라는 것으로 하나님과 특별한 관계를 승계했던 것입니다. 그리고 만일 그것으로 부족하다면 그들에게는 율법이 있었습니다. 지구상에서 이것보다 더 위대한 것은 없습니다. 이것은 그들의 소유였습니다. 만일 하나님 앞에서 자랑할 수 있는 누군가가 있었다면 그것은 바로 그들이었습니다.

그러나 바울이 말하는 것은 무엇입니까? 그는 그들의 이점(利點)들을 인정하지만 그들의 결론은 인정하지 않습니다. 바울은 그들이 정말로 이점들을 가지고 있었지만 그들의 불순종으로 인해 그들은 그것들을 이미 상실했다고 말합니다. 그는 이렇게 기술하고 있습니다.

"유대인이라 불리는 네가 율법을 의지하며 하나님을 자랑하며 율법의 교훈을 받아 하나님의 뜻을 알고 지극히 선한 것을 분간하며 맹인의 길을 인도하는 자요 어둠에 있는 자의 빛이요 율법에 있는 지식과 진리의 모본을 가진 자로서 어리석은 자의 교사요 어린 아이의 선생이라고 스스로 믿으니 그러면 다른 사람을 가르치는 네가 네 자신은 가르치지 아니하느냐 도둑질하지 말라 선포하는 네가 도둑질하느냐 간음하지 말라 말하는 네가 간음하느냐 우상을 가증히 여기는 네가 신전 물건을 도둑질하느냐 율법을 자랑하는 네가 율법을 범함으로 하나님을 욕되게 하느냐 기록된 바와 같이 하나님의 이름이 너희 때문에 이방인 중에서 모독을 받는도다"(롬 2:17-24)

바울의 요점은 아무도 자랑할 수 없다는 것입니다. 우리가 그것을 인정하든 안 하든 우리 각자는 다른 사람들에게서 보는 똑같은 죄를 범합니다.

셋째, 하나님이 교만을 미워하시는 이유는 그것이 개인적으로 우리에게 해로운 것이기 때문입니다. 교만은 그분이 사랑하시는 죄인들이 구원의 유일한 길로 들어서려는 것을 결단코 방해를 합니다. 우리가 우리 자신을 대단한 사람이라 생각하고 우리 혼자의 힘으로 살아간다면 우리는 결코 하나님께 복종할 수 없을 것이고, 또한 그분이 우리의 구원을 위해서 필요한 모든 일을 행하신 것을 믿을 수도 없을 것입니다. 그러면서도 우리는 여전히 자신을 위해 하나님의 영광을 어느 정도 원할 것입니다. (의지할 이 없고 딱한 처지에 있는 사람들로서) 우리가 오직 티끌이 되기까지 겸손해 질 때, 우리는 그리스도에게로 오게 될 것입니다.

광야의 뱀

나는 이 장을 도널드 반하우스 목사의 예화 이야기로 시작을 했습니다. 똑같이 내가 이야기로 마치는 것은 적당한 것 같습니다. 그 이야기는 민수기에 기록된 사건과 연관되는 두 절의 성경말씀(요 3:14-15)인 "모세가 광야에서 뱀을 든 것 같이 인자도 들려야 하리니 이는 그를 믿는 자마다 영생을 얻게 하려 하심이니라"는 말씀과 민수기에 기록된 사건과 관련됩니다. 이런 질문이 생깁니다. 모세가 광야에서 뱀을 들었다는 예가 어떻게 하나님께서 인간의 공로와 관계없이 그리스도의 역사를 통해 우리를 구원하신다는 교리를 설명하는가 하는 것입니다.

이스라엘 백성이 애굽에서 나와 가나안으로 가고자 방황하는 동안에 그들은 하나님께 대해 매우 반항적이 되어 하나님이 그들 사이에 독사들을 보내셨습니다. 많은 사람들이 물려 죽었습니다. 다른 사람들은 모세에게 와서 그들을 위해 하나님에게 중보해 달라고 요청했습니다. 모세가 백성을 위해 중보하자 하나님은 그에게 놋으로 뱀을 만들어 장대에 매달아 이스라엘 진영에 세우도록 명령하셨습니다. 이 이야기의 핵심은 독사에 물린 자가 낫기 위해서는 단지 장대에 달린 놋뱀을 바라보기만 하면 된다는 하나님의 약속에 있었습니다.

하나님이 제안하시고 모세가 충실하게 실행한 이 구제책은 본질적으로 터무니없는 것이라는 말이 없이 진행됩니다. 오늘날 특히 질병에 여러 가지 약품과 항생제에 의한 효과적인 치료에 대해 갖고 있는 지식으로 우리는 놋뱀이 조금의 치료 가치도 없었다는 것을 알고 있습니다. 기껏해야 그것은 독사를 피하라는 경고가 될 수 있었을 뿐입니다. 실상 그 놋뱀은 백성의 믿음을 하나님에게로 돌리도록 가리키는 수단이었습니다. 백성이 취할 수 있는 여러 가지 종류의 일들이 있었습니다. 그들은 교만으로 꽉 차서 그 일을 했을 것입니다. 그러나 그런 것들은 그 상황에 아무 도움이 되지 못했습니다. 그들은 그들의 교만을 버리고 전적으로 하나님을 의지해야만 했습니다.

그들의 구원을 위해 하나님이 명령하지 않으신 사항들을 한번 생각해 보십시오. 첫째, 하나님은 백성에게 독을 제거할 약을 발명하도록 권하지 않으셨습니다.

도널드 반하우스는 이 점에 대해 이렇게 기술하고 있습니다.

"마시는 약이나 고약을 제조하는 것은 그들 모두에게 어떤 해야 할 일을 주었을 것이고, 스스로의 치료를 위해 일하는 것에 대해 마음의 모든 자연적 본능을 만족시켰을 것이다. 그러나 그런 유의 이야기는 전혀 언급되지 않았다. 그들은 인간적인 치료를 중단하고 신적인 치료로 돌아와야 했다. 그들에게 인간적인 치료제를 만들라는 말씀이 없었다는 사실은 죄에 대해 어떤 인간적인 치료책도 없다는 더 큰 사실을 말해 주는 것이다. 사람들은 죄 때문에 뱀에게 물렸다. 그 물린 것을 어떻게 치료해야 하는가? 하나님 자신이 치료제를 공급해 주시지 않는 한, 그들은 상처의 결과로 죽음을 기다리는 도리밖엔 없다. 사람들은 죄를 완화시킬 변명의 구실을 찾는 인간 종교의 열광 속에서 무모한 행동을 한다. 그들은 모든 종류의 의식을 행하고, 육체를 응징하고, 영을 천대한다. 그들은 금식하고 순례를 행한다. 놋뱀 쳐다보기를 거절하고, 자신의 상태를 고치고자 조제약을 만드는데 그들의 시간을 보냈던 이스라엘 진영의 사람들처럼, 그들은 그들의 존재 안에 있는 독 때문에 영적 죽음으로 내던져진다. 그리스도를 바라보는 것 대신에 종교를 의지하는 사람들은 영원히 잃어버리게 될 것이다."[2]

둘째, 하나님은 뱀에게 물렸던 사람들에게 어떠한 자기개혁의 길을 따르라고 권하지 않으셨습니다. 우리는 그들이 틀림없이 그 지방의 해로운 장소로 들어가 뱀에게 그들을 물 기회를 주는 아주 미련한 짓을 했다고 인정하는 것을 상상할 수 있습니다. 그들은 이렇게 말했을 것입니다. "이제부터는 더 조심해야 할 것이다. 이런 일이 다시는 일어나지 않도록 주의해야 할 것이다." 분명한 것은 그들이 그렇게 했을지라도 그들은 여전히 치료되지 않았을 것이란 점입니다. 독은 그들 안에 있었습니다. 그리고 물린 사람들은 죽었습니다.

셋째, 하나님은 죽어가는 사람들에게 함께 단결해서 치명적인 뱀들과 싸우라고 하지 않으셨습니다. 도널드 반하우스는 다시 이렇게 말합니다

"만일 그 사건이 오늘 우리 식으로 대처되었다면 불뱀 박멸협회를 조직하고, 양복에 배지를 달고, 지역 일꾼들은 명함을 만들고, 지역 조직을 위한 간사를 두고, 입회 서약서를 만들고,

군중대회를 개최할 것이다. 출판사를 두고 주간지를 만들어 작업의 진전을 보고할 것이다. 거기에는 충성스런 일꾼들이 죽인 뱀 더미의 사진이 게재되어 있을 것이다. 뱀들이 그들의 희생자들을 이미 독에 감염되었다는 사실은 가볍게 다루어질 것이다. 그리고 회원 명부는 최대한도로 확장될 것이다. 입회 서약서를 가지고 다친 희생자들이 있는 거소를 찾아간 열성적인 일꾼 하나를 따라 가보자. 그곳의 한 사람은 뱀에 물려 독이 이미 그의 수족에 퍼졌다. 그는 고열의 고통 속에 누워있고(왜냐하면 '불뱀'의 문구는 뱀의 색깔이 아니라 물렸을 때의 효과와 연관된 것이기 때문임), 죽음의 그늘이 이미 그의 눈에 다가오고 있다. 불뱀 박멸협회의 열성 직원은 그 뱀들과 싸운 모든 업적을 그에게 이야기해 준다. 그리고 그 사람에게 회원으로 참여할 것을 재촉한다. 가능하면 종신회원(회비 10,000달러)으로 아니면 유지회원(회비 1,000달러)이나 기여회원(회비 25달러) 또는 1년 회원(회원으로 만들 수 있다면 어떤 종류의 것이든)이 되라고 재촉한다. 그 죽어가는 희생자는 돈을 지불하려고 수표책을 더듬는다. 그리고는 손에 펜을 잡는다. 직원이 그의 손가락을 잡고 서약서와 회원증에 서명하는 것을 돕는다. 그래서 그 사람은 서명을 다하고 그리고 죽는다."[3]

넷째, 하나님은 뱀에 물린 사람들에게 장대 위의 놋뱀에게 기도하라고 하지 않으셨습니다. 당신은 여기서 나를 오해하지 말아야 합니다. 기도는 좋은 것입니다. 그러나 기도는 구원을 얻는 수단이 아닙니다. 구원은 믿음으로 오는 것입니다. 성경이 말씀합니다. "네가 만일 네 입으로 예수를 주로 시인하며 또 하나님께서 그를 죽은 자 가운데서 살리신 것을 네 마음에 믿으면 구원을 받으리라 사람이 마음으로 믿어 의에 이르고 입으로 시인하여 구원에 이르느니라"(롬 10:9-10).

다섯째, 하나님은 뱀에 물린 사람들에게 놋뱀의 유물을 조금 사거나 또는 꼭대기에 놋뱀을 매달았던 장대 조각 일부를 소유하라는 명령을 하지 않으셨습니다. 유물이 구원을 가져올 수 있다는 개념은 아마도 가장 터무니없는, 전적으로 기독교와 결합된 우상숭배적 생각일 것입니다. 그럼에도 오늘날 십자가 조각이나 성도의 뼈를 숭상함으로써 천국에 가까이 갈 수 있다고 믿는 수백만의 사람들이 있습니다. 역사가 그러한 어리석음을 밝혀 줍니다. 중세에 성지 순례를 하는 사람들은 마치 오늘날 유럽이나 극동 여행자가 기념품을 사 오도록 요청받는 것과 같이 기독교 기념품을 사 오도록 요청받았습니다. 장사에 능했던 아랍 사람들은 그런 필요를 재빨리 공급했습니다. 그들은 장사를 아주 잘해서 실제로 중세 사람들이 소유한(예수님의) 진짜 십자가 조각들은 몇 개의 대성당을 건축하기에 충분할 정도였다는 이야기가 있습니다. 불행히도 그러한 유물의 소유는 그들로 하여금 궁극적으로 그것들을 예배하게 만들고, 사람이 그것들을 만지거나 소유해서 구원을 얻을 수 있다는 믿음으로 전락시켰습니다.

모세가 광야에 세운 놋뱀을 두고도 같은 일이 벌어졌다는 것을 주목해 보는 것은 흥미롭습니다. 누군가는 분명히 그 놋뱀을 간직하고 있었을 것입니다. 그리고 그것은 수백 년 동안 이스라엘에 있으면서 많은 숭배자들을 얻었을 것입니다. 드디어 히스기야가 왕이 되면서 "모세가 만들었던 놋뱀을 이스라엘 자손이 이때까지 향하여 분향하므로 그것을"(왕하 18:4) 부수어 버렸습니다.[4]

예수님을 바라보다

지금쯤 당신은 죽어가는 이스라엘 사람들에게 있어서 유일하게 요구되는 것은 그들이 놋뱀에 대한 하나님의 말씀을 믿고 그분이 명령하시는 대로 그것을 바라보는 것이었음을 이해했을 것입니다. 우리도 역시 구원을 위해 그리스도를 바라보아야 합니다.

우리는 19세기의 위대한 침례교 설교자 찰스 스펄전(Charles H. Spurgeon)이 그가 구원받던 날에 했던 것을 해야 합니다. 그가 아직 소년이었을 때, 그는 감리교 수구파(Primitive Methodist) 교회당에 예배를 드리려고 갔습니다. 거기서 정식 교역자가 아닌 평신도가 설교를 했습니다. 그 사람은 배운 것이 거의 없었고 할 말이 별로 없었습니다. 그러나 결과는 유익했습니다. 왜냐하면 "땅의 모든 끝이여 나를 바라보라. 그래서 구원을 받으라"(사 45:22, KJV성경의 번역)고 하는 성경의 본문에 충실했기 때문이었습니다. 스펄전이 기억하고 있는 것처럼 그 사람은 발음조차 제대로 내지를 못했지만 그것은 문제가 되지 않았습니다. 그 평신도는 성경의 본문을 제시하고 나서 이런 메시지를 전했습니다. "사랑하는 친구들이여, 이 본문은 매우 간단합니다. 단지 '바라보라' 고 말씀합니다. 바라보는 것은 큰 고통을 주는 일이 아닙니다. 당신의 발이나 손가락을 드는 것이 아닙니다. 그것은 그냥 '바라보는' 것입니다. 그렇습니다. 바라보는 것을 배우려고 대학에 갈 필요가 없습니다. 당신은 대단한 바보일 수도 있습니다. 그래도 당신은 바라볼 수 있습니다. 바라볼 수 있기 위해 연봉 천 파운드를 벌어야 할 필요가 없습니다. 누구나 바라볼 수 있습니다. 어린아이조차도 바라볼 수 있습니다. 그런데 본문은 말씀합니다. '나를 바라보라.' 아! 당신들 중 많은 사람들이 자신들을 바라보고 있습니다. 하지만 거기를 바라보는 것은 소용이 없습니다. 당신들 안에서는 결코 위로를 찾을 수가 없습니다. 그리스도를 바라보십시오. 성경이 말씀합니다. '나를 바라보라.'"

바로 이때 그는 스펄전을 주목했습니다. 그리고 마치 그 소년의 마음속에 투쟁이 계속되고 있는 것을 알고 있다는 듯이 그의 눈을 그에게 고정하고는 설교를 계속했습니다. "젊은이여, 당신은 비참해 보입니다. 당신은 항상 비참할 것입니다. 만일 이 성경에 순종하지 않는다면 삶이 비참하고 죽음이 비참할 것입니다." 그리고는 오직 선한 수구파 감리교인만이 할 수 있는 것이었지만 그는 그의 손을 들어 외쳤습니다. "젊은이여, 예수 그리스도를 바라보시오. 바라보시오! 바라보시오! 바라보시오! 당신이 할 일은 아무 것도 없고, 단지 바라보고 그리고 사는 것입니다." 그래서 스펄전은 그렇게 했습니다.[5]

당신은 예수님을 바라보며 살고 있습니까? 아니면 당신의 교만이 바라보는 것을 방해하고 있습니까? 당신이 자랑하는 것들은 다른 사람들 앞에서는 괜찮을 수 있습니다. 그러나 그것들은 하나님 앞에서는 아무 것도 아닙니다. 이해할 수 있습니까? 그렇다면 그것들이 그분 앞에 아무 것도 아니라는 것을 이해할 수 있다면, 당신은 그것들이 당신에게 아무 것도 아닌 것보다 더 나쁜 것임을 또한 이해할 수 있을 것입니다. 왜냐하면 그것들이 당신을 생명으로 인도하는 길을 방해하고 영원한 죽음으로 당신을 끌어가고 있기 때문입니다. 그것들을 잊으십시오. 예수님을 바라보십시오. 예수님을 찾으십시오. 그분을 찾으면 당신은 하나님 앞에서 의롭게 되고, 그분은 기뻐하실 것입니다.

● 각주 ●

1. 도널드 G. 반하우스, *Let Me Illustrate* (Westwood, N.J.: Revell, 1967), 322-23.

2. 도널드 G. 반하우스, *God's Remedy* (Grand Rapids: Eerdmans, 1954), 219. Used by permission.

3. 같은 책, 220-221.

4. 나는 이 사건을 내 자신이 반하우스에게서 얻어 아래 책에서 설명했다.

James Montgomery Boice, *The Gospel of John: An Expositional Commentary*, 5 vols. (Grand Rapids: Zondervan, 1975-79), 1:270-76.

5. 찰스 H. 스펄전 *Autobiography*, vol. 1, The Early Years: 1834-1859 (Edinburgh and Carlisle, Pa.: Banner of Truth, 1962), 87-88.

79

하나님의 아브람과의 언약

창세기 15 : 7-21

또 그에게 이르시되 나는 이 땅을 네게 주어 소유를 삼게 하려고 너를 갈대아인의 우르에서 이끌어 낸 여호와니라 그가 이르되 주 여호와여 내가 이 땅을 소유로 받을 것을 무엇으로 알리이까 여호와께서 그에게 이르시되 나를 위하여 삼 년 된 암소와 삼 년 된 암염소와 삼 년 된 숫양과 산비둘기와 집비둘기 새끼를 가져올지니라 아브람이 그 모든 것을 가져다가 그 중간을 쪼개고 그 쪼갠 것을 마주 대하여 놓고 그 새는 쪼개지 아니하였으며 솔개가 그 사체 위에 내릴 때에는 아브람이 쫓았더라 해 질 때에 아브람에게 깊은 잠이 임하고 큰 흑암과 두려움이 그에게 임하였더니 여호와께서 아브람에게 이르시되 너는 반드시 알라 네 자손이 이방에서 객이 되어 그들을 섬기겠고 그들은 사백 년 동안 네 자손을 괴롭히리니 그들이 섬기는 나라를 내가 징벌할지며 그 후에 네 자손이 큰 재물을 이끌고 나오리라 너는 장수하다가 평안히 조상에게로 돌아가 장사될 것이요 네 자손은 사대 만에 이 땅으로 돌아오리니 이는 아모리 족속의 죄악이 아직 가득 차지 아니함이니라 하시더니 해가 져서 어두울 때에 연기 나는 화로가 보이며 타는 횃불이 쪼갠 고기 사이로 지나더라 그 날에 여호와께서 아브람과 더불어 언약을 세워 이르시되 내가 이 땅을 애굽 강에서부터 그 큰 강 유브라데까지 네 자손에게 주노니 곧 겐 족속과 그니스 족속과 갓몬 족속과 헷 족속과 브리스 족속과 르바 족속과 아모리 족속과 가나안 족속과 기르가스 족속과 여부스 족속의 땅이니라 하셨더라 하나님 앞에 서 있는 아브람을 어떻게 생각해야 합니까? 하나님은 그에게 한 약속을 주셨습니다. 그리고 아브람은 하나님을 믿었습니다. 그는 그의 후손 중 한 명이 인류에게 구원을 가져온다는 것을 믿었습니다. 특히 하나님은 아브람이 죄로부터 의로워졌다고 선언하셨고 땅에 대한 약속을 되풀이 하셨습니다. "나는 이 땅을 네게 주어 소유를 삼게 하려고 너를 갈대아인의 우르에서 이끌어 낸 여호와니라" 큰일에서 하나님을 믿었던 아브람이 그보다 작은 일에서도 그분을 믿을 것이라고 우리가 추측하는 것은 당연합니다. 만일 그가 구원자에 대한 약속을 믿었다면 그는 땅에 대한 약속 역시 믿을 것입니다. 그런데 성경은 말씀합니다. "주 여호와여 내가 이 땅을 소유로 받을 것을 무엇으로 알리이까" (8절).

이것은 불신입니까? 그렇지 않다고 생각합니다. 신약에서 사가랴는 그가 세례 요한의 아버지가 될 것이라는 말씀을 들었을 때 그는 하나님께 "내가 이것을 어떻게 알리요" (눅 1:18) 라며 똑같은 질문을 합니다. 그리고 그는 믿지 않은 것 때문에 벙어리가 됩니다. 그러나 이러한 종류의 어떤 일도 아브람 생애의 기록에는 일어나지 않습니다. 하나님은 아브람을 불신한다고 나무라지 않으십니다. 반대로 그분은 그의 질문을 매우 진지하게 받아들이십니다. 그 하나님은 아브람의 질문이 사가랴의 것과는 다른, 어두움에서 나오는 빛과 같은 것이었으며, 그의 질문은 사가랴의 것과 달리 매우 적절한 것이었음을 암시하는 반응을 보이십니다. 아브람은 그 약속을 확증할 뿐만 아니라 그것을 더 잘 이해하기 위해 표적을 요구했습니다. 기드온도 그렇게 했습니다. 기드온은 약하고 하찮은 사람이었지만 하나님을 믿으려고 노력했습니다. 그러므로 그가 주변 땅은 마르고 그의 양털은 젖게 해 달라고 요청하고, 그 다음에 땅은 젖고 그의 양털은 마르게 해 달라(삿 6:36-40)고 요청한 것은 잘못이 아니었습니다. 히스기야가 해 그림자를 뒤로 물러가도록 요청한 것(왕하 20:8-11)도 잘못이 아닙니다. 마찬가지로 오늘날은 성경이 우리를 인도하지만, 우리 마음이 하나님을 의지하고 우리의 바라는 것이 그분을 더 잘 알기 원할 때, 우리가 하나님께 표적을 구하는 것은 잘못된 것이 아닙니다.

언약 - 약속

아브람의 질문에 대한 답으로 하나님은 그와 언약을 맺으십니다. 이것은 아브람 생애 이야기에서 처음 생긴 일이기는 하지만, 창세기에서 언약의 개념으로 처음 마주치는 것은 아닙니다. 창세기 6장과 9장에서는 하나님이 노아와 언약을 맺으십니다. 이 언약에서 하나님은 이 땅을 다시는 홍수로 멸하지 않으시겠다고 약속하시고 그 증표로 무지개를 주셨습니다. 이 언약은 광범위해서 모든 인간을 포함했습니다. 모두가 그 언약의 수혜자들입니다. 그러나 아브람과 맺어지는 언약은 그 범위가 훨씬 좁습니다. 이 언약은 아브람과 그의 직계 자손들을 위한 것입니다. 이것이 또한 아브람의 영적 자손들과도 관련된다고 하는 것은 부차적인 의미를 가질 뿐입니다. 즉, 그리스도 안에서 믿음으로 아브람의 자손이 된 사람들은 이러한 약속의 본질과 관계를 맺는 것입니다.

언약이란 무엇입니까? 그것은 약속입니다. 이 경우에서는 하나님이 아브람에게 하신 약속입니다. 우리 중 많은 사람들은 "약속"이란 말을 "언약"이란 말보다 더 낫다고 생각합니다. 왜냐하면 "언약"은 계약을 연상시키는데 하나님의 언약은 사람들의 계약 능력을 떠나 맺어지는 것이기 때문입니다.

하나님의 약속의 특징은 무엇입니까? 첫째, 그것은 일방적이라는 것입니다. 하나님이 단독적으로 하시는 것입니다. 둘째, 그것은 영원하고 취소 불가능하다는 것입니다. 셋째, 그것은 은혜를 기초로 하고 있다는 것입니다. 어떤 민족이나 개인도 하나님이 하시는 약속을 받을 만한 자격이 없습니다. 이 세 가지 사항이 하나님이 노아와 언약을 맺으신 이야기에서도 보는 것과 같이 아브람의 삶에 나타나 있습니다.[1] 우리는 그것을 자세히 살펴볼 필요가 있습니다.

일방적 언약

아브람은 긴 세월 동안 자녀를 낳지 못해 근심을 했습니다. 그는 동양인으로 그의 문화는 출산 능력에 큰 가치를 두고 있었습니다. 자녀들은 하나님의 은총의 상징으로까지 생각되었습니다. 이런 생각이 훗날 솔로몬으로 하여금 이런 기록을 하게 했습니다. "보라 자식들은 여호와의 기업이요 태의 열매는 그의 상급이로다 젊은 자의 자식은 장사의 수중의 화살 같으니 이것이 그의 화살통에 가득한 자는 복되도다"(시 127:3-5). 아마도 아브람은 이런 이유에서 아들을 원했을 것입니다. 그러나 그보다 훨씬 더 중요한 것은 아들이 약속과 연결되어 있다는 사실이었습니다. 하나님은 아브람에게 큰 민족의 아버지가 되고, 그 민족은 가나안을 유산으로 받을 것이며, 그 복이 그의 자손을 통해 모든 민족에게 전해질 것이라는 약속을 하셨습니다(창 12:1-3, 15:7, 17:1-8). 하나님이 이미 약속을 하신 것입니다. 이제 아브람은 그것을 분명하게 확증하는 표적을 구한 것입니다.

우리는 오늘날 세계의 다양한 문화권이 여러 가지 다른 방법으로 맹세를 확증하고 있음을 알아야 합니다. 미국에서 만일 당신이 법정에 나가 "진실을, 완전한 진실을, 오직 진실만을 말하겠다." 라고 선서한다면, 당신은 성경에 손을 얹고 서약을 확증합니다. 공증사무소에서는 당신의 손을 들어 서약을 확증하라고 요구할 것입니다. 이슬람 지역에서는 선지자의 턱수염을 두고 서약을 확증합니다.

아브람 때에는 의식(儀式)으로 맹세를 확증했는데 그 의식은 짐승을 등뼈를 따라 두 쪽으로 쪼개어 두 줄로 놓되 그 두 줄은 일정한 공간을 사이에 두고 서로 마주보았습니다. 그리고 맹세의 당사자들은 두 쪽 사이의 공간을 함께 걸으며 거기서 그들의 약속을 말했습니다. 이러한 맹세는 흘려진 피 때문에 특별히 신성시 되었으며 이를 위반하는 것은 대단한 불명예로 간주되었습니다. 예레미야가 그의 예언서 34장에서 이 의식에 대해 언급하고 있습니다(18-20절).

이것이 하나님이 아브람과 행하신 의식이었습니다. 그러나 아브람의 경우에 있어서는 한 가지 중요한 특색이 있었습니다. 그것은 하나님 혼자만이 두 쪽 사이를 지나가셨다는 것입니다(창 15:17). 아브람은 참여가 허용되지 않았습니다. 하나님이 아브람과의 언약을 확증하려고 오셨을 때, 그분은 단독으로 확증하셨습니다. 아브람은 아무 말도 그리고 아무 일도 하지 않았습니다. 히브리서는 그 사건에 관련해서 이렇게 말씀하고 있습니다.

"하나님이 아브라함에게 약속하실 때에 가리켜 맹세할 자가 자기보다 더 큰 이가 없으므로 자기를 가리켜 맹세하여 이르시되 내가 반드시 너에게 복 주고 복 주며 너를 번성하게 하고 번성하게 하리라 하셨더니 그가 이같이 오래 참아 약속을 받았느니라"(히 6:13-15).

이 의식에 있어 하나님의 임재는 아브람에게 하나님의 본질에 대한 것을 이야기해 주려는 의도가 포함된 두 가지 상징적 의미를 가지고 있었습니다. 첫째, 아브람은 "연기 나는 화로" 또는 "용광로가 짐승 조각 사이로 지나가는 것" 을 보았습니다. 오늘날 우리는 이 물체의 의미를 거의 잃어버리고 있습니다. 고대시대에서 금속을 제련하는 데 사용된 것이 작은 용광로였습니다. 광석이 용광로 안에서 가열되면서 불순물은 금속에서 분리되어 위로 떠오릅니다. 금속이 나타날 때까지 불순물을 제거하는 것이 정련사의 일입니다. 그는 녹아있는 금속 표면에서 그의 얼굴을 볼 수 있을 때까지 연기가 나는 용광로를 들여다 봅니다. 베드로가 믿음의 시련이 "불로 연단하여도 없어질 금보다 더 귀한 것"(벧전 1:7)이라고 기록할 때 그는 이러한 용광로를 의식하고 있었습니다. 말라기는 하나님이 "레위 자손을 깨끗하게 하되 금, 은 같이 그들을 연단하리니 그들이 공의로운 제물을 나 여호와께 바칠 것이라"(말 3:3)고 기록했습니다. 말라기가 의미한 것은 하나님은 그분의 백성을 그들 안에서 자신을 보실 수 있을 때까지 그들을 정련하신다는 것입니다.

하나님은 당신에게도 같은 일을 하시기를 원하십니다. 때로 시련이 고통스러워 연단의 불을 원망할지도 모릅니다. 그러나 그것은 당신에게 좋을 것입니다. 하나님은 당신에게서 그분의 형상을 나타낼 때까지 당신을 순화시키실 것입니다.

아브람이 본 두 번째 상징은 횃불이었습니다. 본문은 "타는 횃불이 쪼갠 고기 사이로 지나더라"(창 15:17)고 말씀하고 있습니다. 이것 역시 하나님의 임재의 상징입니다. 요한일서 1:5절은 "하나님은 빛이시라 그에게는 어둠이 조금도 없으시다" 라고 말씀합니다. 하나님은 종종 그분의 백성에게 자신을 빛으로 나타내셨습니다. 그분은 시내산에서 빛으로 나타나셨고, 그 영광이 모세의 얼굴에 옮겨졌습니다. 하나님은 다메섹 도상에서 빛 속에 바울에게 나타나셨습니다. 빛은 천사들이 베들레헴 들판의 목자들에게 나타난 것처럼 신적 임재를 말해 주었습니다. 이같이 하나님은 아브람에게 나타나셨습니다. 하나님 홀로 짐승조각 사이를 걸으셨고 그리고 약속을 보증하셨습니다.

영원한 언약

그 언약은 일방적인 것이었을 뿐만 아니라 영원한 것이었습니다. 하나님의 약속은 항상 영원합니다. 그 약속은 변하지 않습니다. 하나님이 어떤 일을 하시겠다고 말씀하시면 그분은 마음을 바꾸시지 않습니다.

이것은 하나님이 아브람에게 하신 약속에서 두 가지로 나타나고 있습니다. 첫째, 하나님은 할례 예식을 제정하셨습니다. 이것은 창세기 17장에 기록되어 있습니다. 그런데 할례에 대해 언급할 수 있는 특별한 점 한 가지가 있다면 그것은 그것이 영원하다는 것입니다. 어린아이는 할례를 받을 때 그 의식에 대해 아무 것도 모릅니다. 그 아이가 "나는 유대인 아기입니다. 그래서 나는 할례 받기로 결심합니다." 라는 말을 할 수 없습니다. 그러나 할례는 행해집니다. 그리고 그 결과는 영원합니다. 그 아이는 유대인이란 신분을 싫어할지 모릅니다. 그는 집과 고향을 떠날 지도 모릅니다. 그러나 그가 어디로 가든지 그의 민족의 표는 그와 함께 갑니다. 그것은 하나님이 그분의 언약을 영원히 세우신다는 사실에 대한 표시입니다.

하나님의 약속이 영원한 것이라는 두 번째 표시는 하나님이 아브람과 그의 자손이 상속받을 땅에 관하여 약속의 말씀을 하실 때 그분은 "준다(to give)" 라는 현재형 동사를 쓰셨습니다. 만일 우리가 그런 말을 한다면 우리는 "네 자손에게 내가 이 땅을 줄 것이다." 라고 말할 것입니다. 그러나 하나님은 그렇게 말씀하지 않으셨습니다. 하나님이 약속의 말씀을 하실 때는 마치 그 일이 이미 완성된 것처럼 말씀하셨습니다. "내가 이 땅을 애굽 강에서부터 그 큰 강 유브라데까지 네 자손에게 주노니(문자적으로는 '내가 주었나니')" (창 15:18). 그날로 부터 그 땅은 아브람의 것이었습니다.

하나님은 우리에게도 이런 식으로 말씀하십니다. 그분은 그리스도가 우리의 질고를 지시고 우리의 슬픔을 당하셔서 우리 죄를 옮기셨다고 말씀하십니다. 이 말씀이 기록된 시기에 예수님은 죽지 않으셨습니다. 그러나 그분을 믿은 사람들은 죄 사함을 받았습니다. 우리의 경우에 있어 예수님은 죽으셨지만 여전히 미래적인 특징이 있습니다. 그리스도가 하신 일이 단지 과거의 죄에만 관계되는 것입니까?아닙니다. 우리가 아직 짓지 않은 죄도 포함됩니다. 그 죄 역시 하나님의 눈에는 과거 역사인 것입니다. 하나님의 관점으로 보아 죄가 영원히 처리되었다는 것을 아는 것은 굉장한 일입니다.

하나님의 은혜

하나님의 약속의 세 번째 특징은 그것이 은혜롭다는 것입니다. 그것은 하나님이 세우신 것입니다. 그것은 영원합니다. 그러나 그것은 전적으로 분에 넘치는 것이고, 이는 그 약속이 은혜로부터 나오는 것임을 의미하는 것입니다. 하나님의 부르심을 받을만한 자격이 되기 위해 아브람이 한 일이 무엇이었습니까?아무 것도 없었습니다. 그 부르심 이전에 아브람은 우상숭배자였습니다. 그가 할 수 있는 일은 아무 것도 없었습니다. 그는 답례로 약속할 아무 것도 가지고 있지 않았습니다. 이스라엘 민족이 하나님의 약속들로 부여된 특권을 받을 만한 자격이 되기 위해 한 일이 무엇이었습니까? 이 질문에 모세가 신명기 7장에서 이렇게 말했습니다.

"여호와께서 너희를 기뻐하시고 너희를 택하심은 너희가 다른 민족보다 수효가 많기 때문이 아니니라 너희는 오히려 모든 민족 중에 가장 적으니라 여호와께서 다만 너희를 사랑하심으로 말미암아(그렇게 하신 것이니라)"(신 7:7-8).

하나님은 왜 이스라엘 민족을 택하셨습니까? 그들을 사랑하셨기 때문입니다. 그분은 왜 약속의 팔로 이스라엘 민족을 껴안으셨습니까? 그렇게 하는 것이 하나님 자신을 기쁘시게 했기 때문입니다.

이와 똑같은 방식으로 하나님은 당신에게 다가 오십니다. 당신은 그분의 위대한 약속을 받을만한 아무 자격도 없습니다. 그럼에도 그분은 당신에게 약속을 하십니다. 그분은 구원, 생명, 기쁨, 영원한 보장을 약속하십니다. 그분은 단순히 그것이 그분을 기쁘시게 하기 때문에 그렇게 하십니다. 하나님의 약속은 일방적이고 불변하는 것이며 위대한 은혜에서 나오는 것입니다.

이스라엘에 대한 하나님의 신실하심

성경과 각처의 역사는 아브람의 민족을 위해 하나님이 그에게 주신 약속의 과거와 미래의 성취에 대해 증거하고 있습니다.

족장 아브람이 죽은 지 약 400년이 흘렀습니다. 그의 민족은 애굽의 노예가 되어 있었습니다. 그러나 하나님이 모세를 세우시고 그를 통해 일하셔서 그 민족을 초자연적으로 구원하셨습니다. 이것은 하나님이 아브람에게 그렇게 되리라고 말씀하셨던 그대로 그들이 노예로 네 세대를 지내고 난 때였습니다. 우리는 이것을 출애굽기 6:14-25절에서 보는 족보 때문에 압니다. 첫 번째 세대는 야곱의 아들 레위였는데 그는 요셉의 때에 애굽에 들어갔습니다(16절). 두 번째 세대는 레위의 아들인 고핫이었습니다(16, 18절). 세 번째 세대는 고핫의 아들 아므람이었습니다(18, 20절). 네 번째 세대에 모세와 아론이 등장하는데 그들은 아므람의 두 아들이었습니다(20절). 이들이 이스라엘을 애굽에서 인도해 냈습니다. 애굽에서조차 하나님은 그분의 백성을 포기하지 않으셨던 것입니다.

그 민족은 시내산으로 왔습니다. 여기서 그들은 율법을 받고, 그것과 함께 제사 제도에 대한 법령을 받았습니다. 제사 제도는 하나님의 율법을 위반했을 때 구원의 길을 계시하기 위해 의도된 것이었습니다. 율법은 참된 예배를 확립했고, 우상숭배를 금지시켰고, 휴식하는 안식일을 제정했고, 이웃에 관한 사람의 의무를 규정했습니다. 그러나 비록 율법이 주어졌지만 그 백성은 거의 모든 명령을 위반하고 있었습니다. 그래도 하나님은 그분의 백성을 포기하지 않으셨습니다.

그들 앞에 약속의 땅이 펼쳐진 때가 왔습니다. 그래서 정탐꾼들이 그 땅을 정탐하려고 들어갔습니다. 그들이 돌아와 보고를 했습니다. "그 땅은 번영하고 있습니다. 젖과 꿀이 흐르는 땅입니다. 그러나 거기에는 거인들이 있어서 우리가 그것을 취할 수가 없습니다." 사람들이 기겁을 했습니다. 그들은 하나님이 애굽과 광야에서 보여주셨던 능력을 잊어버리고 앞으로 나아가기를 거절했습니다. 그들의 믿음의 부족은 심판을 초래했습니다. 사막에서 40년간 방황하도록 했습니다. 그러나 그 기간이 지나자 하나님은 그 백성을 다시 가나안 땅 경계로 인도하셨습니다. 하나님은 그분의 백성을 포기하지 않으셨습니다.

이스라엘은 가나안으로 들어갔습니다. 그리고 하나님은 잠시 사사들을 통해 백성을 다스리셨습니다. 백성이 하나님께 불순종하고 다른 신들에게 돌아섰을 때, 그분은 심판을 내리셨습니다. 그 백성이 주변 적대 민족의 통치를 받게 하신 것입니다. 그들이 회개하고 그분께 돌아왔을 때는 복의 시대가 회복되었습니다. 느헤미야가 심판이 있었던 이스라엘 역사의 이 기간을 자세히 말하며 이런 결론을 내립니다. "주의 크신 긍휼로 그들을 아주 멸하지 아니하시며 버리지도 아니하셨사오니 주는 은혜로우시고 불쌍히 여기시는 하나님이심이니이다"(느 9:31). 하나님은 그분의 백성을 포기하지 않으셨습니다.

드디어 이스라엘은 하나님보다는 왕이 그들을 다스리기를 원했습니다. 불쾌함 속에서 하나님은 그들에게 사울을 주셨는데 그의 통치에서 오는 문제들이 생겼습니다. 그러나 하나님은 후에 그들에게 다윗을 주셨고, 그를 통해 메시아가 오시는 가계를 확립하셨습니다. 하나님은 그분의 백성을 포기하지 않으셨습니다.

요한계시록 14장에서 우리는 세계 역사의 종말의 시대에 계획된 하나님의 신실하심을 봅니다. 거기에 각 지파에서 12,000명씩 나온 144,000명의 유대 그리스도인들이 있습니다. 그들은 지구의 마지막 박해기간 동안에 구원된 자들입니다. 이들이 이방 신자들과 함께 서서 하나님과 어린 양을 찬양합니다. 하나님은 그분의 백성을 포기하지 않으십니다.

가장 위대한 언약

하나님이 아브람과 언약을 맺으시고 역사적으로 그 언약을 지키신 것과 같이 그분은 그리스도인 모두와 하나의 언약을 맺으셨습니다. 그분은 이 언약을 우리가 이 땅에 사는 내내 그리고 영원토록 지키실 것입니다.

인간들은 불성실합니다. 하나님께 그들을 칭찬할 것이 아무 것도 없습니다. 하나님이 그분의 언약을 일방적으로 세우지 않으셨다면, 아무도 믿지 않았을 것입니다. 그분이 그분의 언약을 영원한 것으로 만들지 않으셨다면, 모두가 떨어져나가 잃어버린 영혼들이 될 것입니다. 만일 그분의 언약이 전적으로 은혜에 의한 것이 아니었다면, 아무도 약속을 듣지 못했을 것입니다. 아무도 약속을 받을 자격이 없기 때문입니다. 그러나 주권적이시고, 영원하시고, 은혜로우신 하나님은 그분의 언약을 세우셨고, 그리고 그것을 짐승의 피가 아니라 그분의 아들 예수 그리스도의 피로 확증하셨습니다. 예수님이 십자가에 달리셨을 때에 임했던 어둠의 세 시간 동안 하나님은 언약을 확증하시기 위해 어둠에 개입하셨습니다. 그리고 예수 그리스도의 죽음으로 인해 우리는 결코 멸망하지 않을 것입니다. 뿐만 아니라 누구도 그분의 손에서 우리를 빼앗지 못할 것입니다.

그리스도인의 보장은 "그 사람이 누구인가 또는 무슨 일을 하는가 또는 그의 강한 믿음, 신실한 교회 출석, 세례, 성경 읽는 것, 기도 등" 이런 것들에서 오는 것이 아닙니다. 이런 일들을 하는 데 실패하는 그리스도인은 그것으로 괴로움을 맛볼 것이고 하나님의 징계를 받을지도 모릅니다. 그러나 구원은 이런 것들에 좌우되지 않습니다. 구원은 영원하고, 불변하고, 은혜로운 언약을 세우신 하나님께 달린 것입니다.

● 각주 ●

주: 이 장의 대부분은 제임스 몽고메리 보이스의 *How God Can Use Nobodies*, 33-40에 있는 "Promises to Live By"에서 실질적인 변경 없이 재록한 것이다.

1. 이 주석의 제1권 46장 "언약의 하나님(창세기 6:18)" 509-517쪽을 보라. 또한 52장 "결코 다시는, 결코 다시는(창세기 8:20-22)" 569-577, 53장 "인간 통치권의 시험(9:1-7)" 579-587, 및 54장 "언약의 표적(창세기 9:8-17)" 589-598쪽을 보라.

80

나를 살피시는 하나님

창세기 16 : 1-16

아브람의 아내 사래는 출산하지 못하였고 그에게 한 여종이 있으니 애굽 사람이요 이름은 하갈이라 사래가 아브람에게 이르되 여호와께서 내 출산을 허락하지 아니하셨으니 원하건대 내 여종에게 들어가라 내가 혹 그로 말미암아 자녀를 얻을까 하노라 하매 아브람이 사래의 말을 들으니라 아브람의 아내 사래가 그 여종 애굽 사람 하갈을 데려다가 그 남편 아브람에게 첩으로 준 때는 아브람이 가나안 땅에 거주한 지 십 년 후였더라 아브람이 하갈과 동침하였더니 하갈이 임신하매 그가 자기의 임신함을 알고 그의 여주인을 멸시한지라 사래가 아브람에게 이르되 내가 받는 모욕은 당신이 받아야 옳도다 내가 나의 여종을 당신의 품에 두었거늘 그가 자기의 임신함을 알고 나를 멸시하니 당신과 나 사이에 여호와께서 판단하시기를 원하노라 아브람이 사래에게 이르되 당신의 여종은 당신의 수중에 있으니 당신의 눈에 좋을 대로 그에게 행하라 하매 사래가 하갈을 학대하였더니 하갈이 사래 앞에서 도망하였더라 여호와의 사자가 광야의 샘물 곁 곧 술 길 샘 곁에서 그를 만나 이르되 사래의 여종 하갈아 네가 어디서 왔으며 어디로 가느냐 그가 이르되 나는 내 여주인 사래를 피하여 도망하나이다 여호와의 사자가 그에게 이르되 네 여주인에게로 돌아가서 그 수하에 복종하라 여호와의 사자가 또 그에게 이르되 내가 네 씨를 크게 번성하여 그 수가 많아 셀 수 없게 하리라 여호와의 사자가 또 그에게 이르되 네가 임신하였은즉 아들을 낳으리니 그 이름을 이스마엘이라 하라 이는 여호와께서 네 고통을 들으셨음이니라 그가 사람 중에 들나귀 같이 되리니 그의 손이 모든 사람을 치겠고 모든 사람의 손이 그를 칠지며 그가 모든 형제와 대항해서 살리라 하니라 하갈이 자기에게 이르신 여호와의 이름을 나를 살피시는 하나님이라 하였으니 이는 내가 어떻게 여기서 나를 살피시는 하나님을 뵈었는고 함이라 이러므로 그 샘을 브엘라해로이라 불렀으며 그것은 가데스와 베렛 사이에 있더라 하갈이 아브람의 아들을 낳으매 아브람이 하갈이 낳은 그 아들을 이름하여 이스마엘이라 하였더라 하갈이 아브람에게 이스마엘을 낳았을 때에 아브람이 팔십육 세였더라

지금까지 창세기 연구에 있어 비교적 덜 중요한 인물들은 많지가 않았습니다. 그래서 성경의 신앙이 아담과 하와, 에녹, 노아, 아브람 그리고 기타 영적 거장들 같은 위대한 인물들만을 위해 존재하는 것이라고 생각하는 사람들이 있을지도 모릅니다. 창세기는 가인과 아벨, 라멕, 롯 그리고 이름만 나오는 다른 인물들의 긴 명단도 또한 소개했습니다. 그러나 이들 중 누구도 덜 중요하지 않습니다. 이들의 대부분은 가족이나 족속의 족장들입니다. 이런 사람들에 대한 말씀을 읽으며 우리는 성경의 하나님이 과연 우리 같은 보통 사람들에게 또는 불우한 입장에 있는 사람들에게 관심을 가지고 계신지 의아하게 여겨지기도 합니다.

그 답은 물론 하나님이 관심을 가지고 계신다는 것입니다. 가만히 보면 이 모든 인물들은 실제로 보통 사람들이었고, 그들이 위대했다고 하더라도 그것은 그들 삶에서 특별히 역사하신 하나님 때문이었습니다. 우리로 하여금 하나님의 역사는 대단한 사람들에게만 일어난다는 생각을 버리도록 창세기 16장은 처음으로 세상적인 관점에서 별 볼일 없지만 하나님의 분명한 사랑과 예비의 대상이 된 한 사람을 소개합니다. 그 사람은 여인입니다. 그녀는 종입니다. 아브람의 아내 사래의 종입니다. 그녀는 학대를 받다가 광야로 도망을 갑니다. 광야에서 샘물 곁에서 쉬고 있을 때, 하나님이 그녀에게 나타나셔서 그녀 자신과 그녀의 아이를 위하여 긴 약속을 주십니다. 하나님은 그녀에게 사래에게 돌아가라고 말

씀하십니다. 그녀는 그렇게 합니다. 그러나 그렇게 하기 전에 그녀는 하나님에게, 그리고 하나님이 자신을 그녀에게 나타내셨던 장소에 상징적인 이름을 붙입니다. 그녀는 말씀하신 하나님의 이름을 이렇게 붙입니다. "당신은 나를 살피시는 하나님이십니다." 그녀는 그 장소를 브엘라해로이라고 이름을 붙였는데 그 의미는 "나를 살피시는 살아 계신 분의 샘물" 이란 뜻입니다.

이 여인의 이름은 하갈인데 하나님이 하갈에게 나타나신 것에 대한 연구를 시작하면서 그녀와 비슷한 처지에 있는 많은 사람들에게 말씀드리고자 합니다. 우리들 대부분은 세상의 눈으로 볼 때 위대하지 않습니다. 많은 사람들이 하갈처럼 괴로움 속에 있거나 부당한 대우를 받고 있습니다. 당신은 진퇴유곡에 빠져있을지도 모릅니다. 당신은 완전히 버림받았다고 느낄지도 모릅니다. 만일 그렇다면 이 장의 메시지는 당신을 위한 것입니다. 하나님은 당신이 어디에 있는지 아시고, 당신의 처한 상황에서 당신을 돌보십니다. 당신은 그분에게 하갈보다 조금도 덜 중요한 사람이 아닙니다.

부당한 곤경

이 이야기는 아브람과 그의 아내 사래가 아이를 갖지 못했다는 사실을 언급함으로써 시작됩니다. 이것이 전에 아브람에게 문제가 되었습니다. 그러나 그와 사래가 더 늙어가면서 그들에게 자녀가 없다는 사실은 결혼생활에 있어 큰 문제일 뿐만 아니라 하나님의 약속에 관한 문제를 야기시켰습니다. 하나님은 아브람에게 그가 하늘의 별 같이 수많은 자손을 가질 것이라고 약속하셨고, 아브람은 하나님을 믿었습니다. 이것이 창세기 15장 전체의 요지였습니다. 그런데 지금 그 믿음의 사람은(창세기 16장에서) 불신의 사람이 됩니다. 믿음의 걸음에서 물러서서 그는 눈에 보이는 것에 따라 걷기 시작하고, 그 과정에서 고민에 빠집니다.

이런 때에 그의 아내로부터 유혹이 들어왔습니다. 그는 이미 과거 여러 건에 걸쳐 시험을 당했었고, 매 번마다 그런 시험을 이겼거나 그런 시험을 통해서 성장했었습니다. 아더 핑크(Arthur W Pink)는 그것을 이렇게 보고 있습니다.

"첫째, 아브라함의 믿음은 **자연적인 인연**을 극복했어야 했다. 하나님의 부르심은 그로 하여금 그의 고향과 친척을 떠나게 했다. 둘째, 그가 가나안에 도착한지 얼마 안 되어 그의 믿음은 **환경적인 압박**에 시험을 받았다. 그 땅에 기근이 들었던 것이다. 셋째, 그는 형제와 관련된 시험에 부딪쳐야 했다. 아브람은 그의 목자들과 그의 조카의 목자들 간의 마찰이 형제간의 '다툼'으로 이어질까 두려워했다… 나중에는 그의 조카를 위한 아브람의 용기와 사랑의 시험이 있었다. 롯이 강력한 전사에 의해 포로가 되었지만 아브람은 서둘러 그를 구출한다. 뒤이어 그의 물욕에 대한 시험이 있었다. 소돔 왕이 그돌라오멜을 쳐부순 것에 대해 그에게 '보답' 하겠다고 제안했다. 그리고 지금 그의 아내의 제안으로 시험을 당하고 있다." [1]

아브람은 이전의 유혹들은 완전하지는 않았지만 대체로 성공적으로 잘 막아내 왔습니다. 그러나 지금 그는 마치 그의 앞서 있었던 아담이 하와의 제안을 따랐던 것처럼 그의 아내가 이끄는 대로 따름으로 유감스럽게도 넘어지고 맙니다. 이것은 사래에게 자녀가 없어서 일어난 일입니다. 아브람의 망신은, 곧 그녀의 망신이었습니다. 그래서 하나님이 약속을 그분의 방법으로, 그분의 시간에 성취하실 것을 인내하며 기다리는 대신에 그녀는 남편 아브람에게 다가와 그녀의 애굽 종 하갈을 통해 아이를 가질 수가 있는지 보라고 제안했습니다.

만약에 그 제안이 다른 사람에게서 온 것이었다면, 아브람이 그 제안을 즉각 거절했을 것임에는 의심의 여지가 없습니다. 그러나 아내 사래의 제안이었습니다. 특히 그녀는 당시의 법과 관습으로 이런 제안을 할 권리가 있었습니다. 아마도 이것이 하나님이 그들에게 상속자를 얻도록 의도하신 것으로 알았을지도 모릅니다. 사래는 그렇게 여기고 있었던 것 같습니다. 아브람이 어찌 그녀의 말을 안 들을 수 있었겠습니까? 아브람은 그 편법을 써 보기로 하고 하갈에게 들어갔고, 그 행동으로 하갈은 아이를 임신했습니다.

이 이야기가 성경에 더 이상 계속되지 않았다고 할지라도 우리는 이것이 아브람의 어려움을 해결하는 것에 대한 하나님의 방법이 아니었다는 것을 압니다. 그러나 이에 대한 다른 성경 구절이 있습니다. 그것은 바울 서신인 갈라디아서에 있는데 거기서 바울은 이 사건을 길게 논하면서 그것을 종의 자녀들과 약속의 자녀들에게 연관시킵니다. "아브라함에게 두 아들이 있으니 하나는 여종에게서, 하나는 자유 있는 여자에게서 났다 하였으며 여종에게서는 육체를 따라 났고 자유 있는 여자에게서는 약속으로 말미암았느니라 이것은 비유니 이 여자들은 두 언약이라 하나는 시내 산으로부터 종을 낳은 자니 곧 하갈이라"(갈 4:22-24; 참조 25-31절). 그 다음에 이어지는 구절은 난해하지만, 분명한 것은 아브람이 하갈에게 들어간 것은 육체를 따라 행동한 것이고, 그 둘의 연합의 열매는 약속의 아들이 아니었다는 것입니다. 아내의 말을 듣거나 또는 자신의 이성을 신뢰하는 대신에 아브람은 하나님이 복을 주실 때까지 인내하며 기다려야 했습니다.

우리가 하나님에 대한 신뢰를 멈출 때 일어나는 한 가지 일은 (하나님에 대한 우리의 신뢰 결여가 아무리 타당해 보인다고 해도) 우리의 어려운 문제를 두고 하나님을 (또한 다른 사람들을) 비난하려고 하는 것입니다. 우리는 이것을 사래의 경우에서 봅니다. 그 이야기는 그녀가 제안할 내용을 가지고 아브람에게 접근해서 자녀가 없다는 사실을 두고 하나님을 비난하는 기록으로 시작됩니다. "여호와께서 내 출산을 허락하지 아니하셨으니"(창 16:2). 사실 여부로 볼 때, 이 말은 옳습니다. 그러나 우리는 그녀의 말에서 그 이상의 것을 간파합니다. 그녀가 마치 이렇게 말하는 것 같은 호전적인 분위기를 간파합니다. "나는 문제 해결을 위해 우리가 하나님을 신뢰해야 한다는 것을 알고 있다. 그러나 하나님은 우리로 하여금 그렇게 하기에는 상황을 너무 어렵도록 만드셨다. 내게 출산을 허락하지 않으심으로 그분은 나로 하여금 정상적인 환경에서는 내가 거절할 일을 하도록 강요하신다." 우리가 사래의 태도에서 보는 것은 이것뿐만이 아닙니다. 나중에 하갈이 임신을 하고 나서 여주인인 사래가 임신을 못하는 것으로 인해 하갈이 여주인을 멸시하기 시작하자 사래는 아브람에게 이런 불평을 했습니다. "내가 받는 모욕은 당신이 받아야 옳도다 내가 나의 여종을 당신의 품에 두었거늘 그가 자기의 임신함을 알고 나를 멸시하니 당신과 나 사이에 여호와께서 판단하시기를 원하노라"(창 16:5).

이런 일은 우리가 하나님께 대한 신뢰를 멈출 때 항상 일어나는 일입니다. 우리가 잘못하는 것입니다. 우리는 하나님이 그런 일을 일으키신다고 말합니다. 그래서 우리의 계획이 실패하게 되면 우리는 그 결과를 두고 하나님이나 다른 사람들을 비난합니다. 그러나 하나님에게는 어려운 문제가 없습니다. 죄는 우리 자신 안에 있는 것입니다. 실패는 우리 자신의 잘못된 선택에 있는 것입니다.

아브람은 잘못을 저질렀습니다. 사래도 잘못을 저질렀습니다. 이 사건에 개입된 사람 중 잘못이 없는 사람은 하갈이었습니다. 물론 그녀도 역시 죄인이었고, 나중에 그녀의 여주인 사래를 멸시한 것은 옳지 않았습니다. 그러나 그 상황 자체는 그녀가 만든 것이 아니었습니다. 그녀는 그런 상황을 추구하지 않았고, 사래와 아브람이 결정을 내렸을 때, 그녀는 실제로 그것을 거절할 권리가 없었고, 그녀는 복종했습니다. 그런 다음에 장막 안의 긴장감이 몹시 팽배해지자 그녀는 도망하는 것 외에 할 것은 아무 것도 없다고 판단했습니다. 그래서 아브람의 장막을 떠나 광야로 도망을 합니다. 술(Shur)로 가는 도중에 샘물 곁에서 천사와 마주칩니다. 그녀가 무죄한 것은 아닐지도 모릅니다. 그러나 그녀는 적어도 부당하게 대우를 받은 자입니다. 그리고 그녀가 당하고 있는 곤경은 부당한 것입니다.

예기치 않은 만남

창세기 16:7절은 성경에서 "여호와의 사자"가 처음 언급되는 곳입니다. 이 절에서 그가 종이며 도망자인 하갈에게 나타난 것으로 보아 하나님이 오늘날 그런 사람들에게 특별한 관심을 가지고 계신다고 믿는 것은 잘못된 것이 아닙니다. 그분은 다른 사람들에게도 관심을 가지고 계십니다. 보잘 것 없는 사람들이 그분에게 특별히 요구할 권리는 없습니다. 그래도 하나님은 괴로움을 당하는 자들의 부르짖음을 특별히 경청하시는 것을 성경의 여러 곳에서 보여줍니다. 당신도 그런 사람입니까? 그러면 그분에게 부르짖으십시오. 당신은 그분이 당신에게서 멀리 계시지 않고 당신의 부르짖음을 들으신다는 것을 알게 될 것입니다. 다윗 왕이 이렇게 고백했습니다. "이 곤고한 자가 부르짖으매 여호와께서 들으시고 그의 모든 환난에서 구원하셨도다"(시 34:6).

"여호와의 사자" 라고 부르는 이 인물은 누구입니까? 그를 이와 비슷한 또는 다른 상황에서 쓰임을 받는 하나님의 많은 천사 중 하나라고 생각하는 것은 자연스럽습니다. 그는 세례 요한의 아버지 사가랴(눅 1:19), 그리고 예수의 어머니 마리아(눅 1:26)에게 나타났던 가브리엘 같은 천사, 또는 요셉에게 나타났던 무명의 천사(마 1:20) 같은 존재로 생각하는 것도 자연스럽습니다. 그러나 이 인물과 관련해서 구약 다른 곳의 언급에서도 그렇지만, 창세기 이야기에는 특별한 점이 있는데 그 점으로 보아 주석가들은 그가 실제로 삼위의 하나님 중 2위이신 예수님이 성육신 전에 나타나신 것이라고 오랫동안 믿어왔습니다. 한 가지 근본적인 사실은 "천사" 라는 말이 "사자"를 의미한다는 것인데, 이것을 어떤 존재가 창조된 영적 존재의 체제 속에 속하는 것으로 볼 필요는 없다는 것입니다. 그리고 우리는 그가 단순히 "한 천사"가 아니라 그 "여호와의 사자" 라는 것에 유의해야 한다고 합니다. 그는 다른 모든 사자들보다 높은 위치에 있는 그 사자로 보인다는 것입니다.

그런데 이 입장이 매우 유력합니다. 르폴드(H. C. Leupold)가 그의 「창세기 강해」에서 언급한 정평이 난 주장 몇 가지를 요약한 것을 인용합니다. 르폴드는 이렇게 기술합니다.

"여호와의 사자는 창조된 존재가 아니라 그 자신이 신적 존재이다. 그 이유는 첫째, 그가 그 자신을 여러 군데에서 명백히 여호와와 동일시하고 있다. 둘째, 그가 그의 임재를 알게 하는 자들은 그를 신적인 존재로 인정하고 있다. 셋째, 성경 저자들이 그를 여호와라고 부른다. 넷째, 하나님 안에서의 복수 인격체를 암시하는 여기의 교리는 이전에 예시된 것과 완전히 일치한다. 다섯째, 신약 계시의 중심인물이 성육신한 신-인(God-Man)인데 반해, 구약 계시의 중심인물이 창조된 천사였다고 한다면 성경의 유기적 통일성은 깨어지고 말 것이다." [2]

이즈음에서 대사(大使)는 그에게 사명을 부여한 자의 말을 하는 것이므로 종종 그의 주권자처럼 목소리를 내는 것이라고 주장할지도 모릅니다. 그러나 성경에서 천사들의 메시지의 다른 예들은 그렇게 들리지 않습니다. 그리고 어떤 경우이든 인간은 여전히 "여호와의 사자"를 신적인 존재로 인정했다는 사실입니다. 하갈이 그랬습니다. 그녀는 그를 "나를 살피시는 하나님" 이라고 불렀고, "여기서 나를 살피시는 하나님을 뵈었다" (창 16:13)고 했습니다.

만일 이것이 삼위 하나님의 2위의 나타나심이라면 그것은 우리로 하여금 아담과 하와가 타락했을 때, 하나님 자신이 나타나셨던 창세기 앞부분의 장을 생각나게 합니다. "그들이 그 날 바람이 불 때 동산에 거니시는 여호와 하나님의 소리를 듣고 아담과 그의 아내가 여호와 하나님의 낯을 피하여 동산 나무 사이에 숨은지라"(창 3:8). 이 두 사건에 유사성이 있습니다. 아담과 하와가 죄를 짓고 곤경에 빠졌을 때, 하나님이 그들을 찾으셨던 것처럼 이제 하갈을 찾으십니다. 그녀가 그분을 찾은 것이 아닙니다. 그녀는 모든 사람으로부터 도망하고 있었습니다. 그러나 하나님은 그녀를 찾으셨습니다. 우리는 여기서 우리가 하나님 또는 우리 자신에 대해 가질 수 있는 어떤 관심보다 하나님이 우리에 대해 갖고 계시는 관심이 더 크다는 것을 배웁니다.

도널드 반하우스는 이 구절에 대해 이렇게 기술합니다.

"여기서 우리는 하나님이 일어나는 일을 아시는 데 결코 실패하지 않으시며, 그분의 피조물 중 하나에 영향을 주는 모든 것에 참으로 관심을 갖고 계시는 것을 안다. 우리는 우리에게 일어나는 일들로부터 도망을 시도할지도 모른다. 그러나 결코 피할 수 없는 두 가지가 있는데 우리는 우리 자신을 회피할 수 없고, 하나님을 넘어설 수 없다. 다윗이 이렇게 표현한 것과 같다. '내가 새벽 날개를 치며 바다 끝에 가서 거주할지라도 거기서도 주의 손이 나를 인도하시며 주의 오른손이 나를 붙드시리이다(시 139:9-10).'"[3]

추구하지 않은 복

지금까지 하갈의 경험은 부당한 곤경과 예기치 않은 만남이 수반된 것이었습니다. 이제 그녀는 예상치 못했던 복을 받게 됩니다. 그녀는 아들을 갖게 될 것이고, 그 아들을 통해 자손이 셀 수 없이 많아질 것입니다. 하갈이 그 복을 받기 전에, 그녀는 복의 길로 돌아가야 합니다. 이 복은 하나님이 그녀에게 원하는 장소에서 도망해서는 받을 수 없습니다. "네가 어디서 왔으며 어디로 가느냐 그가 이르되 나는 내 여주인 사래를 피하여 도망하나이다 여호와의 사자가 그에게 이르되 네 여주인에게로 돌아가서 그 수하에 복종하라"(창 16:8-9).

그분은 이 말씀도 하십니다. "내가 네 씨를 크게 번성하여 그 수가 많아 셀 수 없게 하리라".(창 16:10) 그분은 이 말씀도 더하십니다. "네가 임신하였은즉 아들을 낳으리니 그 이름을 이스마엘이라 하라 이는 여호와께서 네 고통을 들으셨음이니라"(창 16:11). 이것은 대단한 약속입니다. 그러나 그 약속이 성취되려면 하갈은 사래에게 돌아가 그녀의 권위에 복종해야 합니다. 하갈은 이 일을 하기가 얼마나 힘들었겠습니까!

우리가 어떤 것으로부터 도망할 때, 우리는 결코 그것으로 돌아가고 싶지 않습니다. 그러나 우리가 종종 그런 것처럼, 만일 당신이 당신의 삶의 방향을 잘못된 방향으로 틀었다면, 해야 할 유일한 일은 원점으로 돌아가 다시 시작하는 것입니다. 그렇게 하지 않는 한 당신은 점점 더 멀리 떨어져 나갈 것입니다. 마찬가지로 만일 우리가 타당한 권위를 거역한다면, 우리는 그 거역을 계속하게 되고, 심지어는 다른 권위를 찾게 됨으로써 우리의 문제는 결코 해결되지 않을 것입니다.

이스마엘은 "하나님이 들으신다" 라는 뜻입니다. 하갈의 아들에게 이 이름을 주신 것은 하나님이 괴로움을 당하는 자들의 부르짖음을 들으신다는 것을 말하는 것입니다. 하갈의 고통을 하나님이 들으셨기 때문에 그녀는 이 이름의 중요성을 분명히 이해했습니다. 그러나 이 점을 유의해 보십시오. 그녀가 술 길에 있는 샘물 곁에서 그녀에게 무슨 일이 일어났었는지를 상기하면서 그녀는 그 사건을 약간 강조했습니다. 그녀는 자신의 고통의 소리를 하나님이 들으셨다는 사실에 만족하며 있지를 않았습니다. 그녀의 고통을 들으셨던 하나님은 또한 그녀를 처음 살피셨던 하나님, 그녀의 반항하는 마음을 살피셨던 하나님이셨습니다. 그녀는 하나님을 "나를 살피시는 분" 이라고 불렀습니다.

당신은 하나님이 당신을 살피신다는 것을 알고 있습니까? 당신이 있는 그곳에서 그분은 그렇게 하십니다. 그분은 당신이 어디서 왔는지, 어디로 가고 있는지 살피십니다. 그분은 당신에게 필요한 것이 무엇이고, 필요하지 않은 것이 무엇인지 살피십니다. 무엇보다도 그분은 당신을 궁극적으로 훌륭한 작품으로 만들기 위해 필요한 것이 무엇인지 그리고 어떻게 그 일을 이루실지를 살피십니다. 그러나 당신은 그것을 살피지 못합니다. 그런 이유 때문에 당신은 자신의 지혜를 버리고, 하나님이 가도록 부여하신 길로 돌아와야만 합니다.

하갈은 그렇게 했습니다. 그리고 그 구절의 마지막 몇 절에서 나는 그녀가 변화된 여인으로 돌아왔다고 어렴풋이나마 느낍니다. 왜냐하면 아브람이 그녀가 아이를 위해 가져온 이름을 받아들였기 때문입니다. 하나님은 그녀에게 아이의 이름을 이스마엘이라 부르라고 말씀하셨습니다. 성경 어디에도 하나님이 아브람에게 그 이름을 말씀했다는 기록이 없습니다. 하지만 "하갈이 아브람의 아들을 낳으매 아브람이 하갈이 낳은 그 아들을 이름하여 이스마엘이라 하였더라"(15절)고 말씀합니다. 분명히 장막으로 돌아온 후에 하갈의 고백이 아브람으로 하여금 그에게 전에 수차례 나타나셨던 하나님이 지금 그녀에게도 나타나셨다는 것을 확신시켰습니다. 그래서 아브람은 그녀를 지지하고 새로운 계시를 받아들였습니다. 하나님을 본 사람은 그 사실을 다른 믿는 이들에게 확신시키는 것이 별로 어렵지 않을 것입니다. 갈보리의 하나님이 찾으시고, 살피시고, 영원히 변화시킨 사람은 피할 길이 없습니다.

● 각주 ●

1. 아더 핑크, *Gleanings in Genesis*, 173.
2. H. C. 르폴드, *Exposition of Genesis*, 1:500-501.
3. 도널드 G. 반하우스, *Genesis*, 1:126.

81

불가능의 하나님

창세기 17 : 1-8

아브람이 구십구 세 때에 여호와께서 아브람에게 나타나서 그에게 이르시되 나는 전능한 하나님이라 너는 내 앞에서 행하여 완전하라 내가 내 언약을 나와 너 사이에 두어 너를 크게 번성하게 하리라 하시니 아브람이 엎드렸더니 하나님이 또 그에게 말씀하여 이르시되 보라 내 언약이 너와 함께 있으니 너는 여러 민족의 아버지가 될지라 이제 후로는 네 이름을 아브람이라 하지 아니하고 아브라함이라 하리니 이는 내가 너를 여러 민족의 아버지가 되게 함이니라 내가 너로 심히 번성하게 하리니 내가 네게서 민족들이 나게 하며 왕들이 네게로부터 나오리라 내가 내 언약을 나와 너 및 네 대대 후손 사이에 세워서 영원한 언약을 삼고 너와 네 후손의 하나님이 되리라 내가 너와 네 후손에게 네가 거류하는 이 땅 곧 가나안 온 땅을 주어 영원한 기업이 되게 하고 나는 그들의 하나님이 되리라

처음에 갈대아 우르에서 그리고 나중에 하란에서 하나님이 아브람에게 나타나신 것을 별도로 하면, 창세기 17장 이전에는 아브람에 대한 이야기에서 기적적인 사건이 거의 없었습니다. 그러나 창세기 17장에서 이것이 바뀝니다. 유명한 중국 전도자 리랜드 웡(Leland Wong)의 편지지 인쇄 문구에는 세 개의 문장

이 있는데 그것은 세 개의 성경구절입니다. "태양이 머물렀다"(수 10:13), "쇠도끼가 떠올랐다"(왕하 6:6), "이 하나님은 우리 하나님이시다"(시 48:14)입니다. 이 구절들을 나란히 적어놓고, 리랜드 윙은 그의 하나님이 불가능을 가능케 하신다고 단언했습니다. 아브람 역시 지금 이 사실을 깨닫게 됩니다. 왜냐하면 그의 하나님은 여호와이시고, 여호와는 기적의 하나님이시기 때문입니다.

아브람이 아들에 대한 관심을 하나님과 마지막으로 나누었던 때가 그의 나이 86세였습니다(창 16:16). 아브람은 이제 99세가 되었습니다(창 17:1). 13년이 흘렀고, 자식을 볼 수 있는 나이는 이미 지났습니다. 그리고 사래 역시 임신할 나이가 이미 지나버렸습니다. 그러나 하나님은 약속을 주신 바 이제 그 약속의 성취는 기적을 필요로 하게 되었습니다. 아브람이 한 일이 무엇이었습니까? 성경은 아브람이 하나님을 믿었다고 말합니다. 그 이듬해에 사래는 약속의 아들이자 예수 그리스도의 조상인 이삭을 낳았습니다.

많은 사람들의 아버지

간단히 말해 기적의 사건이 일어난 것입니다. 나는 관련 내용의 틀을 마련하고자 이 사건을 요약해 놓았습니다. 그러나 이것은 아브람의 하나님에 대한 경험을 최대한으로 조명하고, 하나님 능력의 초자연적 표현을 극명하게 드러낸 것이라는 세부적인 내용을 포함하고 있습니다. 이러한 세부적인 사항들에 대해 도널드 반하우스보다 더 사실적이며 더 깊은 통찰력을 가지고 기술한 주석가는 없습니다. 그래서 여기에 그의 긴 글을 인용합니다.

"아브람은 그가 처음 가졌던 이름이었다. 아브람이란 이름의 의미는 '많은 사람들의 아버지'이다. 그 이야기의 요지는 이 사람이 그런 이름을 가졌지만 누구의 아버지도 아니었다는 것이다. 나이 70세에(원문에 의하건대) 그가 아직 우상숭배를 하는 가족들과 함께 우상숭배자로 살고 있을 때 영광의 주 하나님이 그에게 나타나셔서 그의 고향과 그의 친척과 그의 아버지 집을 떠나 하나님이 그에게 보여주실 땅으로 가라고 말씀하셨다. 이 비전은 위대한 영광과 능력의 비전임이 틀림없었다. 이 비전으로 인해 아브람은 그의 소떼와 양떼 및 그의 아내와 종들을 데리고 이동을 시작하여 최소한 1600km를 계속 이동해서 하나님이 그에게 보여 주시겠다고 약속하신 땅, 그리고 이제 주시겠다고 약속하신 땅 그리고 후에 하나님이 그와 그의 자손에게 영원히 주셨다고 말씀하신 땅에 이르렀다. 그 땅에 대한 이러한 약속이 아브람에게 주어질 때, 그 선물은 그에게 뿐만 아니라 그의 뒤에 오는 후손에게도 주어지는 것이라고 언급되었다. 그런데 문제는 아브람에게 자손이 없다는 사실에 있었다. 이것은 서양 문화권에서는 흉사가 아닐 수도 있다. 그러나 동양에서 이것은 유난히 고통을 주는 문제가 되어 왔다. 동양인들은 매우 예의바른 사람들이다. 그들의 예의바름은 서양 문화에서는 예의가 없다고 생각되는 개인적인 여러 질문사항들로 나타난다. 동양 문화에서는 그런 사항들을 물어야 한다… 아브람은 동양인이었다. 그는 동양인들에게 상담을 해 주는 사람이었다. 특히 그는 고대 세계의 애굽과 북부 지역 및 동부 지역 간의 무역을 하고 있는 낙타 대상(隊商)들이 지나는 길이 교차하는 전략적인 장소에 살고 있었다. 그는 우물들을 소유하고 있었다. 그리고 그의 소떼와 양떼는 굉장했다. 성경은 '아브람에게 가축과 은과 금이 풍부하였더라'(창 13:2)고 말씀한다. 부유한 상인들의 대상들이 북쪽으로부터 또는 남쪽으로부터 그 땅에 오면 그들은 아브람의 우물 앞에서 멈췄다. 아브람의 종들은 낙타와 무역상들의 종들의 필요를 잘 돌보아 주었다. 여행객들에게 음식을 팔았다. 그리고 저녁때가 되면 상인들은 문안을 하려고 아브람의 장막에 모여든다. 정해진 형태의 질문들이 쏟아진다. 나이가 어떻게 되십니까? 당신은 어떤 사람입니까? 여기에 얼마나 오래 사셨습니까? 무역상이 자신을 소개하면 아브람도 그의 이름을 말해야 했다. '많은 사람들의 아버지, 아브람이오.' 이런 일은 백 번, 천 번 일어났고, 그때마다 짜증은 더해갔다. '오, 많은 사람들의 아버지라! 축하드립니다! 그런데 아들은 몇 명이나 됩니까?' 이에 대한 아브람의 대답은 자신을 아주 굴욕적으로 만들었다. '하나도 없소.' 그러면 어울리지 않는 이름이 주는 유머와 그런 이름을 뒷받침해 줄 아이가 없다는 사실로 인해 반쯤 숨기며 코웃음을 치는 때가 허다했다. 아브람은 틀림없이 그러한 질문과 대답으로 자신의 마음이 찔렸을 것이고 그래서 그러한 상황이 괴로웠을 것이다."

이 대목에서 반하우스는 한 때 그가 알았던 렌치(Wrench)라는 이름을 가진 사람에 대한 이야기를 부언하고 있는데, 그 사람은 반하우스에게 자기 친구들을 두 계층으로 나누었다는 이야기를 했습니다. 그 두 계층은 그의 이름에 대해서 조크를 하지 않았던 사람들과 조크를 한 사람들이었습니다.

"누군가가 그의 이름을 듣고 그 이름에 대해 그가 귀에 따갑게 들어왔던 조크를 말하기 시작하면 그는 자동적으로 위축되었다고 했다. 그 조크는 그를 멍키렌치와 연관시키는 것이거나 그가 왼손잡이 렌치였다는 것이거나 기타 등등이었다. 나는 미크(Meek)라는 사람을 아는데 그는 땅을 기업으로 받았느냐고 수천 번이나 질문을 받아왔다(Meek는 일반 형용사로 온유하다는 뜻을 가졌는데 사람들이 그의 이름을 마태복음 5:5절의 '온유한 자는 복이 있나니 그들이 땅을 기업으로 받을 것임이요' 라는 말씀에 연관시켜 조크를 하는 것임 - 역주). 아브람은 그들을 잘 이해했을 것이다. 많은 사람들의 아버지라는 이름의 아브람은 자식이 하나도 없는 아버지였다. 조크의 가능성은 다양했는데 나는 그 이야기에 대해 심리적인 면에서 많은 가십이 있었다는 사실을 탐지하는 것이 가능하다고 믿는다. 조크를 들은 종들과 아브람이 곤혹스러워하는 것을 본 종들은 말을 시시콜콜 되풀이하며 과장시켜 갔다. 당시는 의류로 천과 염소 가죽을 걸치는 세상이었고, 모두가 장막 안에 살았으며, 사람들의 눈을 피하는 사생활은 거의 없었고, 주변의 소리를 주의해서 듣는 사람도 없었다. 자녀 문제를 두고 틀림없이 많은 이야기가 있었을 것이다. 누가 불임의 원인이었나? 아브람인가, 사래인가? 아브람은 정말 완전한 남자였는가? 오, 그는 족장이었다. 그의 말은 법이었다. 그는 수많은 가축과 많은 종들을 소유하고 있었다. 그러나 자녀는 없었다. 그래도 그의 이름은 "많은 사람들의 아버지" 였다."

아브람과 하갈

도널드 반하우스는 계속합니다.

"어떤 사람이 내가 이 모든 것을 추측하고 있는 것이라고 생각한다면 그에게 와서 그녀의 여종 하갈을 취해 그녀를 통해 아이를 얻으라고 제안한 그의 아내 사래의 심리를 증명해 보이겠다. 사래는 아이를 못 낳는 것이 자기 때문인 것으로 느꼈던 것이 틀림없다. 그녀는 결말이 보여주는 것처럼 매우 자존심이 강하고 민감한 여인이었다. 그녀는 남편을 다른 여인의 팔에 강제로 밀어 넣는 행동을 필사적으로 추진했을 것이 틀림없다. 당시는 천과 가죽을 걸치는 의류 문화의 세상이었다고 말한 것을 기억하라. 그들은 종들로 둘러싸인 장막 안에 살았다. 제안이 성립되었다. 아브람이 첩이 된 여종과 함께 나타난다. 그 소식은 급속도로 퍼졌을 것이다. 주인과 여종을 위해 장막이 준비되었다. 작업을 한 종들과 그들 주변의 종들은 많은 사람들의 아버지인 늙은 아브람이 첩과 함께 장막 안으로 들어가자 서로 능글맞은 웃음으로 눈짓을 주고받았을 것이다. 세월이 흘렀다. 여인들의 근거 없는 억측이 수다를 더 크게 키워갈 때, 하갈이 아브람의 아이를 임신했다는 소식이 드디어 확인되었다. 사래는 자신이 애굽 여인으로부터 멸시 당하고 있다는 것을 깨달았다. 그 소식은 진영에 퍼졌다. 왜냐하면 그 문제는 큰 부의 유산이 걸린 중요한 문제였기 때문이다. 태어날 아이가 상속자가 될 참이었다. 아브람에 대한 존경이 전보다 조금 더해진 것으로 보였다. 적어도 이제 그는 확실히 완전한 남자였다. 이제 증명이 된 것이다. 그는 노년에 아이의 아버지가 되었다. 결국 문제는 사라에게 있었다. 불임은 여자로서의 기능을 다하지 못한 그녀 때문이었다. 그런 후에 아이가 태어났는데 사내였고, 그의 이름은 이스마엘이었다. 아들의 출생은 누구에게 있어서나 아주 중요한 사건이다… 아브람은 그 아들로 인해 의기양양해졌다. 자신에 대해서도 당당했다. 왕성한 정력이 자연적으로 솟구쳤다. 그는 남자였다. 그리고 그 어린 아기는 그의 정력의 증명이었다. 그는 남자로서 갖는 보편적인 감정을 지니게 되었다… 몇 년이 지나 하나님이 아브람에게 나타나셔서 그가 하늘의 별들처럼 그리고 바다의 모래처럼 수많은 후손을 갖게 될 것이라는 불변하는 약속을 상기시키셨다. 아브람이 큰소리로 말했다. '이스마엘이나 하나님 앞에 살기를 원하나이다' (창 17:18). 이것은 무지의 외침이었다. 또한 이것은 그 족장의 삶에 뒤따른 믿음의 배경을 설정하는 것이기도 했다. 신약에서 종의 아들과 여주인의 아들 사이의 대조가 갈라디아서에 설명되고 있다. 갈라디아서 4:21-31절은 이렇게 기록되어 있다. '내게 말하라 율법 아래에 있고자 하는 자들아 율법을 듣지 못하였느냐 기록된 바 아브라함에게 두 아들이 있으니 하나는 여종에게서, 하나는 자유 있는 여자에게서 났다 하였으며 여종에게서는 육체를 따라 났고 자유 있는 여자에게서는 약속으로 말미암았느니라 이것은 비유니 이 여자들은 두 언약이라 하나는 시내 산으로부터 종을 낳은 자니 곧 하갈이라 이 하갈은 아라비아에 있는 시내 산으로서 지금 있는 예루살렘과 같은 곳이니 그가 그 자녀들과 더불어 종 노릇 하고 오직 위에 있는 예루살렘은 자유자니 곧 우리 어머니라 기록된 바 잉태하지 못한 자여 즐거워하라 산고를 모르는 자여 소리 질러 외치라 이는 홀로 사는 자의 자녀가 남편 있는 자의 자녀보다 많음이라 하였으니 형제들아 너희는 이삭과 같이 약속의 자녀라 그러나 그때에 육체를 따라 난 자가 성령을 따라 난 자를 박해한 것 같이 이제도 그러하도다 그러나 성경이 무엇을 말하느냐 여종과 그 아들을 내쫓으라 여종의 아들이 자유 있는 여자의 아들과 더불어 유업을 얻지 못하리라 하였느니라 그런즉 형제들아 우리는 여종의 자녀가 아니요 자유 있는 여자의 자녀니라' 이 갈라디아서 단락의 교훈은 우리에게 창세기에 기록된 역사적 사건의 확실한 의미를 주고 있다. 이스마엘이 아브람의 자연적인 정력으로 태어났다는 징후가 현저하다. 그 아이는 다른 모든 아이들이 태어난 것과 같이 태어났다. 그의 출생과 연관된 표적이 없었다. 아브람은 86세였지만 그래도 그 아이는 그의 자연적인 힘으로 얻은 아이였다. 이제 여행객들이 야영하려고 우물로 와서 아브람을 방문할 때 이름을 묻는 것이 그에게 있어 전처럼 그렇게 아주 어렵지가 않았다. '이름이 무엇입니까? 많은 사람들의 아버지 아브람이요. 오, 축하합니다! 그런데 아들은 몇이나 두셨습니까? 한 명이요.' 이것은 많은 것이 아니었다. 그러나 그것은 방문자들 얼굴의 능글맞은 웃음과 주변에 있는 종들의 깜박이는 눈짓을 막는 데는 충분한 것이었다. 아브람에게는 아들 한 명이 있었다. 그는 남자였다."

언약이 확인되다

"이렇게 해서 13년이 흘렀다. 아브람의 건강은 약화되어 이제는 기력이 없게 되었다. 그가 99세가 되었을 때, 하나님이 그에게 나타나셔서 전에 그에게 하셨던 약속을 상기시키셨다. 아브람의 첫 반응은 그가 마침내 이스마엘이라는 아들 하나를 가졌다는 것과 그 아들 하나의 존재가 하나님이 거짓말쟁이가 되는 것을 막는 데 충분하다는 것을 하나님께 일깨워드린 것이었다. 이제 아브람이 죽는다 해도 하나님은 이스마엘에게 수많은 아들들을 주셔서 약속을 성취시키실 수 있게 되었다. 그러나 하나님은 그런 식으로 역사하지 않으신다. 메시아의 혈통은 곤경에 빠진 하나님을 돕고자 하는 사래의 속임수로 저주받은 함의 딸의 자궁을 통해 이어질 수 없었다. 하나님이 아브람에게 말씀하셨다. '나는 전능한 하나님이라 너는 내 앞에서 행하여 완전하라 내가 내 언약을 나와 너 사이에 두어 너를 크게 번성하게 하리라' (창 17:1-2). 이제 히브리인들을 하나의 민족으로 세우고 그들의 신앙을 시작하게 했던 이 언약이 아브람이 부르심을 받고 그의 땅을 떠난 지 적어도 15년 후에 이루어졌다는 것을 잘 살펴보라. 그의 구원은 은혜에 의한 것이었다. 그리고 지금 하나님은 그 언약을 상세히 설명하기 시작하신다. 아브람은 하나님 앞에 엎드렸고, 하나님은 계속해서 말씀하셨다. '보라 내 언약이 너와 함께 있으니 너는 여러 민족의 아버지가 될지라 이제 후로는 네 이름을 아브람이라 하지 아니하고 아브라함이라 하리니 이는 내가 너를 여러 민족의 아버지가 되게 함이니라' (창 17:4-5). 성경에는 나를 웃게 하는 것들이 더러 있다. 이 구절과 연관된 한 생각이 언제나 나를 웃게 해왔다. 나는 아브람이 그의 가족과 종들에게 그가 이제 이름을 바꾼다는 소식을 알렸을 때 어떤 일이 일어났을지 생각을 안 해 볼 수가 없다. 그들 모두는 그의 전 이름이 많은 사람들의 아버지 아브람이란 것을 알고 있었다. 그리고 그들은 그 이름이 그에게 어느 정도 가시가 되어왔다는 것도 알고 있었다. 그래서 우리는 그가 '나는 이름을 바꾸고자 하오.' 라고 알렸을 때, 분위기는 관심과 호기심으로 술렁거렸다는 것을 짐작할 수 있다. 스스로에게 웃으면서 이렇게 말하는 사람도 있었을 것이다. '늙은이가 그 이름을 감당할 수 없었겠지. 86년 동안 자식이 한 명도 없다가 이제 겨우 한 아이의 아버지가 되었는데 많은 사람들의 아버지라는 이름을 가지고는 괴로운 시간들을 가질 수밖에 없었겠지. 그래서 이름을 바꾸려고 하는구나! 무슨 이름으로 바꾸려는지 궁금하네.'"

반하우스는 뒤이어 나온 말들로 무슨 일이 일어났는지 이야기하며 결론을 맺습니다.

"그러자 그 늙은이가 입을 열었다. '내 이름은 열국의 아버지인 아브라함으로 아시오.' 그 이야기를 듣자 그들은 어리벙벙해진 상태에서 아무 말도 못하고 침묵만이 흘렀을 것을 우리는 느낄 수 있다. 열국의 아버지라고? 비웃는 소리가 여기저기서 흘러 나왔다. '늙은이가 돌았나 보네. 86세에 겨우 아이 하나 가졌는데 지금 99세에 망상을 하기 시작하는군. 열국의 아버지라! 그 나이의 사람에게 이것보다 더 우스꽝스러운 일이 또 있을까?'"[1]

아브라함의 믿음

인간적인 관점에서 보면, 99세 된 사람이 이처럼 생각한다는 것이 우스꽝스러웠을 것입니다. 그러나 "하나님의 관점"에서 이것은 전혀 우스꽝스러운 것이 아니었고, 아브라함은 그것들을 약속하신 하나님의 관점에서 그 상황을 보았던 것입니다. 이것은 하나님이 주신 약속이었습니다. 하나님에게서 오는 것은 어떤 것도 우스운 것이 없습니다. 바울은 이렇게 말합니다. "하나님의 어리석음이 사람보다 지혜롭고 하나님의 약하심이 사람보다 강하니라"(고전 1:25). 바울은 아브라함에 대해 말합니다. "그가 백 세나 되어 자기 몸이 죽은 것 같고 사라의 태가 죽은 것 같음을 알고도 믿음이 약하여지지 아니하고 믿음이 없어 하나님의 약속을 의심하지 않고 믿음으로 견고하여져서 하나님께 영광을 돌리며 약속하신 그것을 또한 능히 이루실 줄을 확신하였으니"(롬 4:19-21).

당신은 이와 같은 믿음을 가지고 있습니까? 이와 같은 하나님을 소유하고 있습니까? 우리가 섬기는 하나님은 아브라함의 하나님입니다. 그리고 이 하나님이 아브라함과 같은 믿음이 생기도록 하시기 위해 사람들 안에서 역사하십니다. 이 하나님이 그분을 신뢰하는 사람에게는 죽음 없는 생명을, 미움 없는 사랑을, 소란 없는 평화를, 비참함 없는 기쁨을, 저주 없는 칭찬을 그리고 힘을 가져다주십니다. 오늘날 그분은 약속의 초점이시고, 상속자이신 예수 그리스도를 통해 그 일을 하십니다. 당신은 그분을 신뢰하십니까? 당신은 구원의 약속, 죄용서의 약속, 그분 앞에 나아갈 수 있는 약속, 영생의 약속을 신뢰하십니까? 하나님은 거짓말을 하실 수 없다는 것과 하나님은 약속하신 것을 언제나 지키신다는 것을 반드시 기억하십시오.

● 각주 ●

1. 도널드 G. 반하우스, *God's Remedy*, 310-317.

82

아브라함과 하나님

창세기 17 : 9-22

하나님이 또 아브라함에게 이르시되 그런즉 너는 내 언약을 지키고 네 후손도 대대로 지키라 너희 중 남자는 다 할례를 받으라 이것이 나와 너희와 너희 후손 사이에 지킬 내 언약이니라 너희는 포피를 베어라 이것이 나와 너희 사이의 언약의 표징이니라 너희의 대대로 모든 남자는 집에서 난 자나 또는 너희 자손이 아니라 이방 사람에게서 돈으로 산 자를 막론하고 난 지 팔 일 만에 할례를 받을 것이라 너희 집에서 난 자든지 너희 돈으로 산 자든지 할례를 받아야 하리니 이에 내 언약이 너희 살에 있어 영원한 언약이 되려니와 할례를 받지 아니한 남자 곧 그 포피를 베지 아니한 자는 백성 중에서 끊어지리니 그가 내 언약을 배반하였음이니라 하나님이 또 아브라함에게 이르시되 네 아내 사래는 이름을 사래라 하지 말고 사라라 하라 내가 그에게 복을 주어 그가 네게 아들을 낳아 주게 하며 내가 그에게 복을 주어 그를 여러 민족의 어머니가 되게 하리니 민족의 여러 왕이 그에게서 나리라 아브라함이 엎드려 웃으며 마음속으로 이르되 백 세 된 사람이 어찌 자식을 낳을까 사라는 구십 세니 어찌 출산하리요 하고 아브라함이 이에 하나님께 아뢰되 이스마엘이나 하나님 앞에 살기를 원하나이다 하나님이 이르시되 아니라 네 아내 사라가 네게 아들을 낳으리니 너는 그 이름을 이삭이라 하라 내가 그와 내 언약을 세우리니 그의 후손에게 영원한 언약이 되리라 이스마엘에 대하여는 내가 네 말을 들었나니 내가 그에게 복을 주어 그를 매우 크게 생육하고 번성하게 할지라 그가 열두 두령을 낳으리니 내가 그를 큰 나라가 되게 하려니와 내 언약은 내가 내년 이 시기에 사라가 네게 낳을 이삭과 세우리라 하나님이 아브라함과 말씀을 마치시고 그를 떠나 올라가셨더라

그동안의 연구에 의하면 창세기 17장은 하나님의 언약의 개념이 처음으로 드러난 곳은 아닙니다. 그것은 창세기 6장과 9장의 홍수 때에 하나님이 노아와 상대하시는 이야기에서 나타났고 그리고 창세기 15장에서 나타났습니다. 그 장들의 강해는 이미 우리가 언약의 개념으로 다루었기 때문에 언약의 본질적인 면은 이미 알고 있을 것입니다.

하나님의 언약은 세 가지 특징을 가지고 있습니다. 첫째, 그것은 **단독적인** 것입니다. 즉, "일방적"인 것입니다. 이것은 언약이 하나님과 사람이 그들의 장래 관계에 대한 상황이 어떻게 될 것인지 결정하려고 함께 의논해서 나오는 것이 아니라 하나님에게서 단독적으로 나온다는 것을 의미합니다. 우리는 집을 팔 때 흥정하는 것처럼 하나님과 흥정하지 않습니다. 둘째, 언약은 **영원한** 것입니다. 즉, 하나님은 불변하시고, 언약의 약정이 그분에게서 나오고 존속하는 것이기 때문에 언약도 변하지 않습니다. 히브리서 저자는 이점을 이렇게 분명히 말씀하고 있습니다. "하나님은 약속을 기업으로 받는 자들에게 그 뜻이 변하지 아니함을 충분히 나타내시려고 그 일을 맹세로 보증하셨나니 이는 하나님이 거짓말을 하실 수 없는 이 두 가지 변하지 못할 사실로 말미암아 앞에 있는 소망을 얻으려고 피난처를 찾은 우리에게 큰 안위를 받게 하려 하심이라"(히 6:17-18). 셋째, 하나님의 언약은 **은혜로운** 것입니다. 만일 하나님의 약속이 인간에게 있는 그 어떤 것 때문에 주어지는 것이라면 그런 약속은 결코 세워지지 못했을 것입니다. 왜냐하면 우리는 약속을 받을 만한 아무런 가치가 없기 때문입니다. 그것이 세워지는 것은 오직 하나님의 호의 때문입니다.

하나님의 몫, 사람의 몫

그러나 이 시점에서 창세기 17장에 기록된 사항 때문에 부분적으로 질문이 생깁니다. 그 질문은 이렇습니다. 언약에 관련해서 인간 개인의 역할은 무엇인가? 이에 대해 한 가지 말할 수 있는 것은 언약은 일방적이라고 하는 것, 즉 하나님이 그것을 주도하시고 약정을 세우신다는 것입니다. 그러나 그것을 인정하더라도 하나님은 언약을 우리와 세우신다는 것과 우리는 어떤 형태로든 그 언약에 관련되고 있다는 것은 사실입니다. 우리가 어떻게 언약에 관련되고 있습니까? 그 언약이 궁극적으로 우리의 응답을 조건으로 한다는 이해라도 있습니까?

이러한 일련의 질문에 대해서 우리로 생각하게 하는 것은 "나는(as for me)" (4절; 개역개정성경에는 생략됨 - 역주)과 "너는(as for you)" (9절)이라는 두 말의 비교입니다. 첫 번째 말은 하나님에 관련되고 두 번째 말은 아브라함에 관련됩니다. 특히 그 두 말은 두 개의 다른 단락을 소개하는데 하나는 언약을 세우심에 있어 하나님이 하시는 일에 관련되고, 다른 하나는 아브라함의 책임에 관련됩니다. 이것만이 하나님의 언약에 대한 아브라함의 응답의 특징을 우리로 하여금 고찰하게 해 줍니다.

다른 하나의 대조도 있습니다. 창세기 17장의 첫 여덟 절에서 하나님은 "내가 ~ 하리라(I will)" 라는 표현이 일곱 번 나옵니다. 이것은 분명히 그분이 주도하심을 말해주고 있는 것입니다. 2절에서 하나님은 이렇게 말씀하십니다. "**내가** 내 언약을 나와 너 사이에 두어 (**내가**) 너를 크게 번성하게 하리라" 그 다음 절들에서 하나님은 이렇게 말씀하십니다. "이제 후로는… **내가** 너로 심히 번성하게 하리니 **내가** 네게서 민족들이 나게 하며… **내가** 내 언약을 나와 너 및 네 대대 후손 사이에 세워서 영원한 언약을 삼고… **내가** 너와 네 후손에게 네가 거류하는 이 땅 곧 가나안 온 땅을 주어 영원한 기업이 되게 하고 나는 그들의 하나님이 되리라" 에서 "**내가**" ("나는" 을 포함)라는 말이 일곱 번 나옵니다. 모두가 하나님의 주도입니다. 그런데 바로 다음에 "그런즉 너는(you must)… " 이 나옵니다. 여기서 대조가 이루어지고 있는 것입니다. 즉, 하나님은 "내가 ~ 하리라(I will)" 고 말씀하시고, 그 결과로 "너는 ~ 해야 한다(you must)" 라는 것입니다.

하나님이 "너는 ~ 해야 한다." 라고 말씀하실 때, 그 말씀은 "내 뜻은 네 행위에 의존하는 것"이라는 것이 아닙니다. 하나님은 "너는 이것을 해야 한다. 만일 하지 않으면 나는 내가 약속한 것을 지키지 않을 것이다." 라고 말씀하시는 것이 아닙니다. 하나님은 그렇게 행동하지 않으십니다. 하나님은 주권적이십니다. 하나님은 그분이 하시고자 하는 일을 하십니다. 그러나 우리가 어떤 일을 해야 하는 것은 하나님이 행하시는 데 대한 선행조건은 아니지만 그것은 사실이고 중요한 것입니다.

우리는 이것을 신학적으로 표현할 수도 있습니다. 신학적 사고 형식으로 말해 본다면 하나님은 불경건한 자를 오직 은혜로 의롭게 하신다고 말할 수 있습니다. 그 일은 전적으로 하나님이 하시는 것입니다. 그러나 하나님은 거듭남 없이는 절대로 그렇게 하지 않으십니다. 하나님은 은혜로, 우리를 예수 그리스도의 역사를 근거로 의롭게 하십니다. 그러나 하나님께서는 거듭남이 없이는 절대로 의롭게 하지 않으시기 때문에 의롭게 된 사람은 하나님께 영광을 돌리는 길로 응답할 것이고, 해야 되고, 하게 될 것입니다. 이것이 우리가 아브라함의 경우에서 발견하는 것입니다. 하나님께서 말씀하셨습니다. "내가 내 아들 예수 그리스도를 통해서 너와 네 자손들에게 복을 주고자 한다. 그래서 지금 내가 이 일을 행하기 때문에, 내가 내 은혜를 네 삶에 적용시키기 때문에, 너는 나를 위해 살아야 한다." 만일 우리가 하나님을 위해 살지 않는다면, 그것은 우리가 거듭나거나 의롭게 되지 않았다는 것을 우리 행동으로 증명하는 것입니다. 만일 우리가 하나님을 위해 산다면, 하나님의 보증 날인에 우리의 날인을 더하고 그분의 말씀이 진리라는 것을 인정하는 확실한 의미가 있게 됩니다.

하나님의 숨

이즈음에서 어떤 사람은 "그런데 이것이 어떻게 가능할까?" 라고 말할지 모릅니다. 어쩌면 자세히 기록되지는 않았지만 아브라함 자신도 이 말을 했을지 모릅니다. 하나님은 특정한 일을 하시고자 한다고 말씀하시는데, 나는 이를 믿습니다. 그분은 나에게 땅을 주시겠다고 말씀하시는데 나는 그분이 그렇게 하실 것이라고 믿습니다. 그분은 나의 자손을 번성케 해 주시겠다고 말씀하십니다. 나는 이것도 역시 믿습니다. 그분은 나를 통해 모든 민족에게 복을 주시겠다고 말씀하십니다. 나는 이 복도 또한 믿습니다. 그 모두가 좋습니다. 그것은 하나님에게 달려있고, 하나님은 그분이 하시고자 하는 일을 하실 것입니다. 그런데 하나님이 전에 하지 않으시던 방법으로 여기에 "너도 어떤 일을 해야 한다." 라는 말씀을 더하십니다. 이것은 아주 다른 문제입니다. 만일 아브라함이 하나님의 생각을 알았더라면, 나는 그가 알고 있다고 믿지만 그는 이의를 제기했을 것입니다. "하나님, 하나님께서는 나의 수준에서 내가 어떤 일을 해야만 한다고 말씀하십니다. 그런데 나는 하나님이 내게 해야만 한다고 말씀하신 것을 할 수 있을지 모르겠습니다. 하고는 싶습니다. 나는 순종하기를 원합니다. 그러나 주님은 약속하신 것을 이루시고 나에게 신실하신, 신뢰 받으실 수 있는 하나님이시지만 나는 주님과 같지 않다는 것을 압니다. 나는 신뢰받을 만한 사람이 못됩니다. 나는 신실하지 못합니다. 주님은 능력이 있으시지만 나는 능력이 없습니다. 주님은 사랑이 있으시지만, 나는 사랑이 없습니다. 주님은 지혜로우시지만 나는 지혜롭지 못합니다. 그래서 가능한 한 순종하고 싶습니다. 그리고 여기서 조차도 오직 주님의 은혜에 의해서만 내가 나일뿐임을 인정합니다. 내가 할 수 있을지 정말 확신이 안 갑니다."

아브라함이 이런 문제를 생각이나 말로 했거나 안 했거나 하나님은 그 문제를 다루셨습니다. 이 구절들에서 우리는 하나님의 은혜로 그가 정말로 지금 하나님과 언약을 맺은 자로서 일을 해야만 한다고 말씀하신 것을 할 수 있을 것임을 하나님이 아브라함에게 알게 하시는 것을 봅니다.

하나님이 다른 곳이 아닌 여기, 즉 아브라함과 언약을 맺으시는 상황에서 하나님이 그의 이름을 아브라함이라고 바꾸시는 것은 매우 의미가 있습니다. 처음에 그의 이름은 아브람, 즉 "많은 사람들의 아버지" 였지만 이제 아브라함, 즉 "열국의 아버지"가 되었습니다. 그러나 이것의 의미는 이름의 단순한 의미를 넘어서 하나님이 아브람의 이름에 ㅎ(h)자를 더하심으로써 실제로 숨소리를 더하셨다는 것인데 이는 여러 모로 중요한 일입니다(아브람에 해[ha]를 더해 아브라함이 되는 것이지만, 그 두 글자는 실제로 숨소리입니다).

그러나 당신은 "글쎄요, 그것이 대단한 의미를 가지고 있는 것처럼 보이지 않는데요." 라고 말할 것입니다. 우리 문화에서는 대단해 보이지 않습니다. 그러나 우리는 고대 언어에서 "숨(breath)"과 "영(spirit)"은 같은 말로 숨은 언제나 하나님의 영과 연관되어 있었고, 그 반대도 마찬가지였다는 것을 기억해야 합니다. 예를 들어 창세기 처음 장에서 하나님의 영이 수면 위를 운행하셨다는 말씀을 읽을 때, 이것은 또한 수면 위를 운행하는 하나님의 숨 또는 바람이기도 했다는 것을 이해해야 합니다.

이것은 고대 언어가 가르쳐주고 있는 것입니다. "영(spirit)"이라는 말의 라틴어는 스피리투스(spiritus)입니다(영어의 spirit은 여기서 나왔습니다). 그 라틴어는 "숨(breath)"을 의미합니다. 이것을 포함한 말이 보통의 영어 단어에도 많이 있습니다. 우리는 "perspiring(증발시킴)" "inspiring(불어넣음)" "conspiring(공모하기)" "expiring(숨을 내쉬기)" 기타 등등의 단어들을 말합니다. Perspiring은 피부를 통해 숨을 내쉬는 것입니다. Inspiring은 어떤 사람이 그의 숨을 다른 사람에게 조금 불어넣어주는 것입니다. Conspiring은 다른 사람들과 함께 모여 동시에 숨을 들이마시고 내쉬는 것입니다. Expiring은 마지막으로 숨을 내쉬는 것입니다.

이것은 헬라어에서도 마찬가지입니다. "숨"과 "영"의 헬라어는 프뉴마(pneuma)입니다. 라틴어 스피리투스(spiritus)에서 온 영어 단어들과 비교할 때, 프뉴마를 근거로 하고 있는 영어 단어는 소수에 지나지 않습니다. 왜냐하면 이 단어는 pn이라는 글자로 시작하고 있어 그 두 글자를 합쳐 발음하는 것이 어렵기 때문입니다. 그러나 "공기작용에 의한(pneumatic)"이란 단어가 있습니다. 이 단어는 공기로 작동되는 어떤 것을 묘사합니다. 폐 또는 숨 상자(breath box)에 생기는 병인 "폐렴(pneumonia)"이 있습니다.

모든 것 중 가장 의미가 있는 것은 창세기를 기록한 언어인 히브리어로 돌아가 볼 때 히브리어 루아흐(ruach)가 있다는 사실입니다. 이 단어는 "숨"과 "영" 두 가지 의미를 가지고 있고, 숨을 내쉬지 않고는 제대로 발음할 수가 없는 단어입니다. 루아흐(ruach), 이것은 숨소리입니다. 따라서 하나님이 아브람을 아브라함으로 부르셨을 때, 그분이 실제로 하신 일은 그분의 강력한 숨 또는 영을 아브람의 이름에 더해 주신 것입니다.

여기에는 또한 다른 의미가 더 포함되어 있는지도 모릅니다. 구약에서 하나님의 이름은 보통 여호와(Jehovah)입니다. 또는 학문적인 문헌에서는 야훼(Yahweh)입니다. 이것은 테트라그라마톤 (Tetragrammaton)이라고 부르는 히브리어 네 개의 자음으로 구성됩니다

(네 개의 자음은 여호와의 자음 글자인 YHVH임 - 역주). 하지만 우리는 이것이 필시 적절한 히브리 모음과 함께 쓰인 일이 한 번도 없기 때문에 정확히 어떻게 발음되는지 모릅니다. 히브리 언어 초창기에는 단지 자음만 사용되었고, 모음은 전혀 없었습니다. 천 년을 지나서 마조렛 학자들이 히브리어에 모음을 붙일 때에도 그들은 거의 확실히 이 이름에 올바른 모음을 붙이지 않았습니다. 그 당시 하나님의 이름은 죄인들이 발음하기에는 너무 거룩해서 사람들이 히브리어 구약을 읽을 때, 하나님의 이름을 읽지 않게 하기 위해 그들은 모음을 붙인 아도나이(Adonai, 우리 주)라는 이름을 대신 읽도록 한 것입니다. 오늘날도 구약을 읽을 때 유대인들은 아도나이로 읽습니다. 그 결과로 우리는 그 원래 이름을 어떻게 읽어야 하는지 제대로 알지 못합니다. 그러나 내가 제안을 해 봅니다. 만일 그 이름의 올바른 발음이 오늘날 학자들이 생각하는 것처럼 야훼라면 그 단어는 거의 완전히 모음 또는 숨소리로 발음됩니다. 즉, 이(i), 아(ah), 에(eh)의 발음입니다. 이것은 I-AH-wEH(이-아-웨)가 됩니다. 만일 그 올바른 발음이 여호와라면 여기에서 네 개의 모음을 얻을 수가 있습니다. 이-에-호-바(I-E-hO-vAH)입니다. 이것은 한 거대하고 영광스러운 숨입니다.

만일 이 추정이 옳다면, 만일 하나님의 이름이 이렇게 해서 붙여진 것이라면 하나님은 단순히 그분의 숨 얼마를 아브람에게 불어 넣으셨다거나 또는 그분의 영 얼마를 아브라함에게 나누어주신 것이 아닙니다. 이 역시 사실이긴 하지만 말입니다. 하나님은 그분의 특성을 나타내는 자신의 이름을 아브람의 이름에 결합하신 것입니다. 인간적인 "많은 사람들의 아버지" 아브람이 "아브람에" 전능하신 하나님 여호와를 더한 아브라함이 됩니다. 하나님과 함께 하면 모든 것이 가능합니다.

아브라함은 하나님의 얼굴을 올려다보며 말했습니다. "오, 하나님, 주님은 정말 위대하십니다. 주님은 정말 전능하십니다! 주님이 무엇인가를 하시겠다고 말씀하시면 나는 그것을 두고 어떤 걱정도 하지 않습니다. 주님은 나에게 복을 주시겠다고 말씀하십니다. 주님은 구주가 되실 자손을 보내주시겠다고 말씀하십니다. 나는 그 모든 것을 받아들입니다. 그것에 아무 걱정이 없습니다. 나는 주님이 누구신지를 압니다. 그러나 주님이 내게 '너는 이런 일을 해야 한다' 고 말씀하시면 나는 그것을 어찌 해야 할지 모릅니다."

하나님이 아브라함에게 대답하십니다. "네가 그것을 어떻게 해야 하는지를 내가 말해 주겠다. 너는 내 능력을 통해 그것을 하게 될 것이다. 그 상징으로 내 이름을 네 이름에 결합시키고자 한다. 너는 더 이상 단순한 육신의 사람인 아브람이 아니다. 너는 나에게 영원히 연합된아브라함이 될 것이다."

이런 생각이 아브라함의 의식 속에 스며들기 시작하자, 아브라함은 이렇게 말했을 것입니다. "하나님, 만일 주님이 그 일을 하시는 것이라면, 만일 그것이 언약의 의미라면 내게 하시고 싶은 어떤 일도 하십시오. 나는 주님을 신뢰합니다. 나는 주님이 내게 원하시는 것이 주님의 놀라운 이름에 영광을 더해 줄 것이라 믿습니다. 나의 전 생애를 통해 주님의 힘을 의존하기를 원합니다."

창세기 17장에서 처음으로 하나님을 전능하신 하나님으로 부른 것은 흥미 있는 일이고, 또 같은 맥락을 이루고 있습니다. 히브리어 이름으로는 엘 샤다이(El Shaddai)입니다. 이것은 학자들이 어떻게 다루어야 할지 단적으로 확신하지 못하는 또 하나의 이름입니다. 그 이름은 능력 또는 힘과 연관되어 있어 그들은 "전능하신 하나님" 으로 번역하고 있습니다. 어쩌면 이것이 옳을지도 모릅니다. 그러나 나는 그 히브리 단어의 어근이 샤드(shad)라는 것에 주목하는데 샤드는 여성의 가슴을 의미합니다. 나는 그것이 사람을 보호하고 방어해 줄 수 있는 힘이 센 남자의 가슴에도 적용될 수 있다고 생각합니다. 그러나 실제로는 여성 가슴을 의미하는데 이 경우에서는 아브라함에게 영양분을 공급하시는 하나님이심을 시사 합니다. 아주 부드러운 모습으로 하나님은 마치 아이가 그의 어머니의 젖으로 잘 자라나는 것처럼, 우리가 그분에게 의존하여 살아감으로써 언약에 제시된 우리의 책임을 이행할 수 있는 능력을 우리에게 주신다는 것을 말씀하신 것인지도 모릅니다.

하나님과 그리스도인들

이것을 우리 경험에 적용시켜 보는 것은 어렵지 않습니다. 왜냐하면 아브라함처럼 우리 역시 예수 그리스도를 믿는 믿음을 통해 하나님과 연합되어 있기 때문입니다. 차이가 없습니다. 하나님의 숨을 결합시키시고 그 증거로 아브라함이라 부르셔서 하나님이 그에게 원하시는 삶을 그가 살 수 있게 하시고, 하나님이 그에게 원하시는 일을 그가 할 수 있도록 하신 똑같은 하나님이 우리가 그리스도를 믿어 그리스도인들이 됨에 따라 우리 이름과도 역시 결합하고 계십니다.

그리스도인이 된다는 것은 무엇을 의미합니까? 그것은 그리스도의 것이 되는 것, 그분에게 결합되어 그분의 이름을 취하는 것을 의미합니다. 만일 당신의 이름이 메리이고 당신이 그리스도인이 된다면, 당신은 메리 크리스천이 됩니다. 당신 이름이 제임스이면 당신은 제임스 크리스천입니다. 수잔이면 당신은 수잔 크리스천입니다. 누구나 마찬가지입니다. 우리가 언약 안으로 들어가 그리스도인들이 되면서 우리는 이것이 모두 하나님에게서 오는 것이며 우리가 해야 할 어떤 일을 할 수 있는 능력도 우리 자신이 아닌, 우리와 결합하고 계시는 하나님에게서 오는 것임을 인정하게 됩니다.

이것은 또한 옛 언약의 표징에 의해 시사되어 있기도 합니다. 창세기 17장에서 아주 강하게 나타나고 있습니다. 그리고 신약에 등장하는 세례와 성만찬에 대한 그리스도인의 표징에 의해 시사되고 있기도 합니다. 아브라함의 표징에 관한 한, 아브라함이 그것을 세우지 않았다는 것은 의미 깊은 것입니다. 하나님이 세우셨습니다. 하나님이 이렇게 말씀하셨습니다. "너희 중 남자는 다 할례를 받으라 이것이 나와 너희와 너희 후손 사이에 지킬 내 언약이니라 너희는 포피를 베어라 이것이 나와 너희 사이의 언약의 표징이니라"(창 17:10-11). 그러나 하나님이 표징을 세우시지만, 창세기 17장의 끝부분에서 보는 바와 같이 아브라함은 그것을 수행함으로써 반응을 해야 했습니다. 그 부분에서 이렇게 말씀합니다. "이에 아브라함이 하나님이 자기에게 말씀하신 대로 이 날에 그 아들 이스마엘과 집에서 태어난 모든 자와 돈으로 산 모든 자 곧 아브라함의 집 사람 중 모든 남자를 데려다가 그 포피를 베었으니"(23절).

아브라함의 순종이 그가 그 언약에 어떤 것으로라도 공헌을 했다는 것을 의미하는 것이 아닙니다. 실제로 그것은 그 반대를 의미했습니다. 표피를 베어버리는 것은 육신으로부터 생기는 인간 노력의 포기를 의미했고, 개인의 하나님과의 일체화의 표를 몸에 기꺼이 지고 다니는 것을 의미했습니다.

새 언약의 표징은 의미에 있어 비슷합니다. 그리스도의 몸에 입문하는 세례는 세 가지 사항을 상징합니다. 첫째로 과거와 자신에게 대하여 죽음, 둘째로 그리스도 안에서 새로운 삶으로 일어남, 셋째는 예수 그리스도와 일체가 되는 것입니다. 세례를 통하여 우리는 그리스도의 이름을 얻고, 온 세상 앞에서 이제부터 우리를 그리스도인들로 알라고 말하는 것입니다. 그러면 성만찬은 무엇입니까? 그것은 계속해서 지키는 기독교의 성례전으로서 그리스도를 기쁘시게 하는 삶을 사는 능력을 위해 우리가 지속적으로 그리스도를 의존한다는 것을 상징하는 것입니다. 특히 이것은 상징적인 먹음으로 이루어지는데 이는 마치 아브라함이 엘 샤다이(El Shaddai)를 먹으면서 용기를 북돋아 자신을 생각했을 것과 같습니다. 우리는 오직 그리스도를 의존함으로써만 하나님의 언약의 자녀들로서의 삶을 살아갈 힘을 얻습니다.

다른 사람들을 위한 복

이 부문에 중요 사항이 한 가지 더 있습니다. 우리는 4절 시작에 하나님이 "나는(As for me)" 이라고 말씀하신 것과 9절에서 하나님이 "너는(As for you)" 이라고 말씀하신 것을 보았습니다. 이것은 중요한 단락 표기입니다. 그러나 우리는 창세기 17장을 계속 읽어가면서 이것이 이러한 표기가 사용된 유일한 곳은 아니라는 것에 주목합니다. 15절에 "네 아내 사래는(As for Sarai your wife)" 이라는 또 다른 표기가 있고, 20절의 "이스마엘에 대하여는(as for Ishmael)" 입니다. 요점은 하나님이 아브라함을 위해 가지고 계셨던 복이 이제 그와 관련되어 있는 다른 사람들의 삶에 흘러 들어가고 있다는 것입니다. 그와 가장 가까운 사래는 그와 맞먹는 복을 받습니다. 그녀의 이름도 역시 하나님의 숨을 더하여 바뀌어져 사래(Sarai)에서 사라(Sarah)가 됩니다. 이스마엘은 비록 약속의 아들이 아니지만 아브라함 자신처럼 큰 나라의 조상이 됩니다.

나는 그리스도와 연합되고 하나님의 언약의 보증인(印)을 지니고 있는 당신에게 질문합니다. 당신은 하나님의 복이 다른 사람들에게 흘러 들어가게 하는 통로가 되고 있습니까? 그들이 당신을 알고 있는 것이 그들에게 유익이 됩니까? 당신이 어떤 새로운 장소에 갈 때 거기에 있는 사람들이 당신이 오는 것을 반가워합니까?

친한 친구가 최근에 병원에 입원을 했습니다. 병중에도 불구하고 그는 자기 병실에 함께 있는 사람들에게 전도를 하며 하나님의 은혜와 사랑을 증거했습니다. 그래서 그가 퇴원할 때 그와 같은 병실에 있던 사람들이 이렇게 말했습니다. "당신이 아팠던 것을 기쁘게 여깁니다." 약간의 웃음이 지나간 후에 그들은 설명을 했습니다. "물론 우리가 당신이 아팠던 것 자체를 기뻐한다는 뜻이 아니라 당신이 병으로 이 병원에 오게 된 것을 기뻐하는 것입니다. 당신은 우리에게 '축복의 통로' 가 되어주었기 때문입니다."

나는 콜로라도에 사는 또 다른 사람을 알고 있습니다. 그는 고층 아파트에 살았는데 월세가 올랐습니다. 하도 올라 어쩔 수 없이 그 아파트를 떠나려고 했습니다. 그런데 관리인이 와서 말했습니다. "아닙니다. 우리는 선생님이 떠나시는 것을 원하지 않습니다. 월세는 종전에 내셨던 그대로 유지하겠습니다. 선생님은 이 아파트에 사는 사람들에게 복을 주는 분이셨는데 선생님이 떠나시면 우리에게 손해입니다."

당신도 이렇습니까? 당신이 다른 사람들에게 복이 되지 않을 경우에 어떤 문제가 일어날 수 있는지 말해보겠습니다. 그것은 당신이 하나님을 실제로 순종하지 않거나 그분 앞에서 마땅히 이행해야 할 책임을 이행하지 않는 경우가 되지 않습니까? 하나님이 아브라함에게 말씀하시고 떠나신 후에 "이에 아브라함이 하나님이 자기에게 말씀하신 대로 이 날에 그 아들 이스마엘과 집에서 태어난 모든 자와 돈으로 산 모든 자 곧 아브라함의 집 사람 중 모든 남자를 데려다가 그 포피를 베었던 것"(창 17:23)을 주목해 보십시오. 바로 이 날에 그렇게 했습니다. 아브라함은 이렇게 말하지 않았습니다. "하나님, 알겠습니다. 주님이 원하시는 것을 압니다. 내일 혹은 다음 달 중 여가가 있을 때 하겠습니다. 내가 원하는 다른 일을 먼저 한 다음에 하겠습니다." 아브라함은 하나님께 순종하는 시간은 지금이라는 것을 알았습니다. 나는 이것이 하나님이 우리에게 의도하신 복이 우리에게 임하게 하고 또한 다른 사람들에게도 흘러가도록 전능하신 하나님과 친밀한 관계 속에서 살아가는 방법이라는 것을 말하고자 합니다. 만일 하나님이 당신에게 어떤 일을 하라고 말씀하시면 즉시 순종하십시오. 당신은 하나님이 충분한 분이심을 알 것입니다. 아니, 충분이란 말조차 부족한 표현입니다! 하나님은 충분 이상이십니다. 하나님이 수행하시겠다고 약속하신 것은 정말로 행하실 것입니다.

83

하나님 언약의 자녀들

창세기 17 : 23-27

이에 아브라함이 하나님이 자기에게 말씀하신 대로 이 날에 그 아들 이스마엘과 집에서 태어난 모든 자와 돈으로 산 모든 자 곧 아브라함의 집 사람 중 모든 남자를 데려다가 그 포피를 베었으니 아브라함이 그의 포피를 벤 때는 구십구 세였고 그의 아들 이스마엘이 그의 포피를 벤 때는 십삼 세였더라 그 날에 아브라함과 그 아들 이스마엘이 할례를 받았고 그 집의 모든 남자 곧 집에서 태어난 자와 돈으로 이방 사람에게서 사온 자가 다 그와 함께 할례를 받았더라

언약공동체와 관련하여 믿는 자의 자녀들의 위치가 어디인가 하는 것이 교회를 나누어 놓았습니다. 질문은 이렇습니다. 자녀들은 거기에 소속되는가, 아닌가? 즉, 오늘날에 있어 세례는 언약공동체에 개인적으로 들어가는 표이기 때문에 믿는 부모의 자녀들이 세례를 받는 것이 옳은가 하는 이 질문은 창세기의 면밀한 연구에서는 쉽게 간과될 수 없는 것입니다. 왜냐하면 창세기 17장이 하나님이

히브리 족장 아브라함과 맺으신 언약 안에서 그의 자녀들이 점하고 있는 위치를 강조하고 있기 때문입니다. 그래서 우리는 이 강조가 교회 시대에도 적용되는 것인지 물어봐야 합니다.

물론 언약의 자녀들의 포함은 창세기에 이미 시사되었습니다. 그것은 하나님이 아담과 언약을 맺으신 것에서 시사되었습니다. 아담은 그의 후예를 대표했습니다. 그래서 바울이 신약에서 분명하게 말하듯이 아담이 타락했을 때, 모두가 타락한 것입니다(롬 5:12-21). 아담의 자녀들은 아담의 범죄에 연루되었습니다. 동시에 아담의 믿음의 덕택으로 이 자녀들은 모든 교회의 첫 번째 교회, 즉 아담이 하나님의 제사장으로서 인도하는 가정교회에 있었을 가르침과 교제의 이점을 가졌습니다. 하나님의 노아와의 언약에서도 마찬가지입니다. 창세기 6장부터 9장까지에서 노아가 구원되었을 때, 그의 아내, 그의 세 아들 그리고 세 며느리와 함께 구원되었습니다. 이것은 반복적으로 강조되었습니다(7:1, 7, 13, 23, 8:15, 18, 9:18 참고).

하지만 가족이 언약에 포함되어 있는 것이 시사되고, 더욱이 이와 같은 전례를 가지고 예증하더라도 하나님이 아브라함과 언약을 세우실 때까지는 어린 자녀들의 위치가 명백하게 표명되지 않았습니다. 이제 하나님이 계시의 진리를 하나하나 점차적으로 나타내시는 과정에서 언약에 대한 설명이 자녀들을 포함한다는 것을 알게 됩니다. 창세기 17장에 아브라함의 "후손" 이란 언급이 여섯 번 나옵니다(7-10, 19절). "대대(로)" 라는 말은 세 번 나옵니다(7, 9-10절)(개역개정성경에서는 10절에서 이 말이 생략되어 있음 - 역주). 그 밖에 그 자녀들의 문제를 더욱 명확히 하기 위해서 언약의 표, 즉 할례의 표를 아브라함 가족의 "모든 남자" 에게 난지 8일 후(10, 12, 14, 23, 27절)에 주어야 한다는 명령이 있습니다. 본문은 아브라함이 행한 것이 이 할례임을 말해 줍니다.

현대의 문제

내가 이 장 처음에 말한 것처럼 오늘날 우리는 문제를 가지고 있습니다. 교회의 모든 교파들이 언약에 어린 자녀들이 포함된다고 보는 것이 아닙니다. 오늘날의 언약공동체에 들어가려면 세례를 받아야 하므로 언약에 어린아이가 포함되지 않는다고 보는 그룹의 교회는 아이들의 세례를 허락하지 않습니다.

이 문제를 제기함에 있어 어떤 사람들은 그 문제가 실로 그리스도인들을 나누는 것이기 때문에 그 문제를 제기하는 것이 과연 옳은지 의아해 할 것임을 나는 알고 있습니다. 그러나 나는 이 시점에서 내 것과 다른 전통을 주장하는 사람들이 세례에 대한 견해를 개혁교회나 장로교회에서 강조하는 것보다 훨씬·더 강조한다는 사실을 말하는 것은 공정하다고 생각합니다. 대부분의 침례교에서는 믿는 자에게 한정해서 세례(침례)를 실행 하는 것이 특징이 되고 있습니다. 나는 그런 예배에 여러 번 참석했었고, 은혜를 많이 받은 바 있습니다. 그러나 나는 이 특별한 세례(침례)에 대한 견해가 되풀이해서 주일마다 종종, 반복적으로 강조되고 있다는 것을 알게 되었습니다. 개혁교회에서는 그렇게 하지 않습니다. 우리는 세례가 가장 중요하다는 특별한 견해를 지지하지 않습니다. 그러나 우리는 다른 면에서 잘못을 하고 있습니다. 우리는 세례에 있어 자녀들의 위치와 명백한 언약적 견해를 충분히 자주 말하지 않습니다.

침례교 전통을 견지하는 사람들은 두 개의 언약 사이에 큰 단절이 있다는 것을 강조할 것입니다. 성경 자체가 옛 언약과 새 언약을 말합니다(렘 31:31-34, 눅 22:20, 고전 11:25). 침례교인들은 이 두 개가 전적으로 다른 것이라고 말할 것입니다. 그들은 (이스라엘의 언약에 들어가는 표인) 구약의 할례에서 (눈에 보이는 예수 그리스도의 몸인 교회에 들어가는 표인) 신약의 세례로 이월되는 것은 아무 것도 없다고 말할 것입니다.

더욱이 그들은 침례 이전의 믿음의 중요성을 강조할 것이고 이것은 성례전에서 자녀들을 배제시킬 것입니다. 성경은 말씀합니다. "믿고 세례를 받으라" (막 16:16, 행 2:28 참고). 이것은 물론 옳은 말씀입니다. 복음을 이해하거나 믿지 않는 사람들에게 복음이 전해질 때, 명령은 믿고 세례를 받으라는 것입니다. 우리는 오직 그리스도의 완성된 역사를 믿음으로 구원을 받습니다. 그런 다음 통상적으로 우리가 믿고 이제 그리스도의 몸의 교제 안에서 그리스도에게 결합되었다는 사실에 대한 공적인 증명으로 세례가 뒤따라야 합니다. 그러나 질문은 남습니다. 그 교제 안에 이렇게 믿고 세례 받은 사람들의 자녀들을 위한 자리가 있는가 하는 질문입니다.

유대 그리스도인들

이 질문을 숙고함에 있어 나는 프란시스 쉐퍼(Francis Schaeffer)의 「세례」(Baptism)라는 소책자의 도움을 받았습니다. 이 책자의 한 대목에서 그는 독자들에게 그들 자신을 기독교 초기에 구원받은 유대인들의 입장에 두어보라고 요구를 합니다. 사실상 초기 그리스도인들은 모두가 유대인들이었습니다. 그래서 쉐퍼는 믿는 자들에게 (개인을 과도하게 강조하는) 20세기 미국인의 입장이 아니라 (구약성경에 몰두해 있던) 유대 그리스도인들의 입장에서 세례에 대해 생각해 보라고 요구하고 있는 것입니다. 그는 이와 같은 사람들이 어떻게 우리가 생각하고 있는 주제에 접근했을 것인가 묻습니다. 프란시스 쉐퍼는 이렇게 기술합니다.

"첫째, 초기 기독교 시대에 구원된 어떤 유대인은 그가 믿음만으로 의롭게 된 것같이 아브라함도 역시 2천 년 앞서 믿음만으로 의롭게 되었다는 것을 깨달았을 것이다. 로마서 4:1-3절은 이것을 확실히 이렇게 밝히고 있다. '그런즉 육신으로 우리 조상인 아브라함이 무엇을 얻었다 하리요 만일 아브라함이 행위로써 의롭다 하심을 받았으면 자랑할 것이 있으려니와 하나님 앞에서는 없느니라 성경이 무엇을 말하느냐 아브라함이 하나님을 믿으매 그것이 그에게 의로 여겨진 바 되었느니라' 갈라디아서 3:6절도 명확하다. '아브라함이 하나님을 믿으매 그것을 그에게 의로 정하셨다 함과 같으니라'
성경은 아브라함이 우리가 그런 것처럼 오직 믿음만으로 의롭게 되었다는 것을 주의 깊게 강조하고 있는 것이 사실이다. 어느 시대, 누구든지 오직 믿음 만으로가 아닌, 다른 방식으로 구원되었거나 구원될 수 있다고 믿는 것은 심각한 실수다. 어느 시대에도 개인 구원에 관한한 종교적 또는 도덕적 순종은 아무 효과가 없다. 이런 사실을 명확히 강조한 바울의 서신들을 유의해 보라.
둘째, 초기 기독교 시대에 구원된 유대인은 아브라함과 맺어진 언약은 변경 불가능한, 즉 변하지 않는 것임을 깨달았을 것이다. 히브리서에서 이렇게 말씀한다. '하나님이 아브라함에게 약속하실 때에 가리켜 맹세할 자가 자기보다 더 큰 이가 없으므로 자기를 가리켜 맹세하여 이르시되 내가 반드시 너에게 복 주고 복 주며 너를 번성하게 하고 번성하게 하리라 하셨더니 그가 이같이 오래 참아 약속을 받았느니라 사람들은 자기보다 더 큰 자를 가리켜 맹세하나니 맹세는 그들이 다투는 모든 일의 최후 확정이니라 하나님은 약속을 기업으로 받는 자들에게 그 뜻이 변하지 아니함을 충분히 나타내시려고 그 일을 맹세로 보증하셨나니 이는 하나님이 거짓말을 하실 수 없는 이 두 가지 변하지 못할 사실로 말미암아 앞에 있는 소망을 얻으려고 피난처를 찾은 우리에게 큰 안위를 받게 하려 하심이라' (히 6:13-18).

이 구절은 첫째, 아브라함과 맺어진 언약은 불변한다는 것이고 둘째, 그것은 오늘의 시대에 구원된 우리도 포함한다는 것을 아주 명확히 보여주고 있다.

이 유대인은 또한 아브라함과 맺어진 언약은 기본적으로 영적인 것이었음을 기억했을 것이다. 오늘의 시대에 구원된 이방인인 우리에게는 유대인들에게 해준 민족적인 약속들은 적용되지 않지만 영적인 약속들은 적용된다. 로마서에서 이점에 대해 명확히 말씀한다. 13절 말씀은 하나님이 아브라함에게 하신 약속에 대해 우리에게 명확히 말씀해 주고 있는데 16절에 보면 현 시대에 구원된 이방인인 우리도 똑같이 그 약속 성취의 대상자들임을 분명히 하고 있다. '그러므로 상속자가 되는 그것이 은혜에 속하기 위하여 믿음으로 되나니 이는 그 약속을 그 모든 후손에게 굳게 하려 하심이라 율법에 속한 자에게 뿐만 아니라 아브라함의 믿음에 속한 자에게도 그러하니 아브라함은 우리 모든 사람의 조상이라' (롬 4:16). 그러므로 그 약속은 근본적으로 한 민족에 한정된 것이 아닌 영적인 것으로 볼 수 있다. 갈라디아서 3:7, 8, 13, 14절 및 25절이 정확히 이와 같은 것을 말씀해 주고 있다. 우리 이방 그리스도인들은 아브라함과 맺어진 언약 성취의 대상자들이다. 그러므로 아브라함 언약이 태생적으로 민족적인 부분이 있긴 하지만 그 약속은 근본적으로 한 민족에 한정된 것이 아니라 영적인 것이다. 이 구절은 또한 모든 시대에 있어 영적인 일치성이 있음을 보여준다…

그러므로 우리 시대의 이 유대인은 그 마음속에 아브라함이 우리가 구원받는 똑같은 방식으로 구원받았고, 아브라함에게 주어진 약속은 불변하는 것이고, 근본적으로 영적인 것이며, 더욱이 이 시대에 구원된 우리가 그 약속에 포함되어 있다는 생각을 가지고 있을 것이다. 그는 그의 마음속에 언약의 일치성에 대한 생각을 가지고 있을 것이다.

이 유대 그리스도인은 또한 구약시대의 영적 약속이 육체의 표로 보증날인을 받았다는 것을 기억하고 있을 것이다. 로마서에서 이렇게 말씀한다. '그런즉 그것이 어떻게 여겨졌느냐 할례시냐 무할례시냐 할례시가 아니요 무할례시니라 그가 할례의 표를 받은 것은 무할례시에 믿음으로 된 의를 인친 것이니' (롬 4:10-11상). 이 구절은 아브라함이 믿음으로 의롭게 되었고, 의롭게 된 후에 할례 받기 전 믿음으로 자기 것이 된 의에 대한 보증날인으로서 할례를 받았다는 것을 말씀하고 있다.

구약이나 신약이나 똑같이 육체의 할례는 마음에 하는 참 할례의 외적인 표였다는 것을 상기시켜주고 있다. 즉, 그 참 할례는 영적인 것이었다는 말이다. 신명기는 이렇게 기록하고 있다. '그러므로 너희는 마음에 할례를 행하고 다시는 목을 곧게 하지 말라' (신 10:16). 로마서도 같은 말씀을 한다. '무릇 표면적 유대인이 유대인이 아니요 표면적 육신의 할례가 할례가 아니니라 오직 이면적 유대인이 유대인이며 할례는 마음에 할지니 영에 있고 율법 조문에 있지 아니한 것이라 그 칭찬이 사람에게서가 아니요 다만 하나님에게서니라' (롬 2:28-29). 그러므로 할례는 근본적으로 영적인 것이었다.

이에 더 나아가 할례는 단순히 아브라함의 믿음의 연륜에 의한 표가 아니라, 각 개인의 아버지의 믿음의 표인 것을 우리는 결코 잊어서는 안 된다. 개종자와 그의 아들의 경우가 이것을 증명하는데 출애굽기에서 증명한다. '너희와 함께 거류하는 타국인이 여호와의 유월절을 지키고자 하거든 그 모든 남자는 할례를 받은 후에야 가까이 하여 지킬지니 곧 그는 본토인과 같이 될 것이나 할례 받지 못한 자는 먹지 못할 것이니라' (출 12:48). 다시 말해서 이방인이 살아계신 하나님에 대한 참 신자가 되고, 유월절을 지키는 데에 참여하기를 원한다면 우선적으로 그는 할례를 받아야 했지만, 그의 모든 아들들도 역시 할례를 받아야 했다. 이렇듯 할례는 개인적 믿음의 표이지 단지 아브라함의 믿음의 표가 아니었다.

그러므로 기독교 초기에 구원받은 이 유대인은 아브라함에게 주신 약속은 근본적으로 영적인 것이었을 뿐만 아니라, 개인의 믿음을 보여주기 위해 주어진 외적인 보증날인도 또한 근본적으로 영적인 의미를 갖는다는 것을 기억했을 것이다.

이것은 신약의 세례와 정확히 같은 것으로 구약의 할례는 그 시대에 있어서 이 시대의 세례였던 것이다. 골로새서 2:11-12절이 이에 대한 마지막 증명이다. KJV(King Jamse Version)성경은 그다지 분명하지가 않다. AR(American Revised)성경이 더 정확해서 거기서 인용한다.

괄호에 들어가야 할 것을 생략하면 이렇게 된다. '또 그 안에서 너희가 손으로 하지 아니한 할례를 받았으니 곧 육의 몸을 벗는 것이요 그리스도의 할례니라 너희가 세례로 그리스도와 함께 장사되고' 이러므로 성경은 구약의 할례가 신약의 세례임을 선언하는 것이다.

그러나 이제 신약의 세례가 구약의 할례였다는 것을 깨닫고, 우리가 말하고 있는 기독교 초기에 구원받은 그 유대인은 구약에서 개인적인 믿음의 표로서의 할례가 믿는 자 자신에게 뿐만 아니라 가정에 있는 모든 남자 아기들에게도 적용되었다는 것을 또한 알았을 것이다.

구약에서 이 표를 남자 아기들에게 적용하는 데 있어 할례는 여전히 근본적으로 영적인 것이었고 단순히 민족적인 것만은 아니었다. 그 표는 인종적 축복의 유일한 대표였던 이삭에게 적용되었을 뿐만 아니라 이스마엘에게도 마찬가지로 적용되었다. 신명기 30:6절은 아이의 할례는 어른의 할례가 영적이었던 것처럼 영적이었음을 분명히 하고 있다. '네 하나님 여호와께서 네 마음과 네 자손의 마음에 할례를 베푸사 너로 마음을 다하며 뜻을 다하여 네 하나님 여호와를 사랑하게 하사 너로 생명을 얻게 하실 것이며…'

이 모든 것이 그렇기 때문에 구원받은 그 유대인은 구약에서 언약의 표가 믿는 자의 아이에게도 적용된 것처럼 그의 믿음의 표인 세례 또한 그의 아이에게 적용되어야 한다는 것을 기대하지 않을 수 없었을 것이다. 왜 그가 이 충만한 시대에, 구약시대에 소유했을 것보다 덜 소유할 것을 기대해야 한다는 것인가?

이런 질문들은 이 구원받은 유대인 자신이 신약시대의 가르침을 들음으로써 더욱 심해졌을 것이다. 예를 들어 그는 오순절 날 베드로가 한 사도행전 2:38, 39절의 설교를 들었을 것이다. '베드로가 이르되 너희가 회개하여 각각 예수 그리스도의 이름으로 세례를 받고 죄 사함을 받으라 그리하면 성령의 선물을 받으리니 이 약속은 너희와 너희 자녀와 모든 먼 데 사람 곧 주 우리 하나님이 얼마든지 부르시는 자들에게 하신 것이라 하고' 베드로가 유대인들에게 한 말임을 기억하라. 그 유대인들은 그들의 아이들에게 적용한 자신들의 외적인 믿음의 표를 통상적으로 가지고 있는 사람들이었다.

그의 마음속에 이 모든 것을 가지고 그는 그의 아이가 세례 받을 것을 기대했을 것이다. 만일 그것이 거절된다면, 당신은 그의 입장에서 무엇을 할 것인가? 당신은 사도들에게 그 이유를 물었을 것이다. 그 당시 수많은 유대 그리스도인들이 그렇게 했을 것이다. 수백 번의 회의에서 그 질문을 했을 것이다. 그리고 베드로, 요한, 바울 및 다른 사람들은 그 문제를 분명히 하기 위해 제기된 다른 질문들에 대답하는 것과 같이 앉아서 서신을 썼을 것이다. 신약은 구약에서 언약의 표가 믿는 자들의 유아들에게 적용되었는데 신약에서 왜 그것이 그들에게서 보류되었는지에 대한 분명한 대답을 포함했을 것이다.

신약이 이 문제를 다루지 않는 것에 대해 있음직한 유일한 이유는 그 문제가 존재하지 않았기 때문이다. 유대인들의 마음에 문제가 없었던 가능한 이유는 믿는 유대인들이 언약의 표를 그들의 아이들에게 적용하고 있었기 때문이다. 그들은 그들의 아기들에게 그들이 구약시대에 그들에게 할례를 했던 것처럼 세례를 주었다." [1]

우리 자녀들이 속하다

믿는 그리스도인 유대인들이 그들의 자녀들을 세례 받도록 한 것 같은 신약시대 초기에 거의 천성적으로 행해진 일은 오늘날도 역시 행해지고 있습니다. 유아세례를 반대하는 사람들 가운데서 조차 용어는 달리하지만 행해지고 있습니다. 나는 어떤 사람들이 그들의 아이들에게 세례를 주기보다는 아이를 바치고자 하는 소원을 언급하는 것입니다.

어떤 부모들은 아이를 바치고자 하는데 그들은 세례가 틀린 것이라고 들었기 때문에 세례를 주지 않습니다. 그러나 그들은 천성적으로 또 정확히 믿는 자들의 아이들을 그냥 내버려두는 것을 타당하다고 생각하지 않습니다. 아무 것도 안 하는 것은 그들이 하나님의 가족에 우리와 함께 참여하고 있지 않다는 것과 그들은 결국 밖에 있는 불신자와 같다는 것을 말하는 것입니다. 그것은 옳지 않습니다. 우리는 그것이 옳지 않다는 것을 압니다. 그러므로 만일 우리가 알고 있는 것처럼 하나님이 가족들에 대한 특별한 관심을 가지고 계신다면 그리고 그 가족들 중의 자녀들에 대해서도 관심을 가지고 계신다면, 자녀들이 포함되는 것을 보여주는 어떤 것이 있어야 합니다. 그래서 성경에 어떤 실질적 근거가 없는 하나의 의식을 만들어 냈는데 그것을 "헌아식"이라 불렀습니다. 오해하지 마십시오. 우리 자녀들조차도 헌아식을 하는 것이 반드시 틀린 것은 아닙니다. 우리는 우리 자신을 자주 하나님께 바치기를 소원하는 것이 당연합니다. 그러나 성경이 실제로 세례의 표를 통해서 자녀들이 포함되어야 한다는 것을 말해 주고 있는데 왜 성경에 규정되지도 않은 어떤 것을 만들어 내서 그들이 포함되어 있다는 것을 보여주려고 그들을 바칩니까?

세 가지 필요성

세 가지로 결론을 맺습니다. 첫째, 그리스도인 부모들의 자녀들은 믿어야만 합니다. 다시 말해, 그들은 개인적으로 그리스도를 믿는 것이 필요합니다. 자녀들의 위치가 언약 공동체 안이라고 강조하는 사람들이라고 해서 자녀들(또는 다른 사람들)이 세례로 구원받는다고 믿지 않습니다. 아무도 세례로 구원받지 못합니다. 개인적인 믿음이 있어야만 합니다. 그래서 우리가 자녀에게 세례를 줄 때, 우리는 그들이 평생을 지내면서 개인적으로 예수 그리스도를 믿지 않아도 괜찮다는 것을 조금이라도 시사하지 않습니다.

그런데 당신에게 이런 의문이 들 것입니다. 만일 그 자녀들이 믿어야만 한다면, 그들이 믿어야만 하는 순전한 비그리스도인과 어떻게 다르다는 것인가? 여기서 나는 바울이 유대인이 되는 것의 유익성에 대해 기술하며 말한 것을 생각합니다. 그가 묻습니다. 할례로 구원받는 것이 아니라면 "그런즉 유대인의 나음이 무엇이며 할례의 유익이 무엇이냐"(롬 3:1). 그가 답을 합니다. "범사에 많으니 우선은 그들이 하나님의 말씀을 맡았음이니라"(2절). 즉, 그들은 성경을 가지고 있고, 알고 있다는 것입니다. 나중에 그는 더 자세히 말합니다. "그들은 이스라엘 사람이라 그들에게는 양자 됨과 영광과 언약들과 율법을 세우신 것과 예배와 약속들이 있고 조상들도 그들의 것이요 육신으로 하면 그리스도가 그들에게서 나셨으니"(롬 9:4-5).

같은 내용의 말이 언약의 자녀들에게도 상관됩니다. 그들은 대단한 이점을 가지고 있습니다. 그들이 진실로 믿는 가족 안에 있다면, 그들에게는 그들을 보살펴주고 그들을 위해 기도해 주는 부모가 있는 것입니다. 그들은 주님에 대한 것들을 배웁니다. 그들은 매 주마다 하나님의 사람들과의 교제에 참여하게 됩니다. 이 교제 안에서 그들은 도전을 받고 격려를 받습니다. 이런 것들은 매우 큰 이점들입니다. 하지만 그런 것들이 사실일지라도 이에 더해서 자녀들 자신이 믿어야만 한다는 것과 이 문제가 교회의 관심의 주요 부분이 되어야 한다는 것을 말하지 않을 수 없습니다.

둘째, 부모의 자녀들은 믿어야 할 뿐만 아니라 **그리스도인 부모는 자녀들을 가르쳐야 합니다.** 가정 안에서 부모에게 맡겨진 자녀들이 예수 그리스도를 알고, 사랑하고, 신뢰하고, 하나님의 말씀을 사랑하고 그 말씀을 먹고 살아가도록 그들을 가르쳐야만 합니다.

여기에 아버지의 특별한 책무가 있습니다. 왜냐하면 가정 안에서 아버지의 책임은 예수 그리스도의 책임과 유사하기 때문입니다. 우리는 예수님이 우리의 선지자요, 제사장이요, 왕이시라고 말합니다. 선지자로서 그분은 가르치시는 분입니다. 제사장으로서 그분은 보좌 앞에서 우리의 기도를 설명하시고 우리를 위해 간구하시는 분입니다. 왕으로서 그분은 그분의 백성을 다스리십니다. 보통의 복음주의 교회에서는 이러한 역할을 불균형적으로 강조해 온 것으로 생각됩니다. 우리는 사람들이 아버지는 왕이어야 한다고 주장하는 것을 자주 봅니다. 그는 가정의 머리입니다. 그래서 그는 왕처럼 그의 보좌에 앉아 말합니다. "내 실내화 가져와! 저녁 식사 준비해! 이리 와! 저리 가!" 왕의 역할을 강조하는 데 있어 어떤 문제는 없습니다. 특히 우리 중 아버지들에게 있어서 그렇습니다. 그러나 우리는 아버지에게 제사장과 선지자의 역할도 있다는 것을 상기할 필요가 있습니다. 제사장으로서 아버지는 그의 가족을 위해 중보할 의무를 가집니다. 어떤 의미에서 아버지는 그의 가족과 하나님 사이에 중보자로 서야 하는 것입니다. 아버지는 그의 아내와 자녀들을 위해 기도해야 합니다. 선지자로서 아버지는 그의 가족에게 하나님을 가르쳐야 합니다.

성경은 이렇게 약속합니다. "마땅히 행할 길을 아이에게 가르치라 그리하면 늙어도 그것을 떠나지 아니하리라"(잠 22:6). 자녀들이 반항할 수 있습니까? 반항할 수 있습니다. 성경은 믿는 자의 자녀들의 구원을 보증합니까? 이 문제는 개혁교회 안에서 조차 의견이 다릅니다. 나는 성경이 그 자녀의 구원을 절대적으로 보장한다고 생각하지 않습니다. 그럼에도 불구하고 추측은 그 쪽에 가 있습니다. 약속이 그 방향으로 향하고 있습니다. 드와이트 스몰(Dwight Small)은 이 문제에 있어 내 견해를 적절히 표현해 주고 있습니다.

"이 상속자들이 받기로 약속된 유산은 무엇인가? 구원인가? 그들은 구원을 상속받지 않는다. 왜냐하면 구원은 세습되는 것이 아니기 때문이다. 이 점에 대한 잘못된 견해들이 세례에 의한 중생이라는 잘못된 교리를 이끌고 있다. 유아들은 하나님의 약속들을 상속받는다. 그들은 믿는 자의 자녀이기 때문에 하나님의 특별한 사랑이 그들에게 정해져 있다는 확신을 상속받는다. 그들은 교회의 특전을 상속받고, 은혜를 받는 방법이 정당하게 그들에게 주어진다. 그들은 특전 받은 자녀들이고 분명히 하나님이 구원하시기를 원하는 자들 가운데 있다. 그들 자신의 어떤 행위와 상관없이 그들은 하나님이 구원의 은혜를 내려주기를 원하시는 자들로 간주되어 왔다. 바로 이 사실이 큰 격려의 원천이 되고 있다. 또한 이 사실은 그들에게 개인적인 믿음의 행위로 하나님께 나오도록 하는 큰 의무를 지워주고 있다. 믿는 자들의 자녀들이 나면서부터 언약과 그 약속들에 들어가지만 그리고 그들이 나중에 성장해서 믿음으로 그 언약의 유효성을 확증할 가능성을 가지고 있지만 그리고 하나님의 은혜가 이 목적을 위해 그들에게 유효하고 은혜를 받는 방법이 그들에게 작동하고 있긴 하지만 **모두가 다 실제로 구원하는 믿음을 행사하지는 않는다.** 그 모두가 약속된 복을 상속받지는 못할 것이다. 그러나 만일 이 정당한 상속자들 중 어떤 자들이 결국 구원받지 못한다면 그것은 하나님의 은혜가 그들에게 결코 제공되지 않았기 때문이 아니라 단순히 그들의 부모들이 언약 의무 이행에 실패했거나 또는 그들이 고의로 그리스도를 거절했기 때문일 것이다. **언약 파괴자가 되는 것은 하나님 앞에서 훨씬 큰 책임 아래 있게 되는 것이다! 하나님은 경건한 훈련에 응하는 언약의 자녀들에게 은혜를 주시지만 그들의 언약 유산을 고의로 경멸하는 언약의 자녀들에게는 화가 있을 것이다!**"[2]

셋째, 자녀들이 믿어야 하고, 부모들은 가르쳐야 하는 것과 똑같이, **교회는 부모들이 가르치는 책임을 수행하도록 그들을 지원해야 합니다.** 이것은 오늘날 맞는 말입니다. 세상이 더 단순했고 사람들의 움직임이 이토록 빈틈이 없고 빠르지 않았던 과거에는 광범위한 가정에서 이 기능을 자주 수행했습니다. 그러나 오늘날 특별히 사람들이 자연환경으로 인해 괴로움을 당하고 그래서 새로운 장소들로 옮기고 있는 상황에서 한 장소에 있는 눈에 보이는 그리스도의 몸의 역할이 매우 중요해 집니다. 특정 교회의 지체들로서 우리의 가족들을 아는 것, 그들을 위해 기도하는 것, 그들의 필요에 민감한 것 그리고 우리가 할 수 있는 한, 그 가족들이 어려운 때에 도와주고 그들이 하는 일에 힘을 더해 주는 것은 우리의 특별한 의무입니다. 부모들이 자녀들을 양육할 때 수많은 다른 그리스도인들, 즉 장로들, 주일학교 교사들, 청소년 사역자들, 여름 캠프 상담자들 그리고 단순히 관심을 가지고 있는 다른 사람들의 도움을 받아야 합니다.

● 각주 ●

1. 프란시스 쉐퍼, *Baptism*, (Wilmington, Del.: TriMa가, 1976), 13-19. Used by permission.

2. 드와이트 스몰, *The Biblical Basis for Infant Baptism* (Westwood, N.J.: Revell, 1959), 46-47.

84

하나님의 친구

창세기 18 : 1-8

여호와께서 마므레의 상수리나무들이 있는 곳에서 아브라함에게 나타나시니라 날이 뜨거울 때에 그가 장막 문에 앉아 있다가 눈을 들어 본즉 사람 셋이 맞은편에 서 있는지라 그가 그들을 보자 곧 장막 문에서 달려나가 영접하며 몸을 땅에 굽혀 이르되 내 주여 내가 주께 은혜를 입었사오면 원하건대 종을 떠나 지나가지 마시옵고 물을 조금 가져오게 하사 당신들의 발을 씻으시고 나무 아래에서 쉬소서 내가 떡을 조금 가져오리니 당신들의 마음을 상쾌하게 하신 후에 지나가소서 당신들이 종에게 오셨음이니이다 그들이 이르되 네 말대로 그리하라 아브라함이 급히 장막으로 가서 사라에게 이르되 속히 고운 가루 세 스아를 가져다가 반죽하여 떡을 만들라 하고 아브라함이 또 가축 떼 있는 곳으로 달려가서 기름지고 좋은 송아지를 잡아 하인에게 주니 그가 급히 요리한지라 아브라함이 엉긴 젖과 우유와 하인이 요리한 송아지를 가져다가 그들 앞에 차려 놓고 나무 아래에 모셔 서매 그들이 먹으니라

아브라함의 생애에 대한 연구를 준비하면서 나는 두 권의 책으로부터 자주 도움을 받았는데, 그 하나는 오래 전에 출판된 마이어(F. B. Meyer)의 책이고, 다른 하나는 1964년에 출판된 앨런 스팁스(Alan M. Stibbs)의 책입니다. 「하나님의 친구」(Friend of God)라는 말은 내가 가진 마이어의 책의 제목 「아브라함」

(Abraham) 밑에 나오는 것이고, 스팁스의 책은 그 제목이 「하나님의 친구」(God' s Friend) 입니다. 아브라함의 중요성을 요약하면서 두 책 모두 아브라함과 하나님의 우정에 초점을 맞추고 있는 것이 흥미롭습니다. 그래서 나는 지금 우리가 연구를 시작하고 있는 창세기의 장이 "친구" 라는 말은 사용하고 있지 않지만, 그럼에도 아브라함이 의심할 바 없이 친구라고 불리어질만한 내용들을 포함하고 있기 때문에 이를 인용해 봅니다.

아브라함은 "하나님의 친구" 라고 성경에 세 번 언급되어 있습니다. 한 곳에서는 모압과 암몬의 군대가 유다를 침공했을 때 여호사밧이 예루살렘 성전 앞에서 백성들의 집회에 서서 하나님이 일찍이 그 민족의 조상들에게 주신 약속에 근거해서 구원을 요청했습니다. "우리 하나님이시여 전에 이 땅 주민을 주의 백성 이스라엘 앞에서 쫓아내시고 그 땅을 주께서 사랑하시는 아브라함의 자손에게 영원히 주지 아니하셨나이까" (대하 20:7 원어 성경에는 "주께서 사랑하시는 아브라함" 이 "주의 친구인 아브라함" 이라고 되어 있음 - 역주). 다른 곳에서는 이렇게 말씀합니다. "이에 성경에 이른 바 아브라함이 하나님을 믿으니 이것을 의로 여기셨다는 말씀이 이루어졌고 그는 하나님의 벗이라 칭함을 받았나니" (약 2:23). 가장 의미 깊은 곳은 이사야서 41:8절로서 하나님 스스로 이렇게 말씀하십니다. "그러나 나의 종 너 이스라엘아 내가 택한 야곱아 나의 벗 아브라함의 자손아"

왜 아브라함이 구약의 다른 모든 사람들과는 달리 하나님의 친구라고 불림을 받습니까? 그것은 창세기 18장에서 아브라함이 하늘에서 온 손님들을 아주 친밀하게 대접하고 그들과 대화를 했기 때문임은 의심의 여지가 없습니다.

여호와를 부지중에

히브리서 저자가 그리스도인의 대접을 격려하며 "손님 대접하기를 잊지 말라 이로써 부지중에 천사들을 대접한 이들이 있었느니라" (히 13:2)고 한 말은 일반적으로 아브라함에 관련된 이야기로 여기고 있습니다. 아마도 그럴지도 모릅니다. 그러나 만일 그렇다면 그 언급은 조금 약하게 표현된 것입니다. 왜냐하면 아브라함은 그날 마므레 상수리나무 아래서 천사보다 높은 분을 대접했기 때문입니다.

처음에는 아브라함이 실제로 사람의 모습으로 나타나신 하나님을 대접했다고 말하는 것이 대담해 보입니다. 그러나 그 이야기가 이를 일컫는 것으로 보이고 또 이러한 가정 하에서만 아브라함은 각별히 하나님의 친구라고 불릴 수가 있는 것입니다. 그밖에도 우리는 아담이 타락한 후에 하나님이 그와 대화하시는 이야기(창 3:8)에서 친구 개념에 이미 학습이 되어 있습니다. 본서 제1권에서 그 연구를 할 때, 그 사건이 2위의 하나님이신 예수 그리스도의 성육신 이전의 나타나심과 연관되어 있음을 말씀한 바 있습니다. 창세기 18장의 경우도 비슷한 상황입니다. 단지 여기서는 세 분의 손님이 등장합니다. 이것이 삼위의 하나님을 시사하는 것입니까? 그럴 수도 있습니다. 그 세 분은 한 분처럼 생각되고 한 분처럼 말씀하듯 보입니다. 그러나 다른 한편으로는 그보다는 오히려 본문이 말씀하는 것에 따르면 세 분 중 두 분(소돔으로 가서 롯을 구한 두 분)은 문자 그대로 천사들이었고, 오직 세 번째 분이 신성이신 예수님이었습니다. 창세기 18장의 시작점에 하나님의 나타나심이 우리의 주의를 환기시키는데 거기서 이런 말씀을 합니다. "여호와께서 마므레의 상수리나무들이 있는 곳에서 아브라함에게 나타나시니라 날이 뜨거울 때에 그가 장막 문에 앉아 있다가" (창 18:1). 10절에서는 하늘의 손님 중 한 분이 사라가 내년 이맘 때 아들을 낳을 것이라고 하나님이 약속하시듯이 말씀합니다. 13절은 이렇게 말씀합니다. "여호와께서 아브라함에게 이르시되…" 몇 절 더 내려가면 이렇게 말씀합니다. "여호와께서 이르시되 내가 하려는 것을 아브라함에게 숨기겠느냐" (17절). 이런 구절들과 또 몇몇 다른 관련 구절들은 예수님이 여기서 성육신에 선행하셔서 후에 베들레헴에서 탄생하시기 전에 사람 모양으로 나타나신 것임을 시사합니다. 우리는 이 사실에 놀랄지 모르지만 하나님이 그런 상황을 아주 정상적인 것으로 생각하신다는 것은 의미 깊은 것입니다. 탁월한 주석가 마이어(F. B. Meyer)가 이렇게 기술합니다.

"우리는 깊은 경외심을 가지고, 영원하신 하나님의 거소로 솔로몬이 지은 화려한 성전의 절대적인 부적당성을 느끼며 그가 한 질문을 할 수 있다. '하나님이 참으로 땅에 거하시리이까 하늘과 하늘들의 하늘이라도 주를 용납하지 못하겠거든 하물며 내가 건축한 이 성전이오리이까' (왕상 8:27). 그러나 이 질문은 하나님 자신의 위엄 있는 말씀에 의해 영원히 결정되어 있는 것이다. '지극히 존귀하며 영원히 거하시며 거룩하다 이름하는 이가 이와 같이 말씀하시되 내가 높고 거룩한 곳에 있으며 또한 통회하고 마음이 겸손한 자와 함께 있나니 이는 겸손한 자의 영을 소생시키며 통회하는 자의 마음을 소생시키려 함이라' (사 57:15). 우리의 복되신 주인의 삶은 이 위대한 주장에 대한 쾌적한 해설이다. 그분은 세리장에게 말씀하셨다. '삭개오야 속히 내려오라 내가 오늘 네 집에 유하여야 하겠다.' 그분은 베드로의 집으로 가셔서 그분이 죽음의 문턱에서 일으키신 가족 중 하나로부터 섬김을 받으셨다. 그리고 그분이 부활하신 후에 예루살렘에서부터 함께 걷던 두 제자가 걸으면서 흘렸던 눈물을 씻어 주시려고 그들의 누추한 숙소에 들어가셨다. 그것이 전부가 아니다. 아무리 비천한 마음에도 그분은 들어가신다. 아무리 변변찮은 집에라도 그분은 몸소 들어오셔서 기꺼운 동숙인이 되어주신다. 아무리 가난하게 차린 식탁에도 그분은 앉으셔서 물을 포도주로 만들어주시고, 빵과 물고기의 양을 늘려주시고, 단순한 음식을 성찬으로 바꾸어주신다. 그분이 사랑하는 자들과의 식사 자리에서 그분은 빵을 들어 축사하시고 떼어 그들에게 주신다(눅 24:30). 그분은 옷, 안약, 금 그리고 저녁 식사를 위한 고급요리를 가득 싣고 서서 그들 각자에게 이렇게 말씀하신다. '볼지어다 내가 문 밖에 서서 두드리노니 누구든지 내 음성을 듣고 문을 열면 내가 그에게로 들어가 그와 더불어 먹고 그는 나와 더불어 먹으리라' (계 3:20)."[1]

만일 아브라함의 삶에서 이 사건이 우리에게 그 외에 더 말해주는 것이 없다면, 이 사건은 적어도 하나님이 우리에게 친구가 되시기를 원하신다는 것과 우리를 그분의 친구가 되도록 하신다는 것을 말하는 것이어야 합니다. 만일 우리가 그분의 친구들이 아니라면 문제는 하나님의 마음이 내키지 않으시거나 또는 접근하기가 어려워서가 아닙니다. 문제는 우리의 죄인 것입니다.

친구처럼 되기

"친구를 얻고자 하는 사람은 그 자신이 친구다움을 보여주어야 한다." 사람의 우정에 관한 이 말이 하나님에게 똑같이 적용되지는 않지만 어느 정도 유사성은 있습니다. 그래서 아브라함의 행동으로부터 배워야 할 교훈이 있는 것입니다.

이 일에서 아브라함 쪽에서 보인 우정에 관해서는 우리는 그가 그의 손님들을 동양적인 격식으로 최고 수준으로 대접한 것에 유의합니다. 그는 "곧 장막 문에서 달려나가 영접했습니다." 그는 "몸을 땅에 굽혔습니다." 그는 그들에게 원기회복을 하고 길을 떠나도록 요청했습니다. 그는 이렇게 말했습니다. "물을 조금 가져오게 하사 당신들의 발을 씻으시고 나무 아래에서 쉬소서 내가 떡을 조금 가져오리니 당신들의 마음을 상쾌하게 하신 후에 지나가소서." 그런 다음 사라에게 떡을 만들라고 이르는 한편, 가축 떼들이 있는 곳으로 달려가서 기름지고 좋은 송아지를 잡아서 오찬을 준비했습니다. 나는 아브라함이 이 시점에서 틀림없이 그가 어렴풋이 느끼기 시작은 했겠지만, 하늘의 손님들을 대접한다는 것을 알았을 것으로 생각하지 않습니다. 오히려 그것은 단순히 그가 평소 후히 대접하는 습관에서 나온 그의 행동 사례이고, 그렇게 해서 부지중에 하나님을 대접하는 특권을 누리게 된 것입니다.

우리에게 어떤 다른 점들이 있습니까? 오늘날 믿는 자들은 눈에 보이는 몸으로 이 땅에 있는 주님을 대접하지 않습니다. 그러나 우리는 그분의 마지막 심판의 비유에서 그분이 굶주린 사람들을 먹이고, 목마른 자들에게 마실 것을 주고, 나그네들을 영접하고, 헐벗은 자들을 입히고, 병든 자들을 돌보고, 옥에 있는 자들을 찾아보는 자들을 칭찬하신 것을 잊을 수가 없습니다. 그분은 이렇게 말씀하셨습니다. "너희가 여기 내 형제 중에 지극히 작은 자 하나에게 한 것이 곧 내게 한 것이니라"(마 25:40). 우리에게 있어 단순한 사람들을 대접하는 것은 하나님을 대접하는 것과 매우 다릅니다. 그러나 하나님에게는 그들도 똑같습니다. 사람들을 대접하는 것이 매우 중요하기 때문에 예수님은 마지막 심판에 근거해서 이런 말씀을 하실 수가 있으셨습니다.

우리는 이러한 우정의 관계에 있어서, 아브라함의 입장에서 한 일을 주목해 보았습니다. 하나님의 입장도 또한 있습니다. 아브라함은 그의 장막(그리고 마음)의 문을 열고 하나님을 환대했습니다. 하나님 입장에서는 들어오셔서 그 히브리 족장과 교제하시고, 소통하시고, 그를 불쌍히 여기셨습니다.

첫째, 교제. 우리는 아브라함이 힘의 대들보라고 생각하고 또 실제로 그랬지만 우리는 그가 근년에 와서 외로운 존재가 되었다는 것을 잊어서는 안 됩니다. 하나님의 그에 대한 첫 명령은 "여호와께서 아브람에게 이르시되 너는 너의 고향과 친척과 아버지의 집을 떠나 내가 네게 보여 줄 땅으로 가라"(창 12:1)는 것이었습니다. 아브라함은 하나님의 명령에 순종했습니다만 그가 우르를 떠난 것이 쉬웠다거나 또는 아픔 없이 그곳 사람들과 헤어졌다고 생각할 수는 없습니다. 첫 시작부터 아브라함은 많은 것을 뒤에 남겨둔 채 떠났습니다.

특히 나중에 헤어짐이 더 있었습니다. 그의 아버지 데라는 그와 함께 하란까지 여행을 했습니다. 그러나 데라가 거기서 죽었습니다. 아브라함의 조카 롯은 여전히 있었습니다. 그러나 롯은 땅을 나누면서 아브라함과 헤어졌습니다. 아브라함은 덜 바람직한 산지에 머물렀는데 반해, 롯은 요단 골짜기의 좋은 땅을 선택했습니다. 이 시점에 아브라함에게 남은 유일한 가족은 그의 아내였습니다. 그래서 교제의 필요는 매우 중요한 일이었습니다. 하나님은 얼마나 멋지게 아브라함의 필요를 채우시는지요! 그분은 아브라함과 자리를 같이 하시고, 아브라함과 함께 잡수시고, 아브라함과 함께 걸으십니다. 그분은 그의 동료이고 가까운 친구입니다.

어쩌면 당신도 그런 필요를 느낄지도 모릅니다. 당신에게도 한 때 가까운 동료들이 있었습니다. 그러나 그들은 이런저런 이유로 다 떠나버렸습니다. 어쩌면 그들은 당신이 그리스도인이 되었기 때문에 떨어져 나간지도 모릅니다. 어쩌면 그들은 이사를 갔거나 죽었는지도 모릅니다. 어쩌면 당신은 가족을 결코 가져 본 적이 없는 경우에 속할 수도 있습니다. 그렇다면, 하나님이 당신 곁에 계시면서 당신의 가까운 동료가 되기를 각별히 열망하신다는 것을 아십시오. 성경은 말씀합니다. "여호와께서 나그네들을 보호하시며 고아와 과부를 붙드시고 악인들의 길은 굽게 하시는도다"(시 146:9).

둘째, 소통. 친구들은 서로 이야기하고 그들의 생각을 나눕니다. 이것이 하나님이 아브라함과 하신 일입니다. 주님이 말씀하셨습니다. "내가 하려는 것을 아브라함에게 숨기겠느냐"(창 18:17). 그 답은 분명히 그 반대였습니다. 왜냐하면 그 다음에 따라 나온 말씀이 소돔의 악함에 대한 그리고 그곳을 멸망시킬 심판에 대한 하나님의 관심을 계시한 것이기 때문입니다. 특히 아브라함 역시 하나님과 이야기를 나누었습니다. 하나님이 소돔을 멸망시키겠다고 말씀하셨을 때, 아브라함은 즉시 롯과 그의 가족을 생각하고 그들 때문에 소돔을 위해 간청하기 시작했습니다. 하나님은 그의 말을 들으셨습니다. 하나님은 약속을 하셨고, 결국 아브라함의 간청 때문에 롯을 구출하셨습니다. 앨런 스팁스(Alan Stibbs)는 이렇게 기술합니다.

"우리는 그가(아브라함이) 하나님과의 교제를 즐기고, 하나님의 비밀을 나누고, 그의 긴급한 중보에 대해 하나님이 들으시고 응답 받도록 의식적으로 허락되었음을 알게 된다. 그의 환대의 '추구'를 통해 기대하지 않게 그에게 부여된 교제의 기회를 즉각적으로 사용함으로써 아브라함은 자신이 이익을 얻었고, 그렇게 해서 다른 사람들에게 격려와 교훈과 중보의 유익을 가져다주는 것이 가능했다. 이처럼 그는 단순히 명목상으로가 아니라, 능동적인 기능과 현재적인 경험에서 참된 하나님의 친구가 되었다."[2]

얼마 전에 나는 한 여인과 이야기를 나누었는데 그녀는 그녀의 생각을 나눌 친구가 단 한 명도 없다고 불평을 했습니다. 마음을 털어놓을 동료가 한 명도 없다는 것이었습니다. 나는 그녀와 같은 사람들이 많을 것이라 믿습니다. 만일 당신이 그 중 한 명이라면 하나님은 언제라도 당신이 마음을 털어놓을 수 있는 분이심을 알아야 합니다. 그러면 당신은 그분이 그분의 지식과 깊은 지혜로 당신을 보살피실 것을 알게 될 것입니다. 기도와 매일의 성경 묵상을 통하여 그분에게 나아가십시오. 그분이 주신 수단을 활용하십시오. 그러면 당신은 그분이 "형제보다 친밀한"(잠 18:24) 친구가 되신다는 것을 알게 될 것입니다.

셋째, 동정심. 주님은 항상 우리가 필요한 시점에 말씀하시고, 우리가 상처받는 곳에서 우리에게 자비를 보여주십니다. 아브라함은 많은 것이 필요하지 않았으나 그가 깨어 있는 동안에는 항상 마음에 걸리는 한 가지 큰 필요가 있었는데 그것에 대해 하나님이 말씀하셨습니다. 아브라함은 아들도, 상속자도 없었습니다. 주님은 이 문제를 두고 정확히 아브라함이 듣기 원하는 말씀을 하셨습니다. "내년 이맘때 내가 반드시 네게로 돌아오리니 네 아내 사라에게 아들이 있으리라"(창 18:10). 만일 당신에게 어떤 필요가 있다면 당신은 하나님이 그 필요에 대해 말씀하시고 측은히 여기실 것을 확신할 수 있습니다.

너희는 나의 친구다

나는 요한복음 15:12-15절을 인용하며 마치고자 합니다. 왜냐하면 사람과 하나님 사이의 우정을 생각할 때, 예수님이 그의 제자들을 "종"에서 "친구"의 범주로 명확하게 올려주신 다락방을 생각하지 않을 수가 없기 때문입니다. 그분은 이렇게 말씀하셨습니다.

"내 계명은 곧 내가 너희를 사랑한 것 같이 너희도 서로 사랑하라 하는 이것이니라 사람이 친구를 위하여 자기 목숨을 버리면 이보다 더 큰 사랑이 없나니 너희는 내가 명하는 대로 행하면 곧 나의 친구라 이제부터는 너희를 종이라 하지 아니하리니 종은 주인이 하는 것을 알지 못함이라 너희를 친구라 하였노니 내가 내 아버지께 들은 것을 다 너희에게 알게 하였음이라"(요 15:12-15).

이 요한복음에는 우리가 창세기에서 이미 본 요소들이 있습니다. 교제, 소통, 동정심입니다. 그러나 그 각각은 아브라함의 경우에서 보다 더 높고 더 강한 수준임을 봅니다. 아브라함은 교제를 가졌습니까? 가졌습니다. 그러나 아주 짧은 기간 동안이었습니다. 반면에 예수님은 그분의 제자들과 3년 동안이나 함께 계셨었고, 이보다 더 위대한 것은 이런 약속입니다. "볼지어다 내가 세상 끝날까지 너희와 항상 함께 있으리라"(마 28:20). 아브라함은 하나님과 소통했습니까? 소통했습니다. 그러나 거의가 소돔과 관련된 것이었습니다.

예수님은 이렇게 말씀하십니다. "내가 내 아버지께 들은 것을 다 너희에게 알게 하였음이라" 우리는 구약과 신약 전체를 가지고 있는데 반해, 아브라함은 하나님의 말씀을 전혀 갖고 있지 못했습니다. 아브라함은 동정심을 경험했습니까? 경험했습니다. 그러나 오직 약속하신 아들을 갖는 필요에 관해서 뿐이었습니다. 예수님은 그분의 동정심에 대해 말씀하십니다. "사람이 친구를 위하여 자기 목숨을 버리면 이보다 더 큰 사랑이 없나니" 영광의 주님이신 예수 그리스도가 우리 죄인들을 위해 죽으시는 것보다 더 큰 사랑, 더 큰 동정심은 어디에도 없습니다.

당신은 그분이 당신에게 그분의 사랑과 우정을 드러내는 분임을 알고 있습니까? 만일 아니라면 당신은 아직 참 그리스도인이 아닙니다. 그러나 당신은 참 그리스도인이 될 수 있습니다. 당신은 그분이 당신의 친구가 되심을, 정말로 최상의 친구가 되심을 알 수 있습니다. 이런 찬송이 있습니다.

겸손한 예수님 같은 친구는 없네
하나도 없네! 하나도 없네!

당신에게 필요한 것은 단지 당신의 죄를 고백하고 당신의 구주로서 그분이 필요하다는 것을 인정하면서 그분에게 나오는 것입니다.

예수님의 친구들

지금까지 나는 "예수님이 당신의 친구입니까?" 하는 것을 물었습니다. 이 질문은 요한복음 15:13절에서 나온 것인데 거기서 예수님은 그분의 사랑에 대해 말씀하시고 우리와의 우정에 대해 말씀하십니다. 그러나 그 다음 절에서 그 질문의 다른 면을 봅니다. "당신은 예수님의 친구입니까?" 예수님은 이런 말씀을 꺼내셨습니다. "너희는 내가 명하는 대로 행하면 곧 나의 친구라"(14절). 주님이 이렇게 말씀하신 것을 기뻐합니다. 만일 우리가 주님에게 "주님, 주님은 우리에게 친구가 되심을 보여주셨습니다. 우리가 주님의 친구가 되기 위해 무엇을 해야 합니까?" 라고 한다면 예수님은 이렇게 대답하실 수 있을 것으로 생각합니다. "그래, 너희는 참된 친구가 무엇인지 내가 보여준 예를 알고 있다. 그렇게 해라." 그러나 만일 그분이 그렇게 말씀하신다면 나 자신은 굉장히 실망할 것입니다. 당신이나 내가 어떻게 그 예를 따를 수 있단 말입니까? 어떻게 우리가 그분이 사랑하신 것처럼 사랑할 수 있단 말입니까? 우리가 문자 그대로 다른 사람들을 위해 죽는 것은 불가능합니다. 만일 예수님이 우리에게 그분이 하신 일 모두를 하라고 요구하셨다면 그분의 친구가 될 가능성은 없어질 것입니다. 그러나 그분은 그렇게 말씀하지 않으셨습니다. 대신에 그분은 우리 수준으로 이렇게 말씀하셨습니다. "만일 네가 단지 내가 명령한 것만 행한다면 내 친구가 될 수 있다." 우리는 단순한 순종으로 우리의 우정을 그분에게 보여드릴 수 있습니다.

내가 "단순한" 이라고 말했습니까? 그것은 단순합니다. 그것은 단순한 순종이지만 이 순종은 능동적, 지속적 그리고 총괄적이어야 합니다. 우리는 우리의 순종이 능동적이어야 함을 압니다. 왜냐하면 예수님이 "너희는… 행하면 곧 나의 친구라" 고 말씀하셨기 때문입니다. 불행히도 일부 그리스도인들은 그리스도인의 삶을 대체로 어떤 특정한 일을 거절하는 것으로 이야기합니다. 만일 우리가 그런 식으로 생각하게 되면 우리는 술 마시는 것을 거절, 노름하는 것을 거절, 거짓말 하는 것을 거절, 혼외정사를 거절, 사업에서 사기 치는 것을 거절, 기타 일들을 거절하고 나서 아주 큰일을 했다고 생각하게 됩니다. 그러나 아무 일도 이루지 못한 것입니다. 우리는 단순히 그런 특정한 일들을 거절했을 뿐입니다. 적극적으로 말하면 예수님은 우리에게 서로 사랑하라고 말씀하십니다. 이것은 실제로 실천하는 것 외에는 이룰 수가 없는 것입니다. 우리는 또한 기도해야 합니다. 우리는 다른 그리스도인들과 함께 예배해야 합니다. 우리의 삶은 선행이 특징으로 되어야 합니다. 만일 많은 그리스도인들이 매일 성경을 읽고 기도하면서, 경건의 시간을 가지고 주님이 어떤 실질적인 일을 그들에게 시키실지 물어본다면 그들의 삶은 크게 달라질 것입니다.

우리의 순종은 지속적이어야 합니다. 예수님은 "너희가 내가 명한 것을 행하다가 그만두면" 또는 "너희가 일요일에만 그것을 행하면" 또는 "네가 하고 싶을 때만 행하면" 이라고 말씀하지 않으셨습니다. 그분은 "행한다(to do)" 라고 하는 가정법 현재형 동사를 사용하셨는데 이것은 "만일 네가 행한다면" 이라는 의미입니다. 이것은 매일 매일, 매년 매년의 지속적인 행동을 표시합니다. 그리스도의 제자가 되는 일에는 휴가가 없습니다.

순종은 모든 일을 포함합니다. 왜냐하면 예수님이 "너희는 내가 명하는 대로 행하면(If you do what ever, I command, 너희가 내가 명하는 것은 무엇이든 행하면)이라고 말씀하셨기 때문입니다. 그리스도의 친구가 된다는 것은 무엇을 의미합니까? 그것은 사랑 가운데 그분에게 와서 그분이 우리에게 요구하시는 어떤 일이든지 하는 것을 의미합니다. 어떤 사람들이 하듯이 고르고 택해서 하는 것이 아닙니다. 그리스도인 신앙에 있어 우리가 좋아하는 견해는 높이고, 우리가 싫어하는 것에는 게을리 하는 것이 아닙니다. 오히려 그것은 겸양의 마음과 몸으로 나와 우리로 하여금 그분의 복된 발 앞에 엎드려 "주님, 제게 어떤 일을 시키시렵니까?" 하고 묻는 것을 의미합니다. 우리가 이런 질문을 하고 그렇게 할 것을 작정할 때만이 우리는 하늘나라 왕의 위대한 심부름을 행하기 위해 우리 자신이 고양되는 것을 알게 됩니다. 당신은 그리스도의 친구입니까? 하나님은 당신의 큰 기쁨과 그분의 영광을 위해 당신이 그렇게 되도록 허락하십니다.[3]

● 각주 ●

1. 마이어, *Abraham*, 114-15.

2. 앨런 스팁스, *God's Friend: Studies in the Life of Abraham* (Chicago: InterVasity, 1964), 61.

3. 이 마지막 부문 "Friends of Jesus"는 부분적으로 제임스 몽고메리 보이스, *The Gospel of John: An Expositional Commentary*, 5 vols. (Grand Rapids: Zondervan, 1975-79), 4:248-54에서 요한복음 15:12-14에 대해 길게 논한 것을 부분적으로 빌려온 것이다.

85

사라가 웃었다

창세기 18 : 9-15

그들이 아브라함에게 이르되 네 아내 사라가 어디 있느냐 대답하되 장막에 있나이다 그가 이르시되 내년 이맘때 내가 반드시 네게로 돌아오리니 네 아내 사라에게 아들이 있으리라 하시니 사라가 그 뒤 장막 문에서 들었더라 아브라함과 사라는 나이가 많아 늙었고 사라에게는 여성의 생리가 끊어졌는지라 사라가 속으로 웃고 이르되 내가 노쇠하였고 내 주인도 늙었으니 내게 무슨 즐거움이 있으리요 여호와께서 아브라함에게 이르시되 사라가 왜 웃으며 이르기를 내가 늙었거늘 어떻게 아들을 낳으리요 하느냐 여호와께 능하지 못한 일이 있겠느냐 기한이 이를 때에 내가 네게로 돌아오리니 사라에게 아들이 있으리라 사라가 두려워서 부인하여 이르되 내가 웃지 아니하였나이다 이르시되 아니라 네가 웃었느니라

웃음보다 더 전염성이 강한 것이 있겠습니까? 때로 나는 울고 있는 사람의 눈물에 감동되기도 하지만, 그래도 사람과 함께 울 정도로 감동되는 경우는 거의 없습니다. 그러나 어떤 사람이 소리 내어 웃을 때, 나 또한 소리 내어 웃지 않는 경우가 거의 없으며 적어도 미소를 짓습니다. 실제로 단순한 웃음 이야기

도 종종 즐거움의 원인이 됩니다. 대학에서 나는 존 밀턴(John Milton)의 시를 주의 깊게 공부했었는데 나는 그의 전원시 「쾌활한 사람」(L' Allegro)에서 웃음의 즐거운 인격화를 아직도 기억합니다.

그대 아름다운 처녀여 서둘러라, 그래서 그대와 함께
익살과 발랄한 즐거움,
핑계와 괴짜, 그리고 터무니없는 농간
고갯짓과 손짓, 그리고 감도는 미소…

주름살 진 근심이 조소하는 농담,
그리고 그의 양쪽을 둘 다 잡고 있는 웃음을 데려오라.

그 마지막 행에 이를 때면 언제나 나는 거의 웃음을 터뜨립니다. 또 나는 엘리엇(T. S. Eliot)의 「나이팅게일 속의 스위니」(Sweeney Among the Nightingales)에 나오는 웃는 사람 이야기를 생각합니다.

원숭이 모가지 스위니는 무릎을 벌리고
두 팔을 내려뜨린 채 껄껄댄다.

웃는 얼굴 앞에서의 우리의 행동은 윌콕스(E. W. Wilcox)가 다음과 같이 말한 격언에 대한 증명입니다. "웃어라 그러면 세상이 너와 함께 웃는다. 울어라, 그러면 너는 혼자 울 것이다."

그러나 색다른 종류의 웃음이 있습니다. 이 웃음은 어려운 일이 일어나는 곳에 있습니다. 만일 모든 웃음이 결백하고 낙천적인 것이라면 그 전염성은 언제나 좋을 것입니다. 그러나 그렇지 않습니다. 비웃고 조롱하는 웃음이 있습니다. 거만한 웃음이 있습니다. 그 외에 불신을 표시하는 웃음도 있습니다.

웃는 불신

창세기 18장의 하나님이 마므레의 상수리나무들이 있는 곳에서 아브라함에게 나타나신 이야기 중에서 불신의 웃음에 대한 예를 봅니다. 한 낮의 뜨거울 때에 손님들이 도착하자 아브라함은 그들을 위해 즉각 점심식사를 차렸습니다. 그들이 먹으면서 사라에 대해 물었습니다. 아브라함은 그녀가 장막 안에 있다고 대답했습니다. 그녀가 거기에 있는 것은 동양 관습에 따라 적절한 것이었습니다. 아브라함의 말에 그 중 한 손님이신 주님이 약속을 하셨습니다. "내년 이맘때 내가 반드시 네게로 돌아오리니 네 아내 사라에게 아들이 있으리라"(10절 상).

사라가 그들의 대화를 엿듣고 있다가 이 불가능해 보이는 약속을 들었습니다. 본문은 말씀합니다. "사라가 그 뒤 장막 문에서 들었더라 아브라함과 사라는 나이가 많아 늙었고 사라에게는 여성의 생리가 끊어졌는지라 사라가 속으로 웃고 이르되 내가 노쇠하였고 내 주인도 늙었으니 내게 무슨 즐거움이 있으리요"(10하, 12절). 이 웃음은 창세기 17장에 기록된 아브라함의 웃음과 다른 것이었습니다. 아브라함의 웃음은 기쁨으로 수락하는 웃음 또는 적어도 자라가는 믿음이 섞여있는 놀라움의 웃음이었습니다. 그러나 사라의 웃음은 주님의 말씀에 대한 반응으로서 철저한 불신의 표현이었습니다. "여호와께서 아브라함에게 이르시되 사라가 왜 웃으며 이르기를 내가 늙었거늘 어떻게 아들을 낳으리요 하느냐 여호와께 능하지 못한 일이 있겠느냐"(13-14절상). 이 불신에 대하여 세 가지 사항을 주목해 보십시오.

첫째, **불신은 죄입니다**. 이 시점에서 나는 사라 또는 아브라함이 그들의 손님들이 하늘에서 온 분들이거나 또는 그 중 한 손님이 사람 모습을 한 하나님이시라는 것을 깨달았는지는 잘 모릅니다. 만일 사라가 이것을 깨달았다면 그녀의 불신은 더욱 괘씸했을 것입니다. 그러나 그녀가 비록 깨닫지 못했다고 하더라도 그것은 변명의 여지가 없는 것이었습니다. 왜냐하면 하나님은 아브라함과 사라가 아들을 갖게 될 것임을 수차례 약속해 주셨기 때문입니다. 아브라함은 최근에 이에 대한 특별하고 엄숙한 선언을 들은 바 있습니다(창 17:15-16). 따라서 사라처럼 웃는 것은 하나님이 거짓말쟁이이고 신뢰할 수 없는 분이라고 말하는 것과 같았습니다. 불신에 대한 사도 요한의 분명한 다음의 고발을 숙고해 보십시오.

"만일 우리가 사람들의 증언을 받을진대 하나님의 증거는 더욱 크도다 하나님의 증거는 이것이니 그의 아들에 대하여 증언하신 것이니라 하나님의 아들을 믿는 자는 자기 안에 증거가 있고 하나님을 믿지 아니하는 자는 하나님을 거짓말하는 자로 만드나니 이는 하나님께서 그 아들에 대하여 증언하신 증거를 믿지 아니하였음이라"(요일 5:9-10)

우리는 믿음의 결여를 가볍게 취급하려는 경향이 있습니다. 존 스토트(John Stott)는 이에 대해 이렇게 말했습니다. "불신은 동정 받아야 할 불운이 아니다. 그것은 개탄해야 할 죄이다. 그것의 죄 됨은 그것이 참되신 한 분 하나님의 말씀을 부정하는 것이 되고, 그렇게 해서 그분에게 거짓을 뒤집어씌운다는 사실에 있다." [1]

둘째, 모든 죄가 그렇듯이 불신은 다른 죄로 이끌어 갑니다. 연쇄 반응을 일으키는 것입니다. 하나님이 사라의 불신에 대해 언급하셨을 때, 그녀는 자기의 웃음이 실제로 하나님의 약속에 대한 기쁨의 표현이었다거나 또는 하나님이 일찍이 아브라함에게 하셨던 약속에 대해 그가 웃었던 것과 같은 웃음(창 17:17)이었다는 말로 변명을 할 수 있었을 것입니다. 물론 그 두 변명 중 어떤 것도 진실치 못한 것이 되었을 것입니다. 그런데 사라는 훨씬 더 나쁜 짓을 했습니다. 그녀는 이렇게 거짓말을 했습니다. "내가 웃지 아니하였나이다"(15절). 이것의 죄가 왜 심각한 것인지, 왜 우리가 "아무리 작은 죄" 라도 자진해서 지으면 안 되는 것인지에 대한 이유인 것입니다. 오직 안전한 길은 죄를 전적으로 거부하고 신실하시고 의로우셔서 우리의 죄를 용서하시고 깨끗케 해 주시는 그분(요일 1:9)에게로 돌아서는 것입니다.

셋째, 하나님은 불신을 가볍게 다루시지 않습니다. 이것은 불신 자체의 본질로 보건대 확실합니다. 왜냐하면 만일 불신이 죄이고 그것이 다른 죄로 이끌어간다면 불신은 확실히 하나님에 대한 범죄이고 따라서 단호히 처리되어야 하기 때문입니다. 이 원리가 본문의 이야기에서도 생생하게 설명되었습니다. 사라는 속으로 웃었습니다. 그녀의 남편인 아브라함조차도 웃음소리를 듣지 못했습니다. 그러나 하나님은 들으셨습니다. 그분은 모든 사람의 마음을 들여다보시고, 모든 사람의 소원을 알고 계십니다. 그리고 그분은 죄를 드러내고 바로잡기 위해서 의도된 질문으로 즉시 반응하십니다. "사라가 왜 웃으며 이르기를 내가 늙었거늘 어떻게 아들을 낳으리요 하느냐 여호와께 능하지 못한 일이 있겠느냐" 잠시 후에 사라가 웃은 것에 대해 거짓말을 하자 하나님이 말씀하셨습니다. "네가 웃었느니라" (13-15절).

우리에게 이것은 가혹해 보입니다. 우리는 죄를 범하고 나서 하나님이 그 죄를 무시해 버리시기를 바랍니다. 그 다음에는 우리 삶의 작은 일들까지 잘못되어 가고, 기도는 바위 벽을 치는 것 같아 당황하게 됩니다. 우리가 이것을 깨닫는 데 얼마나 둔한지요! 하나님은 이렇게 말씀하셨습니다. "여호와의 손이 짧아 구원하지 못하심도 아니요 귀가 둔하여 듣지 못하심도 아니라 오직 너희 죄악이 너희와 너희 하나님 사이를 갈라 놓았고 너희 죄가 그의 얼굴을 가리어서 너희에게서 듣지 않으시게 함이니라" (사 59:1-2). 단지 죄를 하나님이 하시듯 엄중하게 다루지 않는 것 때문에 수백만의 그리스도인들이 삶에 방해를 받고 있고, 심지어 비참하게 됩니다.

은혜로우신 우리 하나님

그러나 하나님은 죄를 그저 엄하게만 다루시는 것은 아닙니다. 그분은 은혜도 또한 나타내시는데 사라와 관련된 그분의 말씀에서 이것을 알 수 있습니다. 사라가 하나님을 비웃었을 때, 하나님은 이렇게 말씀하실 수 있었습니다. "좋다. 네가 나를 믿지 않았기 때문에 아들의 약속은 이루어지지 않을 것이다. 나는 구속자의 계보를 다른 방법으로 세울 것이다." 그러나 하나님은 화내시는데 더딥니다. 그래서 사라의 불신이 그분이 선언하셨던 결심을 빗나가게 하지 않았습니다. 하나님은 이렇게 말씀하셨습니다. "내년 이맘때 내가 반드시 네게로 돌아오리니 네 아내 사라에게 아들이 있으리라" (창 18:10). 이제 그분은 약속을 되풀이하십니다. "기한이 이를 때에 내가 네게로 돌아오리니 사라에게 아들이 있으리라" (창 18:14하).

특히 그분은 사라를 위해 특별한 말씀을 주셨습니다. 대화의 대부분이 하나님이 직접 사라에게 하신 말씀은 아니지만(사라가 "내가 웃지 아니하였나이다" 라고 말하자 하나님이 "네가 웃었느니라" 고 하신 말씀만 하나님과 사라의 직접 대화임) 그럼에도 14절 상반절의 "여호와께 능하지 못한 일이 있겠느냐" 라는 말씀은 사라에게 특별한 은혜를 베푸시는 말씀으로 이해해야 합니다. 사라는 하나님보다는 환경을 보고 있었습니다. 그녀는 그녀의 나이와 남편의 나이를 생각하고 있었습니다. 그녀는 그녀가 임신할 수 있는 나이를 이미 지났다는 것과 그녀의 남편이 자녀를 나을 나이를 이미 지났다는 것을 알고 있었습니다. 그러나 본문의 말씀에서 하나님은 그녀로 하여금 환경에서 돌이켜 하나님을 향하게 하십니다. 다시 말해 그분은 그녀의 불신의 본질을 드러내심과 동시에 그녀에게 그분이 어떤 어려운 일도 없으신 참으로 주권적인 하나님이심을 다시 상기시키십니다. 우리는 얼마나 그분을 의심하는지 모릅니다!

도널드 반하우스가 우리에게 상기시켜주는 말이 있습니다.

"하나님은 광야의 바위에서 물이 흐르게 하셨다. 하지만 사람들은 그분이 빵을 주실 수 있을까 의심했다. 그분은 하늘에서 만나를 비 오듯이 내려주셨지만, 그들은 그분이 고기도 주실 수 있는지 의문을 가졌다. 모세조차도 병사들을 계수하고 나서 하나님께 그들을 먹일 양떼와 소떼의 가축이 부족하다고 말하고, 바다의 모든 고기를 모은들 족하겠는가고 비꼬듯이 물었다(민 11:22). 하나님이 대답하셨다. '여호와의 손이 짧으냐?' 예레미야에게 하나님은 이런 말씀을 하셨다. '(보라) 나는 여호와요 모든 육체의 하나님이라 내게 할 수 없는 일이 있겠느냐?' "(렘 32:27).[2]

"하나님에게 할 수 없는 일이 있겠느냐?" 이 질문은 성경에서 중요한 수사학적 질문의 하나입니다. 이 질문은 듣는 자 모두로부터 개인적인 응답을 받을만한 가치가 있는 질문입니다. 하나님에게 할 수 없으신 당신 삶의 어떤 문제, 당신이 직면하고 있는 어떤 어려움이 있겠습니까? 하나님이 다루실 수 없는 어떤 환경을 상상할 수 있습니까?

어쩌면 당신의 문제는 구원의 영역에 속하는 것인지도 모릅니다. 당신은 오랫동안 복음을 들어 왔고, 죄인들을 위한 예수 그리스도의 죽음으로 나타난 하나님의 위대한 은혜에 감탄해 왔습니다. 그러나 당신은 이것이 당신을 위한 것인지 믿을 수가 없습니다. 당신은 다른 사람들이 어떻게 구원되었는지 압니다. 그러나 당신은 과거에 지은 어떤 죄에 대한 생생한 기억을 가지고 있습니다. 지금 그 죄가 따라다니며 괴롭힙니다. 당신은 하나님이 어떻게 그렇게 굉장한 것을 용서하실 수 있는지 알지 못합니다. 어쩌면 당신은 다른 사람을 크게 해쳤는지도 모릅니다. 어쩌면 당신은 누군가를 살인까지 했는지도 모릅니다. 혹은 당신은 도덕적으로 아주 낮은 수준에서 살아왔는지도 모릅니다. 그래서 당신 자신의 마음에서, 그 과거의 죄들에 대한 치욕이 당신을 하나님에게서는 물론, 선한 사람들의 사회에서조차 추방했는지도 모릅니다. 그러나 나는 당신에게 질문합니다. "하나님에게 할 수 없는 일이 있습니까?" 하나님의 아들, 예수 그리스도의 피가 속죄하지 못할 죄가 있습니까? 모세는 살인자였습니다. 그러나 그는 구원을 받았습니다. 다윗은 간통자였고 살인자였지만 구원을 받았습니다. 베드로는 예수님을 부인했습니다. 바울은 스데반을 죽였습니다. 이들 및 다른 죄인들이 오직 예수 그리스도의 공로로 구원을 받았습니다. 그들의 구원은 하나님에게 불가능한 일이 아니었습니다. 당신의 죄는 왜 불가능하겠습니까? 하나님은 당신에게 말씀하십니다. "오라 우리가 서로 변론하자 너희의 죄가 주홍 같을지라도 눈과 같이 희어질 것이요 진홍 같이 붉을지라도 양털 같이 희게 되리라"(사 1:18).

또 다른 사람은 믿음의 문제로 어려워합니다. 어쩌면 당신이 그 사람일지 모릅니다. 당신은 구원이 믿음으로 받는 것이라고 듣고, 그래서 당신은 믿어야만 한다는 것을 압니다. 그러나 당신은 말합니다. "나는 믿고 싶습니다. 그러나 문제는 내가 믿을 수 없다는 것입니다. 나는 예수님이 나를 위해 개인적으로 죽으셨다는 것과 내가 그분을 믿는 믿음으로 구원 받을 수 있다는 것을 나 자신이 확신할 수가 없습니다." 만일 당신이 이런 말을 하고 있다면, 내가 당신을 믿고 있는지 전혀 확신할 수가 없습니다. 왜냐하면 하나님이 말씀하시기를 만일 우리가 다른 사람들을 믿는다면 그분의 증거는 더욱 크므로 우리는 그분을 믿을 수가 있다고 하셨기 때문입니다(요일 5:9). 그러나 당신이 말하는 것이 사실일지라도 나는 여전히 질문합니다. "하나님에게 할 수 없는 일이 있겠습니까?" 하나님은 믿음이 선물이라고 말씀하십니다(엡 2:8). 그분은 그것을 그분이 원하시는 누구에게도 주실 수 있습니다. 당신은 그분에게 믿음을 요청하셨습니까? 요청하십시오. 그리고 믿음이 주어지기를 기다리면서 그분이 그것을 주시기 위해 선택하신 수단인 성경을 사용하십시오. 그것을 읽으십시오. 그것을 공부하십시오. 성경 말씀을 암송하십시오. 성경 자체가 말씀합니다. "믿음은 들음에서 나며 들음은 그리스도의 말씀으로 말미암았느니라"(롬 10:17).

나는 가정 문제를 가지고 있는 사람들을 알고 있습니다. 그들은 그리스도인들입니다. 그러나 남편이나 아내가 그리스도에게 나오기를 거부합니다. 또는 아들이나 딸이 복음을 거절하고 자신에게 불필요한 슬픔과 문제를 가져옵니다. 이런 비통한 일은 우리의 마음에 깊은 손상을 줍니다. 왜냐하면 그것들이 우리가 가장 취약한 곳을 건드리기 때문입니다. 그리고 슬픔은 종종 심각해서 우리가 절망합니다. 그러나 나는 묻습니다. "하나님에게 할 수 없는 일이 있겠습니까?" 그분이 그 남편이나 아내 또는 아들이나 딸을 믿음으로 인도하는 것이 그분이 당신을 인도했던 것보다 더 어렵겠습니까? 주님이 이렇게 말씀하시지 않았습니까? "너희가 내 이름으로 무엇을 구하든지 내가 행하리니 이는 아버지로 하여금 아들로 말미암아 영광을 받으시게 하려 함이라 내 이름으로 무엇이든지 내게 구하면 내가 행하리라"(요 14:13-14).

어쩌면 더 많은 개인적인 사정들이 있을 것입니다. 마이어(F. B. Meyer)는 이렇게 기술하고 있습니다.

"요한일서 5:16절에 의거하여 당신이 기도할 근거를 가지고 있는 친구의 개심에 있어 정말이지 하나님이 그 말씀을 지키시는 것은 불가능한 범위에 속해 있는 것으로 보일지도 모른다. 더렵혀지고 있는 당신의 품성을 비방으로부터 옹호하는 것은 어렵다. 죽음의 자리에서 당신의 악한 본성을 유지하는 것과, 또한 모든 생각을 사로잡아 그리스도에 대해 순종하도록 함으로써 당신의 악한 생각들을 떨쳐버리는 것은 어렵다. 당신을 상냥하고 온유하게, 용서하고 사랑하게 만드는 것은 어렵다. 당신에게서 사랑스럽고 거룩한 본성의 열매를 열리게 하는 것은 어렵다. 그것은 어려울 것이다. 그러나 주님에게는 그다지 어려운 것이 아니다. '하나님에게는 모든 것이 가능하다.' 그리고 사라가 알았던 것처럼 믿는 자에게 모든 일이 가능하다."[3]

세 가지 복

사라에게 있어서 하나님은 얼마나 좋으신 분입니까! 그녀는 하나님의 말씀을 비웃으며 불신에서 시작을 했습니다. 그러나 그녀의 남편 아브라함도 역시 좋지 않았던 때가 있었는데, 그럼에도 불구하고 하나님의 복을 받았습니다. 이제 사라도 큰 복을 받게 되었습니다. 그것은 세 가지 복입니다.

첫째, 사라는 믿음을 받았습니다. 그녀는 불신에서 시작했지만, 믿음을 갖게 되었습니다(아마도 전능자에게는 할 수 없는 어떤 일도 없다는 친절한 가르침 때문이었을지 모릅니다). 그렇게 해서 사라는 하나님이 약속하신 아들을 기다리는 일에서 아브라함의 진정한 동반자가 되었습니다. 그래서 히브리서 11:11절이 특별히 사라에게 믿음의 공을 돌리고 있는지 모릅니다. 내가 "모릅니다." 라고 말한 것은 그 절을 번역하는 데 어떤 의문이 있기 때문입니다. 몇몇 헬라어성경에서는, 그 중 얼마는 최근에 발견된 것인데, 사라의 이름 뒤에 "아이를 못 낳는(barren, steira)" 이란 단어가 추가되어 있습니다. 그렇게 되면 문장의 의미가 바뀝니다. NIV 성경은 이 단어가 여기에 있는 것을 생각하여 그 절을 이렇게 번역하고 있습니다. "믿음으로 아브라함은 나이가 많았으나 (그리고 사라 자신도 아이를 낳지 못하고 있었으나) 그가 약속을 하신 하나님을 신실하신 분으로 생각했기 때문에 아버지가 될 수 있었다." 이 번역본에서는 강조점이 아브라함에게 있습니다. 반대로 만일 그 단어가 거기에 없다면 강조점은 사라에게 있게 되고, 그 번역은 AV 성경에서와 같이 이렇게 됩니다. "믿음으로 사라 자신도 역시 자손을 잉태할 힘을 얻었다. 그리고 나이가 지났을 때 아이를 낳았다. 왜냐하면 그녀는 약속하신 이를 신실하시다고 판단했기 때문이다."

히브리서 11:11절의 의미는 이렇듯 약간의 문제를 가지고 있습니다. 그러나 그것은 사라가 아이를 잉태할 믿음을 받은 문장일 수가 있습니다. 어떤 경우일지라도 그녀가 그랬다고 생각하는 것은 합리적입니다. 하나님이 아브라함에게 믿음을 주시면서 축복하셨을 때, 추측컨대 사라도 이 축복에서 제외되지 않았을 것입니다.

둘째, 사라는 웃음을 받았습니다. 이렇게 말하는 사람이 있을 것입니다. "웃음이라고요? 나는 웃음이 문제였다고 생각했습니다." 웃음이 불신의 경우였던 창세기 18장에서는 문제였습니다. 그러나 사라가 그녀의 생애에서 웃었다고 이야기된 곳은 여기가 유일한 곳이 아닙니다. 창세기 21장(이삭의 출생 이야기가 있는)에서 사라는 이렇게 말합니다. "하나님이 나를 웃게 하시니 듣는 자가 다 나와 함께 웃으리로다… 사라가 자식들을 젖먹이겠다고 누가 아브라함에게 말하였으리요마는 아브라함의 노경에 내가 아들을 낳았도다" (6-7절). 이것은 불신입니까? 전혀 아닙니다! 이것은 하나님의 선하심에 대한 억제할 수 없는 기쁨의 웃음이요, 미칠 듯한 경탄의 웃음입니다.

특히 아브라함과 사라의 아들인 이삭의 이름의 뜻은 "웃음", 즉 문자적으로 "그가 웃는다" 라는 것을 의미합니다. 하나님이 그 아들의 이름을 지어주셨기 때문에(창 17:19 참조) 이 사건은 하나님이 악에서 선을 가져오시고, 전체 사건에 대하여 마지막 날인을 하신 사례가 됩니다. 사라는 불신으로 웃었습니다. 그러나 마지막 말씀은 하나님이 가지고 계셨습니다. 그분은 사라의 불신의 웃음을, 하나님을 영화롭게 하는 기쁨과 감사의 웃음으로 바꾸셨습니다.

셋째, 사라는 칭찬을 받았습니다. 이것은 단순히 그녀가 나중에 (하나님을 믿는 것을 배우고, 아들을 잉태하고, 출산한 후에) 무엇이 되었다는 것이 아닙니다. 사라는 그녀가 심지어 가장 완고한 불신의 때에 생겼던 어떤 일에 대해 하나님의 칭찬을 받습니다. 아내들로 하여금 그들의 남편들에게 순종할 것을 권하는 단락에 나오는 한 절인 베드로전서 3:6절에 그 칭찬이 나옵니다. 그 단락에서 베드로는 아내들에게 그들의 남편들이 비록 복음의 말씀을 믿지 않는다고 해도 아내들의 행동으로 말미암아 그들이 구원을 받을 수 있도록 순종하라고 권합니다. 또한 단장은 하나님 앞에 값진 온유하고 안정한 심령의 내적인 아름다움으로 하라고 권합니다. 그런 다음 베드로는 이렇게 말합니다. "전에 하나님께 소망을 두었던 거룩한 부녀들도 이와 같이 자기 남편에게 순종함으로 자기를 단장하였나니 사라가 아브라함을 주라 칭하여 순종한 것 같이(순종하였느니라)" 사라가 어디서 그렇게 했습니까? 이 경우 외의 전체 성경 어디에서도 사라가 아브라함을 주라 칭한 곳이 없습니다. 바로 그녀가 하나님을 비웃을 때였습니다. "사라가 속으로 웃고 이르되 내가 노쇠하였고 내 주인(主)도 늙었으니 내게 무슨 즐거움이 있으리요" (창 18:12).

도널드 반하우스는 이렇게 기술하고 있습니다.

"인간적인 의무는 신성(神性)의 의무보다 하위이다. 그러나 그녀의 하나님에 대한 불신 가운데서 조차 사라는 남편에 대한 그녀의 의무를 이행했고 그에 대해 그녀의 주라고 말했다… 이렇게 대단한 불신 가운데서도 하나님은 신적인 원리에 대한 신실(信實)이라는 하나의 작은 실오라기를 골라내서 그것을 영원히 기록해 놓으신다."[4]

믿음! 웃음! 칭찬! 이 세 가지는 단지 사라에게 뿐만 아니라 그분을 순종하는 자녀들 각자에게 주어지는 하나님의 복입니다. 그리고 이 세 가지 모두는 전염성을 가지고 있습니다. 이 점에서 내가 시작을 했습니다. 믿음은 믿음을 이끕니다. 왜냐하면 그것이 복음이 전파되는 방법이기 때문입니다(롬 1:17). 하나님의 선하심에 대한 웃음은 다른 사람들을 웃게 합니다(창 21:6). 칭찬은 항상 이 축복과 다른 축복의 원천이신 하나님께 대한 쉬지 않고 더해가는 찬송이 됩니다.

● 각주 ●

1. 존 스토트, *The Epistles of John* (Grand Rapids: Eerdmans, 1964), 182.
2. 도널드 G. 반하우스, *Genesis*, 1:151.
3. F. B. 마이어, *Abraham*, 118-19.
4. 도널드 G. 반하우스, *Genesis*, 1:150-51.

86

하나님이 정의를 행하실 때

창세기 18 : 16-33

그 사람들이 거기서 일어나서 소돔으로 향하고 아브라함은 그들을 전송하러 함께 나가니라 여호와께서 이르시되 내가 하려는 것을 아브라함에게 숨기겠느냐 아브라함은 강대한 나라가 되고 천하 만민은 그로 말미암아 복을 받게 될 것이 아니냐 내가 그로 그 자식과 권속에게 명하여 여호와의 도를 지켜 공의와 정의를 행하게 하려고 그를 택하였나니 이는 나 여호와가 아브라함에게 대하여 말한 일을 이루려 함이니라 여호와께서 또 이르시되 소돔과 고모라에 대한 부르짖음이 크고 그 죄악이 심히 무거우니 내가 이제 내려가서 그 모든 행한 것이 과연 내게 들린 부르짖음과 같은지 그렇지 않은지 내가 보고 알려 하노라 그 사람들이 거기서 떠나 소돔으로 향하여 가고 아브라함은 여호와 앞에 그대로 섰더니 아브라함이 가까이 나아가 이르되 주께서 의인을 악인과 함께 멸하려 하시나이까 그 성 중에 의인 오십 명이 있을지라도 주께서 그 곳을 멸하시고 그 오십 의인을 위하여 용서하지 아니하시리이까 주께서 이같이 하사 의인을 악인과 함께 죽이심은 부당하오며 의인과 악인을 같이 하심도 부당하니이다 세상을 심판하시는 이가 정의를 행하실 것이 아니니이까 여호와께서 이르시되 내가 만일 소돔 성읍 가운데에서 의인 오십 명을 찾으면 그들을 위하여 온 지역을 용서하리라 아브라함이 대답하여 이르되 나는 티끌이나 재와 같사오나 감히 주께 아뢰나이다 오십 의인 중에 오 명이 부족하다면 그 오 명이 부족함으로 말미암아 온 성읍을 멸하시리이까 이르시되 내가 거기서 사십오 명을 찾으면 멸하지 아니하리라 아브라함이 또 아뢰어 이르되 거기서 사십 명을 찾으시면 어찌 하려 하시나이까 이르시되 사십 명으로 말미암아 멸하지 아니하리라 아브라함이 이르되 내 주여 노하지 마시옵고 말씀하게 하옵소서 거기서 삼십 명을 찾으시면 어찌 하려 하시나이까 이르시되 내가 거기서 삼십 명을 찾으면 그리하지 아니하리라 아브라함이 또 이르되 내가 감히 내 주께 아뢰나이다 거기서 이십 명을 찾으시면 어찌 하려 하시나이까 이르시되 내가 이십 명으로 말미암아 그리하지 아니하리라 아브라함이 또 이르되 주는 노하지 마옵소서 내가 이번만 더 아뢰리이다 거기서 십 명을 찾으시면 어찌 하려 하시나이까 이르시되 내가 십 명으로 말미암아 멸하지 아니하리라 여호와께서 아브라함과 말씀을 마치시고 가시니 아브라함도 자기 곳으로 돌아갔더라

우리 중 대부분은 성경에서 우리의 삶과 별 관련이 없어 보이는 부분을 읽다가 불과 한 두 장 뒤에 다른 부분에 이르면 갑자기 관련성이 너무 뚜렷해서 우리를 움찔 놀라게 한 경험을 가지고 있을 것입니다. 이런 일이 대부분의 사람들에게 있어 창세기 18장에서 일어납니다. 그 장의 전반은 세 명의 하늘 방문자들이 아브라함을 방문한 것에 관한 것으로 장래 그의 아들의 출생에 대한 대화를 기록하고 있습니다. 우리는 여기서 교훈을 얻습니다만, 이것은 우리의 경험과는 거리가 멀어 보입니다. 그러나 그 장의 후반에 이르게 되면 상황은 즉각 조간신문처럼 관련성을 갖게 됩니다. 그것은 악한 도시, 임박한 심판 그리고 파멸될 자들을 위한 중보에 있어 경건한 자들의 역할에 관한 것입니다. 헨리 모리스(Henry M. Moris)는 그 장을 이렇게 적용합니다.

"현대 세계, 특히 미국은 오랫동안 기독교 복음의 증거를 들어왔다. 그러나 인류는 그것을

거절하고 예수님 이전의 이방 세계의 것보다 더욱 더 큰 부패와 악의 늪으로 빠져가고 있다. 예수님은 말씀을 통해 인류가, 곧 심판을 맞게 될 것임을 분명히 말씀하셨다. 그때까지 예수님의 사람들은 잃어버린 사람들을 위해 중보하고, 그들에게 시종일관 영적 증거를 하고, 다가오는 진노에 대해 경고해줄 책임을 가지고 있다. 특히 아브라함에게 있어서도 옳았듯이 믿는 자들이 그들의 자녀들에게 주님의 길을 지키도록 명하는 것은 각별히 옳은 일이다." [1]

창세기 18장과 19장에서 우리는 다음의 사항을 발견합니다. 첫째는 하나님 심판의 확실성, 둘째는 다른 사람들을 위한 중보기도의 예, 셋째는 하나님 측의 자비, 넷째는 믿는 자와 그의 가족의 열의 없고 거의 비효과적인 순종입니다.

다가올 심판

거듭나지 못한 사람에게 있어 죄로 인해 다가오는 심판의 메시지만큼 싫어하는 것은 없습니다. 그런데 그 주요 이유는 정확히 그 사람들이 죄인들이기 때문입니다. 만일 하나님이 아브라함에게 그를 멸망시키고자한다고 말씀하셨다면 아브라함은 하나님이 이전에 그에게 하신 약속들이 있어 당혹해 했을 것이지만 그래도 그는 하나님 편의 불의를 요구하지는 않았을 것입니다. 아브라함은 하나님에게 요구할 권리가 없다는 것과 그가 일찍이 하나님으로부터 받은 그 어떤 것도 하나님의 자비에 의한 것임을 알았습니다. 아브라함은 욥처럼 이렇게 말했을 것입니다. "내가 모태에서 알몸으로 나왔사온즉 또한 알몸이 그리로 돌아가올지라 주신 이도 여호와시요 거두신 이도 여호와시오니 여호와의 이름이 찬송을 받으실지니이다"(욥 1:21). 그는 또 바울처럼 이렇게 말했을 것입니다. "사람은 다 거짓되되 오직 하나님은 참되시다 할지어다"(롬 3:4).

그러나 소돔 사람들은 어떠했습니까? 그들은 가나안의 다른 어떤 도시들보다 더 하나님의 능력과 은혜를 목격했습니다. 그들이 엘람의 그돌라오멜의 지휘 하에 공격해 온 동방의 네 왕에게 패배했을 때, 아브라함을 통해 노예로 잡혀 갔던 그들을 구한 분은 하나님이셨습니다. 그들은 멜기세덱의 증언을 들었고, 멜기세덱과 아브라함이 세상 전리품이나 명예보다도 하나님을 영화롭게 한 예를 목격한 바 있습니다. 후에 롯은 비록 그의 증거가 그의 우유부단한 삶으로 인해 약했을 것임엔 틀림없겠지만 어느 정도는 소돔에 대해서 증거를 했습니다(벧후 2:7-8 참조). 이러한 목격이나 증거들은 소돔과 고모라에 대해서는 전혀 효과가 없었습니다. 그들은 교정 불가능하게 악했습니다. 그러면서도 만일 그들이 임박한 심판에 대해 이야기를 들었다면 그들은 그것이 대단히 불공평한 것이라고 소리치며 반항했을 것입니다. 그들이 왜 이 벌을 받도록 선정되어야 했습니까?

아브라함조차도 이에 대해 의아해 했습니다. 왜냐하면 정말로 경건한 사람들은 자기 안의 죄보다 다른 사람들 안의 죄에 덜 민감한 것이 특성이기 때문입니다. 그래서 하나님이 그 문제를 아브라함에게 설명하신 것입니다. 소돔의 멸망은 마치 노아 때의 홍수와 같이(벧후 2:4-9) 궁극적으로 하나님이 모든 죄를 심판하실 것이라는 확실한 대 경고가 될 참이었습니다. 하나님은 아브라함으로 하여금 이 진리를 깨닫고 그것을 그의 자녀들에게 그리고 그 자녀들의 자녀들에게 전하기를 원하셨습니다.

하나님은 아브라함에게 결코 긴 말로 소돔을 멸망시키겠다고 말씀하지 않으셨습니다. 그러나 그분은 그 메시지가 이해되기에 충분한 다른 말씀을 하셨습니다. 그분은 소돔과 고모라 사람들의 죄악으로 인해 부르짖는 소리가 그분에게 도달했다고 말씀하셨습니다. "소돔과 고모라에 대한 부르짖음이 크고 그 죄악이 심히 무거우니 내가 이제 내려가서 그 모든 행한 것이 과연 내게 들린 부르짖음과 같은지 그렇지 않은지 내가 보고 알려 하노라" (창 18:20-21). 이 말씀은 하나님이 어떤 죄악도 알고 계신다는 점을 확인하는 것이기 때문에 두려운 것입니다. 그분은 학대받는 자들의 어떤 부르짖음에도 무관심하지 않으십니다. 가인이 아벨을 죽였을 때 하나님이 이런 말씀을 하셨습니다. "네가 무엇을 하였느냐 네 아우의 핏소리가 땅에서부터 내게 호소하느니라" (창 4:10). 신약에서 하나님은 일을 하고 받지 못한 삯이 부르짖는다는 말씀을 하셨습니다. "보라 너희 밭에서 추수한 품꾼에게 주지 아니한 삯이 소리 지르며 그 추수한 자의 우는 소리가 만군의 주의 귀에 들렸느니라" (약 5:4). 하나님은 "의인이 부르짖으면" 하나님이 "들으신다" 고 말씀하십니다(시 34:17). 우리는 불의에 방심할 수 있습니다. 그러나 하나님에게는 어떤 죄도 결코 실패 없이 그분에게 부르짖음으로 도달합니다.

나는 이 세상과 도시들에 대해 두려움을 갖습니다. 전반적으로 도시들은 시끄러운 곳입니다. 그러나 주말이나 공휴일, 눈이 오는 겨울날 밤에 밖에 나가면 나는 고요함에 감동됩니다. 거리는 아주 평화로워서 나는 이런 말을 할 유혹을 느낍니다. "하나님은 하늘에 계시고, 세상은 옳게 돌아간다(모든 것이 만족스럽다는 관용어적 표현 - 역주)." 그러나 나는 그럴 때에라도 하나님은 하늘에 계시지만, 세상은 옳게 돌아가지 않는다는 것을 압니다. 내가 죄악의 부르짖음을 듣지 못한다고 해도 하나님은 들으시고, 심판의 날에 나타날 진노를 쌓으십니다.

들어보십시오! 당신의 마음속에 저 부르짖음이 들리지 않습니까? 나는 술에 취한 아버지에게 구타당하고 있는 가엾고, 상처받고, 겁먹은 한 아이의 부르짖음을 듣습니다. 또 다른 부르짖음이 있습니다. 그것은 한 노인이 거리의 젊은 갱단에게 폭행을 당하며 외치는 부르짖음입니다. 나는 그들이 그의 얼굴과 양 어깨 주변에 폭행을 가해 그가 고통으로 부르짖는 소리를 듣습니다. 버려진 차 안에서 강간을 당하고 있는 한 십대 소녀의 부르짖음이 있습니다. 그리고 남편에게 버림받은 한 아내의 부르짖음도 있습니다. 나는 인간성을 빼앗는 복지제도의 함정에 빠져 그것을 포기한 한 파산자의 부르짖는 소리를 듣습니다. 나는 죄악의 쾌락이 부르짖는 소리도 듣습니다. 우리가 사는 도시의 얼굴에 상처를 내는 수천 개의 술집에서 나는 소란한 소리, 창녀들과 그들의 포주들이 외치는 소리, 마약 중독자들의 부르짖음, 적을 패배시키거나 경쟁자를 몰락시킬 수 있었던 자들의 교만한 부르짖음의 소리를 듣습니다. 하지만 잠깐! 이러한 부르짖음은 이 나라의 모든 도시와 마을에서 매일 같이 매 분마다 나는 수백만의 부르짖음의 극히 일부일 뿐입니다. 이 모든 소리를 하나님은 들으시고 감지하십니다. 하나님의 심판이 우리에게 임하실 때, 어떻게 피하겠습니까? 우리는 오직 의로우신 하나님이 우리가 저지른 죄, 그분에게 들어온 고발 그대로 나쁜 것인가 보려고 내려오시면, 우리는 무엇이라고 변명하겠습니까?

소돔을 위한 중보기도

경건치 못한 자들의 삶에서 죄가 결과하는 것은, 하나님의 심판에 대한 무지 뿐만이 아닙니다. 경건치 못한 자들은 그들을 위해 염려하고 기도하는 경건한 자들에 대해서도 또한 무지합니다. 소돔 사람들이 그들 주변의 어떤 것도 안중에 없이 그들의 죄 된 삶을 추구하는 동안 아브라함은 하나님과 함께 산에 서서 평야의 사람들을 위해 중보했습니다.

"그 사람들이 거기서 떠나 소돔으로 향하여 가고 아브라함은 여호와 앞에 그대로 섰더니 아브라함이 가까이 나아가 이르되 주께서 의인을 악인과 함께 멸하려 하시나이까 그 성 중에 의인 오십 명이 있을지라도 주께서 그 곳을 멸하시고 그 오십 의인을 위하여 용서하지 아니하시리이까 주께서 이같이 하사 의인을 악인과 함께 죽이심은 부당하오며 의인과 악인을 같이 하심도 부당하니이다 세상을 심판하시는 이가 정의를 행하실 것이 아니니이까 여호와께서 이르시되 내가 만일 소돔 성읍 가운데에서 의인 오십 명을 찾으면 그들을 위하여 온 지역을 용서하리라 아브라함이 대답하여 이르되 나는 티끌이나 재와 같사오나 감히 주께 아뢰나이다 오십 의인 중에 오 명이 부족하다면 그 오 명이 부족함으로 말미암아 온 성읍을 멸하시리이까 이르시되 내가 거기서 사십오 명을 찾으면 멸하지 아니하리라 아브라함이 또 아뢰어 이르되 거기서 사십 명을 찾으시면 어찌 하려 하시나이까 이르시되 사십 명으로 말미암아 멸하지 아니하리라 아브라함이 이르되 내 주여 노하지 마시옵고 말씀하게 하옵소서 거기서 삼십 명을 찾으시면 어찌 하려 하시나이까 이르시되 내가 거기서 삼십 명을 찾으면 그리하지 아니하리라 아브라함이 또 이르되 내가 감히 내 주께 아뢰나이다 거기서 이십 명을 찾으시면 어찌 하려 하시나이까 이르시되 내가 이십 명으로 말미암아 그리하지 아니하리라 아브라함이 또 이르되 주는 노하지 마옵소서 내가 이번만 더 아뢰리이다 거기서 십 명을 찾으시면 어찌 하려 하시나이까 이르시되 내가 십 명으로 말미암아 멸하지 아니하리라 여호와께서 아브라함과 말씀을 마치시고 가시니 아브라함도 자기 곳으로 돌아갔더라"(창 18:22-33)

얼마나 놀랄만한 대화입니까! 얼마나 놀랄만한 중보기도의 본보기입니까! 성경에서 처음 나오는, 하나님 편에서도 자신에게 간청할 수 있도록 아브라함에게 허용하신 것은 놀라운 일입니다. 아브라함 편에서 봐도 역시 놀랍습니다. 이것은 하나님과의 우정과 교제를 발전시킨 정도를 보여줍니다. 물론 아브라함에게 있어 모든 것이 꼭 옳은 것은 아닙니다. 그가 "세상을 심판하시는 이가 정의를 행하실 것이 아니니이까" 라고 묻는 것은 거의 하나님이 정의를 행하지 않으시거나, 또는 아브라함 자신을 포함한 단순한 인간들이 하나님의 행위를 평가할 타당한 근거를 가지고 있다는 것을 시사하는 것입니다. 아브라함은 하나님의 행위가 우리에게 어떻게 보이든 상관없이 그분은 언제나 정의를 행하신다는 것을 알았어야 했습니다. 그래도 아브라함이 모두 옳은 것은 아니었지만 그럼에도 그는 어떻게 청원해야 하는 지에 대한 지식을 상당히 발전시켰습니다.

아브라함의 기도는 우리의 기도를 위한 네 가지의 큰 원리를 시사하고 있습니다. 첫째, **분수를 지키는** 기도입니다. 그것은 아브라함과 상관없는 일에 동정을 살피는 것이 아닙니다. 아브라함은 하나님의 비밀스런 선택의 목적에 대한 지식을 요구하지 않았습니다. 또한 아브라함은 그가 청원을 하는 데 있어 그 지식이 필요하다고 생각하지도 않았습니다. 우리는 이에서 믿지 않는 어떤 개인이나 도시 또는 세계에 관한 하나님의 궁극적 목적이 무엇인지 알지 못한다는 이유 때문에 그들을 위한 기도가 방해받고 억제 당한다고 생각해서는 안 된다는 것을 배울 수 있습니다. 우리는 그런 것과 상관없이 그들을 위해 기도할 수 있습니다. 우리는 기도가 하나님이 역사하시는 수단이라는 것과 하나님이 성도들의 중보의 간청을 들으시고 응답하시는 것을 기뻐하신다는 것을 알고 기도하면서 격려도 받을 수 있습니다. 그러나 우리는 다른 사람들을 위해 기도할 때보다 예수 그리스도를 더 닮는 것이 그 무엇보다 하나님 아버지를 더 기쁘게 해 드리는 것입니다.

둘째, **겸손한** 기도입니다. 그것은 단 한 순간이라도 아브라함이 어떤 특정인이기 때문에 또는 어떤 일을 했기 때문에 하나님이 그의 간청을 듣고 응답하실 어떤 의무를 가지고 계시다는 것을 시사하는 것이 아닙니다. 이와는 반대로 아브라함은 "나는 티끌이나 재와 같다" (27절)고 했습니다.

셋째, **지속적인** 기도입니다. 성경의 대부분 기도에서와 같이 이 기도는 몇 초가 지나면 그 내용을 알 수 있습니다. 그러나 이 기도는 아브라함이 하나님께 이 요청을 적절히 지속적으로 말로 하고 있다고 판단할 수 있도록 기록되었습니다. 아브라함은 소돔을 위해 여섯 번 중보합니다. 특히 그의 요청이 매번 허가됨에 따라 그는 돌아와 똑같은 접근을 다시 시도할 용기를 얻었던 것으로 보입니다. 마이어는 이렇게 기술합니다.

"첫 눈엔 그가 하나님으로 하여금 차례차례 철회하시도록 강요해서 그의 청원을 내키지 않는 손에서 얻어내려는 것처럼 보인다. 그러나 그것은 틀린 것이다. 실제로 하나님이 그를 그렇게 하도록 하신 것이었다… 이때는 그를 교육하시는 시간이었다. 그는 광범위한 하나님의 의와 자비를 모두 단번에 배우지 못했다. 그는 아찔하게 높은 곳을 한 걸음 한 걸음 기어 올라갔다. 그리고 그가 한 걸음 옮길 때마다 그는 또 다른 걸음에 도전하도록 고무되었다." [2]

넷째, 설득력 있는 기도입니다. 그것은 하나님께 어떤 권리를 요구하는 간청에 의한 것이 아니었습니다. 왜냐하면 우리가 이미 보아 온 바와 같이 아브라함은 아무 권리도 가지고 있지 않았기 때문입니다. 그것은 하나님 자신의 품성과 영광을 내세워 간청함으로써 설득력이 있었습니다. 아브라함은 하나님의 명예를 소중하게 생각했고 그래서 만일 의인들이 죄인들과 함께 멸망하면 하나님의 명예가 사람의 마음에서 훼손될 것이라고 주장했습니다. 이것이 "세상을 심판하시는 이가 정의를 행하실 것이 아니니이까" 의 본질적인 의미입니다. 아브라함은 자신의 어떤 공로도 내세우지 않았습니다. 그러나 그는 하나님이 정의를 행하시는 분으로 인정되고 알려져야 하는데 만일 의인이 죄인과 함께 멸망하면 안 되는 것이라고 주장한 것입니다. "그는 하나님을 공의의 하나님이요 구주로 알고 있다. 그래서 하나님에 대한 이러한 두 가지 면의 지식을 가지고 그의 논거를 세우고 있다." [3]

나중에 시내산에서 하나님이 이스라엘 백성을 진멸시키고 모세의 자손으로 새로운 민족을 만드시겠다는 의도를 나타내셨을 때 모세가 사용했던 것도 같은 요지였습니다. "여호와여 어찌하여 그 큰 권능과 강한 손으로 애굽 땅에서 인도하여 내신 주의 백성에게 진노하시나이까 어찌하여 애굽 사람들이 이르기를 여호와가 자기의 백성을 산에서 죽이고 지면에서 진멸하려는 악한 의도로 인도해 내었다고 말하게 하시려 하나이까"(출 32:11-12). 하나님은 모세의 기도를 들으시고 화를 내리지 않으셨습니다(출 32:14).

하지만 본문에서 평야의 도시들에 심판이 내려졌습니다. 이 사실은 만일 당신이 예수 그리스도를 믿지 않는 죄인일 경우에 당신에게 정신을 차리도록 하는 의미를 갖습니다. 아브라함은 간청을 훌륭하게 했습니다. 그는 하나님의 명예에 호소했습니다. 그는 소돔을 위해 중보했습니다. 그리고 하나님이 그의 간청을 들으셨습니다. 하나님은 그분의 명망을 지키셨습니다. 그러나 하나님은 아브라함이 기대한 대로 그분의 명망을 지키신 것이 아니었습니다. 하나님이 (아브라함의 기도의 짐이었던) 의인들을 죄인들과 함께 멸망시키지 않으신 것은 사실이지만 그럼에도 그분은 먼저 의로운 롯과 그의 아내 그리고 두 딸을 그 지역에서 피신시키신 후에 죄인을 멸망시키셨습니다.

죄인들이 "왜 하나님은 정의를 행하지 아니하시는가?" 라고 비난하는 것은 "왜 하나님은 나의 죄를 간과하지 않으시는가?" 하는 것을 의미합니다. 그러나 하나님은 죄를 간과하시지 않습니다. 하나님은 죄를 심판하십니다. 온 세상을 심판하시는 분이 정의를 행하시면 소돔과 고모라는 멸망됩니다. 세상은 홍수로 물속에 가라앉고 맙니다. 사람들은 불못에서 벌을 받게 됩니다. 그리고 하나님은 조나단 에드워즈(Jonathan Edwards)가 "죄인들에 대한 천벌 속에서의 하나님의 정의"를 논한 것과 같이 그러한 천벌 가운데서 영광을 받으십니다. 만일 당신이 그리스도를 거절하면 이런 일이 당신에게 일어날 것입니다. 당신은 유죄 판결을 받을 것이고, 그런 과정에서 하나님의 명예는 올라갈 것입니다. 당신을 위한 유일한 소망은 하나님의 정의가 죄인들을 위한 예수 그리스도의 죽음에도 나타나 있는데 거기에 하나님의 자비도 마찬가지로 나타나 있다는 것입니다. 하나님은 당신에게 죄에서 돌이켜 예수 그리스도에게 돌아오도록 명령하고 계십니다.

십 명으로 말미암아

악한 자들은 의로운 자들에게 얼마나 큰 빚을 졌는지 모릅니다. 하나님의 백성 때문에 복을 받을 가치가 전혀 없는 자들에게도 복이 내려졌고, 멸망당했어야 할 자들에게서 심판이 피해 갔습니다. 야곱 때문에 라반의 가축이 늘어났습니다(창 30:27). 보디발은 그를 위해 일을 한 요셉 때문에 번창했습니다(창 39:5). 하나님은 바울 때문에 바울과 함께 배를 타고 로마로 항해하던 모든 사람을 구원하셨습니다(행 27:24). 예루살렘에 의인 한 사람만 있었어도 하나님은 유다가 포로로 잡혀가지 않도록 용서하셨을 것입니다(렘 5:1). 소돔과 고모라에서 조차 그 둘 중에 단 어느 한 도시에서라도 의인 열 명이 있었다면 두 도시는 용서되었을 것입니다.

마이어(F. B. Meyer)는 이렇게 기술하고 있습니다.

"불경건한 자들은 그들 중에 하나님의 자녀들이 있다는 것에 얼마나 큰 빚을 지고 있는지 거의 깨닫지를 못한다. 이제 받아 마땅했던 진노의 홍수가 머지않아 그들 모두를 쓸어갈 참이었다. 그러나 의인들이 그들 가운데 있는 동안 하나님은 어떤 일도 할 수 없으셨기 때문에 심판은 억제되었다. 인내하지 못하는 종들이 종종 가라지를 뽑아 버리면 안 되느냐고 여쭈었다. 그러나 의로우신 주님은 항상 이렇게 대답하셨다. '아니다, 가라지를 뽑다가 곡식까지 함께 뽑으면 안 된다.' 아, 세상은 성도들에게 얼마나 큰 빚을 지고 있다는 것을 깨닫지 못하는지! 그들은 그들의 부패를 막아주는 소금, 혼돈과 어둠이 다시 지배하려는 것을 막아주는 빛에 대해 거의 깨닫지 못하고 있다. 우리는 슬픈 어둠의 파멸을 향하여 굴러가는 세상을 불쌍히 여길 수밖에 없다. 마므레 위의 산에서 세상을 위해 간청하자. 그래서 우리와 우리의 사랑하는 사람들이 마지막 재앙이 불가피하게 세상을 파멸시키기 전에 거기서 안전한 곳으로 인도되도록 하자!"[4]

● 각주 ●

1. 핸리 모리스, *The Genesis Record*, 343-44.

2. F. B.마이어, *Abraham*, 128-29.

3. 로버트 캔들리쉬, *Studies in Genesis* (1868; reprint, Grand Rapids: Kregel, 1979), 306-7.

4. F. B.마이어, *Abraham*, 129-30.

87

소돔에서 도망하기

창세기 19 : 1-17

저녁 때에 그 두 천사가 소돔에 이르니 마침 롯이 소돔 성문에 앉아 있다가 그들을 보고 일어나 영접하고 땅에 엎드려 절하며 이르되 내 주여 돌이켜 종의 집으로 들어와 발을 씻고 주무시고 일찍이 일어나 갈 길을 가소서 그들이 이르되 아니라 우리가 거리에서 밤을 새우리라 롯이 간청하매 그제서야 돌이켜 그 집으로 들어오는지라 롯이 그들을 위하여 식탁을 베풀고 무교병을 구우니 그들이 먹으니라 그들이 눕기 전에 그 성 사람 곧 소돔 백성들이 노소를 막론하고 원근에서 다 모여 그 집을 에워싸고 롯을 부르고 그에게 이르되 오늘 밤에 네게 온 사람들이 어디 있느냐 이끌어 내라 우리가 그들을 상관하리라 롯이 문 밖의 무리에게로 나가서 뒤로 문을 닫고 이르되 청하노니 내 형제들아 이런 악을 행하지 말라 내게 남자를 가까이 하지 아니한 두 딸이 있노라 청하건대 내가 그들을 너희에게로 이끌어 내리니 너희 눈에 좋을 대로 그들에게 행하고 이 사람들은 내 집에 들어왔은즉 이 사람들에게는 아무 일도 저지르지 말라 그들이 이르되 너는 물러나라 또 이르되 이 자가 들어와서 거류하면서 우리의 법관이 되려 하는도다 이제 우리가 그들보다 너를 더 해하리라 하고 롯을 밀치며 가까이 가서 그 문을 부수려고 하는지라 그 사람들이 손을 내밀어 롯을 집으로 끌어들이고 문을 닫고 문 밖의 무리를 대소를 막론하고 그 눈을 어둡게 하니 그들이 문을 찾느라고 헤매었더라 그 사람들이 롯에게 이르되 이 외에 네게 속한 자가 또 있느냐 네 사위나 자녀나 성 중에 네게 속한 자들을 다 성 밖으로 이끌어 내라 그들에 대한 부르짖음이 여호와 앞에 크므로 여호와께서 이 곳을 멸하시려고 우리를 보내셨나니 우리가 멸하리라 롯이 나가서 그 딸들과 결혼할 사위들에게 말하여 이르기를 여호와께서 이 성을 멸하실 터이니 너희는 일어나 이 곳에서 떠나라 하되 그의 사위들은 농담으로 여겼더라 동틀 때에 천사가 롯을 재촉하여 이르되 일어나 여기 있는 네 아내와 두 딸을 이끌어 내라 이 성의 죄악 중에 함께 멸망할까 하노라 그러나 롯이 지체하매 그 사람들이 롯의 손과 그 아내의 손과 두 딸의 손을 잡아 인도하여 성 밖에 두니 여호와께서 그에게 자비를 더하심이었더라 그 사람들이 그들을 밖으로 이끌어 낸 후에 이르되 도망하여 생명을 보존하라 돌아보거나 들에 머물지 말고 산으로 도망하여 멸망함을 면하라

고린도전서에 사도 바울이 경고하는 구절이 있습니다. 거기서 바울은 그리스도의 몸을 세우기 위해 일하는 자들은 그들이 하나님을 위해 어떻게 일하는지 그리고 그들의 일에 무엇을 사용하는지에 따라 심판받을 것이라고 경고합니다.

"이 닦아 둔 것 외에 능히 다른 터를 닦아 둘 자가 없으니 이 터는 곧 예수 그리스도라 만일 누구든지 금이나 은이나 보석이나 나무나 풀이나 짚으로 이 터 위에 세우면 각 사람의 공적이 나타날 터인데 그 날이 공적을 밝히리니 이는 불로 나타내고 그 불이 각 사람의 공적이 어떠한 것을 시험할 것임이라 만일 누구든지 그 위에 세운 공적이 그대로 있으면 상을 받고 누구든지 그 공적이 불타면 해를 받으리니 그러나 자신은 구원을 받되 불 가운데서 받은 것 같으리라"(고전 3:11-15)

그 마지막 부분을 읽을 때면 언제나 나는 롯이 그의 가족과 함께 소돔의 불길로부터 도망하는 것이 생각납니다. 평야지대의 두 악한 도시 소돔과 고모라에 대한 하나님의 심판은 성경에 처음 나오는 심판의 예는 아닙니다. 창세기에서 우리는 이미 노아 때에 홍수로 말미암아 세상이 파멸되는 이야기를 살펴 본 바 있습니다. 이 두 사건(여기에 창세기 1장 이전에 루시퍼와 함께 반역한 천사들에 대한 하나님의 심판을 더하여)은 베드로에 의해서 하나님이 어떻게 "불의한 자는 형벌 아래에 두어 심판 날까지 지키시는지"(벧후 2:9)를 아신다는 증거로 인용되었습니다. 따라서 심판은 이상한 일이 아닙니다. 소돔에 대한 심판 이야기의 독특한 점은 그 도시에 롯이 존재한 것과 천사들을 통한 하나님의 역사인데 그 역사에 의해 롯과 그의 직계 가족이 구원되었지만 "불 가운데서 받은 것" 같았다는 것입니다.

롯은 세속적이고 열의가 없는 그리스도인의 실례(實例)입니다. 그는 하나님에 대한 지식이 있었고, 그분과의 교제를 원했습니다. 그러나 그는 또한 세상도 원했는데 그는 그가 가치를 부여했던 것들을 거의 모두 잃었습니다.

어리석은 신앙인

이 시점에서 롯에 대해 생각해 볼 가치가 있습니다(그에 대해 몇 장 후에 다시 연구를 하겠지만). 왜냐하면 소돔의 멸망은 성경에서 마지막 심판의 예표로 보이고 따라서 롯의 손실은 많은 그리스도인들의 당연한 운명으로 보이기 때문입니다.

롯은 아브라함의 조카로서 동생 하란의 아들이었습니다. 그는 아브라함처럼 갈대아 우르를 떠나 하나님이 보여주실 새로운 땅으로 가도록 하나님의 부르심을 직접 받은 바가 없었습니다. 그러나 그는 분명히 아브라함의 비전의 웅대함과 새로운 출발의 열정에 사로잡혀 순례의 길을 따라 나섰습니다. 그는 아브라함과 여러 해를 함께 지냈습니다. 이 기간 동안에 그는 물질적으로 번영했으며 또한 영적으로도 번영했다고 볼 수 있습니다. 왜냐하면 성경에 그는 어디서나 믿는 자로 여겨지고 있기 때문입니다. 베드로는 소돔에 사는 롯에 대해 이렇게 말한 바 있습니다. "무법한 자들의 음란한 행실로 말미암아 고통 당하는 의로운 롯을 건지셨으니 (이는 이 의인이 그들 중에 거하여 날마다 저 불법한 행실을 보고 들음으로 그 의로운 심령이 상함이라)" (벧후 2:7-8).

그의 인생길은 한 줄기의 긴 내리막길입니다. 그의 내리막의 첫 단계는 창세기 13:10절에 나오는데 거기서 그는 소돔을 "바라보았다" 고 했습니다. 이것은 곁눈질로 본 것이 아니었습니다. 동경심을 가지고 바라본 것을 의미합니다. 그는 하나님이 주신 산에서 아브라함과 함께 장막에서 사는 삶에 만족하지 않았습니다. 그는 더 활기찬 도시의 삶을 원했습니다. 그 도시는 가장 좋은 땅 근처에 있었었고, 롯은 그 땅을 원했습니다.

그는 소돔 근처에 장막을 쳤습니다(창 13:12). 만일 우리가 그에게 왜 소돔 안에서가 아니고 그 근처에서 살고 있었는가를 물어보았다면 그는 소돔이 악한 도시라서 소돔 사람들의 삶에 개입하기를 원치 않았다고 설명했을 것입니다. 그는 악하게 되기를 원하지는 않았습니다.

그러나 얼마 후에 롯은 "소돔에 거주하는" (창 14:12) 것으로 나타납니다. 이 변화에 대한 별도의 설명은 없지만, 징조가 불길한 것이 사실입니다. 불길에 이끌린 나방처럼 롯은 이미 소돔과 거리를 두고 살기가 불가능해졌고, 이제 하나님이 파멸시키실 그 장소로 들어온 것입니다.

우리는 롯이 그 도시에서 제법 높은 자리까지 얻고 있는 것을 봅니다. "성문에 앉아 있다" (창 19:1)는 것이 바로 그것을 의미합니다. 그곳은 장로들이나 도시의 주요한 인사들이 앉는 곳입니다. 그곳은 재판을 하는 곳이었습니다. 만일 많은 현대 기독교인들이 거기 있었다면 그들은 롯이 그의 근본주의자로서의 과거를 성공적으로 떨쳐 버리고 소돔을 위해서 하나님의 사람으로서 훌륭하게 발전했다고 축하했을 것입니다. 그러나 롯은 그런 사람이 아니었습니다. 그는 하나님의 부르심을 버리고 시편 1편의 의로운 사람과 정반대가 된 것입니다. 그는 악인들의 꾀를 따랐으며, 죄인들의 길에 섰고, 오만한 자들의 자리에 앉았습니다. 그의 즐거움은 여호와의 율법에 있지 않았고, 그는 분명히 그 율법을 주야로 묵상하지 않았습니다. 그는 시냇가에 심은 나무가 아니었고, 그 잎사귀는 마르고, 그가 하는 모든 일이 형통하지 못했습니다. 그는 위험하게도 바람에 나는 겨와 같은 삶에 근접했습니다.

소돔의 죄

롯의 문제는 무엇이었습니까? 하나님의 사람들은 도시에 살아서는 결코 안 된다는 것이었습니까? 그들은 세속에서 지도자가 결코 될 수 없다는 것입니까? 전혀 그렇지 않습니다! 롯의 문제는 두 가지입니다. 첫째, 그는 **잘못된 동기**를 가지고 소돔에 들어갔습니다. 소돔의 불경건한 삶을 바꾸려고 들어간 것이 아니라 그런 불경건한 삶에서 이득을 보기 위해서 들어간 것입니다. 그는 스스로를 선교사라고 생각했을지 모르지만 오히려 그는 "선교의 대상자" 였던 것입니다. 둘째, 소돔은 **악한 도시**였습니다. 그래서 롯이 그곳으로 옮긴 것은 그리스도인이 매춘굴이나 조직 범죄단이 운영하는 사업에 뛰어든 것과 같았습니다. 그런 곳은 의인이 있어야 할 곳이 아니었습니다.

이렇게 이의를 제기하는 사람들도 있을 것입니다. "하지만 우리가 복음을 전파하기 위해 온 세상으로 보냄 받는 것은 사실이 아닙니까?" 그렇습니다. "그렇다면 그것은 우리가 어디에든 정착해 살 자유가 있다는 것을 의미하는 것이 아닙니까?" 아닙니다. 복음을 가지고 악한 곳에 간다는 것과 그곳 삶의 악한 국면으로 들어간다는 것에는 큰 차이가 있습니다. 그러나 "바울은 '내가 여러 사람에게 여러 모습이 된 것은 아무쪼록 몇 사람이라도 구원하고자 함이니' (고전 9:22) 라고 말하고 있지 않습니까?" 그렇습니다. 그렇게 말하고 있습니다. 그러나 그것은 그가 노름꾼을 얻으려고 노름꾼이 되거나 살인자를 얻으려고 살인자가 되었다는 것을 의미하는 것이 아닙니다. 그것은 단순히 그가 그의 배경의 특권을 내세우지 않고 예수님이 우리의 구원을 위해 사람이 되어 죽으시려고 하나님으로서의 현존의 모습을 버리신 것과 같이 다른 배경에 있는 사람들을 얻으려고 자신의 특권을 버렸다는 것을 의미합니다.

소돔이 악했다는 것은 이 사건에서 명확합니다. 아브라함과 하나님이 마므레 근처에서 대화하고 있는 동안에 먼저 갔던 두 천사는 해질 무렵에 소돔으로 들어갔습니다. 롯은 성문에 앉아있었습니다. 그러나 그가 천사들을 보자 일어나서 그들을 영접하고 그의 집에서 숙박하도록 요청했습니다. 그들은 "아니라 우리가 거리에서 밤을 새우리라" (2절)고 대답했습니다. 그러나 그 도시에서 밖에서 자는 것이 위험하다는 것을 알고 있었던 롯은 간청을 했고 그들은 롯과 함께 갔습니다. 저녁을 먹고 잠자리에 눕기 전에 도시의 사람들이 그 집을 에워싸고 롯을 불러냈습니다. "오늘 밤에 네게 온 사람들이 어디 있느냐 이끌어 내라 우리가 그들을 상관하리라"(5절).

롯은 소돔에 살면서 양보를 잘 해 왔는지는 모릅니다. 그러나 그는 그런 요청에 기꺼이 굴복할 만큼 양보하는 사람은 아니었습니다. 그는 문밖으로 나가서 사람들을 질책했습니다. 그는 "내 형제들아" (그가 그런 폭력적인 성(性)도착자들을 형제라고 부른 것은 흥미로운 일입니다) 라고 말문을 열었습니다. "이런 악을 행하지 말라"(6절). 그런 다음 (롯이 실제로 이 말을 했다는 것이 우리로서는 믿기 어렵지만, 본문이 말씀하는 바에 의하면) 그는 만일 그들이 방문자들을 놔두면 그의 결혼하지 않은 두 딸을 그들에게 내주겠다고 제안했습니다. "내게 남자를 가까이 하지 아니한 두 딸이 있노라 청하건대 내가 그들을 너희에게로 이끌어 내리니 너희 눈에 좋을 대로 그들에게 행하고 이 사람들은 내 집에 들어왔은즉 이 사람들에게는 아무 일도 저지르지 말라"(8절).

소돔 사람들은 그 제안을 거절하고 롯을 조롱했습니다. 그리고 만일 천사들이 문을 열고 롯을 집안으로 끌어들이고 거기 있는 사람들에게 문을 찾지 못하도록 일시적으로 눈을 어둡게 하는 괴로움을 주지 않았다면 그들은 그와 천사들, 그리고 그의 딸들을 능욕했을 것입니다.

본문 구절의 뜻은 자명합니다. 그러나 오늘과 같은 "악하고 음란한 시대" 에 이런 악에 대해서 교묘한 변명의 시도가 있어 왔습니다. 그래서 이러한 시도에 관해 간단히 다뤄볼 필요가 있습니다. 그 주요 근원은 동성애자 해방운동, 특히 교회가 그 죄된 생활 양식을 합법화해 주기를 원하는 동성애자 사회의 지류입니다. 수천 년의 역사 동안 성경이 분명하게 동성애(homosexuality)를 죄로 규탄하고 있는 것은 확실한 사실입니다. 실제로 그것은 구약성경의 법령에서 사형에 해당하는 음란한 죄이고(레 20:13). 신약성경에서는 완전히 진보된 부패 문화의 증거로 인용되고 있습니다(롬 1:26-32).

창세기 19장에서 시도된 동성애적 성폭행 사건은 소돔이 그러한 부패 상태에 있었다는 일반적인 증거가 되는 것이고, 따라서 하나님의 심판을 받아 마땅한 것이었고, 그것이 그 도시의 운명이었습니다. 그러나 당신은 "크리스천" 동성애자인 척하고 그런 사고방식을 가지고 살 수는 없습니다. 그래서 근년에 성경적 자료를 재해석하는 많은 시도들이 있어 왔습니다.

그 첫 번째 중요한 시도는 영국 작가 셔윈 베일리(D. Sherwin Bailey)의 1955년에 출판된 「동성애와 서양 기독교 전통」(Homosexuality and the Western Christian Tradition)이란 제목의 책이었습니다. 베일리는 소돔 주민들이 롯과 함께 있는 천사들에 대한 동성애적 성폭행을 시도하지 않았고, 소돔의 진짜 죄는 나그네들에 대한 환대의 의무를 어긴 것으로 그것 때문에 다른 곳에서도 규탄 받고 있다(겔 16:49)고 주장합니다. 베일리는 소돔 사람들이 "다른 육체"를 따라 간다고 말한 유다서 6, 7절 말씀을 인정하고 그것이 소돔의 죄가 동성애인 것으로 이해하는 것을 인정합니다. 그러나 그는 그것이 신구약 중간기의 해석이라고 추적하며 따라서 오늘날에는 구속력이 없다고 합니다. 베일리는 소돔과 고모라의 파멸은 필시 그 지역에서 가스 폭발을 일으킨 지면의 불 때문일 것이며, 이 사건에 대한 성경적 견해는 당시 목격자들의 잘못된 해석의 결과라고 말하고 있습니다.

그렇다면 동성애 행위를 명백하게 규탄하고 있는 성경 말씀들(레 18:22, 20:13, 롬 1:26-27, 고전 6:9-10, 딤전 1:8-10 참고)이나 또는 이야기체 구절에서 암시적으로 그 죄를 규탄하는 것(삿 19:22-26, 벧후 2:6-8, 유 7)은 어떻게 봐야 합니까? 베일리는 이러한 것들은 일반적으로 동성 간의 성교를 규탄하는 것이지 단순한 동성애적 행위에 해당되는 것이 아니라고 합니다. 그러므로 동성애가 반드시 필요한 것은 아니지만 그렇다고 반드시 나쁜 것만도 아니며, 어떤 관계를 이루고 있느냐에 근거해서 평가해야 한다고 말합니다.

베일리 시대 이후에 동성애자 운동이 일어났고, 그에 따른 여파로 수많은 다른 주장들이 나왔습니다. 예를 들면 전(前) 오순절 파의 설교자이며 동성애자들을 위한 메트로폴리탄커뮤니티교회(Metropolitan Community Church)를 설립한 트로이 페리(Troy Perry)는 그의 견해를 이렇게 전개합니다. 첫째, 하나님은 동성애자를 포함한 모든 사람을 사랑하신다. 둘째, 하나님은 인간을 그분 자신의 형상으로 만드셨다. 셋째, 그분이 동성애자를 만드셨다. 넷째, 그러므로 동성애는 하나님의 선물이다. 다섯째, 하나님은 나와 나의 동성애를 선한 것으로 용납하신다. 여섯째, 하나님이 나로 하여금 동성애자 교회를 시작하도록 원하신다.[1]

여성 동성애와 여성해방운동이 이에 가담하자 비뚤어진 상태는 더욱 괴상해졌고 수사(修辭)는 더욱 강렬해졌습니다. 일부 저자의 예를 들어봅시다.

"여성 동성애자들(여성들)이 살아온 믿음과 우리가 성부, 성자, 성령 및 우리 '동포' 에게 바친 헌신은 옛날부터 있어 온, 그리고 우리가 신이라고 믿어 온 것처럼 훌륭하게 보이는 어떤 근원에 의해 의문시 되고 있다… 그것을 아는 것은 우리 뼈의 골수 속에, 우리 발바닥 속에, 우리 열광의 강 아래에 닿은 뿌리 속에 있다… 영원한 신을 섬김에 있어 우리는 우리가 알고 있는 우리 자신의 현실적이고 숨김이 없는 우리의 깊숙한 곳에 잠복되어 있는 부분을 소홀히 해 왔다. 그것은 곧 밖에서 말하는 것이 아니라 우리 안에서 말하는 여신(女神) (그 이름이야 어떻게 부르든)이다… 우리는 크고 높은 아버지 신(神)을 다시 우러러볼 수 없다. 또 죽음을 초래하는 그의 명령을 받아들일 수 없다. 그의 우레 같은 목소리는 성마른 넋두리가 된다. 그러나 우리는 우리 자신의 반란의 삶만 생각하느라 그를 더 이상 키울 수가 없다." [2]

그 마지막 문장들을 읽고 나는 단지 그렇게 생각하는 사람들 때문이 아니라 전반적인 우리 사회 때문에 크게 걱정하고 두려워하고 있음을 고백합니다. 왜냐하면 이것은 사람이 자신을 하나님과 대체하는 우상숭배이기 때문입니다. 이것은 우리가 성경을 타락한 우리 삶의 수준에 맞도록 조정하려고 시도할 때, 우리가 가는 삶의 방향의 실례입니다.

창세기 19장에 대해 좀 더 균형 잡힌 리차드 러브레이스의 글을 인용해 봅니다.

"소돔 이야기를 단순히 읽어만 봐도 불친절이 소돔 사람들의 유일하고 주된 죄였다고 하는 베일리의 논제를 충분히 논박할 수 있다… 롯이 두 딸을 성행위의 대신자로 제안한 것은 소돔 사람들이 천사 방문자들과 단순히 사회적인 친분을 맺기 원해서가 아니었음을 분명하게 보여주고 또 이 구절에 나오는 알다(yada) 라는 단어는 성적(性的)으로 안다는 의미로 사용되고 있음을 알 수 있다. 성경의 다른 곳에서 소돔이 다른 많은 죄들과 연결되어 있는 것 또한 사실이다. 이사야 1:9, 10절과 3:9절은 소돔을 모든 종류의 죄악에 대한 노골적인 탐닉과 관련시켰고, 예레미야 23:14절은 소돔을 거짓말을 하고 간음을 행하는 것과 관련시켰으며 또 에스겔 16:49절은 소돔을 교만함과 음식물의 풍족함과 융성으로 가난하고 궁핍한 자를 도와주지 않은 것과 관련시켰다. 그러나 이 모든 구절들은 로마서 1장이 묘사하는 죄악과 같은 범주에 있음을 보여주는데 그 장에서 성적(性的)인 죄는 이방 세계의 부패의 큰 형태의 오직 일부분에 지나지 않는다. 소돔은 전적으로 동성애 때문에 멸망한 것이 아니라 교만과 호색과 부정을 포함한 모든 종류의 악행의 재앙센터였기 때문에 멸망한 것이다. 그럼에도 불구하고 히브리 독자들은 동성애 실행이 이러한 악행의 한 단면이라는 것을 인정할 것이다."[3]

달려야할 때

솔로몬은 "범사에 기한이 있고 천하만사가 다 때가 있다"고 기술하며 이렇게 열거합니다.

"범사에 기한이 있고 천하 만사가 다 때가 있나니 날 때가 있고 죽을 때가 있으며 심을 때가 있고 심은 것을 뽑을 때가 있으며 죽일 때가 있고 치료할 때가 있으며 헐 때가 있고 세울 때가 있으며 울 때가 있고 웃을 때가 있으며 슬퍼할 때가 있고 춤출 때가 있으며"(전 3:1-4)

나는 니느웨가 죄를 회개하고, 하나님을 찾고, 그래서 살아남도록 하기 위해 그 도시에서 임박한 멸망의 메시지를 전파한 요나처럼 의로운 사람이 의로운 동기로 소돔에 사는 경우가 있을 수가 있다고 생각합니다. 바로 그런 부르심이 적절한 때에 특정한 사람들에게 올 수 있습니다. 그러나 나는 이것을 압니다. 그리고 이것은 내가 이 장을 맺는 요지입니다. 그것은 소돔의 죄에서 도망하는 것은 언제라도 적절한 때라는 것입니다. 실제로 그 시간은 지금입니다. 그 필요는 시급합니다. 천사들은 아브라함의 조카에게 이 필요를 재촉할 때, 장난하는 소리로 하지 않았습니다.

"그 사람들이 롯에게 이르되 이 외에 네게 속한 자가 또 있느냐 네 사위나 자녀나 성 중에 네게 속한 자들을 다 성 밖으로 이끌어 내라 그들에 대한 부르짖음이 여호와 앞에 크므로 여호와께서 이 곳을 멸하시려고 우리를 보내셨나니 우리가 멸하리라"(창 19:12-13)

롯은 천사들의 말을 믿고는 밖으로 나가서 그의 두 딸과 약혼한 두 사위를 찾았습니다. 그들은 롯의 말을 농담으로 여겼습니다. 새벽이 되었습니다. 심판이 내려질 시간이 되었습니다. 그러나 롯은 망설였습니다. 그는 의로운 사람이었습니다. 그는 천사들의 말을 믿었습니다. 그런데도 그는 망설였습니다. 그만큼 그는 타락해 있었던 것입니다. 천사들이 말했습니다. "(서둘러라) 일어나 여기 있는 네 아내와 두 딸을 이끌어 내라 이 성의 죄악 중에 함께 멸망할까 하노라"(15절). 천사들은 그의 손과 그의 아내와 딸들의 손을 잡고 실제로 그들을 그 도시 밖으로 이끌어 내어 안전한 곳으로 가게 하면서 이렇게 말했습니다. "도망하여 생명을 보존하라 돌아보거나 들에 머물지 말고 산으로 도망하여 멸망함을 면하라"(17절).

만일 당신이 죄악과 놀고 있다면 당신에게 강조하고 싶은 말이 이것입니다. 죄악은 벌을 받을 것입니다. 하나님은 심판자이십니다. 그분은 사람을 차별하지 않으십니다. 만일 죄에서 돌이켜 안전한 예수 그리스도의 십자가로 도망하지 않으면 죄를 범한 모두가 벌을 받을 것입니다.

만일 당신이 소돔에 사는 신앙인이라면 당신에게 말합니다. 롯이 소돔에 사는 동안 그는 그 도시에서 상당한 인정을 받았다는 것을 생각해야 합니다. 어쩌면 당신도 당신의 믿음을 팔아버렸는지 그리고 세상은 당신이 세상 생활방식을 시인함으로써 당신을 받아들였는지 모릅니다. 마귀조차도 기뻐하며 당신을 환영할 것입니다. 왜냐하면 불순종하는 상태에서 당신은 예수 그리스도보다는 마귀의 왕국을 더 많이 대표하는 자가 되기 때문입니다. 얼마나 불쾌한 사실입니까! 롯은 그가 소돔 사람들에게 받아들여졌다고 생각했습니다. 그러나 그가 드디어 "불법한 행실을 보고 들음으로 그 의로운 심령이 상해서"(벧후 2:8) 단순히 도를 넘어 실제로 악에 대해 거리낌 없이 이야기 했을 때, 아주 점잖게 이야기했지만 ("내 형제들아 이런 악을 행하지 말라") 소돔 사람들은 즉시로 그에게 분개하여 천사들에게 가하려고 시도했던 것보다 그를 더욱 험하게 취급하며 위협을 했습니다. 만일 당신이 이러한 위치에 있다면 당신은 소돔을 얻고 있는 것이 아닙니다. 소돔이 당신을 얻고 있는 것입니다. 따라서 당신은 도망해야만 합니다. 당신의 생명을 위하여 반드시 도망해야만 합니다.

만일 당신이 소돔 사람들 중의 한 명이라면 당신에게도 말합니다. 만일 롯조차도 간신히 구원을 받았다면 당신의 경우는 어떠하겠습니까? 당신에게 어떤 기회가 있습니까? 내가 바라는 최선은 롯 같은 사람에게 롯의 사위들이 있었던 것처럼, 당신도 최소한 경고를 듣고 멸망으로부터 도망할 수 있도록 어떤 믿는 사람에게 가까이 있는 것입니다. 만일 당신이 그러한 경고를 비웃는다면 당신은 불순한 사람이 되는 것이 아닙니다. 당신은 고의로 무지하고 믿을 수 없을 만큼 어리석은 사람이 되는 것입니다. 나는 하나님의 이름으로 당신에게 경고합니다. 다가올 진노에서 도망하십시오!

당신에게 소망이 있습니까? 나는 모릅니다. 소돔 사람들 아무도 구원을 받지 못했습니다. 그러나 롯은 구원을 받았습니다. 아마도 이것이 충분한 소망이 될 것입니다. 그는 불속에서 건져진 불붙은 나무같은 비참한 사람의 표본이었습니다. 그는 난파선이었습니다. 그러나 그러한 난파선은 구원되었습니다. 왜 당신은 안 되겠습니까? 왜 지금 안 하시겠습니까?

● 각주 ●

1. 로이 버차드, "*Metropolitan Community Church*," *Foundations: Baptist Journal of History and Theology* (April-June, 1977), 127-28.

2. 샐리 기어하트와 윌리엄 R. 존슨 공저, eds., *Loving Men/Loving Women*: Gay Liberation and the Church (San Francisco: Glide, 1974), 129-30, 140, 149-50.

3. 리차드 F. 러브레이스, *Homosexuality and the Church* (Old Tappan, N.J.: Revell, 1978), 100-101.

88

"아주 조금" 죄짓기

창세기 19 : 18-26

롯이 그들에게 이르되 내 주여 그리 마옵소서 주의 종이 주께 은혜를 입었고 주께서 큰 인자를 내게 베푸사 내 생명을 구원하시오나 내가 도망하여 산에까지 갈 수 없나이다 두렵건대 재앙을 만나 죽을까 하나이다 보소서 저 성읍은 도망하기에 가깝고 작기도 하오니 나를 그 곳으로 도망하게 하소서 이는 작은 성읍이 아니니이까 내 생명이 보존되리이다 그가 그에게 이르되 내가 이 일에도 네 소원을 들었은즉 네가 말하는 그 성읍을 멸하지 아니하리니 그리로 속히 도망하라 네가 거기 이르기까지는 내가 아무 일도 행할 수 없노라 하였더라 그러므로 그 성읍 이름을 소알이라 불렀더라 롯이 소알에 들어갈 때에 해가 돋았더라 여호와께서 하늘 곧 여호와께로부터 유황과 불을 소돔과 고모라에 비같이 내리사 그 성들과 온 들과 성에 거주하는 모든 백성과 땅에 난 것을 다 엎어 멸하셨더라 롯의 아내는 뒤를 돌아보았으므로 소금 기둥이 되었더라

내가 젊었을 때 결코 물어보지 못하고 그저 누군가 대답해 주기를 바랐던 질문의 한 가지는 "왜 나는 아주 작은 죄도 지을 수 없는가?" 하는 것이었습니다. 이 질문의 실질적 의미는 이렇습니다. 왜 나는 두 가지 삶을 가질

수 없는가? 왜 나는 예수 그리스도를 따르는 자가 되면서도 내 삶의 길을 스스로 정할 수 없는가? 왜 나는 대부분의 일에서는 하나님을 순종하지만, 때때로 내가 정말로 원할 때는 불순종할 수 없는가?

내가 그 질문의 답을 얻기 원했던 이유는 (혹은 오늘날 더 많은 설교자들이 대답하기를 원하는 이유는) 내 생각으로 다수의 사람들이 이 수준에서 살아가려고 하고 있기 때문입니다. 그들은 그리스도를 거부하기를 원치 않습니다. 오히려 그들은 그리스도를 믿는다고 고백합니다. 그러나 그들 또한 모두가 그리스도를 위해 애쓰고 있는 자들도 아닙니다. 그들은 고려해야 할 직업, 친구들, 시간 즐기기, 출세 문제를 가지고 있습니다. 그래서 중요한 도전에 부딪치면 그들은 틀림없이 이러한 많은 일들이 우선한다고 고백합니다. 때로는 마음속에 전쟁이 일어납니다. 이런 사람들은 궁극적으로는 주님을 섬기겠다고 하지만, 지금은 "방종과 속박 없는" 또는 "인기 있는" 또는 "성공적인" 사람들이 되기를 원합니다. 그들은 이전에 "나는 30대에 가서 그리스도를 섬기기를 원합니다. 하지만 우선은 연극계에서 성공하기를 원합니다." 라고 말한 소녀와도 같습니다.

작은 도시

이러한 태도에 대한 주목할 만하고 비극적인 사례가 소돔이 멸망할 때, 롯이 천사들에게 한 말에 있습니다. 그것은 롯의 유혹의 초점이었던 한 도시와 관련됩니다. 천사들은 그와 그의 아내 그리고 두 딸을 소돔 도시에서 이끌어 내면서 그 가족에게 소돔의 멸망에 휩쓸리지 않도록 산으로 도망하라고 경고했습니다. 그러나 롯은 천사들에게 억지를 부리기 시작했습니다. "롯이 그들에게 이르되 내 주여 그리 마옵소서 주의 종이 주께 은혜를 입었고 주께서 큰 인자를 내게 베푸사 내 생명을 구원하시오나 내가 도망하여 산에까지 갈 수 없나이다 두렵건대 재앙을 만나 죽을까 하나이다 보소서 저 성읍은 도망하기에 가깝고 작기도 하오니 나를 그 곳으로 도망하게 하소서 이는 작은 성읍이 아니니이까 내 생명이 보존되리이다" (창 19:18-20).

롯이 그의 구원자들에게 억지를 부린다는 것은 믿기 어려워 보입니다. 그러나 사람들은 종종 그들에게, 선을 행하려는 자들에게 억지를 부립니다. 실제로 주목할 만한 것은 롯이 그의 목숨과 그의 가족의 목숨이 위태했을 때조차도 진지하게 억지를 부렸다는 것입니다. 그가 어떻게 그렇게 하고 있는지 주목해 보십시오. 첫째, 그는 그의 청원의 근거를 하나님이 은혜로우셔서 그를 소돔에서 구원하셨다는 사실에 두고 있습니다. "주의 종이 주께 은혜를 입었고 주께서 큰 인자를 내게 베푸사 내 생명을 구원하시오나" 다시 말하면 하나님이 너그러우셔서 그의 목숨을 구원하셨으므로 그분은 이제 그가 죄를 짓는 것을 허용하도록 너그러우셔야 한다는 것입니다. 둘째, 그는 산에 도달하는데 필요한 육신적 힘이 없다는 주장으로 그의 의견을 정당화시킵니다. "내가 도망하여 산에까지 갈 수 없나이다 두렵건대 재앙을 만나 죽을까 하나이다" 하나님은 은혜로우셔서 그를 소돔에서 구출하셨습니다. 그런데 지금 롯은 그로 하여금 산에 이르도록 하는 하나님의 섭리적인 능력을 전적으로 무시하고 있습니다. 롯은 출애굽 했을 때의 이스라엘 백성과 같았습니다. "애굽에 매장지가 없어서 당신이 우리를 이끌어 내어 이 광야에서 죽게 하느냐… 애굽 사람을 섬기는 것이 광야에서 죽는 것보다 낫겠노라"(출 14:11-12). 셋째, 롯은 그가 가기를 원했던 장소의 작음에 근거하여 억지를 부렸습니다. "보소서 저 성읍은 도망하기에 가깝고 작기도 하오니 나를 그 곳으로 도망하게 하소서 이는 작은 성읍이 아니니이까" 이것이 우리가 다루어 온 요점입니다. "왜 내가 작은 죄를 지을 수 없습니까? 정말 작은 죄인데요. 안 그렇습니까?"

롯의 기도는 비열한 것입니다. 그렇게 보인다는 말입니다. 그러나 비열하든 아니든 그것은 내가 말한 대로 진지합니다. 그 기도의 본질은 롯이 자신의 길을 강요하고 있다는 것입니다. 그는 하나님의 "종"이라고 대단한 과시를 하고 있었지만 그의 기도는 실제로 "주님의 뜻이 아니라 내 뜻이 이루어지이다" 였습니다. 확실히 육신은 하나님과 반목합니다. 그것은 하나님의 영과 다툽니다.

누군가 이런 생각을 할지도 모릅니다. "하지만 롯이 원하는 것은 그리 나쁜 것이 아니었습니다. 왜냐하면 하나님은 그로 하여금 소알(그가 언급한 작은 마을)로 도망하도록 하셨기 때문입니다." 만일 당신이 이렇게 생각하고 있다면 당신은 진의를 놓치고 있어 염려스럽습니다. 당신이 왜 작은 죄도 지을 수 없는가에 대한 이유가 바로 당신이 그 조금의 죄를 지을 수 있다는 것입니다. 만일 하나님이 언제나 개입하셔서 당신으로 하여금 그렇게 하지 못하도록 하신다면 위험이 없을 것입니다. 그러나 하나님은 당신에게 그렇게 하지 않으십니다. 하나님이 허용하시는 것에는 한도가 있습니다. 하지만 그럼에도 불구하고 하나님은 당신으로 하여금 죄를 짓도록 허락하실 것입니다. 그분은 유대인들로 하여금 금송아지를 만들도록 허락하실 것입니다. 그분은 다윗으로 하여금 밧세바와 간통을 하고 그녀의 남편을 살해하도록 허용하실 것입니다. 그분은 고멜로 하여금 다른 애인들과 함께 도망하도록 허락하실 것입니다. 그분은 탕자가 집을 떠나서 외국에서 그의 유산을 낭비하는 것을 방해하지 않으실 것입니다. 결국 하나님은 당신이 하고자 하는 일을 하도록 허용하실 것입니다. 그리고 당신은 당신의 행동에 대한 결과에 책임을 져야 할 것입니다.

거인과 난쟁이

이 시점에서 롯과 아브라함 사이는 얼마나 큰 대조를 이루고 있는지 보십시오! 아브라함은 하나님의 뜻을 수행하기로 결심했고, 그는 결과적으로 믿음의 거인이 되었습니다. 롯은 자신의 길을 가기를 원했고, 그래서 난쟁이가 되었습니다. 도날드 반하우스의 경건을 위한 창세기 강해서인 「창세기」 18장과 19장에서 그는 아브라함과 롯 사이에 나타나는 대조에 주의를 환기시킵니다. 그 대조점은 너무 많고 너무 현저해서 우리는 하나님이 우리의 교훈을 위해 성경에 기록해 두셨다고 결론지을 수밖에 없습니다.

첫 번째, 아브라함은 "마므레의 상수리나무들이 있는 곳"(창 18:1)에 있고, 롯은 "소돔"(창 19:1)에 있습니다. 우리는 소돔의 의미에 대해서는 이미 연구한 바 있습니다.[1] 그것은 세상과 그 부패의 그림입니다. "마므레"의 이름은 아마도 "비옥함" 또는 "살찐"(mr')이란 의미의 말에서 온 것 같습니다. 주님이 아브라함에게 나타나셨을 때 그는 이미 축복의 장소에 있었고, 하나님이 그와 가까이 친교를 나누시면서 더욱 축복을 받았습니다. 그러나 주님은 육욕의 환경 속에서 롯을 발견하셨고, 그래서 집을 떠나도록 강제하셔야만 했습니다.

두 번째, 아브라함은 "장막 문에 앉아"(창 18:1) 있었는데 롯은 "소돔 성문에 앉아"(창 19:1)있었습니다. 아브라함은 장막에서 살았습니다. 그는 순례자였고, 사라를 장사할 동굴을 구입할 때까지는 어떤 땅도 구입한 적이 없습니다. 그 이유는 히브리서 저자가 말해 주는 것처럼 "그가 하나님이 계획하시고 지으실 터가 있는 성을 바랐기"(히 11:10)때문입니다. 아브라함은 삶에 무관심한 것이 아니었습니다. 그는 소돔의 삶보다 더 좋은 삶을 알았던 것입니다. 그 밖에 그가 하나님을 점점 더 알아 갈수록 세상에서 그가 가진 것이나 세상 것들에 대한 관심은 점점 더 작아졌습니다. 그러나 롯은 소돔에 주의를 집중했습니다. 그는 그 도시의 쾌락과 명예를 원했습니다. 결과적으로 그는 하늘의 도시를 보지 못했을 뿐만 아니라, 조금만 늦었더라면 그는 세상 도시의 위난을 맛보게 될 뻔했습니다.

세 번째, 아브라함이 하늘에서 온 세 명의 방문자를 보았을 때, 그는 "곧 장막 문에서 달려 나가 영접"(창 18:2) 한 것에 반해 롯은 비슷한 상황에서 그저 "일어나 영접"(창 19:1)했습니다. 도널드 반하우스는 이렇게 기술하고 있습니다.

"믿음으로 사는 신자와 세상에 물들어 살고 있는 자와의 차이는 주님을 영접하는 태도에서 분명해 진다. 세상과 구별된 아브라함에게는 주님 외의 다른 주인이 없었다. 그의 주의를 빼앗을 어떤 것도 없었다. 그래서 주님이 나타나셨을 때, 그는 그분을 영접하려고 달려 나갔다. 아브라함에게 함께 하신 성령님이 그를 즉각적으로 주님께 이끄셨던 것이다. 그러나 롯은 세상 것들에 마음을 빼앗겼다. 그는 주님을 환영하려고 일어났지만, 주님을 위해서 준비되어 있고 또 기쁘게 환영하는 관념에 대한 본능적인 활기가 없었다. 육신적 그리스도인은 세상의 타성을 극복해야만 한다."[2]

네 번째, 아브라함이 그의 방문자들에게 그냥 지나가지 마시고 장막 곁에서 쉬시며 떡을 드시고 마음을 상쾌하게 하신 후에 가시라고 간청했을 때, 그들은 이렇게 대답했습니다. "네 말대로 그리하라"(창 18:5). 롯이 같은 내용으로 초청했을 때, 그들은 이렇게 대답했습니다. "아니라 우리가 거리에서 밤을 새우리라"(창 19:2). 얼마나 큰 차이입니까! 아브라함과 롯 모두 노래를 불렀습니다. "나와 함께 머무소서! 곧 밤이 됩니다." 그러나 아브라함은 장막만 제공한 것이 아니었습니다. 그는 그 자신을 드렸습니다. 그리고 주님은 그 제공으로 간청을 쉽게 수락하신 것입니다. 롯도 그의 소유를 제공했습니다. 그러나 그 자신을 드리지는 않았습니다. 하나님은 먼저 당신 자신을 드리기 전에는 당신이 드리는 것을 받지 않으실 것입니다. 그러나 만일 당신이 당신 자신을 드리면 그분은 둘 다 받으시고 그 보답으로 훨씬 더 많은 것을 당신에게 주실 것입니다.

다섯 번째, 아브라함은 장막 안으로 들어가 사라에게 떡을 만들라고 말했습니다. 그리고 송아지 한 마리를 골라 하인에게 요리를 준비하게 했습니다(창 18:6-7). 아브라함의 장막에서는 일들이 순조롭게 돌아가고 있었습니다. 나중에 노년인 사라가 아기를 약속 받았을 때 비록 웃기는 했지만 그럼에도 불구하고 그녀는 아브라함을 지원했고, 그의 손님들을 대접하는 일에 참여했습니다. 그러나 롯은 자신이 식탁을 준비했습니다(창 19:3). 그의 아내는 이 일에 함께 하지 않은 사실을 드러냈습니다. 그녀는 천사들을 환영하지 않았습니다. 그녀는 소돔을 떠나기를 원하지 않았습니다. 결국 그녀는 그녀의 마음에 있던 곳을 바라봄으로써 생명을 잃게 되었고, 롯은 그의 반려자를 잃었습니다.

여섯 번째, 아브라함은 방문자들이 식사하는 동안 그들 "가까이에 서"(창 18:8 NIV성경)있었습니다. 이에 반해 롯은 소돔 사람들을 대하기 위해 "밖으로 나갔고" 그리고는 "그의 뒤의 문을 닫았습니다"(창 19:6 NIV성경). 주님은 아브라함과 롯 둘 다와 함께하시며 잡수셨습니다. 왜냐하면 둘 다 구원된 사람들이기 때문입니다. 그분은 이렇게 말씀하셨습니다. "내가 문 밖에 서서 두드리노니 누구든지 내 음성을 듣고 문을 열면 내가 그에게로 들어가 그와 더불어 먹고 그는 나와 더불어 먹으리라"(계 3:20). 아브라함은 하나님과 조용한 친교를 가졌습니다. 그를 혼란케 하는 그 어떤 것도 없었습니다. 그러나 롯은 후방 경계 활동으로 그의 이웃들과 다투느라 하나님의 임재를 즐길 시간이 거의 없었습니다.

일곱 번째, 주님은 아브라함에게 이렇게 말씀하셨습니다. "내년 이맘때 내가 반드시 네게로 돌아오리니 네 아내 사라에게 아들이 있으리라"(창 18:10). 반면에 그분의 롯에 대한 메시지는 이러했습니다. "이 외에 네게 속한 자가 또 있느냐 네 사위나 자녀나 성 중에 네게 속한 자들을 다 성 밖으로 이끌어 내라"(창 19:12). 아브라함은 복 받는 길에 있었습니다. 그는 더욱 큰 복을 받았습니다. 아들의 약속을 받은 것입니다. "무릇 있는 자는 받아 풍족하게 되고 없는 자는 그 있는 것까지 빼앗기리라"(마 25:29). 롯은 세속의 상태에 있었고, 다가올 심판의 경고만 겨우 받을 수 있었습니다.

여덟 번째, 하늘의 방문자들이 떠나려고 일어나자 "아브라함은 그들을 전송하려고 함께" 나갔습니다. 그러자 하나님이 말씀하셨습니다. "내가 하려는 것을 아브라함에게 숨기겠느냐"(창 18:16-17). 그러나 롯은 "지체" 했습니다. 그래서 천사들이 말했습니다. "도망하여 생명을 보존하라"(창 19:17). 이 두 구절들은 모두 하나님이 "은혜의 하나님" 이심을 보여줍니다. 그러나 얼마나 다릅니까! 첫 번째 구절은 아브라함에게 그분의 비밀을 허용하시면서 몸을 굽혀 그 비밀을 털어놓으시려는 하나님을 보여주고 있습니다. 두 번째 구절은 롯이 파멸에서 도피하지만 오직 "불 가운데서 받은 것"(고전 3:15) 같은 최소한의 은혜를 보여줍니다. 반하우스는 이렇게 논평합니다. "롯은 하나님이 아브라함에게 하신 것 같은 조용한 진리의 대화에 관심이 없었을 것이다. 롯은 주님을 사랑하는 동안에도 겸하여 소돔을 사랑했다. 그래서 하나님은 그에게 영적인 사람을 대하듯이 말씀하실 수가 없으셨고, 오직 육신에 속한 자, 곧 그리스도 안의 어린아이 대하듯 말씀하실 수밖에 없으셨다(고전 3:1)."[3]

아홉 번째. 소돔을 위해 아브라함은 하나님께 이렇게 간청했습니다. "주께서 의인을 악인과 함께 멸하려 하시나이까"(창 18:23). 롯은 자신을 위해 이렇게 간청했습니다. "보소서 저 성읍은 도망하기에 가깝고 작기도 하오니 나를 그 곳으로 도망하게 하소서"(창 19:20). 둘 다 기도의 실례(實例)입니다. 그러나 오직 그 둘 중 하나만이 중보기도입니다. 롯의 기도는 단지 자신의 뜻을 이루려는 거래입니다.

열 번째. 아브라함이 주님께 기도할 때, 그는 예의바른 위치에서 자기 자신을 아무 것도 아닌 오직 "티끌이나 재"(창 18:27)와 같은 존재로 보았습니다. 그러나 롯은 경건한 체 하면서 그가 주님의 "종"(창 19:19)이라고 변호했습니다. 그러나 하나님이 그에게 산으로 도망하라고 명령하시자 그가 대답합니다. "내가 도망하여 산에까지 갈 수 없나이다" 그는 하나님의 섭리를 무시하고 그에게 닥칠지 모를 어떤 가상적인 재앙을 염려합니다. "그는 그의 생명을 구원하시려는 하나님의 자비에 대해 불평을 하고 게다가 산으로의 도망은 방금 구원받은 생명을 위태롭게 하는 것이라고 넌지시 비춘다. 비극적인 것은 이러한 형태의 기도가 아브라함의 기도 형태보다 더 많다는 것이다. 이것은 실로 뻔뻔스러운 죄인 것이다."[4]

나는 이 비교를 듣는 사람 중에는 그것들이 대단치 않은 것이라고 생각하는 사람이 있을 수 있다는 것을 압니다. "이런 것들은 작은 일일 뿐이다." 라고 주장할지도 모릅니다. 그러나 당신은 이것이 요점이라는 것을 알아야 합니다. 이런 것들은 **작습니다.** 이런 것들은 우리가 짓고 싶어 하는 "작은 죄들" 입니다. 그러나 그런 것들이 모두 합쳐지면 그것은 패배하는 삶에 매우 적합한 모형이 됩니다.

죄의 뿌리

이런 문제도 있습니다. "작은 죄" 는 습관성이 있을 뿐만 아니라 그것은 더 큰 죄로 이끌어 갑니다. 효과를 보기 위해 점점 더 많은 양을 먹어야 하는 약처럼 작은 죄도 그 죄를 지은 사람이 함정에 빠져 멸망할 때까지 점점 더 큰 죄로 이끌어갑니다.

히브리서 저자는 "쓴 뿌리가 나서 괴롭게 하여 많은 사람이 이로 말미암아 더럽게 된다" (히 12:15)고 말합니다. 그것이 "작은 죄" 의 정체입니다. 그것은 큰 것으로 자라나는 뿌리입니다. 롯의 삶에서 이것을 보려면 단지 창세기 19장 끝 부분을 미리 보기만 하면 됩니다. 거기에 롯과 그의 딸들 사이의 근친상간 사건이 짧지만 냉혹하게 세부적으로 기록되어 있습니다(창 19:30-38). 이것이 창세기에서 롯을 언급하고 있는 마지막 장입니다. 그리고 구약의 다른 세 곳에 그의 이름이 거론되는데 ("롯의 자녀들" 이란 어구로 신 2:9, 19, 시 83:8) 그 구절들은 그의 삶에 대해 아무 것도 말하고 있지 않습니다. 롯은 그의 육신적인 삶의 길에서 회복했습니까? 그가 그의 죄를 회개하고 하나님과의 올바른 관계로 돌아 온 적이 있습니까? 성경은 이 문제에 대해 침묵하고 있습니다. 롯에 대한 창세기의 마지막 말은 이것입니다. "롯의 두 딸이 아버지로 말미암아 임신하고" (창 19:36). 이것만으로도 우리에게는 죄에서 돌이켜 전적으로 하나님만을 섬길 것을 결심해야 하는 충분한 이유가 됩니다.

롯의 아내

나는 당신이 롯이 아니라 롯의 아내에 대해 생각해 보기를 원합니다. 어쩌면 롯은 그의 삶의 단계 바로 이 지점에서 다른 사람들이 그렇게 하는 것처럼 그의 "작은 죄"가 자신 외의 그 누구에게도 상처를 주지 않았다고 주장했을지도 모릅니다. 그러나 당분간은 그런 식으로 보였을지 몰라도 그 주장은 옳은 것이 아니었고, 그의 행동에 의해 다른 사람들도 거의 확실히 상처를 받았습니다. 그의 딸들이 상처를 받았습니다. 그 증거는 그들의 퇴폐적인 도덕성에 있습니다. 그러나 가장 상처를 받은 사람은 롯의 아내인데 그녀는 자신을 그 도시에서 떼어놓을 수 없어 보였습니다. 추측컨대 그녀는 뒤에서 질질 끌었고, 뒤를 돌아보았고, 그러다가 파멸에 휩싸여버린 것 같습니다.

만일 당신이 롯이라면, 나는 당신이 충분히 알아듣도록 타이를 수 있기를 바랍니다. 아버지들이여, 가족을 돌보지 않고 방치하거나, 과음하거나 또는 성적으로 탈선하는 당신의 죄는 당신의 가족에게 상처를 줄 것입니다. 그런 죄들은 당신의 아내와 당신의 자녀들에게 상처를 줄 것입니다. 어머니들이여, 당신이 사교모임에 참석하는 것은 당신의 사랑과 돌봄을 필요로 하는 당신의 자녀들에게 상처를 줄 것입니다. 젊은이들이여, 마약, 음주, 난잡한 성행위 같은 당신의 무분별한 죄는 당신이 접촉한 모든 사람에게 상처를 줄 것입니다. 그런 죄들은 당신이 더 잘되기를 바라는 당신의 부모에게 상처가 될 것입니다. 그런 죄들은 당신의 동료들에게 상처를 줄 것입니다. 왜냐하면 당신은 그들과 그들의 잠재력을 파괴하는 삶의 방식을 부분적으로 택하고 있을 것이기 때문입니다. 장래에 당신은 해야 할 일에 대한 준비가 덜 된 채 있을 것입니다. 목회자들이여, 성경공부와 설교 준비를 게을리 하는 당신의 죄는 당신의 교인들에게 상처를 줄 것입니다. 고용주들이여, 당신의 죄는 피고용자들에게 상처를 줄 것입니다. 노동자들이여, 당신이 마지못해 일하고 시간을 낭비하는 죄는 당신의 회사와 다른 노동자들에게 상처를 줄 것입니다. 정치가들이여, 당신의 죄는 당신을 뽑은 유권자들 또는 당신을 임명한 자들에게 상처를 줄 것입니다.

죄는 언제나 죄를 범하는 당사자 및 타인들에게 결과를 가져옵니다. 따라서 당신에게 아무리 작은 죄로 보이더라도 그것을 버리십시오. 그것이 어떤 것이든지 하나님 보시기에는 작은 것이 아닙니다. 그리고 그 결과는 헤아릴 수가 없습니다.

일찍이 예수 그리스도께서 "롯의 처를 기억하라"(눅 17:32)고 말씀하셨습니다. 예수님은 다시 오심과 그에 따른 심판에 대해 말씀하고 계셨습니다. 그리고 그 말씀에서 예수님은 장차 올 날과 노아와 롯의 날을 비교하셨습니다.

"노아의 때에 된 것과 같이 인자의 때에도 그러하리라 노아가 방주에 들어가던 날까지 사람들이 먹고 마시고 장가 들고 시집 가더니 홍수가 나서 그들을 다 멸망시켰으며 또 롯의 때와 같으리니 사람들이 먹고 마시고 사고 팔고 심고 집을 짓더니 롯이 소돔에서 나가던 날에 하늘로부터 불과 유황이 비오듯 하여 그들을 멸망시켰느니라 인자가 나타나는 날에도 이러하리라 그 날에 만일 사람이 지붕 위에 있고 그의 세간이 그 집 안에 있으면 그것을 가지러 내려가지 말 것이요 밭에 있는 자도 그와 같이 뒤로 돌이키지 말 것이니 롯의 처를 기억하라 무릇 자기 목숨을 보전하고자 하는 자는 잃을 것이요 잃는 자는 살리리라"(눅 17:26-33).

조나단 에드워즈(Jonathan Edwards)는 그리스도의 말씀에 대해 이런 설명을 했습니다. "당신이 그리스도 밖에 있는 동안 당신은 소돔 안에 있는 것이다… 소돔은 당신의 출생지요, 당신의 생애를 보낸 곳이다… 롯의 아내를 기억하라… 그녀가 어떻게 되었는지 기억하라."[5] 기억하십시오! 그리고 예수님께 도망하십시오.

● 각주 ●

1. 제2권 73장 "살렘인가 아니면 소돔인가(창 14:21-24)," 151-161를 참조.
2. 도널드 G. 반하우스, *Genesis*, 1:146-47.
3. 같은 책, 1:162-63.
4. 같은 책, 1:165.
5. 조나단 에드워즈, "The Folly of Looking Back in Fleeing out of Sodom" (May 1735), in "*The Works of Jonathan Edwards*, 2 vol. (Edinburgh and Carlisle, Pa.: Banner of Truth, 2:66.

89

자, 소돔을 보라

창세기 19 : 27-29

아브라함이 그 아침에 일찍이 일어나 여호와 앞에 서 있던 곳에 이르러 소돔과 고모라와 그 온 지역을 향하여 눈을 들어 연기가 옹기 가마의 연기같이 치솟음을 보았더라 하나님이 그 지역의 성을 멸하실 때 곧 롯이 거주하는 성을 엎으실 때에 하나님이 아브라함을 생각하사 롯을 그 엎으시는 중에서 내보내셨더라

성경에는 깊은 애처로움을 주는 장면들이 있는데 여기의 장면이 그 중 하나입니다. 이 장면은 소돔과 고모라에 대한 하나님의 심판 직후의 광경입니다. 그 장면은 그 자체로 마음을 심란하게 만듭니다. 거기에 더해 그 파멸을 응시하면서 아무 말 없는 아브라함의 통절함이 있습니다. 파멸 전에 그는 소돔과 그 주민들을 위해 간청하면서 충분히 의견을 말했습니다. 그러나 지금 그는 그저 파멸을 바라보다가 조용히 돌아섭니다.

아브라함이 산에서 사해 평야를 내려다보며 그 도시를 위해 간청을 했던 것이 채 12시간도 지나지 않았습니다. 그는 이렇게 간청했습니다. "그 성 중에 의인 오십 명이 있을지

라도 주께서 그 곳을 멸하시고 그 오십 의인을 위하여 용서하지 아니하시리이까… 세상을 심판하시는 이가 정의를 행하실 것이 아니니이까…"(창 18:24-25). 하나님은 만일 거기에 열 명의 의인만 있어도 그곳을 파멸하지 않을 것이라고 대답하셨습니다. 아브라함은 그 말씀을 받아들이고 그의 장막으로 돌아갔습니다. 아침이 되자 아브라함은 일어나 즉시로 지난 밤 하나님에게 간청을 했던 장소로 돌아와 소돔 쪽을 바라보았습니다. 아브라함이 그 쪽을 바라볼 때 무엇을 보기를 기대했는지 나는 모르지만 본문은 그가 본 것을 우리에게 말씀해 줍니다. 그는 롯이 그렇게도 탐을 냈던 그 비옥하고 물이 넉넉한 땅이 지금 하나의 거대한 용광로가 된 것을 보았습니다. 자욱한 연기가 골짜기로부터 솟아올랐습니다. 유황 냄새가 대기에 꽉 찼습니다. 한때 롯이 그렇게 좋아했던 평야의 도시들은 흔적도 없이 사라졌습니다. 그 도시들은 하룻밤 사이에 사라진 것입니다.

롯은 어떻게 되었습니까? 우리는 하나님이 롯을 구하셨고 그리고 그가 산지로 옮겼다는 것을 압니다(창 19:30). 그러나 이 이야기 속에는 아브라함이 이 사실을 알았다는 것을 보여주는 어떤 내용도 없습니다. 실제로 아브라함이 롯을 다시 본 적이 있다거나 또는 아브라함이 롯의 도피에 대해 어떤 말을 들은 적이 있다거나 하는 어떤 암시도 없습니다. 아브라함은 롯이 그 파국에서 멸망한 것으로 밖에는 알 수 없었을 것입니다.

그날은 올 것이다

나는 당신이 아브라함의 자리에 서서 그의 눈을 통해 소돔을 향해 바라보기를 원합니다. 우리는 그의 생애의 다른 때에 우리 자신을 그의 자리에 놓아보는 상상을 합니다. 따라서 여기서의 상상도 적절하다고 봅니다. 그밖에도 본문 구절은 거의 그렇게 하기를 요구합니다. 아브라함이 "소돔과 고모라와 그 온 지역을 향하여" 내려다 볼 때, 그 장면은 우리도 그렇게 똑같이 하도록 합니다. 나와 함께 해 보십시다. 소돔을 바라보십시오. 그리고 그것이 하나님의 심판에 대해 우리에게 무엇을 말해 주고 있는지 배우도록 하십시오.

짙은 연기구름 아래 연기를 내며 타고 있는 소돔을 바라볼 때, 우리는 하나님의 심판이 확실하다는 것을 배우게 됩니다. 실상 하나님의 심판은 여느 때와 같이 뒤로 연기되고 있습니다. 왜냐하면 하나님은 "오래 참으사 아무도 멸망하지 아니"(벧후 3:9) 하기를 원하시기 때문입니다. 그러나 심판은 반드시 임합니다. 베드로는 하나님의 오래 참으심을 이야기하는 바로 그 구절에서 이렇게 말하고 있습니다. "먼저 이것을 알지니 말세에 조롱하는 자들이 와서 자기의 정욕을 따라 행하며 조롱하여 이르되 주께서 강림하신다는 약속이 어디 있느냐 조상들이 잔 후로부터 만물이 처음 창조될 때와 같이 그냥 있다 하니… 그러나 주의 날이 도둑 같이 오리니 그 날에는 하늘이 큰 소리로 떠나가고 물질이 뜨거운 불에 풀어지고 땅과 그 중에 있는 모든 일이 드러나리로다"(벧후 3:3-4, 10).

이 사항은 두 가지 면에 적용되는 것으로 볼 수 있습니다. 첫째, 그리스도 안에 있는 믿는 사람들에게 적용되고 둘째, 안 믿는 자들에게 적용됩니다. 불신자들은 그리스도인들이 심판을 기뻐하는 것에 대해 그리고 수십억의 사람들이 예수 그리스도에게서 떨어져 멸망한다고 안이하게 생각하는 것에 대해 종종 비난을 합니다. 그러나 실제 상황은 그렇지 않습니다(혹은 위험합니다). 오히려 예수 그리스도를 믿는 우리가 심판에 대해 해이한 생각을 하고, 죄와 그 결과를 가볍게 여기는 경향이 있습니다. 우리가 더 잘 알고 있음에도 그렇습니다. 나는 아브라함이 마므레에서 평야의 도시들을 내려다 볼 때 무엇을 보기 원했는지 모른다고 말한 바 있습니다. 그러나 나는 그가 그 도시들이 아직도 거기 있을 것을 보기를 적어도 절반쯤은 바랐을 것이라고 생각합니다. 뭐라고 해도 그는 그 도시들을 위해 간청했고, 하나님은 그의 요청에 대해 호의적으로 응답을 하셨습니다. 하나님은 단지 열 명의 의인을 위해 그 도시를 멸망시키지 않겠다고 말씀하셨습니다. 아브라함은 필시 거기에 열 명의 의인이 있을 것이라 생각하고 적어도 그들 때문에 불경건한 자들이 해를 입지 않을 것이라는 어떤 확신을 가지고 그날 밤 잠자리에 들었을 것입니다. 그러나 아브라함은 아침에 무엇을 보았습니까? 그는 파멸을 보았고 한 번 본 것으로 그는 하나님은 약속을 지키시는 분이라는 것, 심판은 확실하다는 것 그리고 "살아 계신 하나님의 손에 빠져 들어가는 것이 무섭다"(히 10:31)는 것을 배웠습니다. 로버트 캔들리시(Robert Candlish)는 이러한 도전적인 논평을 남겼습니다.

"하나님의 신실한 사람들 조차도 불순종의 자녀들에게 다가올 그분의 진노의 확실성과 그 두려움을 깨닫는 것은 어렵다. 그것은 의문의 여지가 없고 타협의 여지가 없는 확실한 충성을 요구한다. 그런데 그 경지에 이르는 것은 정말로 어렵다. 하나님의 심판의 목적을 두고 그분에게 동의하는 것, 즉 보복적 만족감이라든지 또는 개인적 원한 같은 어떤 불순물도 없는 감정을 가지고 그분이 내리시는 파멸의 정당성을 인정하는 것은 믿음으로 쉽게 되는 것이 아니다. 이 문제를 두고 자신들을 위해 스스로 기만하는 것에 더 이상 흥미가 없는 자들조차도 다른 사람들 때문에 스스로를 기만하기가 아주 쉽다. 왜냐하면 하나님의 사람들이 자신들은 안전하다는 안락한 의식으로 크게 만족하는 것으로 보이거나 또는 믿지 않는 이웃의 파멸에 대해 무관심한 것으로 보인다는 의혹을 살 때, 때로 그들에게 야비하고 몰상식한 비난이 퍼부어지기 때문이다. 그들 마음의 실제 방향은(그들이 빠지기 쉬운 실질적 유혹은) 정확히 그 반대이다. 되살아난 양심과 죄에 대하여, 의에 대하여 그리고 심판에 대하여 그들을 책망하시는 성령님으로부터 배운 그들 자신의 경험에서 그들 자신의 판단으로 주님에 대한 두려움을 아주 잘 알고 있어서 그들은 모든 죄악에 대한 그분의 무서운 의분을 아주 생생하게 실감하고 있다. 그들 자신이 받아 온 유죄 판결도 인정하기 때문에 그들은 그들의 동포 중 어느 누구에 대해서 생각하는 것을 대체로 겁을 낸다. 더구나 그들은 이 판결이 예시하고 예고하고 있는 그의 고통(결코 죽지 않는 벌레가 괴롭히고, 결코 꺼지지 않는 불속에서 타는 고통)에 대한 생각으로 오히려 뒷걸음질 친다. 비웃는 자들은 믿는 자의 영혼의 깊은 동정(動靜)을 거의 모른다. 그들은 믿는 자가 하나님을 모르는 세상에 대해 기뻐하거나, 또는 그들의 예기되는 운명을 최소한 어떤 재미나 즐거움 같은 것으로 느낀다고 말한다. 실상, 그는 불경건한 자들의 벌에 대한 잠재적인 의심 같은 것을 품는 것에 지나지 않는, 그의 불신의 악한 마음에 굴복하기 쉬운 사람이다. 그들이 기필코 멸망하고 만다는 것을 확실히 납득시키는 것에 관련해서 그는 (상냥하고 친절한 성품으로 그럴 듯하게 꾸며진) 그들을 아주 나쁘다고 거의 생각하지 않는다."[1]

그들이 예수 그리스도의 복음을 받아들이고, 죄로부터 돌이켜 하나님에게 돌아서지 않는 한, 그들은 틀림없이 멸망합니다. 당신은 죄에 대한 하나님의 진노와 심판의 확실성에 대해 성경이 말씀하고 있음에도 불구하고 죄인들에게 있어 모든 것이 옳게 끝날 것이라고 생각하고 있습니까? 당신은 심판은 임하지 않을 것이라고 생각하고 있습니까? 만일 그렇다면 소돔을 바라보십시오! 심판은 확실하고, 구원받지 못한 자들은 큰 위험 속에 빠지게 되고 그래서 그들에게 복음을 가져다주는 임무가 극도로 그리고 최우선적으로 중요하다는 것을 알아야 합니다.

만일 그것이 그리스도인들에 대한 말이라면 아직 구원받지 못한 당신에게 심판의 확실성에 대해 무슨 말이 떨어질지 생각해 보십시오. 아브라함과 롯 그리고 다른 믿는 자들은 그들이 더 잘 알고 있음에도 심판이 있음을 믿는 것을 원하지 않을지도 모릅니다. 당신은 당신의 죄가 거룩하신 하나님의 눈에 얼마나 불쾌한 것인지에 대해 지극히 어렴풋한 관념도 없습니다. 그분의 한없이 두려운 진노에 대한 극소량의 개념도 없습니다. 당신은 롯의 사위들과 같습니다. 그들은 롯이 임박한 파멸에 대한 천사들의 말을 되풀이해 주었어도 그것을 농담으로 여겼습니다. 소돔을 보십시오. 당신은 거기서 심판은 확실하고 하나님의 진노는 틀림없이 떨어진다는 것을 알 수 있습니까? 알 수 없다면 그것은 당신이 알지 않고자 하기 때문입니다. 베드로는 심판을 조롱하는 자들은 그것을 일부러 잊으려 하는 것이라고 말합니다. 그는 증거가 부족하다는 언급을 하지 않고 있습니다(벧후 3:5).

번개 같이

우리는 연기가 나는 소돔의 폐허를 바라보면서 그 외의 다른 것도 배웁니다. 하나님의 심판은 갑작스러운 것임을 배웁니다. 심판은 내가 이미 말했던 것처럼 종종 연기됩니다. 그러나 심판이 닥칠 때, 그것은 순식간에 경고 없이 닥칩니다. 예수님은 장래의 심판이 "번개가 하늘 아래 이쪽에서 번쩍이어 하늘 아래 저쪽까지 비침" (눅 17:24) 같을 것이라고 말씀하셨습니다.

나는 이 명백하고 인상적인 소돔 이야기의 구성요소로 인해 감동을 받습니다. 우리는 그날 아침 동틀 녘에 롯과 그의 가족이 아직도 그 도시에 있었다는 것을 기억합니다. 롯이 지체하자 천사들이 그의 손과 그의 아내와 딸들의 손을 잡고 문자 그대로 그들을 끌어내야만 했습니다. 그랬음에도 시간은 늦었습니다. 롯은 천사들과 논의를 했고 마침내 소알로 도망하도록 허락을 받았습니다. 성경은 롯이 소알에 들어갈 때에 "해가 돋았더라" (창 19:23)고 명백히 말씀하고 있습니다. 한편, 산에도 동은 텄습니다. 햇살은 그 골짜기를 비추기 전에 먼저 서쪽 산들을 비추었을 것입니다. 아브라함은 그 아침 "일찍이" 일어나 주님 앞에 서 있던 곳에 이르렀습니다(27절). 롯이 "소알에 들어갈 때에 해가 돋았다"고 했는데 롯이 소알에 도착한 시각과 아브라함이 지난 밤 섰던 장소에 도착한 시각 사이의 시간차는 얼마나 된다고 생각합니까? 그것은 몇 시간이 아니었습니다. 기껏해야 단지 몇 분 정도였을 것입니다. 그런데 그 몇 분이 지나 구름 한 점 없는 환한 하늘로부터 "여호와께서 하늘 곧 여호와께로부터 유황과 불을 소돔과 고모라에 비같이" (24절)내리셨습니다. 이 직전의 순간, 삶은 수 세기를 이어갈 것 같았습니다. 상인들은 상점을 열고, 카페의 문들은 활짝 열리고, 부지런한 여인들은 세탁을 시작했습니다. 그 다음 순간, 유황불이 전 도시를 없애버리고, 두터운 검은 구름이 햇빛을 가려버렸습니다.

만일 당신이 아직도 예수 그리스도의 역사를 통해 하나님과 올바른 관계를 갖지 못하고 있다면 심판은 이렇게 당신에게 닥칠 것입니다. 당신에게 회개를 위한 최후의 기회인 마지막 경고가 주어질 것이라고 추측하지 마십시오. 얼마 전 나는 우리가 죽기 5분 전에 울릴 "신호장치"가 우리에게 주어질 것이라는 전제에 근거해서 한 유명한 예능인이 진행하는 상투적인 코미디를 들었습니다. 그렇다면 우리도 좋을 것입니다. 만일 그것이 가능하다면 우리는 그때 가서 회개할 수 있을 것이라는 생각에 빠져 스스로를 기만할 수 있을 것입니다. 그러나 그렇지 않습니다. 성경은 우리에게 말씀합니다. "주의 날이 밤에 도둑같이 이를 줄을 너희 자신이 자세히 알기 때문이라 그들이 평안하다, 안전하다 할 그때에 임신한 여자에게 해산의 고통이 이름과 같이 멸망이 갑자기 그들에게 이르리니 결코 피하지 못하리라" (살전 5:2-3).

이런 반대가 있을 것입니다. "하나님은 인간에게 경고를 주셔야 할 의무가 있지 않습니까?" 아닙니다. 하나님이 이미 우리에게 경고를 주기는 하셨지만 하나님에게 그런 의무는 없습니다. 소돔이 경고입니다. 노아 때의 홍수가 경고입니다. 무엇이 더 필요합니까? 만일 무한한 수의 경고가 있다 한들 우리가 거기서 얻는 유익이 무엇입니까?

예수님이 말씀하신 부자와 나사로의 이야기에서 부자는 지옥에서 그의 형제들에게 경고하러 가는 것을 허락해 줄 것을 원했습니다. 그러나 아브라함은 이렇게 대답했습니다. "그들에게 모세와 선지자들이 있으니 그들에게 들을지니라… 모세와 선지자들에게 듣지 아니하면 비록 죽은 자 가운데서 살아나는 자가 있을지라도 권함을 받지 아니하리라"(눅 16:29, 31). 당신에게 경고가 필요합니까? 그러면 소돔을 보십시오. 거기서 하나님의 은혜를 무시하고, 그분의 의(義)를 반대하는 자들에 대한 하나님의 진노가 어떻게 확실히 그리고 갑자기 쏟아져 나오는지를 보십시오.

살아 있는 모든 것에 내려지는 심판

아브라함과 함께 우리가 소돔을 내려다보면서 우리는 또한 하나님의 심판은 철저하다는 것을 배웁니다. 왜냐하면 롯과 그의 직계 가족을 제외하고는 그 평야의 풍요로운 도시에 살던 그 누구도 파멸을 피하지 못했기 때문입니다. 성경은 이 점을 강조하면서 이렇게 말씀합니다. "그 성들과 온 들과 성에 거주하는 모든 백성과 땅에 난 것을 다 엎어 멸하셨더라"(창 19:25).

우리는 우리 자신에게 예외 조항이 언제나 있을 것이라고 생각하면서 심판은 다른 사람들에게나 영향을 줄 것이라고 생각하는 경향이 있습니다. 그러나 모두를 포함한다는 다음 구절을 주목해 보십시오.

"무릇 율법 없이 범죄한 자는 또한 율법 없이 망하고 무릇 율법이 있고 범죄한 자는 율법으로 말미암아 심판을 받으리라"(롬 2:12)

"우리가 알거니와 무릇 율법이 말하는 바는 율법 아래에 있는 자들에게 말하는 것이니 이는 모든 입을 막고 온 세상으로 하나님의 심판 아래에 있게 하려 함이라"(롬 3:19)

"또 내가 보니 죽은 자들이 큰 자나 작은 자나 그 보좌 앞에 서 있는데 책들이 펴 있고 또 다른 책이 펴졌으니 곧 생명책이라 죽은 자들이 자기 행위를 따라 책들에 기록된 대로 심판을 받으니 바다가 그 가운데에서 죽은 자들을 내주고 또 사망과 음부도 그 가운데에서 죽은 자들을 내주매 각 사람이 자기의 행위대로 심판을 받고… 누구든지 생명책에 기록되지 못한 자는 불못에 던져지더라"(계 20:12-13, 15)

하나님의 손이 미치지 못하는 곳은 없습니다. 우리를 불러내실 하나님의 목소리가 들리지 않을 곳은 없습니다. 노하신 하나님의 손 안에서 우리 모두는 죄인들입니다. 도망칠 문들이 모두 단단히 닫히고 탈출할 모든 길이 끊어지는 그 날에 당신에게 무슨 일이 일어날지를 깊이 생각해 보십시오.

소돔의 심판보다 더 무서운 심판

소돔을 보십시오. 그리고 하나님의 심판이 어떤 통상적인 생각이나 이해를 초월하는 무서운 것이라는 것을 아십시오. 조나단 에드워즈의 설교 대(大)전집에 "소돔에서 도망하면서 뒤돌아보는 어리석음" 에 대한 두 편의 설교가 있는데 거기서 이 점이 날카롭게 지적되고 있습니다. 첫 번째 설교에서 에드워즈는 소돔의 멸망의 무서운 특성에 대해 말하고 있는데 그것은 포괄적이고, 갑작스러운 것이고, 영구적인 것임을 보여줍니다. 두 번째 설교에서 그는 소돔의 멸망을 우리를 기다리고 있는 훨씬 더 무서운 파멸에 비교합니다.

"당신이 직면하고 있는 파멸의 위험은 롯이 도망친 소돔의 문자적 파멸보다 훨씬 더 무섭습니다. 불과 유황의 폭풍으로 당한 소돔과 고모라의 파멸은 지옥에 있는 불경건한 자들의 파멸의 그림자일 뿐이고, 실체에 대한 그림자나 그림에 지나지 않거나, 진짜 불에 대한 그림 속의 불에 지나지 않습니다. 지옥의 고통은 캄캄한 암흑, 죽지 않는 벌레, 불화로, 힌놈의 골짜기의 고통, 불과 유황의 폭풍 같이 성경에 여러 가지 모양으로 설명되고 있습니다. 이렇게 많은 비슷한 말들이 사용된 이유는 그 중 어떤 말도 지옥을 표현하기에 충분하지가 않기 때문입니다. 어떤 표현도 사실을 단지 부분적으로 또 불완전하게 그려줄 뿐입니다. 그래서 하나님은 여러 표현을 사용하신 것입니다. 그러므로 당신은 롯과 그의 아내가 소돔에서 도망쳐 나올 때보다 뒤돌아보지 않고 서둘러 도망칠 필요가 훨씬 더 있습니다. 왜냐하면 당신은 매일 매순간, 주님이 유황과 불을 하늘로부터 소돔 사람들에게 부으실 때 내렸던 것보다 천배 이상이 되는 무서운 폭풍이 당신 머리에 몰아칠 위험에 직면해 있기 때문입니다. 뒤를 돌아본다면 당신은 롯의 아내보다 훨씬 더 바보스러운 자가 될 것입니다. 당신이 직면하고 있는 파멸의 위험은 소돔의 일시적 파멸보다 더 클 뿐만 아니라 소돔 주민들에 대한 영원한 파멸보다 더 큽니다. 왜냐하면 당신이 잘 행동했다고 스스로 생각하더라도, 영광스런 복음을 듣고도 계속 회개하지 않고 있는 당신은, 당신 자신에게 그리고 어쩌면 다른 사람에게도 당신이 별로 해롭지 않은 사람으로 보일지 모르지만, 소돔의 주민들보다 죄를 더 많이 지었고, 하나님을 훨씬 더 화나시게 했고 그래서 더 큰 죄가 당신에게 있기 때문입니다. "내가 진실로 너희에게 이르노니 심판 날에 소돔과 고모라 땅이 그 성보다 견디기 쉬우리라"(마 10:15)… 하나님이 당신에게 관대하게 대해 주고 계신데 만일 당신이 뒤를 돌아본다면 당신은 하나님이 갑자기 당신을 파멸시키실 것임을 두려워해야 할 것입니다. 다수의 사람들이 뒤를 돌아보면서 시간을 미루고 있다 보니 그들은 다른 기회를 영영 갖지 못했습니다. 그들은 갑자기 파멸되었고, 그 갑작스러운 파멸에는 결코 경고가 없었습니다."[2]

당신은 여전히 하나님의 심판은 어떤 사람들이 말하는 것처럼 무섭지 않을 것이란 기대를 가지고 있습니까? 그렇다면 당신의 주의를 예수 그리스도에게 환기시키고자 합니다. 그분은 심판의 날에 사람들이 "산들을 대하여 우리 위에 무너지라 하며 작은 산들을 대하여 우리를 덮으라 하리라"(눅 23:30)고 말씀하셨습니다. 하나님의 심판은 그토록 무서울 것입니다. 얼마 전에 비가 한 주간이나 심하게 온 결과로 산사태가 일어나 계곡으로 쓸려내려 캘리포니아 주의 마린 카운티(Marin County)에 있는 가옥들 전체를 덮어버렸습니다. 많은 사람들이 죽었습니다. 그리고 살아남은 사람들은 그 비극에 대해 충격 받은 어조로 말했습니다. 이런 일(갑자기 대량의 진흙 더미에 휩쓸리고 바위들이 산허리에서 폭포처럼 굴러 내려오는 일)은 누군가에게 일어날 수 있는 가장 두려운 일들 중 하나같이 보였습니다. 그러나 예수님은 하나님의 심판이 훨씬 더 처참할 것이어서 사람들은 하나님의 진노의 날에 그분 앞에 서 있는 것보다는 차라리 산들이 그들을 덮어버리라고 그렇게 기도할 것이라고 말씀하셨습니다.

당신은 그다지 기도하는 사람이 아닐 수 있습니다. 그러나 그때에는 예수 그리스도께서 말씀하신 것처럼 기도할 것입니다. 그런데 왜 지금 하지 않습니까? 왜 소망이 있는 지금 하나님께로 돌아오지 않습니까?

당신은 물을 것입니다. "나에게 소망이 있는가?" 예, 있습니다. 그 이유는 예수 그리스도께서 당신을 대신하여 하나님의 당신에 대한 모든 진노를 이미 받으셨기 때문입니다. 이 장을 통해서 나는 당신에게 소돔을 보라고 권유해 왔습니다. 그러나 지금은 소돔에서 돌이켜 갈보리를 볼 것을 권합니다. 갈보리도 심판의 현장입니다. 그러나 갈보리는 큰 자비의 현장이며 하나님의 사랑의 증명이기도 합니다. 왜 그렇습니까? 예수님이 갈보리에서 죽으신 것은 당신을 대신해 죽으신 것이기 때문입니다. 예수님은 고난을 받으셨습니다. 그것은 당신의 죄에 대한 지당한 벌을 대신 당하신 것입니다. 당신은 그것을 알 수 없습니까? 당신은 예수 그리스도의 희생에 감동되고 마음이 끌리지 않습니까?

만일 당신이 예수님께로 와서 그분을 구주요 주님으로 영접하면, 하나님은 자신이 심판의 날에 당신의 피난처가 되어주실 것입니다. "천 명이 네 왼쪽에서, 만 명이 네 오른쪽에서 엎드러지나 이 재앙이 네게 가까이 하지 못하리로다" 당신도 아브라함처럼 보게될 것입니다. "오직 너는 똑똑히 보리니 악인들의 보응을 네가 보리로다"(시 91:7-8 참조).

● 각주 ●

1. 로버트 캔들리쉬, *Studies in Genesis*, 331-32.

2. 조나단 에드워즈, "The Folly of Looking Back in Fleeing out of Sodom" (May 1735), in *The Works of Jonathan Edwards*, 2 vols. (Edinburgh and Carlisle, Pa.: Banner of Truth, 1976), 2:66-67.

90

부끄럽게 죄짓기

창세기 19 : 30-38

롯이 소알에 거주하기를 두려워하여 두 딸과 함께 소알에서 나와 산에 올라가 거주하되 그 두 딸과 함께 굴에 거주하였더니 큰 딸이 작은 딸에게 이르되 우리 아버지는 늙으셨고 온 세상의 도리를 따라 우리의 배필 될 사람이 이 땅에는 없으니 우리가 우리 아버지에게 술을 마시게 하고 동침하여 우리 아버지로 말미암아 후손을 이어가자 하고 그 밤에 그들이 아버지에게 술을 마시게 하고 큰 딸이 들어가서 그 아버지와 동침하니라 그러나 그 아버지는 그 딸이 눕고 일어나는 것을 깨닫지 못하였더라 이튿날 큰 딸이 작은 딸에게 이르되 어제 밤에는 내가 우리 아버지와 동침하였으니 오늘 밤에도 우리가 아버지에게 술을 마시게 하고 네가 들어가 동침하고 우리가 아버지로 말미암아 후손을 이어가자 하고 그 밤에도 그들이 아버지에게 술을 마시게 하고 작은 딸이 일어나 아버지와 동침하니라 그러나 아버지는 그 딸이 눕고 일어나는 것을 깨닫지 못하였더라 롯의 두 딸이 아버지로 말미암아 임신하고 큰 딸은 아들을 낳아 이름을 모압이라 하였으니 오늘날 모압의 조상이요 작은 딸도 아들을 낳아 이름을 벤암미라 하였으니 오늘날 암몬 자손의 조상이었더라

창세기 19장의 마지막 절들은 롯에 대하여 기록한 마지막 말들입니다. 그 절들은 통탄할 사건에 대해 불행한 이야기로 끝을 맺습니

다. 사반세기 가까이 전에 롯과 아브라함은 갈대아 우르를 떠났습니다. 아브라함처럼 롯도 그의 생애를 오직 믿음만으로 살 수 있어야 했습니다. 그런데 롯의 영적인 삶은 내리막길을 걸었습니다. 그러나 세상과 그 영예를 선택한 후에 하나님은 그를 소돔의 파멸에서 구원해 주셨습니다. 하지만 그는 이제 그의 두 딸 외에는 모든 것을 잃어버린 채 동굴 안에서 살아야만 했습니다.

롯을 딱하게 여길 수밖에 없습니다. 그에 대한 동정심마저도 듭니다. 그러나 우리가 성경의 가르침을 따른다면, 우리는 롯이 그의 세속적이고 이기적이었던 생애 말년에 경험한 일은 오직 그의 잘못 때문이었음을 인정하지 않을 수 없습니다. 호세아는 이스라엘이 민족적으로 타락하던 때에 그들이 "바람"을 심고 "광풍을 거둘 것"이라는 말을 기술했습니다(호 8:7). 이것이 롯의 경험이었던 것입니다. 그는 작은 죄들이 끼어들어와 삶의 방식을 형성하는 것을 허용함으로써 그 결과를 거두었던 것입니다. 이제 그의 삶은 완전히 소외되고, 창피하고, 비참하게 되었습니다. 우리도 롯의 삶이 우리 삶의 방식이 되지 않도록 결코 조심해야만 합니다.

입에 담기도 싫은 사건

나는 설교를 준비할 때 흔히 말하는 "설교를 위한 제언"을 해 주는 책들을 거의 보지 않습니다. 왜냐하면 그러한 제언들은 내게 흥미를 주지 못하기 때문입니다. 그러나 본 설교를 위해 그런 종류의 한 책을 보았는데 놀랍게도 본문의 사건이 "입에 담기도 싫은" 것이었다는 것을 알았습니다. 나는 전에도 그런 종류의 글을 우연히 읽은 적이 있었던 터라 (이것은 내가 설교에 관련된 책들을 좋아하지 않는 또 다른 이유입니다) 나는 그 책이 무엇을 말하려고 하는 것인지를 즉각 알아차렸습니다. 그 책은 창세기 19장의 시작 부분이 "설명"을 필요로 하는 몇 가지 요소를 포함하고 있다는 것과, 또 그것은 온당치 못한 것이라고 했습니다. 그 저자는 소돔 사람들의 동성애를 생각하고 있었습니다. 그리고 마지막 구절들은 선한 목적을 위한 것이기는 하지만 "설교를 위한 본문이 될 수 없다"고 했습니다.[1] 다른 사람들 역시 분명히 그렇게 생각할 것입니다. 왜냐하면 많은 설교집들이 이 구절들은 건너뛰고 있고, 심지어 일반적인 주석서들조차도 이 구절들에 대한 설명이 빈약하기 때문입니다.

그 이유는 이 구절들이 롯과 그의 딸들 간의 근친상간 이야기를 포함하고 있고, 이것은 다른 선한 사람들 간에 토론을 할 수 없는 외설적인 문제로 치부되어졌기 때문입니다. 하지만 만일 이것이 그런 것이라면 이 근친상간의 사건이 성경에 있다는 것이 이상하지 않습니까? 실수로 성경에 들어 있는 것입니까? 그렇지만 모세가 여기서 미끄러지는 바람에 성경 기록에 대한 성령님의 감독을 받지 않고 이 사건을 기록한 것입니까? 아니면 하나님이 우리의 계몽을 위해 의도하신 기록입니까? 분명히 성경은 전체적으로나 부분적으로나 하나님으로부터 온 것이기 때문에 후자의 경우가 맞는 것이고 따라서 이 구절은 다른 모든 성경과 마찬가지로 "교훈과 책망과 바르게 함과 의로 교육하기에 유익"(딤후 3:16)한 것입니다.

어떤 사람은 이렇게 말할 것입니다. "글쎄요, 그 이야기는 어쩌면 성인들에게는 괜찮을지 모릅니다. 하지만 우리가 반대하는 것은 그것이 아이들에게 알려지는 것입니다." 그렇다면 당신은 당신의 아이들이 삶에서 일어나는 이러한 사실들에 대해 어디서 배웠으면 좋겠습니까? 아이들은 그런 것들을 조만간에 알게 될 것입니다. 부패한 우리 사회에서는 필시 당신이 상상하는 것보다 훨씬 더 일찍 배우게 됩니다. 당신은 그들이 세속적인 책들이나 사람들에게서 배우는 것이 좋겠습니까 아니면 하나님 말씀에서 배우도록 하겠습니까? 탁월한 강해설교가 도널드 반하우스는 이렇게 말합니다.

"때때로 구원받지 못한 사람들이 성경을 비판하는데 그 이유는 살인, 간통, 강간, 근친상간, 모반, 고등 범죄 및 비열한 행위 등 모든 다양한 무서운 이야기들이 성경에 있기 때문이다. 그러나 이런 것들은 하나님이 죄를 미워하시고 벌하신다는 단호한 경고가 수반됨 없이 언급된 적이 결코 없다. 우리의 자녀들이 삶에 일어나는 사실들을 뒷골목의 벽이나 음란 소설의 불결한 말들에서보다는 죄를 규탄하는 하나님 말씀에서 배우는 것이 훨씬 좋다. 어느 누구도 죄에 대한 지식을 피할 수 없다. 그러나 누구라도 예수 그리스도 안에 둘러싸여 있음으로써 죄의 권세에서 보호될 수가 있다."[2]

당신은 어디까지 내려갈 수 있는가

본문의 교훈은 무엇입니까? 가장 명확한 것은 죄의 진로는 이 장 연구의 시작 시(時)에 제시했던 것처럼 "내리막길" 이란 것입니다. 이 원리는 하나님으로부터 도망하려고 시도했던 요나의 불순종 기록에서도 나타납니다. 또한 로마서 첫 장에도 분명히 기록되어 있습니다. 야고보는 이것을 기탄없이 진술하고 있습니다.

"사람이 시험을 받을 때에 내가 하나님께 시험을 받는다 하지 말지니 하나님은 악에게 시험을 받지도 아니하시고 친히 아무도 시험하지 아니하시느니라 오직 각 사람이 시험을 받는 것은 자기 욕심에 끌려 미혹됨이니 욕심이 잉태한즉 죄를 낳고 죄가 장성한즉 사망을 낳느니라"(약 1:13-15)

롯의 인생항로는 유혹, 욕심, 죄, 궁극적으로 죽음이었습니다. 오늘날도 같습니다. 시편 8:4-5편(히 2:6-7에서 인용됨)에는 사람에 대한 이런 묘사가 있습니다. "사람이 무엇이기에 주께서 그를 생각하시며 인자가 무엇이기에 주께서 그를 돌보시나이까 그를 하나님보다 조금 못하게 하시고 영화와 존귀로 관을 씌우셨나이다" 이 구절은 하나님의 창조질서에서 사람을 흥미로운 위치에 고정시키고 있습니다. 즉, 하나님보다는 낮지만 짐승들보다는 높은, 그 중간 어디쯤인가의 위치인 것입니다. 사람들에게 있어 이 위치는 (하나님이 아브라함에게 그렇게 하셨듯이) 그들에게 말씀하시고 자신을 계시하시는 하나님과 천사들을 올려다볼 수 있는 영광스러운 위치인 것입니다. 만일 우리가 올려다보면 우리는 우리가 보는 분을 닮게 됩니다. 그러나 우리가 올려다보지 않으면 우리는 불가피하게 내려다보게 되고, 우리는 우리 아래에 있는 짐승처럼 될 것입니다.

최근에 잡지나 신문에 매우 흥미 있는 기사가 실렸습니다. 오늘날의 진화론적이고 자연주의적인 철학에 의하면 사람은 "유일하게 잘 발달한 동물" 이라고 합니다. 그러므로 우리가 "타락" 이라고 불러온 짓을 정당화시키기를 원할 때, 그렇게 하는 방법은 동물도 역시 그 짓을 한다는 것을 보여주면 된다는 것입니다. 왜냐하면 그것이 "우리의 배경" 이기 때문이란 것입니다. 우리는 거기서부터 시간에 맞추어 자라가는 것이라고 합니다.

나는 우리의 타락한 행동을 이런 방법으로 정당화시키려고 시도하는 많은 논설들에 유의해 왔습니다. 얼마 전에 한 논설이 오리 공동체 내에서 집단 성폭행 같은 짓을 하는 오리의 유형을 논했습니다. 이것은 적어도 오리들을 관찰하고 그 논설을 쓴 사람들에 따른 이야기입니다. 나는 그들이 "보라, 집단 성폭행을 하는 것이 그렇게 나쁜 것은 아니다. 왜냐하면 오리들조차도 그렇게 하기 때문이다." 라는 견해를 가지고 있었다고 생각합니다. 어쩌면 (나는 이 특정한 오리 가족을 관찰하지 않아 모르겠습니다만) 이같은 일이 오리 세계에서 벌어질지도 모릅니다. 그러나 요점은 그런 행동은 동물 세계에서는 지극히 드물지만 인간 세계에서는 아주 흔하다는 것입니다. 만일 우리가 짐승처럼 되면, 우리는 짐승보다도 더 나빠집니다. 우리는 더 나쁜 짓을 할 것이고, 그 짓을 짐승보다도 더 자주 할 것이기 때문입니다.

나는 이러한 점점 더 악화되는 죄로 기울어져 가는 현상이 개인적으로뿐만 아니라 공공적으로 눈에 뜨인다는 것에 주목합니다. 그래서 때때로 나는 우리 문화가 일어나고 있는 일을 직시하고 되돌리며 "이것은 정말 가공할 일이다. 이것은 우리가 넘어가지 말아야 할 지점이다." 라고 말할 어떤 한계점이 있는지 스스로 물어봅니다. 오늘날 그런 한계점이 있다면, 그 한계점은 간통이 아닙니다. 우리 사회에는 간통 사건이 이미 많이 있습니다. 간통은 심지어 "활기 없는" (이 단어는 그들의 동기부여용 단어임) 결혼생활을 개선시키는 방법으로까지 미화되었습니다. 그 한계점은 매춘도 아닙니다. 우리 사회에는 매춘을 인정하고, 심지어 합법화 하려는 운동이 있습니다. 그 한계점은 근친상간 또는 음란물도 아닙니다. 그러나 근년에 나는 이런 말이 시도되어 온 것에 유의해 왔습니다. "우리가 선을 그을 한계점은 아동 음란물이다. 성인들은 그들이 하고 싶은 것들을 할 수 있다. 우리는 아량이 없어서는 안 된다. 그러나 자녀들이 영향 받게 할 수는 없다. 우리는 우리 자녀들을 보호해야만 한다."

좋은 말로 들립니다. 적어도 현대인들이 넘기를 기꺼워하지 않는 어떤 한계점이 있는 것입니다. 그러나 진정한 불변의 한계점이 과연 있습니까? 몇 년 전, 열 두 살 난 브룩 실즈(Brooke Shields)가 뉴올리언스에 있는 매춘 굴에서 매춘 아동이 된 소녀를 그린 영화에서 주연을 했습니다. 이 후 얼마 되지 않아 루나(Luna)라는 다른 영화는 한 엄마가 그녀의 사춘기 아들과 근친상간적 관계를 갖는 것을 그렸습니다.

그런데 이것이 끝이 아니었습니다. 성인들과 마찬가지로 아이들도 성적인 존재이고, 그들이 어린 나이에 성적 경험을 갖는 것은 자연스러운 것이며 또한 그러한 성적 경험을 가질 장소로서 가정보다 더 좋은 곳은 없다고 주장하는 여러 작가들의 자료가 나왔습니다. 내가 하는 말을 이해하시겠습니까? 당신에게 하나님이 없다면 당신에게는 당신의 도덕적, 영적 타락을 중지시킬 아무런 한계점도 없다는 것입니다. 하나님은 그분의 피조물들을 들어 그들을 은혜로 예수 그리스도의 형상으로 개조하실 수 있는 유일하신 분입니다. 그러므로 만일 우리가 그분을 소유하지 않고, 롯이 그랬던 것처럼 우리 자신의 길로 들어서면 우리는 개인적으로는 물론 공공적으로도 아래로, 아래로, 아래로 내려가게 될 것입니다. 야고보가 이렇게 말했습니다. "욕심이 잉태한즉 죄를 낳고 죄가 장성한즉 사망을 낳느니라"(약 1:15).

조상들의 죄

창세기 19장 끝 부분에 기록된 롯의 경험에서 얻는 두 번째 교훈이 있습니다. 죄가 마지막으로 우리에게 가져다주는 것을 보여주는 것 외에 이 구절들은 또한 이 죄가 아무리 나쁘더라도 더 큰 죄와 고통의 모판이라는 것을 보여줍니다. 그것이 "(하나님을) 미워하는 자의 죄를 갚되 아버지로부터 아들에게로 삼사 대까지 이르게"(출 20:5) 하시는 하나님의 입장입니다.

이 말을 함에 있어 나는 롯이 삶의 장소로서 소돔의 환경을 택한 그의 죄 된 선택이 그의 두 딸의 의식에 영향을 주었다는 사실을 가장 중요한 요소로 생각하지는 않습니다. 물론 그것은 대단히 옳은 말입니다. 실제로 사람들은 롯보다는 딸들을 더 쉽게 동정할 수 있습니다. 롯과는 달리 그 딸들은 직접 경험해온 삶보다 더 나은 삶을 알지 못했기 때문이고, 또 삶이 요구하는 권리로서 그들이 가졌던 모든 것을 그들에게서 박탈한 것은 롯의 죄였지 딸들의 죄가 아니었기 때문입니다.

도널드 반하우스는 계속 이렇게 기술합니다.

"만일 그가 하나님의 길을 갔더라면 그는 아브라함과 화목하게 살았을 것이고, 아브라함의 많은 하인들 중에서 그의 딸들의 남편들을 찾았을 것이다. 그들은 명예로운 장소에 있었을 것이고, 롯은 아브라함의 진영에서 영향력 있는 사람이 되었을 것이다. 그의 400명의 무장된 하인들, 그들의 아내들과 가족들은 아브라함의 가솔들의 총 숫자를 수천 명으로 늘렸을 것이다. 그러나 롯은 이런 것 중에 어느 것도 원하지 않았고 그 결과로 롯은 그의 딸들의 기회를 파괴시켰고, 그의 삶을 지독한 부끄러움과 비애 속에서 마쳤던 것이다." [3]

이 말이 사실이기는 하지만 내가 말한 것처럼 이것은 내 생각 속에서 가장 중요한 요소로 있는 것은 아닙니다. 본문의 이야기는 두 아이의 출생과 이름 그리고 그들로부터 나온 두 민족을 강조하고 있습니다. 큰 딸은 그녀의 아들을 모압이라고 불렀습니다. 이것은 뻔뻔스러운 행동입니다. 왜냐하면 모압은 "아버지의 소생"을 의미하기 때문입니다. 그 아이는 모압 족속의 조상이 되었습니다. 작은 딸은 그녀의 아들을 벤암미라고 불렀습니다. 이것도 같은 개념이었습니다. 그러나 이것은 그렇게 뻔뻔스런 이름은 아니었습니다. 그것은 "내 가족의 아들"을 의미합니다. 이 아이는 암몬 족속의 조상이 되었습니다.

이 두 아이들이 중요한 이유는 모압 족속과 암몬 족속이 훗날 유대 민족에 대해 큰 골칫거리가 되었기 때문입니다. 유대인들과 이 두 족속들의 관계가 항상 나쁜 것은 아니었습니다. 룻은 모압 여인이었습니다. 그녀는 보아스와 결혼을 했고, 다윗 왕과 예수 그리스도의 조상이 되었습니다. 나아마는 암몬 사람으로서 솔로몬의 아내 중 한 명으로 르호보암 왕의 어머니였습니다. 실제로 하나님은 광야에서 헤매고 있던 이스라엘 민족에게 모압이나 암몬에 속한 어떤 땅도 취하지 말라고 하셨습니다. 왜냐하면 이 땅은 "롯의 자손들의 소유로 주신"(신 2:9, 19)것이기 때문이었습니다. 그럼에도 이스라엘 백성이 애굽에서 나와 사막을 통해 가나안으로 행군할 때, 모압 족속이 그들의 행군을 적대했고, 모압 왕 발락은 선지자 발람에게 하나님의 백성을 저주하도록 했습니다(민 22-24장). 훗날에는 유대인들과 이 두 이웃 왕국 사이에 여러 차례의 전쟁이 있었습니다. 아모스서에는 암몬에 대한 예언이 있고(암 1:13-15), 모압의 파멸에 대한 예언(암 2:1-3)이 있습니다.

창세기의 앞부분에는 네 아이들에 대한 이야기가 있습니다. 아브라함의 이스마엘, 이삭의 에서 그리고 롯의 모압과 암몬인데 이들의 후손들은 번창했을 뿐만 아니라 이스라엘 백성에게 재앙이 되었습니다. 이들은 아랍 민족의 조상들이 되었고, 오늘날까지도 이스라엘의 골칫거리는 지속되고 있습니다.

앞서 나는 조상들의 죄가 자손 "3, 4대"에 미친다는 말을 하기 위해 십계명을 인용한 바가 있습니다. 그러나 여기의 역사를 보면, 그보다 훨씬 더 후대에까지 미치는 것이 명백합니다. 죄의 결과는 몇 대에까지만 미친다고 누가 말할 수 있겠습니까? 우리가 셀 수 있는 것보다 더 멀게 미칩니다. 우리가 말할 수 있는 것은 죄의 결과는 어떤 자연적인 멈춤의 한계점 없이 오랜 기간 동안 영향을 미친다는 것입니다. 이렇게 죄는 개인이나 민족을 무한히 아래로 이끌어 내릴 뿐만 아니라, 무한히 앞으로 진행하면서 무수한 사람들을 계속해서 삼켜버립니다.

죽음이냐 부활이냐?

롯의 경험에서 얻는 마지막 교훈이 있습니다. 그것은 우리가 지금까지 아는 한, 롯은 죄를 붙잡고 있는 힘이 매우 강해 그의 고집을 회개한 적이 결코 없다는 것입니다. 나는 그가 회개 안 하기로 결심했던 것으로 생각합니다. 내가 여기서 "생각합니다" 라고 말하는 이유는 그 일이 확실하지가 않기 때문입니다. 하지만 나는 묻습니다. 천사들이 롯에게 산으로 도망하라고 말했을 때, 그들이 전날 밤 아브라함을 만났던 마므레 방향을 가리키고 있었다고 생각하는 것이 타당하지 않습니까? 마므레는 아브라함에게 주어진 땅, 롯 자신도 한 때 같이 살았던 땅이었습니다. 그들이 그를 그 곳으로 돌려보내는 것이라고 생각하는 것이 타당한 것이라고 생각합니다. 만일 그렇다면, 그 장소와 우리가 모압과 암몬이라고 알고 있는 장소를 대조해 보십시오. 이 두 왕국은 어디에 있습니까? 그 두 나라는 아브라함이 살았던 마므레 방향에 있지 않았습니다. 그 나라들은 사해에서 멀리 떨어진 정확히 마므레와 반대 방향에 있었습니다. 따라서 만일 우리가 롯의 두 딸의 아들들이 그들의 이름을 그들의 후손들에게 주고 그 두 족속들이 사는 장소에 주었다고 추측해 보면 롯이 소알을 떠났을 때 그 방향, 즉 서쪽이 아닌 동쪽으로 갔을 개연성이 있지 않습니까?

다수의 주석서들이 롯이 "소알에서 나와 산에 올라가 거주"(창 19:30) 했다고 했을 때, 그가 드디어 굴복하고 하나님이 권하셨던 말씀을 행한 것이라고 말합니다. 그러나 나는 전혀 그런 것이 아니라고 믿습니다. 만일 그가 아브라함에게 돌아왔다면 그는 그의 잘못된 선택을 인정해야만 했을 것입니다. 롯은 그렇게 하기를 원치 않았습니다. 대신 그는 술병을 들고 반대 방향으로 더욱 멀리 그의 길로 갔고, 그리고 그의 골칫거리들을 술로 달래려고 했습니다.

이 모든 것이 얼마나 불필요하며 얼마나 어리석은 일입니까! 내가 언젠가 롯에 대해 설교를 했을 때, 어떤 사람이 내게 왜 롯을 탕자에 비교하지 않느냐고 물었습니다. 그것은 좋은 제안이었습니다. 두 이야기 다 풍부한 자원을 가지고 있었습니다. 둘 다 먼 나라에 시선을 맞추고 있습니다. 둘 다 그들이 있던 지방에서 그들이 가졌던 모든 것을 잃어버렸습니다. 그러나 이러한 차이점이 있습니다. 탕자는 "스스로 돌이켰습니다." 롯은 우리가 아는 한, 결코 돌이키지 않았습니다.

탕자가 스스로 돌이켰을 때(눅 15장), 어떤 일이 일어났습니까? 세 가지 일이 일어났습니다. 첫째, 그의 상태를 인정했습니다. 이전에 그는 아마도 롯이 죽는 날까지 부정하고 계속 살았을 것처럼 부정했을 것입니다. 그는 이렇게 말했을 것입니다. "뭐, 상황이 그리 나쁘진 않군. 조금만 더 버티면 좋아 질 거야." 그가 돌이키면서는 더 이상 이런 추론을 하지 않았습니다. 이번에 그는 이렇게 말했습니다. "내 아버지에게는 양식이 풍족한 품꾼이 얼마나 많은가 나는 여기서 주려 죽는구나"(17절). 둘째, 그는 아버지에게 돌아왔습니다(20절). 그는 말로만 그런 것이 아니었습니다. 그는 그렇게 하는 것이 그에게 남아있는 가장 좋은 선택이라고 논한 것이 아니었습니다. 그는 실천을 했습니다. 그는 집으로 갔습니다. 셋째, 그가 집에 돌아왔을 때, 그는 그의 죄를 자백했습니다. "아버지 내가 하늘과 아버지께 죄를 지었사오니 지금부터는 아버지의 아들이라 일컬음을 감당하지 못하겠나이다"(21절). 그는 아버지의 아들이었고, 아버지는 즉시 그를 환영하고 특별한 사랑의 관계를 회복시켰습니다.

마지막 한 가지 관찰이 있습니다. 롯이 죄 속으로 빠지는 것을 이야기할 때, 나는 야고보서 1:15절을 인용했습니다. "죄가 장성한즉 사망을 낳느니라" 이 구절에 비추어 예수님이 탕자의 이야기에서 "이 내 아들(네 동생)은 죽었다가 다시 살아났으며 내가 잃었다가 다시 얻었노라" 라는 아버지의 말을 두 번이나 언급하시는 것이 흥미롭습니다. 그 아버지는 죽음에서의 부활을 이야기하고 있는 것입니다. 그것은, 곧 죄인의 회복이라는 것입니다. 바울은 디모데에게 이렇게 썼습니다. "향락을 좋아하는 자는 살았으나 죽었느니라"(딤전 5:6). 그는 에베소교회에 우리는 모두 "허물로 죽었다"(엡 2:5)고 썼습니다. 아브라함, 롯, 탕자(우리 모두)는 죄의 회색 보에 덮여 있습니다. 그러나 하나님은 기적의 하나님, 부활의 하나님이십니다.

왜 당신의 죄로부터 돌이켜 전능하신 하나님께 돌아오지 않습니까? 성경은 모든 사람에게 공개적으로 초청하며 도전을 주고 있습니다.

"너희는 여호와를 만날 만한 때에 찾으라 가까이 계실 때에 그를 부르라 악인은 그의 길을, 불의한 자는 그의 생각을 버리고 여호와께로 돌아오라 그리하면 그가 긍휼히 여기시리라 우리 하나님께로 돌아오라 그가 너그럽게 용서하시리라"(사 55:6-7)

● 각주 ●

1. H. C. 르폴드, *Exposition of Genesis*, 1:578.
2. 도널드 G. 반하우스, *Genesis*, 1:172.
3. 같은 책, 1:171-72.

91

순례자의 역행

창세기 20 : 1-18

아브라함이 거기서 네게브 땅으로 옮겨가 가데스와 술 사이 그랄에 거류하며 그의 아내 사라를 자기 누이라 하였으므로 그랄 왕 아비멜렉이 사람을 보내어 사라를 데려갔더니 그 밤에 하나님이 아비멜렉에게 현몽하시고 그에게 이르시되 네가 데려간 이 여인으로 말미암아 네가 죽으리니 그는 남편이 있는 여자임이라 아비멜렉이 그 여인을 가까이 하지 아니하였으므로 그가 대답하되 주여 주께서 의로운 백성도 멸하시나이까 그가 나에게 이는 내 누이라고 하지 아니하였나이까 그 여인도 그는 내 오라비라 하였사오니 나는 온전한 마음과 깨끗한 손으로 이렇게 하였나이다 하나님이 꿈에 또 그에게 이르시되 네가 온전한 마음으로 이렇게 한 줄을 나도 알았으므로 너를 막아 내게 범죄하지 아니하게 하였나니 여인에게 가까이 하지 못하게 함이 이 때문이니라 이제 그 사람의 아내를 돌려보내라 그는 선지자라 그가 너를 위하여 기도하리니 네가 살려니와 네가 돌려보내지 아니하면 너와 네게 속한 자가 다 반드시 죽을 줄 알지니라 아비멜렉이 그 날 아침에 일찍이 일어나 모든 종들을 불러 그 모든 일을 말하여 들려 주니 그들이 심히 두려워하였더라 아비멜렉이 아브라함을 불러서 그에게 이르되 네가 어찌하여 우리에게 이렇게 하느냐 내가 무슨 죄를 네게 범하였기에 네가 나와 내 나라가 큰 죄에 빠질 뻔하게 하였느냐 네가 합당하지 아니한 일을 내게 행하였도다 하고 아비멜렉이 또 아브라함에게 이르되 네가 무슨 뜻으로 이렇게 하였느냐 아브라함이 이르되 이 곳에서는 하나님을 두려워함이 없으니 내 아내로 말미암아 사람들이 나를 죽일까 생각하였음이요 또 그는 정말로 나의 이복 누이로서 내 아내가 되었음이니라 하나님이 나를 내 아버지의 집을 떠나 두루 다니게 하실 때에 내가 아내에게 말하기를 이 후로 우리의 가는 곳마다 그대는 나를 그대의 오라비라 하라 이것이 그대가 내게 베풀 은혜라 하였었노라 아비멜렉이 양과 소와 종들을 이끌어 아브라함에게 주고 그의 아내 사라도 그에게 돌려보내고 아브라함에게 이르되 내 땅이 네 앞에 있으니 네가 보기에 좋은 대로 거주하라 하고 사라에게 이르되 내가 은 천 개를 네 오라비에게 주어서 그것으로 너와 함께 한 여러 사람 앞에서 네 수치를 가리게 하였노니 네 일이 다 해결되었느니라 아브라함이 하나님께 기도하매 하나님이 아비멜렉과 그의 아내와 여종을 치료하사 출산하게 하셨으니 여호와께서 이왕에 아브라함의 아내 사라의 일로 아비멜렉의 집의 모든 태를 닫으셨음이더라

로널드 레이건(Ronald Reagan) 대통령의 첫 번째 임기 중 첫 해인 1981년에 예산관리국 국장인 데이비드 스탁맨(David Stockman)에 관련된 유머러스한(스탁맨만 빼놓고 나머지 모두에게 유머러스한) 사건이 있었습니다. 그는 소위 "레이건 경제학" 전문가들 중의 한 명이였습니다. 그가 「아틀랜틱」(Atlantic)지와 회견을 한 적이 있었는데 그 회견 중에 그는 대통령의 정책에 대한 어떤 흠잡는 말을 즉흥적인 소견으로 말했습니다. 이것은 대통령을 곤혹스럽게 했고 그래서 해명을 위해 스탁맨을 불러들였습니다. 나중에 그가 레이건 대통령과의 면담을 마치고 밖으로 나왔을 때, 기자들은 스탁맨에게 그 면담이 어떠했느냐고 질문을 했습니다. 그가 대답했습니다. "오늘 대통령과의 면담은 아예 훈육실을 방문한 것과 같았습니다."

아브라함이 그와 같은 경험을 한 적이 있는데 그것은 통탄할 일이었습니다. 왜냐하면 그가 정당하게 받은 꾸짖음이 하나님으로부터 받은 것도 아니고, 하나님의 대변자로 인정된 어떤 고결한 사람에게 받은 것도 아닌, 이방 왕으로부터 받은 것이기 때문이었습니다.

소돔과 고모라의 파멸 이후에 아브라함은 그 도시들을 내려다보는 산지에 살기를 더 이상 원하지 않았습니다. 아마도 그 도시들은 그가 추측하는 조카 롯의 슬픈 마지막을 생각나게 했기 때문이었을지도 모릅니다. 그래서 그는 남쪽에 있는 그랄로 이주했습니다. 그랄은 나중에 블레셋 땅이 된 국경지대에 있었습니다. 그랄에는 강력한 왕인 아비멜렉이 있었습니다. 아브라함은 아비멜렉이나 또는 그의 부하 중 한 명이 사라를 빼앗고 자기를 죽일

까봐 두려워 전에 했던 잘못을 또 저질러 사라가 자신의 누이라고 말해버렸습니다. 그런데 그 말은 아비멜렉에게 사라를 취해도 좋다는 말이 되었고, 그는 그녀를 취했습니다.

그러나 하나님은 사라를 보호하셨습니다. 그 사건을 전반적으로 보면 우리는 하나님이 아비멜렉을 사라에게 가까이 가지 못하도록 어떤 종류의 질병으로 치셨다는 것을 알게 됩니다(창 20:17). 더욱이 하나님은 일시적으로 아비멜렉 가솔의 여인들로 하여금 임신이 불가능하도록 하셨습니다(18절). 하나님은 꿈속에서 아비멜렉에게 말씀하셨습니다. "네가 데려간 이 여인으로 말미암아 네가 죽으리니 그는 남편이 있는 여자임이라" (3절).

아비멜렉은 아브라함이 사라를 그의 누이라고 했고, 사라 편에서는 아브라함을 그녀의 오라비라고 했기 때문에 자기는 무죄하다고 탄원했습니다. 하나님은 이러한 사정을 알고 계셨기에 아비멜렉에게 죄를 짓지 못하도록 하신 것이었습니다. 이튿날 아비멜렉이 사라를 돌려보내고자 하면서 그는 아브라함을 불러들였고 그래서 "훈육실" 의 장면이 펼쳐졌습니다. 아비멜렉은 아브라함에게 이렇게 말했습니다. "네가 어찌하여 우리에게 이렇게 하느냐 내가 무슨 죄를 네게 범하였기에 네가 나와 내 나라가 큰 죄에 빠질 뻔하게 하였느냐 네가 합당하지 아니한 일을 내게 행하였도다 하고 아비멜렉이 또 아브라함에게 이르되 네가 무슨 뜻으로 이렇게 하였느냐" (9-10절).

아브라함은 사라가 실제로 자기 아버지의 딸이지만 어머니는 다른 이복동생이라는 어설픈 변명을 했습니다. 그러나 그 이야기에서 정직하게 행동한 사람은 아브라함이 아니라 이방 왕이었습니다. 그 사건을 종결짓기 위해 아비멜렉은 아브라함에게 그의 땅 어디에서든지 거주할 수 있도록 허용하고, 사라가 입었을 손해배상으로 은 천개(약 11kg)를 그에게 지불했습니다.

오직 죄인

왜 이 이야기가 다른 곳이 아닌 이곳에 기록되었는지 그 이유가 있습니다. 그것은 19장을 마감하는 롯과 두 딸이 개입된 통탄할 사건에 의도적인 대비가 되기 때문입니다. 우리가 순종하는 인생길과 불순종하는 인생길에 대해서 이야기할 때, 우리는 때때로 하나님께 순종하기로 결심한 사람은 오직 믿음의 길만을 가고 거의 죄를 짓지 않는다고 하면서 우리 주장을 과장하기 쉽습니다. 성경은 이에 대해 정직합니다. 롯의 경우에서처럼 성경은 죄의 내리막길을 정확히 보여주기도 하지만 그것은 또한 하나님을 정성스럽게 따르는 자도 약해지는 순간이 있다는 것을 보여줍니다. 하나님의 순례자가 역행을 하는 것입니다.

아브라함의 죄에 두드러진 특징이 있습니다. 첫째, 비겁한 것이었습니다. 왜냐하면 그는 이 어리석은 편법으로 사라의 명예를 위태롭게 했습니다. 그가 용감했다면 아내인 사라를 위해 자신의 목숨을 걸었을 것입니다. 둘째, 아브라함의 죄는 하나님의 이름을 더럽혔습니다. 아브라함은 하나님의 대변자인 선지자였습니다. 그는 종종 하나님의 약속과 능력에 대해 말했습니다. 그의 가솔들 또는 심지어 그랄의 이방인들도 하나님의 대변자 아브라함이 이러한 부당한 태도를 취한 것을 보고 하나님에 대해 무슨 생각을 했겠습니까?

이 이야기는 하나님이 함께 일하시는 사람들이라고 해서 본질적으로 다른 사람들보다 더 나은 사람들이 아님을 똑똑히 보여줍니다. 마이어(F. B. Meyer)는 이렇게 말합니다.

"하나님의 영은 마치 하나님의 성도들의 본질이 다른 사람들보다 더 높지 않고 또 실제로 그다지 높지도 않은 것을 거의 기뻐하시는 것처럼 보인다. 그들이 현재 되어 있는 상태는 그들의 타고난 본성에도 불구하고 그렇게 된 것이다. 하나님의 은혜의 경이적인 역사의 능력이 하도 놀라워서 그분은 가장 야생적인 가지에 진기한 과일을 접붙일 수 있으시다. 그분은 세상 사람들이 전혀 가망 없어 나쁘다고 물리칠 본성에서 최상급 결과를 얻는 것을 기뻐하시는 것으로 보이고, 우리의 도움을 요구하지 않으신다. 그분은 일단 믿음이 성품의 기본 원리로서 인정되면 반드시 거기에 다른 모든 것을 더해 주신다… 우리는 다윗 같은 사람, 베드로 같은 사람, 아브라함 같은 사람의 모순을 부정하지 않는다. 그러나 우리는 그러한 모순이 하나님의 역사의 결과가 아니라, 그럼에도 불구하고 생긴 것임을 단언한다. 그것들은 본성, 그분이 경작하시기로 정하신 황무지에 대한 절망을 보여준다."[1]

그 "황무지"는 개혁신학이 우리의 본성, 즉 가장 타락한 죄인의 본성은 물론이고 성도들의 본성의 "전적 부패"라고 일컫는 것입니다.

옛 죄가 반복되다

이 아브라함의 죄에 대하여 또 다른 중요한 점이 있습니다. 그것은 옛 죄가 반복되었다는 것입니다. 우리는 아브라함의 생애 초기인 믿음이 아직 많이 어리던 때에 가나안의 기근으로 인해 아브라함과 사라가 애굽으로 가면서 아브라함이 사라에게 "내가 알기에 그대는 아리따운 여인이라 애굽 사람이 그대를 볼 때에 이르기를 이는 그의 아내라 하여 나는 죽이고 그대는 살리리니 원하건대 그대는 나의 누이라 하라 그러면 내가 그대로 말미암아 안전하고 내 목숨이 그대로 말미암아 보존되리라 하니라"(창 12:11-13)고 말했던 것을 기억합니다. 이 사건에서 그 땅의 통치자였던 바로 왕은 사라를 취했으나 하나님이 개입하셨고, 바로 왕은 아브라함과 그의 전 가족을 그 땅에서 쫓아냈습니다.

이 이야기는 성경 비평가들이 말꼬리 잡기를 좋아하는 문학적 유사구절 같은 것입니다. 만일 당신이 그러한 비평에 대해 알고 있는 것이 있다면 당신은 그들이 어떤 일을 하는지 알 것입니다. 여기에서처럼 두 개의 비슷한 이야기가 나올 때마다 그들은 그것들을 어떤 최초 이야기의 변형으로 생각하고, 그 둘을 비교하여 그들이 최초의 전설이라고 생각하는 것을 찾으려고 시도합니다. 하나님을 언급함에 있어 창세기 12장의 이야기는 여호와(Jehovah 17절)라는 이름을 사용하고, 창세기 20장의 이야기는 엘로힘(Elohim 17절)을 사용하고 있기 때문에 그들은 최초의 이야기가 "J" 문서에서 나오는 것으로 생각하고, 나중의 이야기가 "E" 문서에서 나오는 것으로 생각합니다. JEDP 문서설에 따라 그 이야기들은 이 두 가지의 다른 형태로 유포되다가 나중에 그리 머리가 좋지 않은 교정자 또는 편집자에 의해 창세기에 기록되었을 것으로 봅니다. 창세기 1, 2장에 나오는 두 개의 창조 이야기도 이와 비슷한 과정으로 발생한 것으로 생각합니다.

그러나 이것은 학문적으로 틀린 것입니다. 첫째, "여호와(Jehovah 창 12장)"가 먼저 생긴 이야기에서 사용되고 있고, "엘로힘(Elohim 창 20장)"은 나중에 생긴 이야기에서 사용되고 있다는 것은 간단한 문제가 아닙니다. 실제로 두 가지 이름이 모두 두 번째 이야기에 등장합니다(17절에 엘로힘, 18절에 여호와). 그리고 두 이야기에서 두 이름은 목적을 가지고 대단히 정밀하게 사용되고 있습니다. 두 이야기 모두 사라를 보호하시려고 이방 왕들에게 질병을 주시는 하나님이심을 나타내기 위해 언약을 지키시는 하나님으로의 여호와(Jehovah)라는 말을 사용하고 있습니다. 본문 구절이 아비멜렉의 하나님과의 관계에 대해 또는 아비멜렉을 위한 아브라함의 하나님께 대한 기도에 대해 말할 때에는 하나님의 보다 더 일반적인 이름인 엘로힘(Elohim)이라는 말이 사용되고 있습니다. 또한 비평가들의 주장에도 불구하고 두 이야기가 전적으로 유사한 것은 아닙니다.

"아브라함이 자신의 생명을 구하려는 기대로 그의 아내를 누이라고 말한 것 때문에 그의 아내가 후궁으로 취해진 한 가지 일치점을 빼 놓고는 (24년이란 간격을 두고 반복된 사건은 그 시대의 관습을 고려해 보면 결코 놀랄 일이 아니다) 두 이야기에서 사소한 세부사항들은 완전히 다르다. 아비멜렉에게서 우리는 바로 왕과는 전혀 다른 성격을 보게 된다. 우리는 그에게서 올바름에 대한 도덕적 의식에 고취되어 있는 그리고 하나님의 훈계를 편견 없이 받아들이는 한 이방인을 본다. 애굽 왕에게는 이런 것들이 조금도 없다. 또한 아브라함은 그의 타고난 약점과 그 결과로서 경건한 이방인 앞에서 드러낸 당황스런 일에도 불구하고 하나님의 자비로운 은혜로 하나님의 친구라는 위치로 높임을 받았다. 그래서 이 사건에서 잘못이 없어 보이는 이방 왕조차도 그 앞에서 굽히고, 하나님의 벌을 제거해 주도록 요구하지 않을 수 없었다. 이렇게 하여 하나님은 한편으로는 블레셋 왕에게는 하나님의 선지자들이 해를 입도록 내버려두지 않으신다는 것(시 105:15)과, 다른 한 편으로 아브라함에게는 그분의 언약을 지키고, 세상 권력가의 죄 된 욕망에서 오는 모든 방해에 대하여 그분의 약속의 실현을 보증할 수 있다는 것을 증명하셨다. 이점에서 그 사건은 이스라엘의 주변 국가들에 대한 장래의 태도와 관련된 상징적인 중요성을 갖게 되었다."[2]

그 비평적인 접근은 학문적으로 틀릴 뿐만이 아닙니다. 그것은 또한 문학 비평에서도 틀립니다. 둘째, 사건의 요점은 사람이 젊었을 때 지었던 옛 죄를 단호하게 처리하지 않고 끊임없이 저항하지 않는 한, 종종 후일에 재발합니다. 이전에 지은 죄의 나쁜 영향력이 남아 있을 가능성으로 그때의 구원으로부터 이득을 얻지 못하는 것이 아니겠습니까?

우리가 학자로서의 자만심을 제쳐놓고 본문이 무엇을 가르치는지 깨닫기 위해 본문에 표현된 그대로를 살펴보기 시작한다면 초기의 죄가 되풀이 되고 있다는 문제가 더욱 분명히 강조되고 있음을 알게 됩니다. 다시 말해 아브라함에게서 이 특별한 죄의 시작점은 창세기 12장에 기록된 그가 애굽으로 떠났던 때가 아니라, 그보다 몇 해 전에 아브라함과 사라 사이에 맺은 합의의 죄임을 알게 됩니다. 아브라함은 이것을 그가 아비멜렉에게 하는 말 속에서 드러냅니다. 본문 13절에 "하나님이 나를 내 아버지의 집을 떠나 두루 다니게 하실 때에 내가 아내에게 말하기를 이 후로 우리의 가는 곳마다 그대는 나를 그대의 오라비라 하라 이것이 그대가 내게 베풀 은혜라"(13절). 분명히 아브라함과 사라 사이의 이 합의는 우르를 떠나던 출발 시점에 맺어진 것입니다. 그렇다면 이해가 갑니다. 아브라함은 믿음에서 어린 상태였고, 도중에서 만나는 사람들로부터 무슨 일을 당할는지 두려웠을 것이 틀림없습니다. 그러나 하나님이 그를 감당해 주셨습니다. 그가 애굽으로 내려갔을 때, 하나님은 바로 왕을 오도한 죄로 그를 책망하셨습니다. 아브라함과 사라는 그때 서로의 동의하에 맺었던 합의를 취소해 버려야만 했습니다. 그런데 그들은 그렇게 하지 않았습니다. 이것은 큰 과실이었습니다. 그래서 지금 그 죄가 다시 발발하여 당혹스런 결과를 빚어낸 것입니다.

본문은 특별히 우리들에게 적용됩니다. 많은 사람들, 곧 많은 그리스도인들은 그들이 젊었을 때 살면서 지은 악과 타협을 했습니다. 이 타협은 그들이 그때나 지금이나 잘못된 것으로 알고 있는 것을 행하겠다는 합의이고, 그 타협은 그때나 지금이나 행할 필요가 있는 것을 행하는 데 대한 실패이며, 그 타협은 다른 사람들과의 관계에서 어떤 분야에서는 하나님의 명령을 기꺼이 굽히고 그들의 믿음에 대해 너무 엄격하지 않겠다는 합의입니다. 그리고 지금 이 비밀스런 죄, 이 숨어있는 믿음의 결함은 계속 살아서 현재의 삶을 손상시키고 있습니다.

이 문제나 또는 어떤 다른 종류의 죄를 처리하는 유일한 방법은 그것을 밖으로 끄집어내서 그것과 인연을 끊는 것입니다. 그것이 과거의 오래된 죄라면 특별히 그렇게 해야 합니다. 당신은 이렇게 질문할지도 모릅니다. "그러나 그것은 과거의 일입니다. 이제 다 끝이 났습니다. 왜 그것을 지금 다시 끄집어내야 합니까?" 그 대답은 그것이 아직 온전히 끝난 것이 아니란 것입니다. 자백하고 나서 그리스도의 피로 씻김을 받을 때까지는 어떤 죄도 완전히 끝난 것이 아닙니다(요일 1:9).

"그 죄는 결코 되풀이 하지 않을 것입니다." 라고 당신은 말할지도 모릅니다. 그러나 당신은 그것을 알지 못합니다. 아브라함을 생각해 보십시오. 아브라함은 갈대아 우르에 있을 때 사라와 합의를 했습니다. 다시 말해 그가 75세가 되기 몇 해 전에 합의한 것입니다. 그가 애굽으로 갈 때는 75세 이후 얼마 지나지 않아서였습니다. 아마도 1년 내지 2년 후였을 것입니다. 아브라함은 이제 99세가 되었습니다. 아마도 최초 합의를 한 지 30년은 지났을 것입니다. 애굽에서 실패한 지는 대략 20년이 지났습니다. 만일 누군가 "이 죄는 결코 되풀이 되지 않을 것이다." 라고 말할 만한 사람이 있다고 한다면 그 사람은 아브라함이었을 것입니다. 그러나 그 죄는 되풀이 되었습니다. 이와 같이 여러 해 전에 지었던 죄가 아브라함에게서 되풀이 되었다면 과거의 죄가 다시 일어나 당신을 옭아매고 당신의 증거를 망쳐놓지 않을 것이라고 하는 당신은 도대체 누구입니까? 유일하고 안전한 방법은 그 죄를 빛 가운데 내어 놓고, 자백하고, 깨끗함을 받는 것입니다.

믿음이 실패할 때

아브라함의 죄의 원인은 하나님에 대한 "믿음의 결핍" 이었습니다. 그는 하나님이 이 새로운 상황에서 그를 돌보실 수 있다는 것을 믿지 못했습니다. 이 이야기에서 첫째 되는 관심사는 그의 믿음의 결핍의 결과입니다. 첫째는 아브라함과 관련하여, 둘째는 하나님과 관련하여 일어난 결과입니다.

지금까지 아브라함에 관한 한, 믿음의 결핍이 모든 것을 혼란시켰습니다. 우리는 때때로 우리 삶을 한 곳의 죄가 다른 곳에 영향을 반드시 주는 것은 아닌 방수격실(防水隔室)에 존재하는 것으로 생각합니다. 그러나 삶은 그렇지가 않습니다. 아브라함의 상황이 그런 경우임을 보여줍니다. 아브라함이 하나님만을 생각해야만 하는 것보다 덜 생각함으로써 하나님에 대하여 의심하기 시작했을 때, 그가 자신을 보는 견해도 역시 바뀌었습니다. 왜냐하면 그는 적정 수준을 넘어 자신을 생각했기 때문입니다. 이것은 신학에서 오래된 "시소의 원리" 입니다. 우리의 하나님에 대한 견해가 올라가면 우리의 자신에 대한 견해는 내려갈 것입니다. 하나님은 주권적이시고, 지혜로우시고, 거룩하실 것입니다. 우리는 우리 자신을 약하고, 미련하고, 죄인으로 볼 것입니다. 그러나 만일 우리의 하나님에 대한 견해가 내려가면 그래서 그분이 우리 생각에서 덜 주권적이 되시면 우리의 자신을 보는 견해는 올라갈 것이고, 우리가 우리 자신을 돌보는 것이 전반에 걸쳐 매우 가능할 것으로 생각하기 시작할 것입니다. 이것이 아브라함이 생각했던 것입니다. 하나님이 그를 보살펴 주실 수 없다고 생각했기 때문에 그는 자신이 자신을 돌보아야만 한다고 여겼고, 이것이 그를 이 이야기에서 보듯이 어리석은 곤경에 빠지게 했던 것입니다.

더욱이 그의 자신에 대한 견해가 올라감에 따라 그의 다른 사람들에 대한 민감도는 내려갔습니다. 그래서 그는 그럴 필요가 없음에도 다른 사람들을 내려다보기 시작했습니다. 우리는 아비멜렉에 대한 그의 태도에서 이것을 봅니다. 아비멜렉이 자신을 속인 죄로 아브라함을 잡아들였을 때, 아브라함은 이렇게 말했습니다. "이 곳에서는 하나님을 두려워함이 없으니 내 아내로 말미암아 사람들이 나를 죽일까 생각하였음이요"(창 20:11). 이것은 아비멜렉에 대한 명예훼손이었습니다. 아비멜렉은 하나님에 대한 경외심이 대단했고, 옳고 그름에 대한 매우 훌륭한 분별력을 지니고 있었습니다. 아브라함은 자신의 어리석은 자만심과 불순종으로 인해 이런 사실을 보는 눈이 어두웠습니다.

아브라함의 믿음의 결핍은 그에 관한 한, 모든 것을 혼란시켰습니다. 그러나 (이것이 내가 이 장을 마치는 영광스러운 대목인데) 아브라함의 믿음의 결핍은 하나님에 관해서는 아무 것도 혼란시키지 못했습니다. 아브라함은 그를 돌보시는 데 있어 하나님의 능력을 의심했는지 모릅니다. 그러나 돌보시는 하나님의 능력은 조금도 바뀐 것이 없었습니다. 그는 하나님의 은혜를 의심했는지 모릅니다. 그러나 하나님은 늘 그러하셨던 것처럼 은혜로우신 분으로 계셨습니다.

나는 하나님이 아브라함에게 은혜를 나타내시는 방식에 특별히 감명을 받습니다. 하나님은 아비멜렉에게 말씀하실 때 그렇게 하셨습니다. 아비멜렉이 사라에 대한 진실을 들었을 때, 그는 아브라함에 대해서 비겁하고, 위선적이고, 표리부동한 협잡꾼 또는 그보다 더 나쁜 사람으로 생각했을 것이 틀림없습니다. 그는 그럴만한 이유를 가지고 있었습니다. 그러나 하나님은 아비멜렉에게 아브라함에 대하여 그런 식으로 말씀하지 않으셨습니다.

하나님은 이렇게 말씀하셨습니다. "이제 그 사람의 아내를 돌려보내라 그는 선지자라 그가 너를 위하여 기도하리니 네가 살려니와"(창 20:7). 하나님은 아브라함의 죄에 대해 무관심하지 않으셨습니다. 그분은 그것을 애굽에서 하셨던 경우처럼 다루실 것입니다. 그러나 그 죄가 아브라함에 대한 하나님의 견해를 바꾸지 못했습니다. 아브라함은 여전히 "선지자"였습니다. 그는 여전히 "하나님의 사람"이었습니다.

특히 성경의 나머지 다른 곳에서 우리가 보는 아브라함에 대한 모든 인용문에서 하나님이 이 사건을 아브라함의 실패를 강조하시듯 거론하신 일이 결코 단 한 번도 없으셨습니다. 로마서에도, 갈라디아서에도, 아브라함의 믿음이 길게 거론되고 있는 히브리서 11장에서도 아브라함의 실패 이야기는 없습니다. 히브리서 11장에서 아브라함은 네 가지 상황에서 그가 보여준 믿음이 칭찬을 받고 있습니다. 그것은 알지 못하는 약속의 땅으로 가려고 우르를 떠난 것, 심한 궁핍과 위험의 때에도 그 땅에 머무른 것, 그와 사라의 임신 연령이 지났음에도 하나님이 그에게 아들을 주실 수 있다고 믿은 것, 하나님이 이삭을 죽음에서 일으키실 것으로 여기고 기꺼이 그를 제물로 바치고자 했던 것입니다. 아브라함의 믿음의 삶의 진보에 대한 이 모든 광대한 개관에서 하나님은 마치 아브라함의 과거의 죄를 생각나게 하셔서 그를 부끄럽게 하실 것처럼 언급하신 적이 단 한 번도 없으십니다. 그 죄는 용서되었고, 없어졌습니다. 잊혀진 것입니다.

우리를 돌보시는 그분의 능력을 의심할 때조차도 여전히 주권자이신 하나님, 우리가 죄를 지을 때에도 여전히 은혜로우신 하나님, 이와 같은 하나님을 섬기는 것은 다행한 일입니다. 이와 같은 하나님을 섬기는 것은 이 세상에서의 최대의 기쁨이며 기회입니다. 그분이 그런 하나님이심을 아는 것은 당신이 죄를 피하기 위해 가져야 하는 최대의 보상인 것입니다.

● 각주 ●

1. 마이어, *Abraham*, 149.

2. C. F. Keil and F. Delitzsch, *Biblical Commentary on the Old Testament*, vol., 1, *The Pentateuch* (Grand Rapids: Eerdmans, 1959), 242-43.

92

이삭의 출생

창세기 21 : 1-7

여호와께서 말씀하신 대로 사라를 돌보셨고 여호와께서 말씀하신 대로 사라에게 행하셨으므로 사라가 임신하고 하나님이 말씀하신 시기가 되어 노년의 아브라함에게 아들을 낳으니 아브라함이 그에게 태어난 아들 곧 사라가 자기에게 낳은 아들을 이름하여 이삭이라 하였고 그 아들 이삭이 난 지 팔 일 만에 그가 하나님이 명령하신 대로 할례를 행하였더라 아브라함이 그의 아들 이삭이 그에게 태어날 때에 백 세라 사라가 이르되 하나님이 나를 웃게 하시니 듣는 자가 다 나와 함께 웃으리로다 또 이르되 사라가 자식들을 젖먹이겠다고 누가 아브라함에게 말하였으리요마는 아브라함의 노경에 내가 아들을 낳았도다 하니라

웃는 것이 좋은 때가 있는데 지금이 바로 그런 때입니다. 창세기 세 장(본 강해에서는 여덟 장)에서 우리는 하나님 말씀에 대한 가장 통탄스럽고 가장 정신을 차리게 하는 부분을 다루어 왔습니다. 그 이전 부분인 창세기 17장은 아브라함에게 아들의 출생에 대한 약속을 엄숙하게 재차 단언하시는 하나님을 표현

했습니다. 그러나 그 다음 부분인 창세기 세 장(89개 절)에서는 오로지 무서운 폭로나 행동만 잇따라 일어났을 뿐입니다. 그것은 첫째, 소돔의 임박한 파멸에 대한 예고와 둘째, 그 일에 대한 아브라함의 헛된 중보와 셋째, 롯과 그의 가족의 구원과 그 뒤를 이은 소돔 파멸과 넷째, 롯이 딸들과 벌인 죄(罪)와 다섯째, 아비멜렉을 속이려는 아브라함의 부끄러운 시도입니다. 이것들은 모두 비극입니다. 그래서 만일 언젠가 침울함에서 벗어나 웃음 속으로 들어가야 할 때가 있었다면 그 시간은 바로 지금인 것입니다. 약속의 아들 이삭이 드디어 태어나고, 사라가 "하나님이 나를 웃게 하시니" (6절) 라고 말한 지금입니다.

"이삭" 이란 이름은 "웃음" 이란 뜻입니다. 그의 출생 시에 웃음이 일어난 것은 흥미 있는 일입니다. 사라가 89세 때에 천사들이 다음 해에 이삭을 낳을 것에 대해 이야기하는 것을 엿들었을 때, 그녀는 그것을 믿지 못하고 웃었습니다(창 18:12). 그 직전에 아브라함은 하나님이 그 약속을 되풀이 하시자 그는 하나님의 진실성을 반신반의 하면서 인정하는 자세로 웃었습니다(창 17:17). 그러나 지금의 웃음은 믿음의, 자발적인 그리고 억제할 수 없는 웃음입니다. 왜냐하면 이삭이 태어났기 때문입니다. 약속의 아들이 주어졌습니다.

나는 아브라함도 역시 기뻐했다고 확신합니다. 그러나 기쁨의 당연한 선두주자는 사라입니다. 아이를 낳지 못하다가 드디어 이삭을 잉태해서 낳은 사람은 그녀였습니다. 그녀는 그녀의 행운이 믿겨지지 않았고, 그녀의 기쁨을 조절할 수가 없을 지경이었습니다. 시편 126편은 말씀합니다. "여호와께서 시온의 포로를 돌려 보내실 때에 우리는 꿈꾸는 것 같았도다 그때에 우리 입에는 웃음이 가득하고 우리 혀에는 찬양이 찼었도다" (1-2절). 사라는 이 노래를 여러 가지로 바꾸어 불렀을 것입니다. 그녀는 이렇게 말했을 것입니다. "하나님께서 출산력을 사라에게 돌려보내실 때에 나는 꿈꾸는 것 같았도다. 내 입에는 웃음이 가득하고, 내 혀에는 기쁨의 노래가 찼었도다." 나는 본문을 읽으면서 이 노래를 듣습니다. 사라는 이렇게 말했습니다. "하나님이 나를 웃게 하시니 듣는 자가 모두 나와 함께 웃으리로다" (창 21: 6). 사라가 더 크게 웃습니다. "사라가 자식들을 젖먹이겠다고 누가 아브라함에게 말하였으리요 아브라함의 노경에 내가 아들을 낳았도다" (창 21: 7). 그녀는 또다시 웃습니다.

위대하신 우리 하나님

그러나 본문의 기쁜 웃음의 이유는 이삭의 출생인 면도 있지만 단순히 그것만은 아닙니다. 그것은 하나님 안에서 누리는 아브라함과 사라 바로 두 사람의 기쁨입니다. 하나님은 위대한 기적을 행하셨습니다. 그리고 하나님의 그 기적을 행하심과 그 기적을 행하신 방법은 이 훌륭한 부부에게 앞으로 수년 동안 즐거운 회상의 원천이요, 이야깃거리가 될 것입니다.

그들이 배운 교훈은 첫째, 하나님은 그분이 하신 약속에 신실하시다는 것입니다. 그들은 하나님을 부분적으로 믿었지만, 또한 의심도 했습니다. 때로 그들은 자신들이 하나님을 도와드릴 필요가 있다고 생각하고 일을 그들의 생각대로 처리하려고 했습니다. 한 해 전, 사라는 하나님의 약속을 전혀 신뢰하지 않았습니다. 그러나 하나님은 인간의 불신에도 불구하고 신실하셨습니다. 이 점은 반복에 의해서 명확해 졌습니다. 본문은 말씀합니다. "여호와께서 말씀하신 대로 사라를 돌보셨고 여호와께서 말씀하신 대로 사라에게 행하셨으므로 사라가 임신하고 하나님이 말씀하신 시기가 되어 노년의 아브라함에게 아들을 낳으니"(창 21:1-2).

하나님이 당신에게도 약속을 하셨습니까? 만일 그러셨다면 당신은 하나님이 그 약속을 지키실 것을 확신해도 됩니다. 당신은 흔들릴지 모릅니다. 그러나 하나님은 흔들리지 않으십니다. 당신은 믿지 않을 수도 있습니다. 그러나 하나님은 여전히 신실하십니다. 그 약속이 성취되어 당신이 기쁨으로 웃을 날이 올 것입니다.

둘째, 아브라함과 사라는 하나님이 전능하시다는 것을 배웠습니다. 그들은 하나님에게는 어려워서 하실 수 없는 것은 그 어떤 것도 없다는 것을 배웠습니다. 이것 역시 본문에서 강조되었습니다. 왜냐하면 하나님은 자신이 말씀하신 것을 지키신다는 것을 세 번이나 반복해서 강조하신 것처럼 이삭이 태어날 때의 아브라함의 나이를 강조하기 위해 반복 용법이 사용되고 있기 때문입니다. "사라가… 노년의 아브라함에게 아들을 낳으니… 아브라함이 그의 아들 이삭이 그에게 태어날 때에 백 세라… 이르되 사라가… 아브라함의 노경에 내가 아들을 낳았도다 하니라"(2, 5, 6, 7절). 인간적으로 말하면 아브라함이 그 나이에 아이를 가질 가능성은 전혀 없었습니다. 그러나 그것이 사람으로는 불가능했지만 하나님에게는 모든 것이 가능하십니다. 하나님은 주권적이십니다. 그리고 그분은 그분의 영역에서 하시고자 하는 모든 것을 하실 수가 있으십니다.

이것은 숙고해볼 가치가 있습니다. 당신과 내가 이와 같은 구절을 읽으면 우리는 이렇게 말합니다. "아브라함과 사라에게는 하나님이 기적을 베푸셨지. 그러나 하나님은 내게는 그렇게 하실 수 없어. 내 상황은 달라. 나는 너무 늙었어." 또는 "나를 적대하는 자들이 너무 강해." 이런 것이 무슨 말인지 직시해 봅시다. 그것은 단순한 불신입니다. 하나님은 주권적이십니까? 하나님은 전능하십니까? 그렇다면 그분이 약속하신 것을 이행하실 수 있고, 이행하실 것입니다. 나는 이것이 나이 문제에 있어 특별히 관련이 있다고 생각합니다. 우리 중 더러는 하나님이 역사하시기에 너무 늦었다고, 우리가 너무 늙었다고 말합니다. 그러나 성경에 기록된 아브라함의 생애가 사실이라고 한다면 우리는 하나님이 우리 안에서 우리와 함께 새로운 일을 하시는 데 있어 늙은 것이 결코 아닙니다. 모세가 이스라엘 백성을 애굽에서 인도해 낼 때, 그의 나이가 80세였는데 하나님이 그를 최종적으로 은퇴시키시기 전에 오늘날 년 수(年數)로 치면 두 번의 꽉 찬 공무원 경력인 40년을 쌓았습니다. 아브라함의 경우, 그는 이삭을 낳고 75년을 더 살다가 175세에 죽었습니다. 당신이 비록 은퇴 연령에 있다고 해도, 하나님은 당신이 해야 할 중요한 일을 충분히 주실 수가 있습니다. "하지만 나는 그런 일을 할 힘이 없다." 라고 말하지 마십시오. 하나님은 당신에게 필요한 어떤 힘도 주실 것입니다.

나는 본문에서 하나님이 사라에게 단순히 아이를 잉태하고 낳는 힘만 주신 것이 아닌 것을 봅니다. 하나님은 그녀에게 젖 먹일 능력도 주셨습니다(7절). 그리고 아브라함은 단지 한 아이만 얻은 것이 아닙니다. 그는 사라가 죽은 후에 결혼한 그의 아내 그두라에게서 여섯 아이를 더 낳을 정도로 아주 "젊어"(창 25:1-2)졌습니다. 한 주석가가 이렇게 말했습니다. "하나님이 기적적으로 치유하시면 그것은 부분적 치유가 아니라, 완전하고 즉각적인 회복이다."[1] 만일 하나님이 당신에게 어떤 일을 주신다면 그분은 당신에게 그 일을 하는 데 필요한 힘과 시간을 주실 것입니다.

셋째, 하나님은 그분의 약속을 이행하시는 데 있어 서두르시는 것이 아니라 그 약속의 성취를 위한 시간을 정해 놓으신다는 것입니다. 본문은 이렇게 말씀합니다. "사라가 임신하고 하나님이 말씀하신 시기가 되어 노년의 아브라함에게 아들을 낳으니"(창 21:2). 이 시간은 창세기 17:21절에 처음 언급된 바 있습니다. "내 언약은 내가 내년 이 시기에 사라가 네게 낳을 이삭과 세우리라" 이 말씀은 창세기 18장에서도 두 번 반복되었습니다. "내년 이맘때 내가 반드시 네게로 돌아오리니 네 아내 사라에게 아들이 있으리라"(10절). "기한이 이를 때에 내가 네게로 돌아오리니 사라에게 아들이 있으리라"(14절). 이제 그 약속이 성취되었고, 그 성취의 시간은 일찍도, 늦게도 아닙니다. 그 시간은 "하나님이 그에게 약속하신 바로 그 시간" 입니다.

우리가 삶에서 직면하는 가장 어려운 일들 중 하나는 우리에게 하나님의 행동이 지체되는 것 같아 보이는 것입니다. 우리는 기도합니다. 그 응답이 지체됩니다. 그러면 우리는 못마땅해 하고, 초조해지고, 때로는 우리 스스로가 응답을 도출해 내려고 합니다. 우리가 이렇게 하는 것에 무슨 잘못이 있습니까? 간단히 말하면 우리는 하나님을 신뢰하지 않는다는 것입니다. 우리가 하나님이 약속하신 것을 이행하실 능력이나 또는 하나님의 시간에 대해 의심하는 것입니다. 우리는 하나님을 신뢰하고 기다릴 필요가 있습니다.

이삭과 예수님

이삭의 출생 이야기는 단지 내가 언급한 교훈만으로도 충분한 기쁨의 이유가 될 것입니다. 그러나 우리에게는 더욱 큰 기쁨이 있습니다. 왜냐하면 우리는 이 이야기에서 예수님의 초자연적 탄생의 전조를 보기 때문입니다. 이것은 후에 아브라함이 그의 아들을 제물로 바칠 때, 그 제물이 바쳐진 곳을 "여호와 이레 (여호와의 산에서 준비되리라; 창 22:14)" 라고 부른 것에서 확실해 집니다. 이 나중 사건은 우리의 눈을 갈보리로 돌리게 합니다.

그러나 여기서 그 단서를 잡고, 그런 다음 이삭의 생애 전반을 음미해 보면 그가 거의 모든 점에서 예수님의 모습임을 알게 됩니다.

이삭의 출생과 예수님의 탄생 사이의 유사점 몇 가지를 들어봅니다. 첫째, 이삭과 예수님은 둘 다 약속된 씨요 아들입니다. 우리는 그것을 이삭의 경우에서 여러 번 보았습니다.

예수님의 경우에서도 그 약속은 거리낌 없이 주어집니다. 창세기 3:15절은 예수님에 대해 이렇게 말씀합니다. "내가 너로 여자와 원수가 되게 하고 네 후손도 여자의 후손과 원수가 되게 하리니 여자의 후손은 네 머리를 상하게 할 것이요 너는 그의 발꿈치를 상하게 할 것이니라" 이사야 7:14절은 한 발 더 나아갑니다. "처녀가 잉태하여 아들을 낳을 것이요 그의 이름을 임마누엘이라 하리라" 아브라함에게 주신 약속이 그의 사랑하는 아들 이삭의 출생을 미리 내다보게 한 것처럼 수 백 개의 구약 예언이 예수님의 탄생을 미리 내다보고 있습니다.

둘째, 약속과 그 성취 사이의 기간이 지체되는 때가 있었습니다. 아브라함의 경우는 25년 내지 30년이 지체되었습니다. 즉, 갈대아 우르를 출발한 때로부터 그의 나이 100세에 이삭이 출생할 때까지의 기간이 그렇게 걸린 것입니다. 예수님의 경우에서는 수백 년, 수천 년까지도 지체되었습니다.

셋째, 사라가 이삭의 출생에 대한 약속을 들었을 때, 그녀는 이렇게 생각했습니다. "내가 늙었거늘 어떻게 아들을 낳으리요" (창 18:13). 하나님은 사라에게 이렇게 대답하셨습니다. "여호와께 능하지 못한 일이 있겠느냐" (14절). 마리아에게 예수님의 탄생이 예고되었을 때에도 이와 유사했습니다. 마리아는 사라보다 더 큰 믿음을 갖고 있었습니다. 그러나 그녀의 의문은 거의 똑같았습니다. "나는 남자를 알지 못하니 어찌 이 일이 있으리이까" (눅 1:34). 천사의 대답은 이러했습니다. "하나님의 모든 말씀은 능하지 못하심이 없느니라" (37절). 각각의 경우에서 하나님은 자신이 전능하시다는 말씀으로 대답하셨습니다.

넷째, 그 아들들의 이름은 상징적이었고, 둘 다 태어나기 전에 주어졌습니다. 하나님은 아브라함에게 말씀하셨습니다. "네 아내 사라가 네게 아들을 낳으리니 너는 그 이름을 이삭이라 하라" (창 17:19). 하나님은 요셉에게 말씀하셨습니다. "아들을 낳으리니 이름을 예수라 하라 이는 그가 자기 백성을 그들의 죄에서 구원할 자이심이라" (마 1:21).

다섯째, 그들은 하나님의 정하신 때에 출생했습니다. 실제로 이보다 더 현저한 유사성은 없습니다. 우리는 이 점이 어떻게 이삭의 출생에서 강조되고 있는지를 이미 본 바 있습니다. 그것은 "내년 이 시기에" (창 17:21), "내년 이맘때" (창 18:10), "기한이 이를 때에" (창 18:14), "시기가 되어" (창 21:2) 등입니다. 같은 맥락으로 바울은 갈라디아 4:4-5절에서 이렇게 말합니다. "때가 차매 하나님이 그 아들을 보내사 여자에게서 나게 하시고 율법 아래에 나게 하신 것은 율법 아래에 있는 자들을 속량하시고 우리로 아들의 명분을 얻게 하려 하심이라" 때가 차매! 이삭의 출생처럼 예수님의 탄생도 너무 일렀거나 너무 늦은 것이 아니었습니다. 그것은 하나님이 정하신 시간에 이루어졌습니다. 예수님의 생애의 모든 사건은 이와 같이 미리 정해진 계획을 따랐습니다.

여섯째, 이삭의 출생처럼 예수님의 탄생은 기적을 필요로 했습니다. 이삭의 출생을 기적이라고 볼 때, 수많은 현대인들이 예수님의 경우에서 기적을 부인해 온 것은 이상한 일입니다. 확실히 예수님의 탄생의 기적은 더 큰 기적이었습니다. 이삭의 경우 그 기적은 단지 노령의 부부에게 출산 능력을 회복시킨 것인데 반해, 예수님의 경우 그 기적은 어떤 인간 아버지의 역할 없이 이루어졌다는 개념을 요구했습니다. 그러나 전자의 출생이 후자의 탄생의 전조라면 이것은 우리가 당연히 예상해야 하는 것입니다. 큰 기적은 작은 기적에 뒤따라 일어나는 것입니다. 놀라운 것은 많은 사람들이 나중 기적을 부인하려는 경향이 있다는 것입니다. 그러나 그것은 기적이었습니다. 그 기적으로 예수님이 하나님이시며 사람이셨다는 두 본질이 온전히 성취되고 증명된 것입니다.

일곱째, 우리가 시작했던 주제인 웃음 또는 기쁨의 내용이 있습니다. 사라가 웃었습니다. 마리아의 경우에도 거의 같은 것을 봅니다. "마리아가 이르되 내 영혼이 주를 찬양하며 내 마음이 하나님 내 구주를 기뻐하였음은"(눅 1:46-47). 예수님의 탄생에서 기뻐한 사람은 마리아만이 아니었습니다. 천사들도 기뻐했고, 실제로 천사들은 다른 사람들 역시 기뻐하도록 초청했습니다. "천사가 이르되 무서워하지 말라 보라 내가 온 백성에게 미칠 큰 기쁨의 좋은 소식을 너희에게 전하노라 오늘 다윗의 동네에 너희를 위하여 구주가 나셨으니 곧 그리스도 주시니라"(눅 2:10-11).

물론, 예수님의 탄생을 둘러싼 환희는 세상의 분별없는 즐거움이 아니었습니다. 오히려 그것은 이삭의 출생으로 사라가 누렸던 기쁨과 비슷한 참 기쁨이었습니다. 외적으로 예수님의 탄생에 연루된 요셉, 마리아 그리고 다른 사람들의 환경은 좋은 것과는 거리가 멀었습니다. 마리아와 요셉은 아기를 출산할 방 한 칸조차 없이 집에서 멀리 떨어진 낯선 마을에 있었습니다. 만일 그들의 웃음이 외적 환경에 의존하는 것이었다면 이 경우 웃음은 거의 없었을 것입니다. 그러나 나는 그들이 기뻐서 웃었다고 확신합니다. 나는 천사들조차도 웃었다고 생각합니다. 왜냐하면 그렇게 오래 기다리던 분, 그 탄생이 그토록 기이한 기적을 요구했던 분이 드디어 오셨기 때문입니다. 바로 구세주가 탄생하셨습니다. 이제 하나님이 우리와 함께 계십니다. 만일 당신이 예수님이 그 구세주, 죄에서 구원해 주실 당신 자신의 구세주이심을 안다면 당신은 그 기쁨을 이해하고, 그 기쁨에 참여하게 될 것입니다. 당신은 구원의 기쁨으로 웃을 것입니다.

새로운 출생

이것이 한 가지 유사점을 더해 줍니다. 나는 이삭의 출생을 예수님의 탄생에 비교했는데 이것은 이삭의 삶과 구세주의 사역 간에 있는 많은 유사점의 첫 번째입니다. 그러나 이삭의 출생과 영적 출생 사이의 비교도 또한 있습니다. 만일 당신이나 어느 누구라도 구원받고 하나님의 나라에 참여하려면 영적 출생이 필요합니다. 나는 여기서 로마서에 기록된 아브라함의 믿음에 대한 바울의 말을 생각해 봅니다.

"아브라함이 바랄 수 없는 중에 바라고 믿었으니 이는 네 후손이 이같으리라 하신 말씀대로 많은 민족의 조상이 되게 하려 하심이라 그가 백 세나 되어 자기 몸이 죽은 것 같고 사라의 태가 죽은 것 같음을 알고도 믿음이 약하여지지 아니하고 믿음이 없어 하나님의 약속을 의심하지 않고 믿음으로 견고하여져서 하나님께 영광을 돌리며 약속하신 그것을 또한 능히 이루실 줄을 확신하였으니 그러므로 그것이 그에게 의로 여겨졌느니라 그에게 의로 여겨졌다 기록된 것은 아브라함만 위한 것이 아니요 의로 여기심을 받을 우리도 위함이니 곧 예수 우리 주를 죽은 자 가운데서 살리신 이를 믿는 자니라 예수는 우리가 범죄한 것 때문에 내줌이 되고 또한 우리를 의롭다 하시기 위하여 살아나셨느니라"(롬 4:18-25)

이 구절의 언어는 매우 복잡합니다. 그러나 요점은 분명합니다. 첫째, 이삭의 출생은 인간적으로 불가능했다는 것입니다. 왜냐하면 아브라함과 사라는 새로운 생명을 생산해 낼 출산 능력이 둘 다 죽은 것과 같았기 때문입니다. 이것은 정확히 성경이 우리의 거듭남 또는 우리 자신을 구원할 가상적인 능력에 대해 말씀하고 있는 것입니다. 우리는 "허물과 죄로"(엡 2:1) 죽었습니다. 시체가 스스로 살아날 수 없는 것처럼 우리는 우리 자신을 영적으로 살아나게 할 수가 없습니다. 오늘날 이 진리는 거의 전파되고 있지 않습니다. 많은 목회자들이 그것을 인간 본성을 모독하는 것이고 대다수의 청중들을 불쾌하게 하는 것으로 보고 있습니다. 그러나 이런 것이 설교가 왜 그토록 약해져 있고 극소수의 사람들만이 구원받는가에 대한 하나의 이유가 됩니다. 아더 핑크(Arthur Pink)가 이렇게 말한 것과 같습니다. "어떤 설교에서도 이것은 치명적인 결함이다. 죄인들은 그들이 잃어버린 상태에 있다는 것을 깨닫기 전에는 결코 구세주의 필요성을 알게 될 수가 없을 것이고, 그들이 죄로 죽었다는 것을 알 때까지는 그들이 잃어버린 상태에 있다는 것을 결코 깨닫지 못할 것이다."[2] 예수님은 이런 실수를 하지 않으셨습니다. 예수님은 니고데모에게 거듭나지 않으면 "하나님 나라를 볼 수 없다"고 말씀하셨습니다.

둘째, 아브라함은 아들에 대한 하나님의 약속을 믿었습니다. 왜냐하면 그는 하나님이 "약속하신 그것을 또한 능히 이루실 줄을 확신"(롬 4:21)하였기 때문입니다. 다시 말해 아브라함은 이 출생에 대한 능력이 위에서, 즉 하나님에게서 와야만 할 것임을 알았습니다. 이것이 예수님의 말씀이 의미하는 것입니다. "사람이 물과 성령으로 나지 아니하면 하나님의 나라에 들어갈 수 없느니라"(요 3:5).

셋째, 로마서의 구절은 왜 구원이 이와 같은 것인가에 대해 그것은 죄인들이 아닌 하나님께 영광을 돌리기 위함임을 지적하면서 설명합니다. 아브라함이 아이를 출산할 육체적 능력을 가지고 있었다면 그 아이는 그의 아이가 되었을 것이고, 아이를 갖게 된 영광도 그가 차지했을 것입니다. 그러나 이삭이 잉태되었을 때, 그는 아이를 낳을 수 있는 나이를 지났기 때문에 그 영광은 하나님의 것이었습니다. 우리의 경우도 마찬가지입니다. 성경은 이렇게 말씀합니다. "하나님께서 세상의 천한 것들과 멸시 받는 것들과 없는 것들을 택하사 있는 것들을 폐하려 하시나니 이는 아무 육체도 하나님 앞에서 자랑하지 못하게 하려 하심이라"(고전 1:28-29).

넷째, 로마서는 아브라함의 생애에 일어난 이러한 사건들은 그를 위해서만 기록된 것이 아니었음을 우리에게 말해 주고 있습니다. 그 사건들은 아브라함으로 하여금 의로 여기심을 받도록 한 것처럼 우리도 믿어서 하나님의 의로 여기심을 받도록 기록된 것입니다(롬 4:23-24). 이것이 아브라함의 생애를 연구하는 가장 중요한 이유이고, 다른 주요 이유는 믿는 자들로 하여금 믿음으로 살도록 격려하는 것입니다. 그것은 당신이 기적을 행하시는 하나님을 믿고 그리스도에 대한 믿음에 이르는 것입니다. 당신은 기적을 필요로 합니다. 오직 기적적인 영적 출생만이 당신을 구원할 수 있습니다. 그런데 이것은 하나님이 제공하시는 것입니다. 이것은 하나님만이 하시는 것입니다.

● 각주 ●

1. 헨리 모리스, *The Genesis Record*, 367.

2. 아더 핑크, *Gleans in Genesis*, 213.

93

하나님의 선이냐, 하나님의 최선이냐

창세기 21 : 8-21

아이가 자라매 젖을 떼고 이삭이 젖을 떼는 날에 아브라함이 큰 잔치를 베풀었더라 사라가 본즉 아브라함의 아들 애굽 여인 하갈의 아들이 이삭을 놀리는지라 그가 아브라함에게 이르되 이 여종과 그 아들을 내쫓으라 이 종의 아들은 내 아들 이삭과 함께 기업을 얻지 못하리라 하므로 아브라함이 그의 아들로 말미암아 그 일이 매우 근심이 되었더니 하나님이 아브라함에게 이르시되 네 아이나 네 여종으로 말미암아 근심하지 말고 사라가 네게 이른 말을 다 들으라 이삭에게서 나는 자라야 네 씨라 부를 것임이니라 그러나 여종의 아들도 네 씨니 내가 그로 한 민족을 이루게 하리라 하신지라 아브라함이 아침에 일찍이 일어나 떡과 물 한 가죽부대를 가져다가 하갈의 어깨에 메워 주고 그 아이를 데리고 가게 하니 하갈이 나가서 브엘세바 광야에서 방황하더니 가죽부대의 물이 떨어진지라 그 자식을 관목덤불 아래에 두고 이르되 아이가 죽는 것을 차마 보지 못하겠다 하고 화살 한 바탕 거리 떨어져 마주 앉아 바라보며 소리 내어 우니 하나님이 그 어린 아이의 소리를 들으셨으므로 하나님의 사자가 하늘에서부터 하갈을 불러 이르시되 하갈아 무슨 일이냐 두려워하지 말라 하나님이 저기 있는 아이의 소리를 들으셨나니 일어나 아이를 일으켜 네 손으로 붙들라 그가 큰 민족을 이루게 하리라 하시니라 하나님이 하갈의 눈을 밝히셨으므로 샘물을 보고 가서 가죽부대에 물을 채워다가 그 아이에게 마시게 하였더라 하나님이 그 아이와 함께 계시매 그가 장성하여 광야에서 거주하며 활 쏘는 자가 되었더니 그가 바란 광야에 거주할 때에 그의 어머니가 그를 위하여 애굽 땅에서 아내를 얻어 주었더라 하갈과 이스마엘이 아브라함의 진영을 떠나는 이야기는 슬프고 애처롭습니다. 이별은 그것이 남의 경우이든 우리 자신의 경우이든 언제나 슬픈 것입니다. 당신이 누군가에게서 떠나야만 했던 때가 있었다면 그것이 얼마나 슬픈 경험인지 기억할 것입니다. 그러나 당신이 젊거나 또는 나이가 들었어도 이러한 이별의 경험이 없었다면 문학 책에서 읽은 사람들을 생각해 보고 그들이 어떻게 당신의 마음을 감동시켰는지 생각해 보십시오.

최근에 나는 마틴 스미스(Martin Smith)가 쓴 「고르키 공원」(Gorky Park)이란 제목의 유명한 소설을 읽었습니다. 그것은 아르카디(Arkady)라는 이름의 러시아 경감에 대한 이야기로 그는 중앙 모스코에 있는 한 공원에서 발견된 세 사람의 시체에 대한 살인자의 정체를 밝히는 반갑지 않은 일을 맡고 있습니다. 그는 높은 직위의 검사관이 아닙니다. 그는 그저 공산당 관료의 낮은 직위에 있는 작은 직분자일뿐입니다. 그러나 이것이 그를 마음에 닿는 사람으로 만들고 있습니다. 그는 처음부터 그 사건이 그에게 유리하게 돌아가지 않을 것을 압니다. 도중에 그의 아내가 그를 떠납니다. 그의 친구들이 살해됩니다. 유일하게 밝은 부분은 그 소설에 아이리나(Irina)라는 이름의 여성 화가가 나오는데 아르카디는 여러 난관을 무릅쓰고 그녀를 쟁취합니다. 그러나 결국 그녀는 그녀가 항상 원해왔던 서양 나라를 선택함으로써 심금을 울리는 결별을 하고, 그는 러시아를 택합니다.

레트 버틀러(Rhett Butler)가 마지막으로 스칼렛 오하라를 떠나는 「바람과 함께 사라지다」(Gone With the Wind)의 마지막 대목에서 감동을 받지 않은 사람이 누가 있겠습니까? 그녀는 말합니다. "뭐라고 해도, 내일은 내일의 해가 뜰거야!" 그러나 그녀는 그녀에게 정말로 중요했고 그녀를 행복하게 해 줄 수 있었던 유일한 사람을 잃어버렸습니다.

찰스 디킨스(Charles Dickens)의 소설인 「위대한 유산」(Great Expectations)도 이러한 슬픔으로 끝이 나는데 그가 그의 친구이며 소설가였던 불워 리튼 경(Lord Bulwer-Lytton)에게 그 소설을 보여주자 불워 리튼은 일반 독자들이 그것에 절대로 찬성하지 않을 것이라고 말하며 디킨스에게 그가 쓴 내용을 바꾸라고 설득을 했습니다. 초판에서 핍(Pip)은 전에 에스텔라(Estella)가 그녀의 마차에서 그를 보고 소리쳐 불렀던 분주한 런던 거리에서 그녀를 우연히 만납니다. 그녀는 그동안 큰 고통 속에서 살아왔습니다. 그래서 핍은 고통이 그녀로 하여금 그가 그녀를 한 때 끔찍이 생각했던 심정을 이해할 수 있게 했는지 궁금했습니다. 개정판에서 그 둘은 그들이 처음 만났던 장소에서 다시 만납니다. 그리고 함께 떠나면서 핍은 그녀에게서 "또 하나의 다른 이별의 슬픔은 깨닫지 못했다"는 것을 알게 됩니다.

가족의 이별

이와 비슷하게 창세기에도 애처로운 장면이 있습니다. 아브라함이 하갈과 첫 아들인 이스마엘과 이별을 하는 장면입니다. 사라는 하갈을 통해 아브라함의 상속자를 얻으려고 그녀를 아브라함에게 들여보낸 바 있었습니다. 이것은 사람 편의 지혜롭지 못한 조처였음이 증명되었지만 어쨌든 그 일은 일어났던 것입니다. 아브라함은 이스마엘이 자랑스러웠습니다. 그는 아브라함의 노년에 태어났습니다. 아브라함이 이스마엘을 얻은 때의 나이가 86세였습니다. 어떤 사람들은 이렇게 말했을 것입니다. "아브라함이여, 당신은 아이를 갖기에는 너무 늙었소." 그러나 그는 그렇지 않았습니다. 그의 아이를 가진 것입니다. 그래서 그는 이스마엘과 이스마엘을 출산한 그의 역할을 자랑스러워했습니다. 우리는 이스마엘이 자라가면서 아브라함의 삶이 그 아이에게 집중되었음을 상상할 수가 있습니다.

그런데 그때 하나님이 아브라함의 삶에 개입하셨고, 이삭이 태어났습니다. 창세기 21장 첫 몇 절은 이삭의 출생을 이야기합니다. 이 시점에 아브라함은 이삭 때문에도 즐거웠을 것입니다. 그러나 이삭은 약속의 아들이었습니다. 이삭이 태어난 기쁨에 사라가 웃었다는 것을 읽으면 우리는 아브라함도 역시 기뻐했다는 것으로 이해해야 합니다. 그는 정말로 행복했습니다. 하지만 이삭으로 인한 그의 기쁨이 그가 이스마엘에게서 등을 돌렸다는 것을 의미하는 것은 아니었습니다. 이스마엘은 여전히 그의 아들이었습니다. 그리고 아브라함은 여전히 이스마엘의 어머니인 하갈에 대한 애정을 가지고 있었습니다.

이제 이별로 이끌어가는 사건을 읽게 됩니다. 이삭이 젖을 뗐을 때, 아브라함은 잔치를 베풀었는데 거기서 큰 아들 이스마엘이 이삭을 조롱했습니다. 그것은 쉽게 이해할 수가 있는 일입니다. 이스마엘은 그때 열다섯 내지 열여섯 살쯤 되었을 것이고, 거의 그 기간 내내 자신이 상속자가 될 것이라고 생각했을 것입니다. 그런데 지금 이 다른 아들이 존재하고 있어 이스마엘은 이 아들에 대해 분개합니다. 이스마엘이 이삭을 조롱할 때, 사라가 그것을 보고 아브라함에게 그 아이와 그 어머니를 내쫓으라고 요구합니다. 그리고 이렇게 말합니다. "이 종의 아들은 내 아들 이삭과 함께 기업을 얻지 못하리라" (창 21:10). 이것은 아브라함을 무척 고민하게 만들었습니다. 그는 하갈이나 이스마엘이 떠나는 것을 원하지 않았습니다.

우리는 사라가 그렇게 한 것을 칭찬하기는 어렵지만, 왜 그렇게 반응했는지 이해할 수는 있습니다. 또한 아브라함이 몹시 슬퍼했을 것도 이해할 수가 있습니다. 이 이야기에서 이해하기 어려운 유일한 부분은 어떻게 하나님이 사라의 편을 들고 계신가 하는 것입니다. 하나님이 이렇게 말씀하십니다. "네 아이나 네 여종으로 말미암아 근심하지 말고 사라가 네게 이른 말을 다 들으라 이삭에게서 나는 자라야 네 씨라 부를 것임이니라" (창 21:12). 아브라함은 계속 고민했을 것임에 틀림없지만 그럼에도 불구하고 즉각적으로 순종했습니다. 다음 날 아침에 그는 떡과 물 한 가죽부대를 가져다가 하갈의 어깨에 메워 주고 아이를 데리고 떠나게 한 것을 봅니다. 우리가 알기로 아브라함이 그들을 본 것은 이것이 마지막이었습니다.

이 사건은 개인적으로 몇 가지 흥미 있는 질문을 일으킵니다. 만일 당신이 상당한 기간 동안 하나님을 섬겨왔다면 당신은 하나님이 때때로 당신을 이와 같은 상황으로 이끄셨다는 것을 알 것입니다. 하나님은 당신이 등을 돌려야 할 것들, 즉 친구이든, 직업이든, 과거이든, 무엇이든 간에 떠날 것을 요구하십니다. 당신이 고투 중에 있을 때, 당신은 이런 것들을 보며 "그것들이 무엇이 잘못되었을까?" 라고 할 것입니다.

본문의 경우가 이와 같습니다. 분명히 이스마엘이나 하갈에게 어떤 잘못도 없습니다. 사실상 본문의 이야기가 계속되면서 우리는 하나님이 그들의 가치를 어느 정도 재차 단언하시는 것을 보게 됩니다. 아브라함은 하갈과 이스마엘을 내보냈지만 그들은 하나님의 보살핌에서 내쫓김을 받은 것은 아닙니다. 그들이 광야에서 물이 떨어져 죽을 것이라고 생각했을 때, 하나님은 하갈에게 말씀하시며 그분의 보살피심을 재 확인시키셨습니다. 그분은 물을 공급해 주셨습니다. 그분은 이스마엘을 큰 민족으로 만들어주시겠다고 약속하셨습니다. 하갈과 이스마엘은 악하지 않았습니다. 그들은 선한 사람들이었습니다. 그러나 하나님은 아브라함에게 하나님의 최선을 선택하라고 말씀하셨습니다.

내가 말하려고 하는 것은 만일 당신이 당신 생애에서 상당 기간 주님과 함께 살았다고 해도 하나님은 말씀하십니다. "나는 그것을 버리기를 원한다. 왜냐하면 나는 너를 위해 더 좋은 것을 가지고 있기 때문이다."

그러나 왜 하나님은 하갈과 이스마엘이 떠나가기를 원하셨습니까? 우리가 추측해 볼 수는 있지만 확실히 알지는 못합니다. 하나님은 미래를 보고 계셨기 때문에 이스마엘과 이삭 사이의 마찰이 악화되고 집안을 혼란케 할 것을 내다보셨을 수도 있습니다. 나중보다는 그때 헤어지는 것이 더 좋았을 것입니다. 창세기 22장에 나올 상황의 관점에서 보면(아브라함이 그의 아들 이삭을 자진해서 바치라는 시험을 당하게 될 상황의 관점) 나는 이 헤어짐이 아브라함으로 하여금 궁극적 시험을 위한 준비였다는 생각이 듭니다. 우리는 아브라함의 마음속에 무엇이 있었는지 모릅니다. 그러나 그가 이스마엘을 낳을 수 있었다는 사실에 대한 개인적 만족 같은 것을 여전히 간직하고 있었을 가능성이 있습니다. 어쩌면 이삭을 잉태하고 낳게 하신 하나님의 은혜를 전심으로 감사하지 않았는지도 모릅니다. 또 이삭을 제물로 바치라는 요구를 받을 것이기 때문에 그의 마음 한 구석에 아직도 이스마엘을 가능성으로 붙잡고 있었을 수도 있습니다. 어쨌든 이삭은 단지 한 아이일 뿐이었습니다. 사고가 일어날 수 있습니다. 그 아들에게 어떤 일이 일어날 수 있고, 만일 일어난다면 그는 언제나 이스마엘에게로 되돌아갈 수가 있었습니다. 아마도 하나님이 그에게 그런 가능성을 닫아버리신 것 같습니다. 이 모든 것이 대답일 수가 있습니다.

그러나 나는 그 이유가 명확히 설명되지 않았다는 것이 의미 있는 일이라고 생각합니다. 이것은 우리가 직면하는 선택과 우리에게 종종 일어나는 이별에서 하나님은 종종 이유를 설명하지 않으시기 때문입니다. 우리는 하나님이 왜 그렇게 하시는지 추측은 해 볼 수가 있습니다. 그 추측은 맞을 수도 있고, 틀릴 수도 있습니다. 그러나 하나님은 종종 왜 그러시는지 말씀하지 않으십니다. 그분은 단지 우리로 하여금 오직 그분을 신뢰하기만을 원하십니다.

믿음이냐 선행이냐?

우리는 이것을 여러 가지로 적용할 수 있습니다. 먼저 구원 문제를 보겠습니다. 왜냐하면 신약에서 그 사건을 두고 이것을 사용하고 있기 때문입니다.

갈라디아서에서 바울은 모든 방법을 통해 구원은 행위가 아닌 은혜로 얻는 것이라고 주장합니다. 그는 성경을 인용합니다. 그는 아브라함의 예를 듭니다. 그는 믿음으로 살면 어떤 일이 일어나는가, 율법에 따라 살면 어떤 일이 일어나는가를 번갈아 설명하면서 그의 논점을 이어갑니다. 갈라디아서 3장과 4장은 이 노련한 논증을 포함하고 있습니다. 그러나 그가 그것을 모두 말했다고 생각할 바로 그 즈음에 그는 이 사건을 연관시킵니다. 그는 이것을 비유(alegory)라고 말합니다. 그는 말하기를 그 구절은 우리가 자유 있는 여인 사라와 약속의 아들 이삭의 편이 되어야 한다는 것과, 여종 하갈과 행위의 아들 이스마엘을 거부해야 한다는 것을 설명하기 위해 기록된 것이라고 합니다. 여러 면에서 대조가 이루어지고 있습니다. 즉, 하갈과 사라, 옛 언약과 새 언약, 행위와 은혜, 땅위의 예루살렘과 하늘의 예루살렘, 유대교와 기독교입니다. 사도 바울은 우리로 하여금 우리 자신의 선한 행위에서 돌아서서 하나님이 우리를 위하여 예비하신 것을 받도록 분명히 설명하고 있습니다.

"이 대목에서 여종 하갈은 시내 산에서 정해진 옛 언약을 뜻하는 한 편, 그녀의 아들 이스마엘은 땅위의 예루살렘에 중심이 되어 있는 유대주의를 뜻한다. 이것은 종교의 한 형태이다. 반면에, 자유가 있는 여인 사라는 예수 그리스도의 피를 통해 갈보리에서 정해진 새 언약을 뜻하고, 그녀의 아들 이삭은 그리스도의 희생을 믿음으로써 하늘의 예루살렘교회의 지체가 된 모든 사람을 뜻한다. 가장 표면적인 수준에서 보면 이삭과 이스마엘은 둘 다 아브라함의 아들이란 점에서 같다. 그러나 좀 더 본질적인 수준에서 보면 그들은 전적으로 다르다. 이와 같은 맥락에서 아브라함을 단순히 어느 누구의 아버지라고 주장하는 것은 충분하지 않다고 바울은 주장한다. 그리스도인들과 유대인들이 모두 그렇게 했다. 질문은 이렇다. 우리 어머니는 누구이며, 어떤 방법으로 우리가 태어났는가? 만일 하갈이 우리 어머니라면 우리는 순전히 인간적 수단으로 태어난 것이고 여전히 종이다. 만일 우리 어머니가 사라라면, 우리 출생은 약속에 따른 것이고, 우리는 자유한 사람들이다."[1]

우리가 인간의 행위가 선하다는 것에 대해 이야기할 때, 거기에는 언제나 위험이 있습니다. 왜냐하면 우리가 구원에 대해 이야기할 때, 우리의 행위는 진정한 의미에서 선한 것이 아니기 때문입니다. 사실상 행위는 우리로 하여금 구원을 받지 못하게 하는 요소입니다. 우리는 그리스도를 신뢰하는 것보다는 우리의 행위를 신뢰합니다. 악한 사람보다는 선한 사람이 되는 것이 더 좋습니다. 당신이 비록 그리스도인이 아닐지라도 선한 행위를 안 하는 것보다는 하는 것이 더 좋습니다. 그러나 요점은 우리가 구원에 대해서 말할 때, 이런 행위는 얻어야 할 필요가 있는 것을 얻게 하지 못 한다는 것입니다. 따라서 아브라함과 하갈 및 이스마엘과의 이별 이야기에 대한 한 가지 적용은 우리 자신의 시도로 하나님을 기쁘시게 하려는 것을 포기하고, 대신에 우리를 위한 예수 그리스도의 역사를 받아들이는 것입니다. 우리가 그렇게 하고나면 해야 할 많은 일들이 있습니다. 그러나 그런 것들은 다른 방법으로 이루어져야 합니다. 마치 우리 자신의 힘으로 그것을 실행한 것처럼 어떤 교만감을 가지고 해서는 결코 안 됩니다. 그 행위는 아브라함에게 이삭이 태어난 것처럼 하나님에게서만 오는 것입니다.

하나님의 말씀이냐 사람의 말이냐?

이 구절의 또 하나의 다른 적용은 하나님 말씀의 권위와 탁월성에 관련됩니다. 사람들의 가르침이 때로는 매우 가치가 있습니다. 학문 문제에 있어 우리는 다른 사람들이 그들의 통찰을 드러내며 말하는 글을 읽습니다. 그러나 사람의 말과 하나님의 말씀 중에서 선택을 해야 하는 입장에 있다면 우리는 하나님이 말씀하시는 것을 선택해야 합니다.

나는 예수님의 변형을 생각합니다. 베드로, 야고보, 요한이 예수님과 함께 한 산에 올랐습니다. 예수님은 그들 앞에서 변형되셨습니다. 모세와 엘리야가 예수님과 함께 나타났습니다. 제자들은 예수님의 영광의 계시를 보고 두려워했고, 어찌할 바를 몰랐습니다. 베드로가 종종 그랬던 것처럼 서툴게 이런 말을 했습니다. "이것 참, 바야흐로 정말 흥미진진합니다. 우리가 이것을 오래 오래 기억하기 위해서 무엇인가를 하십시다. 기념비를 세웁시다. 초막 셋을 짓되 하나는 주님을 위해, 하나는 모세를 위해 그리고 하나는 엘리야를 위해…" 그는 장황하게 떠들었습니다. 그러나 하나님은 이 허튼소리를 좋아하지 않으셨습니다. 성경은 이렇게 말씀합니다. "말할 때에 홀연히 빛난 구름이 그들을 덮으며 구름 속에서 소리가 나서 이르시되 이는 내 사랑하는 아들이요 내 기뻐하는 자니 너희는 그의 말을 들으라 하시는지라"(마 17:5). 이 말씀은 "베드로가 하는 말을 듣지 마라. 예수가 말씀하는 것을 들어라. 그리고 너 베드로야, 조용히 하고 네 주님의 말씀을 듣거라." 하는 말씀입니다.

이 말씀은 학자들, 신학생들, 목사들 그리고 하나님 말씀에 관한 학문적 문제를 추구하는 많은 다른 사람들이 들을 필요가 있습니다. 어떤 사항에서는 다른 사람들의 말을 들어야 하는 경우가 있습니다. 우리가 성경을 펴보면 이해 못할 것들이 많이 있습니다. 그런데 우리가 그것을 이해하지 못한다고 해서 그것이 이해될 수 없는 것들은 아닙니다. 이미 그것을 이해하고 있는 다른 사람들이 있을 수 있습니다. 우리가 그들의 글을 읽으면 우리 또한 깊은 의미를 발견할 수도 있습니다. 그러나 오늘날 신학생들을 종종 함정에 빠뜨리는 파괴적인 학문이 있습니다. 때로는 신학생들이 최선의 동기를 가지고 있지만 그들이 학문에 사로잡혀 하나님 말씀 앞에 사람의 말을 놓기 시작합니다. 만일 당신이 그렇게 해 왔다면 당신은 단순한 사람들의 말이 그 사람들 자체가 얼마나 선하든지 간에, 하나님의 최선에 비해서 아무 것도 아니라는 것을 배울 필요가 있습니다. 내가 당신에게 주는 도전은 그 최선을 선택하는 것, 곧 하나님이 말씀하신 것을 듣도록 하는 것입니다.

어떤 학파가 성경을 다루는 방식이 한 저자가 창세기의 이 본문을 다루는 데서 예시(例示)되고 있습니다. 얼마 전 나는 유명한 성경신학자인 제임스 바르(James Barr)의 책을 읽었습니다. 그 책의 이름은 「성경이 미치는 범위와 권위」(The Scope and Authority of the Bible)입니다. 바르는 복음주의자들을 싫어했습니다. 그는 그들이 진리를 받아들이는 것을 거부하는 닫힌 마음을 가진 무지한 자들이라고 생각했습니다. 내가 그의 책을 언급하는 것은 복음주의자들의 어리석음을 보여주려고 시도하고 있는 한 장(章)에서 그의 생각에 의하면, 성경에 많은 오류 같은 것의 예를 제시하고 있기 때문입니다. 창세기 21:14절에서 아브라함은 떡과 물 한 가죽부대를 가져다가 하갈의 어깨에 메워주고 그 아이를 데리고 가게 한 것으로 묘사되고 있습니다. 히브리어에서 이 문장의 어순은 다소 혼란을 줍니다. 그것은 아브라함이 떡과 물 한 가죽부대를 가져다가 그것들을 하갈의 어깨에 메워주고 그리고 그 아이, 그런 다음 그는 그녀를 가게 했다고 말합니다. 바르에 의하면 그 구절이 그가 아이를 그녀의 어깨에 메워주었다고 말하는 것인데, 우리가 알기로 이스마엘이 적어도 15세였기 때문에 이것은 불가능한 것이고 따라서 본문은 오류 또는 최소한 창세기 나머지 부분과 맞지 않는다는 것입니다.

그러나 그 본문은 그런 식의 말을 전혀 하고 있지 않습니다. 그것은 바르가 본문을 자유주의적이고 반복음주의적 학자의 편견을 가지고 읽었기 때문에 일어난 일입니다. 당신이 그것을 보수주의, 복음주의 학자의 "편견"을 가지고 읽으면 (나는 그 말을 정직하게 사용합니다) 아브라함이 공급품을 가지고 한 일과 이스마엘 사이의 구별은 분명해 집니다. 히브리어 본문에 "아이" 라는 말은 "(그것들을) 하갈의 어깨에 메워주고" 라는 말 옆에 있는 "떡과 물 한 가죽부대"란 말로부터 독립해 있습니다. 따라서 "(그것들을) 하갈의 어깨에 메워주고"는 문장 첫 부분에 연결되는 것이고 "아이"는 나중에 나오는 것입니다. 그것은 본문이 마치 이렇게 말하는 것과 같습니다. "아브라함이 하갈에게 떡과 물 한 가죽부대를 주어 그것들을 그녀의 어깨에 메워주고 그리고 (그녀에게 또한) 아이도 주었다." 나는 어떤 바보도 그것을 볼 수 있는데 내 판단으로 그것을 보는데 실패한 자들은 바보들이라고 말하고 싶습니다.[2]

"사람은 다 거짓되되 오직 하나님은 참되시다 할지어다" 사람의 말이 귀중할 수 있지만 그것들은 조금이라도 하나님의 말씀과 비교될 수 없다는 것을 배웁시다. 하나님은 진리의 하나님으로서 진실되게 말씀하십니다. 따라서 단순한 사람보다 하나님을 신뢰합시다.

하나님이냐 가족이냐

누가복음 9장 끝 부분인 57-62절에서 예수님은 하나님 나라를 섬기는 것에 대해 말씀하십니다. 많은 사람들이 그분을 따르기를 원했습니다. 한 사람이 말했습니다. "어디로 가시든지 나는 따르리이다" 예수님이 대답하셨습니다. "여우도 굴이 있고 공중의 새도 집이 있으되 인자는 머리 둘 곳이 없도다" 우리는 그 사람이 그 말씀을 듣자 그분을 따르는 것을 그만두었다고 간주해야 합니다. 다른 사람이 말했습니다. "나로 먼저 가서 내 아버지를 장사하게 허락하옵소서" 예수님이 대답하셨습니다. "죽은 자들로 자기의 죽은 자들을 장사하게 하고 너는 가서 하나님의 나라를 전파하라" 필시 그도 따르기를 그만두었을 것입니다. 세 번째 사람이 말했습니다. "주여 내가 주를 따르겠나이다마는 나로 먼저 내 가족을 작별하게 허락하소서" 예수님이 말씀하셨습니다. "손에 쟁기를 잡고 뒤를 돌아보는 자는 하나님의 나라에 합당하지 아니하니라"

당신은 말합니다. "그러나 그 사람들이 하기를 원했던 일들은 모두 선했습니다. 삶의 장소를 갖는 것은 중요하지 않습니까? 누구나 밤에 잠을 잘 장소가 있어야 합니다. 장례 같은 가정사에 참석하는 것은 중요하지 않습니까? 그것은 하지 않으면 안 되는 것입니다. 우리 가족과 정중한 관계를 유지하는 것은 중요하지 않습니까? 그것은 일반적인 존중의 문제입니다." 그렇습니다. 그런 일들은 모두 선합니다. 그러나 그것이 요점입니다. 예수님에 의하면 우리가 단순한 선이 아닌 최선을 선택하기 위해 이러한 선한 일들은 무시하고 예수님을 따라야 한다는 것입니다.

나는 이것을 당신에게 적용할 수가 없습니다. 당신은 하나님이 당신의 마음속에 말씀하신 것을 알고 있습니다. 당신은 내가 당신에게 아브라함과 이스마엘 및 하갈과의 이별의 중요성을 가르치려고 노력했던 내용에 따라 하나님이 당신의 마음에 넣어주신 것을 알고 있습니다. 당신은 하나님에게 순종하고, 하나님이 당신에게 시키시는 일을 해야 할 필요가 있습니다.

우리는 왜 하나님이 이별에 대해 복종을 요구하시는지 이해하지 못할 때가 있습니다. 우리가 전에 있었던 이별을 뒤돌아볼 때, 왜 하나님이 우리를 그렇게 하도록 하셨는지 아직도 모를 때가 있을지도 모릅니다. 나는 나의 생애에서 이런 경우에 속하는, 지금까지도 이해할 수 없는 사건을 생각합니다. 어쩌면 그것은 하나님 나라를 위해서였는지도 모릅니다. 어쩌면 그것은 내 생각이 나누어지지 않도록 한 것이었는지도 모릅니다. 어쩌면 내가 하나님을 섬기는 일에 더욱 효과적이 되도록 한 것이었는지도 모릅니다. 만일 내가 왜 하나님이 나를 인도하시는지 모른다면 나는 왜 하나님이 당신을 인도하시는지 확실히 모르는 것입니다. 그러나 만일 그분이 그렇게 하신다면, 만일 하나님이 당신의 마음에 어떤 압박을 가하신다면 당신은 그분이 단순히 선한 것을 제거하시는 것이 아님을 알 수 있습니다. 그것은 훨씬 더 좋은 그분의 최선을 당신에게 주시고자 하는 것입니다. 나는 당신이 하나님의 최선을 선택하기를 도전합니다.

● 각주 ●

1. 제임스 몽고메리 보이스, "*Galatians*," *in The Expositor's Bible Commentary*, 12 vols., ed. Frank E. Gaebelein, (Grand Rapids: Zondervan, 1976), 10:484.

2. 제임스 바르, *The Scope and Authority of the Bible* (Philadelphia: Westminster, 1980), 78. Barr가 지지하고 있는 관점에 대한 적절한 응답에 대해서는 H. C. Leupold, *Exposition of Genesis*, 2:604-5를 보라.

94

군주와 족장

창세기 21 : 22-31

그때에 아비멜렉과 그 군대 장관 비골이 아브라함에게 말하여 이르되 네가 무슨 일을 하든지 하나님이 너와 함께 계시도다 그런즉 너는 나와 내 아들과 내 손자에게 거짓되이 행하지 아니하기를 이제 여기서 하나님을 가리켜 내게 맹세하라 내가 네게 후대한 대로 너도 나와 네가 머무는 이 땅에서 행하여 보이라 아브라함이 이르되 내가 맹세하리라 하고 아비멜렉의 종들이 아브라함의 우물을 빼앗은 일에 관하여 아브라함이 아비멜렉을 책망하매 아비멜렉이 이르되 누가 그리하였는지 내가 알지 못하노라 너도 내게 알리지 아니하였고 나도 듣지 못하였더니 오늘에야 들었노라 아브라함이 양과 소를 가져다가 아비멜렉에게 주고 두 사람이 서로 언약을 세우니라 아브라함이 일곱 암양 새끼를 따로 놓으니 아비멜렉이 아브라함에게 이르되 이 일곱 암양 새끼를 따로 놓음은 어찜이냐 아브라함이 이르되 너는 내 손에서 이 암양 새끼 일곱을 받아 내가 이 우물 판 증거를 삼으라 하고 두 사람이 거기서 서로 맹세하였으므로 그 곳을 브엘세바라 이름하였더라

경건한 믿음의 사람과 이교도 왕이 친근한 관계에 있는 것은 보기에 좋습니다. 왜냐하면 성경이 이것을 규범으로 제시함에도 성경의

예들이 그것을 지키는 것보다는 깨어진 것을 더 자주 보여주고 있기 때문입니다. 물론, 문제는 이교도들이나 경건한 자들이 그들의 고유한 본래의 모습을 잃고 있다는 것입니다. 양측의 실패는 이른바 교회와 국가 관계를 혼란시키고 있습니다.

이 혼란은 성경에 잘 입증되어 있습니다. 한편으로 국가를 긍정적인 관점에서 봅니다. 하나님이 국가에 권위를 부여하셨다고 말씀합니다(롬 13:1). 그리스도인들은 그 권위에 복종하고 그 안에서 권력의 자리에 있는 사람들을 위해 기도해야 합니다(딤전 2:1-2). 다른 한 편으로 국가는 우리가 싸우는 마귀의 세력이 지휘하고 있는 것으로 나타납니다. "우리의 씨름은 혈과 육을 상대하는 것이 아니요 통치자들과 권세들과 이 어둠의 세상 주관자들과 하늘에 있는 악의 영들을 상대함이라" (엡 6:12). 극단적으로 표현하면 국가는 멸망될 운명에 있는 사악한 바벨론의 특성을 나타내고(계 18장), 무저갱으로부터 올라오는 짐승입니다(계 17장). 성경은 예수님이 십자가에서 죽으심으로써 이 세속적 실체 뒤에 있는 세력에 대해 승리하셨다고 말씀하고 있습니다(골 2:15).

이러한 표면적인 모순에 대해 어떻게 설명해야 합니까? 간단히 말하자면 이렇습니다. 국가는 세속적이지만 때때로 올바른 기능을 합니다. 그리고 하나님이 국가를 세우셨지만 어떤 때는 그것이 마귀적인 방향으로 기능을 합니다. 그리고 이런 현상은 유형 교회에 대해서도 마찬가지입니다. 교회는 하나님이 세우시고, 사회에 대한 축복의 통로가 되어야 합니다. 그러나 지상 교회도 역시 때로는 마귀 자신처럼 기능을 하고 수많은 사람들에게 고통을 가져다줍니다.

상호 존경

그래서 나는 창세기 21장의 아브라함과 나중에 블레셋이 될 땅의 왕 아비멜렉이 연루된 사건에서 보는 것처럼 경건한 믿음의 사람과 이교도 왕이 친근한 관계에 있는 것이 보기에 좋다고 말하는 것입니다. 우리가 연구한 창세기 20장에서 아는 것처럼 이 두 사람이 만난 것은 이번이 처음이 아닙니다. 또한 우리가 이 사람 또는 다른 아비멜렉을 만나게 되는 것이 이번이 마지막도 아닙니다. 이 이름이 창세기 26장의 아브라함의 아들 이삭이 연루된 비슷한 사건에서 다시 나타납니다.

이 이야기에서 특별히 인상적인 것은 아브라함과 아비멜렉이 보여주는 상호 존경입니다. 아비멜렉이 아브라함을 존경하지 않았다 해도 그것은 이해할만한 일이었을 것입니다. 왜냐하면 아브라함의 매우 부적절한 속임수가 아비멜렉에게 드러난 바 있기 때문입니다(창 20장). 아브라함은 사라를 그의 첩으로 취하기 위해 자신을 살해하지 못하도록 그녀가 자신의 누이라고 거짓말을 하도록 했습니다. 그 책략이 적발되자 아브라함은 이교도 왕에게 도덕적 감성의 결핍에 대해 그를 부당하게 비난하면서 무정하게 이렇게 대응했습니다. "이 곳에서는 하나님을 두려워함이 없으니 내 아내로 말미암아 사람들이 나를 죽일까 생각하였음이요"(창 20:11). 아브라함은 심지어 그와 사라가 한 이야기가 사라가 실제로 아버지는 같아도 어머니가 다른 이복 누이였기 때문에 전적인 거짓말이 아니라고 변명하려고 했습니다(창 20:12). 이 모든 것으로 보면 아비멜렉이 아브라함을 경멸하기에 충분합니다. 그는 이렇게 말할 수도 있었습니다. "이런 위선자 같으니라고! 하나님을 들먹이지만 우리보다 나은 것이 없어. 우리보다 훨씬 못해!"

하지만 아비멜렉은 그렇게 반응하지 않았습니다. 아브라함의 거짓말에도 불구하고 그에게 하나님의 풍성한 축복이라는 매우 현저한 어떤 것이 있음을 아비멜렉이 인지하고 그와 친근한 관계를 맺기 원했습니다. 이런 배경에서 본문의 이야기는 시작됩니다. 아비멜렉이 아브라함에게 말했습니다.

"네가 무슨 일을 하든지 하나님이 너와 함께 계시도다 그런즉 너는 나와 내 아들과 내 손자에게 거짓되이 행하지 아니하기를 이제 여기서 하나님을 가리켜 내게 맹세하라 내가 네게 후대한 대로 너도 나와 네가 머무는 이 땅에서 행하여 보이라"(창 21:22-23)

오늘날 그리스도인으로서 우리가 현존하는 세상에서도 그와 같을까 의아스럽습니다. 우리는 결점과 위선에서는 아브라함을 분명히 닮았습니다. 그런 것은 우리 모두에게 골고루 돌아갈 만큼 충분히 있습니다. 그러나 우리의 그런 결점 외에 주변 세상이 인지할 하나님의 뚜렷한 은총이 우리와 우리 수고에 충분히 있는지 의아스럽습니다. 내가 말하는 것처럼 국가가 해야 할 기능을 하지 않을 때, 국가가 마귀적 세력에 의해 통치되어 교회를 존경하는 것보다는 더 미워하고 박해하는 때가 있습니다. 그러나 그러한 때조차도 사람은 교회에 대한 하나님의 은총을 인지하지 않을 수 없습니다. 그렇지 않으면 국가는 교회를 무시할 것입니다. 우리에게 하나님의 은총이 인지될 만큼 충분히 있습니까? 충분합니까? 불충분합니까? 우리 공동체와 지역에 우리가 현존하는 것이 분명히 좋은 것이 되고 있습니까? 우리 사회에서 그리스도인들을 잃으면 그것은 분명한 비극이라고 할 수 있습니까? 나는 이것이 사실이라고 생각합니다. 하지만 세상이 그것을 인지할 정도로 충분한 사실이 되고 있습니까? 만일 그렇지 않다면 우리가 살고 있는 악하고 불경한 국가 또는 문화에 대해 불평하는 것은 소용이 없습니다. 왜냐하면 우리는 국가나 문화에 영향을 주고 개선할 확실한 기초를 세우기 위한 첫 단추조차도 끼우지 못할 것이기 때문입니다.

아비멜렉이 아브라함을 존경했을 뿐만 아니라, 아브라함도 아비멜렉을 존경했다는 것 또한 주목해 보십시오. 누군가 이렇게 말할 것입니다. "도대체 이교도 왕에게 무슨 존경을 합니까?" 예, 존경하십시오. 왜냐하면 그는 비록 아브라함과 같은 영적 이점은 가지고 있지 않았지만 존경받을 만했습니다.

왜 아비멜렉이 존경받을 만한지 알기는 어렵지 않습니다. 그는 정직하고 친절한 사람이었습니다. 그는 아브라함과 좋은 관계를 원했습니다. 그러나 나는 우리가 국가 공직자들이 온전히 청렴하거나 친절하지 않다고 해도 그들의 권위에 대해 그리스도인으로서 존경은 명백해야 함을 알아야 한다고 생각합니다. 나는 여기서 빌라도 앞에서 재판 받으실 때의 그리스도의 모습을 생각합니다. 빌라도는 사람의 마음을 끄는 인물은 아니었습니다. 그는 스페인 출신이었고, 유대에서 그가 지위를 얻은 것은 단지 그가 아우구스투스 황제의 딸 율리아의 막내딸이었던 클라우디아 프로쿨라와 결혼한 것 때문이었습니다. 빌라도의 장모가 된 율리아는 그녀의 아버지 아우구스투스가 그녀를 회피하고 끝내 추방할 정도로 완전히 방탕한 여인이었습니다. 그는 이렇게 외쳤다고 합니다. "내가 아내가 없거나 자식이 없이 죽는다면 좋으련만!" 빌라도와는 달리, 고결한 천성을 가진 사람은 그런 가정으로 장가들지는 않았을 것입니다.

다른 한편으로 유대에서의 빌라도의 통치는 무신경적이고 유혈적인 것으로 두드러졌습니다. 한 번은 솔로몬의 못에서 예루살렘까지 도수관을 설치하기로 결정을 했습니다. 빌라도는 그 공사를 위한 자금을 얻으려고 신성한 "고르반"(Corban 유대인이 하나님께 바친 헌금) 금고를 습격했습니다. 이것이 백성들을 격분시켰습니다. 그래서 그들이 대표를 보내 자금을 반환해 줄 것을 요청하자 빌라도는 보통 사람으로 변장한 군인들을 군중 속으로 들여보내 미리 짜놓은 신호에 따라 숨겨둔 곤봉과 단도를 꺼내 그 청원자들을 공격했습니다. 또 한 번은 누가복음 13장에 나와 있는 것으로 빌라도가 군인들을 보내 어떤 갈릴리 사람들을 그들이 예루살렘에서 제사를 드릴 때 살해했습니다.

빌라도는 잔인한 사람이었습니다. 그러나 예수님은 빌라도 앞에 출두하셨을 때, 작은 불경의 기색도 보이지 않으셨습니다. 오히려 예수님은 빌라도의 권위를 인정하시며 그 권위가 하나님이 그에게 주신 것임을 주지시키면서 말씀하셨습니다(요 19:11). 예수님은 하나님의 아들이셨습니다. 그러나 그분은 빌라도가 그분의 사건에 재판을 선고할 권위가 없다고 말씀하지 않으셨습니다. 우리가 아는 것처럼 빌라도는 재판을 그릇되게 했습니다. 그는 비열한 동기로 재판을 했습니다. 그는 백성들을 두려워했고, 유대 지도자들이 가이사에게 그에 대해 불리하게 말할까봐 염려했기 때문이었습니다. 그래도 빌라도는 그가 판결을 내릴 권위가 있었고, 예수님은 빌라도가 하나님의 아들에게 유죄판결을 내리는 큰 잘못을 저질렀기 때문에 그 권위를 예수님에게 행사하지 못하게 빼앗아야 한다고 말씀하지 않으셨습니다. 내가 말하는 것은 그리스도인들이 모범 시민이 되어야 한다는 것입니다. 우리는 선출된 공직자, 경찰관 등과 같은 사람들을 존경해야 합니다. 우리는 교통법상의 제한 속도와 기타 모든 국법을 지켜야 합니다. 우리는 세금을 정직하게 지불해야 합니다. 자신이 살던 시대의 골치 아픈 문제들 때문에 무정부 상태에 대한 근거 있는 두려움을 가졌던 존 칼빈(John Calvin)은 가장 악한 통치자에게조차도 복종해야 한다고 말했습니다.

"우리는 우리에게 원칙대로 바르고 신실하게 그들의 직무를 수행하는 군주들의 권위에 복종해야할 뿐만 아니라, 비록 군주의 직무를 전혀 수행하지 못할지라도 어떤 수단을 쓰든 간에 사건들을 통제하는 모든 자의 권위에 대해서도 역시 복종해야 한다."[1]

상호 관심

아브라함과 아비멜렉의 관계에 주목할 만한 특징은 그들은 내가 지적한 바와 같이 서로 간에 상호 존경만을 표한 것이 아니었습니다. 그들은 공유하고 있는 특정 관심의 기반 위에서 함께했습니다. 그들은 평화와 공정(公正) 두 가지에 대한 관심을 공유했습니다.

불행히도 미국에 있는 그리스도인들 중에는 이상한 생각을 가지고 있는 사람들이 있습니다. 그들의 주장은 우리가 다른 개인이나 기관과 모든 분야에서 의견이 전적으로 일치되지 않으면 어떤 일에서도 협력할 수가 없다고 합니다. 교단간의 관계에서도 그렇습니다. 교단들은 우리가 아는 것처럼 서로 의견이 다릅니다. 이것이 우리가 여러 교단을 갖고 있고, 하나의 연합된 기독교회를 갖지 못하고 있는 이유입니다. 많은 사람들의 의식 속에 이러한 교단적인 차이들은 중요해서 그들과 의견이 같지 않은 다른 사람들과의 어떤 공동의 노력도 전혀 불가능합니다. 세례 의식, 성령의 역사 또는 종말론에 대한 몇몇 견해 같은 작은 문제에서조차도 그렇습니다. 특히 이러한 차이들은 한 교단 내에서도 존재하기가 쉽기 때문에 (개별 교회들 내에서 조차도 그렇습니다) 이들은 쪼개져서 결국은 작고 독립적이고 상호간에 의심쩍은 행동을 하는 소수로 전락하기가 십상입니다.

만일 이런 현상이 교회들 내에 존재한다면 그리스도인들이 교회와 국가 간의 공통적인 갸륵한 목표를 향해 일하기 위해 그들 간에 존재하는 더 큰 장벽을 어떻게 극복한다는 말입니까? 그 답은 결국 그들이 통상적으로 그런 일을 안 한다는 것입니다. 대신에 교회와 국가는 각기 제 갈 길로 갑니다. 둘 다 빈약해 지는 길로 가는 것입니다. 나는 교회와 국가의 목표가 항상 일치할 수 있다고 말하고 싶지는 않습니다. 국가는 세속적입니다. 국가가 오로지 그리스도인의 관심사만을 촉진할 수는 없습니다. 때때로 충돌이 있을 수 있습니다. 때때로 그리스도인들은 더 높은 하나님의 법에 순종하기 위해 국가에 불순종해야 할 경우도 있을 것입니다. 그럼에도 올바르게 기능하는 관계 속에서는 그리스도인들과 세속적 당국이 함께 일할 수 있고, 또 함께 일해야 하는 많은 사항들이 있을 것입니다.

본문에서는 내가 지적한 대로 그런 사항들 중 두 가지가 나옵니다. 첫째, 아브라함과 아비멜렉 둘 다 평화를 위한 칭찬할만한 관심을 보여줍니다. 아비멜렉이 아브라함에게 먼저 찾아왔습니다. 그는 성경이 그렇게 말씀하고 있지는 않지만 전혀 어울리지 않는 동기를 가지고 찾아왔는지도 모릅니다. 아브라함은 많은 하인들을 거느린 유력한 사람이었습니다. 몇 년 전, 아브라함은 그의 부하 318명을 무장시켜 네 명의 동방 왕의 연합군을 추격해서 멸절시킨 일이 있었습니다(창 14:1-16 참조). 그는 그 이후로 더욱 강력해졌습니다. 아마도 아브라함의 생애에 대한 하나님의 뚜렷한 은총이 더해진 그의 현재의 세력이 어느 날 아비멜렉이나 그의 자손들보다 더 강함을 나타냈고 그래서 아비멜렉이 어떤 적대적인 일이 생기기 전에 평화 체제의 구축을 추구했는지도 모릅니다.

그의 동기가 어떤 것이든 아비멜렉은 평화를 원했고, 아브라함은 즉시 그의 요청에 동의했습니다. 아비멜렉은 이렇게 말했습니다. "너는 나와 내 아들과 내 손자에게 거짓되이 행하지 아니하기를 이제 여기서 하나님을 가리켜 내게 맹세하라 내가 네게 후대한 대로 너도 나와 네가 머무는 이 땅에서 행하여 보이라"(창 21:23).

이 시점에서 아브라함은 유리한 조건을 위해 흥정하지 않았습니다. 평화는 한 나라가 본질적으로 자연히 바라는 것이었습니다. 그래서 그는 단순히 대답했습니다. "내가 맹세하리라"(창 21:24).

이러한 점에 비추어 그리스도인들은 그들의 능력 내에서 불화의 가능성이 있는 인종 간에, 계급 간에, 노사 간에, 기타 집단 간에 평화를 확립하기 위해 그 나라와 협력하고 모든 일을 해서는 안 됩니까? 누구든지 평화가 좋은 것임을 인정해야 한다는 의미에서 단순히 평화를 지지하는 것으로는 충분치가 않습니다. 그것을 위해 일도 해야 할 필요가 있습니다. 왜냐하면 우리 사회와 같이 죄스럽고 분열된 세상에서 평화는 자연적으로 오는 것이 아니기 때문입니다. 예수님은 "평화를 믿고, 평화를 말하고, 평화 편에 서는 자는 복이 있나니" 라고 말씀하지 않으셨습니다. 그분은 이렇게 말씀하셨습니다. "화평(평화)하게 하는 자는 복이 있나니 그들이 하나님의 아들이라 일컬음을 받을 것임이요"(마 5:9).

이것은 아브라함과 아비멜렉이 함께 노력하기로 동의한 두 번째 목표, 곧 공정(公正)으로 이끌어갑니다. 평화에 대한 관심은 공정에 대한 관심으로 이끌어가는 것입니다. 왜냐하면 공정 없이는 진정한 평화가 있을 수 없기 때문입니다. 창세기 21장에 이 문제가 아브라함이 머물고 있는 지역 근처에 있는 우물로 인한 말다툼으로 야기되고 있습니다. 아브라함의 하인들이 우물을 팠습니다. 그런데 아비멜렉의 하인들이 그것을 몰수했습니다. 전에 맺은 그들 간의 서약에 근거해서 아브라함은 지금 이 문제를 이교도 왕에게 제기했습니다. 만일 이 문제가 해결되지 않으면 그 문제는 앞으로 수년 동안 계속적으로 화를 자극할 것이고, 어쩌면 전쟁까지도 일어날 수 있다는 것을 아브라함은 확실히 알고 있었습니다. 아비멜렉과의 만남의 결과는 매우 만족스러웠습니다. 아비멜렉은 우물을 몰수한 것은 그의 명령에 의한 것이 아니었다고 대답했습니다. 그는 이렇게 말했습니다. "누가 그리하였는지 내가 알지 못하노라 너도 내게 알리지 아니하였고 나도 듣지 못하였더니 오늘에야 들었노라"(창 21:26). 그는 그 우물이 아브라함의 것임을 인정했고, 아브라함 편에서는 아비멜렉에게 그들의 협약의 증거로 선물을 주었습니다.

이것은 믿는 자들이 불신자처럼이 아닌, 믿는 자로서 행동만 한다면 이 세상에 많은 도움을 줄 수 있는 영역입니다. 두 가지가 나를 실색하게 합니다. 첫째, 속된 세상에서 흔히 직면하는 술책인 폭력이 나를 실색하게 합니다. 국가 수준에서, 특히 국가 정치에서 이러한 적대감의 많은 부분이 가면으로 가려져 있습니다. 왜냐하면 정치가들은 재선을 위해 가능한 한 정치적 수완이 있는 사람으로 보이기를 원하기 때문입니다. 그러나 국가 수준과 특히 지방 수준에서 사소한 말다툼이나 공개된 개인적 적의는 거의 압도적입니다. 그 중 아무 것도 끝나지를 않았습니다. 자치단체 및 지방 정부에서 일하는 사람들은 흔히 서로를 문자 그대로 미워하고, 그들의 유권자들의 최선의 이익을 위해 그들과 함께 일하기보다는 그들의 적대자들을 분쇄하려고 나섭니다. 필라델피아에서 시의회의 회의는 공공연한 주먹 싸움과 말다툼으로 타락했습니다. 일부 의원들은 다른 의원을 돕는 어떤 일을 하는 것도 거절하고 있습니다.

둘째, 유형 교회도 이보다 더 낫지 않습니다. 이것이 나를 실색하게 합니다. 교회의 회의, 특히 교단 회의 역시 종종 신랄한 말다툼과 입씨름을 연출합니다. 증오 또한 분명합니다. 그런 모임에서 공정이 어떻게 나올 수 있겠습니까? 그러한 증오에서 어떻게 평화가 촉진될 수 있겠습니까?

우리는 하나님의 이름으로 평화와 공정을 촉진시키기 위해 조용히 그리고 공손하게 움직여야 합니다. 나의 친구가 있는데 그는 최근에 우리 사회의 공정에 관심을 가지고 처음에 어떻게 세상적 방법을 사용해 왔는지에 대해 이야기를 했습니다. 그는 데모 행진을 주도했었습니다. 그는 주주총회에서 데모를 했습니다. 그는 데모 행진이나 성난 데모가 그가 무슨 일인가를 하고 있다는 확신으로 그를 기분 좋게 만들었지만, 그들이 실제로 성취한 것은 거의 없었고, 종전에 있었던 불공정은 종전 그대로 지속되었다는 사실을 깨달았습니다. 그가 한 일에 대한 총체적 결과는 총회를 혼란하게 한 목소리 큰 사람이라는 명성을 얻은 것뿐이었습니다. 이 한계점에서 그는 다른 방책을 세웠습니다. 이제는 역겨운 방법으로 일을 혼란하게 하는 것 대신에 그는 의사 결정을 하는 지위에 있는 사람들에게 가까워지려고 노력합니다. 그래서 그가 싫어하는 어떤 일이 생겨도 그는 적대자처럼 대응하지 않습니다. 대신에 그는 이렇게 말합니다. "아시다시피 나는 그리스도인입니다. 그래서 나는 사태를 하나님이 보시는 것처럼 보려고 노력합니다. 그리고 나는 이 분야에서 우리가 하고 있는 일이 하나님이 기뻐하시는 것이라고 믿지 않습니다. 우리가 다르게 행동할 수 있는 어떤 길이 반드시 있을 것입니다." 그의 이야기로는 이런 조처가 유효했다고 합니다. 이 방법으로 접근하면 믿지 않는 사람들조차도 종종 하던 일을 멈추고 그리스도인들이 옳을 수 있다는 것을 인정하며 다른 행동의 길을 찾을 것입니다.

두 사람, 두 갈래 길

나는 믿는 자들과 이교도들, 교회와 국가가 함께 일할 수 있다는 것과, 또 일해야만 한다는 점을 강조하려고 노력한 연구의 끝맺음에 이르렀습니다. 그들은 서로 간에 상호 존경을 보여야 하고, 평화와 공정 같은 공동의 목표를 위해 협동해야 합니다. 그러나 나는, 이러한 공동 분야가 있지만 그럼에도 불구하고 본문의 이야기가 끝맺음에 이르면서 아비멜렉과 그의 군대 장관 비골은 그들의 땅으로 돌아가고, 아브라함은 브엘세바에 머물며 거기서 여호와의 이름을 부르는 것에 주목합니다. 나는 이것이 그들의 협동의 수준이 어떠한 것이었든지 간에 아브라함과 아비멜렉은 여전히 달랐고, 적어도 아브라함은 이교도를 모방하라고 부름 받은 것은 아니었다는 것을 가르치는 것으로 생각합니다.

이것을 다르게 말하면 교회는 세상과 달라야 한다는 것입니다. 교회는 세상에 있어야 합니다. 왜냐하면 그리스도가 교회를 세상에 두셨기 때문입니다. 교회는 세상의 많은 관심에 일체감을 가져야 합니다. 교회는 이러한 관심을 공유하고 있기 때문입니다. 그렇지만 교회는 세상에 속한 것은 아닙니다. 교회의 가치 기준이 세상의 가치 기준과 같아서는 안 됩니다. 뿐만 아니라 교회의 우선순위가 세상의 우선순위와 같아서도 안 됩니다. 참된 교회는 항상 그 사실적 신분, 즉 하나님의 백성 공동체가 되도록 노력해야만 합니다.

예수님은 자신을 따르는 자들을 "세상의 소금"과 "세상의 빛"(마 5:13-14)이라고 하시면서 이에 대해 말씀하셨습니다. 소금은 좋은 일을 많이 합니다. 그러나 그것이 짠 맛을 잃으면 전혀 좋은 일을 하지 못합니다. 오직 짠 맛을 가질 때에만 효과를 낼 수 있습니다. 빛도 좋은 일을 많이 합니다. 그러나 그 빛이 빛을 발하도록 하지 아니하면 그것은 전혀 좋은 일을 하지 못합니다. 우리는 소금과 빛 두 가지 다여야 하고, 소금과 빛 두 가지 역할을 다 해야 합니다. 우리는 아브라함이 그랬던 것처럼 달라야만 합니다. 우리는 우리 주변 세상에 하나님을 조명하는 근원이 되어야 합니다. 등대의 존재가 암석이 많은 해안의 형세를 바꾸지는 못합니다. 그러나 그 빛은 위험을 알려 주고, 이 세상의 소심한 항해자들에게 용기를 주며, 이 속세의 어둠의 물결을 헤쳐 가는 국가라는 배의 길잡이가 될 수 있습니다.

● 각주 ●

1. 존 칼빈, *Institutes of Christian Religion*, 2:1512.

95

하나님의 이름들

창세기 21 : 32-34

그들이 브엘세바에서 언약을 세우매 아비멜렉과 그 군대 장관 비골은 떠나 블레셋 사람의 땅으로 돌아갔고 아브라함은 브엘세바에 에셀 나무를 심고 거기서 영원하신 여호와의 이름을 불렀으며 그가 블레셋 사람의 땅에서 여러 날을 지냈더라

내 서재에는 성경에 나오는 하나님의 이름에 대한 연구가 실린 책이 한 권 있습니다. 하나님의 이름에 대한 연구 자체는 색다른 것이 아닙니다. 그런 책들이 많이 있습니다. 그러나 이 책은 매일 한 개의 이름으로 1년 치에 해당하는 365개의 이름을 담고 있다는 점에서 색다릅니다. 왜 하나님의 이름이 그렇게 많이 있습니까? 세상은 하나님에 대해 많은 개념을 가지고 있는 것 같아 보이지만, 그것은 하나의 이름으로 통하는데 그 이름은 바로 "하나님" 입니다. 그리스도인들은 많은 이름으로 불리는 한 하나님을 모시고 있습니다. 그런데 왜 이름이 많습니까?

이 질문에 대답하기 전에 하나님의 이름에 관련된 지난 세기에 등장한 어리석은 이론 하나를 다루는 것이 좋겠습니다. 오늘날 그것을 일반적으로 문서설이라고 부릅니다. 당시 독일 학자들은 "여호와(Jehovah)"라는 단어, 즉 가장 현저한 하나님의 이름이 6천 번 이상 나오고, "엘로힘(Elohim)"이라는 단어, 즉 두 번째로 현저한 이름은 2천 번 이상 나온다는 사실을 가리키면서 구약 문서에 몰두하고 있었습니다. 이 이름들은 다른 두 신(神)이고, 시간이 지나 유대인들이 그 두 개의 문서를 하나의 연속적인 이야기로 융합한 것이지만 이 이름들을 담고 있는 문헌은 두 개의 다른 예배 공동체에서 나온 것이라는 생각이 그들을 매혹시켰습니다. 심지어 그들은 오늘날 학자들이 이름들을 단서로 활용해서 이 자료를 분리하여 원래의 여러 가지 자료들로 되돌리는 것이 가능할 것이라고 생각했습니다. 마침내 그들은 그 자료를 네 가지 주요 블록으로 분리했습니다. 여호와(Jehovah)라는 이름을 포함하고 있는 "J" 자료, 엘로힘(Elohim)이란 단어가 사용된 "E" 자료, 제사장의(priestly) "P" 자료로 명명된 저작의 대부분 그리고 신명기 저자(Deuteronomist)나 신명기 학파의 저작인 "D" 입니다. 물론 그 결과는 세부 사항에서는 맞지가 않았습니다. 왜냐하면 그 작업은 불가능했기 때문이었습니다. 실제로 어떤 모험심이 왕성한 신자가 독일 이론을 받아들인 여러 명의 영국인들이 쓴 기사들을 취합해서 그 부분들을 하나의 공통적인 기사로 결합하고, 그것을 저자들에게 제시하면서 누가 무엇을 썼는지를 말해 달라고 요청했더니 그들은 그렇게 하지를 못했습니다. 그러나 그들은 수천 년 전에 쓴 자료를 가지고는 그렇게 할 수 있다고 가정했습니다. 그들이 다양한 저자들에 대해 아무 것도 모르면서 그렇게 가정했습니다.

이 일이 말해 주고 있는 진실은 성경은 참되신 한 분 하나님이 인간 저자들을 통해 주신 한 권의 책이라는 것과 그리고 하나님의 이름들은 여러 신이나 여러 출처에서 나온 것이라는 주장과는 전혀 달리, 실제로 하나님 자신이 그분의 참된 본질과 속성을 계시하시기 위해 주신 것입니다. 하나님에 대한 많은 이름들이 있는 이유는 하나님이 매우 광대하셔서 하나의 이름 또는 한 타(打)의 이름을 가지고도 그분을 적절하게 묘사할 수가 없기 때문입니다. 실제로 우리가 가지고 있는 이름들로도 그분을 완전히 구명(究明)하지 못합니다. 그 이름들은 우리를 지치게 하지만 지칠 줄 모르는 분을 지치게 하지는 못합니다.

여호와, 영원하신 하나님

창세기 21장 끝 부분에서 우리는 계속되는 아브라함 생애에 대한 기록에 나오는 또 하나의 다른 하나님 이름을 접합니다. 그것은 **여호와 엘 올람**(Jehovah El Olam 영원하신 하나님, 여호와를 의미함)입니다.

이 이름의 주 단어인 **올람**(olam)은 "영원한"으로 번역되는데 이 단어는 원래 "은밀한, 감추어진, 숨겨진, 알려지지 않은"을 의미했습니다. 유대인들은 이 단어를 알려지지 않은 또는 불명확한 시간을 가리킬 때 사용했습니다. 그래서 레위기 25:32절에서 **올람**은 "언제든지"(KJV성경) 또는 "언제나"(NIV성경)로 번역되어 있습니다(개역개정성경에는 "언제든지"로 되어 있음 - 역주). 여호수아 24:2절에서 그 단어는 "오래 전"(개역개정성경에는 "옛적에" - 역주)을 의미합니다. 불명확한 과거 또는 미래에 대한 개념으로부터 유대인들은 이내 "영원"이란 개념으로 발전시켰는데, 그 개념은 무한하고 알려지지 않은 과거와 무한하고 알려지지 않은 미래를 가리킵니다. 올람은 "영구한"의 의미를 갖게 되었고 그래서 성경에 일반적으로 그렇게 번역되어 있습니다. 이 단어가 하나님에게 사용되면 그것은 보통 그분의 불변성을 나타냅니다. 시대는 변하고, 사람들도 변하고, 필요도 바뀝니다. **영원하신 하나님**(El Olam)은 결코 변함이 없으십니다. 이것이 시편 100:5절의 "여호와는 선하시니 그의 인자하심이 **영원하고** 그의 성실하심이 대대에 이르리로다"에 있는 단어의 의미입니다. 그 단어는 이사야 40:28절의 "너는 알지 못하였느냐 듣지 못하였느냐 **영원하신** 하나님 여호와, 땅 끝까지 창조하신 이는 피곤하지 않으시며 곤비하지 않으시며 명철이 한이 없으시며"에서도 같은 의미를 지니고 있습니다.

아브라함이 하나님의 이름을 들었던 것은 이번이 처음이 아닙니다. 아브라함이 동방의 네 왕과의 전쟁 후에 멜기세덱을 만났을 때, 그는 **엘 엘룐**(El Elyon 지극히 높으신 하나님)이란 이름을 "천지의 주재이시요 지극히 높으신 하나님"(창 14:19)이란 표현에서 들은 적이 있습니다. 그가 그 왕들로부터 있을지도 모를 보복 때문에 그의 생명을 두고 두려워하고 있었을 때, 아브라함은 하나님이 그의 "방패"요 "지극히 큰 상급"(창 15:1)이라는 말을 들은 적이 있습니다. 아브라함은 "전능하신 하나님"이란 뜻의 **엘 샤다이**(El Shaddai)라는 이름을 들은 적이 있습니다(창 17:1). 이제 하나님과 여러 해를 동행하고 하나님이 그의 모든 필요를 채우시기에 충분한 분이심을 알게 된 후에 그는 하나님을 **엘 올람**(El Olam), 곧 오고 오는 모든 세대의 영원하신 하나님이라고 부릅니다.

아브라함이 그렇게 부른 것은 시간상 의미 있는 때였습니다. 왜냐하면 그때는 아들의 출생에 대한 하나님의 약속의 성취를 몇 년 동안 기다렸던 후의 안식의 때였고, 그 아들의 희생에 관련된 큰 시험 이전의 시기였기 때문입니다. 본문은 우리에게 아브라함과 아비멜렉이 "맹세의 우물" 또는 "일곱 우물"(아브라함이 아비멜렉에게 선물한 일곱 암양 새끼에 연관시켜 이름한 우물)을 의미하는 브엘세바에서 협정을 마친 뒤에 아비멜렉은 그의 땅으로 돌아갔고, 아브라함은 브엘세바에 남아 그곳에 에셀 나무를 심고 거기서 여호와의 이름을 불렀다고 이야기하고 있습니다. 우리는 그가 블레셋 땅에 오랫동안 머물렀음을 알고 있습니다. 그 기간에 아브라함은 그의 인생의 가을로, 브엘세바를 그의 "황금의 샘물"로 생각했을 것이 틀림없다고 추측합니다. 그는 오랜 세월을 살아왔습니다. 하나님은 그에게 신실하셨습니다. 이삭이 출생했습니다. 이제 저물어가는 생의 시간에 이러한 축복이 편안하게 지속되는 것 외에 그가 무엇을 더 바랐겠습니까? 그래서 그는 여호와를 "영원하신 하나님", 곧 변치 아니하시는 하나님 그리고 변치 아니하시는 바로 그 이유 때문에 그 족장을 끝까지 돌봐주셨던 하나님으로 불렀습니다. 아브라함은 그의 생애에 가장 큰 시련이 머지않아 다가올 "맑은 하늘에서 그의 행복을 단번에 파괴할 것 같은 벼락이 곧 내리칠"[1] 것을 알 수가 없었습니다.

그러나 이런 날들은 우리의 마음의 준비를 하는 때이기도 했습니다. 그리고 아브라함이 하나님에게 부여한 이름인 "영원하신 하나님"은 하나님을 아브라함이 알아왔던, 단순히 과거의 신실하시고 변치 않으시는 하나님이실 뿐만 아니라, 앞으로도 과거에 보여주셨던 것처럼 신실하시고 변치 아니하시는 분으로 알려질 미래의 하나님이시라는 것을 입증하는 묘사이기도 했습니다. 하나님의 은혜와 신실성에 대한 과거의 경험 때문에 아브라함은 이렇게 노래할 수가 있었을 것입니다.

예부터 도움 되시고

내 소망 되신 주
이 세상 풍파 중에도
늘 보호 하시리

모든 세대

나는 미래에 대해 염려하는 그리스도인들이 있는 것을 압니다. 만일 당신이 그 중의 한 명이라면 나는 이 하나님의 이름을 당신에게 개인적으로 적용하기를 바랍니다. 당신이 미래에 대해 그렇게 염려하는 이유의 하나는 당신이 과거에 하나님에 대한 경험이 거의 없었기 때문임을 말씀드리고 싶습니다. 당신은 그분과 함께 살았든지, 그분과 동행했든지 간에 그분을 신뢰하지 않았고, 그분이 변치 아니하시는 영원한 하나님이시라는 것을 깨닫지 못한 것입니다. 만일 당신이 그분의 신실하심을 경험했다면 당신은 이러한 사실들을 당신 마음에 떠올리지 않고 있는 것입니다. 그런 이유로 당신은 앞으로 나아가지를 못하고 있는 것입니다.

두 개의 중요한 성경구절이 생각납니다. 하나는 구약성경에 있는 것이고, 다른 하나는 신약성경에 있는 것입니다. 구약성경의 구절은 시편 90편입니다. 그 시편의 저자로 알려진 모세가 이 시편을 이스라엘의 많은 사람들이 그들이 삶을 마치고 영원으로 돌아가게 될 것이라고 생각하고 있을 때 쓴 것이라는 설도 있습니다. 이스라엘 민족은 광야에서 거의 40년을 살아왔고, 이제 백성들은 약속의 땅 정복을 시작하려고 요단강을 막 건너려는 참이었습니다. 나이가 든 사람들이 있었습니다. 그들은 모세의 지휘 하에 애굽을 떠날 때 있었던 사람들이었고, 거의 40년 전에 처음으로 가나안 국경에 왔었던 사람들이었습니다. 가나안 땅을 취할 수 있다고 여호수아와 갈렙이 보고한 소수의 보고를 거부하고, 그들은 그 땅을 취할 수 없다는 열 두 정탐꾼 중 열 명의 편을 들었습니다. 하나님은 이스라엘 백성에게 그들의 불신으로 인해 여호수아와 갈렙을 제외한 20세가 넘는 현재 세대 중 한 사람도 그 땅에 들어가지 못할 것이라고 말씀하셨습니다. 그들은 모두 광야에서 죽게 되었습니다.

이제 이스라엘 백성은 약속의 땅에 들어갈 시점이었습니다. 따라서 60세 이상의 사람들은 모두 죽을 것임을 틀림없이 알았을 것입니다. 젊은이들은 그 땅으로 들어갈 것입니다. 그러나 60세가 넘은 그들의 장래는 어떻게 되는 것입니까? 이러한 상황에서 모세는 시편을 기록했습니다.

"주여 주는 대대에 우리의 거처가 되셨나이다 산이 생기기 전, 땅과 세계도 주께서 조성하시기 전 곧 영원부터 영원까지 주는 하나님이시니이다"(시 90:1-2)

이 시편에서 모세가 하고 있는 것은 무엇입니까? 그는 그들의 상황에 눈을 감고 있는 것이 아니었습니다. 왜냐하면 그 다음 절들이 그것을 명확하게 언급하고 있기 때문입니다. "주께서 사람을 티끌로 돌아가게 하시고 말씀하시기를 너희 인생들은 돌아가라 하셨사오니"(3절). 그는 하나님의 공정한 심판의 현실을 비켜가지 않았습니다. 왜냐하면 그는 이에 대해서도 좀 더 나아가 언급하고 있기 때문입니다. "우리는 주의 노에 소멸되며 주의 분내심에 놀라나이다"(7절). 그는 생명에 대한 심판의 적용조차도 비켜가지 않았습니다. 왜냐하면 그는 이렇게 기도하고 있기 때문입니다. "우리에게 우리 날 계수함을 가르치사 지혜로운 마음을 얻게 하소서"(12절). 그러나 모세가 하고 있었던 일은 이것이 전부가 아닙니다. 그 시편이 전체적으로 성취한 것은 사람들의 마음의 방향을 과거에 신실하셨던 분이심을 증명하셨고, 미래에도 틀림없이 신실하심을 증명하실 하나님이신 "영원부터 영원까지 주는 하나님이시니이다"로 다시 바꾼 것입니다. 하나님의 이러한 과거의 활동 때문에 모세는 미래를 내다보며 기도할 수 있었던 것입니다.

"주께서 행하신 일을 주의 종들에게 나타내시며 주의 영광을 그들의 자손에게 나타내소서"(시 90:16).

같은 근거에서 그는 자신을 포함하여 이제 곧 죽게 되는 사람들의 생명과 업적에 기대를 걸며 이렇게 말할 수 있었습니다.

"주 우리 하나님의 은총을 우리에게 내리게 하사 우리의 손이 행한 일을 우리에게 견고하게 하소서 우리의 손이 행한 일을 견고하게 하소서"(시편 90:17)

그들이 영원하신 하나님을 섬겼다는 것을 알고 있었기 때문에 그들은 두려움 없이 미래로 들어갈 수 있게 되었으며, 그들이 헛되게 산 것이 아니었음을 알 수 있게 되었습니다.

"염려하지 말라"

하나님의 신실하심에 대한 하나의 중요한 구절은 "산상설교"에 있습니다.

"그러므로 내가 너희에게 이르노니 목숨을 위하여 무엇을 먹을까 무엇을 마실까 몸을 위하여 무엇을 입을까 염려하지 말라 목숨이 음식보다 중하지 아니하며 몸이 의복보다 중하지 아니하냐 공중의 새를 보라 심지도 않고 거두지도 않고 창고에 모아들이지도 아니하되 너희 하늘 아버지께서 기르시나니 너희는 이것들보다 귀하지 아니하냐 너희 중에 누가 염려함으로 그 키를 한 자라도 더할 수 있겠느냐 또 너희가 어찌 의복을 위하여 염려하느냐 들의 백합화가 어떻게 자라는가 생각하여 보라 수고도 아니하고 길쌈도 아니하느니라 그러나 내가 너희에게 말하노니 솔로몬의 모든 영광으로도 입은 것이 이 꽃 하나만 같지 못하였느니라 오늘 있다가 내일 아궁이에 던져지는 들풀도 하나님이 이렇게 입히시거든 하물며 너희일까보냐 믿음이 작은 자들아 그러므로 염려하여 이르기를 무엇을 먹을까 무엇을 마실까 무엇을 입을까 하지 말라 이는 다 이방인들이 구하는 것이라 너희 하늘 아버지께서 이 모든 것이 너희에게 있어야 할 줄을 아시느니라 그런즉 너희는 먼저 그의 나라와 그의 의를 구하라 그리하면 이 모든 것을 너희에게 더하시리라 그러므로 내일 일을 위하여 염려하지 말라 내일 일은 내일이 염려할 것이요 한 날의 괴로움은 그 날로 족하니라" (마 6:25-34)

위의 말씀에서 예수님은 왜 믿는 자들이 염려하지 않아야 하는지 세 가지 이유를 말씀하십니다(이 세 가지는 모두 "그러므로" 라는 말로 표시가 됩니다. 25, 31, 34절). 첫째, 24

절은 누구도 하나님과 재물을 겸하여 섬기지 못한다는 것을 지적하면서 돈에 대해 이야기합니다. 사람의 제일 되는 목적이 무엇입니까? 웨스트민스터 소요리문답은 "사람의 제일 되는 목적은 하나님을 영화롭게 하는 것과 영원토록 그를 즐거워하는 것" 이라고 대답합니다. 사람의 제일 되는 목적은 하나님을 영화롭게 하는 것입니다. 하지만 만일 우리가 그분의 우리를 돌보시는 능력을 지속적으로 의심한다면 어떻게 그분을 영화롭게 할 수 있겠습니까? 할 수 없습니다. 따라서 예수님은 당신이 하나님을 섬기고 영화롭게 하도록 부르심을 받았으므로 단 한 가지라도 염려하지 말라고 말씀하시는 것입니다. 만일 당신이 염려한다면 당신은 하나님을 신뢰하는 것이 아닙니다.

둘째, 모든 그리스도인이 알아야 하는 사실은 하나님이 그분을 신뢰하는 모든 사람을 돌보실 수 있고 또 그렇게 하시기를 기꺼워하신다는 것입니다. 그분은 새들을 돌보십니다. "공중의 새를 보라 심지도 않고 거두지도 않고 창고에 모아들이지도 아니하되 너희 하늘 아버지께서 기르시나니" 그분은 들의 백합화를 입히십니다. "들의 백합화가 어떻게 자라는가 생각하여 보라 수고도 아니하고 길쌈도 아니하느니라 그러나 내가 너희에게 말하노니 솔로몬의 모든 영광으로도 입은 것이 이 꽃 하나만 같지 못하였느니라" 만일 하나님이 이 작은 것들도 돌보신다면 그분은 우리를 돌보실 것입니다. 따라서 우리는 염려해서는 안 됩니다. 우리는 그분을 신뢰해야 합니다. 베드로는 이 교훈을 잘 배운 사람이었습니다. 그가 예수님과 함께 하던 초기에 그는 많은 일을 두고 염려를 했습니다. 한 번은 그가 용기를 내어 물 위를 걸어 예수님께로 가다가 파도를 보고 무서워 물속으로 빠지기 시작했습니다(마 14:30). 또 그는 예수님이 세금을 내지 못하셔서 세속의 당국자와 문제가 일어나지 않을까 염려 했습니다(마 17:24-27). 그는 누가 예수님을 배반할 것인가를 염려했습니다(요 13:24). 그는 예수님이 고통을 받게 되실 것을 염려했기 때문에 한 번은 그분을 저지했고(마 16:22), 다른 한 번은 칼을 가지고 그분을 방어해 주려고 했습니다(요 18:10). 베드로는 염려가 많은 사람이었습니다. 그러나 그가 예수님을 더 잘 알고 난 후에, 그는 예수님이 자신을 보살펴 주실 수 있다는 것을 알았고, 염려하기를 멈추었습니다. 그의 생애 말년에 그는 염려하는 다른 사람들에게 이렇게 썼습니다. "너희 염려를 다 주께 맡기라 이는 그가 너희를 돌보심이라" (벧전 5:7).

이 절의 "맡기라"는 단어는 어떤 것을 던진다는 보통의 단어가 아닙니다(발로 ballo; 던지다. 이 단어에서 공, 즉 ball이란 단어가 나왔음). 이 절에서 그 단어의 원형은 우리가 일에 대한 염려를 멈추고, 우리의 복지를 위해 하나님을 신뢰하게 하는 뚜렷한 의지적 행위를 나타냅니다. 왜 그분을 신뢰해야 합니까? 우리가 신뢰할 수 있는 이유를 "하나님이 당신을 생각하고 계시기 때문"이라고 설명하고 있습니다. 즉, "그분은 당신과 당신의 이익을 마음에 두고 계십니다."

셋째, 예수님이 염려하지 말라고 하신 이유는 경험 때문인데 이 점이 아브라함의 생애 연구에서 분명하게 나타나고 있습니다. 예수님은 "너희는 먼저 그의 나라와 그의 의를 구하라 그리하면 이 모든 것을 너희에게 더하시리라"(마 6:33)고 말씀하셨습니다. 하나님의 이익을 구하고, 그분의 길을 따르는 것을 당신의 일로 만드십시오. 그리고 당신의 육신적인 필요가 염려하지 않고도 손쉽게 충족되는지 또는 안 되는지를 보십시오.

하나님과 동행하기

만일 당신이 하나님과 동행한다면 그분이 누구신가에 대한 당신의 비전은 확대될 것이고, 그분의 모든 다른 이름들과 관련하여 그분을 점점 더 잘 알게 될 것이고, 그렇게 되면 당신은 그 이름들을 신뢰하고 소중히 여길 것입니다. 우리는 하나님에 대해서 우리의 여호와, 과거에 계셨고, 지금도 계시고, 앞으로 오실 하나님이라고 이야기했습니다. 우리는 그분에 대해 하늘과 땅의 소유자 엘 엘욘(El Elyon)이라고 말했습니다. 그분은 전능자 엘 샤다이(El Shaddai)이십니다. 창세기 22장에서 우리는 그분이 준비하시는 하나님 여호와 이레(Jehovah Jireh)임을 알게 됩니다. 그런데 나를 보시는 하나님이란 엘 로이(El Roi)는 무엇입니까? 또 주님이란 아도나이(Adonai)는 무엇입니까? 그분은 만군의 주라는 여호와 사바옷(Jehovah Sabaoth)이십니다. 그분은 여호와는 우리의 깃발이란 여호와 닛시(Jehovah Nissi)이십니다. 그분은 거룩하게 하시는 주 여호와 마카데쉬(Jehovah M'Quaddishkhem)이시고, 우리의 목자 되신 주 여호와 로이(Jehovah Rohi)이시고, 치료하시는 주 여호와 라파(Jehovah Rophe)이십니다. 그분은 우리 의의 주 여호와 치드케누(Jehovah Tsidkenu)이시고, 우리 평화의 주 여호와 샬롬(Jehovah Shalom)이십니다. 그분은 거기 계시는 주 여호와 삼마(Jehovah Shamma)이십니다. 하나님은 이 모든 분이십니다. 그러나 그분은 또한 아버지, 아들, 그리고 성령님이십니다. 그분은 처음과 마지막이신 알파와 오메가이십니다. 그분은 하늘 보좌에 좌정하신 옛적부터 항상 계신 분(the Ancient of Days)이십니다. 그분은 구유에서 울고 있는 베들레헴의 아기이십니다. 그분은 나사렛 예수이십니다. 그분의 직함은 기묘자, 모사, 전능하신 하나님, 영존하시는 아버지, 평강의 왕이십니다. 그분은 심판자이십니다. 그분은 우리의 반석이시고 우리의 높은 망대이십니다.

무슨 이름이 더 있겠습니까? 우리 하나님은 길이요, 진리요, 생명이십니다. 그분은 생명의 원천이십니다. 그분은 생명을 유지시켜주시는 분이십니다. 그분은 생명 자체이십니다. 그분은 세상의 빛이시고, 생명의 떡이시고, 선한 목자이시고, 큰 목자이시고, 목자장이십니다. 그분은 만군의 주님이십니다. 그분은 왕 중 왕이십니다. 그분은 신실하신 분이십니다. 그분은 사랑이십니다. 그분은 아브라함과 이삭과 야곱의 하나님이십니다. 그분은 모세, 다윗, 이사야, 엘리사벳, 안나, 시므온, 세례 요한의 하나님이십니다. 그분은 베드로, 야고보, 요한, 디모데, 아볼로, 바울의 하나님이십니다. 그분은 당신의 하나님이십니다. 그분은 나의 하나님이십니다. 우리의 영원하신 하나님의 이름에는 결코 다함이 없습니다. 우리는 그분에게서 부족한 것을 결코 발견할 수 없을 것입니다.

● 각주 ●

1. F. B. 마이어, *Abraham*, 163.

96

시험 당하는 믿음

창세기 22 : 1-12

그 일 후에 하나님이 아브라함을 시험하시려고 그를 부르시되 아브라함아 하시니 그가 이르되 내가 여기 있나이다 여호와께서 이르시되 네 아들 네 사랑하는 독자 이삭을 데리고 모리아 땅으로 가서 내가 네게 일러 준 한 산 거기서 그를 번제로 드리라 아브라함이 아침에 일찍이 일어나 나귀에 안장을 지우고 두 종과 그의 아들 이삭을 데리고 번제에 쓸 나무를 쪼개어 가지고 떠나 하나님이 자기에게 일러 주신 곳으로 가더니 제삼일에 아브라함이 눈을 들어 그 곳을 멀리 바라본지라 이에 아브라함이 종들에게 이르되 너희는 나귀와 함께 여기서 기다리라 내가 아이와 함께 저기 가서 예배하고 우리가 너희에게로 돌아오리라 하고 아브라함이 이에 번제 나무를 가져다가 그의 아들 이삭에게 지우고 자기는 불과 칼을 손에 들고 두 사람이 동행하더니 이삭이 그 아버지 아브라함에게 말하여 이르되 내 아버지여 하니 그가 이르되 내 아들아 내가 여기 있노라 이삭이 이르되 불과 나무는 있거니와 번제할 어린 양은 어디 있나이까 아브라함이 이르되 내 아들아 번제할 어린 양은 하나님이 자기를 위하여 친히 준비하시리라 하고 두 사람이 함께 나아가서 하나님이 그에게 일러 주신 곳에 이른지라 이에 아브라함이 그 곳에 제단을 쌓고 나무를 벌여 놓고 그의 아들 이삭을 결박하여 제단 나무 위에 놓고 손을 내밀어 칼을 잡고 그 아들을 잡으려 하니 여호와의 사자가 하늘에서부터 그를 불러 이르시되 아브라함아 아브라함아 하시는지라 아브라함이 이르되 내가 여기 있나이다 하매 사자가 이르시되 그 아이에게 네 손을 대지 말라 그에게 아무 일도 하지 말라 네가 네 아들 네 독자까지도 내게 아끼지 아니하였으니 내가 이제야 네가 하나님을 경외하는 줄을 아노라

누구든지 이야기를 말하는 것과 듣는 것을 좋아합니다. 그래서 세계 문학의 많은 부분을 사랑 이야기, 전쟁 이야기, 모험에 대한 이야기 같은 설화가 차지하고 있습니다. 이런 것들의 대부분은 각기 다른 사람들에 대한 이야기이고, 다른 장소와 환경에서 일어나는 일이지만, 구성은 거의 같습니다. 즉, 소년이 소녀를 만나고, 문제가 일어나고, 소년이 소녀를 잃고, 문제가 극복되고, 소년이 소녀를 다시 만나고 그리고 영원히 행복하게 산다는 식으로 거의 같은 내용들인데 어쩌다가 독특한 이야기가 나와 한 세대뿐만 아니라 전 세대 사람들의 마음을 사로잡습니다. 아브라함의 이삭에 대한 준(準) 희생의 역사적 기록은 이런 이야기 중의 하나입니다. 영국의 전도자요 목사인 마이어(F. B. Meyer)가 이렇게 기술한 것과 같습니다.

"사람들이 세상에 사는 한, 그들은 시들지 않는 관심을 가지고 이 이야기에 눈을 돌릴 것이다. 역사적으로 그것을 뛰어넘는 오직 한 장면이 있는데 그것은 위대하신 아버지께서 그분의 이삭을 구출할 수 없는 죽음에 내어주신 곳의 장면이다."[1]

수 천 년 전에 기록된 이 중요한 구절을 연구하는 것은 우리의 특권입니다. 그러나 그 연구 이전에 우리는 이 구절 때문에 하나님에 대해 가해진 비열한 비난을 다루고 지나갈 필요가 있습니다. 수천 년 동안 사람들은 이 구절을 최고의 존경과 경탄의 눈으로 보았습니다. 그런데 19세기에 들어와 이 구절은 하나님이 아브라함에게 그의 아들 이삭을 제물로 바치라고 말씀하셨다는 것 때문에, 또 인간을 제물로 바치는 것은 혐오스런 일이기 때문에 아브라함의 하나님을 본질적으로 피의 제사를 요구하시는 이교도 신으로 보았다는 비난을 받았습니다. 더 심하게 표현해서 아브라함이 예배한 하나님은 희생의 제사를 요구하시는 하나님이었다는 것입니다. 어떤 현대 소설가는 그의 이야기에 등장하는 한 인물을 통해 이렇게 말합니다. "나는 희생의 제사를 믿지 않는다. 만일 아브라함과 이삭의 이야기가 진실이라면 아브라함은 종교적인 사람이 아니라 미친 사람이었다."[2] 이러한 비난들은 만족한 근거를 가지고 있습니까? 우리가 아브라함 생애의 마지막 위대한 드라마를 이런 식으로 평가해도 됩니까?

그와 같은 사람들의 말을 들으면 우리는 하나님에게서 멀어진 사람들의 지성의 무지를 이해할 수 있습니다. 왜냐하면 그 사건의 진실은 아브라함의 아들 이삭에 대한 준(準) 희생이 하나님의 아들 예수 그리스도의 갈보리에서의 실제 희생에 대한 극적 연출이며, 예표이기 때문입니다. 그것은 잔인함이 아니라 "하나님의 사랑"을 보여주는 것입니다. 창세기 22장은 죄인들을 위해 예수 그리스도의 십자가를 통한 하나님의 사랑과 준비를 우리에게 가르쳐주고 있는 창세기 3:15절 이후의 첫 구절입니다.

위기 속의 믿음

아브라함의 생애에 있어서 이 사건의 배경을 간단하게 개관해 보는 것이 필요합니다. 하나님이 아브라함을 갈대아 우르에서 불러내셨던 처음부터 하나님은 그를 큰 민족으로 만드시겠다고 약속하셨습니다. 이 약속은 아브라함의 순례 여정 중에 여러 차례 반복되고 확대되었습니다. 그러나 아브라함의 70대 중반부터 99세 때까지의 전 기간에 그는 단지 한 아들(이스마엘)밖에 갖지 못했고, 소규모인 직계 가족은 있다고 해도 줄어드는 것으로 보였습니다. 아버지 데라가 죽었습니다. 조카 롯이 소돔 가까이 살려고 그를 버리고 떠났습니다. 아브라함이 99세 때에 하나님이 그에게 다시 나타나셔서 그의 이름을 아브람(많은 사람의 조상)에서 아브라함(열국의 조상)으로 바꾸어주셨습니다. 아브라함이 하나님을 믿었다는 것은 인간적 관점에서 어리석게 보입니다. 왜냐하면 아브라함은 이제 자식을 볼 나이를 훨씬 지났고, 사라도 임신해서 자식을 낳을 나이가 지났기 때문입니다. 그러나 아브라함은 하나님을 믿었고 아들을 얻었습니다. 그의 이름은 이삭이었습니다. 그는 아브라함이 100세 때에 태어났습니다.

하나님은 이 아들이 하나님이 약속하신 아들임을 분명하게 확인해 주셨습니다. "내가 그와 내 언약을 세우리니 그의 후손에게 영원한 언약이 되리라"(창 17:19). 아브라함은 이삭을 사랑하고 그를 대단히 자랑스러워했지만 더욱 중요한 것은 아브라함의 모든 영적 소망이 그에게 집중되었다는 것입니다. "이삭은 아브라함과 그리스도의 연결고리였다… 아브라함은 자신의 하늘에 대한 소망이 이삭의 계보에서 나올 하나님의 구속자 약속에 집중되었다는 것을 알았다."[3] 창세기 21장 끝과 22장의 시작 사이의 시간을 참고해서 판단컨대 아브라함은 여러 해를 소망 속에서 조용히 쉬었음에 틀림없습니다.

갑자기 이 평화로운 세계가 깨졌습니다. 하나님이 아브라함을 큰 시험에 붙이셨습니다. 이 시험은 아마도 하나님의 어떤 종들이 견뎌냈던 것들 중에 가장 큰 시험이었을 것입니다. 하나님이 말씀하셨습니다. "네 아들 네 사랑하는 독자 이삭을 데리고 모리아 땅으로 가서 내가 네게 일러 준 한 산 거기서 그를 번제로 드리라"(창 22:2).

이 말씀은 하나님이 아브라함을 조롱하는 것 같이 보였을 것입니다. "네 아들 네 사랑하는 독자 이삭을 데리고" 왜 하나님이 이런 식으로 표현하셨는지, 그분이 누구를 의미하셨는지 "이삭"이라는 한 마디 말로 충분했습니다. 그러나 하나님은 그가 아브라함의 아들, 참으로 그의 독자라는 것을 강조하십니다(아브라함에게 이스마엘 역시 자식이었지만 하갈과 이스마엘은 이미 집을 떠난 후였습니다). 번제로 드려야 할 아들은 "네 사랑하는" 이삭입니다. 이 말씀은 잔인해 보입니다. 그러나 이 말씀은 하나님이 아브라함에게 하라고 요구하신 것이 무엇인지 온전히 알고 계셨다는 것을 그에게 재차 확인시켜주었을 것입니다. 하나님은 그에게 이삭을 제물로 바치라고 요청하고 계십니다. 그의 아들이 아닌 엘리에셀이 아니었습니다. 그의 참 아들이지만 하나님의 약속의 아들이 아닌 이스마엘도 아니었습니다. "네 아들 네 사랑하는 독자 이삭"이었습니다. 이 아들을 하나님이 노령의 족장에게 제물로 바치라고 요청하셨던 것입니다. 아브라함은 이 사실을 알아야 했고, 그 명령에 대한 순종이 괴롭힐 고투를 하나님이 온전히 알고 계셨다는 것을 알아야 했습니다.

어쩌면 이삭이 아브라함에게 지나치도록 사랑스러운 자식이었을지, 그 족장의 생각 속에 이삭이 하나님의 자리를 차지하기 시작했을지 우리는 확신할 수가 없습니다. 그러나 만일 그런 경우였다면 이것은 우리에게 지나치도록 귀중하게 여기는 많은 것들을 생각나게 해주어야 합니다. 중국의 전도자 워치만 니(Watchman Nee)는 이런 기술을 했습니다.

"이삭은 하나님의 은혜의 많은 선물을 의미한다. 하나님이 그것들을 주시기 전에는 우리의 손은 비어있다. 그 후에 우리 손은 선물로 꽉 찬다. 때때로 하나님은 교제 가운데 우리 것을 취하시려고 손을 내미신다. 그러면 우리는 그분의 손에 놓고 빈손이 될 필요가 있다. 그러나 우리가 그분의 선물을 받고, 그것을 우리 자신의 것으로 끌어안을 때, 우리 손은 꽉 차게 되고, 하나님이 손을 내미셔도 우리의 손은 그분을 위한 빈 손이 되지 않는다."

만약 그런 일이 벌어진다면, 우리는 선물을 버리고 하나님 자신을 붙잡을 필요가 있습니다. 니(Nee)는 첨언합니다.

"이삭이 없어도 일은 가능하다. 그러나 하나님은 영원하시다."[4]

하나님은 거짓말쟁이신가?

어쩌면 이삭은 아브라함의 생각에서 하나님의 자리를 차지하기 시작했는지도 모릅니다. 그러나 아브라함의 시험은 최소한 어느 정도 더 높은 인간적 차원에서 이루어진 것이라고 확신할 수는 없지만, 우리가 확실하게 알 수 있는 것은 하나님이 누구신가에 대한 아브라함의 인식 그리고 그가 계속해서 하나님을 오직 신실하고 진실하신 분으로 신뢰할 것인가의 여부에 대한 그의 인식을 수반하는 영적 수준에서 이루어졌다는 것입니다.

문제는 단순히 아브라함이 이삭을 사랑했다는 것이 아니었습니다. 그것은 틀림없는 사실이었습니다. 보다 중요한 것은 하나님이 구원의 복을 포함한 미래의 모든 복이 이삭을 통해 올 것이라고 약속하셨다는 사실입니다. 하나님은 아브라함에게 이삭이 결혼하여 가정을 가질 것이며, 그 가정으로부터 구원자가 올 것임을 말씀하신 바 있습니다. 그런데 하나님은 이삭이 제물로 바쳐져야 한다고 말씀하십니다. 아브라함이 하나님과 가졌던 모든 경험 중 처음으로 그는 하나님의 명령과 하나님의 약속 사이의 충돌에 직면하게 되었습니다. 일찍이 아브라함은 그와 사라에게 아들을 주신다는, 표면적으로는 불가능한 일을 하나님이 하실 수 있다는 것을 믿어야 할지에 대한 시험이 있었습니다. 그것은 시험이었지만, 이번 것처럼 어려운 것은 아니었습니다. 이번 시험은 명백히 하나님 자신의 말씀 안에서 충돌이 일어나는 것입니다. 하나님은 이삭을 통한 후손을 **약속하셨습니다**. 그러나 이제 하나님은 아브라함에게 그를 죽이라고 **명령하셨습니다**.

이 문제를 어떻게 풀 수 있습니까? 두 가지 방법이 있을 뿐입니다. 아브라함은 하나님이 하나님 자신의 마음을 모르시기 때문에 한 가지 계획에서 다른 계획으로 흔들리는 변덕스런 분으로 결론지을 수 있습니다. 그러나 아브라함이 경험했던 하나님은 그런 분이 아니었습니다. 오랫동안 아들을 기다린 것이 이 사실을 더욱 잘 가르쳐 주고 있습니다. 또는 아브라함은 비록 그가 유한하고 죄인인 존재로서 그 어려움을 풀 수는 없지만, 하나님이 때가 되면 분명히 드러내실 해결안을 가지고 계신다는 것을 신뢰할 수 있다고 결론지었을 수 있습니다. 이것은 두 가지 해결안 중에 받아들이기가 더 어려운 것이었지만, 아브라함의 하나님에 대한 경험이 이 방향으로 이끌어갔습니다.

아브라함은 하나님에 대한 그의 지식에 맞추어서 행동했습니다. 즉, 그는 이 상황에서 하나님의 목적이 어떠한 것이든지 간에, 하나님은 적어도 그의 적이 될 수 없다는 것을 그동안 보여 오셨다는 결론에서 그분을 신뢰했고, 하나님은 그의 친구였습니다. 이삭을 희생 제물로 바치라는 명령이 처음 주어졌을 때, 아브라함은 만일 그 명령을 수행한다면 어떻게 그 약속이 성취될지 이해하지 못했습니다. 그러나 아브라함은 그 어려움을 하나님에게 맡겼는데 이것이 참 "믿음의 본질" 입니다. 믿음이 무엇입니까? 믿음은 하나님을 믿고 그에 따라 행동하는 것입니다. 이것은 아브라함이 한 것입니다. 하나님은 신뢰할 수 있는 분이심을 지금까지 보여주셨고, 아브라함은 비록 그 어려운 문제의 해결을 알 수 없었지만 하나님을 믿고 행동했습니다.

얼마나 신속히 그가 즉각적인 행동을 했는지 본문은 말씀합니다. "아브라함이 아침에 일찍이 일어나 나귀에 안장을 지우고 두 종과 그의 아들 이삭을 데리고 번제에 쓸 나무를 쪼개어 가지고 떠나 하나님이 자기에게 일러 주신 곳으로 가더니"(창 22:3).

활짝 핀 믿음

그러나 아브라함은 믿음을 행사한 것뿐만이 아니었습니다. 그는 상황을 신중히 고려하고 어떤 일이 일어나고 있는지 이해하려고 노력하면서 믿음으로 행했습니다. 나는 이것이 그 이야기의 세부 사항을 다소 이해하는 길이라고 생각합니다.

몇 년 전 나는 아브라함이 번제에 쓸 나무를 쪼갠 것을 길게 설명한 설교를 들은 적이 있습니다. 그 설교는 나무 쪼개기가 족히 100세가 훨씬 넘었음에도 아브라함 자신이 한 일이었음을 지적했습니다. 그는 종들에게 그 일을 시키지 않았습니다. 그 나무는 아브라함이 그의 아들을 태우는 데에 사용할 나무였습니다. 그 설교자는 어떻게 아브라함이 그런 일을 할 수 있었는가를 물었습니다. 어떻게 이 늙은 사람이, 조금 후면 그의 독자의 몸을 태울 불을 피울 나무 쪼개는 일에 침착하게 힘쓰는 일이 가능했는가에 그 설교자는 이것이 거의 불가능한 일이었음을 말하면서 그 족장의 엄숙한 침착함에 감탄을 했습니다. 나는 아브라함의 마음을 분석해 보면 그 설명을 할 수 있다고 생각합니다. 그는 쪼개고 있는 그 나무 조각 위에 이삭이 곧 놓여 질 것이라는 사실을 곰곰이 생각해 보았다고 해도, 그 희생을 두고 병적으로 마음 아파하지는 않았습니다. 그 일은 아버지를 충분히 미치게 만들 수도 있었습니다. 나는 아브라함이 그 문제를 두고 당혹해 했을 것으로 생각합니다. 그는 생각하기를 '만일 내가 이삭을 제물로 바친다면 어떻게 하나님이 약속을 올바로 지키실 수가 있는가? 하나님이 영예로운 하나님으로 남아 계시기 위해 무슨 일을 하시려고 하는가?' 하는 갈등을 했을 수도 있습니다.

나는 이것이 아브라함이 모리아 산에 도착하는 데 걸린 3일 동안 한 일이라고 생각합니다. 그러한 작업을 할 때, 3일은 영원입니다. 아브라함은 그 "영원" 동안 나는 그가 희생 자체를 상상하고 있었다고 생각하지 않습니다. 그가 그 어려운 순간에 그의 과제를 잘해 낼지를 물어보았다고 생각하지 않습니다. 아브라함은 하나님의 약속의 문제를 두고 계속 씨름하고 있었습니다. 내가 이렇게 생각하는 이유는 그 구절이 그가 그 문제를 모리아로 가는 도중에 해결했음을 시사하는 것일 수도 있기 때문입니다. 성경은 아브라함이 드디어 그 장소를 멀리서 보았을 때, 그는 동반한 종들에게 "너희는 나귀와 함께 여기서 기다리라 내가 아이와 함께 저기 가서 예배하고 우리가 너희에게로 돌아오리라"(5절)고 말했습니다.

"우리가 너희에게로 돌아오리라" 아브라함은 하나님이 그에게 명령하신대로 이삭을 희생시킬 작정이었습니다. 그러나 이때 쯤 그는 그 결과가 이삭의 마지막이 아닐 것임을 확신했습니다. 왜냐하면 그는 그들이 예배를 마치고, 그와 그의 아들이 돌아와 종들에게 합류할 것임을 말하고 있기 때문입니다. 아브라함이 믿게 된 것은 무엇입니까? 히브리서 저자는 우리에게 이렇게 말해 줍니다.

"아브라함은 시험을 받을 때에 믿음으로 이삭을 드렸으니 그는 약속들을 받은 자로되 그 외아들을 드렸느니라 그에게 이미 말씀하시기를 네 자손이라 칭할 자는 이삭으로 말미암으리라 하셨으니 그가 하나님이 능히 이삭을 죽은 자 가운데서 다시 살리실 줄로 생각한지라 비유컨대 그를 죽은 자 가운데서 도로 받은 것이니라"(히 11:17-19)

아브라함은 부활을 기대하는 믿음을 가졌던 것입니다. 이 본문에 대해서 도널드 반하우스(Donald Barnhouse)가 연구한 것을 인용해 봅니다.

"아브라함은 그의 정신활동 면에서 볼 때 이점에 있어서는 아리스토텔레스를 능가하고 있었다. 아브라함이 하나님은 이삭을 죽음에서 살리실 수 있다고 생각했다(accounted)고 한 사실은 그 이야기의 열쇠이다. 회계(accounting)는 수학적이며 논리적인 계산이다. 아브라함과 이삭이 3일 간이나 점점 더 황량해지는 시골길을 걸으면서 그리고 짐을 실은 나귀가 꾸물댈 때는 그 걸음의 속도에 맞추면서 그의 마음은 끊임없이 그 일을 맴돌고 있었다. 그리고 그는 마침내 그가 기적을 볼 것이라는 조용한 결론에 이르렀다. 그의 생각의 체계는 다음과 같았다. 하나님은 거짓말쟁이가 아니시다. 그분은 실수하실 수가 없다. 그분은 내가 아들을 얻을 것이라는 것과, 그가 내 앞에서 살아갈 것임을 내게 확실히 말씀하셨다. 하나님은 이 아들을 통해 하나님의 모든 약속을 성취시키실 것임을 말씀하셨다. 그러므로 아들은 살아야만 한다. 그렇지 않다면 하나님은 거짓으로 판명될 것이다. 그런데 하나님은 이 아들을 죽음에 붙이라고 명령하신다. 인간적으로 말하면 이것은 모순이다. 그러나 하나님 안에는 모순이 없다. 그것은 기본적인 사실이다. 하나님 안에는 능력이 있다. 하나님 안에는 지혜가 있다. 하나님 안에는 위엄과 영광이 있다. 그러나 하나님 안에는 모순은 없다. 하지만 내 아들을 희생시키라는 하나님의 명령은 어떻게 이루어질 것인가? 하나님 안에 모순이 없기 때문에 내가 추측할 수 있는 것은 딱 한 가지 대답뿐이다. 하나님이 기적을 행하실 것이고, 이삭을 죽음에서 살리실 것이다. 의심은 이것이 어리석은 것이라고, 세계의 역사에서 부활은 한 번도 있지 않았다고 말할지도 모른다. 그것은 문제가 아니다. 부활은 하나님의 본성과 조화를 이루지만 모순은 하나님의 본성과 조화를 이루지 못한다. 하나님은 생명이시고, 생명의 창조자이시다. 첫 사람을 포함한 우주를 창조하신 하나님에게 있어 죽은 몸에 생명을 되돌리는 것은 작은 일일 것이다. 따라서 하나의 분명하고 논리적인 결론은 하나님이 이삭을 죽음에서 살리실 것이라는 것이다."[5]

믿음이 보상받다

비유적으로 말하면 하나님은 부활을 준비하셨습니다(히 11:19). 그러나 그 준비는 마지막 순간, 곧 아브라함이 그의 아들을 제물로 바치려는 자발적인 행동을 보이기 직전에야 나타났습니다. 성경은 이 점에 대해 관대하게 조용합니다. 그러나 우리는 무슨 일이 일어났는지 상상할 수 있습니다. 아브라함이 그의 임무를 알리고, 흐느끼고, 입 맞추고, 이삭은 자발적으로 복종하고(그는 마음만 먹으면 저항할 수 있을 만큼 나이가 들었고 힘이 있었습니다), 제단을 쌓고, 아이를 묶고, 칼을 듭니다. 그러자… "아브라함아 아브라함아" 하나님의 천사였습니다. "내가 여기 있나이다." 아브라함이 대답했습니다. 천사의 목소리는 계속되었습니다. "그 아이에게 네 손을 대지 말라 그에게 아무 일도 하지 말라 네가 네 아들 네 독자까지도 내게 아끼지 아니하였으니 내가 이제야 네가 하나님을 경외하는 줄을 아노라"(창 22:12).

이 사건은 한 인간이 하나님의 사랑에 대하여 얼마만큼의 일을 할 수 있었는지에 대한 증명이 됩니다. 그러나 우리가 이 지점에서 멈추고 다음 장에서 계속해야 하지만 나는 당신이 어떻게 이 사건이 하나님이 타락한 인간에 대한 사랑의 표현으로 얼마나 더 큰 일을 하셨는지에 대한 극적 연출이기도 하다는 것을 알았을 것으로 확신합니다. 아브라함은 단지 그의 아들을 제물로 바치라는 요구를 받았을 뿐입니다. 그는 실제로 그렇게 할 필요는 없었습니다. 비록 바쳤다 해도 그것은 오직 육신적 죽음에 그칠 일이었습니다. 그러나 하늘 아버지이신 하나님이 그분의 아들을 제물로 바치셨을 때, 그 죽음은 단순한 육신적 죽음이 아니었습니다. 그것은 죄인들의 구속을 성취하는 영적인 죽음이었습니다. 하나님의 손이 갈보리에서 들려졌을 때, "손을 멈추시오. 그 아이를 해하지 마시오!" 라고 소리칠 존재는 아무도 없었습니다. 하나님이 그분의 제물을 드렸을 때, 그리스도 위에서 균형을 잡아주던 손은 내려졌습니다. 예수님은 죽으셨습니다. 그 죽음을 통해서 하나님은 그리스도의 희생을 신뢰하는 모든 사람에게 생명을 가져다 주셨습니다. 할렐루야!

● 각주 ●

1. F. B. 마이어, *Abraham*, 167.

2. 노아 고든, *The Jerusalem Diamond* (New York: Fawcett Popular Library, 1979), 260.

3. 도널드 G. 반하우스, *The Names of God* (Philadelphia: Evangelical Foundation, 1976), 24.

4. 위치만 니, *Changed into His Likeness* (Fort Washington, Pa.: Christian Literature Crusade, 1967), 62.

5. 도널드 G. 반하우스, *The Names of God*, 27.

97

준비하시는 하나님

창세기 22 : 13-14

아브라함이 눈을 들어 살펴본즉 한 숫양이 뒤에 있는데 뿔이 수풀에 걸려 있는지라 아브라함이 가서 그 숫양을 가져다가 아들을 대신하여 번제로 드렸더라 아브라함이 그 땅 이름을 여호와 이레라 하였으므로 오늘날까지 사람들이 이르기를 여호와의 산에서 준비되리라 하더라

하나님의 이름들은 그분의 특성을 보여주는 창문들입니다. 그 이름들은 우리에게 그분이 가장 높으신 하나님, 하늘과 땅의 소유자(엘 엘룐), 전능하신 하나님(엘 샤다이), 영원하고, 변치 아니하시는 하나님(엘 올람), 주님(아도나이), 거기 계시는 하나님(여호와 삼마)이심을 말해 줍니다. 이 외에도 하나님의 이름들이 많이 있는데 그분의 속성을 표명하는 것이기 때문에 우리는 아브라함의 그 아들에 대한 준(準) 희생에서 하나님의 지혜와 은혜에 대한 유례없는 계시가 또 다른 이름을 가져다주었다는 것에 놀라지 않습니다. 그 이름은 "주께서 준비하실 것이다." 라는 의미의 여호와 이레(Jehovah Jireh)입니다. 아브라함의 때에 하나님은 제물로서 아브라함의 아들 대

신에 숫양을 준비하셨습니다. 그러나 아브라함이 정말로 배운 것은 적절한 때에, 하나님이 그분 자신의 아들을 우리의 구원을 위해 죽도록 준비하실 것이라는 것이었습니다.

하나님이 "그것을 준비하실" 것이다

우리는 이것을 한 번에 한 단계씩 다루고자 합니다. 우선 이레(jireh)로 읽혀지는 히브리어는 실제로 일반적인 동사 라아(ra' ah, "to see" 보다)의 한 어형입니다. 라아는 여러 가지 색조의 의미를 가지고 있어 구약에서 수십 가지로 번역되고 있습니다.

우리는 이 단어의 개념을 영어에서 그 단어에 대한 비유적 용법에서 얻게 됩니다. 영어에서 단어 용법의 가장 포괄적인 사전인 옥스퍼드 영어사전(The Oxford English Dictionary)에는 "see"에 대한 정의가 6쪽에 걸쳐 나오는데 동사만 해도 28가지 의미를 포함하고 있습니다. 그 단어는 "Oh, say, can you see by the dawns early light?" (오, 그대여 볼 수 있는가, 여명의 빛으로?)로 시작하는 미국 국가 첫머리에서처럼 "시각적으로 인식하다."를 의미할 수 있습니다. 그러나 그 단어는 또한 "나는 각하의 질문의 목적을 즉각 알지(see) 못했다." 라는 월터 스코트(Walter Scott)의 작품 인물 중 한 사람의 말처럼 "지적(知的)으로 인식하다."를 의미할 수 있습니다. "See"는 "돌보다, 보호하다, 보살피다" (예 "당신은 도박을 중단하고 당신 사업을 돌봐야만 합니다." 참고)를 의미할 수 있습니다. 그것은 "브라운스빌 씨를 문까지 바래다주십시오."에서 처럼 "바래다주다(escort)"를 의미할 수 있습니다. 당신은 기차역 또는 공항에서 "누군가를 배웅할(see ~ off)" 수 있습니다. 당신은 어떤 젊은 여인 또는 젊은 남자를 "만나서(seeing)" 시간을 보낼 수도 있습니다.

그 동사의 다양한 용도는 히브리어에도 있습니다. 따라서 이삭이 아브라함에게 번제에 쓸 어린 양은 어디에 있느냐고 묻고, 아브라함이 "번제할 어린 양은 하나님이 자기를 위하여 친히 준비하시리라(will see to it)"고 대답한 것은 그가 하나님은 모든 것을 그분의 통제 아래 두시고 적절한 때에 필요한 것을 준비하실 것임을 선언하고 있는 것입니다.

그 뒤에 일어난 일은 이렇습니다. 아버지와 아들이 산에 올랐습니다. 제단을 쌓았습니다. 제단에 나무를 벌여 놓았습니다. 이삭을 결박하여 제단 나무 위에 올려놓았습니다. 그리고 아브라함이 이삭을 죽이려고 칼을 든 순간에 하나님이 개입하셔서 말씀하십니다. "그 아이에게 네 손을 대지 말라 그에게 아무 일도 하지 말라 네가 네 아들 네 독자까지도 내게 아끼지 아니하였으니 내가 이제야 네가 하나님을 경외하는 줄을 아노라"(창 22:12). 그러자 아브라함은 수풀에 뿔이 걸려 있는 한 숫양을 보았습니다. 하나님이 제물을 위해 그 숫양을 준비하셨다는 것을 깨닫고 숫양을 잡아 아들 대신 제사를 드렸습니다.

아브라함은 그 장소를 여호와 이레(Jehovah Jireh), 하나님이 실제로 그러셨으므로 "여호와가 준비하실 것이다."라고 이름을 붙였습니다. 하나님은 아브라함의 문제를 두고 준비하셨던 것입니다. 그러나 이 이름의 시제가 과거가 아닌 미래이기 때문에('준비하셨다'가 아닌 '준비하실 것이다') 아브라함은 단순히 자신의 과거의 경험만 생각한 것이 아니라 그 이름은 하나님의 변치 않는 특성이 그분을 우리의 문제에 대하여 준비하시도록 격려하신다는 사실과, 그분의 정해진 때에 죄에 대한 큰 문제에 대한 준비를 해 주실 것이라는 사실 또한 반영하고 있었습니다. 하나님은 구주를 준비하실 것입니다.

아브라함이 붙인 하나님의 이름은 익히 알려져 그의 후대의 사람들로 하여금 이것이 정말로 하나님의 방식이라는 사실에 대한 증거를 확실히 더해 주었습니다. 그들은 아브라함의 말을 잠언으로 만들어 "여호와의 산에서 준비되리라"(14절)고 했습니다.

하나님의 어린 양

하나님이 드디어 그분의 아들을 우리를 위해 주신 장소는 아브라함이 그의 제물을 바쳤던 그 산이었다는 것입니다. 우리는 이것을 예루살렘과 모리아 산을 동일시하고 있는 역대하 3:1절에서 알게 됩니다. "솔로몬이 예루살렘 모리아 산에 여호와의 전 건축하기를 시작하니 그 곳은 전에 여호와께서 그의 아버지 다윗에게 나타나신 곳이요 여부스 사람 오르난의 타작 마당에 다윗이 정한 곳이라" 아브라함의 때에는 이 산에 성전이 없었습니다. 하나의 성(城)조차도 없었습니다. 그곳은 황량한 불모지였습니다. 그러나 이곳이 하나님이 그분의 성을 건설하시기로 작정하신 장소였고, 그 안에서 자신의 아들 예수 그리스도가 죽도록 작정하신 장소였다는 사실은 왜 하나님이 아브라함으로 하여금 그곳에 이르게 하시기 위해 3일 길을 가게 하셨는지를 설명해 줍니다. 하나님은 우리의 구원을 준비하실 산이 이 산(예루살렘 또는 모리아 산)임을 보여주고 계셨습니다. 이러한 사실들을 종합해 보면 이 이야기는 놀랄만합니다. 이삭이 어떻게 "번제할 어린 양은 어디에 있나이까?" 라는 질문을 했는지 기억해 보십시오. 그것은 인류가 구약 역사의 온 시대를 통해 예수 그리스도의 때에 이르기까지 되풀이해서 물었어야 할 훌륭한 질문이었습니다. 하나님은 사람들로 하여금 대속의 원리를 배우도록 하시기 위해서 짐승의 희생을 명령하셨습니다. 그러나 대속에 대해 깊이 생각했던 많은 사람들에게 있어 "이는 황소와 염소의 피가 능히 죄를 없이 하지 못함이라"(히 10:4)는 것은 명확한 것이었음에 틀림이 없습니다. 희생 제물은 장래 일의 그림자였지 그것이 참 어린 양은 아니었습니다.

아마도 모세는 자신의 죄와 백성의 죄에 직면하면서 그 어린 양에 대한 질문을 했을 것입니다. "번제할 어린 양은 어디에 있나이까?" 아브라함이 그 대답을 이미 해 주었습니다. "번제할 어린 양은 하나님이 자기를 위하여 친히 준비하시리라"

다윗의 시대로 와 봅니다. 다윗은 위대한 왕이었고, 하나님의 마음에 합한 사람이었습니다. 그러나 다윗은 우리들처럼 죄인이었습니다. 그 역시 물었을 것입니다. "번제할 어린 양은 어디에 있나이까?" 아브라함은 이렇게 대답했을 것입니다. "번제할 어린 양은 하나님이 자기를 위하여 친히 준비하시리라" 이사야가 이 질문을 합니까? 나는 그렇다고 생각합니다. 왜냐하면 그는 우리 대신 고통을 받고 간고를 많이 겪을 사람이 오는 것을 미리 내다 보았기 때문입니다(사 53). "어린 양은 어디에 있나이까?" 이사야가 묻습니다. 아브라함이 대답합니다. "번제할 어린 양은 하나님이 자기를 위하여 친히 준비하시리라" 스가랴가 묻습니다. "어린 양은 어디에 있나이까?" 말라기가 묻습니다. "어린 양은 어디에 있나이까?" 구약 선지자들의 마지막과 신약 시대의 시작 사이를 연결하는 400년 침묵기간 중의 경건한 자들이 묻습니다. "어린 양은 어디에 있나이까?"

어느 날 팔레스타인 북쪽에 있는 갈릴리로부터 한 사람이 요단강 하류로 세례를 받으려고 당시 그 나라를 뒤집었던 한 선지자에게 왔습니다. 그 선지자의 이름은 요한이었습니다. 그는 사람들이 그들의 죄에서 돌이킨다는 표로 세례를 베풀고 있었습니다. 갈릴리에서 온 사람은 예수님이셨습니다. 그분은 스스로 세례에 임하셨습니다. 그분이 세례를 받으실 때, 하늘이 열리고 하나님의 성령이 비둘기처럼 내려와 그분 위에 머물렀습니다. 하늘로부터 이런 말씀의 소리가 들렸습니다. "이는 내 사랑하는 아들이요 내 기뻐하는 자라 하시니라"(마 3:17). 요한은 이러한 징후는 자신이 하나님에게서 미리 받은 것이라고 말했습니다. 그래서 그분은 자신이 길을 준비하러 온 대상이 되시는 분임을 알아볼 수가 있었습니다. 그는 예수님이 "하나님의 아들"(요 1:34)이심을 증언했습니다.

다음 날 요한은 그의 두 제자와 함께 서 있었는데 그때 예수님이 지나가셨습니다. 요한이 말했습니다. "보라 하나님의 어린 양이로다"(요 1:36). 그 전에 그는 이런 증언을 했었습니다. "보라 세상 죄를 지고 가는 하나님의 어린 양이로다"(요 1:29). 이 양이 아브라함이 준비될 것이라고 말했던 그 양입니까?

몇 년이 지나며 요한이 증언한 이분은 놀라운 사역을 하시게 됩니다. 그분은 병든 자를 고치시고, 나병환자를 깨끗게 하시고, 맹인의 눈을 뜨게 하시고, 죽은 자를 살리십니다. 그분은 사람들을 잘 가르치셔서 아랫사람들조차 이렇게 증언합니다. "그 사람이 말하는 것처럼 말한 사람은 이 때까지 없었나이다"(요 7:46).

종려 주일

어느 날 예수님은 모리아 산, 즉 예루살렘으로 올라가셨습니다. 그날은 내가 믿기로는 예수님이 십자가에 달리신 목요일의 나흘 전인 주일이었습니다. 그분은 전날 안식일을 베다니에서 보내시고, 이제 어린 나귀를 타고 들어오시는데 그분과 함께 가는 사람들이 외쳤습니다.

"호산나 찬송하리로다 주의 이름으로 오시는 이 곧 이스라엘의 왕이시여"(요 12:13)

이 사건에 있어 날짜를 결정하는 것은 매우 중요합니다. 나는 목요일에 십자가 처형이 일어났다고 언급했습니다. 이것은 복잡한 문제입니다. 어떤 해결책도 보편적 동의를 얻지 못할 것으로 생각이 됩니다. 그러나 예수님의 마지막 주간 사역을 연구하는 학자들이 예수님이 금요일에 십자가 처형을 당하셨다는 전통적 견해에 많은 문제가 존재한다는 것을 지적해 왔습니다. 그 한 가지 예로, 예수님이 "요나가 밤낮 사흘 동안 큰 물고기 뱃속에 있었던 것 같이 인자도 밤낮 사흘 동안 땅 속에 있으리라"(마 12:40)고 예언을 하신 바 있었는데 이것은 금요일 처형을 전제로 해서는 불가능합니다. 우리는 사흘을 이렇게 부분으로 나누어 볼 수 있습니다. 즉, 금요일의 일부분, 토요일 전부, 일요일의 작은 부분입니다. 그러나 이것은 "밤낮 사흘"이 아닙니다. 다시 말해 우리가 그리스도의 생애의 마지막 주간의 사건을 구분해서 각 요일에 할당해 보면, 우리는 하루 전체(어쩌면 이틀)가 부족하다는 것을 발견하게 됩니다. 우리는 하루를 아무 것도 하지 않은 전 안식일로 간주할 수 있습니다. 그러나 다른 날은 어찌됩니까? 이 어려움은 프레드릭 고데(Frederick Godet) 같은 꼼꼼한 학자로 하여금 종려주일의 사건을 월요일로 옮겨 전통적인 6일 간의 활동을 5일로 압축하도록 이끌었습니다.

근년에 컴퓨터 과학은 이 문제에 일말의 빛을 던져주었습니다. 예수님은 유월절 전날 돌아가셨습니다. 그리고 이제 학자들은 그리스도의 생애 기간 중 또는 그 이후의 어떤 해에도 유대인 유월절이 해당되는 요일을 계산할 수가 있게 되었습니다. 그들은 그리스도의 죽음이 가까운 몇 년 동안 유월절 전 날이 금요일인 날은 오직 기원 후 26년(이 해를 십자가 사건의 해로 보기에는 너무 이름)과 기원 후 33년(대부분의 학자들이 이 해는 너무 늦다고 느끼고 있음) 뿐임을 알아냈습니다. 그러나 유월절 전날이 목요일인 날은 기원 후 30년인데 이것이 아주 적절합니다.[1] 이 경우에 다른 경우에서도 그랬던 것처럼 이 유월절 기간에 안식일이 두 번 있었을 것입니다. 즉, 일상적 토요일의 안식일과 특별한 유월절 안식일인데 그 안식일은 금요일이었을 것입니다. 마태는 마태복음 28:1절에서 (대부분의 번역본이 무슨 이유에서인지 안식일이라고 단수로 말하고 있지만) 복수를 사용하여 이 두 안식일을 분명하게 언급했습니다.

이것이(목요일의 십자가 처형) 금요일의 십자가 처형이라는 전통적 견해가 만들어 낸 문제들과 무슨 관계가 있습니까? 이것은 두 가지 문제를 다 해결합니다. 첫째, 그것은 무덤 안에서의 필요한 3일 낮과 3일 밤의 난점을 해결합니다. 예수 그리스도는 낮부터 시작해서 3일 밤낮(성경 원본은 낮밤임) 전체를 포함하는 기간에 대해 말씀하셨는데 이 말씀은 시작되는 날의 낮 기간이나 끝나는 날의 밤 기간이 반드시 12시간일 필요는 없다는 전제 조건 하에서 하신 것입니다. 3일 낮밤은 다음과 같이 산출됩니다. 예수님은 목요일 오후 3시경에 죽으셨습니다. 그러므로 오후 3시에서 해가 질 무렵까지가 하루(목요일 낮)가 될 조건이 됩니다. 이 기간은 목요일 밤, 금요일, 금요일 밤, 토요일, 토요일 밤으로 이어지는데 정확하게 총 3일 낮 3일 밤으로 정리됩니다. 이러한 계획에서 예수님은 토요일 저녁 어두워진 후 어느 시각에 죽음으로부터 부활하셨을 것입니다. 우리는 주일 아침 동틀 무렵 무덤에 여인들이 도착한 시간 이전에 부활하셨다는 것을 알고 있습니다.

둘째, 난점은 유월절 주간 동안에 만 하루의 활동이 비어있게 된다는 것입니다. 이 문제 역시 만일 십자가 처형이 목요일에 일어난 것으로 보면 극복됩니다. 사건들을 이 일정에 맞추면 이렇게 됩니다.

금요일(유월절 전): 예수님이 예루살렘으로 가시는 마지막 여정으로 여리고를 떠나십니다. 그분은 제자들에게 그 주간에 무슨 일이 일어날지를 말씀하십니다. 그분은 저녁에 베다니에 도착하시고 거기서 밤을 지내십니다. 그분에게 경의를 표하는 만찬이 준비되고, 마리아는 예수님 발에 향유를 붓습니다.

토요일(통상적 안식일): 예수님은 제자들과 마리아, 마르다, 나사로와 함께 베다니에 머무십니다. 많은 사람들이 예수님을 보려고 모여듭니다.

일요일(종려주일): 예수님은 나귀 확보를 위한 준비를 하신 후에 그 나귀를 타고 예루살렘으로 들어가십니다. 그분은 성전으로 가셔서 주변을 둘러보시고는 시간이 늦어 베다니로 돌아오십니다.

월요일: 예수님은 예루살렘으로 다시 들어가십니다. 도중에서 본 열매를 못 맺는 무화과나무는 열매를 맺지 못하는 이스라엘의 상징입니다. 그래서 예수님은 그 민족에 어떤 일이 일어날지에 대한 예언으로서 그 나무를 저주하십니다. 예루살렘에서 그분은 성전을 마지막으로 청소하시고 베다니로 다시 돌아오십니다. 예수님은 수요일만 제외하고 그 주간의 매일 밤을 베다니에서 보내십니다.

화요일: 예루살렘으로 다시 들어가실 때, 제자들은 무화과나무가 마른 것을 발견하고 예수님의 설명을 듣습니다. 성 안에 들어가자 제자들은 성전의 장엄함을 이야기하는데,

예수님은 그 성전이 무너뜨려질 날이 올 것이라는 말씀을 하십니다. 집으로 가는 도중에 예수님은 감람산에 멈추셔서 장차 일어날 일에 대해 설교를 하십니다. 처음부터 끝까지 예언이 이날의 주제입니다.

수요일: 예수님은 유월절 준비를 위해 제자들을 보내십니다. 그러나 유월절 어린 양 없이 그날 저녁 유월절을 잡수십니다. 같은 날 밤 베다니로 돌아가는 통상적인 길이었을 겟세마네 동산에서 예수님이 의도적으로 시간을 끄실 때, 체포를 당하십니다.

목요일: 예수님은 재판을 받으시고 결국 십자가에 못 박히십니다. 재판은 우리가 수요일 밤이라고 부를 시간에 시작됩니다(그러나 실제로 유대인 셈법에 의하면 목요일 이른 시간입니다). 그리고 그 재판은 아침에 끝이 납니다. 어두움이 3시간 동안 그 땅을 덮습니다(정오에서 오후 3시까지). 예수님은 니고데모와 아리마대 요셉에 의해 장사되십니다. 여인들이 장례를 지켜보고, 향품을 삽니다. 그러나 그 시간에 유대인 유월절(목요일 저녁 해질녘에 시작된 금요일 유월절 안식일)이 시작되어 그들은 일요일 아침까지는 아무 것도 할 수 없게 됩니다.

금요일과 토요일: 예수님의 몸은 무덤에 머물러 있습니다. 여인들과 제자들은 두 안식일을 지킵니다. 예수님은 토요일 저녁 해질 녘과 일요일 아침 동틀 녘 사이의 어느 시각에 죽음에서 일어나십니다.

이것은 우리가 시작했던 예수님이 하나님의 어린 양으로서 모리아 산에 온 것과 무슨 관계가 있습니까? 만일 우리가 니산월 14일에 일어났다고 알고 있는 십자가 처형이 방금 논한 것 같이 목요일에 일어났다면 거꾸로 계산해서 우리는 종려주일은 니산월 10일이었다는 것을 알게 됩니다. 이 사실은 중요합니다. 왜냐하면 유월절용으로 희생될 수많은 어린 양들이 그날 예루살렘으로 끌려가서 모세의 율법에 규정한 대로 백성들의 집에 3일 동안 보관되기 때문입니다. 율법은 이렇게 말했습니다. "너희는 이스라엘 온 회중에게 말하여 이르라 이 달 열흘에 너희 각자가 어린 양을 잡을지니 각 가족대로 그 식구를 위하여 어린 양을 취하되… 이 달 열 나흗날까지 간직하였다가 해 질 때에 이스라엘 회중이 그 양을 잡고"(출 12:3, 6). 만일 내가 제안한 날짜가 맞는다면 이 어린 양들이 예루살렘으로 끌려갈 때, 예수님은 공공연히 그 성에 들어가신 것입니다.

많은 수의 어린 양들이 필요했습니다. 유대인 역사학자 요세푸스가 말하기를 어느 해 유월절에 도살되는 어린 양의 수를 조사했는데 그 수가 256,500마리였다고 합니다. 이렇게 많은 수의 어린 양들이 하루 종일 걸려서 예루살렘으로 들어갔을 것이 틀림없습니다. 따라서 예수님이 그 성으로 들어가실 때, 모든 양 중 가장 위대하신 양이 되셔서 어린 양들에 둘려 쌓이셨을 것이 틀림없습니다. 나흘 후에 양들이 죽임을 당할 그 시간에 예수님 자신도 죽임을 당하심으로 진정한 유월절 어린 양이 되셨습니다. 유월절 어린 양이신 그분의 피 흘리심에 근거해서 영적 죽음의 천사는 그분과 믿는 자들을 계속 뛰어 넘고 있습니다.[2]

믿음의 논리

나는 족장 아브라함이 이것을 얼마만큼 미리 알았는지는 모릅니다. 많이 알았다고는 생각하지만 말입니다(다음 장에서 그가 알았다고 생각하는 것을 설명하겠습니다). 나는 그가 장래의 예루살렘 장소를 "여호와 이레" 라고 이름 붙였을 때, 그는 하나님을 신뢰하고 있었다는 것을 압니다. 그의 신뢰 역시 우리의 신뢰가 되어야 합니다.

도널드 반하우스는 이렇게 기술했습니다.

"우리의 사고는 믿음의 논리에 따라 나아가야 한다. 우리는 하나님의 이름을 "여호와 이레" 라고 불러야 한다. 주님께서 준비하실 것이다. 그분의 놀랄만한 사고는 궁지에서 길을 준비하실 것이다. 실제로 그분은 길을 준비하셨다. 갈보리 산에서 하나님이 준비하셨다. 거기서 사랑과 공의가 만났다. 거기서 의와 자비가 서로 입맞춤을 했다. 거기서 하나님의 어린 양이신 예수 그리스도가 하나님의 완전하신 계획에 따라 준비되셨다. 그분이 당신에게 요구하시는 것은 당신의 눈을 그분에게 고정시키고, 그분 자신이 이루신 일이 만족스럽다는 그분의 말씀을 믿는 것이다."[3]

이 믿음을 가지고 사십시오. 온전한 희생제물로서 예수님을 준비하셨던 하나님은 계속해서 그분의 백성을 위해 준비하시는 하나님이시기 때문입니다. 사도 바울은 이것을 알았습니다. 아마도 순교하기 직전에 그는 로마 감옥에 있었지만 염려하지 않았습니다. 그는 하나님을 신뢰했고, 그 믿음을 그의 서신의 수신인인 빌립보에 있는 그리스도인들에게 권했습니다. 나는 그의 권면이 창세기 본문을 반영하고 있다고 생각합니다. 그는 성도들에게 이렇게 썼습니다. "나의 하나님이 그리스도 예수 안에서 영광 가운데 그 풍성한 대로 너희 모든 쓸 것을 채우시리라"(빌 4:19). "하나님이 그들을 위해 준비하실 것이다." 이것이 사도 바울이 말씀하고 있는 것입니다. 하나님은 예수님을 보내셔서 죽게 하심으로 구원이라는 우리의 큰 필요를 준비하셨던 것처럼 사람들의 매일의 삶의 필요를 준비하실 것입니다.

비록 당신의 필요가 아무리 크다고 할지라도 하나님의 자비는 그 어떤 것으로도 고갈시킬 수 없습니다. 그분은 무한하신 하나님이십니다. 유한이 무한을 고갈시킬 수 있습니까? 부분이 전부를 고갈시킬 수 있습니까? 인간이 하나님을 고갈시킬 수 있습니까? 불가능합니다. 하나님은 당신의 필요를 준비하실 것입니다. 여호와가 준비하실 것입니다.

● 각주 ●

1. 로저 러스크, "The Day He Died," *Christianity Today*, 18:13(March 29, 1974), 6.

2. 이 유월절 주간의 사건들이 일어난 요일에 대해 충분히 다루려면 James Montgomery Boice, *The Gospel of John*, 3:318-23을 보라.

3. 도널드 G. 반하우스, *The Names of God*, 29.

98

무엇이 아브라함을 기쁘게 했나?

창세기 22 : 13-14

아브라함이 눈을 들어 살펴본즉 한 숫양이 뒤에 있는데 뿔이 수풀에 걸려 있는지라 아브라함이 가서 그 숫양을 가져다가 아들을 대신하여 번제로 드렸더라 아브라함이 그 땅 이름을 여호와 이레라 하였으므로 오늘날까지 사람들이 이르기를 여호와의 산에서 준비되리라 하더라

요한복음 8장에는 아브라함을 언급한 구절이 있는데 그것은 그가 이삭을 준(準) 희생 제물로 바치는 것에 대한 우리의 연구와 특별한 관계가 있는 구절입니다. 그 구절은 예수님과 유대 지도자들 간의 긴 논쟁의 중간에 나옵니다. 그들은 자기들이 아브라함의 자손이고, 누구에게도 종이 된 일이 없었다고 주장했습니다. 그러나 예수님은 그들이 죄의 종이라고 대답하셨습니다. 만일 그들이 아브라함의 진정한 자손이라면 그들은 죄의 권세에서 자유 했을 것이며, 예수님을 죽이려고 하는 대신 환영했을 것입니다. 이 시점에서 논쟁은 예수 그리스도가 누구인가 하는 것으로 바뀌었습니다. 유대 지도자들은 그분을 별로 중요한 사람이 아니라고 생각했습니다. 그들이 물었습니다. "네가 우리 조상 아브라함보다 더 위대하냐? 그는 죽었다. 그리고 선지자들도 죽었다. 너는 네가 누구라고 생각하느냐?"

예수님은 자신이 하나님의 아들이고, 그들은 하나님을 모르지만 자신은 안다고 대답하셨습니다. 특히 그분은 이런 말씀을 하셨습니다. "너희 조상 아브라함은 나의 때 볼 것을 즐거워하다가 보고 기뻐하였느니라" (요 8:56; 그리고 12-59절을 참조). 아브라함이 그리스도를 보았다는 이 말씀은 창세기 22장을 지칭하는 것으로서 내가 이를 설명하고자 합니다. 또 "기뻐하였느니라" 는 말씀은 부활에 대한 아브라함의 기쁨을 지칭하는 것으로 이것 또한 내가 설명하고자 합니다.

그리스도의 때를 보기

그러나 요한복음 8:56절은 난해한 구절로 여러 가지로 해석해 왔습니다. 널리 알려진 한 해석은 예수님이 의미하신 것이 아브라함이 예수님 당시 낙원에 살고 있으면서 그리스도의 사역을 보고 기뻐한 것이라고 추측하고 있습니다. 이 견해의 난점은 논쟁의 주제가 그리스도의 선재(先在)이지 아브라함의 사후 내세에서 지속되고 있는 의식이 아니라는 것입니다. 58절에 예수님이 말씀하십니다. "아브라함이 나기 전부터 내가 있느니라" 그 밖에도 만일 그리스도가 아브라함이 아직 살아있고 그분의 탄생과 사역을 기뻐한 것이라면 과거 시제보다는 현재 시제를 사용하시는 것이 훨씬 더 자연스러웠을 것입니다 (아브라함은 나의 때 볼 것을 **즐거워하다가**(rejoiced) **보고**(saw it) **기뻐하였느니라**(was glad) 보다는 아브라함은 나의 때 볼 것을 **즐거워하며**(is rejoicing) 그것을 **보면서**(sees it) **기뻐하고 있느니라**(is glad)가 되어야 자연스럽습니다). 그렇기 때문에 그리스도의 사역 기간 중의 아브라함의 천국에서의 어떤 경험보다는 자신의 시대에 세상에서 가졌던 어떤 경험을 말씀하는 것이라고 봄이 적절해 보입니다.

그러나 아브라함이 기원 전 2천 년 전에 그리스도의 환상을 보았다는 입장을 취하는 것이 그 자체로 문제를 해결하는 것은 아닙니다. 왜냐하면 거의 모든 랍비들이 이에 대한 이야기를 하고 있었는데 (그들은 아브라함이 메시아를 보았다고 하는 환상에 대해) 어떻게 그런 일이 일어날 수가 있는가라며 그 말에 동의하지 않고 있었기 때문입니다. 어떤 자들은 창세기 12:3절에서 하나님이 아브라함에게 주신 최초의 약속인 "땅의 모든 족속이 너로 말미암아 복을 얻을 것이라"에서 부터 시작했다고 합니다. 이 약속이 주어질 때, 아브라함은 그것이 메시아의 오심에 대한 약속으로 알았고, 그 하나님의 약속을 기뻐했을 것으로 추측합니다. 다른 사람들은 창세기 15:13-16절(이스라엘의 장래 역사의 비전)에서 시작하며, 이것이 메시아의 오심을 내포하고 있는 것으로 추정했습니다.

추가적으로 두 개의 견해가 성경의 잘못된 해석에 근거를 하고 있었습니다. 그 하나는 창세기 17:17절에서 하나님이 노년의 아브라함과 사라에게 아들을 약속하셨을 때, 웃었던 웃음을 이삭의 출생이 이스라엘의 구원자의 출생으로 이어질 것이라는 행복으로 해석했습니다. 다른 해석은 창세기 24:1절("아브라함이 나이가 많아 늙었고", 문자적으로 "그 시대로 갔고")은 그가 장래를 내다보았다는 것을 암시합니다. 이 견해들은 우리에게 이상해 보이고, 실제로 이상합니다. 그들의 견해는 레온 모리스(Leon Morris)가 그의 요한복음 주석에서 이 부분에 대한 많은 기록을 통해 확인하고 있는 것처럼 확신을 주지 못하고 있습니다.[1]

아브라함의 생애의 어떤 기간 또는 아브라함의 하나님과의 오랜 동행의 삶에서의 어떤 사건이 예수님에 대한 내용과 관계가 있습니까? 창세기 22장에서 이미 살펴본 견해에 의하면 그때의 기간과 사건이 거기에 관계된다는 것에는 의심의 여지가 없습니다. 아브라함의 생애의 굉장한 경험 중에 여기가 유일한 그리스도의 속죄의 죽음과 그분의 예기된 승리의 부활을 예시하는 곳입니다. 캔들리시(Robert Candlish)의 견해를 인용해 봅니다.

"아브라함은 '그리스도의 때'를 보기를 바랐었다. 그리고 당시의 믿는 자들이 보통 보았던 것보다 더 충실하고 뚜렷하게 그리스도의 때를 보는 것이 그에게 허락되어 있었다. 그 당시 다른 사람들에게는 그 사건의 일반적인 개요만이 전달되었는데 그는 그 사건의 상세한 것을 생생한 현실로 보도록 되어 있었다. 이를 위해 그는 모리아 산에 서야 했다. 그 산은 어떤 사람들이 생각하는 것처럼 갈보리 언덕이라고 부르는 장소이다. 그리고 그는 거기서 성취된 속죄의 장면을 볼 수 있게 되었다. 그는 그것을 세 가지 형상으로 본다. 첫째, 그가 칼을 들고 그의 아들을 죽이려고 그의 손을 앞으로 뻗었을 때, 그는 자신의 아들을 아끼지 않으시고 죽음에 이르도록 내어주신 그분의 사랑의 강도(强度)를 느낄 수 있게 되었다. 둘째, 이삭을 풀어주기 위해 준비된 숫양에는 그리스도 희생의 대원리, 즉 대속의 원리에 대한 생생한 대리(代理)성이 있다. 조건을 충족하는 희생물이 형을 선고받은 죄인들을 대신함으로써 구속이 이루어진다. 셋째, 아브라함이 실질적으로 이삭을 죽음으로부터 다시 받아 이삭이 그의 아버지의 가슴에 안기는 것에서 (그러나 이것은 희생이 없이, 피가 없이 된 것이 아니다. 이삭이 단지 상징적으로 겪은 죽음을 실제로 당하신 후에) 하나님의 아들의 부활과 그분이 아버지 하나님의 가슴에 다시 안기는 것이 분명하고 현저하게 인식되었을 가능성이 있었다. 그리고 그리스도의 부활에는 그분의 참 자녀들의 부활뿐만 아니라 이삭 자신의 부활 또한 영원한 영광의 유산을 위해 포함되어 있었다. 이렇듯 아브라함의 믿음을 호되게 시험한 그 일이 그의 믿음이 간절히 보기를 원했던 모든 것을 그에게 보여주었다. 그는 그리스도의 때(그분의 굴욕과 승리의 때)를 당시 다른 사람들이 보듯이 어둠 속에서 희미하게 본 것이 아니라 명확하고 뚜렷하고 생생하게 보았다. 그는 사랑하는 하나님의 아들의 속죄의 죽음과 영광의 부활로 인해 사람의 구원이 이루어지는 바로 그 길과, 땅의 모든 가족을 위해서 취득한 복을 보았다. 그리고 이렇게 그리스도의 때를 기쁘게 보면서 그는 살아 계신 분으로서의 그리스도 자신을 보았다. 그분은 정말로 죽으셔서 단번에 제물이 되셨지만, 여전히 살아 계시고, 그분의 죽음으로 말미암아 그분이 영광으로 이끄시는 많은 아들들에게(히 2:10) 생명의 창시자가 되심을 가능케 했다." [2]

행복한 아버지

아브라함은 얼마나 행복했겠습니까! 비록 그 사건이 큰 절제력과 연관된 것이기는 했지만 우리는 그의 행복감을 느낄 수 있습니다. 그는 하나님이 하라고 지시하신 일을 하기로 결심을 했습니다. 본문의 구절 마다마디에서 변치 않는 순종이 숨을 쉽니다. 그러나 그렇다고 해도 우리가 굳이 상상해 본다면 그의 내심에는 분명히 압박감이 차 있었을 것이고, 그가 이삭을 희생하려고 했을 때, 그의 절제력은 분명히 한계에 달해 있었을 것입니다. 갑자기 그의 행동이 멈춰지게 되었습니다. 천사가 부릅니다. "아브라함아 아브라함아" 그가 대답합니다. "내가 여기 있나이다" "그 아이에게 네 손을 대지 말라 그에게 아무 일도 하지 말라 네가 네 아들 네 독자까지도 내게 아끼지 아니하였으니 내가 이제야 네가 하나님을 경외하는 줄을 아노라"

아브라함이 칼을 내려놓고 그의 아들을 풀어주고 나서 숫양으로 대신 제사를 드리면서 그의 마음은 깊은 안도감과 기쁨이 가득했을 것입니다. 그가 집으로 돌아오면서 이삭과 종들에게 어떤 말을 했을지 생각해 보십시오. 그는 이렇게 말했을 것입니다. "기쁘다. 나는 이삭을 제물로 바칠 것으로 생각했지만 그럴 필요가 없어졌다. 하나님이 그를 내게 다시 돌려주셨다. 아, 기쁘다. 정말 기쁘다. 하나님은 내게 그분의 아들 메시아의 죽음을 통해 우리에게 구원을 준비하실 것과 메시아를 죽음에서 일으키실 것을 보여주셨다. 아, 그것을 생각하니 정말 기쁘다! 정말 기쁘다!'

기쁨을 추적하라

아브라함의 그리스도의 때를 보기는 분명히 성경에서 부활의 소망에 대해 첫 번째로 나오는 기대였습니다. 그 소망은 기쁜 것입니다. 우리는 다시 살 것입니다! 이러한 주제와 약속을 두고 어찌 기쁘지 않을 수 있겠습니까?

나는 성경에서 부활에 관한 사실의 요소를 추적하면서 각 요소 어디에나 기쁨이 있음을 발견합니다. 내가 다음으로 부활 교리를 분명히 의식하고 있는 책은 욥기인데 거기서 욥은 이렇게 말합니다. "내가 알기에는 나의 대속자가 살아 계시니 마침내 그가 땅 위에 서실 것이라 내 가죽이 벗김을 당한 뒤에도 내가 육체 밖에서 하나님을 보리라 내가 그를 보리니 내 눈으로 그를 보기를 낯선 사람처럼 하지 않을 것이라"(욥 19:25-27). 나는 이 말에서 기쁨을 듣습니다. 왜냐하면 이 말은 욥이 그의 소유와 가족을 잃고 그리고 그의 친구들의 격렬하고 잔인하기까지 한 도덕적 가르침 후에 나온 것이기 때문입니다.

욥기 19장은 이렇게 시작합니다. "너희가 내 마음을 괴롭히며 말로 나를 짓부수기를 어느 때까지 하겠느냐 너희가 열 번이나 나를 학대하고도 부끄러워 아니하는구나"(2-3절). 욥이 과거를 돌아보면 큰 손실에 대한 기억 밖에는 보이는 것이 없었습니다. 그가 그의 친구들을 돌아보면 슬픔만이 있었습니다. 그러나 미래를 향해 돌아서면, 주님을 향해 돌아서면, 이 방향으로 돌아서면 그는 부활에 대한 지식으로 인한 기쁨이 있었습니다. 이 생각은 욥을 매우 들뜨게 해서 그는 그의 생각이 보존되기를 소원하는 마음으로 이렇게 말을 시작했습니다. "나의 말이 곧 기록되었으면, 책에 씌어졌으면, 철필과 납으로 영원히 돌에 새겨졌으면 좋겠노라" (창 22:23-24). 욥은 부활에 대해 매우 기뻐서 그것을 믿는 믿음의 증거가 기록되고 영원히 보존되기를 원했습니다. 그런데 그렇게 되었습니다. 그것이 성경에 보존된 것입니다.

나는 다윗 왕의 생애에서도 같은 경험을 발견합니다. 다윗이 밧세바와 간통을 한 후에 그들의 결합으로 태어난 아기가 하나님의 심판으로 아프게 되어 죽음을 앞에 두고 있었습니다. 다윗은 아기의 생명을 위해 하나님께 간청하며 금식하고 기도했습니다. 그는 땅에 드러누워 여러 밤을 철야했습니다. 결국 아이가 죽자 그 집의 늙은 자들은 그에게 나쁜 소식을 전하는 것을 두려워했습니다. 왜냐하면 그들은 이렇게 생각했기 때문이었습니다. "아이가 살았을 때에 우리가 그에게 말하여도 왕이 그 말을 듣지 아니하셨나니 어떻게 그 아이가 죽은 것을 그에게 아뢸 수 있으랴 왕이 상심하시리로다" (삼하 12:18). 다윗은 그들이 수군거리는 것을 듣고 "아이가 죽었느냐" 의 물음에 "예" 라는 대답을 듣자 땅에서 일어나 몸을 씻고, 의복을 갈아입고, 성전으로 들어가 경배를 드렸습니다. 이런 행동은 신하들을 어리둥절하게 했습니다. 그들은 그것이 비합리적인 행동이라고 생각했습니다. 그들이 물었습니다. "아이가 살았을 때에는 그를 위하여 금식하고 우시더니 죽은 후에는 일어나서 잡수시니 이 일이 어찌 됨이니이까" (창 22:21).

다윗의 대답은 죽음 이후의 생에 대한 믿음을 구체적으로 표현했습니다. "아이가 살았을 때에 내가 금식하고 운 것은 혹시 여호와께서 나를 불쌍히 여기사 아이를 살려 주실는지 누가 알까 생각함이거니와 지금은 죽었으니 내가 어찌 금식하랴 내가 다시 돌아오게 할 수 있느냐 나는 그에게로 가려니와 그는 내게로 돌아오지 아니하리라" (창 22:22-23).

부활의 날

주님의 부활도 또한 있습니다. 슬픔을 지녔던 욥이나 갓난 아들의 치명적인 병으로 슬픔에 젖었던 다윗과 같이 제자들 역시 슬픔에 젖었습니다. 그들은 예수님을 사랑했고 그분을 오래 기다리던 메시아로 대망했습니다. 그런데 갑자기 그분은 사라졌습니다. 우리는 그들의 슬픔을 그들의 행동에서 봅니다. 우리가 첫 번째로 만나는 여인들은 그분의 시신에 바를 향료를 사려는 세속적 작업을 수행하고 있습니다. 여인들은 그들의 계획을 어떻게 이행해야 할지를 모릅니다. 왜냐하면 무덤 입구에 놓인 돌을 보았는데 그것을 옮길 만한 힘이 없었기 때문입니다. 아직까지 여인들은 하나님이 예수님을 죽음에서 일으키셨다는 것을 생각하지 못하고 돌이 무덤에서 옮겨진 것을 보고 마리아가 베드로와 요한에게 한 보고는 이러했습니다. "사람들이 주님을 무덤에서 가져다가 어디 두었는지 우리가 알지 못하겠다"(요 20:2).

엠마오로 가는 두 제자도 더 나은 것이 없었습니다. 빈 무덤에 대한 소문을 들은 것 외에도 그들은 여인들이 천사들을 보았고, 그 천사들이 예수님은 살아나셨다고 말했다는 것을 들었습니다. 그러나 그들이 이 말을 들었을 때, 그들은 지나친 슬픔에 잠겨 있어서 그 말을 이해하는 것조차 불가능했습니다. 예수님이 나중에 엠마오로 가는 길에서 그들에게 직접 나타나셔서 그들의 슬픔의 이유를 물으시자 그들은 이렇게 대답할 수밖에 없었습니다.

"나사렛 예수의 일이니 그는 하나님과 모든 백성 앞에서 말과 일에 능하신 선지자이거늘 우리 대제사장들과 관리들이 사형 판결에 넘겨 주어 십자가에 못 박았느니라 우리는 이 사람이 이스라엘을 속량할 자라고 바랐노라 이뿐 아니라 이 일이 일어난 지가 사흘째요"(눅 24:19-21)

도마를 봅시다. 여인들은 주님의 마지막 장례 의식에 참여하여 그들의 슬픔을 표했고, 엠마오로 가던 두 제자는 집으로 가면서 그들의 산산조각 난 소망을 공개적으로 표명했습니다. 도마는 그의 슬픔을 철저하고 반항적인 불신으로 표현했습니다. 이때는 예수님이 몇몇 제자들에게 이미 나타나신 후였습니다. 그러나 도마는 예수님이 살아나셨다는 말을 듣자 이렇게 대답했습니다. "내가 그의 손의 못 자국을 보며 내 손가락을 그 못 자국에 넣으며 내 손을 그 옆구리에 넣어 보지 않고는 믿지 아니하겠노라"(요 20:25).

예수님과 가까웠던 친구들 중 그 누구도 예수님의 부활을 기대하지 않았습니다. 그러나 예수님이 갑자기 그들 가운데 나타나셔서 그들의 이름을 부르시며, 성경을 설명하시고, 그들의 손을 내밀어 그분의 상처를 만져보라고 하셨습니다. 그 상처는 예수님의 부활을 증명하는, 반박할 수 없는 증거였습니다. 그리고 그것은 궁극적인 그들 자신의 부활에 대한 증거이기도 했습니다. 그들은 기쁨에 압도되었습니다. 요한복음은 말씀합니다. "제자들이 주를 보고 기뻐하더라"(요 20:20). 누가복음은 감람산에서의 예수님의 승천으로 끝이 나는데 이렇게 말씀하고 있습니다. "그들이(그에게 경배하고) 큰 기쁨으로 예루살렘에 돌아가" (눅 24:52).

그들은 아브라함처럼 말했을 것입니다. "예수님이 죽으셨을 때 우리는 모든 것이 끝났다고 생각했다. 그러나 끝난 것이 아니다. 그것은 시작일 뿐이다. 우리는 기쁘다. 당신은 기쁘지 아니한가? 우리는 그것으로 인해 즐겁다."

즐거운 그리스도인들

"기독교는 우리 조직의 각 부분을 만족시키려는 요소들을 포함한 매우 다양성 있는 종교다. 우리는 정신을 가지고 있고, 기독교는 우리의 정신을 위한 양식을 가지고 있다." 이렇게 말한다면 이것은 사람의 종교를 생각하는 것입니다. 기독교는 우리를 창조의 시작으로 데리고 가고, 우리에게 전능하시고, 전지하시고, 모든 지혜를 가지신 하나님을 가르쳐줍니다. 기독교는 인간의 본성과 상태에 대한 모든 분석 중 가장 심원한 분석을 우리에게 제공해 줍니다. 인간은 하나님의 형상으로 만들어졌지만 하나님을 배반하고 악의 축적을 결과함으로써 그 형상이 비참하게 손상되었습니다. 기독교는 예수 그리스도의 역사를 통한 하나님의 놀라운 구원의 예비를 계시하고, 기독교는 우리의 마음을 과거와 현재를 넘어 미래로 뻗게 하여 거기서 큰 영광 속에 계신 하나님의 임재 안에서 하나님의 구속받은 성도들을 보게 합니다. 이러한 교리는 우리의 마음에 도전을 주고, 부지런한 연구에 보상을 합니다.

우리는 또한 인간의 상태를 슬퍼하는 마음을 가지고 있는데 기독교는 그 슬픔을 언급합니다. 예수님은 예루살렘을 보고 우셨습니다. 친구 나사로의 무덤 앞에서 우셨습니다. 우리는 스토아학파의 철학자인 극기주의자가 아닙니다. 우리는 커다란 슬픔을 가져오는 진정한 슬픔 속에서 주님을 따릅니다.

그러나 그것이 전부가 아닙니다. 우리가 생각하는 정신과 슬퍼하는 마음을 가진 것과 똑같이 영원한 것을 사모하는 영도 가지고 있습니다. 우리는 죽음을 적으로 여기고 그것이 정복되는 것을 보기를 열망합니다. 우리는 죽습니다. 그러나 우리가 죽지 않도록 되어 있다는 것을 압니다. 우리는 생명을 사모하고, 영원한 삶, 곧 영생을 사모합니다.

우리는 그것을 예수 그리스도 안에 가지고 있습니다. 죄는 우리를 절망의 구렁텅이로 이끌었습니다. 그것은 우리와 하나님 사이를 막고, 우리로 비참한 삶을 살게 했습니다. 그러나 우리가 이 세상에서 하나님 없이, 소망 없이 죄 속에서 길을 잃고 있을 때, 하나님은 우리에 대한 크신 사랑으로 예수님을 보내셔서 죽게 하시고, 무덤에서 다시 살아나 승리하게 하셨습니다. 우리가 예수님에게 연결되어 있다면 그 승리는 우리의 것입니다. 이 사실이 주는 "기쁨이 얼마나 크고, 이 사실이 얼마나 기쁩니까!" 우리가 아브라함, 욥, 다윗, 여인들, 엠마오의 두 제자, 도마 그리고 부활의 사실과 승리로 인해 마음에 기쁨을 누렸던 모든 사람과 자리를 같이 한다는 것이 얼마나 큰 특권입니까!

"이 썩을 것이 썩지 아니함을 입고 이 죽을 것이 죽지 아니함을 입을 때에는 사망을 삼키고 이기리라고 기록된 말씀이 이루어지리라 **사망아 너의 승리가 어디 있느냐 사망아 네가 쏘는 것이 어디 있느냐** 사망이 쏘는 것은 죄요 죄의 권능은 율법이라 우리 주 예수 그리스도로 말미암아 우리에게 승리를 주시는 하나님께 감사하노니"(고전 15:54-57)

● 각주 ●

1. 레온 모리스, *The Gospel According to John* (Grand Rapids: Eerdmans, 1971), 471-72, 나는 이 문제에 대해 내가 쓴 책 *The Gospel of John*, 2:386-88에서 길게 다루고 있다.

2. 로버트 캔들리시, *Studies in Genesis*, 380-81.

99

믿음의 순종

창세기 22 : 15-24

여호와의 사자가 하늘에서부터 두 번째 아브라함을 불러 이르시되 여호와께서 이르시기를 내가 나를 가리켜 맹세하노니 네가 이같이 행하여 네 아들 네 독자도 아끼지 아니하였은즉 내가 네게 큰 복을 주고 네 씨가 크게 번성하여 하늘의 별과 같고 바닷가의 모래와 같게 하리니 네 씨가 그 대적의 성문을 차지하리라 또 네 씨로 말미암아 천하 만민이 복을 받으리니 이는 네가 나의 말을 준행하였음이니라 하셨다 하니라 이에 아브라함이 그의 종들에게로 돌아가서 함께 떠나 브엘세바에 이르러 거기 거주하였더라 이 일 후에 어떤 사람이 아브라함에게 알리어 이르기를 밀가가 당신의 형제 나홀에게 자녀를 낳았다 하였더라 그의 맏아들은 우스요 우스의 형제는 부스와 아람의 아버지 그므엘과 게셋과 하소와 빌다스와 이들랍과 브두엘이라 이 여덟 사람은 아브라함의 형제 나홀의 아내 밀가의 소생이며 브두엘은 리브가를 낳았고 나홀의 첩 르우마라 하는 자도 데바와 가함과 다하스와 마아가를 낳았더라

내가 아브라함의 연구에서 창세기 22장에 들어왔을 때, 주일 아침 예배 전에 중등부에서 나를 오라고 초청했습니다. 그들도 창세기를 공부하고 있었는데 몇 가지 질문들을 가지고 있었습니다. 그 중 하나의 질문이 특별한

통찰력을 지닌 것으로 내 마음을 울렸고, 내가 과거에 알지 못했던 아브라함의 이삭에 대한 준(準) 희생의 이야기에서 무엇인가를 보도록 도와주었습니다. 중등부 교사는 하나님이 이삭을 죽음에서 일으키실 것을 아브라함이 기대하고 있었다는 것을 가르치고 있었습니다(히 11:19 참조). 그런데 학생들이 질문했습니다. "만일 하나님이 이삭을 죽음에서 일으키실 것을 아브라함이 정말로 기대하고 있었다면 그리고 그것이 우리가 믿어야 할 믿음의 훌륭한 본보기라면 왜 창세기 22장은 그것을 분명하게 말하고 있지 않은가요? 왜 그 구절은 아브라함이 희생의 장소로 가면서 생각한 것을 그렇게 많은 말 중에 이야기하고 있지 않나요?" 창세기 22장이 아브라함의 생각이나 기대에 대해 아무 것도 말해주지 않고 있다는 것은 사실입니다. "부활"이란 말도 언급조차 되지 않고 있습니다. 그러나 나는 학생들에게 이러한 것은 구약의 다른 곳에서도 일반적으로 마찬 가지라는 것을 알고 있는지 물었습니다. 대개의 경우 커다란 내적 번민과 하나님의 말씀과의 씨름을 경험하는 때조차도 거기에 개입된 사람들이 생각하고 있는 것에 대한 언급은 거의 없습니다.

내가 지적하는 것은 우리가 생각하는 방식과 고대인들이 생각했던 방식에는 큰 차이가 있다는 것입니다. 우리는 내적 의도와 동기를 가지고 생각합니다. 제임스 조이스(James Joyce)가 지은 「율리시스」(Ulysses)라는 소설은 거의 대부분이 이러한 내적 생각과 추론으로 구성되어 있습니다. 거의 아무 일도 일어나지 않고 있습니다.

그러나 만일 구약이 이런 것들에 관심이 없다면 무엇에 관심이 있겠습니까? 나는 학생들에게 창세기 저자는 22장에서 아브라함이 무엇을 생각하고, 무엇을 느꼈는가보다는 그가 무엇을 했느냐에 관심을 가지고 있었다고 설명해 주었습니다. 특히 이 구절의 문맥에서 강조점은 거의 전체가 그의 준행(순종)이라는 것을 또한 설명했습니다.

다음 몇 절은 그 이야기의 마지막과 연관됩니다. 아브라함이 천사의 지시로 행동을 멈추고 수풀에 걸려 있던 숫양으로 제사를 지낸 후에 천사가 하늘에서 다시 아브라함을 불러 말했습니다.

"여호와께서 이르시기를 내가 나를 가리켜 맹세하노니 네가 이같이 행하여 네 아들 네 독자도 아끼지 아니하였은즉 내가 네게 큰 복을 주고 네 씨가 크게 번성하여 하늘의 별과 같고 바닷가의 모래와 같게 하리니 네 씨가 그 대적의 성문을 차지하리라 또 네 씨로 말미암아 천하 만민이 복을 받으리니 이는 네가 나의 말을 준행하였음이니라"(창 22:15-18)

이 구절은 성경에서 준행(순종)이라는 단어를 제일 처음으로 담고 있습니다.

"내가 여기 있나이다"

창세기 22장에는 아브라함의 순종(준행)의 어떤 특징이 눈에 띄게 나타나고 있습니다. 그 첫 번째는 기민성입니다. 그의 순종은 즉각적인 것이었습니다. 이것은 분명히 아브라함의 삶의 고귀한 특성이었으며, 의심할 바 없이 그의 영적 성장의 중요한 비결입니다. 아브라함이 그의 집안에 있는 모든 남자에게 할례를 행하라는 말을 듣자 즉각 순종했습니다. "이에 아브라함이 하나님이 자기에게 말씀하신 대로 이 날에 그 아들 이스마엘과 집에서 태어난 모든 자와 돈으로 산 모든 자 곧 아브라함의 집 사람 중 모든 남자를 데려다가 그 포피를 베었으니"(창 17:23). 또한 하나님이 그에게 사라의 종 하갈과 하갈의 아들 이스마엘을 내보내라는 지시를 하시자 "아브라함이 아침에 일찍이 일어나 떡과 물 한 가죽부대를 가져다가 하갈의 어깨에 메워 주고 그 아이를 데리고 가게" 했습니다(창 21:14). 창세기 22장에서도 마찬가지입니다. 그의 아들을 번제로 드리라는 지시를 받자 즉시로 "아브라함이 아침에 일찍이 일어나 나귀에 안장을 지우고 두 종과 그의 아들 이삭을 데리고 번제에 쓸 나무를 쪼개어 가지고 떠나 하나님이 자기에게 일러 주신 곳으로" 갔습니다(3절). 그의 긴 생애를 통해 아브라함은 시편 기자가 "주의 계명들을 지키기에 신속히 하고 지체하지 아니하였나이다"(시 119:60) 라고 말한 것처럼 말할 수 있었을 것입니다.

특히 이삭이 개입되는 이 마지막 시험에서 만일 아브라함이 그의 순종을 지연시켰다고 해도 우리는 그를 비난하지 않을 것입니다. 그러나 그것은 우리의 순종에 대한 생각이 그의 생각에 비해 얼마나 열등한 것인지를 보여줄 뿐입니다. 우리는 아침에 일찍이 일어나 나귀에 안장을 지우고 아이의 몸을 불사르는 데 쓸 나무를 쪼개는 것을 상상할 수 없습니다. 만약 우리가 순종을 한다고 해도 우리는 여러 가지 세세한 일들은 다른 사람들에게 맡기고 가능한 오래 지체할 것이 분명합니다. 요컨대 하나님은 시간을 정하지 않으셨습니다. 아마도 우리는 한 달이고 두 달이고 어쩌면 1년도 그냥 흘러가게 했을 것입니다. 아브라함과 우리가 얼마나 다릅니까! 그는 즉각적 순종을 대체할 다른 것이 없다는 것과 미루어진 순종은 순종이 아니라는 것을 배웠습니다.

나는 하나님이 아브라함을 부르실 때, 그가 반응하는 자세를 좋아합니다. 하나님께서 "아브라함아" 하고 부르셨을 때, 아브라함은 "내가 여기 있나이다" 라고 대답했습니다. 그는 이런 대답을 두 번이나 했습니다. 1절에서 그리고 11절에서입니다. 우리도 이런 자세로 대답하는 것을 배워야 합니다. 우리는 하나님의 법령을 순종하는 것에서도 똑같이 준비가 되어 있어야 합니다.

오래 계속되는 순종

아브라함의 순종에서 내가 주목하는 두 번째는 그것이 지속적 순종으로 상당한 기간에 걸쳐 수행되었다는 것입니다. 아브라함이 살고 있던 브엘세바에서 희생이 행해질 모리아까지의 여정은 3일 길이라고 했습니다. 아브라함은 그 여정의 기간 동안 그의 순종을 지속해야 했습니다.

이것은 현대 문화 속에 살고 있는 그리스도인들에게 특별히 필요한 순종의 요소입니다. 왜냐하면 일을 시작하고는 속히 중단하는 것이 우리의 습관이기 때문입니다. 얼마 전에 「같은 방향으로 오랜 순종」(A Long Obedience in the Same Direction)이란 제목의 책이 나의 주의를 끈 바 있었습니다. 내가 곧 알게 된 것은 놀랍게도 그 책의 제목이 프리드리히 니체(Friedrich Nietzsche)에게서 나왔다는 것입니다. 유진 피터슨(Eugene H. Peterson)은 이런 글을 썼습니다. "'하늘과 땅'에서 필수적인 것은… 같은 방향으로 오랜 순종이 있어야 한다는 것이다. 그래야 장기적으로 어떤 가치 있는 삶의 결과를 얻게 되고, 그렇게 해서 언제나 어떤 가치 있는 삶의 결과를 장기적으로 얻어왔다."[1]

물론 이 경우에 순종에 대한 니체의 일그러진 개념이 아니라, 그리스도인의 삶을 사는 것에 행동 원리가 적용되었습니다. 요점은 제자도는 영속성을 갖는다는 것이었습니다.

그 저자는 이렇게 기술했습니다. "만일 무엇인가를 해야 한다면 그것은 빨리 그리고 효율적으로 해야 하는 것으로 우리는 생각한다. 우리의 주의력의 한계는 30초 상업 광고에 의해 결정되어 왔다. 우리의 현실 감각은 30쪽의 요약본에 완전히 압도되어 왔다. 이런 세상에서 복음의 메시지에 관심 있는 사람을 얻는 것은 어렵지 않다. 그러나 그 관심을 지속시키는 것은 대단히 어렵다… 우리가 살고 있는 이 세상에는 종교적 경험을 위한 큰 시장이 있다. 그러나 미덕의 부지런한 습득을 위한 열정은 거의 없고, 이전 그리스도인의 세대들이 거룩한 성품을 불러 일으켰던 긴 도제 훈련을 위해 등록하려는 의향도 거의 없다."[2]

우리는 그리스도인으로서 그리스도인의 삶의 긴 여정에 들어와 있다는 것을 이해해야 합니다. 왜냐하면 우리에게 필요한 것은 헌신, 곧 배우자와 자녀들과 교회와 그 누구보다 하나님에 대한 헌신이기 때문입니다. 우리는 평생의 제자도를 받아들여야 합니다. 우리는 죽을 때까지 하나님을 향한 순례자가 되어야 합니다.

"주의 뜻이 이루어지이다"

아브라함의 준행의 세 번째 특성은 자발적이라는 것입니다. 아브라함의 순종은 자발적 순종이었습니다. 그러나 이것은 설명을 필요로 합니다.

첫째, 개념 자체를 설명할 필요가 있습니다. 표면적으로 그 생각은 모순처럼 보입니다. 왜냐하면 "만일 당신이 누군가에게 순종을 하고 있다면 자발적이라는 것은 본질적인 것이 아닌가? 자발성이 없었다면 당신은 순종하지 않았을 것이다." 어느 한 면에서 그것은 맞는 말입니다. 그러나 다른 면에서는 그렇지 않습니다. 분명히 우리는 명령을 어떤 시점에서 어떤 방식으로 순종하기를 원해야 합니다. 아니면 순종하지 않을 것입니다. 그러나 이것이 맞는 말이기는 하지만 불행하게도 종종 명령을 철저히 순종하면서도 매 순간 저항할 수도 있다는 것 역시 사실입니다. 아브라함이 그랬을 것입니다. 그는 다른 선택의 여지가 없었고, 하나님은 전능하시다고 논리적으로 판단하면서 하나님께 순종했을 것입니다. 그러나 동시에 그는 하나님이 그 명령을 주신 것이 싫었을 것이고, 그 명령의 불합리성과 불의성에 대한 생각에 심한 갈등을 겪었을 것입니다.

둘째, 우리는 이 시점에서 아브라함의 자발적 태도를 명확하게 본다는 것입니다. 아브라함이 산에 도착하자 종들에게 말합니다. "너희는 나귀와 함께 여기서 기다리라 내가 아이와 함께 저기 가서 예배하고 우리가 너희에게로 돌아오리라"(창 22:5). 이전의 연구에서 나는 복수의 중요성을 지적한 바 있습니다. "우리가 너희에게로 돌아오리라" 이것은 아브라함이 기적을 기대했다는 것을 보여준 것입니다. 여기서 나는 "예배" 라는 단어에 주목합니다. 아브라함이 그 단어를 사용했다는 것은 의외입니다. "예배!" 아브라함은 이삭을 하나님께 제물로 바치고자 죽일 참이었습니다. 그러나 그는 이것을 가학적인 신에 의해 억지로 짜낸 거친 행동으로 생각하고 있지 않습니다. 그것은 예배였습니다. 우리는 이 자발적이고 순종적인 예배의 최상의 본보기를 예수 그리스도의 생애에서 봅니다. 그분은 "내 아버지여 만일 할 만하시거든 이 잔을 내게서 지나가게 하옵소서 그러나 나의 원대로 마시옵고 아버지의 원대로 하옵소서"(마 26:39). 히브리서 저자는 예수님이 세상에 오셔서 이렇게 말씀하셨다고 합니다. "하나님이여 보시옵소서 두루마리 책에 나를 가리켜 기록된 것과 같이 하나님의 뜻을 행하러 왔나이다"(히 10:7, 시 40:7-8 참조). 사도 바울은 그것을 이런 말로 요약하고 있습니다. "오히려 자기를 비워 종의 형체를 가지사 사람들과 같이 되셨고 사람의 모양으로 나타나사 자기를 낮추시고 죽기까지 복종하셨으니 곧 십자가에 죽으심이라" (빌 2:7-8).

안정된 순종

이 이야기에서 아브라함의 순종의 또 다른 특성을 내포하고 있습니다. 나는 그것을 "안정되어 있는 순종" 이라고 부릅니다. 그의 순종은 안정된 순종이었습니다. 내가 의미하고자 하는 것은 그가 많은 사람들이 하는 것처럼 하지 않았다는 것입니다. 사람들은 하나님께 순종하고 그렇게 하기를 매우 기꺼워하지만 그럼에도 불구하고 적대적인 외부 견해에 빈번히 공격을 받는 것 같고 그래서 어느 순간 순종의 길에서 곁길로 빠질 준비가 되어 있는 것입니다.

이 안정된 순종의 요소는 주로 아브라함의 말에서 나타납니다. 그가 어떤 생각을 하고 있었든지 간에 하나님의 명령과, 하나님의 약속 간의 명백한 모순과, 깊은 씨름 속에서도 그가 말하는 그 어떤 것에도 소란이 없습니다. 아브라함이 종들에게 말할 때, 그의 말은 정확하고 침착했습니다. "너희는 나귀와 함께 여기서 기다리라 내가 아이와 함께 저기 가서 예배하고 우리가 너희에게로 돌아오리라"(창 22:5). 그의 목소리에는 종들을 놀라게 하는 그 어떤 것도 없었고, 그가 무슨 일을 하고 있는지와 그것을 왜 하고 있는지를 정확히 알고 있었다는 것에 대해 그들을 의심케 할 그 무엇도 없었습니다. 이삭이 어린 양에 대해 물었을 때에도 아브라함의 말은 조용했습니다. "내 아들아 번제할 어린 양은 하나님이 자기를 위하여 친히 준비하시리라"(8절). 하나님이 모든 것을 완벽하게 준비하실 것이라는 사실을 어느 한 순간도 아브라함이 온전히 믿지 않았다고 하는 그 어떤 지적도 없습니다.

우리 중 많은 사람들이 순종에 있어 안정적이지 못한 것은 지금도 변하고 있고, 변하기 쉬운 이 우주에서 우리의 정신이 불변하신 하나님에게 온전히 고정되어 있지 않기 때문일 것입니다. 우리의 눈은 세상을 바라보고 있습니다. 그래서 우리가 사실상 순종할 때조차도 세상으로 인해 불안정합니다. 나는 존 뉴턴(John Newton)이 그를 안정시켜주고 불확실한 이 세상에서 그로 하여금 극복하게 해준 하나님의 능력을 생각하면서 쓴 시를 좋아합니다.

그분은 그분의 이름을
신뢰하도록 가르치시고는
지금까지 우리를 치욕의 삶으로
이끄셨을 리가 없네.
왜냐하면 우리가 묵상 속에 간직하고 있는
각각의 에벤에셀(도움의 돌)이
우리로 무사히 난관을 극복하게 하시려는
그분의 확실한 목적을 확증해 주기 때문에.

우리가 무사히 우리의 인생에서 난관을 극복하는 것이 하나님의 목적입니다. 그것은 우리로 "그 아들의 형상을"(롬 8:29) 본받게 하시려는 것입니다. 그것은 "너희를 보호하사 거침이 없게 하시고 너희로 그 영광 앞에 흠이 없이 기쁨으로 서게" (유 1:24) 하시려는 것입니다. 우리 자신이 이 사실을 알고, 그것을 기억하는 것은 우리의 순종을 안정되게 할 것입니다. 그것은 우리에게 하나님께서 그분이 무슨 일을 하고 계신지 알게 하시고, 우리의 삶에서 겪게 되는 어떤 시련이나 어려움도 지혜롭게 극복하도록 역사하신다는 것을 확신시켜 줄 것입니다.

전염성이 있는 순종

아브라함의 순종에는 전염성이 있습니다. 그것은 아브라함을 넘어 이 경우에 그의 아들 이삭에게 옮겨진 것입니다. 5절과 12절에서 이삭에 대해 "아이(boy)" 라는 단어를 사용하고 있지만 아마도 이때는 단순한 아이가 아니었을 것임을 지적하고 있는 주석가는 한 사람만이 아닙니다. 창세기 23장은 사라가 127세에 죽었다고 하는데 그때 이삭은 37세가 되었을 것입니다. 창세기 22장의 사건들은 그 37년 중 어느 시점에서 일어난 사건들입니다. 그러나 창세기 21장에서 22장으로 넘어가면서 시간에 대한 중요한 구절이 강조되어 있기 때문에 - "그가 블레셋 사람의 땅에서 여러 날을 지냈더라" (창 21:34), "그 일 후에 하나님이 아브라함을 시험하시려고" (창 22:1) - 모리아 산의 사건은 이 기간의 초기보다는 끝에 일어난 것으로 생각하는 것이 합리적입니다. 희생 제물을 드릴 때, 이삭의 나이는 최소한 10대 후반이었을 것이고, 어쩌면 30세 혹은 35세였을지도 모릅니다(혹시 예수 그리스도가 십자가에 처형을 당하신 때의 나이인 33세는 아니었을까요?).

어쨌든 이삭은 그가 하고자 했었다면 아버지 아브라함의 의도에 저항이 불가능할 만큼 어리지는 않았습니다. 그러나 그가 그렇게 하지 않았다는 것은 그가 아버지로부터 놀랄 만큼 하나님께 대한 순종을 배웠다는 것을 가리킵니다. 희생 직전에 아브라함이 이삭에게 희생을 위한 어린 양은 하나님이 준비하실 것이라고 말한 후에 이런 말씀이 나옵니다. "두 사람이 함께 나아가서" (8절). 이 문장은 하나님의 사람이라고 고백하는 모든 사람의 것이어야 합니다. 우리는 하나님에게 매우 충성되게 순종하여 사람들 또한 우리를 통해 그분께 순종하는 것을 배우도록 하고, 그 결과로 우리는 함께 나아가야 합니다.

순종이 보상받다

이 구절의 마지막 사항이며 15-24절의 중요한 요점은 이런 종류의 순종은 보상을 받는다는 것입니다. 여기서는 세 가지로 보상을 받습니다. 첫째, 하나님으로부터 새로운 말씀의 보상을 받습니다. 아브라함이 산으로 가는 3일 길 동안에 하나님이 그에게 말씀하신 것이 없었습니다. 그러나 일단 그가 그곳에 도착해서 희생을 실행하려고 하자 하나님은 그의 손을 멈추라고 한 번 말씀하셨고 그리고 다시 약속을 주시려고 말씀하셨습니다. 성경은 하나님이 아브라함에게 여덟 번이나 직접 말씀하신 것을 말해 주고 있습니다(창 12:1, 7, 13:14, 15:1, 17:1, 21:12, 22:1, 15). 이번 것이 그에게 주신 하나님의 마지막 말씀입니다. 그것은 좋은 말씀입니다. 마치 하나님이 아브라함에게 이렇게 말씀하시는 것 같습니다. "잘하였도다 착하고 충성된 종아… 네 주인의 즐거움에 참여할지어다" (마 25:21).

둘째, 아브라함의 순종이 받은 두 번째 보상은 이 마지막 절들이 내포하고 있는 약속입니다. 실질적으로 그 전에 주셨던 것과 많이 다르지는 않습니다(12:1-3, 7, 15:5, 13-16, 17:1-8, 15-16, 19-21 참조). 그러나 몇 가지 특징들이 더해졌습니다. 하늘의 별과 같이 수많은 자손의 약속에 이제 이 자손들이 바다의 수많은 모래와 같이 많아진다는 약속을 더하셨습니다.[3] 이것은 약속을 강화시키는 것입니다.

또한 하나님은 스스로의 맹세로 증언을 하십니다. 히브리서 저자가 이를 언급했습니다. "하나님이 아브라함에게 약속하실 때에 가리켜 맹세할 자가 자기보다 더 큰 이가 없으므로 자기를 가리켜 맹세하여 이르시되 내가 반드시 너에게 복 주고 복 주며 너를 번성하게 하고 번성하게 하리라" (히 6:13-14). 이로 보건대 아브라함 편의 준행(순종)이라는 최상의 행동은 하나님으로부터의 복이라는 최상의 약속을 이끌어내는 것처럼 보입니다. 마이어(Meyer)가 이렇게 말한 것과 같습니다. "하나님이 안개처럼 보이는 것 위를 담대하게 걷는 사람을 위해 하시지 않을 것은 정말로 아무 것도 없다. 그의 발을 내려놓자 그의 밑이 바위라는 것을 그가 알게 되지만 말이다."[4]

셋째, 아브라함의 순종은 그의 가족에 대한 소식으로 보상을 받습니다(수 년 동안 가족들에 대한 소식을 듣지 못했습니다). 그는 그의 형제 나홀에게 자녀들(열 두 아들, 아마도 거기에 더해 그 만한 수의 딸들)이 있다는 것을 알게 됩니다. 그 아들 중의 한 명인 브두엘은 이삭의 아내가 될 리브가의 아버지였습니다.

그것은 이 장을 마치면서 얻은 좋은 정보입니다. 아브라함의 생애 후반기에 이삭이 성인으로 성장하면서 아브라함은 이삭을 위해 어디에서 며느리를 찾을 수 있을까 불안했을 것이 분명합니다. 적합한 며느리를 선택하는 것은 중요했고, 아브라함은 그의 아들이 가나안 여인과 결혼하는 것을 원하지 않았을 것입니다. 이러한 상황에서 아브라함의 고향에서 온 소식은 그의 염려를 덜어주고 그의 행동을 지시하는 하늘로부터 온 조언으로 받아들였을 것입니다. 아브라함은 그의 종을 메소포타미아로 보내 이삭을 위한 신부를 찾도록 함으로써 분명히 그렇게 행동했습니다. 주님은 그분을 진심으로 사랑하고 순종하는 모든 자에게 신실하십니다.

● 각주 ●

1. 유진 H. 피터슨, *A Long Obedience in the Same Direction* (Downers Grove, Ill.:InterVarsity, 1980), 13. Friedrich Nietzche, *Beyond God and Evil*, trans. Helen Zimmern (London: n.p., 1907), 106-9에서 인용했다.

2. 같은 책, 11-12.

3. 헨리 모리스, *The Genesis Record*, 383-84은 원문 형식상 별과 같이 많을 것이라는 자손의 약속은 그렇게 인상적으로 보이지 않았을 것이라고 제시한다. 왜냐하면 맨눈으로 가장 이상적인 조건 하에서도 겨우 3천 개 정도의 별을 볼 뿐이기 때문이다. 이 나중 약속은 그것을 크게 부연한다. 그러나 그 약속들이 실제로 같은 것이 아니라고 우리가 생각하지 않도록 하기 위해 모리스는 우주에 있는 별들의 수와 지구에 있는 모래알의 수를 대략 추산해서 그 수가 매우 근접함을 보여주고 있다. 둘 다 개수를 10의 25승으로 추산된다. 그는 이것을 성경의 영감의 놀라운 증거라고 말한다.

4. F. B. 마이어, *Abraham*, 180.

100

사라의 장례

창세기 23 : 1-20

사라가 백이십칠 세를 살았으니 이것이 곧 사라가 누린 햇수라 사라가 가나안 땅 헤브론 곧 기럇아르바에서 죽으매 아브라함이 들어가서 사라를 위하여 슬퍼하며 애통하다가 그 시신 앞에서 일어나 나가서 헷 족속에게 말하여 이르되 나는 당신들 중에 나그네요 거류하는 자이니 당신들 중에서 내게 매장할 소유지를 주어 내가 나의 죽은 자를 내 앞에서 내어다가 장사하게 하시오 헷 족속이 아브라함에게 대답하여 이르되 내 주여 들으소서 당신은 우리 가운데 있는 하나님이 세우신 지도자이시니 우리 묘실 중에서 좋은 것을 택하여 당신의 죽은 자를 장사하소서 우리 중에서 자기 묘실에 당신의 죽은 자 장사함을 금할 자가 없으리이다 아브라함이 일어나 그 땅 주민 헷 족속을 향하여 몸을 굽히고 그들에게 말하여 이르되 나로 나의 죽은 자를 내 앞에서 내어다가 장사하게 하는 일이 당신들의 뜻일진대 내 말을 듣고 나를 위하여 소할의 아들 에브론에게 구하여 그가 그의 밭머리에 있는 그의 막벨라 굴을 내게 주도록 하되 충분한 대가를 받고 그 굴을 내게 주어 당신들 중에서 매장할 소유지가 되게 하기를 원하노라 하매 에브론이 헷 족속 중에 앉아 있더니 그가 헷 족속 곧 성문에 들어온 모든 자가 듣는 데서 아브라함에게 대답하여 이르되 내 주여 그리 마시고 내 말을 들으소서 내가 그 밭을 당신에게 드리고 그 속의 굴도 내가 당신에게 드리되 내가 내 동족 앞에서 당신에게 드리오니 당신의 죽은 자를 장사하소서 아브라함이 이에 그 땅의 백성 앞에서 몸을 굽히고 그 땅의 백성이 듣는 데서 에브론에게 말하여 이르되 당신이 합당히 여기면 청하건대 내 말을 들으시오 내가 그 밭 값을 당신에게 주리니 당신은 내게서 받으시오 내가 나의 죽은 자를 거기 장사하겠노라 에브론이 아브라함에게 대답하여 이르되 내 주여 내 말을 들으소서 땅 값은 은 사백 세겔이나 그것이 나와 당신 사이에 무슨 문제가 되리이까 당신의 죽은 자를 장사하소서 아브라함이 에브론의 말을 따라 에브론이 헷 족속이 듣는 데서 말한 대로 상인이 통용하는 은 사백 세겔을 달아 에브론에게 주었더니 마므레 앞 막벨라에 있는 에브론의 밭 곧 그 밭과 거기에 속한 굴과 그 밭과 그 주위에 둘린 모든 나무가 성 문에 들어온 모든 헷 족속이 보는 데서 아브라함의 소유로 확정된지라 그 후에 아브라함이 그 아내 사라를 가나안 땅 마므레 앞 막벨라 밭 굴에 장사하였더라 (마므레는 곧 헤브론이라) 이와 같이 그 밭과 거기에 속한 굴이 헷 족속으로부터 아브라함이 매장할 소유지로 확정되었더라

창세기 23-25장에서 우리는 히브리 족장의 첫 세대를 끝내는 세 가지 사건의 기록을 봅니다. 첫째, 사라의 죽음과 둘째, 이삭과 리브가의 결혼과 셋째, 아브라함의 죽음입니다. 이 사건들 중 첫째가 본문에서 우리의 관심을 끌고 있습니다.

사라는 위대한 여인이었습니다. 성경 전체에서 경건한 여인이 어떠해야 하는지에 대한 본보기로서 예수님의 어머니 마리아를 주목하라고 우리에게 말씀한 곳은 한 군데도 없습니다. 그러나 성경은 두 군데 다른 구절에서(구약과 신약) 사라를 보라고 말씀합니다.

"의를 따르며 여호와를 찾아 구하는 너희는 내게 들을지어다 너희를 떠낸 반석과 너희를 파낸 우묵한 구덩이를 생각하여 보라 너희의 조상 아브라함과 너희를 낳은 사라를 생각하여 보라 아브라함이 혼자 있을 때에 내가 그를 부르고 그에게 복을 주어 창성하게 하였느니라" (사 51:1-2)

"너희의 단장은 머리를 꾸미고 금을 차고 아름다운 옷을 입는 외모로 하지 말고 오직 마음에 숨은 사람을 온유하고 안정한 심령의 썩지 아니할 것으로 하라 이는 하나님 앞에 값진 것이니라 전에 하나님께 소망을 두었던 거룩한 부녀들도 이와 같이 자기 남편에게 순종함으로 자기를 단장하였나니 사라가 아브라함을 주라 칭하여 순종한 것 같이 너희는 선을 행하고 아무 두려운 일에도 놀라지 아니하면 그의 딸이 된 것이니라"(벧전 3:3-6)

물론 사라도 완전하지는 않았습니다. 그녀는 여종 하갈을 아브라함에게 주는 지혜롭지 못한 행동을 했습니다. 그리고 하갈을 모질게 대했습니다. 천사가 이삭의 출생을 알렸을 때, 사라는 불신하며 웃었습니다. 천사가 그녀에게 왜 웃느냐고 묻자 그녀는 거짓말을 함으로써 첫 죄를 지었습니다. - "내가 웃지 아니하였나이다(창 18:15) - 하지만 127년을 지속한 삶에 비추어 이런 것들은 그다지 크고 많은 죄는 아니었으며 그런 것들은 그녀의 미덕으로 거의 가려져 있습니다. 로버트 캔들리쉬(Robert Candlish)가 적절하게 말했습니다.

"그녀 역시 하나님의 특별한 사랑을 받고 그분의 구원을 기다리면서 믿음으로 살았다. 믿음으로 아브라함과 한 마음이 되어 그녀는 부모의 집을 떠났다. 믿음으로 그녀는 아브라함의 오랜 타향살이 내내 동반자가 되어주었고, 많은 고생 속에서 그를 성원했으며, 많은 낙심의 상황에서도 그를 옹호했다. 믿음을 통해 그녀는 자손을 잉태하는 힘을 얻었고 그리고 후에 어쩌면 아브라함조차 육신을 따라 낳은 자식과 약속의 자식 사이에서 갈피를 잡지 못하고 있을 때, 그녀는 아브라함보다도 더욱 훌륭한 영적 분별력을 가지고 있었던 것으로 보인다. 그녀는 오직 이삭의 계보에서만 구원이 있을 것임을 믿었다. 그리고 '이 여종과 그 아들을 내 쫓으라' 는 그녀의 권고는 하나님 자신의 재가를 받았다. 끝으로 그녀는 '세상이 감당하지 못하는' 사람들 중 한 명으로 등재되어 있다. 그리고 사도(히브리서 저자)가 모든 족장에 대한 비천한 삶과 고귀한 소망에 대해 '이 사람들은 다 믿음을 따라 죽었으며 약속을 받지 못하였으되 그것들을 멀리서 보고 환영하며 또 땅에서는 외국인과 나그네임을 증언하였으니 그들이 이같이 말하는 것은 자기들이 본향 찾는 자임을 나타냄이라' (히 11:11-14)고 기록한 포괄적 증거는 그녀와 그녀가 얻은 잉태하는 힘과 직접적인 연관이 있는 것이다." [1]

사라는 아브라함과 60년이 훨씬 넘게 결혼생활을 했습니다. 왜냐하면 그녀는 127세에 죽었고, 그들이 하란을 떠날 때 그녀는 65세로 그 이전에 결혼을 했기 때문입니다. 그들의 오랜 결혼생활은 아브라함과 사라의 영적 자녀들에 속하는 모든 사람의 모델입니다.

남아있는 우리들

그러나 창세기 23장은 사라에 대해 많은 시간을 할애하고 있지 않습니다. 그녀의 경주는 완료되었고 죽어서 천국으로 갔습니다. 대신에 초점은 아브라함에게 맞추어집니다. 성경은 그가 "들어가서 사라를 위하여 슬퍼하며 애통"(2절) 했다고 말씀합니다.

나는 왜 일부 사람들, 특히 그리스도인들이 사랑하는 고인(故人)에 대한 눈물을 적절치 못한 것으로 생각하는지 모르겠습니다. 그들은 눈물을 믿음의 결여 또는 "선하시고 기뻐하시고 온전하신"(롬 12:2) 하나님의 뜻에 대한 복종의 결여를 드러내는 것으로 생각합니다. 그런 사람들에 따르면 죽음은 강한 자제심으로 다루어져야 하고, 눈물은 참아야 합니다. 만일 이러한 거짓 영성을 반격하는 곳이 성경에 없다면(실상 그러한 곳이 많음) 이곳 구절만으로는 다르게 가르칠 것입니다. 일찍이 하나님을 모범적으로 믿는 사람이 있었다고 한다면, 그 사람은 아브라함이었습니다. 일찍이 하나님의 뜻에 탁월하게 복종한 사람이 있었다고 한다면 그 사람은 이 위대한 유대인 족장이었습니다. 그러나 아브라함은 슬퍼했고 울었습니다. 성경은 우리에게 그가 들어가서 사라를 위하여 슬퍼하며 애통했다고 말씀하고 있습니다. 즉, 그는 유유히 애도자의 모든 기능을 헌신적으로 수행했습니다. 로버트 캔들리시는 이렇게 말합니다. "신앙적이고 영적인 의미에서 그는 그의 슬픔을 업(業)으로 했다." [2]

이것은 아브라함이 슬퍼하며 애통한 첫 번째로 기록된 사례입니다. 아브라함이 그의 일행과 함께 갈대아 우르를 떠날 때 그리고 후에 하란을 떠나 가나안으로 갈 때, 그가 그의 고향과 친척과 아버지 집의 가솔들을 남겨두고 떠나기는 했지만 그가 울었다는 기록이 없습니다. 롯이 그돌라오멜의 연합군에게 잡혀갔다는 소식을 들었을 때, 아브라함이 울었다는 기록이 없습니다. 그는 하나님이 그에게 그의 사랑하는 독자 이삭을 희생으로 바치라고 말씀하셨을 때, 울지 않았습니다. 그런데 여기서는 웁니다. 왜 입니까? 다른 점이 무엇입니까?

다른 점은 죽음이 성경이 인정하듯(고전 15:26) 우리의 대적이라는 것입니다. 그것은 이 생에서 돌이킬 수 없는 이별입니다. 만일 아브라함이 애도하지 않았다면 우리는 그에 대해 어떻게 생각했겠습니까? 그는 사라와 3/4세기나 함께 살았습니다. 그녀는 "풍족할 때나 궁핍할 때나, 기쁠 때나 슬플 때나, 병들 때나 건강할 때나" 그의 동역자였습니다. 그가 그녀의 시신 옆에 무릎을 꿇고 과거를 되새길 때, 어떤 기억들이 떠올랐겠습니까!

죽은 사람을 위한 애도, 특히 우리와 가까이 지냈던 사람을 위한 애도는 허용되는 것일 뿐만 아니라, 해야 하는 것이기도 합니다. 그러나 형식적인 애도도 있습니다. 우울한 얼굴을 하고, 억지로 눈물을 흘리고, 검은 옷을 입고, 의식적인 은둔 등 이런 것들은 잃어버린 슬픔을 느끼게 해 주지 못하기 때문에 아무런 의미가 없습니다. 그러나 그리스도인의 경우에 서로 간의 관계가 맺어지고, 여러 해에 걸친 영적 성장과 나눔을 통해 깊어진 관계에서 눈물은 자연적이고 적절한 큰 슬픔의 표현입니다. 사랑하는 사람을 위해 우는 것은 우리가 친했다는 것, 잃어버림에 대한 격심한 감정, 죽음이 원수라는 것 그리고 죄가 인류에게 이 슬픈 형벌을 가져왔다는 것을 보여주는 것입니다.

세상과 거래하기

애도하지 않는 것은 큰 실수입니다. 그러나 무한정으로 애도하는 것 또한 잘못입니다. 삶은 지속되어야 합니다. 그러므로 그리스도인이 어떤 사람의 죽음에 임하는 적절한 태도는 애도하고, 그런 다음에 자기 삶의 일을 진행하는 것입니다. 아브라함은 창세기 23장

나머지 부분에 기록된 바와 같이 그렇게 했습니다.

그 기록은 고대 역사로부터 내려오는 대단히 귀중한 교육적인 소품문(小品文)입니다. 그것은 고대 문서의 걸작이며 그 시대의 관습을 생생하게 들여다볼 수 있는 기록입니다. 우리는 아브라함이 헷 족속에게 사라를 매장할 땅 일부를 요구하기 위해 그들에게 접근할 때, 그 족장과 그들 사이에 주고받은 잘 다듬어진 신중한 예의에 주목합니다. 이들은 적절한 행위에 대한 높은 식견을 가지고 행동하는 아주 훌륭한 사람들입니다. 아브라함이 매장지를 사겠다고 요청하자 헷 족속은 그의 슬픔을 이용하여 그 땅을 팔지 않겠다고 대답합니다. 아브라함은 대단한 존경을 받고 있었습니다. 대신에 그들은 아브라함의 필요에 부합하는 땅을 주겠다고 합니다. 그들은 말합니다. "내 주여 들으소서 당신은 우리 가운데 있는 하나님이 세우신 지도자이시니 우리 묘실 중에서 좋은 것을 택하여 당신의 죽은 자를 장사하소서 우리 중에서 자기 묘실에 당신의 죽은 자 장사함을 금할 자가 없으리이다" (창 23:6).

아브라함은 그가 생각하는 특정한 땅이 있지만 그것을 선물로 받는 것을 원하지 않는다고 대답했습니다. 그는 공정한 대가를 지불하기를 원했습니다. "소할의 아들 에브론에게 구하여 그가 그의 밭머리에 있는 그의 막벨라 굴을 내게 주도록 하되 충분한 대가를 받고 그 굴을 내게 주어 당신들 중에서 매장할 소유지가 되게 하기를 원하노라" (8-9절)고 말하자 에브론은 헷 족속 전체가 처음에 말했던 것처럼 예의를 갖추어 대답했습니다. "내가 그 밭을 당신에게 드리고 그 속의 굴도 내가 당신에게 드리되 내가 내 동족 앞에서 당신에게 드리오니 당신의 죽은 자를 장사하소서" (11절).

아브라함이 에브론에게 대가를 받을 것을 공손히 간청하자 그 인품 좋은 헷 사람은 땅값을 은 400세겔이라고 말했지만 여전히 이것은 큰 문제가 아니라고 역설했습니다. 그는 그 돈을 받을 채비는 되어 있었지만 그것을 아브라함에게 호의를 베푸는 것으로 표현했습니다. 이에 따라 아브라함은 귀금속을 가져와 헷 족속의 면전에서 달아주고 그 밭은 아브라함의 소유가 되었습니다.

이 상거래의 긴 이야기는 우리에게도 그리스도인이 어떻게 세상과 거래를 해야 하는지를 가르쳐줍니다. 아브라함이 예의를 갖추었던 것을 주목하십시오. 사라의 죽음에 대해 슬퍼하고 있는 이때, 오히려 아브라함은 예의바른 행동의 모델이 되고 있습니다.

도널드 반하우스는 이렇게 표현했습니다.

"그리스도인들이 항상 예의가 바르다면 좋을 것이다. 많은 사람들이 신약성경의 '겸손하라(be courteous)' (벧전 3:8)는 명령을 잊어버린 것 같이 보인다. 그들은 상급자들에게는 굽신거리며 주제넘게 굴고, 하급자들에게는 불손하고 모질게 대한다. 그들은 호의로 얻어야 할 것을 권리로 주장하려고 한다. 그리고 만일 그들이 호의를 베풀면 그들은 무례하게 행동하여 그 호의를 받는 사람의 감사의 마음을 소멸시켜버린다. 교육의 결핍을 고려한다고 할지라도 이 점에서 그리스도인들을 비난할 여지는 여전히 많은 것이다. 우리는 모든 사람 중에서 가장 공손한 자들이어야 한다. 왜냐하면 우리는 다른 사람들이 행동으로 표현하는 것을 우리 마음으로 느껴야 하기 때문이다. 각각의 그리스도인은 다른 사람들을 자신보다 존경해야 하고(빌 2:3) 그에 따라 행동해야 한다." [3]

아브라함은 그의 상거래에서 공정했습니다. 헷 족속의 통치자는 그의 밭을 선물로 제안했습니다. 그러나 아브라함은 그러한 조건으로 받기를 원하지 않았습니다. 아브라함이 기꺼워했다면 에브론은 공공연히 제안을 했었기 때문에 의심할 바 없이 그것을 실행할 의무감을 가졌을 것입니다. 그러나 그는 속았다고 생각했을 것이고, 자신을 이용한 사람으로 항상 아브라함을 주시했을 것이며, "거래"는 훗날 끝없는 문제를 만들어 냈을 것입니다. 아브라함은 이것을 알았고, 공정하게 행동했으며, 공정한 값을 지불했습니다. 이것 역시 믿는 자들에게 본보기가 되어야 합니다. 우리는 제 값 이상의 물건을 요구해서도, 제 값보다 적게 지불하려고 해서도 안 됩니다. 무엇보다 우리는 솔로몬이 생생하게 묘사한 가정(假定)상의 영리한 책략을 피해야 합니다. "물건을 사는 자가 좋지 못하다 좋지 못하다 하다가 돌아간 후에는 자랑하느니라" (잠 20:14).

또한 우리가 아브라함의 상거래에서 주목하는 사항은 그가 신중했다는 것입니다. 그가 에브론의 밭에 대해 공정한 값을 지불했을 뿐만 아니라 거래를 목격하게 했습니다(창 23:16-18). 공식적인 증서나 기록이 없을 때에는 공적인 증언이 계약의 효력을 가지고 있었습니다. 이 지혜로운 거래의 특성을 주목한 반하우스는 이렇게 기술합니다.

"아브라함의 많은 영적 자녀들은 아브라함을 정말 닮지 않았다. 그들은 사업을 시작하면서 합당한 숙려 없이 계약을 체결한다. 그들은 업무를 규칙 없이 처리하고, 그것들을 혼란 속에 남겨둔다. 이런 식의 무분별한 경영으로 그들은 자신들의 이름에 불명예를 초래하고, 그들의 가족들을 몰락시킨다. 아브라함의 예를 따르자. 그리고 솔로몬의 말에 유의하자. 그는 이렇게 말했다. '네 일을 밖에서 다스리며 너를 위하여 밭에서 준비하고 그 후에 네 집을 세울지니라' (잠 24:27)."[4]

더 좋은 본향

아브라함이 에브론의 밭을 산 것은 사라를 매장하기 위한 것이었을 뿐만 아니라 그가 소유하지는 않았지만 60년 이상을 살아온 그 땅에 관한 하나님의 약속에 대한 그의 확신을 표현하기 위한 것이기도 했습니다. 하나님은 이렇게 말씀하신 바 있습니다. "내가 이 땅을 네 자손에게 주리라" (창 12:7). 후에 그분은 추가하여 말씀하셨습니다.

"너는 눈을 들어 너 있는 곳에서 북쪽과 남쪽 그리고 동쪽과 서쪽을 바라보라 보이는 땅을 내가 너와 네 자손에게 주리니 영원히 이르리라 내가 네 자손이 땅의 티끌 같게 하리니 사람이 땅의 티끌을 능히 셀 수 있을진대 네 자손도 세리라 너는 일어나 그 땅을 종과 횡으로 두루 다녀 보라 내가 그것을 네게 주리라"(창 13:14-17)

후에 또 다시 이렇게 말씀하셨습니다.

"내가 이 땅을 애굽 강에서부터 그 큰 강 유브라데까지 네 자손에게 주노니 곧 겐 족속과 그니스 족속과 갓몬 족속과 헷 족속과 브리스 족속과 르바 족속과 아모리 족속과 가나안 족속과 기르가스 족속과 여부스 족속의 땅이니라"(창 15:18-21)

아브라함이 사랑하는 아내의 시신을 매장한 것은 하나님이 그분의 약속을 성취하시고 그 땅을 그의 자손에게 영원히 주실 것이라는 그의 믿음의 표시였습니다. 훗날 아브라함의 자손들은 에브론의 밭에 있는 굴을 가족 묘지로 만들었습니다. 이 자리에 이삭과 이스마엘이 아브라함을 매장했습니다. 이삭과 리브가도 막벨라 굴에 매장되었습니다. 여기에 야곱이 레아를 매장했고, 요셉이 그의 아버지 야곱을 매장했습니다(창 49:29-32). 창세기는 요셉이 애굽에서 죽는 것으로 끝이 납니다. 애굽은 아브라함의 자손들에게 약속한 땅에서 멀리 떨어져 있었는데 요셉은 죽으면서 그의 아들들에게 하나님이 그들을 약속의 땅으로 돌아가게 하실 때, 그의 뼈를 가지고 갈 것을 명령했습니다. 이 때문에 요셉은 히브리서에서 칭찬을 받습니다(히 11:22).

그러나 아브라함의 소망은 가나안 땅 훨씬 너머에 가 있었습니다. 그가 죽은 아내 사라에 대해 울고 일어나서 헷 족속에게 한 첫 마디는 이러했습니다. "나는 당신들 중에 나그네요 거류하는 자" 입니다(창 23:4). 이것은 아브라함의 자손들이 주목할 만한 말이고 정확히 기억해야 할 말이었습니다. 실제로 그들은 그 말을 결코 잊지 않았습니다. 레위기에서 하나님이 모세를 통해 백성에게 이렇게 말씀하셨습니다. "토지를 영구히 팔지 말 것은 토지는 다 내 것임이니라 너희는 거류민이요 동거하는 자로서 나와 함께 있느니라" (레 25:23). 다윗이 성전 건축을 위한 재료를 봉납하면서 하나님께 성대한 기도를 드릴 때, 그의 기도는 이러했습니다. "나와 내 백성이 무엇이기에 이처럼 즐거운 마음으로 드릴 힘이 있었나이까 모든 것이 주께로 말미암았사오니 우리가 주의 손에서 받은 것으로 주께 드렸을 뿐이니이다 우리는 우리 조상들과 같이 주님 앞에서 이방 나그네와 거류민들" 입니다(대상 29:14-15). 한 시편에서 그는 이렇게 간청합니다. "여호와여 나의 기도를 들으시며 나의 부르짖음에 귀를 기울이소서 내가 눈물 흘릴 때에 잠잠하지 마옵소서 나는 주와 함께 있는 나그네이며 나의 모든 조상들처럼 떠도나이다" (시 39:12). 각각의 경우에 (그 땅이 실제로 유대인들의 소유였던 후기 유대 역사에서조차도) 하나님의 참된 백성은 아브라함의 표현을 사용하여 그들의 본향은 여기가 아니라는 것과, 그들은 더 좋은 본향, 곧 하늘을 대망하고 있다는 것을 고백했습니다. 아브라함은 어떠했습니까? 아브라함의 믿음도 역시 그렇지 않습니까? 히브리서 저자는 이렇게 진술했습니다.

"이 사람들은 다 믿음을 따라 죽었으며 약속을 받지 못하였으되 그것들을 멀리서 보고 환영하며 또 땅에서는 외국인과 나그네임을 증언하였으니 그들이 이같이 말하는 것은 자기들이 본향 찾는 자임을 나타냄이라 그들이 나온 바 본향을 생각하였더라면 돌아갈 기회가 있었으려니와 그들이 이제는 더 나은 본향을 사모하니 곧 하늘에 있는 것이라 이러므로 하나님이 그들의 하나님이라 일컬음 받으심을 부끄러워하지 아니하시고 그들을 위하여 한 성을 예비하셨느니라"(히 11:13-16)

그 성은 예수님을 따르기 위해 과거를 떠난 우리를 위해서도 준비되어 있습니다. 그런 점에서 용기를 냅시다. 우리는 울만한 이유가 있을 때 웁니다. 우리가 삶을 살아야만 할 때, 우리는 삶의 일을 진척시킵니다. 그러나 기쁠 때나 슬플 때나 생명이 있을 때나 죽었을 때나 우리는 저 거룩한 성의 시민임을 잊지 말고 그곳을 향해 길을 재촉합시다.

● 각주 ●

1. 로버트 캔들리시, *Studies in Genesis*, 390.
2. 같은 책, 392.
3. 도널드 G. 반하우스, *Genesis*, 2:12.
4. 같은 책, 13.

101

이삭을 위한 신부

창세기 24 : 1-67

그때에 이삭이 브엘라해로이에서 왔으니 그가 네게브 지역에 거주하였음이라 이삭이 저물 때에 들에 나가 묵상하다가 눈을 들어 보매 낙타들이 오는지라 리브가가 눈을 들어 이삭을 바라보고 낙타에서 내려 종에게 말하되 들에서 배회하다가 우리에게로 마주 오는 자가 누구냐 종이 이르되 이는 내 주인이니이다 리브가가 너울을 가지고 자기의 얼굴을 가리더라 종이 그 행한 일을 다 이삭에게 아뢰매 이삭이 리브가를 인도하여 그의 어머니 사라의 장막으로 들이고 그를 맞이하여 아내로 삼고 사랑하였으니 이삭이 그의 어머니를 장례한 후에 위로를 얻었더라(창 24:62-67)

성경의 어떤 부분들은 아주 세심하게 연구되어야 합니다(구약의 율법, 선지서, 바울의 서신서뿐만 아니라 창세기도 그렇습니다). 왜냐하면 그것들은 특별한 중요성을 가진 독특한 말들을 담고 있고, 그 각각의 말은 앞으로 나가기 전에 이해되고 음미되어야 하기 때문입니다. 그러한 부분을 대충 다루고 지나가게 되면 그 부분이 가르치는 것을 놓치게 될 것입니다. 그러나 성경 모두가 그렇지는 않습니다. 실제로 어느 부분들은 이야기입니다. 그러한 부분들을 깊은 교리 구절로 다루는 것은 깊은 교리 구절을 대충 다루고 지나가는 것과 같은 잘못을 저지르는 것입니다. 이러한 것들은 전체적으로 보아야 합니다. 그리고 그것들이 말하는 이야기는 하나님이 의도하신 것으로서 포괄적으로 말하는 것으로 인정해야 합니다.

창세기 24장은 그런 이야기입니다. 이 장은 긴 문단입니다. 실제로 이 장은 창세기 전체에서 가장 긴 장(67개 절)이고, 창세기에서 세 장(75개 절)을 차지한 홍수 이야기를 제외하고는 단일 이야기로 기록된 가장 긴 장입니다. 이 문단은 아브라함이 그의 아들 이삭을 위한 신부를 찾고자 그의 종을 보내는 이야기뿐만 아니라, 리브가가 전에 한 번도 본 적이 없는 남자와 그녀의 삶을 나누고자 기꺼이 가족을 떠나 광대한 사막을 건너 여행을 하는 이야기로 되어 있습니다. 이것은 사랑의 이야기이고 감동을 주는 이야기 그 이상입니다. 헨리 모리스(Henry Morris)는 이렇게 기술하고 있습니다.

"그것은 마음이 푸근해 지는 사랑 이야기일 뿐만 아니라 인간 구속사에 있어 매우 중요한 이야기의 연대기이기도 하다. 신약에 의하면 이삭은 그리스도의 모형이기 때문에 이삭이 그의 아버지가 위탁한 종의 직무를 통해 신부를 찾는 이야기와 이방인들 중에서 그리스도의 신부(고후 11:2)인 자기 이름을 위할 백성을 취하시려고 성령님을 보내시는 이야기(행 15:14) 사이에 매혹적인 유사성이 있다는 것은 놀랄 일이 아니다. 상징성 이상으로 더욱 중요한 것은 이삭을 위해 선택될 신부는 특별한 주의를 기울여 선택되어야 했다는 사실이다. 왜냐하면 그녀는 열국의 어머니가 될 것이기 때문이다. 열국은 아브라함의 자손을 통해 이루어질 것이고, 그 자손을 통해 구주가 오실 것이고, 그 자손 안에서 세상의 모든 민족이 복을 받게 될 것이라고 하나님이 약속하셨기 때문이다. 아마도 이삭의 결혼보다 더 중요한 결혼은 일찍이 없었겠지만 모든 결혼(결혼 제도)은 하나님에게 특별한 중요성이 있다. 이런 이유로 젊은 그리스도인들(그리고 그의 부모들)은 그들의 결혼을 심사숙고하면서 결혼 준비를 위한 지도 원리를 주의 깊게 연구를 잘해야 할 것이다."[1]

본문 이야기는 다섯 개 부분으로 나누어집니다. 첫째, 아브라함이 그의 가장 신임하는 종에게 아브라함의 친척 중에서 이삭의 신부를 찾으라고 하는 엄숙한 명령(1-9절)과 둘째, 종이 사막을 건너는 여행과 우물에서 리브가를 만남(10-27절)과 셋째, 종의 자기 임무에 대한 설명과 그의 요구에 대한 상대방 부모의 긍정적 반응(28-53절)과 넷째, 종이 리브가와 함께 즉시 고향으로 돌아가도록 허락을 바람(54-58절)과 다섯째, 리브가가 가족의 축복과 함께 집을 떠나는 것과 그녀가 이삭을 만나고 결혼하는 것(59-67절)입니다.

믿음에서 믿음으로

이 장에는 여러 가지의 관계들이 들어있습니다. 부모와 자녀관계, 자녀와 나그네 관계, 자녀와 생소한 사람과의 관계, 남편과 아내의 관계입니다. 본문은 아브라함(주인)과 그의 신뢰받는 종의 관계에서 시작합니다. 우리는 이 종이 누구였는지 확실히 알 수는 없습니다. 아마도 창세기 15:2절에 언급된 다메섹의 엘리에셀이었는지도 모릅니다. 그러나 창세기 15장 사건은 50년 내지 60년 전에 일어난 것이기 때문에 지금쯤 엘리에셀이 죽었을 것이고, 여기에 나오는 종은 다른 종일 가능성이 있습니다. 우리가 아는 것은 창세기 24장에서 이름이 알려지지 않은 종은 충성된 종이고, 그의 주인 아브라함의 하나님을 믿고 있었다는 것입니다.

그의 헌신을 주목해 보십시오. 그가 나홀의 성에 도착하자 그는 거기서 이삭의 아내를 찾기 바라며 기도합니다. "우리 주인 아브라함의 하나님 여호와여 원하건대 오늘 나에게 순조롭게 만나게 하사 내 주인 아브라함에게 은혜를 베푸시옵소서 성 중 사람의 딸들이 물 길으러 나오겠사오니 내가 우물 곁에 서 있다가 한 소녀에게 이르기를 청하건대 너는 물동이를 기울여 나로 마시게 하라 하리니 그의 대답이 마시라 내가 당신의 낙타에게도 마시게 하리라 하면 그는 주께서 주의 종 이삭을 위하여 정하신 자라 이로 말미암아 주께서 내 주인에게 은혜 베푸심을 내가 알겠나이다" (창 24:12-14).

나중에 리브가가 대답을 해서 그녀가 나홀(아브라함의 동생)의 손녀인 것이 확인되자 그 종은 이렇게 기도합니다. "나의 주인 아브라함의 하나님 여호와를 찬송하나이다 나의 주인에게 주의 사랑과 성실을 그치지 아니하셨사오며 여호와께서 길에서 나를 인도하사 내 주인의 동생 집에 이르게 하셨나이다"(창 24:26-27). 소돔을 위한 아브라함의 중보를 제외하고 이것이 성경에 기록된 최초의 기도입니다. 아브라함의 종이 이렇게 기도하는 것을 어디서 배웠으며, 그가 여호와를 믿는 믿음이 어디서 생겼겠습니까? 틀림없이 아브라함에게서 배웠을 것입니다. 이것이 바로 복음이 전파되는 방법입니다. 찰스 스펄전(Charles Spurgeon)은 이렇게 관찰했습니다.

"은혜가 피 속에 흐르지는 않지만 그리고 거듭남이 피나 출생에서 오는 것이 아니지만 그러나 아주 종종 (거의 대부분의 경우 그렇다고 말할 수 있음) 가족 중 한 사람에 의해 하나님이 나머지 사람들을 자신에게 이끄시는 경우가 발생한다. 그분은 개인을 부르시고, 그런 다음 그를 영적 미끼 같은 것으로 사용하셔서 나머지 가족을 복음의 그물 안으로 들어오게 하신다."[2]

우리와 가장 가까운 사람들 또는 우리와 함께 일하는 사람들이 우리의 증거의 결과로 하나님을 신뢰하는 것을 배운다면, 그것은 예수 그리스도를 위하여 중요한 효과를 낼 것입니다.

항상 기도하기

이 장의 첫 번째로 중요한 특징이 "관계"라면 두 번째는 "기도"입니다. 아브라함의 훌륭한 종은 데살로니가전서 5:17절의 "쉬지 말고 기도하라"를 읽은 적이 결코 없었습니다. 그것은 2천년 후에 기록된 것이었습니다. 그러나 이 종은 효과적인 기도의 원리를 이해하고 있었고 그가 이해한 것을 충실하게 실천했습니다. 일찍이 이렇게 긴 여행에서 여기서보다 더 빈번히 기도로 채워진 적이 있었습니까? 우리는 그 종이 길을 떠나 나홀에게서 돌아올 때까지 했던 모든 기도를 구체적으로 모릅니다. 그러나 기록된 기도의 즉시성과 열성이 어떤 지표가 된다면 그 여정의 모든 단계는 하나님의 지도와 복을 열심히 구하는 것으로 특징을 이루었을 것입니다. 나는 그 여행자가 매일의 행진을 하나님이 형통케 하시고, 해(害)

를 막아주시고, 맡은 임무가 빨리 완수될 장소로 인도해 주시도록 기도로 시작했다는 것을 의심하지 않고 있습니다. 또한 이 훌륭한 종이 그의 목표의 실현이 지금은 좀 더 가까워졌다는 것을 하나님께 감사하는 기도로 매일을 마쳤을 것도 의심할 바 없습니다.

그는 기도하면서 지정된 목적지에 도착하면 어떻게 여행을 계속할지 계획을 세웠을 것입니다. 이것은 기도가 행동을 대체하는 것이 아님을 의미합니다. 이 종은 기도하고 동시에 일했습니다. 왜냐하면 그는 기도가 일을 필요 없도록 만들기 위해 주어진 것이 아니라, 행동을 효과적으로 만들기 위해 주어진 것임을 알았기 때문입니다.

징후의 사용

종의 기도의 요소는 특히 중요합니다. 그것은 이야기의 방향을 바꾸는 시험에 관련된 것입니다. "한 소녀에게 이르기를 청하건대 너는 물동이를 기울여 나로 마시게 하라 하리니 그의 대답이 마시라 내가 당신의 낙타에게도 마시게 하리라 하면 그는 주께서 주의 종 이삭을 위하여 정하신 자라 이로 말미암아 주께서 내 주인에게 은혜 베푸심을 내가 알겠나이다" (창 24:14).

이 기도에서 종은 하나님에게 분명히 기적(우리가 흔히 "양털을 짜는" 것으로 부르는 기적)을 요청하고 있습니다. 그러나 그의 과정은 기적이 포함된 기드온의 양털 시험(삿 6:36-40)이나 하나님의 법궤에 관련된 블레셋 사람들의 시험(삼상 6:7-9)과는 다른 것입니다. 이 시험은 당장의 임무 수행에 적합한 것으로서 아브라함의 종이 그의 계획을 주의 깊게 생각하고 있음을 보여주었습니다. 헨리 모리스(Henry Moris)는 이 종이 무엇을 생각하고 있었을 지를 진술합니다.

"하나님은 여행에서 그들을 보호하셨다. 그러나 지금 현실적인 일이 눈앞에 닥쳤다. 그의 주인을 위해 어느 소녀를 택해야 하는지 그가 어떻게 알 수 있단 말인가? 물론 그는 그녀가 갖추어야 할 몇 가지 덕성을 알고 있었다. 그녀는 아브라함 일족 출신이어야 하고, 경건하고 덕이 있는 여인이어야 하고, 바라기는 보기에도 아름다워야 한다. 그러나 이러한 조건을 갖춘 소녀가 몇 명이 있다면 그 중 누가 옳은 사람인지 어떻게 안다는 말인가?

거기에 더해 그는 이런 판단을 했을 수도 있다. 그녀는 여행대와 긴 여행을 해야 하고, 종들이 있는 큰 가솔의 살림을 돌봐야 하고, 자녀들을 낳고 키워야 하기 때문에 힘이 있고 건강해야 한다. 이삭이 큰 재산을 소유하고 있기 때문에 그녀는 근면해야 하고, 편안하거나 나태한 삶의 망상을 품지 말아야 한다. 그리고 그녀는 은혜롭고 인정이 있어야 하고, 감수성이 있고 동정심이 있어야 한다. 왜냐하면 이러한 속성이 종들과 그 땅의 백성들 가운데서 그녀의 많은 책임을 잘 수행하는 데 있어 바람직할 것이기 때문이다.

하지만 아브라함의 종이 곧 도착할 소녀들 중에 어떤 소녀가 그런 자질을 가졌는지 어떻게 속히 결정할 수 있단 말인가? 그가 먼저 접근해서 말을 걸 필요가 있었을 것이다. 하기 쉬운 말은 그녀에게 그녀의 항아리에서 마실 물 좀 달라고 하는 말일 것이다. 그러나 거의 어떤 소녀도, 통상적인 호의로, 그와 같은 요청을 수락할 것이다. 따라서 그 행동만으로는 충분하지가 않을 것이다. 그러나 만일 그녀가 자진해서 추가적인 도움을 제공한다면, 말하자면 오리를 가자는데 십리를 가 준다면, 그것은 확실히 좋은 징후가 될 것이다. 아마도 가장 심한 시험은 그녀가 그에게 마실 물을 기꺼이 주고, 어쩌면 그의 수행원들에게까지도 줄 뿐만 아니라, 그의 열 마리의 낙타들에게까지 주는 것일 것이다. 만일 그녀가 불평 없이 그렇게 한다면 그것은 틀림없이 그녀가 아브라함이 그의 아들을 위해 찾고 있는 아내로서의 좋은 증명이 될 것이다.

그러나 이것은 기대하기 힘든 비합리적인 일일 것이다. 열 마리의 크고 지친 낙타의 갈증을 만족시킬 충분한 물을 긷는 것은 아무리 얕잡아 말해도 힘들고 피곤케 하는 작업일 것이다. 그는 소녀에게 그런 일을 실제로 요청할 수는 없는 일이다. 그럼에도 불구하고 만일 그녀가 자발적으로 그렇게 한다면 그것은 그녀가 적합한 자라는 강력한 징후가 될 것이다. 그래서 그는 이 구체적인 목적을 위해 기도하기로 결심했다. 그는 아브라함이 그랬듯이 하나님의 인도하심을 따라 여기까지 왔다는 것을 알았다.

이제, 확실히, 그는 하나님이 그에게 바른 여인을 보여주실 것을 신뢰할 수 있었다. 이것보다 더 좋은 징후가 어디에 있을 수 있는가? 그러므로 처음 보기에는 비합리적으로 보일지 모르지만 그것은 매우 적절한 요청이었다."[3]

이것은 하나님이 그에게 즉시로 정확히 응답하신 사항이었습니다. 아마도 아브라함의 종은 이러한 자질을 가진 소녀를 찾으려면 오랜 시간이 걸려야 할 것으로 생각했을지도 모릅니다. 그러나 실제로는 그렇지 않았습니다. 그가 기도를 마치기 전에 리브가가 현장에 나타났고 그들 간에 간단한 대화를 나눈 후에 방금 하나님께 내어놓았던 조건의 성취가 즉시로 진행되었습니다. 그것은 이사야 65:24절의 "그들이 부르기 전에 내가 응답하겠고 그들이 말을 마치기 전에 내가 들을 것이며" 의 경우와 같았습니다. 리브가가 낙타에게 물을 먹일 때, 아브라함의 종은 지켜보면서 어떻게 이렇게 속히 그의 조건을 충족시킨 소녀가 나타났는지 놀랐을 것은 의심의 여지가 없습니다. 그는 그녀가 누구인지 몰랐습니다. 그래서 그녀가 일을 마치기를 기다렸다가 그녀의 가족에 대해 물었습니다. 그녀가 자신은 밀가가 나홀에게 낳은 아들 브두엘의 딸 리브가라고 대답했을 때, 아브라함의 종은 기쁨으로 몹시 감격했을 것입니다. 즉시로 그는 하나님을 찬양하기 시작했습니다. 여기에 마음을 다하여 주님을 신뢰하고, 자신의 명철을 의지하지 않은 사람이 있었습니다. 아브라함의 종은 하나님을 인정했고, 하나님은 그의 길을 지도하셨습니다(잠 3:5-6).

"가겠나이다"

어떤 사람이 하나님을 가까이 하고 그분의 길을 따르면, 다른 사람들이 그것을 알아봅니다. 본문의 경우 종의 삶에서 하나님의 인도하심은 리브가의 아버지와 오라버니(브두엘과 라반), 리브가 자신이 알아보았습니다. 종의 이야기를 들은 후에 라반과 브두엘이 이렇게 대답했습니다. "이 일이 여호와께로 말미암았으니 우리는 가부를 말할 수 없노라 리브가가 당신 앞에 있으니 데리고 가서 여호와의 명령대로 그를 당신의 주인의 아들의 아내가 되게 하라" (창 24:50-51).

이삭의 신부가 될 리브가의 성품에는 몇 가지 훌륭한 점들이 있는데 그 중 가장 탁월한 성품 중 한 가지가 드러납니다. 우리는 그녀가 방문객에게 먼저 마실 물을 떠다 주고 나서 낙타들을 위해 물을 길어오겠다고 할 때, 그녀의 친절한 성품과 기운을 돋우는 활기와 그녀가 그 일을 열심히 하는 것을 보았습니다. 낙타 한 마리는 뜨거운 지역에서 하루 종일 걸은 후에 76리터 이상의 물을 마십니다. 낙타가 모두 열 마리였습니다. 그녀의 물동이가 4리터의 물이나 담을 수 있었겠습니까? 만일 그렇다면, 그녀는 우물에서 물을 주는 곳까지 200번은 왔다 갔다 했을 것이고 몇 시간은 걸렸을 것입니다. 그러나 그녀는 이 모든 일을 한 나그네를 위해 기꺼이 그리고 힘차게 하고 있습니다.

이런 것들은 매우 감탄할만한 자질들입니다. 그러나 이것을 감안하고도 내가 좋아하는 그녀의 자질은 지금부터 드러납니다. 브두엘과 라반은 이삭의 신부가 될 리브가의 선택이 하나님으로 말미암은 것임을 인정합니다. 그러나 아브라함의 종이 이튿날 아침에 고향으로 즉시 떠나겠다고 고하자 리브가의 오라버니와 어머니가 반대를 합니다. "이 아이로 하여금 며칠 또는 열흘을 우리와 함께 머물게 하라 그 후에 그가 갈 것이니라"(창 24:55). 그러나 아브라함의 종은 즉시 가게 해 달라고 리브가의 가족에게 간청합니다. "나를 만류하지 마소서 여호와께서 내게 형통한 길을 주셨으니 나를 보내어 내 주인에게로 돌아가게 하소서"(창 24:56).

그들은 리브가가 결정하라고 말하며 묻습니다. "네가 이 사람과 함께 가려느냐?" 이 물음의 의미는 "네가 이 사람과 즉시 가려느냐?" 라고 하는 것입니다.

이것은 집을 떠나 이별을 하는 것으로 전날에 만난 사람과 광대한 사막을 건너 여행을 하는 것과 한 번도 본 적이 없는 남자와 결혼을 하게 되는 것을 의미하는 것임에도 불구하고 리브가는 대답합니다. "가겠나이다"(58절). 만일 이것이 하나님으로 말미암은 것이라면 그녀는 즉시로 갈 준비가 되어 있는 것입니다.

리브가의 기록된 역사 중에 어떤 것도 이 방면에서 그녀가 아브라함의 참 영적 계보에 이토록 어울리는 것이 없습니다. 이것은 또한 아브라함의 믿음의 특성이기도 했기 때문입니다. 아브라함이 그 가솔의 남자들에게 할례를 행하라는 지시를 받자 그는 "바로 이 날" 할례를 행했습니다(창 17:23). 그가 사라의 종 하갈과 하갈의 아들 이스마엘을 내보내라는 명령을 받자 아브라함이 그 명령을 수행한 것은 "그 이튿날 아침 일찍"(창 21:14)이었습니다. 아브라함이 그의 아들을 번제로 드리라는 지시를 받았을 때, 아브라함은 그 이튿날 "아침에 일찍이"(창 22:3) 일어나 준비를 했습니다. 더욱이 하나님의 뜻을 즉각적으로 순종하는 것에 대한 아브라함의 관심은 분명히 그의 종에게 전해졌을 것입니다. 왜냐하면 그 종은 이삭의 신부를 얻기 위해 아마도 한 달 가까이 여행을 하며 800km를 횡단했음에도 하루의 쉼조차 없이 되돌아오기를 원했습니다.

이것은 또한 리브가의 기질이었습니다. 아마도 그녀의 생애 중에서 단 한 번도 집을 떠난 적이 없었을 것이지만 그러나 만일 하나님이 그녀를 보내시는 것이라면 그녀는 그분의 인도하심에 즉각 반응하기를 원했습니다. 하나님이 우리에게 그분의 방향을 보여주실 때, 우리도 즉각 순종해야 합니다. 만일 우리가 순종을 미룬다면 성취하는 것은 거의 없을 것입니다. 열흘 늦추는 것이 열 달이 될 것이고, 10년이 될 것이며, 그렇게 되면 섬김의 시간은 사라질 것입니다.

예수님을 위한 신부

나는 이 이야기를 창세기가 제시하는 대로 우리의 삶을 위한 교훈을 얻으면서 설명했습니다. 그러나 내가 본 장 연구 시작에서 말했듯이 이것은 우리가 어떻게 그리스도의 신부가 될 수 있는가 하는 것을 그려줍니다.

리브가는 교회의 모형입니다. 한 주석가는 이렇게 말합니다. "그녀가 알기 전에 그녀는 이미 생각 속에 있었고, 그녀가 신랑의 존재를 알지도 못할 때 이미 선택되었다."[4] 따라서 이런 일은 우리에게도 있습니다. 왜냐하면 우리는 그리스도 안에서 "창세 전에"(엡 1:4) 선택되었기 때문입니다. 이삭은 리브가가 그를 알기 전에 그의 희생과 부활의 경험을 마쳤습니다. 충성된 종은 그녀가 아직도 이삭의 존재에 대해 무지할 때, 그녀를 찾기 위해 집을 떠났습니다. 그리고 그가 그녀를 찾았을 때, 그는 만남을 주도했고 자신을 위해서가 아니라 현장에 없는 주인을 위해 그녀를 그와 함께 오도록 이끌었습니다. 이처럼 성령님은 우리를 찾으셔서 그리스도에게로 이끄셨습니다. 우리가 이 생애를 여행할 때, 그분은 우리가 마치 아브라함의 늙은 종이 브엘세바로 돌아오는 여정을 리브가에게 이삭을 사랑하고 그와 함께 살도록 준비하는 일에 틀림없이 사용했을 것처럼 예수님을 얼굴과 얼굴로 볼 때를 위해 준비하십니다. 만일 성령님이 당신을 설득하고 계신다면 당신의 대답은 오래 전에 살았던 이 소녀가 한 것처럼 빠르고 긍정적이어야 합니다. "네가 이 사람과 함께 가려느냐?" "가겠나이다." 당신도 리브가가 대답한 것처럼 대답하고, 어느 날 당신의 인생 여정 끝에 "티나 주름 잡힌 것이나 이런 것들이 없이 거룩하고 흠이 없이"(엡 5:27) 예수님을 얼굴과 얼굴로 만나게 될 것을 알고 하늘을 향해 기쁘게 출발하기를 바랍니다.

● 각주 ●

1. 헨리 모리스, *The Genesis Record*, 391.

2. 도널드 G. 반하우스가 *"First Things First"* (Philadelphia: Bible Study Hour, 1961), 17쪽에서 인용했다.

3. 헨리 모리스, *The Genesis Record*, 395-96.

4. 도널드 G. 반하우스, *Genesis*, 2:30-31.

102

아브라함의 죽음

창세기 25 : 1-11

아브라함이 후처를 맞이하였으니 그의 이름은 그두라라 그가 시므란과 욕산과 므단과 미디안과 이스박과 수아를 낳고 욕산은 스바와 드단을 낳았으며 드단의 자손은 앗수르 족속과 르두시 족속과 르움미 족속이며 미디안의 아들은 에바와 에벨과 하녹과 아비다와 엘다아이니 다 그두라의 자손이었더라 아브라함이 이삭에게 자기의 모든 소유를 주었고 자기 서자들에게도 재산을 주어 자기 생전에 그들로 하여금 자기 아들 이삭을 떠나 동방 곧 동쪽 땅으로 가게 하였더라 아브라함의 향년이 백칠십오 세라 그의 나이가 높고 늙어서 기운이 다하여 죽어 자기 열조에게로 돌아가매 그의 아들들인 이삭과 이스마엘이 그를 마므레 앞 헷 족속 소할의 아들 에브론의 밭에 있는 막벨라 굴에 장사하였으니 이것은 아브라함이 헷 족속에게서 산 밭이라 아브라함과 그의 아내 사라가 거기 장사되니라 아브라함이 죽은 후에 하나님이 그의 아들 이삭에게 복을 주셨고 이삭은 브엘라해로이 근처에 거주하였더라

년 전 나는 몇 명의 평신도들과 미국의 한 교단의 문제를 두고 이야기를 했는데 그때 나는 왜 한 특정 부문에서 아무런 진척이 없

는지를 물었습니다. 그 중의 한 사람이 이렇게 대답했습니다. "몇 사람이 죽기 전에는 어떤 진척도 없을 것입니다." 나중에 나는 실제로 사람들이 어떤 사람의 죽음을 기다리고, 그 죽음의 소식을 확실히 감사하며 환영할 정도로 문제의 사람이라는 것이 얼마나 슬픈 것인지 곰곰이 생각해 보았습니다.

양질의 삶과 증거로 다른 사람들에게 축복이 되면서 주님과 동행하는 사람들과는 얼마나 다릅니까? 그런 점에서 보면 사람들은 삶에 대해 감사하는 것이지, 삶이 끝났다는 사실에 대해 감사하는 것이 아닙니다. 아브라함의 경우가 그러했습니다. 아브라함은 175년을 살았고, 그의 죽음은 하나님의 특별한 축복으로 생애의 끝을 장식했습니다. 성경은 그것에 대해 간단하게 말씀합니다.

"아브라함의 향년이 백칠십오 세라 그의 나이가 높고 늙어서 기운이 다하여 죽어 자기 열조에게로 돌아가매 그의 아들들인 이삭과 이스마엘이 그를 마므레 앞 헷 족속 소할의 아들 에브론의 밭에 있는 막벨라 굴에 장사하였으니 이것은 아브라함이 헷 족속에게서 산 밭이라 아브라함과 그의 아내 사라가 거기 장사되니라"(창 25:7-10)

당신은 그의 시대의 거인이었던 아브라함과 같은 삶을 어떻게 바르게 평가하겠습니까? 마이어(F. B. Meyer)는 그의 책 「아브라함」(Abraham)과 또 다른 책인 「믿음의 순종」(The Obedience of Faith)에서 아브라함의 믿음을 언급하며 아브라함이 베드로후서 1:5-8절에 일치하여 그의 믿음에 탁월한 신약이 덕목으로 열거하는 목록에서 발견되는 믿음의 열매를 더했다는 것을 계속해서 기술하고 있습니다. 베드로가 쓴 그 구절은 이렇습니다. "너희가 더욱 힘써 너희 믿음에 덕을, 덕에 지식을, 지식에 절제를, 절제에 인내를, 인내에 경건을, 경건에 형제 우애를, 형제 우애에 사랑을 더하라 이런 것이 너희에게 있어 흡족한즉 너희로 우리 주 예수 그리스도를 알기에 게으르지 않고 열매 없는 자가 되지 않게(할 것이다)." 마이어는 이렇게 말했습니다.

"그의(아브라함의) 믿음이 홀로 존재했다고 생각하지 말라. 오히려 그것은 많은 열매를 맺었다. 왜냐하면 신약에 규정된 믿음의 열매의 목록을 가지고 그를 시험해 보면, 우리는 그가 각각의 열매를 모두 나타내고 있다는 것을 알게 될 것이다."[1]

도덕적 탁월성

베드로가 언급하는 믿음의 첫 번째 열매는 "덕" 또는 "도덕적 탁월성"인데 이것이 헬라어 **아레텐**(areten)이 실제로 의미하는 것입니다. 이것은 자연적인 믿음의 열매입니다. 왜냐하면 성경적 믿음은 하나님을 따르는 것이고, 믿음의 사람은 자연적으로 그리고 점점 더 그가 따르는 분을 닮아가기 때문입니다. 아브라함은 하나님을 따랐고, 그의 도덕적 성품에 있어 하나님처럼 되었습니다. 어떻게 창세기에서 베드로후서 1:5-8절에 나오는 이러한 특성이 아브라함의 삶에 뚜렷이 나타났는지 놀랍습니다.

창세기 12장은 아브라함이 가나안으로 여행하는 것에 대해 이야기합니다. 그런데 창세기 13장에서 우리는 이미 아브라함이 그 땅에서 롯과 헤어지면서 양보의 성품을 드러내는 것을 봅니다. 롯의 종들과 아브라함의 종들이 다투었습니다. 그래서 아브라함은 두 큰 가솔이 함께 있게 되면 문제가 더 악화될 가능성이 있다는 것을 깨달았습니다. 그는 헤어질 것을 제안하고 롯에게 먼저 땅을 선택하도록 했습니다. 선택의 우선권은 우르를 떠나 가나안에 도착한 사람들 중의 연장자이며 지도자인 아브라함에게 있었습니다. 그는 롯에게 그 땅의 아무 곳, 즉 가장 바람직하지 않은 곳을 할당해 줄 수도 있었습니다. 그러나 그는 조카에게 우선적 선택권을 주었습니다. 그래서 롯이 소돔을 향해 뻗어있는 물이 넉넉한 요단 지역을 선택하자 아브라함은 산지로 방향을 돌려 그곳에 거했습니다.

롯의 요단 지역 선택 후에 동방 왕들의 소돔 공격이 있었습니다. 롯은 주거지를 소돔 안으로 옮겼는데 포로로 잡혔습니다. 그러나 이 사건에서 아브라함은 대단한 용기를 보였습니다. 왜냐하면 그는 상대적으로 적은 병력(318명)을 가지고 동방 연합군을 추적해서 롯의 가족을 구했기 때문입니다.

아브라함의 생애 초기에 발생한 이 사건에서 나의 마음에 드는 것은 전투 후, 그가 살렘 왕 멜기세덱과 소돔 왕 베라와 만나는 사건입니다. 만일 아브라함이 세속적인 사람이었다면 그는 이 승리 후에 교만해지고, 권력을 휘둘렀을 것입니다. 그는 가나안에서 그의 이득을 챙기려고 시간을 보내며 요단 지역의 도시들은 이제 그의 것이었습니다. 모든 것이 그의 것이었습니다. 그러나 아브라함은 권력을 휘두르지 않았고, 그의 이득을 챙기지도 않았습니다. 대신에 그는 얻은 것에서 십분의 일을 하나님의 제사장 멜기세덱에게 줌으로써 하나님이 승리의 원천이심을 인정했습니다. 그다음에 소돔 왕이 재물에 대한 아브라함의 권리를 인정하면서 포로들을 돌려달라고 요청하자 아브라함은 어느 누구도 "내가 아브람으로 치부하게 하였다"(창 14:23) 라는 말을 못하도록 재물과 포로 모두 돌려주겠다고 대답했습니다. 아브라함은 그가 함께 했던 영광이 오직 하나님의 것이 되기를 원했습니다.

하나님 알기

아브라함의 생애에는 덕이 믿음에 결합되어 있었고, "지식"을 더했습니다. 이것은 어떻게 더 좋은 쥐덫을 만드는가에 대한 지식이 아니었습니다. 세상의 사악한 풍습에 대한 경험적 지식은 더더욱 아니었습니다. 아브라함의 지식은 바로 하나님에 대한 것이었습니다. 마이어(Meyer)는 이렇게 말합니다. "그의 전 생애에 그는 하나님의 신학대학의 학생이었다. 매년마다 하나님의 품성과 속성에 대한 새로운 계시들이 그의 영혼에 밀려왔다. 그는 하나님과 신적 본질에 대한 지식이 늘었는데 그것은 애초에 그에게 미지의 영역(terra incongnita)이었다. 알지 못하는 나라가 그의 응시 아래서 자랐고, 여러 해를 통해 하나님과의 가까운 교제 안으로 올라 그 정상에서 길이와 넓이와 깊이와 높이와 대양과 산맥 그리고 평야를 내려다보았다."[2]

우리 모두는 이러한 하나님의 지식을 가져야 합니다. 만일 그렇지 않다면 우리는 그것을 바라고 추구하는 사람들이 아닙니다. 아브라함의 시절 성경이 없었을 때, 하나님은 자신을 특별하게 계시하셨습니다(창 12:1-3, 7, 13:14-17, 15:1-21, 17:1-21, 18:1-33, 21:12-13, 22:1-2, 11-18). 오늘날에 필요한 모든 계시는 그분의 말씀으로 기록되어 있습니다. 거기서 하나님을 알 수가 있습니다. 만일 우리가 믿음과 덕에 지식을 더하려면, 우리는 성경을 깊이 연구해야만 합니다.

절제

베드로가 말하는 다음 덕목은 "절제" 입니다. 이것은 갈라디아서 5:22-23절에 나오는 고귀한 성령의 열매의 목록 끝에도 언급되고 있습니다. 그것은 특히 자신의 죄스런 욕망에 대한 승리와 관련이 있습니다. 그것은 하나님의 주권적 의지에 대한 복종을 의미합니다.

소돔의 파멸을 알게 되었을 때, 아브라함의 반응이 이 덕목의 훌륭한 성경적 예가 됩니다. 만일 아브라함이 소돔을 위해 그렇게 열심히 기도하지 않았다면 우리는 그가 나중에 보였던 절제는 대수롭지 않은 것으로 생각할 것입니다. 그러나 아브라함은 열심히 기도했습니다.

"아브라함이 가까이 나아가 이르되 주께서 의인을 악인과 함께 멸하려 하시나이까 그 성 중에 의인 오십 명이 있을지라도 주께서 그 곳을 멸하시고 그 오십 의인을 위하여 용서하지 아니하시리이까 주께서 이같이 하사 의인을 악인과 함께 죽이심은 부당하오며 의인과 악인을 같이 하심도 부당하니이다 세상을 심판하시는 이가 정의를 행하실 것이 아니니이까"(창 18:23-25)

이 기도는 매우 설득력 있고, 열렬한 기도이며, 아브라함이 의인의 수를 낮춰 감에 따라 더욱 그러한 기도가 되었습니다. "오십 의인 중에 오 명이 부족하다면 그 오 명이 부족함으로 말미암아 온 성읍을 멸하시리이까… 거기서 사십 명을 찾으시면 어찌 하려 하시나이까… 거기서 삼십 명을 찾으시면 어찌 하려 하시나이까… 거기서 이십 명을 찾으시면 어찌 하려 하시나이까… 거기서 십 명을 찾으시면 어찌 하려 하시나이까"(창 18:28-32). 이것은 성경 전체에서 최초로 나오는 중보 기도의 훌륭한 실례입니다.

그러나 몇 시간 후에 아브라함이 돌아와서 당대에 큰 도시인 소돔의 불타버린 흔적의 연기를 응시하고 있을 때, 우리는 말 한 마디 없이 서 있는 그 족장에게서 더욱 감동적인 모습을 보게 됩니다. 아브라함은 조카인 롯과 그의 딸들이 구출되었다는 것을 알지 못했습니다. 그는 소돔과 평야의 다른 도시들이 그들의 악에 대해서 심판을 받았다는 것을 알았습니다. 그는 롯과 그의 가족도 멸망당했다고 생각했습니다. 그럼에도 하나님에 대하여 항의나 불평을 했다는 기록이 전혀 없습니다. 아브라함의 의심할 줄 모르는 믿음의 절제는 매우 대단합니다. 성경은 단순히 이렇게 기록하고만 있습니다. "아브라함이… 소돔과 고모라와 그 온 지역을 향하여 눈을 들어 연기가 옹기 가마의 연기같이 치솟음을 보았더라" (창 19:27-28).

지속적인 순종

우리는 다음의 큰 사건에서도 역시 아브라함의 생애의 절제를 보게 되지만 그 외의 다른 것도 또한 보게 됩니다. 그것은 "인내" 입니다. 베드로는 그것을 믿음의 일곱 가지 열매에 대한 권고에 이어 언급합니다. 그 사건은 아브라함이 모리아 산에서 그의 아들을 준(準) 희생시킨 것입니다. 내가 하는 말이지만 이 구절에서 절제는 명확합니다. 우리는 아브라함이 빠져나갈 길을 찾으려고 하나님과 논쟁을 했다거나 지시하신 일의 시행을 늦추려고 변명을 생각해 냈다는 것을 알지 못합니다. 부담이 매우 컸을 것이지만 우리는 그가 신중하고 조직적인 방법으로 순종하는 것을 봅니다. 아브라함은 아침 일찍 일어나 나귀에 안장을 지우고, 이삭과 종들을 데리고, 번제에 쓸 나무를 쪼개어 모리아 산으로 출발했습니다. 그런데 마치 거의 대수롭지 않게 보이는 것 같은 말씀이 나옵니다. "제 삼일에 아브라함이 눈을 들어 그 곳을 멀리 바라본지라" (창 22:4). 삼일! 아브라함은 그 "끝이 없는" 여정의 기간 동안 인내함으로 순종해야 했습니다.

우리가 전에 이 구절을 연구할 때, 참된 제자도는 지속적이고 평생의 일임을 말하기 위해 유진 피터슨(Eugene H. Peterson)의 「같은 방향으로의 오랜 순종」(A Long Obedience in the Same Direction)을 인용한 바가 있습니다. 제자도는 때에 따라 중단되는 것이 아닙니다. 그것은 한 발짝 한 발짝 매해마다 같은 방향으로 하나님이 우리를 자신의 집으로 데려가실 때까지 꾸준히 나아가는 것입니다. 아브라함의 경우에는 이 오랜 순종이 모리아 산으로 가는 3일 간의 여정에 극적으로 나타나 있는데 그 순종은 그의 175세의 생애 끝까지 지속되었습니다. 그는 100여 년 전 갈대아 우르를 떠났을 때와 똑같이 그가 죽던 날에도 하나님과 동행했습니다.

경건

믿음의 열매에 대한 베드로의 목록에 있는 다섯 번째 덕목은 "경건" 입니다. 영어로는 "하나님 같음(God likeness)", 즉 하나님과 같은 것을 의미합니다. 그것은 하나님과 함께 시간을 보내는 데서 나타나는 특징으로 자연스럽게 인내로부터 따라 나옵니다. 우리는 경건합니까? 우리들 대부분은 그렇지 않습니다. 왜냐하면 우리는 하나님과 충분한 시간을 갖고 있지 않기 때문입니다. 하나님과 시간을 보내는 대신에 우리는 우리의 작은 우르 또는 하란에 머무는 것을 택하고, 그곳의 삶에 사로잡혀 있습니다. 또는 롯이 그랬던 것처럼 양떼와 소떼와 목초지를 두고 싸우는 데 시간을 보냅니다. 우리는 하나님을 닮기 위하여 하나님과 혼자만의 "경건의 시간" 을 가져야만 합니다.

가나안 땅에서 방황하는 동안 아브라함의 삶의 한 특징은 제단을 쌓은 것입니다. 성경이 그에 대해 기록한 첫 번째 일들 중 하나는 동방에서 와서 세겜 땅 모레 상수리나무에 정착했을 때, "그가(아브라함이) 자신에게 나타나신 여호와를 위하여 단을 쌓은" (창 12:7) 것입니다.

성경이 그 다음으로 기록하고 있는 것은 그가 세겜에서 벧엘 동산으로 옮겨 "그가 그곳에서 여호와를 위하여 단을 쌓고 여호와의 이름을 불렀다" (창 12:8)는 것입니다. 그 후에도 "아브람이 장막을 옮겨 헤브론에 있는 마므레 상수리 수풀에 이르러 거주하며 거기서 여호와를 위하여 제단을 쌓았" (창 13:18)습니다. 마이어는 이렇게 기술하고 있습니다.

"그의 주요 특성의 하나는 그의 경건, 즉 그의 삶에서 하나님의 임재에 대한 변치 않는 감각과 그분에 대한 사랑과 헌신이다. 그가 어디에 장막을 치든지 그곳에서의 첫 번째 관심은 제단을 세우는 것이었다. 세겜, 헤브론, 브엘세바에서 똑같이 이러한 그의 경의와 사랑의 징표를 보여주었다. 문제에 부딪칠 때마다 그는 자녀가 그의 아버지에게 하듯이 자연스럽게 하나님께 눈을 돌렸고, 그의 영과 하나님의 영 사이에 거룩한 영적 교통이 있었다. 그래서 지금 그 이름이 '친구' 라고 동방 전역에 걸쳐 잘 알려졌다. 그 이름은 그가 갖고 있는 가장 빼어난 이름인데 우리가 그에 대해 잘 알고 있는 이름으로서 그 이름의 사용은 거의 빛을 잃었다." [3]

형제 우애

베드로후서 1:5-8절에 열거된 다음 덕목은 "형제 우애" 입니다. 그 헬라어는 필레오(phileo)란 말에 기초한 가족에 대한 깊은 사랑은 물론, 삶의 자연적인 과정에서 만나는 사람에 대한 같은 애정과 관련되어 있습니다.

창세기는 아브라함의 애정에 대해 많은 통찰을 주고 있지 않습니다. 그의 순종과 믿음에 대해 훨씬 더 많은 관심을 기울이고 있습니다. 그럼에도 우리는 이 사람의 틀림없는 타고난 깊은 애정을 일별합니다. 하나님이 아들에 대한 약속을 되풀이 하시고, 할례에 대한 언약의 표를 세우시려고 그에게 나타나셨을 때, 아브라함은 (그는 이때쯤 사라의 애굽 종 하갈을 통해 아들을 얻었음) 이렇게 말했습니다. "이스마엘이나 하나님 앞에 살기를 원하나이다"(창 17:18). 아브라함은 하나님과 논쟁은 하지 않았습니다. 그러나 무엇을 동경하는 듯한 이 외침은 그의 아들 이스마엘에 대한 깊은 애정을 무심코 드러냈습니다. 아브라함은 이스마엘의 어머니 하갈도 사랑했습니다. 그리고 사라를 통한 그의 아들 이삭도 사랑했습니다.

그러나 우리 대부분이 아브라함이 그의 가족 중 누군가에 대해 사랑을 나타내는 것을 보는 시점은 그의 아내 사라가 죽은 때입니다. 그녀는 아브라함이 죽기 38년 전에 죽었습니다. 그녀가 죽었을 때, "아브라함이 들어가서 사라를 위하여 슬퍼하며 애통"(창 23:2)했습니다.

이들 중 가장 위대한 것

베드로후서 1:5-8절로 돌아가 보면 우리는 베드로가 마지막으로 "사랑"을 언급하는 것을 봅니다. 이 단어는 아브라함의 그의 가족에 대한 애정을 묘사하는 데 사용될 수도 있었습니다. 그러나 그것은 중요한 단어 아가페(agape)이고 베드로 목록에서 "형제 우애"를 뒤따라 그것보다 한 단계 높게 나옵니다. 그것은 인간의 사랑이 아닌 신적인 사랑으로 생각됩니다. 아브라함의 하나님에 대한 오랜 관계에 대해 이것보다 더 특징적인 것이 나는 없다고 생각합니다. 아브라함의 생애에 대한 창세기 이야기에서 하나님이 그에게 이삭을 바치라는 명령을 하실 때, 사랑이 딱 한 번 언급된 것은 사실입니다. "네 아들 네 사랑하는 독자 이삭을 데리고"(창 22:2). 여전히 아브라함이 하나님을 진심으로 사랑했고, 하나님의 예비와 은혜에 대한 많은 경험을 통해 그분에 대한 사랑 안에서 성장했다는 것을 누가 의심할 수 있겠습니까? 아브라함이 하나님께 순종한 것도, 하나님을 섬긴 것도 사랑 때문이었습니다. 나는 사랑이 다른 모든 속성 중에서 아브라함을 성장시킨 궁극적인 비밀이라고 말하고 싶습니다. 그는 믿음으로 시작해서 사랑하는 것을 배웠고 그의 전 생애를 통해서 하나님을 닮는 것에 점점 자라났습니다.

많은 사람들은 내가 인용하고자 하는 이 구절이 하나님의 품성 또는 더 구체적으로는 예수 그리스도의 품성을 묘사한다고 지적했습니다. 그러나 그 구절은 아브라함을 묘사하고 있지 않습니까?

"사랑은 오래 참고 사랑은 온유하며 시기하지 아니하며 사랑은 자랑하지 아니하며 교만하지 아니하며 무례히 행하지 아니하며 자기의 유익을 구하지 아니하며 성내지 아니하며 악한 것을 생각하지 아니하며 불의를 기뻐하지 아니하며 진리와 함께 기뻐하고 모든 것을 참으며 모든 것을 믿으며 모든 것을 바라며 모든 것을 견디느니라"(고전 13:4-7)

아브라함은 이와 같은 사람으로 "나이가 높고 늙어서 기운이 다하여 죽어 자기 열조에게로 돌아가매"(창 25:8) 라고 했습니다. 나는 이 생각을 하며 마무리하고자 합니다. 창세기 25:8절이 "아브라함이… 자기 열조에게로 돌아갔다" 고 말한 것은 많은 자유주의 학자들이 주장하듯이 단순히 그가 장사되었다는 것을 말하는 것이 아닙니다. 족장 시대에 소망이 아무리 분명치 않았다 해도 그것은 죽음 이후에 하나님의 사람들의 영혼의 궁극적 구제를 믿는 믿음을 증거 하는 것입니다. 아브라함은 그의 조상과 함께 장사되지 않았습니다. 그는 마므레 근처 막벨라 굴에 사라와 함께 장사되었습니다.

누가 온전한 의미에서 "그의 열조" 입니까? 처음부터 경건의 계보(아담과 그의 아들 셋부터)를 추적한 창세기 문맥에서 아브라함의 열조는 그 이전 세대의 경건한 사람들이었다는 것이 사실이 아닙니까? 그것은 셋과 에노스와 게난과 마할랄렐과 야렛과 에녹과 므두셀라와 노아와 그들 뒤로 산 충성된 사람들을 언급하는 것이 아닙니까?

묻습니다. 누가 당신의 열조입니까? 아브라함에 대하여 그랬던 것처럼 어느 날 당신에 대해 기록될 것입니다. "그는(또는 그녀는) 그의(또는 그녀의) 마지막 숨을 쉬고 죽고… 그의(또는 그녀의) 열조에게로 갔다." 그 열조는 하나님의 사람들입니까 아니면 하나님의 진리를 경멸하고 그분의 구원의 길을 무시한 사람들의 일단입니까? 만일 당신이 죽을 때 하나님의 사람들에게 가려면 당신은 먼저 (세상에 여전히 사는 동안에) 하늘 낙원의 문이신 예수 그리스도를 믿어야 합니다. 그분은 영원히 존재하는 유일하신 문입니다. 그분은 그 족장이 바라보았던 분이십니다. 그분은 선지자들의 소망이십니다. 그분은 신약의 사도와 성도들의 구주이십니다. 만일 당신이 그분을 믿었다면 당신은 그 믿음에 덕을 더하고, 덕에 지식을, 지식에 절제를, 절제에 인내를, 인내에 경건을, 경건에 형제 우애를 그리고 형제 우애에 사랑을 더할 수 있습니다.

● 각주 ●

1. F. B. 마이어, *Abraham*, 200.
2. 같은 책, 200-201.
3. 같은 책, 201-202.

103

두 아들의 이야기

창세기 25 : 12-26

사라의 여종 애굽인 하갈이 아브라함에게 낳은 아들 이스마엘의 족보는 이러하고 이스마엘의 아들들의 이름은 그 이름과 그 세대대로 이와 같으니라 이스마엘의 장자는 느바욧이요 그 다음은 게달과 앗브엘과 밉삼과 미스마와 두마와 맛사와 하닷과 데마와 여둘과 나비스와 게드마니 이들은 이스마엘의 아들들이요 그 촌과 부락대로 된 이름이며 그 족속대로는 열두 지도자들이었더라 이스마엘은 향년이 백삼십칠 세에 기운이 다하여 죽어 자기 백성에게로 돌아갔고 그 자손들은 하윌라에서부터 앗수르로 통하는 애굽 앞 술까지 이르러 그 모든 형제의 맞은편에 거주하였더라 아브라함의 아들 이삭의 족보는 이러하니라 아브라함이 이삭을 낳았고 이삭은 사십 세에 리브가를 맞이하여 아내를 삼았으니 리브가는 밧단 아람의 아람 족속 중 브두엘의 딸이요 아람 족속 중 라반의 누이였더라 이삭이 그의 아내가 임신하지 못하므로 그를 위하여 여호와께 간구하매 여호와께서 그의 간구를 들으셨으므로 그의 아내 리브가가 임신하였더니 그 아들들이 그의 태 속에서 서로 싸우는지라 그가 이르되 이럴 경우에는 내가 어찌할꼬 하고 가서 여호와께 묻자온대 여호와께서 그에게 이르시되 두 국민이 네 태중에 있구나 두 민족이 네 복중에서부터 나누이리라 이 족속이 저 족속보다 강하겠고 큰 자가 어린 자를 섬기리라 하셨더라 그 해산 기한이 찬즉 태에 쌍둥이가 있었는데 먼저 나온 자는 붉고 전신이 털옷 같아서 이름을 에서라 하였고 후에 나온 아우는 손으로 에서의

발꿈치를 잡았으므로 그 이름을 야곱이라 하였으며 리브가가 그들을 낳을 때에 이삭이 육십 세였더라

주석가들이 종종 주목하고 있는 창세기의 특징 중 한 가지는 이야기의 주요 부분들이 히브리어로 세대들(generations)를 의미하는 톨레도트(toledoth)라는 단어의 사용으로 구분된다는 것입니다. 그 단어는 창세기에서 열 한 번이나 나오는데 창세기 앞부분에서 여섯 번(2:4, 5:1, 6:9, 10:1, 11:10, 27), 중간 부분에서 네 번(25:12, 19, 36:1, 9), 마지막 부분의 시작에서 한 번(37:2) 나오며, NIV성경은 이들 각각을 "이야기(account)" 라고 번역하고 있습니다. 그들 중 두 개가 지금 우리가 생각하고자 하는 구절에 나옵니다.

톨레도트라는 단어로 시작되는 구절들이 서명(subscriptions, "아래에 쓴" 어떤 것을 의미하는 것)인지 또는 서언(superscriptions, "위에 쓴" 어떤 것을 의미하는 것)인지에 대해 주석가들 사이에 논쟁이 있어 왔습니다. 만일 그것들이 서명이라면 그것들은 앞에 기록한 부분의 요약이 되고, 더욱이 앞에 기록한 부분에 대한 진실성을 증명하는 서명과 같은 것일 수가 있습니다. 만일 그것들이 서언이라면 그것들은 제목, 즉 앞으로 쓰는 글에 대한 소개인 것입니다. 이 문제는 우리가 창세기 1장과 2장의 창조 이야기에 관련된 창세기 2:4절의 연구에서 길게 논의했습니다. 거기서 톨레도트로 소개되는 구절은 서언임을 보았습니다.[1]

이것은 창세기 25장에서도 역시 분명합니다. 이미 말한 바와 같이 거기에는 두 "이야기"가 나옵니다. "아브라함의 아들 이스마엘의 이야기"(12절)가 있고, "아브라함의 아들 이삭의 이야기"(19절)가 있습니다. 만일 그 구절들이 서명이라면 이스마엘에 대한 언급은 그 위에 기록된 아브라함의 모든 생애와 연결되고, 이삭에 대한 언급은 단지 그 위에 기록된 이스마엘의 이야기와 연결 될 것입니다. 이것은 거꾸로 가는 것입니다. 만일 아브라함의 생애를 증명할 수 있는 사람이 있다면 그 사람은 이삭일 것입니다. 이스마엘의 증거는

중요하지 않을 것입니다. 따라서 그 구절들은 관련된 두 사람의 후손들을 소개하는 표제일 것입니다.

이삭과 이스마엘

이삭과 이스마엘은 둘 다 아브라함의 아들이기 때문에 그들의 후손이 나란히 열거되는 것은 자연스럽습니다. 그러나 이렇게 나란히 있는 것에는 이야기를 맞추기 위한 이해할 만한 욕구 외에도 어쩌면 영적인 이유도 있을 것입니다. 두 이야기의 대조에서 깊은 이유를 발견합니다.

한편에 이스마엘이 있습니다. 하나님은 아브라함에게 이스마엘을 열두 통치자의 조상으로 만드시는 것으로 복을 주시겠다고 말씀하셨습니다. "이스마엘에 대하여는 내가 네 말을 들었나니 내가 그에게 복을 주어 그를 매우 크게 생육하고 번성하게 할지라 그가 열두 두령을 낳으리니 내가 그를 큰 나라가 되게 하려니와"(창 17:20).

우리는 지금 이 말씀이 정확히 이루어진 것을 봅니다. 창세기 25:13-16절에 의하면 이스마엘에게는 열두 아들이 있었는데 이들은 북아라비아에서 애굽과 앗수르 사이의 주요 대상(隊商) 도로를 따라 정착한 열두 족속의 지도자들이 되었습니다(18절). 장자인 느바욧은 필시 기원전 4세기에서 6세기 사이에 에돔과 모압 지역으로 옮겨 페트라를 그들의 수도로 삼은 나바티안 족의 조상이 되었을 것입니다. 게달은 흔히 모든 아랍인들을 일반적으로 의미하는 데 사용하는 이름입니다(사 21:17, 렘 49:28). 두마는 튜마트 알-잰들(Tumat al-Jandel)이라는 한 마을의 이름으로 보존되어 왔습니다. 데마는 테이마(Teyma)라는 마을과 결부될지도 모릅니다. 여둘은 그의 이름을 이두래(Iturea) 지역에 준 것으로 보입니다. 후에 그 지역을 분봉 왕 빌립이 다스렸습니다(눅 3:1). 그 이름의 대부분은 우리에게 잘 알려져 있지 않습니다. 그러나 그럼에도 불구하고 요점은 명확합니다. 즉, 이스마엘이 열두 아랍 민족의 조상으로서 번영했다는 것입니다.

이삭은 어떻습니까? 성경은 이삭이 밧단 아람 족속 중 브두엘의 딸 리브가와 결혼할 때 나이가 40세였다는 것과, 리브가는 임신하지 못했다고 말씀하고 있습니다(20-21절). 20년

이 지났습니다. 이삭이 60세가 되어서야 쌍둥이 아들이 출생했고, 약속의 계보는 지속되었습니다(26절).

성경은 그때까지의 기간에 이삭의 생각이 어떠했는지 어떤 암시도 주지 않고 있지만 우리는 그가 하나님의 역사에 대해 얼마나 이상해 했을 것인지 또는 하나님에게 왜 그는 자녀가 없는데 그의 형제 이스마엘은 그렇게 풍성하게 번영하고 있는지 하나님께 질문했을 것을 상상할 수가 있습니다. 아브라함은 이삭의 출생을 위해 100세까지 기다렸습니다. 이삭은 60세였습니다. "왜 하나님은 우리를 이런 방식으로 다루시는가?" 이삭은 의문을 품었을 것입니다. 하나님이 그에게 자녀가 없는 이 기간을 통해 인내를 가르치고 계셨음을 그가 깨달을 수가 있었을까요? 하나님이 아브라함을 인도하셨던 것 같이 그로 하여금 믿고 인내하도록 인도하고 계셨음을 그가 알 수 있었을까요? 내가 하는 말이지만 이삭이 무슨 생각을 했고, 무엇을 배웠는지 듣지 못했습니다. 그러나 우리는 그가 최소한 아브라함이 이스마엘을 낳은 것 같은 실수는 하지 않았다는 것을 알 수 있습니다. 이삭은 하나님을 도와드리려고 하갈 같은 여인을 찾지 않았습니다. 대신에 그는 임신하지 못하는 아내 리브가를 위해 하나님께 기도했습니다(21절).

만일 당신이 불임의 기간을 지나고 있거나 번영을 누리지 못하고 있다면, 지금 이 구절을 적용하십시오. 당신의 경력이 막다른 골목에 도달했습니까? 하나님이 당신의 삶을 어떤 극적인 방법으로 움직이신 이후 여러 해가 되었습니까? 다른 사람들은 앞으로 밀고 나가는데 당신은 뒤에 처져 있습니까? 이것은 하나님이 당신을 포기하셨거나 당신이 다른 사람들보다 잘못 산다는 의미가 아닙니다. 하나님은 당신이 그분을 의지하도록 가르치시는 것입니다. 그분은 당신 주변에서 일어나고 있는 일보다는 당신 안에서 일어나고 있는 일에 더 관심을 가지고 있음을 보여주고 계시는 것입니다.

나는 야곱을 사랑했다

본문의 구절은 그 밖의 다른 것, 즉 홀로 그리고 오래 생각해 볼 필요가 있는 것도 보여줍니다. 때로 우리가 삶에 일어날 것처럼 보이는 것으로 인해 불행할 때, 우리는 하나님에게 불평을 하는데 불평의 핵심은 하나님이 우리에게 주시는 것보다 더 빚을 지고 있다는 것입니다. 우리는 그분이 우리를 공평하게 대우하지 않는다고 느낍니다. 만일 그런 경우라면 우리는 하나님의 은사가 모두 은혜로 주어진 것임을 배울 필요가 있습니다.

나는 여기서 리브가의 아이들의 출생에 대한 신약성경의 주석인 로마서 9장을 살펴보고자 합니다. 창세기 이야기의 요지는 두 아이 중 더 활발한 에서가 먼저 출생했지만 메시아의 계보를 이어가기 위해 하나님의 선택을 받은 자는 아니었다는 것입니다. 그는 자연적인 선택으로 먼저 출생했습니다. 그는 차후의 사건들이 보여주는 것처럼 그의 아버지의 선택이었습니다. 그러나 그는 하나님의 선택이 아니었습니다. 하나님은 야곱을 선택하셨습니다. 이 사실은 우리에게 하나님은 그분이 뜻하시는 자를 택하시고, 그분이 뜻하시는 자를 버릴 주권적 권리가 있으시다는 것을 가르칩니다. 그래서 사도 바울은 로마서에서 왜 하나님이 유대인들을 그분의 소유처럼 다루시는가를 설명하고, 구원은 언제나 하나님의 은혜의 업적임을 지적하기 위해 그것을 언급합니다.

로마서의 이 부분에서 사도 바울은 이스라엘의 일반적 불신의 문제를 다룹니다. 로마서 앞부분에서 그는 복음을 설명하면서 하나님의 약속들은 헛된 것이 아니고, 믿는 자를 하나님의 사랑에서 떼어놓을 존재는 하늘이나 땅에 아무 것도 없다는 로마서 8:28-39절의 위대한 주장으로 결론을 지었습니다. 그러나 이것은 즉시로 내가 언급한 문제로 이끌어 갑니다. 하나님은 이스라엘에 약속을 주신 바가 있습니다. 그런데 이스라엘은 예수 그리스도의 복음을 믿지 않았습니다. 그렇다면 이것은 하나님이 약속들을 깨뜨리셨다는 것과, 그분의 주권적 선택의 대상이 되면서도 결국 구원을 잃는 것이 가능했다는 것을 의미하는 것이 아닙니까?

바울은 그 약속들이 단순히 육체적인 이스라엘, 즉 단순히 아브라함의 육체적 자손들에게 하신 것이 아니라는 것을 설명함으로써 그 문제에 대답을 합니다. 그 약속들은 영적 이스라엘, 즉 하나님이 선택하신 자들에게 하신 것입니다. 이들 중 얼마는 육체적 이스라엘이고, 얼마는 이방인들입니다.

그러나 이 가르침은 우리가 같은 주제를 두고 예수님이 당시의 종교 지도자들과 가지셨던 대화를 통해 아는 바와 같이 바울의 유대인 독자들이 받아들일 만한 것이 아니었습니다. 진리에 대한 지식의 관점에서 본 구원에 대한 이야기를 나눈 후에 유대인들은 그들의 구원의 소망을 아브라함과의 관계에 결부시켜 예수님에게 대응했습니다. 그들은 이렇게 말했습니다. "우리가 아브라함의 자손이라"(요 8:33). 예수님은 그들이 육체적으로 아브라함의 자손이기는 하지만, 아브라함의 참된 영적 자손은 아니며 그 이유는 만일 그들이 아브라함의 참된 영적 자손이라면 자신을 죽이려고 하지 않을 것이기 때문이라고 응답하셨습니다. 실제로 그들은 그들의 아비 마귀에게서 난 자들이었습니다(39-41절). 바울도 같은 주장을 합니다. "이스라엘에게서 난 그들이 다 이스라엘이 아니요 또한 아브라함의 씨가 다 그의 자녀가 아니라"(롬 9:6-7). 그는 그의 적대자들이 하는 주장에 대항하여 성경적인 호소를 합니다.

바울의 반응은 세 부분으로 표현되고 있습니다. 첫째, 하나님은 아브라함을 그가 가지고 있었을 어떤 공덕(功德)과 상관없이 선택하셨다는 것입니다. 바울은 이 점에 대해 성경적 증거를 제시하고 있지 않지만 그는 아브라함이 갈대아 우르에 살고 있었을 때 택함을 받았다는 것과, 성경은 당시 그에게 도덕적 또는 영적 미덕의 탓으로 돌리지 않았다는 것을 제시할 수 있었습니다.

바울의 적대자 중 한 명이 이렇게 주장할 수 있었을 것입니다. "그 말은 충분히 사실일 수가 있다. 그러나 우리는 아브라함과 같은 위치에서 주장하는 것이 아니다. 우리는 아브라함의 자손으로서 우리의 권리를 주장하는 것이다. 우리는 하나님이 아브라함을 선택하셔야만 했다거나 또는 그에게 구원의 약속을 하셔야만 할 필요가 있었던 것이 아님을 인정한다. 그러나 그분이 일단 아브라함을 선택하셨다면 구원의 은전은 그의 자손들에게 정당하게 양도되어야 한다."

둘째, 이에 대해 바울은 아브라함에게 많은 아들들(하갈이 낳은 아들과 그두라가 낳은 다른 아들들)이 있었지만 약속은 오직 이삭을 통해서만 이루어지는 것임을 그의 유대인 적대자들에게 상기시켰습니다. 다시 말하면 하나님은 많은 아들들 중에서 한 아들을 선택하신 것입니다. 바울은 창세기 21:12절(이삭에게서 나는 자라야 네 씨라 부를 것임이니라 롬 9:7)을 인용하고 나서 이렇게 논평합니다. "곧 육신의 자녀가 하나님의 자녀가 아니요 오직 약속의 자녀가 씨로 여기심을 받느니라 약속의 말씀은 이것이니 명년 이 때에 내가 이르리니 사라에게 아들이 있으리라 하심이라"(롬 9:8-9).

셋째, 바울의 적대자들은 이스마엘은 하갈에게서 태어나 그들과 같은 순수 혈통이 아니었다고 주장할 수도 있었습니다. 또한 그두라의 아들들은 나중에 태어나서 자격이 없다고 주장할 수도 있었습니다. 그러나 바울은 아브라함 이후 두 번째 세대에서 쌍둥이 아들들 간에 둘 다 같은 유대인 어머니의 태 안에 있을 때 선택이 이루어졌고, 그 선택은 실제로 리브가의 태에서 나중에 나온 자에게 이루어졌다는 것을 그들에게 설명함으로써 응답합니다. 바울은 그것을 이렇게 말합니다.

"그뿐 아니라 또한 리브가가 우리 조상 이삭 한 사람으로 말미암아 임신하였는데 그 자식들이 아직 나지도 아니하고 무슨 선이나 악을 행하지 아니한 때에 택하심을 따라 되는 하나님의 뜻이 행위로 말미암지 않고 오직 부르시는 이로 말미암아 서게 하려 하사 리브가에게 이르시되 큰 자가 어린 자를 섬기리라 하셨나니 기록된 바 내가 야곱은 사랑하고 에서는 미워하였다 하심과 같으니라"(롬 9:10-13)

도널드 반하우스(Donald Barnhouse)는 이 구절에 대해 이렇게 기술하고 있습니다.

"본문은 하나님의 선택이 그들의 출생이나 그들의 품성에 의존하는 것이 아니었음을 단호히 주장한다. 그 선택은 하나님 마음 안에 있었고, 전적으로 그분의 주권적 권위에 기초했던 것이다. 그분은 야곱이 메시아의 계보를 이어가고 복의 상속자가 될 아이로 결정하셨다. 마찬 가지로 그분은 에서를 메시아의 계보를 이어가지 못하고 복을 상속하지 못할 자로 정하셨다… 이것이 하나님의 주권적인 신적 의도였다. 개인의 행위와 품성은 선택과는 아무런 관계가 없었다."[2]

모든 것이 은혜로 인한 것

성경적 역사가 이삭과 야곱의 생애를 시작하는 곳에서 이 문제를 거론하는 것은 그 의

의가 깊습니다. 아담과 하와가 죄를 범하고 나서 하나님의 심판이 임할 것을 예상하며 에덴동산에서 떨며 서 있을 때, 은혜가 대신해서 내려졌습니다. 그들은 오실 구원자에 대한 약속을 들었습니다(창 3:15). 세상이 홍수로 멸망 받게 되었을 때, 노아는 하나님의 은혜를 입었습니다(창 6:8). 후에 세상이 참되신 하나님의 지식으로부터 완전히 표류하게 되었을 때, 아브라함이 은혜로 부르심을 받아 약속의 땅으로 보내심을 받았고(창 12:1-3), 계속해서 그는 한 아들을 얻었는데 그 아들을 통해 예수님이 오실 것이었습니다.

여기서도 같습니다. 이삭과 야곱은 아브라함의 자손이었습니다. 그러나 그들은 그것 때문에 아브라함이 받은 것 이상으로 하나님의 호의를 받을 권리가 있었던 것은 아니었습니다. 하나님은 아브라함의 계보를 약속에 의해 은혜로 이삭을 통해 계속하셨습니다. 그리고 리브가의 쌍둥이 아들들 간에 선택을 할 때, 야곱이 선택된 것 또한 은혜로 (행위로가 아니라) 된 것이었습니다.

다시 말씀드립니다. 모든 것은 은혜로 인한 것입니다. 당신의 현재 상태의 모든 것, 장차 당신이 될 모든 것, 당신이 가진 모든 것, 당신이 언젠가 달성할 이 모든 것이 하나님의 은혜로 인한 것입니다. 무엇보다도 구원은 전적으로 하나님의 은혜에 기인한 것입니다. 따라서 그것은 인간 존재 안의 그 어떤 것에도 의존하지 않습니다.

나는 성경의 가르침이 없는 것이 더 많은 분노와 반대를 야기한다는 것을 알고 있습니다. 그러나 반대를 하든 안 하든, 그것은 사실이고 실제적인 것입니다. 어떤 사람들은 선택에 있어 하나님의 은혜는 소용이 없는 것이고, 해로운 교리라고까지 가르쳐왔습니다. "그것은 무책임과 심지어 범죄를 조장한다." 고 그들은 말합니다. 그렇지 않습니다. 에서는 메시아가 나오는 계보의 선택에서 빠졌습니다. 그렇다고 그것이 다음의 연구에서 보게 되듯이 그가 장자의 명분을 무시한 것에 대한 구실이 되지는 못했습니다. 사람들은 하나님이 그들을 구원받도록 선택하셨든 안 하셨든 간에 그들이 한 행위에 대해 하나님 앞에 책임을 집니다. 그들은 하나님이 그들에게 주신 생명과 은사의 적절한 사용에 대해 책임을 집니다. 믿는 자들에 관하여는 구원에 있어 하나님의 은혜의 교리를 이해하고 받아들이는 것에서 오는 많은 은전이 있습니다.

첫 번째의 실질적인 은전은 그 믿음이 자랑을 제거한다는 것입니다. 선택을 이해하지 못하는 그리스도인들뿐만 아니라, 많은 비그리스도인들은 종종 반대로 생각합니다. 우리는 믿는 사람들이 선택을 때로 독선적이고, 스스로 옳다고 하고, 거만한 모습을 보이는 것을 인정합니다. 그러나 그것은 가짜입니다. 실제로 하나님은 그들 안에 있는 어떠한 공덕이나 수용성과 전혀 관계없이 사람들을 구원하시기 위해 선택하셔서 자만심이 제거되도록 하셨다는 것을 명백히 말씀하고 계십니다. "너희는 그 은혜에 의하여 믿음으로 말미암아 구원을 받았으니 이것은 너희에게서 난 것이 아니요 하나님의 선물이라 행위에서 난 것이 아니니 이는 누구든지 자랑하지 못하게 함이라" (엡 2:8-9). 만일 우리가 우리 안에 있는 어떤 것을 근거로 해서 구원을 받았다면 그것이 아무리 작은 것일지라도 우리는 자랑할 수 있을 것입니다. 왜냐하면 하나님이 우리의 구원에 있어 더 큰 역할을 해 주신다고 할지라도 그럼에도 우리는 우리 안의 작은 부분 때문에 천국에 가게 될 것이고, 다른 사람들은 그 작은 부분이 결핍되어 있기 때문에 천국에 가지 못할 것입니다. 그러나 우리 안에는 아무 것도 없습니다. 믿음조차도 없습니다. 그것 역시 하나님의 선물이기 때문입니다. 구원은 하나님께만 영광이 있도록 온전히 은혜에 기인하는 것입니다.

이 믿음의 두 번째, 실질적인 은전은 그것이 하나님의 사랑을 고무시킨다는 것입니다. "우리가 사랑함은 그가 먼저 우리를 사랑하셨음이라" (요일 4:19). 만일 우리가 구원에 한 부분을 이루고 있다면 하나님의 사랑은 꼭 그만큼 감소됩니다. 만일 그것이 모두 하나님으로 인한 것이라면, 우리의 그분에 대한 사랑은 무한해야 합니다. 우리는 그분을 찾지 않았습니다. 그분이 우리를 찾으셨습니다. 그분이 우리를 찾으실 때, 우리는 그분으로부터 도망했습니다. 그분의 아들로서 사람이 되어 우리에게 오셨을 때, 우리는 그분을 죽였습니다. 그러나 그분은 여전히 오셨습니다. 그분은 여전히 수많은 고집 센 반항자들을 구원하시기 위해 선택을 하셨습니다. 이 얼마나 큰 사랑입니까! 성경은 말씀합니다. "우리가 아직 죄인 되었을 때에 그리스도께서 우리를 위하여 죽으심으로 하나님께서 우리에 대한 자기의 사랑을 확증하셨느니라" (롬 5:8).

세 번째로, 은혜의 교리는 우리에게 전도하도록 격려합니다. 그것은 그 반대의 행위를 하는 것으로 생각됩니다. 그것은 전도하는 것이 불필요한 것으로 생각하게 합니다. 논증은 이렇게 진행됩니다. "만일 하나님이 어떤 개인들을 구원하시고자 한다면 그분은 그들을 구원하실 것이고, 그것과 관련해서 내가 해야 할 어떤 일도 의미가 없다." 그러나 구원은 그렇게 되는 것이 아닙니다. 하나님이 어떤 정해진 사람들을 구원을 위해 선택하신다는 사실은 그분이 그들을 믿음으로 이끌어 오는 수단의 사용을 배제하는 것이 아니며, 성경은 우리에게 명백히 믿는 자들에 의한 복음의 선포가 그 수단임을 말씀하고 있습니다(고전 1:21, 롬 1:17 참조).

특히 하나님의 주권적인 은혜는 우리가 복음을 선포함에 있어 유일한 성공의 소망이 됩니다. 만일 마음과 정신이 하나님에게 대항하고, 그의 길이 그 마음과 정신처럼 될 것이라고 성경이 선언한다면 그리고 만일 하나님이 개인을 선택하시지 않고 믿음으로 이끌어 오시지 않는다면 그 사람을 구원하는 일에 있어 우리가 과연 무슨 소망을 가질 수가 있겠습니까? 그러나 다른 한 편으로 만일 그분이 그러한 일을 하시고, 복음의 선포가 그분이 그 일을 하시는 수단이라면 우리는 하나님이 구원하기로 작정하신 모든 사람은 그분에게 올 것임을 알고 담대하게 전할 수 있습니다. 우리는 그들이 누구인지 모릅니다. 우리가 선택된 자들을 아는 유일한 길은 그들의 복음에 대한 반응과 그 이후에 그들이 사는 그리스도인의 삶을 통해서입니다. 우리는 하나님의 부르심을 받은 자들이 올 것임을 알고 담대히 전도할 수 있습니다.[3]

● 각주 ●

1. 제임스 몽고메리 보이스, *"Are There Two Creations? (Genesis 2:4-6)" in Genesis: An Expositional Commentary*, 3 vols. (Grand Rapids: Zondervan, 1982-87), 1:90-95를 보라.

2. 도널드 G. 반하우스, *God' s Covenants* (Grand Rapids: Eerdmans, 1963), 27.

3. 마지막 부문인 "모든 것이 은혜로 인한 것(All of Grace)"은 부분적으로 James Montgomery Boice의 *Awakening to God* (Downers Grove, Ill.: InterVarsity, 1979), 204-5에서 빌려온 것이다.

104

장자의 명분에 관하여

창세기 25 : 27-34

그 아이들이 장성하매 에서는 익숙한 사냥꾼이었으므로 들사람이 되고 야곱은 조용한 사람이었으므로 장막에 거주하니 이삭은 에서가 사냥한 고기를 좋아하므로 그를 사랑하고 리브가는 야곱을 사랑하였더라 야곱이 죽을 쑤었더니 에서가 들에서 돌아와서 심히 피곤하여 야곱에게 이르되 내가 피곤하니 그 붉은 것을 내가 먹게 하라 한지라 그러므로 에서의 별명은 에돔이더라 야곱이 이르되 형의 장자의 명분을 오늘 내게 팔라 에서가 이르되 내가 죽게 되었으니 이 장자의 명분이 내게 무엇이 유익하리요 야곱이 이르되 오늘 내게 맹세하라 에서가 맹세하고 장자의 명분을 야곱에게 판지라 야곱이 떡과 팥죽을 에서에게 주매 에서가 먹으며 마시고 일어나 갔으니 에서가 장자의 명분을 가볍게 여김이었더라

창조 이야기와 아브라함과 요셉의 삶의 기록이 있는 창세기 책을 대충 훑어보면 지금 우리의 주의를 끌지 않는 중요하지 않은 부분이 있다고 생각하기가 쉽습니다. 정말로 이삭과 그의 쌍둥이 아들들의 이야기는 흥미 있는 이야기 중간에 들어간 막간의 이야기처럼 받아들여질 수도 있습니다.

그러나 성경의 나머지 부분이 이삭과 그의 아들들에 대한 창세기 이야기 위에 놓여있다는 중요성을 깨달으면 그것은 주목할 만한 이야기입니다. 우리는 이에 대한 예를 이미 보았습니다. 로마서에서 사도 바울은 하나님의 주권적 은혜의 증명으로 이스마엘이 아닌 이삭을 선택하시고, 에서가 아닌 야곱을 선택하셨다고 선언합니다(롬 9:6-12).

본문에서 에서가 야곱에게 그의 장자의 명분을 파는 이야기에서도 같은 일이 일어납니다. 하나님을 믿은 신약시대의 사람들에 대해서도 계속되었는지(혹은 계속되지 않았는지)에 대한 논의에서 히브리서 저자는 구약의 사건에 대해 단호한 말로 이렇게 언급하고 있습니다.

"너희는 하나님의 은혜에 이르지 못하는 자가 없도록 하고 또 쓴 뿌리가 나서 괴롭게 하여 많은 사람이 이로 말미암아 더럽게 되지 않게 하며 음행하는 자와 혹 한 그릇 음식을 위하여 장자의 명분을 판 에서와 같이 망령된 자가 없도록 살피라 너희가 아는 바와 같이 그가 그 후에 축복을 이어 받으려고 눈물을 흘리며 구하되 버린 바가 되어 회개할 기회를 얻지 못하였느니라"(히 12:15-17)

에서의 삶에 대한 이 간단한 언급은 하나님의 은혜를 얕보는 자들에게는 그분의 복을 경험하는 특권을 영원히 상실할 위험이 있다는 경고입니다.

장자의 명분은 무엇이 좋은가?

에서는 남자 중의 남자로 묘사될 수 있을 것입니다. 그는 키가 컸고, 잘 생겼고, 능란했습니다. 그는 야외의 사람이 되어서 그의 시간을 사냥에 썼습니다. 이삭은 에서가 사냥한 고기를 좋아했기 때문에(창 25:28) 그리고 어쩌면 자신에게 결핍된 특질과 능력을 가지고 있었기 때문에 야곱보다 에서를 사랑했는지도 모릅니다.

어느 날, 에서가 기진하여 몹시 배가 고픈 상태로 광활한 들에서 돌아왔을 때, 가정적인 야곱이 요리를 하고 있었습니다. 에서는 "내게 그 붉은 죽 좀 달라! 배가 고파 죽겠다!" 라고 말했습니다. 그때 야곱은 자신에게 장자의 명분을 팔면 주겠다고 말했습니다. 우리는 오늘날 장자의 명분과 같은 것을 갖고 있지 않습니다. 그러나 신명기 21:17절과 역대상 5:1-2절로부터 그것이 물질적인 그리고 영적인 복을 둘 다 수반하고 있다는 것을 압니다. 장자는 다른 아들들이 각각 받는 것의 두 배의 재산을 받았습니다. 그리고 더욱 중요한 것은 그는 가정의 가장이 되었고 그의 가족의 영적 지도자가 되었습니다(야곱의 경우 장자의 명분은 메시아가 나오는 계보가 되는 것이기도 했습니다). 야곱이 장자의 명분을 요구한 것은 옳은 것이었습니다. 정말로 그가 그것을 얻기 위해 오직 하나님을 기다려야만할 필요가 있었을 때, 그는 계략을 꾸몄습니다. 하나님은 이미 장자의 권리는 그의 것이라고 말씀하신 바 있었음에도 야곱은 좋은 것을 나쁜 방법으로 추구했습니다. 그는 그의 방법으로 인해 칭찬을 받아서는 안 됩니다. 그럼에도 그가 장자의 명분을 바랐고, 그것을 소유하는 영예의 진가를 인정한 것에 대해서는 칭찬을 받아야 합니다.

이런 관점에서 에서는 빈약하게 드러나고 있습니다. 하나님의 관점이 아닌 인간적 관점에서 장자의 명분은 그의 것이었습니다. 확실히 그의 아버지는 그가 그것을 갖기를 원했습니다. 그러나 에서는 이 영적 특권을 대수롭지 않게 생각하여 장자의 명분을 내버렸던 것입니다. 그가 말했습니다. "내가 죽게 되었으니 이 장자의 명분이 내게 무엇이 유익하리요"(32절).

야곱은 그가 장자의 명분을 형 에서에게 파는 것을 두고 그에게 맹세를 하게 한 후에 떡 몇 개와 팥죽을 주었습니다. 에서의 아둔하고 물질적인 본성을 묘사하고 있는 다음의 말은 불쾌감을 주고 있습니다. "에서가 먹으며 마시고 일어나 갔으니" 그 구절은 냉정하게 결론을 짓습니다. "에서가 장자의 명분을 가볍게 여김이었더라"(34절).

먹고, 마시고, 즐거워하자!

"먹고, 마시고, 즐거워하자!" 이것이 에서의 특성의 요약이고, 그로 하여금 영적인 일들을 기꺼이 미끄러져 나가게 허용한 철학이었습니다. 그러나 이것은 우리 시대의 교회 안에서도 볼 수 있는 많은 사람들에 대한 적절한 묘사입니다. 에서는 이방인이 아니었습니다. 그는 아브라함의 생애 기록에서 우리가 만났던 두 사람, 곧 블레셋의 왕 아비멜렉이나 소돔 왕 베라의 아들이 아니었습니다. 에서는 아브라함의 손자이며, 이삭의 아들이었습니다. 그는 이스마엘 같이 여종에게서 난 자도 아니었습니다. 그의 어머니는 리브가였습니다. 일찍이 풍성한 영적인 이점을 가지고 양육을 받은 자가 있다면 그는 에서였습니다. 그러나 에서는 장자의 명분을 한 그릇의 죽에 팔았습니다. 오늘날 많은 사람들도 기독교에 대한 깊고 오랜 경험의 이점을 가지고 있지만 에서처럼 행합니다.

당신도 장자의 명분을 얕보고 세상의 일시적인 죽의 달달한 맛을 택하고 있지는 않습니까? 만일 당신이 그리스도에게 온전한 헌신을 하고 있지 않다면, 당신의 뜻과 온 힘을 다해 그분과의 관계를 지속하지 않고 있다면 당신은 에서와 같은 사람입니다. 당신은 히브리서 저자가 말하는 "망령된" 사람인 에서입니다. 당신이 상실한 장자의 명분에 대해 설명하고자 합니다.

첫째, 당신은 예수님의 죽음의 은전을 상실하고 있습니다. 이것은 에서 역시 상실했던 것이지만 그의 경우에는 어느 정도의 구실을 찾을 수가 있습니다. 구속자의 오심에 대해 처음으로 아담과 하와에게(창 3:15), 아브라함에게(창 22:18, 갈 3:16 참조) 약속들이 주어졌지만 그 내용은 자세하지 않았습니다. 그밖에도 이 약속들을 성취뿐만 아니라 분명하게 할 그리스도의 오심은 거의 2천년이나 지나야 했습니다. 에서는 그의 무지에 대해 어느 정도 용서를 받을 수 있습니다. 그러나 이것은 오늘날 누구에게도 해당이 안 될 것입니다. 그리스도가 오셨습니다. 사람들은 그분이 오셨다는 것을 2천여 년 동안 알고 지냈습니다. 로마제국에서 멀리 떨어진 한 구석에서 시작된 작은 운동이 전 세계에 퍼졌습니다. 그리스도와 기독교에 대한 당신의 지식은 역사의 이 특정 시점에 당신이 살고 있다는 사실에 얼마간 기인합니다. 당신은 그 사실을 무시합니까? 당신은 그리스도인이 되는 특권을 세상이 제공하는 세속적인 죽을 사려고 팔겠습니까?

둘째, 만일 당신이 아직 그리스도에게 온전히 헌신하지 않았고, 당신의 뜻과 힘을 다해 그분과의 동행을 시작하지 않았다면 당신은 하나님의 기록된 말씀인 성경의 은전을 상실하고 있는 것입니다. 왜냐하면 당신은 성경을 공부하지 않을 것이기 때문입니다. 당신은 기도하지 않을 것입니다. 당신은 그것의 진리를 당신의 마음속에 쌓지 않을 것입니다.

나는 당신이 그 보물의 진가를 알 수 있을지 의문입니다. 나는 당신에게 에서의 시대와 그의 물질주의가 거의 양해될 수가 있다는 사실을 상기시키는 바입니다. 에서는 성경을 가지고 있지 않았습니다. 우리가 아는 한, 가장 일찍 기록된 성경의 부분은 족장 시대 후 약 5세기가 지나 모세가 기록 또는 편찬한 것들입니다. 아브라함은 성경이 없었습니다. 이삭도 성경이 없었습니다. 요셉도 성경이 없었습니다. 심지어 모세가 시내 산에서 하나님의 율법을 받고 그의 공적으로 인정되고 있는 성경의 첫 다섯 권을 내기 시작한 후에도 시편과 예언서는 여전히 없었습니다. 신약도 없었습니다. 정경이 결정된 후에도 하나님의 말씀이 공통 언어에 들어가지 못하고 고대 언어를 말하는 사람들에게조차 성경의 사본을 구할 수 없었던 수 세기의 기간이 있었습니다. 중세 시대에는 당신이 읽을 성경을 찾는다는 것은 실질적으로 불가능했습니다.

그러나 지금은 어떻습니까? 성경은 어느 곳에나 있습니다. 사실상 이 나라의 모든 서점에서 다양한 번역본들의 성경을 팔고 있습니다. 당신은 역사상 가장 많이 배포된 훌륭한 흠정역(King James Version)성경을 살 수 있습니다. 만일 당신이 천주교인이라면 당신은 라틴어역 성경인 두에이성경(Douay Version of the Bible) 또는 최근에 나온 예루살렘성경(Jerusalem Bible)을 살 수도 있습니다. 당신은 RSV(Revised Standard Version)성경, ASV(American Standard Version)성경, NEB(New English Bible)성경 같은 면밀하고 학문적인 영어성경을 살 수 있습니다. 당신은 LB(Living Bible)성경, 또한 영어로 된 J. B. Phillips성경 등의 의역본을 살 수가 있습니다. 당신은 큰 글씨로 된 성경, 작은 글씨로 된 성경 또는 점자판 성경을 구할 수도 있습니다. 당신은 각 책의 소개가 있고, 요약이 있으며, 기타 도움을 주는 자료가 수록된 성경을 공부할 수 있습니다. 당신에게 돈이 없어도 당신은 성경을 얻을 수 있습니다.

주석들에 대해서, 성경 사전들에 대해서, 성경 지식 백과사전들에 대해서, 신학 책들에 대해서 등 기타 수 십 가지의 연구 보조자료 및 문헌들에 대해서 나의 서재는 바닥에서 천정까지 그러한 책들로 쌓여 있는데 매주 마다, 어떤 때는 매일 마다 새로운 책들이 발간되어 어떤 책들을 처분해야 하는 고통스러운 재분류 조처를 합니다. 전 인류 역사상 어떤 사람들도 우리처럼 성경 번역본과 성경공부 자료의 복을 받은 적이 없습니다. 당신은 이것을 얕봅니까? 당신은 하나님의 말씀을 위한 시간이 없습니까?

스코틀랜드 교회의 의장이 영국의 왕 또는 여왕의 대관식에 참여할 때, 그는 새로운 군주에게 성경을 주며 이런 말을 합니다. "이 세상이 줄 수 있는 가장 귀중한 것, 이 세상이 알고 있는 가장 귀중한 것은 하나님의 살아 계신 말씀입니다." 성경이 정말로 죄인들과 교통하시는 하나님의 은혜로운 수단인데 당신이 그것을 얕본다면 당신은 불경한 사람입니다. 불경한 사람들! 사악한 사람들! 그러한 어리석음에서 돌아서서 하나님의 책에 당신을 몰두시키십시오!

셋째, 나는 복음 설교를 생각합니다. 만일 당신이 그리스도에게 온전히 헌신해 있지 않고 그리스도인의 삶에 진보를 위해 최선을 다하지 않는다면, 이것은 당신이 얕보는 세 번째 은전입니다. 나는 오늘날의 많은 설교가 피상적이라는 것을 압니다. 나는 그 중의 많은 설교가 성경적으로 진실 되지 않다는 것과 그래서 거짓 복음의 설교자들은 그들의 가르침에 대해 심판 받을 것임을 압니다. 형제자매들이여! 에서는 그의 아버지 이삭이 그가 가진 어설픈 지식으로나마 들려준 말 외에는 설교를 전혀 듣지 못했습니다. 내가 어설프다고 말하는 이유는 참된 설교는 하나님 말씀의 강해인데 족장들은 그 말씀을 소유하지 못했기 때문입니다. 족장들 중 어느 한 사람도, 이삭이나 야곱 심지어 아브라함조차도 훌륭하고 식견이 있는 설교를 당신이 거의 하루 중 당신이 원하는 아무 때나 또는 아무 요일에나 어떤 설교도 들을 수 있는 것처럼 들을 기회가 단 한 번도 없었습니다.

라디오나 텔레비전, 특히 라디오에 대해 언급해 봅니다. 얼마 전 나는 나의 가족과 함께 여행을 가면서 라디오를 틀어 종교 방송을 찾으려고 다이얼을 돌렸습니다. 거의 실패 없이 찾을 수 있었습니다. 우리가 어느 주에서나 또는 어떤 시간이거나 다이얼을 돌리면 언제나 성경을 가르치고 십자가의 그리스도를 믿는 믿음을 통한 구원의 방법을 설명하는 프로그램을 찾을 수 있습니다. 당신은 이런 말씀의 풍요의 시대에 살면서 이와 같은 은전을 받고 있는데도 그 특권을 경시하는 사람들에게 하나님께서 무엇이라고 말씀하시겠습니까? 그리스도를 알지 못하고, 이러한 놀라운 교통의 수단을 통해 주님을 찾는 것보다는 아직도 부도덕을 언급하지 않고, 하나님의 복된 법을 경멸하는 그들의 어리석음으로 특징지어진 "소우프"(Soaps, 미국에서 낮에 방영하는 텔레비전 드라마 프로그램) 또는 "시트콤"(Sitcoms; Situation comedy, 현실 이야기를 코미디로 엮은 텔레비전 프로그램)을 보는 당신에게 그분이 무엇이라고 말씀하시겠습니까?

당신이 영적인 것들을 경멸하는 것을 하나님은 눈감아 버리시고, 당신이 눈물을 흘리면서 이와 같은 복들을 찾을 때, 찾아내지 못하는 그런 날이 오지 않겠습니까?

소망의 문

넷째, 당신이 얕보는 또 하나의 은전은 이 땅에 아름다움을 더해 주는 교회의 봉사입니다. 나는 모든 교회가 믿는 자들로 구성되어 있지 않다는 것을 압니다. 사실상 어떻게 그럴 수 있는지 이해하기가 어려울 수도 있지만 모든 교회가 믿는 목사들이나 거듭난 지도자들을 가지고 있지는 않습니다. 하지만 에서 당시에는 교회가 얼마나 있었습니까? 회당은 얼마나 있었습니까? 단지 하나였습니다. 그는 가장 작은 교회의 본보기, 곧 영적으로 관심을 가진 아버지가 주도하는 한 믿는 가정의 교제와 일상적 예배를 드리는 교회를 가지고 있었습니다. 그러나 이것은 실질적으로 믿는 사람들이 모두 교제를 나누는 오늘날의 다양한 예배와 비교할 바가 못 되는 것이었습니다. 오늘날은 높은 교회들(high churches, 예배 형식을 중시하는 교회들)과 낮은 교회들(low churches, 예배 형식에 구애받지 않는 교회들)이 있고, 대형교회들과 소형교회들이 있습니다. 그리스도의 말씀을 사회 문제에 적용하는 소모임과 스터디 그룹과 부서 봉사가 있습니다. 미국에 좋은 교회가 없는 도시나 마을이 있습니까? 없다고 생각합니다. 대부분의 도시들이 좋은 교회들로 차 있습니다.

몇 년 전에 나는 리고니어밸리연구센터(Ligonier Valley Study Center)의 대표인 스프라울(R. C. Sproul)이 하는 이야기를 들었습니다. 그는 제네바 대학(Geneva College)에서 말씀을 전하고 피츠버그 시내로 가는 버스를 타고 약 50km 떨어진 집으로 돌아오고 있었습니다. 그 버스는 펜실베이니아 주 서부 지역에서 대부분의 불결한 공장 마을을 운행하는 지역 버스였습니다. 날은 어두워졌고 쓸쓸했습니다. 스프라울은 버스 뒤편에 앉아 타고 내리는 사람들을 지켜보았습니다. 그는 사람들을 지켜보면서 침울한 감정에 사로잡혔습니다. 아무도 웃지를 않았습니다. 그들의 얼굴에는 고통, 좌절, 비탄, 슬픔으로 주름살이 지어져 있었습니다. 더러는 등을 구부리고 있었습니다. 많은 사람들이 물건들로 통로를 혼잡하게 만들고 있는 사람들을 밀어제치고 발을 끌고 가면서 알아들을 수가 없는 말을 중얼거렸습니다. 스프라울의 영은 점점 더 낮게 가라앉았습니다. 그가 여러 해 때가 묻어 거의 불투명해진 창문을 통해 밖을 내다보자, 길거리의 사람들도 역시 같은 절망의 짐으로 눌려있는 것 같이 보였습니다. 그는 자신에게 물었습니다. "이 사람들에게 어떤 소망이 있는가?" 바로 그때 버스가 길가에 있는 싸구려 플라스틱으로 보호된 네온 십자가가 비추고 있는 교회를 지나갔고, 그때 그는 그의 질문에 대한 대답을 얻었습니다. 그렇습니다. 소망은 있었습니다.

그는 내가 가족과 여행하면서 라디오 채널을 찾을 때 무척 하고 싶었던 것과 같은 하나의 게임을 하기로 결심했습니다. 그는 말했습니다. "나는 얼마나 더 가서 이 사람들에 대한 또 다른 소망의 상징을 만나게 될 지를 보겠다." 반 블록을 가기 전에 또 하나의 십자가와 또 하나의 교회가 있었습니다. 그는 거리를 걸어 내려오는 여인을 보았는데 여인의 목걸이에 십자가를 달고 있는 것이 눈에 띄었습니다. 그는 곧 이 우울하고 풀이 죽은 서부 펜실베이니아 지역을 교회들이나 기독교 상징들을 보지 않고는 한 블록조차도 갈 수 없다는 것을 깨달았습니다. 예수 그리스도를 따르는 사람들의 살아있는 공동체의 행적은 어디에나 있었습니다.[1]

이것이 당신에게 삶의 특권이 부여된 세상, 곧 하나님의 사람들이 그리스도인들의 가시적이고 살아있는 교제 권을 만들어 놓고, 거기에 당신이 초대되고, 그 안에서 확실히 당신이 환영받을 세상입니다. 당신은 그것을 얕보겠습니까? 당신은 하나님의 사람들과의 예배와 교제를 무시하렵니까? 당신은 그리스도를 가장 합리적으로 찾을 수 있는 장소로 발걸음을 향하기에는 너무도 바쁩니까?

다섯째, 영적인 일에 시간을 보내는 것은 당신이 싫어하는 다섯 번째 은전임을 말해 줍니다. 당신은 바쁘다고 생각할지 모릅니다. 그리고 실제로 바쁠 수도 있습니다. 그러나 당신은 역사상 어느 시대보다 더 많은 여가의 시간으로 복 받은 시대에 살고 있습니다. 과거 시대에 사람들은 단지 먹고 살기 위해 일주일에 6일 이상 새벽부터 해질 무렵까지 일해야만 했습니다. 아마도 당신은 한 주에 40시간 일을 할 것입니다. 당신은 주말에 어딘가로 떠나는 시간, 휴가를 갈 시간, 수영을 하고 테니스를 하며 극장에 갈 시간이 있습니다. 보통의 미국 사람들은 하루에 텔레비전을 5시간 이상 시청합니다. 당신은 당신이 정말로 하기를 원하는 그 어떤 일도 거의 다 할 수가 있는 시간이 있지만, 그 시간의 작은 부분조차도 당신 영혼의 건강을 보장하기 위해 사용하지 않습니다. 한 주석가는 이렇게 말하고 있습니다. "사람들은 하나님의 말씀보다는 쓰레기 글을 읽고, 그들의 삶에서 하나님을 잊어버리게 하는 우선순위의 체계에 집착한다. 다수의 남자들은 그들의 영혼보다는 면도질에 시간을 더 보내고, 다수의 여자들은 영원한 영혼의 생명보다는 화장하는 것에 시간을 더 보낸다."[2]

에서는 영적인 것들을 위한 시간이 없었습니다. 당신은 그보다 더 낫습니까? 에서는 장자의 명분을 얕보았습니다. 만일 당신이 하나님을 위한 시간이 없거나 하나님의 사람들과 교제할 시간이 없다면 당신은 불경한 사람입니다! 그것이 성경이 당신을 부르는 이름입니다. 사악한 사람입니다! 그러한 복을 얕보는 것은 악한 것입니다.

말씀하시는 분을 거역하지 말라

나는 당신에게 이 결론을 남기고자 합니다. 히브리서에서는 에서를 언급한 직후에 이어서 그리스도 예수를 믿는 믿음을 지속하도록 하는 요구를 합니다. 그 내용은 이스라엘이 출애굽한 후에 하나님이 모세를 통해 율법을 주시고자 산 위에 내려오셨던 그 산 앞에서 떨고 있는 모습을 표현하고 있습니다. 그것은 무서운 일이라고 히브리서 저자는 말합니다. 그러나 지금은 무서워할 이유가 없습니다. 믿음의 지속에 실패하는 것에 대해서는 변명의 여지가 없습니다.

"너희는 만질 수 있고 불이 붙는 산과 침침함과 흑암과 폭풍과 나팔 소리와 말하는 소리가 있는 곳에 이른 것이 아니라 그 소리를 듣는 자들은 더 말씀하지 아니하시기를 구하였으니 이는 짐승이라도 그 산에 들어가면 돌로 침을 당하리라 하신 명령을 그들이 견디지 못함이라 그 보이는 바가 이렇듯 무섭기로 모세도 이르되 내가 심히 두렵고 떨린다 하였느니라 그러나 너희가 이른 곳은 시온 산과 살아 계신 하나님의 도성인 하늘의 예루살렘과 천만 천사와 하늘에 기록된 장자들의 모임과 교회와 만민의 심판자이신 하나님과 및 온전하게 된 의인의 영들과 새 언약의 중보자 이신 예수와 및 아벨의 피보다 더 나은 것을 말하는 뿌린 피니라 너희는 삼가 말씀하신 이를 거역하지 말라 땅에서 경고하신 이를 거역한 그들이 피하지 못하였거든 하물며 하늘로부터 경고하신 이를 배반하는 우리일까보냐"(히 12:18-25)

성경의 이 부분을 통해서 하나님은 지금 당신에게 경고하고 계십니다. 말씀하신 분을 거역하지 않도록 하십시오. 당신의 장자의 명분을 붙잡고 하나님의 아들이시며 구주이신 예수 그리스도에 대한 온전한 믿음과 그분에 대한 참된 예배를 지속하십시오.

● 각주 ●

1. R. C. 스프라울, *"To All Who Will Come," Tenth: An Evangelical Quarterly*, 8:3 (July 1978), 74-75.

2. 도널드 G. 반하우스, *Genesis*, 2:46.

105

조상들의 죄

창세기 26 : 1-35

아브라함 때에 첫 흉년이 들었더니 그 땅에 또 흉년이 들매 이삭이 그랄로 가서 블레셋 왕 아비멜렉에게 이르렀더니 여호와께서 이삭에게 나타나 이르시되 애굽으로 내려가지 말고 내가 네게 지시하는 땅에 거주하라 이 땅에 거류하면 내가 너와 함께 있어 네게 복을 주고 내가 이 모든 땅을 너와 네 자손에게 주리라 내가 네 아버지 아브라함에게 맹세한 것을 이루어 네 자손을 하늘의 별과 같이 번성하게 하며 이 모든 땅을 네 자손에게 주리니 네 자손으로 말미암아 천하 만민이 복을 받으리라 이는 아브라함이 내 말을 순종하고 내 명령과 내 계명과 내 율례와 내 법도를 지켰음이라 하시니라 이삭이 그랄에 거주하였더니 그 곳 사람들이 그의 아내에 대하여 물으매 그가 말하기를 그는 내 누이라 하였으니 리브가는 보기에 아리따우므로 그 곳 백성이 리브가로 말미암아 자기를 죽일까 하여 그는 내 아내라 하기를 두려워함이었더라 이삭이 거기 오래 거주하였더니 이삭이 그 아내 리브가를 껴안은 것을 블레셋 왕 아비멜렉이 창으로 내다본지라 이에 아비멜렉이 이삭을 불러 이르되 그가 분명히 네 아내거늘 어찌 네 누이라 하였느냐 이삭이 그에게 대답하되 내 생각에 그로 말미암아 내가 죽게 될까 두려워하였음이로라 아비멜렉이 이르되 네가 어찌 우리에게 이렇게 행하였느냐 백성 중 하나가 네 아내와 동침할 뻔하였도다 네가 죄를 우리에게 입혔으리라 아비멜렉이 이에 모든 백성에게 명하여 이르되 이 사람이나 그의 아내를 범하는 자는 죽이리라 하였더라(**창** 26:1-11)

십계명 중에서 제2계명을 보면, 하나님은 그 어떤 우상에 대한 예배도 모두 금하십니다.

"나 네 하나님 여호와는 질투하는 하나님인즉 나를 미워하는 자의 죄를 갚되 아버지로부터 아들에게로 삼사 대까지 이르게 하거니와 나를 사랑하고 내 계명을 지키는 자에게는 천 대까지 은혜를 베푸느니라"(출 20:5-6)

조상들의 죄에 대한 형벌은 흔히 그 조상의 죄로 인한 어떤 불가피한 결과로 발생하는데 어쩌면 그것은 정당한 것입니다. 그러나 조상의 죄에 대한 형벌이 그 죄 자체일 수 있다고 보는 것도 가능합니다. 즉, 자녀는 그 죄를 반복할 수 있고, 그것으로 인해 고통을 받을 수 있다는 것입니다.

제2계명의 의미가 무엇이든지 간에 이것이 아브라함의 아들에게 일어난 사건입니다. 이삭은 뛰어난 인물은 아니었습니다. 그리피스 토마스(Griffith Thomas)는 그를 "위대한 아버지의 보통의 아들이요, 위대한 아들의 보통의 아버지" 라고 인물 묘사를 했습니다. 창세기 35:28절에 의하면 이삭은 180세를 살았는데 이것은 아브라함이나 야곱보다도 더 오래 산 것입니다. 하지만 그의 생애는 평범했고, 우리가 그 생애에 대해 듣는 것은 조금 밖에 없습니다. 그는 창세기 몇 장에서 단지 다른 사람의 삶과 관련된 필요한 배경 인물로서만 언급되고 있습니다. 그는 24장에서 아브라함이 신뢰하는 종이 리브가를 발견하는 이야기에서 그는 끝에 나타납니다. 25장에서는 쌍둥이 아들이 출생할 때 리브가를 위해 기도합니다. 그리고 27장에서 도둑맞은 축복 이야기에서 그는 두 아들을 축복했고, 그 축복을 바꾸기를 거절했습니다. 이삭이 이룬 거의 모든 것은 창세기 26장에 기록되어 있지만 여기에서 조차도 그가 행한 중요한 것은 그리 많지 않고 오히려 아브라함의 초기의 생애와 매우 흡사했습니다. 이삭은 그의 아버지 아브라함의 죄를 반복했습니다.

이것은 모든 아버지들과 자녀들의 이야기입니다. 아버지들에게 그 이야기는 말합니다.

당신이 행하는 것이 좋든 나쁘든지 간에 거의 필연적으로 자녀들에게 영향을 준다는 것입니다. 따라서 주님을 가까이 따르십시오. 또한 자녀들에게 그 이야기는 말합니다. 당신의 아버지가 잘못할 때에는 본받지 말고, 아버지가 오직 예수님을 따를 때만 본받으십시오. 좋은 예로부터 도움을 받으십시오. 그러나 당신을 책임지는 대상은 궁극적으로 하늘에 계신 당신의 하나님 아버지이심을 기억하십시오.

이삭의 첫 번째 실패

이삭과 아브라함의 삶의 유사성은 창세기 26장 서두에 제시되어 있습니다. "아브라함 때에 첫 흉년이 들었더니 그 땅에 또 흉년이 들매 이삭이 그랄로 가서 블레셋 왕 아비멜렉에게 이르렀더니"(1절) 라고 기록하고 있기 때문입니다. 이것이 무엇을 말씀하는지 모르는 사람은 없습니다. 아브라함의 시대에 큰 기근이 있었습니다. 창세기 12:10절에 언급되어 있습니다. 두 이야기가 쉽게 연결이 안 될 경우에는 먼저 번의 기근이 명백히 생각나게 해 줍니다. 독자는 이렇게 말할 것입니다. "아, 그 기근 생각난다. 아브라함이 한 일을 기억하지. 아브라함이 하나님을 신뢰하지 못하고 애굽으로 내려가 그의 아내 사라를 누이인척 하다가 바로 왕과의 문제에 빠져들었지. 이 비슷한 상황에서 이삭은 어떻게 할지 궁금하네."

딱하게도 이삭은 같은 믿음의 결핍을 드러냈고 같은 죄를 반복했습니다. 물론 이삭이 실제로 애굽으로 가지 않았던 것은 사실입니다. 그가 그랄에서 멈추었을 때, 하나님께서 그에게 나타나셔서 그 땅에 머물라고 말씀하셨습니다. 그랄은 국경지역이었습니다. 하지만 이삭이 어디로 가려고 했었는지는 의심할 바가 없습니다. 만일 그가 애굽으로 가려고 하지 않았다면 하나님은 "애굽으로 내려가지 말라" 고 말씀하지 않으셨을 것입니다.

애굽으로 가는 것이 왜 나쁩니까? 애굽은 세상을 대표하므로 하나님의 복의 장소가 될 수 없습니다. 만일 이삭이 복을 받아야 한다면 그는 약속의 땅에 머물러야만 합니다.

지금 우리는 하나님이 이삭에게 처음 말씀하신 것을 알게 됩니다. 아브라함에게는 각각 다른 때에 여덟 번 말씀하신 바 있습니다(창 12:1, 7, 13:14, 15:1, 17:1, 18:1, 21:12, 22:1).

이삭에게는 본문 2절에서와 후에 24절에서 단지 두 번만 말씀하셨습니다. 그러나 이것은 매우 뜻 깊은 것입니다. 우리가 하나님의 입장이었다면 이렇게 말했을 것입니다만 하나님은 그렇게 말씀하지 않으셨습니다. "이삭은 아브라함의 경험에서 도무지 배운 것이 없는가? 배웠어야 했다. 만일 배우지 않았다면 나는 정말 그와 할 일이 아무 것도 없다. 나는 그들로 하여금 그 땅에 머물기를 원한다는 것을 분명하게 말해 주었는데도 기근의 첫 징조만 보이면 애굽으로 서둘러 떠나는 것에 신물이 난다." 그러나 하나님은 어떠한 성급함도 보이지 않으셨습니다. 대신에 이삭에게 나타나셔서 그 땅에 머물도록 말씀하시고 복을 약속하셨습니다.

하나님의 반응이 왜 뜻깊은 것인가에 대한 또 다른 이유가 있습니다. 하나님은 족히 그렇게 하시기를 거절할 수 있으셨음에도 이삭에게 나타나셔서 그렇게 반응하셨을 뿐만아니라 언약을 상세히 되풀이하는 것으로 반응하신 것입니다. 하나님이 아브라함에게 처음 나타나셔서 고향과 친척과 아버지 집을 떠나라고 부르셨을 때, 이렇게 말씀하셨습니다.

"내가 너로 큰 민족을 이루고 네게 복을 주어 네 이름을 창대하게 하리니 너는 복이 될지라 너를 축복하는 자에게는 내가 복을 내리고 너를 저주하는 자에게는 내가 저주하리니 땅의 모든 족속이 너로 말미암아 복을 얻을 것이라 하신지라"(창 12:2-3)

이 언약은 후에 중요한 추가사항과 함께 되풀이 되었고, 창세기 17장에서는 그것이 약속의 땅의 범위에 대한 명세(창 15:18-21)를 포함하여 할례로써 보증되었습니다. 하나님은 이제 이삭에게 다음과 같이 말씀하십니다.

"이 땅에 거류하면 내가 너와 함께 있어 네게 복을 주고 내가 이 모든 땅을 너와 네 자손에게 주리라 내가 네 아버지 아브라함에게 맹세한 것을 이루어 네 자손을 하늘의 별과 같이 번성하게 하며 이 모든 땅을 네 자손에게 주리니 네 자손으로 말미암아 천하 만민이 복을 받으리라 이는 아브라함이 내 말을 순종하고 내 명령과 내 계명과 내 율례와 내 법도를 지켰음이라 하시니라" (창 26:3-5)

그 단락은 우리에게 이삭이 그랄에 머물렀다고 말해 주면서 끝이 납니다.

이삭의 두 번째 죄

큰 복을 받은 후에 즉시로 죄에 빠질 수 있다는 것은 의외의 일처럼 보이지만 우리의 본성이 그와 같아서 그것은 가능합니다. 우리는 예수님이 "너희는 나를 누구라 하느냐"(마 16:15) 라고 물으셨을 때, 정확하게 대답했던 베드로를 생각합니다. 베드로가 "주는 그리스도시요 살아 계신 하나님의 아들"(16절)이라고 대답하자 예수님은 "바요나 시몬아 네가 복이 있도다 이를 네게 알게 한 이는 혈육이 아니요 하늘에 계신 내 아버지시니라"(마 16:17) 라고 대답하셨습니다. 베드로는 그의 경력의 고점(高點)에 있었습니다. 그러나 예수님의 말씀 직후에 다가오는 자신의 십자가 처형을 예고하시자 베드로는 그 경력으로 예수님께 항변하는 책임을 맡았습니다. 그러자 예수님께서는 "사탄아 내 뒤로 물러 가라 너는 나를 넘어지게 하는 자로다 네가 하나님의 일을 생각하지 아니하고 도리어 사람의 일을 생각하는도다"(23절) 라고 말씀하셨습니다.

이것이 이삭에게 일어난 일입니다. 본문 2-5절에서 그는 아브라함의 언약을 되풀이해서 받았습니다. 이삭의 전 생애에 있어서 하나님이 그에게 직접 말씀해 주신 것은 이 구절이 처음입니다. 그 경험 위에서 이삭은 구름 위에 둥둥 뜬 것 같은 최상의 기분을 느끼고 있어야 했습니다. 그러나 이 일 직후에 그가 그랄에 있을 때, 우리는 그가 그의 아버지 아브라함의 죄를 반복하는 것을 보게 됩니다. 자기보호를 위해 그의 아내에 대하여 거짓말을 한 것입니다.

리브가는 아름다웠습니다. 이삭은 그의 아내로 인해 그랄 사람들이 자기를 죽일까봐 염려를 하고 있었습니다. 아브라함은 사라에 대한 같은 일로 두 번이나 염려를 했습니다. 한 번은 바로가 다스리는 애굽에서(창 12:10-20), 또 한 번은 아비멜렉 왕의 땅인 그랄에서(창 20:1-18)였습니다. 이삭은 "그녀는 내 누이입니다." 라고 말했습니다. "그녀는 내 아내입니다." 라고 말하는 것이 겁이 났기 때문이었습니다.

이상한 일입니다. 하나님은 이삭에게 나타나셔서 그에게 복을 주시겠다고 말씀하셨습니다. 하나님은 그에게 그의 자손을 하늘의 별과 같이 무수하게 해 주시고, 그의 아버지 아브라함에게 약속하신 모든 땅을 주시고, 세상의 모든 민족이 그를 통해 복을 받을 것임을 말씀하셨습니다. 그런데 이삭은 하나님이 블레셋 땅에서 그의 생명을 지켜주실 수 있을지를 염려하고 있습니다. 이상합니다. 그러나 이것은 우리를 돌보시는 하나님을 신뢰하지 못하는 우리 자신보다 더 이상한 것은 아닙니다. 이삭은 어쩌면 창조, 홍수, 아내의 임신에 대한 기적 같은 소수의 기적만을 알았을지도 모릅니다. 하지만 우리는 어떻습니까? 우리는 많은 것들을 알고 있습니다. 많은 굉장한 행동과 기적이 있는 구약성경 전체를 가지고 있습니다. 우리는 또한 신약성경을 가지고 있습니다. 우리는 예수님의 동정녀 탄생, 십자가 처형, 부활과 같은 기적적인 생애에서 성경말씀의 성취를 믿는 믿음을 고백합니다. 우리는 오순절 사건을 믿습니다. 우리는 거듭남이라는 엄청난 기적을 인정합니다. 그러다가 곤경에 처하게 되면 우리는 우리의 안전에 대해 두려워하고, 그 두려움 때문에 종종 죄를 범합니다.

나는 이삭의 죄를 드러낸 자가 하나님이 아니었다는 사실을 흥미롭게 봅니다. 아브라함의 경우 하나님이 그렇게 하셨습니다. 첫 번째 때에는 바로와 그 집에 재앙을 내리셨습니다. 두 번째 때에는 꿈에서 아비멜렉에게 진실을 알려주셨습니다. 그러나 이삭의 경우 상황은 매우 다릅니다. 성경은 이렇게 말씀합니다. "이삭이 거기 오래 거주하였더니 이삭이 그 아내 리브가를 껴안은 것을 블레셋 왕 아비멜렉이 창으로 내다본지라"(창 26:8). 만일 당신이 하나님께 불순종하고 있다면 하나님이 그것을 드러내실 것이라고 생각하지 마십시오. 하나님이 그렇게 하실 수도 있습니다. 그러나 하나님이 그렇게 하지 않으신다면 세상이 더 빨리 그것을 알아낼 것입니다. 만일 당신이 하나님께 불순종한다면 믿지 않는 자가 어떤 창을 통해 지켜 볼 것입니다.

세상이 그리스도인들에게서 똑같은 이중성과 실패를 본질적인 것으로 보는 것은 얼마나 통탄할 일입니까? 예수님은 세상이 우리의 "착한 행실"을 보고 하늘에 계신 우리 아버지께 영광을 돌리기를 원하셨습니다(마 5:16).

이 이야기는 아브라함이 개입되었던 그 전 이야기와 거의 동일한 형태로 끝이 납니다. 이삭보다도 더 강직한 아비멜렉이 그를 꾸짖었습니다. "네가 어찌 우리에게 이렇게 행하였느냐 백성 중 하나가 네 아내와 동침할 뻔하였도다 네가 죄를 우리에게 입혔으리라"(창 26:10). 그리고 그는 누구든지 이삭이나 리브가를 괴롭히는 자는 죽임을 당할 것이라고 말했습니다. 또한 성경이 명확하게 말씀하고 있지는 않지만 그는 그가(만일 그가 다른 아비멜렉이라면 그의 선조가) 아브라함에게 유사한 허락을 해 주었던 것 같이(창 20:15) 이삭에게도 그 땅에 머물도록 허락을 해주었습니다.

근거지로 가는 길

이 전체 이야기에서 아브라함을 답습한 이삭의 첫 번째 죄는 그를 돌봐 주심에 대한 하나님의 능력을 의심하고, 더 좋은 땅이라고 생각했던 곳으로 떠나려고 했던 것입니다. 그의 두 번째 죄 역시 아브라함을 답습한 것인데 그의 아내에 대해 거짓말을 하고, 그렇게 해서 당시의 주변 세상보다도 낮은 도덕 기준을 드러낸 것이었습니다. 혹자는 그가 그 시점에서 문제를 바로잡고자 한 것이라고 생각할지도 모릅니다. 그러나 그 구절을 주의해서 읽어보면 그가 하나님이 원하시는 대로 가나안으로 즉각 돌아가는 것보다는 여전히 블레셋 지역에 버티고 있으려고 했다는 것을 봅니다. 그는 이전의 실패에 타협을 더하고 있는 것으로 보입니다.

하나님이 이삭을 다루시는 진행과정에 유의해 보십시오. 첫 번째 일은 그가 심은 곡식이 100배의 수확을 거둘 정도로 하나님이 이삭에게 복을 주신 것입니다. 이 정도면 어느 땅에서나 풍작일 것이지만, 약속의 땅 가나안과 애굽 사이에 있는 국경 지역의 불모지에서는 특별한 풍작일 것입니다. 특히 하나님은 그가 이주한 첫 해에 그를 번성하게 하셨을 뿐만 아니라 뒤로 이어지는 해마다 "그 사람이 창대하고 왕성하여 마침내 거부가" 되었습니다(창 26:13). 하나님의 뜻 밖에 있어도 하나님의 복을 받을 수 있습니까? 그렇습니다. 이상하게 보이겠지만 하나님은 때때로 이런 식으로 역사하십니다. 그러나 그 복에 문제가 없지는 않습니다. 여기에서는 이삭의 거대한 부(富) 때문에 난처한 문제가 생겼습니다. 블레셋 사람들이 그를 시기했다고 합니다. 아마도 그들은 그를 두려워해서 떠나가기를 바랐을 것입니다. 그들은 먼저 아브라함의 종들이 파 놓은 우물을 메웠음에도 이삭이 떠날 것

같이 보이지 않자 블레셋 왕 아비멜렉이 이삭에게 그가 너무 강성하여 졌으므로 떠나라고 말했습니다.

이삭은 얼마나 멀리 떠났습니까? 그리 멀리 가지 않은 것으로 보입니다. 왜냐하면 그가 그랄 골짜기에 장막을 쳤다고 했는데 아마도 그 골짜기는 그랄로 알려진 지역으로 인도하는 골짜기일 것입니다. 거기서 그는 전에 아브라함의 종들이 파 놓았던 몇몇 우물들을 다시 팠고, 자신의 우물을 새로 파기도 했습니다. 이것은 아주 좋은 "샘 근원"(19절)이 되는 우물이었습니다. 그러나 그것은 그랄 목자들의 시기심을 자극했습니다. 이삭은 그 우물의 이름을 "다툼"을 의미하는 에섹이라고 불렀습니다.

분명히 이삭은 우물 때문에 싸우지는 않았습니다. 에섹을 두고 논쟁이 일어나자 그는 다른 우물을 팠습니다. 그러나 목자들은 그 우물로 인해 또다시 다투었습니다. 그래서 이삭은 그 우물을 "방해"라는 의미의 싯나라고 불렀습니다.

거기서 그는 가나안 쪽으로 더 멀리 옮겨 세 번째 우물을 파고 그 이름을 르호봇 "널찍함"이라고 불렀는데 그 이유는 마침내 골치 아픈 목자들로부터 충분히 멀리 떨어져 그 땅에서 "넓은 장소"를 얻었다고 믿었기 때문이었습니다.

그 다음 그는 과거에 아브라함이 살았고 번창했던 브엘세바로 올라갔습니다. 이제 그는 그가 있어야 할 곳에 있게 되었는데 하나님이 그에게 두 번째로 그리고 마지막으로 다시 나타나셔서 이렇게 말씀하셨습니다. "나는 네 아버지 아브라함의 하나님이니 두려워하지 말라 내 종 아브라함을 위하여 내가 너와 함께 있어 네게 복을 주어 네 자손이 번성하게 하리라"(24절). 브엘세바에서 이삭은 단을 쌓고 하나님의 이름을 불렀습니다.

하나님이 당신을 근거지로 데려다 주시도록 하는 것은 어떻습니까? 당신은 하나님의 많은 자녀들이 그런 것처럼 그분으로부터 도망했으면서도 당신의 불순종 속에서도 복을 받았을 수도 있습니다. 그러나 하나님은 당신을 사랑하셔서 당신의 길에 고통을 주셨습니다. 그 고통은 시기였습니까? 블레셋 사람들은 이삭을 시기했습니다. 그것은 다툼과 논쟁이었습니까? 그랄의 목자들은 이삭을 괴롭혔습니다. 그것은 병이었습니까? 슬픔이었습니까? 그것은 아픔이었습니까? 이런 것들은 하나님에게서 오는 것입니다. 그것들은 그분의 전령들입니다.

슬픔과 고통이 몰려와도
그들은 구주의 전령일세
나 함께 그들과 구주를 노래해
더욱 사랑 더욱 사랑

(위의 찬송시는 미국의 프렌티스(E. P. Prentiss) 여사가 전염병으로 두 자녀를 한꺼번에 잃은 비극을 겪은 후, 슬픔을 딛고 나서 쓴 찬송시로서 우리에게도 널리 알려진 "내 구주 예수를 더욱 사랑"의 원곡 3절 가사로 우리나라 찬송가에는 빠져 있음 - 역주)

슬픔은 하나님이 우리를 브엘세바, 곧 하나님을 다시 예배할 수 있고 그분의 충만한 복을 받는 브엘세바로 데려 오시는 데 사용되는 것이라면 복된 것입니다.

마지막 세 가지 교훈

창세기 26장의 이삭 이야기는 삽화적인 것입니다. 그래서 나는 사건들이 스스로 말하도록 하면서 그것을 단순히 다른 형식으로 되풀이했습니다. 본장 끝에 이르면 세 가지 비슷한 교훈이 더 나옵니다.

첫째, 이삭이 애굽으로 가는 도중에 그랄로 내려감으로써 하나님으로부터 탈선했지만 일단 브엘세바로 다시 데려옴을 당하고 나서 그는 분명히 그 땅에 오래 체류했습니다. 몇 년 동안이나 체류했는지 정확히는 알 수 없지만 에서와 야곱이 태어날 때가 이삭이 60세였고, 에서는 이삭이 브엘세바로 돌아온 후 40세에 결혼을 했습니다(창 26:34). 이삭이 그 땅을 떠나 있던 기간이 40년 이상일 수가 없고, 일단 돌아온 후에 그가 180세에 죽을 때까지 그 땅에 체류했습니다. 그는 그 땅에 80년 동안을 머물렀습니다. 우리가 창세기 26장에서 이삭을 보면 감탄할만한 점은 찾기가 어렵습니다. 그는 평범하고, 수동적입니다. 하지만 그는 그 땅에 오래 머물렀습니다. 나는 우리가 하나님의 복의 장소를 그렇게 오랜 기간 점유할 수 있을지 의아하게 생각합니다.

둘째, 이삭은 블레셋 왕이 진정으로 화해하고 싶어 하는 사람이 되었습니다. 이삭이 하나님의 뜻을 벗어나 복의 장소 밖에 있었을 때, 아비멜렉은 그에게 떠나라고 재촉했습니다. 그러나 이삭이 일단 브엘세바로 돌아오자 아비멜렉은 그에게 와서 이렇게 말했습니다. "여호와께서 너와 함께 계심을 우리가 분명히 보았으므로 우리의 사이 곧 우리와 너 사이에 맹세하여 너와 계약을 맺으리라 말하였노라 너는 우리를 해하지 말라 이는 우리가 너를 범하지 아니하고 선한 일만 네게 행하여 네가 평안히 가게 하였음이니라 이제 너는 여호와께 복을 받은 자니라"(창 26:28-29). 이삭이 하나님의 복의 장소에 있자 아비멜렉은 그것을 알고 그것에 대해 그를 존경했습니다.

셋째, 창세기 26장에 기록된 이삭의 죄에도 불구하고, 성경 어디에서도 하나님이 이 죄를 되풀이 말씀하시거나 또는 그 죄 때문에 이삭이 메시아의 계보에서 실격될 것이라고 시사하는 것을 찾아볼 수가 없습니다. 도리어 놀랍게도 하나님은 이삭을 칭찬하시며, "이삭의 하나님" 이라고 일컬음 받으시는 것을 부끄러워하지 않으신다고 선언하셨습니다(히 11:16). 이것은 하나님이 아브라함을 다루시는 데에서도 마찬 가지입니다. 아브라함의 죄를 생각나게 해 주는 창세기 26장에서조차도 우리는 그 죄에 대한 뚜렷한 언급을 찾지 못합니다. 대신에 하나님은 아브라함을 "내 말을 순종하고 내 명령과 내 계명과 내 율례와 내 법도를 지킨"(5절) 자로 묘사하십니다. 같은 방법으로 하나님은 히브리서 11장에 있는 이삭의 영적 전기를 기록함에 있어서 창세기 26장의 사건들을 완전히 뛰어 넘고 대신에 그의 아들들을 축복하는 것에 집중해서 이렇게 기록하도록 하셨습니다.

"믿음으로 이삭은 장차 있을 일에 대하여 야곱과 에서에게 축복하였으며"(히 11:20)

우리는 큰일에서나 작은 일에서나 수 없이 하나님의 기대를 어기고 실망시켜드립니다. 그러나 하나님은 우리를 적대하여 과거의 죄를 붙잡고 계신 분이 아닙니다. 그분은 승리를 기억하시며, 우리가 기쁨으로 그분을 섬기는 일에 정진하도록 우리에게 그것을 말씀해 주시는 분입니다.

106

도둑맞은 복

창세기 27 : 1-40

야곱이 그 아버지 이삭에게 가까이 가니 이삭이 만지며 이르되 음성은 야곱의 음성이나 손은 에서의 손이로다 하며 그의 손이 형 에서의 손과 같이 털이 있으므로 분별하지 못하고 축복하였더라 이삭이 이르되 네가 참 내 아들 에서냐 그가 대답하되 그러하니이다 이삭이 이르되 내게로 가져오라 내 아들이 사냥한 고기를 먹고 내 마음껏 네게 축복하리라 야곱이 그에게로 가져가매 그가 먹고 또 포도주를 가져가매 그가 마시고 그의 아버지 이삭이 그에게 이르되 내 아들아 가까이 와서 내게 입맞추라 그가 가까이 가서 그에게 입맞추니 아버지가 그의 옷의 향취를 맡고 그에게 축복하여 이르되 내 아들의 향취는 여호와께서 복 주신 밭의 향취로다 하나님은 하늘의 이슬과 땅의 기름짐이며 풍성한 곡식과 포도주를 네게 주시기를 원하노라 만민이 너를 섬기고 열국이 네게 굴복하리니 네가 형제들의 주가 되고 네 어머니의 아들들이 네게 굴복하며 너를 저주하는 자는 저주를 받고 너를 축복하는 자는 복을 받기를 원하노라 이삭이 야곱에게 축복하기를 마치매 야곱이 그의 아버지 이삭 앞에서 나가자 곧 그의 형 에서가 사냥하여 돌아온지라 그가 별미를 만들어 아버지에게로 가지고 가서 이르되 아버지여 일어나서 아들이 사냥한 고기를 잡수시고 마음껏 내게 축복하소서 그의 아버지 이삭이 그에게 이르되 너는 누구냐 그가 대답하되 나는 아버지의 아들 곧 아버지의 맏아들 에서로소이다 이삭이 심히 크게 떨며 이르되 그러면 사냥한 고기를 내게 가져온 자가 누구냐 네가 오기 전에 내가 다 먹고 그를 위하여 축복하였은즉 그가 반드시 복을 받을 것이니라(창 27:22-33)

아마도 창세기에서 야곱이 그의 아버지의 축복을 얻기 위해 속이는 것보다 더 가슴 아픈 이야기는 없을 것입니다. 하지만 이상하게도 이 이야기는 성경 주석가들에 의해 철저하게 다른 방향으로 다루어지고 있습니다. 일부는 하나님의 뜻이 이루어지는 것을 보려고 한 그들의 관심에 대해 (하나님이 야곱에게 주권을 약속하셨기 때문에; 창 25:23) 야곱과 함께 속인 리브가를 칭찬하지만 다른 일부는 그들을 비난합니다. 어떤 연구에서는 에서가 세속적이지만 그럼에도 그는 믿는 자로 존중됩니다. 그러나 다른 연구는 그를 완전한 이방인으로 간주합니다. 대부분의 저자들은 최소한 그 이야기에서 그 사람들 중 한 명을 동정합니다.

이 이야기의 중요성을 평가함에 있어서 우리는 두 극단적인 접근을 경계할 필요가 있습니다. 즉, 그 인물들의 더 좋은 동기를 인정하지 않고 그들을 전적으로 비난하는 것과 참된 도덕성을 희생하면서 그들을 너그럽게 봐주는 것입니다. 로버트 캔들리시(Robert Canlish)는 이렇게 기술하고 있습니다.

"한편으로 우리는 하나님 편에 있으면서 그분의 목적 성취를 추구하는 사람들의 죄를 과소평가하거나 또는 너그럽게 봐주고자 하는 유혹을 받을 수 있다. 그런데 그렇게 함으로써 우리는 하나님의 거룩한 법을 손상시키는 위험에 부딪칠 수 있고, 진실과 공정에 대한 우리의 분별력을 떨어뜨릴 수 있다. 다른 한편으로 하나님에 대한 신앙을 고백하는 사람들이 배신한 잘못에 대한 우리의 의분이 그들의 전체 고백에 대해 불의하고 무자비한 심판의 방향으로 우리를 너무 멀리 나가게 할 수도 있다. 그렇게 해서 우리는 경건한 사람들뿐만 아니라 그들의 경건 자체에 대해서 우리 안에 그리고 다른 사람들 안에 우리 자신의 영혼이나 그들의 영혼의 영적 번영에 결코 도움이 되지 않는 편견을 강화시킬 수 있다."[1]

문제의 진실은 우리는 그것을 인정하기 싫지만 그 인물들은 우리와 매우 많이 닮았다는 것입니다. 요점은 우리 또는 어떤 다른 사람이 그것을 반대함에도 불구하고 하나님의 주권적 뜻은 이루어진다는 것입니다.

노년의 고집

본문은 이삭, 리브가, 야곱, 에서 네 사람의 이야기로 이삭부터 시작하고자 합니다. 그가 먼저 언급되고 있기 때문입니다. 이삭은 늙었습니다. 루터는 이때 이삭의 나이를 137세로 계산했습니다. 그의 이복형제 이스마엘은 그 나이에 죽었습니다(창 25:17).[2] 그러나 이삭은 180세가 되도록 살았습니다. 이스마엘보다 43년 더 살았습니다. 그러나 지금 그는 다가오는 죽음을 한탄하며 선망하는 축복을, 앞서 하나님이 그것이 야곱에게 가야한다고 예고하셨음에도 불구하고 그가 좋아하는 아들 에서에게 넘겨주려고 고의적으로 결심하면서 자리에 누워있습니다.

어느 주석가는 노년은 복일 수도 있고 공포일 수도 있다고 말했습니다. 이삭에게 있어 그것은 후자 같습니다. 이 이야기는 아름다운 그림이 아닙니다. 리브가가 축복을 그녀가 사랑하는 야곱을 위해 얻으려고 계획을 꾸미는 것이 사실입니다. 그러나 이삭은 계획을 꾸미지는 않았습니다. 우리는 이미 그 부부가 각자 사랑하는 아들을 가지고 있다는 것을 알고 있습니다(창 25:28). 이삭은 그가 주권을 부여하고 물질적 번영을 약속한 축복을 에서에게 줄 작정이라고 발표한다면 집안에 견딜 수 없는 불화로 인한 소란이 분출할 것임을 의심할 바 없이 알고 있었습니다. 리브가가 항의할 것이고, 이삭의 삶을 가련하게 만들 것입니다. 이를 피하기 위해 이삭은 그의 축복을 몰래 베풀고자 결심했습니다. 이처럼 기쁘고 공개적이어야 할 행사가 비열한 사건으로 바뀌어졌습니다.

특히 에서가 준비했어야 할 음식에 대한 추잡성이 있습니다. 물론 먹는 것이 잘못된 것은 아닙니다. 몇몇 사람들은 이와 같은 특별한 가족 잔치를 공들여 준비하는 것은 관습적인 것이었다고 주석을 달기도 했습니다. 그러나 이것은 그렇게 진행되는 행사가 아니었습니다. 별미에 대한 미각을 가진 이삭은 적어도 부분적으로나마 그의 사랑하는 아들인 에서(창 25:28)에 대해 책임이 있는데 여기서 그는 단순히 그가 복을 빌기 전에 그의 육신적 식욕을 만족시키기 위해 별미를 원했던 것입니다. 이전에 에서가 그의 장자의 명분을 죽 한 그릇으로 야곱에게 팔았던 것을 보면 이삭의 식욕의 기본이 에서에게 전해졌던 것입니다.

이삭의 진짜 문제는 계시된 하나님의 뜻을 전혀 무시한 것입니다. 나는 한 주석서에서 하나님이 리브가에게 77년 전(쌍둥이 아들들이 태어나기 전)에 "두 국민이 네 태중에 있구나 두 민족이 네 복중에서부터 나누이리라 이 족속이 저 족속보다 강하겠고 큰 자가 어린 자를 섬기리라"(창 25:23)고 말씀하셨던 것을 이삭이 아마도 잊어버렸을 것이라고 추측하고 너그럽게 봐주는 것을 읽은 적이 있습니다. 그러나 이 말을 신뢰할 수 있습니까? 만일 이삭이 하나님의 말씀을 잊었다면, 그것은 고의적인 잊음이었습니다. 그리고 나는 그에 대해 그런 말을 할 수 있는 것인지조차도 의문스럽게 생각합니다. 만일 그가 잊어버렸다고 하더라도 리브가가 틀림없이 그에게 상기시켜 주었을 것이고, 그가 그의 축복을 몰래 베풀려고 시도했다는 사실은 그가 무엇을 하고 있었는지를 잘 알고 있었다는 것을 보여줍니다. 이삭에 대해 말할 수 있는 좋은 점들이 몇 가지 있습니다. 그것들은 나중에 말하려고 합니다. 그러나 이 단계에서는 그가 칭찬받기가 꽤 어렵습니다. 그는 전능하신 하나님을 공공연하게 성공적으로 반항할 수 있다고 생각하는 오늘날의 많은 사람들과 아주 많이 닮아 있습니다.

가정 안의 권력

본문에 등장하는 두 번째 사람은 리브가입니다. 한 가정의 주된 특징은 보통 어머니에게서 결정됩니다. 본문의 경우 이삭 가정의 불화와 불신의 분위기는 리브가에게 원인이 돌아가야 합니다. 이삭은 그의 아내 리브가를 신뢰하지 않았고, 그녀도 남편을 신뢰하지 않았습니다. 야곱은 그의 아버지가 자기를 믿지 않을 것임을 알았습니다. "나를 만지실진대 내가 아버지의 눈에 속이는 자로 보일지라"(창 27:12). 두 아들 모두가 서로를 믿지 못했습니다. 이런 의심이 이삭과 에서의 대화를 몰래 엿들은 것으로 확인된 리브가가 아니면 누구에게서 왔겠습니까? 한 주석가는 그녀를 "하나님의 길이 아닌 그녀의 길을 원했던, 남을 속이고, 잘난 체하고, 이기적인 여인"이라고 불렀습니다.[3] 집안에 있는 이 여인으로 인해 비참한 가정이 된 것이 틀림없습니다.

그러나 다른 한편, 야곱의 경우와 같이 리브가의 진짜 실패는 영적인 것이었습니다. 그녀가 하나님의 약속에 밀착해 있었던 것과, 이삭이 자기가 좋아하는 아들 편에서 그 약속을 고의적으로 거절하고 있는 것을 감지한 것은 옳았습니다. 그러나 그녀의 잘못은 하나님이 그분의 시간과 방법으로 야곱에게 복을 주실 것을 신뢰하지 못한 데 있습니다. 리브가는 몇몇 저술가들에 의해 두 가지 피할 수 없는 나쁜 행동 중에서 하나를 선택할 수밖에 없었다고 양해를 받아왔습니다. 아무 행동도 안 하고 복이 에서에게 가도록 놔두거나 더 큰 선을 얻기 위해 잘못된 행동을 해야 했다는 것입니다. 그녀는 두 명의 유대인 정탐꾼을 보호하기 위해 거짓말을 한 라합에 비유되었습니다. 그러나 그 두 상황은 비교될 수 없는 것입니다. 리브가가 직면한 궁지는 그녀 자신이 만든 것이었고, 복의 처리는 하나님의 일이지 그녀의 일이 아니었습니다. 그녀는 선을 얻기 위해 불쾌감을 주는 본질을 가진 악을 행할 권리가 없었습니다.

그녀는 자신의 방법으로 행동을 했지만 선은 오지 않았습니다. 복이 야곱에게 간 것은 사실입니다. 그것은 하나님이 정하신 것이었습니다. 그러나 그 대가는 야곱의 20년이라는 예상치 못한 망명, 곧 집에서 보호받는 삶 속에서 복을 받을 준비를 할 수 없었던 망명이었습니다. 만일 당신이 하나님을 신뢰하지 못하고, 하나님의 뜻 대신 당신의 뜻을 행하거나 혹은 하나님의 뜻을 당신의 방법으로 행한다면 죄의 흉계는 결코 이루어지지 않을 것과 불순종의 길은 험난한 것임을 알아야만 합니다. 모세가 애굽 사람을 죽였을 때, 그 결과는 그가 소망했던 혁명이 아니었습니다. 그는 목숨을 위해 도망쳐야 했습니다. 나중에 하나님께서 유대인들을 애굽의 속박에서 구출하셨지만 모세는 광야에서 하나님의 힘과 시간을 믿고 기다리는 것을 배우면서 장장 40년을 보내야 했습니다. 처음부터 하나님을 믿고 기다리는 것이 훨씬 더 좋습니다.

야곱의 거짓말

내 견해로는 본문의 이야기에서 가장 비열한 인물은 야곱이라고 봅니다. 에서가 영적인 것들의 가치를 무시했지만 적어도 야곱은 그것들을 소중히 여겼던 것에 대해 칭찬받을 수 있는 것은 사실입니다. 그리고 이 거짓 흉계를 따른 것이 단순히 그의 어머니에 대한 순종이었음을 감안한다면 그의 잘못은 조금은 가벼워질 수 있습니다. 그러나 그는 어린아이가 아니었습니다. 그는 아마도 77세 정도는 되었을 것입니다. 그는 리브가의 야비한 계략에 동조했을 뿐만 아니라 거기에 한 술 더 떠서 그의 아버지에게 거짓말을 했고, 심지어 그의 속임에 하나님의 이름을 들먹이기도 했습니다. 나는 로버트 캔들리시가 이 일에 대해 다음과 같이 말한 것이 과장이라고 생각하지 않습니다.

"그(야곱)는 교활한 일을 신중하게 열심히 해서 덕성뿐만 아니라 품위에 대한 우리의 감각에 충격을 주고 있다(13절). 그는 항의 없이 고민하면서 지각없는 짐승에게서 빌려온 가죽과 눈치 채지 못하고 있는 형에게서 훔친 의복으로 치장을 한다. 그리고 한 어머니의 그릇된 애정에 이끌리어 겉보기에 죽음이 가까이 다가오는 방으로 들어간다. 아울러 엄숙한 처리가 뒤이어 진행된다. 진리와 의에 대한 경외심을 일으키는 태도의 신성함을 가져야 하는데 그는 부도덕한 뻔뻔함으로 거짓말에 거짓말을 쌓는다. 눈이 어두운 늙은이의 단순한 신뢰심을 악용한다. 그리고 우리가 그렇게 말해도 된다면 입맞춤으로 그의 아버지를 속이면서 그로부터 장자의 축복을 훔친다. 그리고 나서 마치 그가 그의 형을 만나는 것이 두려울 뿐만 아니라 그의 멋진 계략에 왕관을 씌운 성공에 대한 비밀한 기쁨을 참을 수 없는 것처럼 그의 시야에서 서둘러 나간다(14-30절). 그는 아버지를 이 사건에서 하나님의 뜻과 목적에 따라 행동하도록 이끌고 있는 반칙에 대한 어떤 변명도 없다. 그는 내심으로 이렇게 말했을 것이다. '아버지는 의지가 박약하고 노망이 났다. 아버지는 처음부터 장자의 명분 처리와 관련해서 잘못된 편견을 가져왔다. 그리고 지금 아버지는 육체적 힘은 물론, 정신의 쇠약으로 아버지가 하는 행동에 대해 거의 책임을 감당하기가 어렵다. 그는 자신을 위해 지력이 모자라는 유년기에 있는 과격한 아이를 단속하는 것처럼 단속을 받아야 한다.' 구차한 변명이다! 하나님에 관련해서는 헛된 변명이고, 아버지 이삭에 관련해서는 잔인한 변명이다! 하나님의 계시, 이삭의 노망, 이런 것들이 부정한 수단에 대한 타당한 이유가 될 수 있는가? 아니다. 하나님의 목적이 명료하게 공지되어 있다는 그 사실이 모든 인간의 음모와 흉계를 폐기하지 않는가?… 우리가 어느 편에서 이 사건을 판단하든지 리브가가 편애하는 아들 야곱을 재촉해 빠지게 한 범죄는 매우 통탄스러운 것이다. 그리고 그 두 사람은 평생 동안 지극히 높으신 분의 계획과 목적의 실행을 자기들 스스로 추진하도록 유혹받았던 날을 깊이 후회할 때를 갖게 된다."[4]

야곱이 훔친 축복은 그가 형에 대해 "주"가 되려는 것이었고, 그의 어머니의 "아들들"이 그에게 머리를 숙이는 것이라고 말했습니다. 그러나 에서가 야곱을 그의 주라고 부르기 전에, 야곱이 그에게 먼저 주라고 불렀습니다(창 32:18, 33:8, 13-15). 그리고 에서가 야곱에게 머리를 숙이기 전에 야곱이 에서 앞에서 몸을 일곱 번 땅에 굽혔습니다(창 33:3). 정말로 죄의 길은 괴롭고, 죄의 쾌락은 그것 때문에 대가를 지불해야 할 가치가 전혀 없는 것입니다.

예상치 못했던 전향

본문의 이야기는 수치스러운 이야기입니다. 그러나 이 수치스러운 계략 중에서도 오직 하나님의 지혜와 자비를 찬양함으로써 마칠 수 있는 아주 밝게 버티고 있는, 하나님이 이루신 것이 한 가지 있습니다. 그것은 이삭의 전향(conversion)입니다. 어떤 사람들은 "전향"이란 말은 의심할 바 없이 하나님의 사랑과 지식 안에서 양육되고, 그의 청년기, 실제로 모리아 산에서 우리 대신 죽으실 예수 그리스도의 예표였던 자에 대해 너무 공격적인 말이라고 생각할지도 모릅니다. 그러나 나는 그것이 지나치게 공격적이라고는 생각하지 않습니다. 그리고 비록 그것이 이삭이 구원받지 못한 상태에서 구원받은 자로 바뀌어졌다는 의미에서의 전향이 아니었다고 해도, 최소한 그것은 하나님의 주권적 법령에 대한 고의적인 거절에서 순종적 수락으로의 전향이었습니다.

나는 축복을 하고 난 이후에 33절에서 전환을 봅니다. 야곱은 리브가에게 돌아왔고, 에서는 그가 사냥한 별미를 드리려고 장막에 나타났습니다. "너는 누구냐?" 이삭이 묻습니다. 에서가 "나는 아버지의 아들, 곧 아버지의 맏아들 에서로소이다" 라고 대답하자 어두워져 있었던 족장의 영혼에 빛이 비치기 시작했습니다. 그래서 본문이 말씀하는 것처럼 "이삭이 심히 크게" 떨었습니다.

이삭에게 무슨 일이 일어나고 있었습니까? 그것은 그가 하나님과 권투를 시도했었다는 것과 그가 패배했다는 것 그리고 자신의 잘못된 뜻을 전능자에게 굴복시키지 않는 한, 언제나 패배할 것이라는 것을 깨달은 것입니다. 한 주석가가 그의 억지를 계시된 하나님의 뜻에 반대하여 지어진 큰 건축물에 비유했습니다. 그 건축물은 쓰러져야 했습니다. 하나님이 행동하시기 전에 그 건축물은 튼튼해 보였습니다. 이삭은 다투기를 좋아하는 그의 아내 리브가와 가엾은 표정을 하는 여자 같은 사내 아이 야곱이 그것을 흔들지 못하게 할 작정이었습니다. 그러나 이삭은 하나님을 계산하지 못했습니다. 하나님은 처음부터 그곳에 계셨지만 그의 그림 속에는 없었습니다. 이삭의 계략은 실패했고, 그는 그의 오만에도 불구하고 자신의 뜻 위에 영광스러운 하나님의 뜻이 있었음을 알았습니다.

창세기를 계속 읽어가면서 우리는 야곱이 나중에 얍복강 가에서 주의 천사와 씨름을 하는 비슷한 경험을 하는 것을 보게 됩니다. 그러나 야곱은 그의 의지가 꺾어지기 전에 밤새도록 씨름을 했습니다. 이삭의 경우에는 그 꺾어짐이 한 절 안에 기록되는 정도로 거의 갑자기 왔습니다. 33절 처음에 빛이 비쳤고, 그 절 끝에 가면 고투가 끝이 납니다. 이삭은 이렇게 말하기 시작합니다. "그러면 사냥한 고기를 내게 가져온 자가 누구냐 네가 오기 전에 내가 다 먹고 그를 위하여 축복하였느니라" 그는 이렇게 마칩니다. **"그가 반드시 복을 받을 것이니라"** 이 말은 이삭의 삶에서 가장 삐뚤어진 경험으로 그의 마음을 잡아 뜯는 말이었습니다. 그러나 고의적이었고 늦었지만 그는 결국 옳은 편으로 왔고, 하나님은 그가 그렇게 한 것을 결코 잊지 않으셨습니다. 훗날 히브리서가 기록되면서 믿음의 영웅들에 대한 위대한 11장이 기록될 때, 하나님은 확신하시며 이렇게 말씀하셨습니다. "믿음으로 이삭은 장차 있을 일에 대하여 야곱과 에서에게 축복하였으며"(히 11:20). 이것은 많은 분량이 아닙니다. 모세는 한 단락에 걸쳐 칭찬을 받습니다. 아브라함의 경우에는 그의 출중한 삶에 있었던 네 가지 주요한 사건이 요약되고 있습니다. 그러나 "이삭은 야곱에게 축복하였다" 라는 말로 충분하고, 그것은 전적인 칭찬이지 비난이 아니라는 것에 의미가 있는 것입니다. 이삭은 하나님의 뜻과 137년 동안 싸웠습니다. 그러나 일단 자신의 뜻이 꺾여지자 하나님은 새로운 이삭을 보셨고, 그분에 대한 그의 죄를 더 이상 기억하지 않으셨습니다(히 10:17; 렘 31:34 참조).

오, 하나님의 위대하심이여!

오, 그분에게 항복하는 자의 행복이여!

당신은 하나님께 항복했습니까? 당신의 이기적인 의지가 꺾였습니까? 어떤 큰 은혜의 역사가 있기 전에 이삭이 경험했던 내적인 지진이 일어나야 하고, 당신 자신의 방법은 그 지진 앞에 무너져 파괴되어야 합니다.

다른 형제

나는 마지막에 가서야 겨우 무대에 나온 에서에 관한 이 발언으로 마치려고 합니다. 많은 사람들이 그랬듯이 에서에 대해 동정하는 것은 쉽습니다. 사실 그는 그에게 몰래 축복하고자 한 아버지의 계획에 응하여 그에게서 축복을 얻고자 시도했지만 그는 단지 그보다 더 약삭빠른 야곱에 의해 축복을 빼앗긴 것입니다. 그러나 그가 "소리 내어 울며 아버지에게 이르되 내 아버지여 내게 축복하소서 내게도 그리하소서" 하며 가엾게 우는 것을 볼 때, 우리의 마음은 그에게로 향합니다. 그를 위로하고 싶어집니다.

그러나 그렇게 하는 것은 지혜롭지 못한 것입니다. 성경 자체가 우리에게 에서의 곤경을 주목하도록 가르치는 사항이 아니기 때문입니다. 우리가 배우고 행해야 할 것은 우리를 위해 족장들에 대한 많은 다른 설명들이 나오고 있는 히브리서에서 말씀하고 있습니다. 그 책의 저자는 이렇게 말씀합니다.

"너희는 하나님의 은혜에 이르지 못하는 자가 없도록 하고 또 쓴 뿌리가 나서 괴롭게 하여 많은 사람이 이로 말미암아 더럽게 되지 않게 하며 음행하는 자와 혹 한 그릇 음식을 위하여 장자의 명분을 판 에서와 같이 망령된 자가 없도록 살피라 너희가 아는 바와 같이 그가 그 후에 축복을 이어받으려고 눈물을 흘리며 구하되 버린 바가 되어 회개할 기회를 얻지 못하였느니라" (히 12:15-17)

이 구절에서 하나님은 우리에게 에서를 동정하도록 요구하시지 않고, 그에게서 배우라고 요구하십니다. 하나님은 매우 은혜로우시고, 공의를 영원히 자비로 조절하시지만 그럼에도 불구하고 삶에는 이루어질 수 없는 선택이 있고, 그에 따라 피할 수 없는 죄의 결과가 있는 것입니다. 만일 당신이 지금 그리스도 안에 있는 하나님의 은혜를 거절한다면 영적으로 녹기 시작하는 마음을 경험하거나 그분에게 돌아서는 기회를 언제 얻게 될지 누가 압니까? 만일 당신이 어떤 문제를 두고 계시된 하나님의 말씀을 거절하고, 대신에 당신이 잘못인 것을 알면서도 그것을 행한다면 그 잘못을 옳은 것으로 바로잡고, 그 잘못으로 인한 파괴적인 결과를 피할 기회를 또다시 갖게 될지 누가 압니까?

눈물은 아무 의미가 없습니다. 에서는 울었습니다. 그러나 그의 눈물은 좌절된 이기심에서 나온 눈물이지, 잘못을 저지른 것에 대한 진정한 후회에서 나온 눈물이 아니었습니다. 오직 참된 회개는 죄에서 돌아서서, 하나님이 바라시는 일을 행하는 것입니다.

● 각주 ●

1. 로버트 S. 캔들리시, *Studies in Genesis*, 457.

2. 마르틴 루터, *Luther's Works*, vol. 5, *Lectures on Genesis Chapters 26-30*, ed. Jaroslav Pelikan (St. Louis: Concordia, 1967), 99.

3. 도널드 G. 반하우스, *Genesis*, 2:63-64.

4. 로버트 S. 캔들리시, *Studies in Genesis*, 460-62.

107

보통 사람들

창세기 27 : 41-28 : 9

그의 아버지가 야곱에게 축복한 그 축복으로 말미암아 에서가 야곱을 미워하여 심중에 이르기를 아버지를 곡할 때가 가까웠은즉 내가 내 아우 야곱을 죽이리라 하였더니 맏아들 에서의 이 말이 리브가에게 들리매 이에 사람을 보내어 작은 아들 야곱을 불러 그에게 이르되 네 형 에서가 너를 죽여 그 한을 풀려 하니 내 아들아 내 말을 따라 일어나 하란으로 가서 내 오라버니 라반에게로 피신하여 네 형의 노가 풀리기까지 몇 날 동안 그와 함께 거주하라 네 형의 분노가 풀려 네가 자기에게 행한 것을 잊어버리거든 내가 곧 사람을 보내어 너를 거기서 불러오리라 어찌 하루에 너희 둘을 잃으랴 리브가가 이삭에게 이르되 내가 헷 사람의 딸들로 말미암아 내 삶이 싫어졌거늘 야곱이 만일 이 땅의 딸들 곧 그들과 같은 헷 사람의 딸들 중에서 아내를 맞이하면 내 삶이 내게 무슨 재미가 있으리이까 이삭이 야곱을 불러 그에게 축복하고 또 당부하여 이르되 너는 가나안 사람의 딸들 중에서 아내를 맞이하지 말고 일어나 밧단아람으로 가서 네 외조부 브두엘의 집에 이르러 거기서 네 외삼촌 라반의 딸 중에서 아내를 맞이하라 전능하신 하나님이 네게 복을 주시어 네가 생육하고 번성하게 하여 네가 여러 족속을 이루게 하시고 아브라함에게 허락하신 복을 네게 주시되 너와 너와 함께 네 자손에게도 주사 하나님이 아브라함에게 주신 땅 곧 네가 거류하는 땅을 네가 차지하게 하시기를 원하노라 이에 이삭이 야곱을 보내매 그가 밧단아람으로 가서 라반에게 이르렀으니 라반은 아람 사람 브두엘의 아들이요 야곱과 에서의 어머니 리브가의 오라비더라 에서가 본즉 이삭이 야곱에게 축복하고 그를 밧단아람으로 보내어 거기서 아내를 맞이하게 하였고 또 그에게 축복하고 명하기를 너는 가나안 사람의 딸들 중에서 아내를 맞이하지 말라 하였고 또 야곱이 부모의 명을 따라 밧단아람으로 갔으며 에서가 또 본즉 가나안 사람의 딸들이 그의 아버지 이삭을 기쁘게 하지 못하는지라 이에 에서가 이스마엘에게 가서 그 본처들 외에 아브라함의 아들 이스마엘의 딸이요 느바욧의 누이인 마할랏을 아내로 맞이하였더라

미국에서 "보통 사람들"(Ordinary People)이라는 영화가 상영된 적이 있었습니다. 그것은 시카고 교외에 사는 "전형적인(typical)" 가정에 대한 것이었습니다. 그 영화는 한 가정의 두 아들이 보트를 타고 나갔다가 큰아들의 실수로 인해 큰아들이 익사 사고로 죽은 다음부터 시작합니다. 작은 아들은 혼자 살아남았다는 죄책감에 괴로움을 당합니다. 이야기가 진행되면서 그는 삶을 감당하기가 불가능하다는 것을 점점 깨닫게 됩니다. 끝에 가서 작은 아들은 자살을 시도하고, 아버지는 가정을 떠납니다. 이것이 전형적인 보통 가정입니다.

나는 이삭의 가족을 곰곰이 되뇌면서 그 영화를 생각해 봅니다. 우리는 이미 그의 가정이 어떻게 하나님이 역사하셨고 또 메시아의 복을 모든 사람에게 가져올 통로가 될 가정이 될 수 있었는지 우리를 의아스럽게 하는 것을 충분히 보았습니다. 이삭은 연약합니다. 그뿐만이 아니라 "보통 사람들"에 나오는 아버지와는 달리, 남편 이삭은 아들들의 장래일에 있어서 하나님의 섭리로 명시된 인도하심을 고의적으로 저항합니다. 아내 리브가는 거의 눈이 멀고, 외관상 죽어가는 남편을 정교하게 속일 정도로 고집이 세고 교활합니다. 큰아들 에서는 관능적이고 세속적입니다. 작은아들 야곱은 사기꾼입니다. 성경이 말씀한 것처럼 우리는 이 모든 것을 이미 보아왔습니다. 그러나 지금, 도둑맞은 축복 이야기의 결국에 그 계략은 몰락하고 맙니다.

창세기 27:38절에서 에서는 후회하는 것으로 보입니다. 적어도 그는 애끓는 마음으로 울고 있습니다. 그러나 41절에서 그의 동생을 죽이겠다고 결심하는 것을 봅니다. "그의 아버지가 야곱에게 축복한 그 축복으로 말미암아 에서가 야곱을 미워하여 심중에 이르기를 아버지를 곡할 때가 가까웠은즉 내가 내 아우 야곱을 죽이리라"(41절). 이 장면을 마르틴 루터(Martin Luther)는 이렇게 기술했습니다.

"그는 그의 동생에게 뿐만 아니라 그의 부모 그리고 그가 아는 것처럼 복은 하나님의 것이고 오직 그분에게서만 기대할 수 있는 것인데 하나님에게까지 화를 내고 있다."[1]

리브가는 전혀 바뀌지 않고 있습니다. 에서가 야곱을 죽이려고 작정하는 것을 듣고, 그녀는 특유의 기민함으로 야곱을 그의 오빠인 라반과 함께 살도록 보내기로 결심합니다. 하지만 어떻게 이삭의 동의를 받습니까? 그녀는 야곱이 헷 사람의 아내를 취할까봐 이삭이 두려워하는 것을 이용하여 연기를 하기로 결심합니다. 그래서 야곱의 안전을 바라는 중에서도 그녀는 기만적인 방법으로, 잘못된 방법으로 그녀의 바람을 성취하려고 애를 씁니다. 그녀는 아마도 에서가 결혼한 지역 여인들이 자기를 경멸하는 것에 속이 탔을 것입니다. 시어머니와 며느리의 관계는 잘해도 종종 어려움에 부딪치고, 이러한 관계는 확실히 아쉬운 점을 많이 가지고 있습니다.

야곱은 에서에게 미움을 받고, 그의 어머니에게 조종당하는 인질입니다. 그는 험한 역경의 학교에서 다음 20년을 보내는 결과로 사나이가 될 것입니다. 그러나 그는 아직 사나이가 아닙니다. 그는 약골입니다.

이 전체 이야기에서 마침내 하나님이 역사하시는 삶을 가진 사람처럼 보이기 시작한 유일한 사람은 이삭입니다. 전에 그는 약하고 고집스러웠습니다. 그러나 하나님은 그의 근본을 흔들어 놓으셨고 그래서 그는 하나님을 기쁘시게 하려고 결심하고 있습니다. 야곱은 속임수로 이삭의 첫 축복을 받았습니다. 이제 이삭은 자진해서 그에게 축복을 하는데 더욱 강한 어조로 축복합니다. "전능하신 하나님이 네게 복을 주시어 네가 생육하고 번성하게 하여 네가 여러 족속을 이루게 하시고 아브라함에게 허락하신 복을 네게 주시되 너와 너와 함께 네 자손에게도 주사 하나님이 아브라함에게 주신 땅 곧 네가 거류하는 땅을 네가 차지하게 하시기를 원하노라"(창 28:3-4). 이 축복의 용어는 하나님의 아브라함에 대한 축복(창 18:18)과 이삭에 대한 축복(창 26:2-5)의 말씀에서 따온 것입니다. 이것은 이삭이 구원의 언약을 존중하게 되었다는 것과, 마침내 하나님의 주권을 드러난 대로 인정하게 되었음을 보여줍니다.

얼마나 희한한 가정입니까! 그럼에도 이 "보통" 가정이 어떻게 하나님이 역사하신 가정이 될 수 있었는가에 대한 유일한 설명은 하나님이 크신 은혜의 하나님이시라는 것입니다.

하나님의 뜻

이 가정의 삶에 대한 영적 경력에 중요한 교훈이 있는데 그 중 가장 명백한 것의 하나는 궁극적으로 사람의 뜻이 아닌 하나님의 뜻이 확립된다는 것입니다. 하나님의 뜻은 쇠모루와 같습니다. 그것은 금속 막대가 쇠모루 위에서 구부러져 유용한 것으로 만들어질 수 있는 것과 같이 우리로 하나님의 뜻에 순종하도록 하기 위해 있습니다. 그러나 우리가 만일 하나님의 지혜롭고 거룩한 뜻에 순종하기를 원하지 않는다면 그것은 우리가 나무 조각으로 쇠모루를 치는 것과 같습니다. 우리 자신은 쇠모루가 아니라 부러질 나무입니다.

우리는 이삭과 에서의 갈라진 길에서 현저한 차이를 봅니다. 그들은 한 패가 되어 비밀히 시작을 합니다. 그들은 하나님의 계시된 뜻에 저항하여 축복을 에서에게 넘기는 일에 착수를 합니다. 그러나 이삭은 바뀝니다. 하나님이 그를 바꾸십니다. 그는 전능자가 자신이 아니라 하나님이시란 것을 알게 되고, 하나님의 뜻에 항복합니다. 그가 야곱을 두 번째로 축복할 때, 그는 야곱을 지키시고 번영케 하시는 분이 "전능하신 하나님"(**엘 샤다이**, El Shaddai)이시기를 간절히 바라고 있습니다. **엘 샤다이**는 하나님의 위대하신 이름들 중의 하나입니다. 이 이름은 원래 아브라함이 99세가 되어 그와 사라가 아이를 가질 나이를 지났을 때, 하나님이 그에게 아들을 낳을 것을 약속하시며 아브라함에게 계시하셨던 이름입니다. 이 하나님의 뜻은 이루어집니다. 이것을 알게 된 이삭은 축복을 에서에게 주려고 시도했음에도 야곱에게 주었던 것입니다. 지금 그는 그를 떠나는 아들에게 이 동일하고 전능하신 하나님의 복을 빌고 있습니다.

그러나 에서는 다른 그림을 제시하고 있습니다. 그 역시 하나님께 저항했지만 그의 뜻을 하나님께 굴복시키는 것을 결코 배우지 못했습니다. 대신에 그는 야곱을 미워했는데 그것은 하나님을 미워하는 것이었습니다. 그는 이렇게 말했습니다. "하나님, 당신은 야곱이 내게 이렇게 하지 못하도록 했어야 했습니다. 그러나 당신이 그에게 그렇게 하도록 하셨기 때문에 내가 야곱을 죽이려고 합니다. 그러면 우리는 당신의 복이 어떻게 될는지 보게 될 것입니다." 마르틴 루터는 이것이 야곱의 자손 예수님을 죽이려고 시도하는 마귀의 악의라고 정확히 기술했습니다.[2]

속임의 열매

이 이야기에서 또 하나의 명확한 교훈은 속임의 열매는 입속에서 쓴맛으로 변한다는 것입니다. 우리가 하나님의 길을 따르면 하나님이 우리의 길에 복을 주십니다. 우리는 시냇가에 심은 나무가 시절을 좇아 과실을 맺으며 그 잎사귀가 마르지 아니함 같이 될 것입니다(시 1:3). 그러나 우리가 만일 이기적으로 그리고 고집스럽게 우리 자신의 길에 있는 어떤 것을 붙잡으면 우리는 결코 온전한 만족을 누리지 못할 것입니다.

이삭의 축복을 확보하려고 리브가와 야곱이 급하게 저지른 행동에 그들이 예상하지 못했던 그들의 속임에서 세 가지 결과가 초래되었습니다. 첫째, 리브가가 야곱을 잃은 것입니다. 왜냐하면 그녀는 사랑하는 아들을 결코 다시 보지 못했기 때문입니다. 나는 본문에서 이 부분이 애처롭게 느껴집니다. 리브가는 여전히 지배적이고, 여전히 역사에 외고집의 무늬를 내고 있습니다. "사람의 마음에는 많은 계획이 있어도 오직 여호와의 뜻만이 완전히 서리라"(잠 19:21). 야곱을 자기에게로 부르면서 그녀는 읊조립니다. "내 아들아 내 말을 따라 일어나 하란으로 가서 내 오라버니 라반에게로 피신하여 네 형의 노가 풀리기까지 몇 날 동안 그와 함께 거주하라 네 형의 분노가 풀려 네가 자기에게 행한 것을 잊어버리거든 내가 곧 사람을 보내어 너를 거기서 불러오리라 어찌 하루에 너희 둘을 잃으랴"(창 27:43-45). 리브가는 야곱의 망명이 잠시라고 생각했습니다. 그녀는 몇 날 안 가서 그를 다시 집으로 돌아오게 할 것으로 기대했습니다. 그러나 그 소환의 날은 결코 오지 않았습니다. 야곱은 20년이나 집을 떠나 있게 되었고, 리브가는 죽었습니다(창 35:27 참조). 리브가는 다른 족장들과 그들의 아내들과 함께 마므레 앞 막벨라 굴에 장사되었다고 말하는 한 구절 외에는 창세기에서 다시는 언급되지 않습니다(창 49:31).

당신이 가장 바라는 것이 무엇입니까? 하나님의 길에 당신의 뜻을 굴복시키는 대신에 당신 자신의 길을 간다면 당신은 그 바라는 것을 잃을 것입니다. 당신은 생명을 잃어야 그것을 찾게 됩니다. 그러나 당신이 오직 하나님의 나라와 그의 의를 구할 때 이 모든 것이 당신에게 더해집니다(마 6:33).

리브가와 야곱의 계략이 가져온 둘째 결과는 아버지를 속인 야곱이 참혹히 속임을 당했습니다. 이것은 적어도 두 번, 어쩌면 그 이상에 걸쳐 일어났습니다. 야곱이 라반에게 갔고, 라헬을 사랑하게 되었을 때, 라반이 자기를 위해 7년을 일하면 그 보답으로 그녀를 아내로 주겠다는 데에 합의가 되었습니다. 결혼의 때가 왔습니다. 그러나 야곱보다 더욱 속임수를 쓰는 라반은 작은딸 라헬 대신에 큰딸 레아로 바꾸었습니다. 라헬을 얻으려면 야곱은 7년을 더 추가로 일해야만 했고, 그렇게 해서 그는 두 명의 아내를 갖게 되었습니다. 그가 속은 두 번째 경우는 나중에 일어났습니다. 그는 가나안으로 돌아왔고, 거기서 그의 사랑하는 아들 요셉이 어떤 짐승에 의해 죽임을 당했다고 거짓말을 한 아들들에게 속임을 당했습니다. 실제로는 그들이 요셉을 노예로 팔았던 것입니다.

하나님이 세우신 "칼을 가지는 자는 다 칼로 망하느니라"(마 26:52)의 원칙을 가볍게 받지 마십시오. 만일 당신이 거짓말로 살면, 당신은 속임을 당할 것입니다. 당신이 미워하면, 미움을 받을 것입니다. 사도 바울은 이것을 두 길의 교리로서 이렇게 표현했습니다.

"하나님께서 각 사람에게 그 행한 대로 보응하시되 참고 선을 행하여 영광과 존귀와 썩지 아니함을 구하는 자에게는 영생으로 하시고 오직 당을 지어 진리를 따르지 아니하고 불의를 따르는 자에게는 진노와 분노로 하시리라 악을 행하는 각 사람의 영에는 환난과 곤고가 있으리니 먼저는 유대인에게요 그리고 헬라인에게며 선을 행하는 각 사람에게는 영광과 존귀와 평강이 있으리니 먼저는 유대인에게요 그리고 헬라인에게라 이는 하나님께서 외모로 사람을 취하지 아니하심이라"(롬 2:6-11)

믿는 자가 되는 것이 당신을 역사에서 하나님의 의롭고 공평한 대우의 법으로부터 (유대인과 이방인 양쪽 다) 면제받는 것이 아닙니다. 실제로 하나님의 심판은 종종 그분의 가족에 속한 자들에게 더욱 심하게 내려집니다.

리브가와 야곱이 실행한 속임의 셋째 결과는 (아브라함과 이삭의 누적된 부의 상속자로서) 야곱은 재산을 가진 세력가의 위치에서 라반에 대한 가혹한 노역자의 위치로 강등된 것입니다. 예수 그리스도를 구주로 믿는 자 그리고 그분 안에 있는 영원하신 하나님의 영광을 아는 자는 하나님을 위한 왕과 제사장이 되고, 그리스도와 함께 다스리도록 되어 있습니다. 그러나 그 운명은 외고집과 양립하지 않습니다. 그것은 우리의 죄와 공존할 수 없습니다. 만일 우리가 우리 길을 가면 사도 바울처럼 소리치게 될 것입니다. "오호라 나는 곤고한 사람이로다 이 사망의 몸에서 누가 나를 건져내랴"(롬 7:24). 왕 대신 노예가 되렵니까? 지극히 높으신 하나님의 자녀 대신 노예 신분이 되렵니까? 그렇습니다. 만일 우리가 우리의 외고집에 집착하면 그렇게 됩니다. 그러나 "우리 주 예수 그리스도로 말미암아 하나님께 감사하리로다 그런즉 내 자신이 마음으로는 하나님의 법을 육신으로는 죄의 법을 섬기노라"(롬 7:25).

비범한 사람들

나는 이런 견해를 제시하며 마치고자 합니다. 우리가 조사한 가정은 세속적 지혜로 개별적 길을 추구하는 전형적인 세속 가정이란 의미에서 아주 "보통" 이었습니다. 이것은 하나님이 역사하시고, 그분을 통해 결국은 메시아가 오실 가정일지라도 역시 사실이었습니다. 당신이 알기를 원하는 것은 당신과 나, 특별히 우리 중 가정에서 살고, 가정을 부양하는 사람들은 다르다고 불리어져야 합니다. 이런 점에서 우리는 "보통" 이라고 불리어질 수 없습니다. 우리는 우리 안에 하나님의 능력과 은혜가 극히 명백한 "비범한" 사람들이라고 불리어져야 합니다.

하나님의 말씀인 성경은, 우리 모두에게 분명히 말씀합니다.

"아내들이여 자기 남편에게 복종하기를 주께 하듯 하라 이는 남편이 아내의 머리 됨이 그리스도께서 교회의 머리 됨과 같음이니 그가 바로 몸의 구주시니라 그러므로 교회가 그리스도에게 하듯 아내들도 범사에 자기 남편에게 복종할지니라 남편들아 아내 사랑하기를 그리스도께서 교회를 사랑하시고 그 교회를 위하여 자신을 주심 같이 하라 이는 곧 물로 씻어 말씀으로 깨끗하게 하사 거룩하게 하시고 자기 앞에 영광스러운 교회로 세우사 티나 주름 잡힌 것이나 이런 것들이 없이 거룩하고 흠이 없게 하려 하심이라 이와 같이 남편들도 자기 아내 사랑하기를 자기 자신과 같이 할지니 자기 아내를 사랑하는 자는 자기를 사랑하는 것이라 누구든지 언제나 자기 육체를 미워하지 않고 오직 양육하여 보호하기를 그리스도께서 교회에게 함과 같이 하나니 우리는 그 몸의 지체임이라 그러므로 사람이 부모를 떠나 그의 아내와 합하여 그 둘이 한 육체가 될지니 이 비밀이 크도다 나는 그리스도와 교회에 대하여 말하노라 그러나 너희도 각각 자기의 아내 사랑하기를 자신 같이 하고 아내도 자기 남편을 존경하라"(엡 5:22-33)

"자녀들아 주 안에서 너희 부모에게 순종하라 이것이 옳으니라 네 아버지와 어머니를 공경하라 이것은 약속이 있는 첫 계명이니 이로써 네가 잘되고 땅에서 장수하리라 또 아비들아 너희 자녀를 노엽게 하지 말고 오직 주의 교훈과 훈계로 양육하라"(엡 6:1-4)

당신은 이렇게 행동하는 사람들로 구성된 가정을 알고 싶지 않습니까? 남편에게 복종하고 그를 존경하는 아내를 알고 싶지 않습니까? 그의 아내를 자신을 사랑하듯이 사랑하고, 그녀의 성장과 순수함에 관심을 갖는 남편을 알고 싶지 않습니까? 부모에게 순종하고 존경하는 자녀들을 알고 싶지 않습니까? 자녀들을 격려하고 그들을 영적으로 교육하는 아버지들을 알고 싶지 않습니까? 말씀드리건대 나는 그와 같은 많은 가정을 알고 있고, 아직 그와 같지는 않지만 그 길에 올라서 있는 더 많은 가정을 알고 있습니다. 이러한 비범한 결과를 낳는 것이 무엇입니까? 대체적으로 그것은 자아가 죽는 것인데 그것은 가족구성원들이 예수 그리스도를 만나고, 그들의 의지를 그분에게 굴복시키는 데서 얻어집니다. 우리는 모든 다른 선보다 개인적 욕구 충족을 앞세우고, 이 목표를 추구하기 위해 선한 것을 거의 파괴하는 시대인 "나 먼저(me first)" 시대에 살고 있습니다. 자신에 앞서 그리스도를 우선하는 그리스도인들에게 있어 자기 의지는 깨졌습니다. 오직 그런 다음에야 매일 그리고 매 상황에서 시종일관하게 자기보다 가족을 우선할 수 있는 것입니다.

이 목표를 추구할 때, 우리는 예수님 자신이 우리의 본보기가 되심을 알게 됩니다. 그분은 으뜸이 되시려고 애쓰신 분이 아닙니다. "자기를 비워 종의 형체를 가지사 사람들과 같이 되셨고 사람의 모양으로 나타나사 자기를 낮추시고 죽기까지 복종하셨으니 곧 십자가에 죽으심이라"(빌 2:7-8). 만일 우리가 그렇게 하기를 기꺼워한다면 우리는 이미 하나님이 바라시는 비범한 사람들의 길로 들어선 것입니다. 그리고 우리 가족이 역사하시는 예수 그리스도의 능력으로 변화되는 것을 보는 과정에 있게 됩니다.

히브리 단어인 나함(naham)을 중점적으로 살펴보기 위해 창세기로 돌아갑니다. 이 단어는 "네 형 에서가 너를 죽여 그 한을 풀려 하니"(창 27:42)에서 "한을 풀다(consoling)" 라는 말로 번역되고 있습니다. 이 단어는 "숨을 세차게 들이쉬다, 헐떡거리다, 신음하다, 몹시 슬퍼하다, 후회하다" 등을 포함하여 여러 의미를 가지고 있습니다. 분노로 숨을 세차게 들이쉬기 때문에 그 단어는 때로 "복수하다"로 번역됩니다. 에서의 분노의 열매는 야곱을 죽이려는 복수심에 불타는 이기적이고, 악마적인 그의 계획이었습니다.

당신은 하나님께 당신의 삶이 자기 욕구 충족의 삶으로 특징지어질 것인지 아니면 다른 사람들, 특히 당신의 가족을 위한 예수 그리스도와 같은 섬김의 삶으로 특징지어질 것인지 물어보시겠습니까? 하나님께서 당신에게 그분을 위하여 그리고 다른 사람들을 위해 숨을 들이쉬는 능력을 주시기를 기원합니다.

● 각주 ●

1. 마르틴 루터, *Luther's Works*, 5:162

2. 같은 책, 5:163.

108

하늘의 문

창세기 28 : 10-19

야곱이 브엘세바에서 떠나 하란으로 향하여 가더니 한 곳에 이르러는 해가 진지라 거기서 유숙하려고 그 곳의 한 돌을 가져다가 베개로 삼고 거기 누워 자더니 꿈에 본즉 사닥다리가 땅 위에 서 있는데 그 꼭대기가 하늘에 닿았고 또 본즉 하나님의 사자들이 그 위에서 오르락내리락 하고 또 본즉 여호와께서 그 위에 서서 이르시되 나는 여호와니 너의 조부 아브라함의 하나님이요 이삭의 하나님이라 네가 누워 있는 땅을 내가 너와 네 자손에게 주리니 네 자손이 땅의 티끌 같이 되어 네가 서쪽과 동쪽과 북쪽과 남쪽으로 퍼져나갈지며 땅의 모든 족속이 너와 네 자손으로 말미암아 복을 받으리라 내가 너와 함께 있어 네가 어디로 가든지 너를 지키며 너를 이끌어 이 땅으로 돌아오게 할지라 내가 네게 허락한 것을 다 이루기까지 너를 떠나지 아니하리라 하신지라 야곱이 잠이 깨어 이르되 여호와께서 과연 여기 계시거늘 내가 알지 못하였도다 이에 두려워하여 이르되 두렵도다 이 곳이여 이것은 다름 아닌 하나님의 집이요 이는 하늘의 문이로다 하고 야곱이 아침에 일찍이 일어나 베개로 삼았던 돌을 가져다가 기둥으로 세우고 그 위에 기름을 붓고 그 곳 이름을 벧엘이라 하였더라 이 성의 옛 이름은 루스더라

당신은 하나님에게서 떠날 수 있습니까? 없습니다. 아무리 얕은 곳이라도, 아무리 높은 곳이라도, 아무리 멀거나 동떨어진 장소라도

하나님이 안 계시는 곳은 없습니다. 그분은 어디에나 계십니다.

"내가 주의 영을 떠나 어디로 가며 주의 앞에서 어디로 피하리이까 내가 하늘에 올라갈지라도 거기 계시며 스올에 내 자리를 펼지라도 거기 계시니이다 내가 새벽 날개를 치며 바다 끝에 가서 거주할지라도 거기서도 주의 손이 나를 인도하시며 주의 오른손이 나를 붙드시리이다" (시 139:7-10)

야곱은 브엘세바에 있는 그의 집을 떠나 밧단아람으로 떠날 때에 이 진리를 생각하지 않습니다. 그는 자신을 성공시키기 위해 길을 떠나고 있었던 것입니다. 그러나 그때까지 영적인 면에서 세계 역사상 모든 사람 중에서 야곱은 이 고독한 여정에 대한 준비가 가장 덜 되어 있었을 것이고, 틀림없이 다가오는 일에 대하여 공포로 가득했을 것입니다. 그의 뒤에는 그를 죽이려고 하는 에서가, 앞에는 커다란 미지의 세계가 있었습니다. 그는 그의 어머니를 다시 볼 수 있을까요? 그의 아버지는요? 그는 집에 다시 돌아올 수 있을까요? 축복을 얻어낸 그의 노력은 그만한 가치가 있었던 것일까요? '무척이나 캄캄한 밤이로구나! 보통의 밤보다 더 캄캄하지 않은가? 저 소리는 무엇인가? 어떻게 해야 하지?'[1] 나는 그날 밤의 야곱보다 더 고독을 느끼고, 더 근심을 했던 사람은 일찍이 없었을 것이라고 생각합니다.

그러나 그는 혼자가 아니었습니다. 비록 그는 깨닫지 못하고 있었지만, 하나님이 그와 함께 계셨습니다. 그리고 그날 밤, 하나님이 그와 함께 하신다는 것과 그가 어디로 가든지 그와 함께 하실 것임을 말씀해 주시기 위해 그에게 나타나셨습니다.

야곱의 경험을 보면서 나는 하나님이 당신과도 함께 계신다는 것을 당신이 알기를 원합니다. 당신은 정신적인 붕괴 직전에 있을지도 모릅니다. 그러나 당신은 감지할 수 없을지라도 하나님은 지금 당신과 함께 계십니다. 당신은 매우 건강이 나쁠지도 모릅니다. 당신은 친구로부터 오해를 받고 있을지도 모릅니다. 당신은 당신의 남편으로부터, 아내로부터 또는 당신의 자녀들로부터 버림받았을지도 모릅니다. 심지어 교회마저도 당신에게 등을 돌렸을지도 모릅니다. 직장을 잃었을지도 모릅니다. 용기를 잃었을지도 모릅니다.

당신은 자아가치(self-worth)를 거의 상실해 아무도 당신에게 관심을 갖지 않을 것이라고 느낄지도 모릅니다. 당신은 어쩌면 "만일 한 사람이 당신을 당나귀라고 부르면 그를 무시하라. 만일 두 사람이 당신을 당나귀라고 부르면 그들도 무시하라. 만일 세 사람이 당신을 당나귀라고 부르면 안장을 사라!" 라는 고대 이디시어(Old Yiddish) 격언에 귀를 기울이고 있을지도 모릅니다. 당신은 그렇게 할 작정으로 있을지도 모릅니다. 어쩌면 당신은 이미 안장을 샀을지도 모릅니다. 그러나 나는 당신이 하나님이 하시는 말씀을 듣기를 원합니다. 당신이 지금 있는 곳이 하늘의 문일 수도 있습니다.

하늘에 이르는 사닥다리

야곱의 생애에서 이 이야기는 잘 알려져 있습니다. 브엘세바를 떠난 후에 그는 북쪽으로 가는 통상로를 따라 가다가 동쪽으로 방향을 바꾸어 하란으로 가는 사막의 북쪽 경계선을 향해 갔습니다. 이동 거리 약 800km 중에서 야곱은 약 80km를 와서 (아마도 집을 떠난 지 이틀째였을 것입니다) 루스 성 근처인 벧엘이라고 부르는 지역에 도착했습니다. 아브라함이 전에 벧엘에 있으면서 거기서 단을 쌓은 적이 있었지만(창 12:8) 야곱은 이것을 알고 있었던 것 같지 않습니다. 우리가 아는 것은 그가 해질 무렵에 거기에 도착해서 돌을 베개로 삼아 잠을 잤다는 것입니다.

그 돌은 어쩌면 그의 할아버지가 쌓아 성별했던 그 단에서 나온 돌일 수도 있다는 유혹적인 생각이 들 수도 있습니다. 그러나 다시 말하지만 우리는 그것을 모릅니다. 우리는 단지 야곱이 잠을 잤다는 것과, 하나님이 꿈속에서 그에게 나타나셔서 그를 축복하셨다는 것만 알 뿐입니다. 그의 꿈속에서 야곱은 땅에서 하늘까지 뻗어있는 큰 사닥다리를 보았습니다. 사닥다리의 히브리어는 술람(sullam)이고, 성경에서 이 단어가 나오는 곳은 여기뿐입니다. 여기에서만 나오기 때문에 번역가들은 그것을 어떻게 정의해야할지 망설여 왔습니다. KJV성경은 그것을 "사닥다리"로 번역합니다. 그러나 그것이 무엇이든지 간에 거대한 것이었습니다. 왜냐하면 야곱이 보았듯이 천사들이 그 위를 오르락내리락 하였기 때문입니다. 그 위에 주님이 서 계셨는데 그분이 그를 축복하셨습니다.

천사들을 본 사람들이 더러는 있었지만 많지는 않았습니다. 도단에 있던 엘리사의 종, 다니엘, 스가랴, 마리아, 요셉, 그리스도의 무덤에 있던 여인들, 사도 바울, 전도자 요한 등이 천사들을 보았습니다. 그러나 아마도 하나님의 천사들이 산에 가득하여 엘리사를 둘러있는 것을 본 엘리사의 종의 경험을 제외하고는 어떤 경험도 하늘에서 땅으로의 접근 또는 땅에 대한 하늘의 관심을 야곱의 환상보다 더 생생하게 보여준 것은 일찍이 없습니다. 성경은 "천만 천사"(히 12:22)가 있고, 이들은 "섬기는 영으로서 구원 받을 상속자들을 위하여 섬기라고 보내심"(히 1:14)을 받은 자들이라고 말씀합니다. 야곱은 그날 밤, 그들 중 큰 무리를 보았고, 그들과 하나님에 의해 그가 혼자가 아니라 전능자의 보호 아래에 있다는 것을 확신하게 되었습니다.

하나님의 축복

그러나 야곱을 가장 확실히 위로했던 것은 하나님의 말씀이었습니다. 왜냐하면 그 말씀은 하나님의 진실된 축복이었기 때문입니다. 그 전에 야곱은 그의 아버지 이삭이라는 매체를 통해 그 축복을 받으려고 계략을 꾸미고 속였습니다.

그러나 이제 하나님은 전에 아브라함에게 하셨던 것 같이(창 12:1-7, 15:1-21, 17:1-21, 22:15-18) 그리고 이삭에게 하셨던 것 같이(창 26:2-5) 야곱에게 축복을 하셨습니다. 이번의 나타나심은 야곱이 그의 생애에서 받을 일곱 번 또는 여덟 번의 하나님의 계시 중 첫 번째 것입니다(창 31:3, 11-13절, 32:1-2, 24-30, 35:1, 9-13, 46:1-4 참조). 하나님이 처음으로 야곱에게 말씀하셨습니다.

"나는 여호와니 너의 조부 아브라함의 하나님이요 이삭의 하나님이라 네가 누워 있는 땅을 내가 너와 네 자손에게 주리니 네 자손이 땅의 티끌 같이 되어 네가 서쪽과 동쪽과 북쪽과 남쪽으로 퍼져나갈지며 땅의 모든 족속이 너와 네 자손으로 말미암아 복을 받으리라 내가 너와 함께 있어 네가 어디로 가든지 너를 지키며 너를 이끌어 이 땅으로 돌아오게 할지라 내가 네게 허락한 것을 다 이루기까지 너를 떠나지 아니하리라 하신지라"(창 28:13-15)

이 축복의 각 요소는 야곱의 큰 필요에 부응하는 것이며, 그것들은 주의 깊게 살펴볼 가치가 있습니다. 가장 정확한 요소는 하나님의 임재의 계시와 야곱과 계속해서 함께 하신다는 약속입니다. 하나님이 그에게 말씀하십니다. "나는 여호와니… 내가 너와 함께 있어… 내가 네게 허락한 것을 다 이루기까지 너를 떠나지 아니하리라" 이것은 매우 절망적인 야곱의 고독감에 큰 도움과 위로가 되었습니다.

아브라함의 가솔과 그의 아들 이삭의 가솔은 큰 가솔이었습니다. 그것은 단지 한 두 가족과 장막 몇 채의 문제가 아니었습니다. 아브라함에게는 수백 명의 종들이 있었고, 이삭은 그 이상이었을 것입니다. 왜냐하면 아브라함이 죽은 후에 그의 재산이 더 늘었기 때문입니다. 이것이 야곱의 배경이었습니다. 그는 족장의 아들로서 존경을 받았습니다. 그런데 지금 그는 혼자 있고, 단 한 사람의 종조차도 그와 함께 있는 것 같지 않습니다. 친구들과도 함께 있지 않습니다. 오히려 그는 루스 성 근처에 있지만 거기에 머물지 않고 있습니다. 아마도 주민들에 대한 두려움 때문일 것입니다. 그는 별들 아래 산 위에 있습니다. 그는 큰 고독감에 있었지만 혼자가 아니었습니다. 왜냐하면 하나님이 그와 함께 계셨기 때문입니다. 찰스 스펄전(Charles Spurgeon)은 이 상황을 이렇게 기술했습니다.

"사실(私室)의 장소에 있는 야곱에게 그 상황은 정말 귀중해 보인다. 그는 거기서 울타리를 커튼으로 삼고, 하늘을 이불로, 땅을 침대로, 돌을 베개로 그리고 하나님을 동반자로 삼고 드러누웠다. '나는 너와 함께 있다. 내일 네가 눈을 뜰 때, 너는 서쪽을 돌아보며 말할 것이다. "나는 내 아버지의 집과 내 어머니 리브가를 뒤에 남겨두었다." 그리고 네 눈에는 눈물이 고일 것이다. 그리고는 동쪽을 바라보며 이렇게 말할 것이다. "나는 어머니의 친척집으로 가고 있다. 나는 구두쇠이고 욕심 많은 외삼촌 라반에 관해서 들은 것을 제외하고는 그들을 모른다. 그가 나를 어떻게 받아들일지 모른다." 그러나 영원한 복이 "나"(내가 너와 함께 있다)와 함께 여정을 시작한다는 것은 귀한 일이 아닌가? 너의 어머니는 너와 함께 있지 않지만 나는 너와 함께 있다.'"

계속해서 스펄전은 이 말씀을 여행을 떠나는 누구에게나 적용했습니다.

"집을 떠나는 젊은 친구가 있는가? 당신이 집을 처음 떠나는가? 그래서 슬픈 마음인가? 아니면 당신은 이민을 떠나고자 하는가? 그래서 마음에 무거움을 느끼는가? '내가 너와 함께 있다.' 라는 말씀을 붙들기 전에는 절대 떠나지 말라. 주님께 '주님의 영이 나와 함께 가지 않으면 이 자리에서 나를 가게 하지 마십시오.' 라고 말하라. 그분이 '내 영이 너와 함께 갈 것이고, 내가 너에게 평안을 주리라.' 라는 대답을 주실 때까지 기다리라."[2]

하나님이 야곱과 함께 하신다고 말씀하신 것은 단순히 야곱에게 그분과 함께 있으라든가 그분과 함께 가라고 도전하는 것보다 훨씬 더 귀중한 것이었습니다. 만일 그러한 도전이 야곱에게 주어졌다면 야곱은 실패했을 것입니다. 그의 사닥다리는 하늘에 닿지 못했을 것입니다. 그러나 하나님의 사닥다리는 어떻습니까? 아더 핑크(Arthur Pink)가 이에 대해 적절히 말하고 있습니다. "도망자가 누워있는 바로 아래로 사닥다리가 내려왔다. 그런데 그 사닥다리는 하나님 자신에게 닿아 있었다."[3] 이것이 이 순간에도 하나님이 당신에게 닿아 계시는 방법입니다.

하나님이 야곱을 축복하신 두 번째 요소는 처음에 아브라함에게 주셨고, 그 다음 이삭에게 주셨던 땅에 대한 약속의 반복입니다. 여기서 하나님은 야곱에게 이렇게 말씀하십니다. "네가 누워 있는 땅을 내가 너와 네 자손에게 주리니 네 자손이 땅의 티끌 같이 되어 네가 서쪽과 동쪽과 북쪽과 남쪽으로 퍼져나갈 지며" 이 약속은 무력해지고 있는 야곱의 의식과 만나기 위한 것이었습니다.

야곱은 당시 사람이 원했을 모든 것을 소유하고 있었습니다. 그의 사람들은 유목민으로 살았지만 오늘날의 유목민들처럼 가난하지 않았습니다. 그들은 아브라함이 헤브론의 오아시스에서 살았던 것처럼 브엘세바의 오아시스에서 살았고, 고대 근동 대상들과의 교역으로 부자들이 되었습니다. 우리는 이미 창세기 13:2절에서 이런 말씀을 보았습니다. "아브람에게 가축과 은과 금이 풍부하였더라" 아브라함의 종이 그의 주인의 아들의 신부감을 찾으러 나홀의 성에 갔을 때, 그는 그 가족에게 이런 말을 했습니다. "여호와께서 나의 주인에게 크게 복을 주시어 창성하게 하시되 소와 양과 은금과 종들과 낙타와 나귀를 그에게 주셨습니다"(창 24:35) 라고 하면서 그는 그들에게 비싼 선물을 주었습니다(창

24:5). 그 뒤 이삭에 대해서는 이런 말씀이 있습니다. "그 사람이 창대하고 왕성하여 마침내 거부가 되어 양과 소가 떼를 이루고 종이 심히 많으므로 블레셋 사람이 그를 시기하여" (창 26:13-14). 이 모든 것이 야곱의 것이 되었습니다. 그러나 이제 그는 그 자신과 혹은 그를 태운 짐승에 실려 있는 것 외에 더 이상 자신의 것으로 소유한 것이 없게 되었습니다. 그가 라반에게 이르렀을 때, 그는 그에게 줄 선물이 없었습니다. 그는 그의 노동력 외에는 줄 수 있는 아무 것도 없었습니다.

하지만 야곱은 오늘날 예수 그리스도의 이름을 고백하는 자들이 부유한 것과 똑같이 부유했습니다. 야곱은 땅과 그 땅을 채울 무수한 자손의 약속을 받았습니다. 우리는 천국과 미래의 어느 날, 예수님을 사랑하고 그분의 다시 오심을 기다리는 모든 사람과 함께 즐길 약속을 가지고 있습니다.

야곱은 그의 여정에 착수하면서 세 번째 문제에 부딪쳤습니다. 그는 고독하고 무력해졌을 뿐만 아니라 그의 이름을 더럽히게 되었습니다. 아마도 그가 그의 형을 속이고, 그의 아버지를 기만했다는 말이 그 진영을 통해 급속도로 퍼져 나갔을 것입니다. 에서는 그것을 알았을 것이고, 야곱은 집에 남아있는 자들의 멸시를 느꼈을 것입니다. 그는 창피 속에서 도주하고 있었습니다. 이런 상황에서 하나님은 야곱의 후손이신 메시아를 통해 모든 사람이 받을 미래의 복에 대한 말씀을 하십니다. "땅의 모든 족속이 너와 네 자손으로 말미암아 복을 받으리라"

이것은 위대한 약속이었습니다. 왜냐하면 그것은 우리가 과거에 죄를 행했을지라도 그리고 그것으로 인해 우리가 어떤 부끄러움을 당했을지라도 하나님은 언제나 우리가 있는 곳에서 우리와 함께 시작하시고, 우리를 다른 사람들의 삶에 대한 축복의 통로로 사용하실 수가 있기 때문입니다. 당신은 부끄러운 과거를 가지고 있습니까? 당신은 당신이 한 말이나 행동으로 인해 망연자실해 있습니까? 만일 그렇다면 하나님은 당신이 있는 그 자리에서 당신과 함께 다시 시작하실 수 있습니다. 하나님께는 어려워서 못하실 것이 없습니다. 어떤 것도 그분을 포기하도록 하지 못합니다. 단순히 당신을 괴롭히는 죄를 자백하고, 하나님이 그것을 용서하시고 깨끗하게 하시도록 허용하십시오. 그런 다음 그분이 당신 앞에 정하신 어떤 방향의 길이라도 계속 가십시오. 그분은 당신이 받고자 하는 것보다 훨씬 더 큰 복을 주시고자 준비하신 분입니다.

하나님의 축복의 마지막 요소는 야곱을 그 땅으로 돌아오게 하시겠다는 그분의 약속이었습니다. 하나님은 이렇게 말씀하셨습니다. "네가 어디로 가든지 너를 지키며 너를 이끌어 이 땅으로 돌아오게 할지라 내가 네게 허락한 것을 다 이루기까지 너를 떠나지 아니하리라" 이것은 미래가 어떻게 되어갈지 두려워하는 야곱에게 힘이 되었습니다.

야곱은 내가 확신하는 바와 같이 두려워할 이유가 있었습니다. 그는 미지의 그리고 어쩌면 적대적인 세상에서 혼자였습니다. 특히 그는 자신을 죽이고자 맹세를 한 형으로부터 도주하고 있었습니다. 아마도 그는 형이 모든 어두움 속에 숨어 있고, 모든 바위 뒤에서 튀어나올 것 같은 생각이 들었을 것입니다. 그가 과연 다시 집으로 돌아갈 수 있을지 그는 알 수가 없었습니다. 그런데 여기서 하나님이 말씀하십니다. "내가 너를 이끌어 이 땅으로 돌아오게 할지라 내가 네게 허락한 것을 다 이루기까지 너를 떠나지 아니하리라" 그 위에 하나님은 그가 "어디로" 가든지 지키시겠다고 약속하고 계십니다. 나중에 그가 하나님이 그를 위해 선택하신 곳이 아닌 다른 장소로 갔지만(창 33:18과 그 이후 이어지는 이야기 참조) 하나님은 그와 함께 계셨고, 그가 비록 탈선을 했을 때에도 그를 지키셨습니다. 마찬가지로 하나님은 당신이 그분 뜻 안에 있을 때 그리고 그분 뜻 밖에 있을 때에도 역시 당신과 함께 계시고 당신을 지키십니다. 그와 같은 은혜는 당신을 죄로부터 돌이키고 옳은 길 위에 있게 지킬 것입니다. 그리고 두려움은 그칠 것입니다. 주님이 말씀하십니다. "볼지어다 내가 세상 끝날까지 너희와 항상 함께 있으리라" (마 28:20).

하늘이 열리다

이 장을 마감하면서 야곱의 생애에 있어 이 사건에 대한 신약의 언급을 고찰해 보는 것이 적절해 보입니다. 사닥다리가 하늘로부터 내려와 땅에 닿은 야곱의 환상 이후, 2천년이 지나 요한복음 1:45-51절에 기록된 한 사건이 일어났습니다. 나다나엘이라고 부르는 한 유대인이 아마도 이 사건을 두고 어떻게 땅에서 하늘까지 사닥다리가 놓여 질 수 있는지 의아해 하며 묵상했던 것 같습니다. 자신과 같은 보통 사람이 하나님이 그와 함께 계신다는 것을 어떻게 알 수 있는가를 생각하고 있을 때, 그의 친구 빌립이 다음의 소식을 가지고 그에게 왔습니다. "모세가 율법에 기록하였고 여러 선지자가 기록한 그이를 우리가 만났으니 요셉의 아들 나사렛 예수니라" 그러나 나다나엘은 회의적이었습니다. "나사렛이라! 나사렛에서 무슨 선한 것이 날 수 있느냐?" 라고 반문했습니다.

빌립은 대답으로 그를 예수님에게 데려왔습니다. 잠시 예수님과 나다나엘이 이야기를 나누었고, 그런 후에 나다나엘은 예수님이 정말로 "하나님의 아들" 이시고 "이스라엘의 임금" 이시라고 그의 믿음을 선언했습니다. 나다나엘의 고백에 대한 예수님의 대답에서 창세기에 대한 언급을 봅니다. 예수님은 이렇게 대답하셨습니다.

"내가 너를 무화과나무 아래에서 보았다 하므로 믿느냐 이보다 더 큰 일을 보리라 또 이르시되 진실로 진실로 너희에게 이르노니 하늘이 열리고 하나님의 사자들이 인자 위에 오르락내리락 하는 것을 보리라 하시니라"(요 1:50-51)

주님이 언급하시고 있는 때를 아는 것은 쉽지가 않습니다. 나는 인류가 주님이 "아버지의 영광으로 그 천사들과 함께" (마 16:27) 오심을 보는 때인 미래의 날이라고 믿고 있습니다. 그러나 그 말씀에서 중요한 것은 주님이 하늘 사닥다리의 형상을 분명히 자신에게 적용하고 있다는 사실입니다. 즉, 예수님이 하나님의 천사들이 인자 위에 오르락내리락한다는 것을 말씀하실 때, 그분은 자신이 사닥다리이심을 말씀하고 계신 것입니다. 그분은 하늘에서 땅으로 내려오신 사닥다리, 사람들이 땅에서 하늘로 들어갈 수 있게 하는 유일한 사닥다리이십니다.

따라서 벧엘에서의 야곱의 환상 이야기를 읽을 때, 우리는 구약의 모든 위대한 사건들을 읽을 때 그래야 하는 것과 똑같이 예수님을 생각해야 합니다. 그래서 끝을 맺는 질문은 이렇습니다. 당신은 예수님을 보았습니까? 당신은 홀로 거룩한 하늘과 죄 많은 세상 사이의 사닥다리를 놓으셨고, 그분을 믿고 사랑하는 자들에게 모든 것이 되시겠다고 약속하신 그분을 알게 되었습니까? 당신은 야곱이 그랬던 것처럼 고독할지도 모릅니다. 당신은 가난하고 해직 상태에 있을지도 모릅니다. 당신은 망신을 당하고 굴욕을 당하고 있을지도 모릅니다. 당신은 두려워하고 있을지도 모릅니다. 당신이 어떤 상황에 있든지 나는 당신에게 예수님을 향하게 합니다. 그분은 고독한 자들에게 항상 함께하는 반려자이십니다. 그분은 빈곤한 자들에게 부요가, 천한 자들에게 영광이, 두려워하는 자들에게 바위와 요새가 되십니다. 그분은 하나님이십니다.

보십시오! 나는 하늘이 열리고 사닥다리가 내려오는 것을 본다고 생각합니다. 나는 천사들이 오르락내리락하는 것을 보고 예수님을 봅니다. 그분은 당신의 구주가 되시기 위해 이곳에 계십니다. 그분은 당신을 섬기기 위해 이곳에 계십니다. 눈을 들어 그분을 보지 않으시겠습니까? 당신은 그분을 봄으로써 경외하는 마음이 생길 것이고, 당신은 이렇게 말하며 인생 여정을 진행할 것입니다. "과연 주님이 이 장소에 계시구나! 여기가 하나님의 집인데 몰랐구나!" 바로 이 지점이 당신의 벧엘이 될 것입니다.

● 각주 ●

1. 이 질문들은 도널드 G. 반하우스, *Genesis*, 2:83에서 취한 것이다.

2. 찰스 H. 스펄전, *"Four Choices Sentences," Metropolitan Tabernacle Pulpit* (London: Banner of Truth, 1971), 27:647.

3. 아더 W. 핑크, *Gleanings in Genesis*, 252.

109

고상한 야곱!

창세기 28 : 20-22

야곱이 서원하여 이르되 하나님이 나와 함께 계셔서 내가 가는 이 길에서 나를 지키시고 먹을 떡과 입을 옷을 주시어 내가 평안히 아버지 집으로 돌아가게 하시오면 여호와께서 나의 하나님이 되실 것이요 내가 기둥으로 세운 이 돌이 하나님의 집이 될 것이요 하나님께서 내게 주신 모든 것에서 십분의 일을 내가 반드시 하나님께 드리겠나이다 하였더라

창세기 28장의 마지막 절은 야곱의 서원인데 이것은 성경에 기록된 첫 번째 서원입니다. 여러 경우처럼 처음 나오는 것들은 (몇몇은 이미 창세기에 나왔는데) 자세히 볼 가치가 있습니다. 야곱의 서원은 좋은 서원입니까, 나쁜 서원입니까? 그것은 지혜로운 것입니까, 어리석은 것입니까? 일반적으로 서원은 좋은 것입니까, 나쁜 것입니까? 하나님이 그것을 격려하십니까 아니면 스스로 하나님을 위해 주목할 만한 어떤 일을 할 수 있다고 생각하는 사람들의 죄성에서 일어나는 것입니까?

구약에는 자녀들을 주시면 첫 아들을 하나님께 바치겠다고 하는 한나의 약속(삼상 1:11)처럼 분명히 좋은 서원들이 있습니다. 또한 서원을 하고 지키는 것에 대한 지시도 있습니다. 특히 민수기 6장의 나실인의 서원과 30장의 더 일반적인 서원이 있습니다. 그러나 이러한 지시조차도 많은 인간적 서원이 어리석은 것임을 인정하고 안전장치를 마련합니다.

구약에 있어 다른 서원들은 분명히 악합니다. 입다는 만일 주께서 그에게 암몬 자손에 대해 승리하게 하시면 "누구든지 내 집 문에서 나와서 나를 영접하는 그는 여호와께 돌릴 것이니 내가 그를 번제물로 드리겠나이다" (삿 11:31) 라고 서원을 했습니다. 그는 그럴 가능성조차 꿈꾸지 못했지만 그가 전쟁에서 돌아왔을 때, 집에서 나와 그를 영접한 첫 사람은 그의 딸이었고, 그는 어리석게도 그가 한 서원을 지켜 딸을 희생했습니다. 또 다른 경우는 다윗의 아들 압살롬이 서원을 이행하려고 예루살렘을 떠나 헤브론으로 갔지만 그는 그 기회를 그의 아버지인 다윗 왕에 대해 반기를 드는 기회로 사용했습니다(삼하 15:7-12). 신약에는 사도 바울이 그의 생애에 특별히 다루기 어려웠던 상황에서 했던 잘못된 서원을 제외하고는 서원을 한 경우가 전혀 없습니다. 그의 서원 때문에 그는 예루살렘으로 갔고, 그의 죄에 대해 제사를 드리는 의식에 참여했습니다. 그런데 이것은 그리스도가 그들을 위해 죽으신지 여러 해가 지난 다음이었습니다(행 18:18, 21:20-26).

서원은 특정 방식으로 행동하거나, 특정 행위를 행하거나, 어떤 목표를 달성하거나, 특정 선물을 드리겠다는 엄숙한 약속입니다. 그것은 우리의 결심과 능력에 주의를 환기시킵니다. 은혜의 언약 아래 있는 사람은 그 누구도 서원을 해서는 안 된다고 주장하는 것은 타당합니다. 왜냐하면 단순히 우리가 그것을 지킬 힘이 없기 때문이고, 우리의 서원이 종종 어리석고 때로는 실제로 영적 성장을 방해하기 때문입니다. 대신에 우리는 우리의 약함과 그분의 힘이 필요함을 인정하고 우리 자신을 하나님께 맡겨야 합니다.

첫 번째 서원

야곱은 신약시대에 살지 않았습니다. 그는 구약시대에 살았고 그때는 서원이 장려되지는 않았다 해도 적어도 허용되었습니다. 따라서 하나님이 벧엘에서 그에게 나타나셔서 그가 어디로 가든지 그와 함께 하시고, 그를 축복하시고, 그를 그의 아버지 집으로 돌아오게 하시겠다고 약속하셨을 때, 야곱은 이렇게 반응했습니다.

"야곱이 서원하여 이르되 하나님이 나와 함께 계셔서 내가 가는 이 길에서 나를 지키시고 먹을 떡과 입을 옷을 주시어 내가 평안히 아버지 집으로 돌아가게 하시오면 여호와께서 나의 하나님이 되실 것이요 내가 기둥으로 세운 이 돌이 하나님의 집이 될 것이요 하나님께서 내게 주신 모든 것에서 십분의 일을 내가 반드시 하나님께 드리겠나이다 하였더라"(창 28:20-22)

주석가들은 이 서원에 대해 의견들이 크게 다릅니다. 어떤 학자들은 야곱의 벧엘에서의 경험을 그의 개심으로 보고 그의 서원을 하나님의 약속에 대한 적절한 믿음의 반응으로 봅니다.[1] 다른 학자들은 하나님을 조종하려는 시도로 봅니다.[2] 루터는 그 자체로는 정당한 것이지만 하나님의 축복에 대한 의심의 표현인 "(만일) 하나님이 나와 함께 계셔서…" 로 인해 야곱의 약점으로 보았습니다.[3]

어쩌면 이 모든 입장들에 나름대로 어떤 진실이 있을지도 모릅니다. 긍정적인 면에서 우리는 야곱이 하나님의 계시에 적절하게 감동되었을 것은 의심할 바가 없다고 말할 수 있습니다. 그는 꼭대기가 하늘에 닿은 큰 사닥다리가 땅에 있는 환상을 보았습니다. 그 위에 천사들이 나타났고, 하나님은 야곱의 할아버지 아브라함과 그의 아버지 이삭과 세우셨던 언약의 유효함을 확인해 주셨습니다. 야곱이 잠에서 깨어났을 때, 그의 목소리에는 놀라움의 표가 있었습니다. "여호와께서 과연 여기 계시거늘 내가 알지 못하였도다 이에 두려워하여 이르되 두렵도다 이 곳이여 이것은 다름 아닌 하나님의 집이요 이는 하늘의 문이로다" (창 28:16-17).

그러나 여기에는 몇 가지 약점이 있습니다. 야곱은 그 장소에 과도하게 감동되었다는 것입니다. 그는 하늘의 "문" 이 어떤 다른 곳에 있는 것이 아니라 그곳에 하늘로 가는 특별한 통로가 있다고 생각한 것 같습니다. 하나님은 우리가 어디에 있든지 우리를 만나주시는 분임을 알아야 했습니다(요 4:23 참조). 더욱 중요한 것은 하나님의 백성에 대한 그분의 특별한 계시를 경험했던 다른 사람들과는 달리(사 6:5 참조) 그는 개인적인 죄에 대해 각별히 의식하지 않고 있는 것으로 보였습니다. 그는 그의 약점과 결점을 알고 있었고, 그 결점을 언제라도 인정할 수 있었지만 아직 죄를 고백할 준비는 되어 있지 않았습니다. 이 모든 것은 사실입니다. 그러나 야곱이 적어도 하나님이 그에게 나타나심에 대해 감동된 것과, 그 만남을 가볍게 여기지 않으려는 것 또한 사실입니다.

우리는 성경을 공부하고자 성경책을 펼 때마다, 개인적으로 또는 가정적으로 기도할 때마다, 하나님의 사람들과 함께 예배드리고자 교회에 올 때마다 하나님을 만납니다. 그러나 우리는 이 큰 복을 가볍게 여깁니다. 우리는 야곱을 경멸하기 전에 우리 자신이 나무랄 곳이 없어야 합니다. 야곱의 서원에 대해 이야기할 또 하나의 긍정적인 사항은 그가 적어도 하나님께 대한 적절한 반응의 필요성을 인지했다는 것입니다. 우리는 그의 서원이 적절한 반응이었는지에 대해 나는 적절한 반응이 아니었다고 믿고 있습니다. 그럼에도 그것은 반응이었고, 야곱은 적어도 하나님이 스스로를 사람들에게 계시하시는 목적이 있다는 것과, 그분이 계시를 하시면 우리의 삶은 그분이 받으실 수 있는 의미 있는 방향으로 깨어있어야 한다는 것을 알고 있었다는 것을 보여줍니다. 우리 중에서 야곱을 경멸하는 많은 사람들이 이 사실을 야곱이 이해했던 만큼이라도 이해하고 있을지 의문입니다. 만일 당신이 성경을 읽고도 당신이 처음 읽기 시작했을 때 그랬던 것과 같이 어깨를 으쓱하고 가버린다면 당신은 야곱만도 못한 사람입니다. 만일 당신이 그리스도의 십자가에 나타난 당신에 대한 하나님의 사랑의 복음을 듣고도 많은 사람들이 그런 것처럼 감동이 되지 않는다면 당신은 야곱의 상태보다 훨씬 나쁜 상태에 있는 것입니다. 그는 배워야 할 것이 많이 있었습니다. 그러나 적어도 그는 하나님의 학교에 있었고, 거기서 배우기를 시작했습니다. 만일 당신이 복음에 감동되지 않는다면, 무엇이 당신을 하나님의 학교에 있다고 생각하게 하겠습니까? 무엇이 당신을 그리스도인이라고 생각하게 하겠습니까?

부적절한 서약

야곱과 그의 서원에 관해 우리가 그의 편에서 할 수 있는 말을 했지만 그럼에도 우리는 그 단점에 대해 말해야만 합니다. 그 단점은 심각하고 많습니다. 벧엘에서 하나님이 야곱에게 보이신 계시가 가장 기본적인 감동 이상의 어떤 효과를 내었는지 혹시 단순한 전향의 시작 이상의 어떤 것을 성취했는지 의아해 할 수밖에 없습니다.

야곱의 서원의 첫 번째 명백한 단점은 초점이 주님이 아니라 야곱에게 있다는 것입니다. 이것은 야곱의 말을 단순히 읽기만 해도 명백해 지지만, 그것을 방금 전에 재확인해 주신 언약에 있는 하나님의 말씀과 비교해 보면 놀라게 됩니다. 하나님은 이런 말씀으로 시작하셨습니다. "나는 여호와니 너의 조부 아브라함의 하나님이요 이삭의 하나님이라" 그분은 야곱을 위해 무엇을 하실지 강조하며 계속 말씀하셨습니다. "네가 누워 있는 땅을 내가 너와 네 자손에게 주리니… 내가 너와 함께 있어 네가 어디로 가든지 너를 지키며 너를 이끌어 이 땅으로 돌아오게 할지라 내가 네게 허락한 것을 다 이루기까지 너를 떠나지 아니하리라" 하나님은 야곱의 장래 자손들과 "땅의 모든 족속이 너와 네 자손으로 말미암아 복을 받으리라" 라는 약속을 강조하셨습니다. 이것은 구원자 혹은 메시아의 오심에 대한 약속이었습니다. 그러나 야곱은 훨씬 낮고 이기적인 수준에서 움직였습니다. "하나님이 나와 함께 계셔서 내가 가는 이 길에서 나를 지키시고 먹을 떡과 입을 옷을(내게) 주시어 내가 평안히 아버지 집으로 돌아가게 하시오면…" 하나님은 말씀하십니다. "내가… 땅… 자손들… 메시아" 야곱은 말합니다. "나를… 안전… 떡… 옷" 그의 생각은 전적으로 자신의 필요에 머물고 있습니다. 우리는 그를 비판하는 것에 조심해야 합니다. 사도 바울은 이렇게 말했습니다.

"유대인이라 불리는 네가 율법을 의지하며 하나님을 자랑하며 율법의 교훈을 받아 하나님의 뜻을 알고 지극히 선한 것을 분간하며 맹인의 길을 인도하는 자요 어둠에 있는 자의 빛이요 율법에 있는 지식과 진리의 모본을 가진 자로서 어리석은 자의 교사요 어린 아이의 선생이라고 스스로 믿으니 그러면 다른 사람을 가르치는 네가 네 자신은 가르치지 아니하느냐 도둑질하지 말라 선포하는 네가 도둑질하느냐"(롬 2:17-21)

당신의 기도는 많은 경우 야곱의 서원과 같지 않습니까? 우리는 예수님으로부터 기도를 배웠습니다.

"하늘에 계신 우리 아버지여 이름이 거룩히 여김을 받으시오며(당신의) 나라가 임하시오며(당신의) 뜻이 하늘에서 이루어진 것 같이 땅에서도 이루어지이다"(마 6:9-10)

그런 다음 우리는 물질적 필요, 용서, 구원을 위해서 기도해야 합니다. 그리고 다른 사람들의 필요를 위해서도 기도해야 합니다.

"오늘 우리에게 일용할 양식을 주시옵고 우리가 우리에게 죄 지은 자를 사하여 준 것 같이 우리 죄를 사하여 주시옵고 우리를 시험에 들게 하지 마시옵고 다만 악에서 (우리를) 구하시옵소서"(마 6:11-12)

그러나 우리는 이런 기도 대신에 야곱이 했던 기도를 합니다. 우리는 자신과 우리의 필요에 대한 마음을 가지고 하나님의 임재 속으로 들어가서 기도합니다. "나에게 이것을 주십시오. 나에게 저것을 주십시오. 그것 좀 빨리 해 주십시오. 그리고 이것, 저것… 예수님 이름으로 기도합니다. 아멘."

야곱의 서원의 두 번째 단점은 루터를 괴롭혔던 사항인 하나님에 대한 암시적인 의심입니다. 나는 이 서원을 지지하는 주석가들이 종종 "만일(if)" 이라는 단어는 "이므로(since)" 의 의미도 가지고 있다고 지적하고 있는 것을 알고 있습니다. "(만일) 하나님이 나와 함께 계셔서(원어성경 및 영어성경에는 "만일" 이란 단어가 들어가 있음. 개역개정성경에는 생략됨 - 역주)" 는 "하나님이 나와 함께 계실 것이므로" 의 의미가 될 수 있습니다. 그러나 나는 이 다른 번역이 조건에 맞기는 하지만 그 순간의 분위기에 어울린다고 믿기가 어렵습니다. 야곱이 하나님에 대한 의심을 공개적으로 표현하지 않았을 것은 사실입니다. 하나님이 그에게 나타나신 후에 야곱이 하나님께 이렇게 말하기는 어려웠을 것입니다. "하나님, 방금 해 주신 약속을 내가 믿을 수 있다고 정말로 확신할 수가 없습니다." 그러나 야곱이 안전, 떡 그리고 옷에 대한 당면한 개인적 필요에 집중했다는 사실은 그가 아직도 이러한 것들에 대해 염려하고 있었다는 것과 하나님이 그것들을 예비해 주실 것을 그가 실제로 믿을 수 있다는 확신이 전혀 없었다는 것을 보여줍니다. 그의 서원의 목적은 하나님을 꼼짝 못하게 하기 위함이었습니다. 분명히 하나님의 단순한 말씀은 그에게 충분치가 않았습니다.

우리의 경우도 종종 그렇습니다. 성경은 위대한 약속들로 가득 차 있습니다. 그것들 중 많은 것을 외워서 알고 있습니다. "나의 하나님이 그리스도 예수 안에서 영광 가운데 그 풍성한 대로 너희 모든 쓸 것을 채우시리라"(빌 4:19). "여호와는 선하시며 환난 날에 산성이시라 그는 자기에게 피하는 자들을 아시느니라"(나 1:7). "구하라 그리하면 너희에게 주실 것이요 찾으라 그리하면 찾아낼 것이요 문을 두드리라 그리하면 너희에게 열릴 것이니"(마 7:7). "볼지어다 내가 세상 끝날까지 너희와 항상 함께 있으리라 하시니라"(마 28:20). 그러나 하나님의 약속들은 우리에게 충분치가 않습니다. 그래서 "하나님, 하나님이 하시겠다고 약속하신 것을 정말로 하실 수 있습니까? 정말로 나를 돌봐주실 수 있습니까?" 라고 기도합니다.

야곱의 서원의 세 번째 단점은 하나님과 거래하려는 족장의 시도입니다. 그의 생애 초기에 그는 에서에게 장자의 명분을 그에게 준다면 팥죽을 주겠다고 말한 바 있습니다. 이제 그는 하나님에게 만일 하나님이 약속하신 것인 떡과 옷에 관계된 것을 이행하신다면 하나님을 그의 하나님으로 인정하는 호의를 베풀 것이라고 말합니다. "(만일) 하나님이 나와 함께 계셔서 내가 가는 이 길에서 나를 지키시고 먹을 떡과 입을 옷을 주시어 내가 평안히 아버지 집으로 돌아가게 하시오면 여호와께서 나의 하나님이 되실 것이요 내가 기둥으로 세운 이 돌이 하나님의 집이 될 것이요 하나님께서 내게 주신 모든 것에서 십분의 일을 내가 반드시 하나님께 드리겠나이다"(창 28:20-22). 대단히 고상합니다! 하나님은 그러한 거래를 제안 받아 얼마나 감사해 하시겠습니까! 그렇지만 주석가 허쉘 홉스(Herschel Hobbs)는 이렇게 기술하고 있습니다.

"만일 이것이 그다지 비극적인 것이 아니라고 한다면 이것은 우스꽝스러운 것이 될 것이다. 언약에서는 높은 편이 조건을 붙인다. 출애굽기 19:5-6절에서 '만일'(if)과 '그러면'(then)을 주목해 보라(개역개정판에는 이 두 단어가 생략되어 있어 문맥으로 알 수 있음 - 역주). 그런데 여기서는 낮은 편에서 이렇게 조건을 붙이고 있다. 만일 하나님이 어떤 일을 하시면 그러면 야곱은 그분을 하나님으로 인정할 것이다. 야곱을 비난하기 전에 우리는 자신을 살펴보아야 한다. 만일 하나님이 나와 가족 그리고 사업을 축복하시고 보호하신다면 우리는 그분을 예배하고 섬길 것이다. 이런 것은 사실보다 믿음이 앞서는 것이 아니라 믿음보다 사실이 앞서는 것이다. 이러한 신앙생활을 하는 데는 믿음을 전혀 필요로 하지 않는다. 일이 잘 돌아갈 때, 우리는 명성을 얻는다. 일이 잘 돌아가지 않을 때, 우리는 하나님을 비난한다. 하나님은 이러한 '동전 앞면이 나오면 내가 이기고, 동전 뒷면이 나오면 하나님이 지는(결국 언제나 내가 이기고 하나님이 지는 - 역주)' 종교에는 관계하지 않으실 것이다."[4]

야곱의 서원에 마지막 네 번째 단점이 있습니다. 그의 서원이 하나님보다는 자신에게 초점을 두었을 뿐만 아니라 그가 약속을 성취하실 하나님의 능력 및 자발성을 의심하였고, 그가 거래하는 말로 하나님의 눈을 어둡게 하려고 시도했으며, 그는 조건을 제시함으로 지질한 사람이 되었습니다.

야곱은 하나님에게 세 가지를 제안하는데 그 모두가 부적절한 것입니다. 첫째, 그는 하나님을 자기 하나님으로 삼겠다고 약속합니다. 대단한 타협입니다! 하나님은 야곱이 인정하든, 좋아하든 관계없이 야곱의 하나님이셨습니다. 어떤 점에서 하나님은 유대인과 이방인, 믿는 자와 안 믿는 자, 하나님을 경외하는 자와 하나님을 멸시하는 자 등 모든 처소의 모든 사람의 하나님이십니다. 그분은 모든 사람이 그분에게 무릎을 꿇어야 하고, 모든 사람이 그분에게 판단 받아야 하는 그런 분이십니다. 그러나 이러한 하나님의 모든 사람에 대한 일반적인 주권에 더해 하나님은 야곱과 특별한 관계를 맺으셨습니다. 그래서 하나님은 이제 개인적인 의미에서 그의 하나님이 되신 것입니다. 사닥다리의 계시와 언약의 반복이 이에 관한 것입니다. 야곱은 집으로부터 도망하고 있습니다. 어쩌면 그 집의 하나님으로부터도 도망하고 있습니다. 그러나 하나님은 야곱에게 오셔서 말씀하셨습니다. "나는 여호와니… 내가 너와 함께 있어… 너를 떠나지 아니하리라" 그러나 하나님은 이렇게 말씀하지 않으셨습니다. "네가 나를 인정하면 그것으로 네 하나님이 될 것이다!"

우리는 그 교훈을 배울 필요가 있습니다. 하나님은 우리에게 인정받으시려고 자신을 나타내지 않으십니다. 그렇게 하는 것이 우리에게 편리하거나 유익이 되는 것을 우리가 알지만 하나님은 그렇게 하지 않으십니다. 그분은 하나님으로 자신을 나타내셔서 죄에서 돌이켜 그분을 따르라고 명령을 발하십니다. 우리가 조건을 정하는 것이 아닙니다. 우리는 따라야 하는 것뿐입니다.

야곱은 하나님께 또 다른 것을 바쳤습니다. 그는 그가 세워 성별한 기둥을 하나님의 집으로 바쳤습니다. 이것에서 그는 우리로 하여금 변화산의 베드로를 생각나게 합니다. 벧엘에서의 야곱처럼 베드로는 예수님의 모습이 변화되고 모세와 엘리야가 예수님과 함께 있다는 사실로 상당히 감동을 받았습니다. 그러나 베드로는 이 계시를 이해하지 못하고 바보처럼 말했습니다. "주여 우리가 여기 있는 것이 좋사오니 만일 주께서 원하시면 내가 여기서 초막 셋을 짓되 하나는 주님을 위하여, 하나는 모세를 위하여, 하나는 엘리야를 위하여 하리이다"(마 17:4). 그는 기념관 몇 채를 세우고 싶어했습니다. 그러자 구름이 현장을 덮고 구름에서 소리가 들렸습니다. "이는 내 사랑하는 아들이요 내 기뻐하는 자니 너희는 그의 말을 들으라"(5절). 우리가 하나님을 기념하는 어떤 작은 기념비를 세우려는 생각이 들 때마다 그것을 멈추고 "예수님의 말씀을 들으라!" 라는 권고를 따르는 것이 좋습니다. 만일 우리가 그렇게 한다면 우리가 할 수 있다는 쓸데없는 생각을 잊어버리고 하나님이 하시는 일에 동조하기 시작할 것입니다.

야곱은 그의 재산의 십분의 일을 드리기를 원했습니다. 아브라함이 그의 소유의 십분의 일을 멜기세덱에게 바침으로써 어떤 틀을 잡기는 했지만 십일조 제도는 그때까지 제정되지 않고 있었습니다. 그러나 하나님은 그 무엇도 요구하지 않으셨습니다. 야곱은 하나님이 먼저 주신 모든 것의 십분의 일을 그분에게 드리고자 했습니다. 하나님이 더 많이 주실수록 하나님은 더 많이 받으시게 될 것입니다.

얼마나 육신적인 생각입니까! 하지만 이것은 오늘날 많은 사람들이 생각하는 것과 같습니다. 하나님은 당신에게 1,000원을 주십니다. 당신은 그분에게 100원을 드립니다. 그러나 그것은 성경적 신앙과는 거리가 먼 것입니다. 하나님은 우리를 물질적으로 축복하시기 위한 어떤 의무도 지지 않으셨습니다. 그런데도 그분이 그렇게 하시는 것은 그분 자신의 주권적 은혜와 선하신 호의 때문입니다. 우리는 그분이 주신 것에서 얼마를 그분에게 돌려드리겠다는 약속을 하며 더 많이 받으려고 거래하지 말아야 합니다. 우리의 의무는 우리가 가진 모든 것이 그분에게서 온 것임을 인정하는 것입니다. 그런 다음 우리는 그것과 함께 그분을 의지해야 합니다. 우리의 모든 시간, 우리의 모든 재능, 우리의 모든 돈… 이 모든 것은 하나님의 것이며, 우리는 그것들을 전적으로 그분의 은혜 안에서 사용해야 합니다. 소득의 십일조는 다른 사람들이 하나님의 일에 봉사하는 것을 돕기 위해 줄 수 있는 한 지침일 수 있습니다. 그러나 은혜 아래서 모든 것은 하나님께 속한 것입니다. 정말로 주님을 따르는 어떤 그리스도인이라도 단순히 10%를 주는 일에 만족스러워 할 것인지는 의문스럽습니다.

우리의 은혜로우신 하나님

앞서 에서와 야곱의 생애에 대한 창세기 기록을 살펴보기 시작할 때 말했던 것으로 돌아와 봅니다.[5] 이 기간 그 사람들의 성격에도 불구하고, 그들의 분명한 부족함에도 불구하고 하나님은 은혜의 하나님이시기 때문에 그들을 계속 축복하시며 심지어 이름까지 부르셨습니다. "나는 네 조상의 하나님이니 아브라함의 하나님, 이삭의 하나님, 야곱의 하나님이니라" (출 3:6).

하나님과 거래하려는 야곱의 야비한 시도에 하나님이 어떻게 반응하실 수 있었을지 생각해 보십시오. 그분은 이렇게 말씀하실 수 있었습니다. "할 일은 아무 것도 없다. 네가 내 말을 듣고 자신을 포기하고 나를 따를 수 없다면 모든 것은 취소다. 나는 너와 아무 관계가 없을 것이다." 그러나 하나님은 야곱의 부적절한 반응과 서원에 대해 꾸중조차 하지 않으셨습니다. 그분은 그것을 눈감아 주시고 야곱이 어떻든지, 그가 어디에 있든지 그때부터 줄곧 그를 대상으로 일을 하셨습니다.

이것이 하나님이 기꺼이 당신을 대상으로 일하시는 방식입니다. 그분은 당신의 반응이 부적절할 것임을 아십니다. 그분은 당신이 얼마나 종종 그분과 거래하려고 잘못된 시도를 했었는지를 아십니다. 그분은 당신의 기도 요청이 얼마나 자기중심적이었는지를 아십니다. 그분은 그것을 흡족해 하지 않으시지만 당신이 하나님에 대한 더욱 숭고한 생각을 갖는 것을 배워감에 따라 분명히 당신을 대상으로 계속해서 일하실 것입니다. 그러나 그러는 동안에도 "하나님의 열심"은 당신을 포기하지 않으십니다. 그분은 당신을 윽박지르지도 않으십니다. 그분은 단순히 이렇게 선언하십니다. "나는 여호와니… 내가 네게 허락한 것을 다 이루기까지 너를 떠나지 아니하리라" 당신은 이렇게 말해야 합니다. "아멘. 꼭 그렇게 해 주옵소서, 주 예수님!"

● 각주 ●

1. 예를 들어 로버트 S. 캔들리시, *Studies in Genesis*, 484에 이런 기술이 있다. "야곱의 행동은 하나님의 약속에 대한 믿음의 반응이다… 확실히 영적이고 복음적인 서원으로 이보다 더 좋은 모델은 어디에서도 찾을 수 없다." 또한 H. C. Leupold, *Exposition of Genesis*, 2:780을 참조.

2. 허쉘 H. 홉스, *The Origin of All Things: Studies in Genesis* (Waco, Tex.: Word, 1975), 130에 이런 기술이 있다. "이 시점에서 야곱의 본성이 드러나서 그는 하나님과의 협정을 시도했다."

3. 마르틴 루터, *Luther's Works*, 5:253-65.

4. 허쉘 H. 홉스, *Origin of All Things*, 130-131.

5. 본서 「새로운 시작」의 103장, "두 아들 이야기(창세기 25:12-26)," 461-70. 중제목 "모든 것이 은혜로 인한 것, All of Grace" 부분 467-70를 참조.

110

험난한 역경의 학교

창세기 29 : 1-30

야곱이 그들과 말하는 동안에 라헬이 그의 아버지의 양과 함께 오니 그가 그의 양들을 치고 있었기 때문이더라 야곱이 그의 외삼촌 라반의 딸 라헬과 그의 외삼촌의 양을 보고 나아가 우물 아귀에서 돌을 옮기고 외삼촌 라반의 양 떼에게 물을 먹이고 그가 라헬에게 입맞추고 소리 내어 울며… 라반이 이르되 그를 네게 주는 것이 타인에게 주는 것보다 나으니 나와 함께 있으라 야곱이 라헬을 위하여 칠 년 동안 라반을 섬겼으나 그를 사랑하는 까닭에 칠 년을 며칠 같이 여겼더라 야곱이 라반에게 이르되 내 기한이 찼으니 내 아내를 내게 주소서 내가 그에게 들어가겠나이다 라반이 그 곳 사람을 다 모아 잔치하고 저녁에 그의 딸 레아를 야곱에게로 데려가매 야곱이 그에게로 들어가니라 라반이 또 그의 여종 실바를 그의 딸 레아에게 시녀로 주었더라 야곱이 아침에 보니 레아라 라반에게 이르되 외삼촌이 어찌하여 내게 이같이 행하셨나이까 내가 라헬을 위하여 외삼촌을 섬기지 아니하였나이까 외삼촌이 나를 속이심은 어찌됨이니이까 라반이 이르되 언니보다 아우를 먼저 주는 것은 우리 지방에서 하지 아니하는 바이라 이를 위하여 칠 일을 채우라 우리가 그도 네게 주리니 네가 또 나를 칠 년 동안 섬길지니라 야곱이 그대로 하여 그 칠 일을 채우매 라반이 딸 라헬도 그에게 아내로 주고 라반이 또 그의 여종 빌하를 그의 딸 라헬에게 주어 시녀가 되게 하매 야곱이 또한 라헬에게로 들어갔고 그가 레아보다 라헬을 더 사랑하여 다시 칠 년 동안 라반을 섬겼더라(**창** 29:9-11, 19-30)

영국의 경건문학에서 위대한 고전 중의 하나는 앤드류 머레이(Andrew Murray)의 「기도 학교에서 그리스도와 함께」(With Christ in the School of Prayer)입니다. 그 책의 제목은 훌륭합니다. 왜냐하면 그 책의 메시지, 곧 기도는 믿는 자가 예수 그리스도로부터 가르침을 받고 그분 안에서 그분을 통해 영적으로 성숙하게 성장하는 학교라는 메시지를 정확히 반영하고 있기 때문입니다. 불행히도 야곱은 기도를 많이 하는 사람이 아니었습니다. 그래서 그는 우리 중 많은 사람들도 잘 알고 있는 다른 학교, 곧 "험난한 역경의 학교" 에서 예수 그리스도로부터 배워야만 했습니다. 그것은 힘이 드는 학교입니다.

야곱은 20년이 걸려서야 험난한 역경의 학교를 졸업했습니다. 그 20년 내내 그는 집을 떠나 있었습니다. 그러나 그것은 모두 나쁜 것만은 아닙니다. 하나님이 벧엘에서 그를 만나셨을 때, 하나님은 그에게 복을 주시고 그가 어디로 가든지 지켜 주실 것을 약속하셨습니다. 하나님은 이 약속을 지키셨습니다. 하나님은 그로 하여금 외삼촌의 가정을 어렵지 않게 찾도록 하셨고, 그에게 아내를 주셨고, 열 두 아들을 주셨고, 물질적으로 번성하게 하셨습니다. 그리고 야곱이 집으로 갈 때가 되자 하나님은 그가 라반과 평화롭게 헤어지도록 하셨으며 에서와 관대한 화해를 하게 하셨습니다. 헨리 모리스는 이렇게 말합니다.

(그가 하란에서 보낸 기간은) "대부분 믿는 자가 주님을 따르려고 할 때, 일상적으로 부딪치는 것 이상의 고생이나 문제가 없는, 아주 행복하고 형통하는 기간이었다." [1]

그렇다고 해도 야곱은 상당히 세속적인 신자였고, 아마도 그의 "험난한 역경" 은 일상적인 경우보다 더 심했을 것입니다. 그는 결혼을 두고 속임을 당했고, 임금을 착취당했고, 도망자처럼 밤에 고향으로 떠나야만 했습니다. 그런 점에서 그의 떠남은 그가 20년 전 도착했을 때와 똑같았습니다. 만일 이것을 "일상적" 인 모형이라고 하다면 그것은 많은 그리스도인들의 삶에 대한 슬픈 논평이 됩니다.

첫눈에 사랑하다

창세기에서 이 장들을 빛나게 하는 한 가지는 야곱의 라헬에 대한 사랑입니다. 그는 하란에 도착한 첫 순간부터 라헬을 사랑했습니다. 그의 사랑은 대단한 사랑이었습니다. 그러므로 여러 해의 고생에도 불구하고 그들의 사랑은 하나의 위대한 사랑 이야기가 되고 있습니다. 이것은 성경에서 처음 나오는 실제 사랑 이야기입니다. 다른 사랑 이야기도 있습니다. 룻과 보아스의 이야기, 아가서의 솔로몬과 신부 이야기가 있지만 창세기 초기의 어떤 사건도 실제 사랑 이야기로 소개되어 있지 않습니다. 아브라함의 종이 리브가를 찾으러 가는 여행이 연애의 모험 이야기를 담고 있기는 하지만 아담과 하와, 아브라함과 사라, 이삭과 리브가에 관해서조차도 자세한 연애 이야기가 없습니다. 그러나 야곱에게 있어서는 경우가 다릅니다. 야곱은 라헬을 처음부터 사랑했고, 그녀를 아내로 얻기 위해 종처럼 열심히 일을 했으며 그의 긴 생애동안 그녀를 지속적으로 사랑했습니다.

첫눈에 반하는 사랑도 있습니까? 있는 것처럼 보입니다. 성경이 그것을 본문에서 인정하고 있는 것으로 보입니다. 벧엘에서 환상을 본 후에 야곱은 가벼운 마음과 즐거운 발걸음으로 그의 길을 갔을 것은 분명합니다. 왜냐하면 "그의 여정을 계속했다"(NIV성경)로 번역된 히브리어 구절은 문자적으로 "발을 들어올렸다" 라는 말인데 이것은 에서에 대한 두려움의 부담이 없어지고, 그의 아버지를 속인 죄의식이 사라져 기쁘게 길을 갔다는 뜻입니다. 그의 여정은 길었습니다. 마침내 그는 하란 지역에 도착해서 우물가에서 잠시 쉬었습니다. 그 옆에는 양 세 떼가 풀을 뜯고 있었습니다. 아브라함의 종이 리브가를 찾으러 온 긴 여정에서 우물가에 쉬었던 것과 흡사했습니다. 우물가에서 양 세 때를 보는 것은 흔한 일이 아니었고, 우물의 입구는 돌로 덮여 있었습니다. 그런데 야곱이 목자들과 대화를 나누면서 그들이 하란에서 왔으며 라반을 알고 있다는 사실과, 라반의 딸 라헬이 그녀의 양들을 데리고 오기를 기다리고 있다는 것을 알았습니다.

이야기가 기술된 방식으로 보아 야곱의 말이 라헬을 보기 이전인지 또는 그 후인지 분명하지가 않습니다. 그러나 어떤 경우이든 효과는 거의 같습니다. 많은 사람들이 그들의 연애 시절을 기억하고 그들이 여자 친구와 함께 있기를 원할 때, 그녀의 남동생이 따라다니면 그를 떼어 놓으려고 비용을 들였던 것을 회상할 것입니다. "얘야, 이 25센트 동전을 가지고 가서 아이스크림을 사 먹지 않겠니?" "나는 선디(sundaes, 시럽, 과일 등을 얹은 아이스크림)가 좋은데요. 그건 75센트예요." "좋아, 자, 1달러다. 가서 사 먹으렴."

이것을 야곱이 하고 있는 것처럼 보입니다. 그는 라헬과 둘만 있고 싶었습니다. 그래서 그는 양을 돌보는 소년들에게 말했습니다. "해가 아직 높은즉 가축 모일 때가 아니니 양에게 물을 먹이고 가서 풀을 뜯게 하라." 그들은 그렇게 할 수 없다고 대답했습니다. 무슨 이유에서인지 그들은 양 떼들이 우물에 모일 때까지 기다리기를 원했습니다. 그러고 나서 우물에서 돌을 옮기고 양들에게 물을 먹였습니다.

이때까지 야곱은 목자들의 말을 듣고 있지 않았습니다. 그에게는 라헬밖에는 안 보였습니다. 18절에서 알게 되지만 그는 이미 라헬을 사랑하고 있었습니다.

창세기 저자가 야곱이 라헬과 양을 따로따로 보았다고 한 것, 즉 처음에 라헬을 보고, 다음에 그녀가 인도하고 있던 라반의 양을 보았다고 말하는 것은 우발적입니까? 야곱은 자신이 목자였기 때문에 양에 주목을 하는 것은 당연했을 것입니다. 그러나 그는 먼저 라헬에 반했습니다. 그는 오늘날 젊은이들과 같습니다. 그들은 먼저 여자에게 주목합니다. 그런 다음 그녀가 운전하는 자동차에 주목합니다. 야곱 역시 다른 방식으로 그들과 같았습니다. 그는 그녀를 보자마자 벌떡 일어나 우물로 달려가 돌을 굴려 내고 그녀의 양떼에게 물을 먹였습니다. 그는 그녀를 위해 무엇인가를 하고 싶었습니다. 그런 다음 그는 그녀에게 입을 맞추고, 브엘세바에서 사막을 건너 그의 긴 여정 내내 그가 찾아왔던 바른 장소를 찾은 것이 기뻐서 소리 내어 울기 시작했습니다.

어떤 사람은 내가 말한 야곱과 라헬과의 만남과 그녀에 대한 사랑 이야기가 공상적이거나 아니면, 만일 정말로 그런 것이었다면, 그것은 그가 햇볕에 오랫동안 노출되어 있었거나 오랜 여정 동안 고독했던 결과였다고 생각할지도 모릅니다. 그러나 나는 그것은 진실되고 깊은 사랑이며 그 증거는 약 70년 후에 야곱의 생애 끝에 가서 일어나는 어떤 사건에서 볼 수 있다는 것을 말씀드립니다.[2]

야곱은 병이 들어 죽어갑니다. 그러나 그가 죽기 전에 그의 아버지가 그에게 해 주었던 것 같이 족장의 축복을 해주기를 원합니다. 그가 총애하는 아들 요셉이 자신의 두 아들인

므낫세와 에브라임과 함께 부름을 받습니다. 그리고 야곱은 힘을 내어 침상에 앉습니다. 그는 요셉의 아들들을 자신의 자녀로 취급하며 그의 축복을 시작합니다. 이것은 그들이 이스라엘의 두 지파의 조상이 되었다는 것을 의미합니다. 그의 축복의 중간에 그가 갑자기 말합니다. "내가 이전에 밧단에서 올 때에 라헬이 나를 따르는 도중 가나안 땅에서 죽었는데 그 곳은 에브랏까지 길이 아직도 먼 곳이라 내가 거기서 그를 에브랏 길에 장사하였느니라"(창 48:7).

이것이 족장의 축복과 무슨 관계가 있습니까? 아무 관계도 없습니다. 그것은 단지 야곱의 마음이 벅찼고, 요셉의 얼굴에서 라헬이 베냐민을 낳고 죽어가던 순간과 그가 그녀를 마지막으로 볼 때, 그녀의 창백하지만 아름다웠던 얼굴을 상기시키는 어떤 것을 보고 그의 마음이 그녀에 대한 사랑을 추억했던 것입니다. 그래서 그는 그들이 현세에서 이별한 슬픈 경험을 꺼냈던 것입니다.

누가 감히 이것이 진실한 사랑이 아니라고 말하겠습니까? 또는 이와 같은 사랑은 죽으면 없어지는 것이라고 누가 감히 말하겠습니까? 그렇게 말하는 사람은 이 고결한 사랑을 결코 알지 못하는 가련한 사람입니다.

야곱의 라헬에 대한 사랑에는 좀 더 다른 면이 있습니다. 그것은 모든 진실하고 위대한 사랑이 그렇듯이 인내하는 사랑이었습니다. 라반이 야곱에게 그가 만일 그와 함께 머물러 그를 위하여 일해 준다면 품삯을 어떻게 할지 말하라고 하자, 야곱은 라헬을 위해 7년 동안 일하겠다고 대답했습니다. 오늘날의 즉각적인 욕구 충족을 추구하는 사회에서 7년이란 시간은 어떤 사람들에게는 길게 느껴질 것입니다. 그러나 성경은 이렇게 말씀합니다. "야곱이 라헬을 위하여 칠 년 동안 라반을 섬겼으나 그를 사랑하는 까닭에 칠 년을 며칠 같이 여겼더라"(창 29:20). 많은 현대인들은 진실 되고 깊은 애정의 의미를 모르기 때문에 그들에게는 몇 날이 몇 년처럼 보일 테지만 야곱에게는 그의 사랑이 진실 되다는 것 때문에 7년이 몇 날 같았다는 것입니다.

탁월한 주석가요 강해설교가인 도널드 반하우스는 이런 말을 합니다.

"벧엘에 가본 경험이 있는 사람과 어디에도 가본 적이 없는 사람 간에는 차이가 있다. 야곱은 라헬만을 바라보았고, 다른 사람에게 눈길을 준 적이 결코 없었다. 그녀는 아마도 연소했을 것이고, 그녀가 성숙하는 기간으로 7년을 잡았을 것이다. 그러나 야곱은 그의 마음이 그녀에게 고정되어 있었기 때문에 기꺼이 기다렸다. 하나님 안에서의 결혼은 세상에서 가장 멋진 일들 중의 하나인데 야곱의 결혼은 하나님에 의해서 계획된 것이었다. 진실한 결혼은 하늘에서 만들어진다. 많은 경우 결혼이 땅에 도달하기 전에 요격을 받는다고 세상이 말하는 이유는 깊고 힘이 있는 진실한 사랑 때문에 7년을 기꺼이 기다리고, 그 기간을 단지 며칠로 여기는 사람이 거의 없기 때문이다."[3]

여러 모로 야곱은 오늘날 그리스도인들에게 있어 빈약한 예가 되고 있습니다. 그러나 결혼에 있어서 그는 모범적입니다. 야곱의 경우와 같이 하나님이 정해 주시고 오래 가는 결혼은 확실히 이 세상을 살아가는데 최대의 복 가운데 하나입니다.

속이는 자가 속임을 당하다

야곱의 라헬에 대한 사랑의 배경은 험난한 역경의 학교에서 야곱의 필요한 훈련이 진행되고 있다는 것과 어울리지 않습니다. 어떤 점 때문에 하나님은 더 위대하고 더 오래 지속되는 감명을 그의 마음에 주셨을까요? 지금까지로 보아 우리는 흉계에 의해 사람이 이 세상에서 받아들여지는 것이고 그래서 악한 자들이 형통하고 죄 없는 자들이 그 다음이 된다고 결론지을 것입니다. 리브가의 책략은 성공했습니다. 이삭이 속았던 것입니다. 야곱이 축복을 받았습니다. 그런 다음 야곱은 에서의 살인 의도에 도망을 했고, 이제 하란에 있는 리브가의 오라버니 라반에게 왔습니다. 여기서 그는 따뜻한 환영을 받았습니다. 그러나 우리는 하나님을 잊고 있었는데, 하나님은 그분의 의로운 통치를 잊지 않으셨습니다. 그분은 이제 "사악한 자의 길은 험하니라"(잠 13:15)는 것을 야곱에게 가르치기 시작하셨습니다.

하나님은 야곱이 수업을 시작하게 하시는 것에 시간을 조금도 낭비하지 않으셨습니다. 그가 하란에 도착한지 한 달 후에 라반은 표면적으로는 우호적이고 적절하게 보이는 거래를 제안했지만 그것은 야곱의 자존심을 심하게 꺾을 것이 틀림없었습니다. 라반이 말했습니다. "네가 비록 내 생질이나 어찌 그저 내 일을 하겠느냐 네 품삯을 어떻게 할지 내게 말하라" (창 29:15). 표면적으로 라반은 친척 간에 요구되는 관계를 넘어서는 것처럼 보였습니다. 그는 야곱에 대해 단순히 환대하는 것에 더해 품삯도 주겠다고 합니다. 그러나 실제로 그는 야곱을 무한정으로 대접하지 않을 것이라는 것과, 야곱은 그의 생활비를 위해서 일을 해야만 한다는 것 그리고 이제부터 라반은 그를 종으로 여기겠다는 통고를 하고 있는 것입니다. 그는 라반을 위해 일을 해야 하고, 그 대가로 품삯을 받을 것입니다.

야곱은 누구를 위해서 일해 본 적이 없었습니다. 그는 아마도 어느 정도 근면했을 것이고, 브엘세바에서 그의 어머니와 아버지 집 주변 일을 했을 것입니다. 그러나 그는 족장의 아들이었습니다. 그는 다른 사람들을 섬겨본 적이 없었습니다. 다른 사람들이 그를 섬겼습니다. 그밖에도 그의 출생과 관련된 예언도 확실하게 "큰 자가 어린 자를 섬기리라" (창 25:23)고 선언한 바 있습니다. 즉, 에서가 야곱을 섬길 것입니다. 그러나 야곱은 그의 외삼촌 라반을 섬기고 있습니다.

이어지는 사건은 더 어렵습니다. 품삯을 말하라고 하자 야곱은 라헬에 대한 답례로 7년을 일하겠다고 대답하고, 라반이 이에 동의합니다. "그를 네게 주는 것이 타인에게 주는 것보다 나으니 나와 함께 있으라" (창 29:19). 그러나 결혼의 때가 되었을 때, 라반은 그 계약을 잊어버린 것 같았습니다. 야곱이 그에게 그것을 생각나게 해야 했습니다. "내 기한이 찼으니 내 아내를 내게 주소서 내가 그에게 들어가겠나이다" (21절). 그러나 축하 잔치가 벌어지고 혼례의 밤이 되자, 교활한 늙은이 라반은 작은딸 라헬을 큰딸 레아로 바꿔치기를 했고, 야곱은 그것을 모른 채 그녀와 동침했습니다. 성경 본문은 말씀합니다. "야곱이 아침에 보니 레아라" (25절).

가련한 야곱! 분명히 레아와 라헬은 어느 정도 닮았을 것입니다. 그들의 차이는 대체로 라헬은 아름답고, 레아는 아름다움이 부족한 것에 있는데 사막의 어두운 밤에서는 그것을 알아챌 수가 없었습니다. 레아는 라헬의 옷을 입고 그녀의 향수를 뿌렸을 것이고, 만일 레아가 무슨 말이든 했다면 그 대화는 사랑의 말로 속삭였을 것입니다. 야곱은 의심하지 않았습니다. 그는 라헬과 첫날밤을 나누었다고 생각했습니다. 다음날 아침, 야곱의 당혹

감은 그야말로 막심했을 것입니다.

야곱은 그가 당한 모욕으로 라반에게 고했습니다. "어찌하여 내게 이같이 행하셨나이까 내가 라헬을 위하여 외삼촌을 섬기지 아니하였나이까 외삼촌이 나를 속이심은 어찌됨이니이까"(창 29:25). 라반이 대답했습니다. "언니보다 아우를 먼저 주는 것은 우리 지방에서 하지 아니하는 바이라 이를 위하여 칠 일을 채우라 우리가 그도 네게 주리니 네가 또 나를 칠 년 동안 섬길지니라"(창 29:26-27). 야곱은 이 조정에 동의했습니다. 어쩌면 그에게 다른 선택의 여지가 없었을 것입니다. 그래서 일주일 후에 그는 라헬과도 결혼을 하고, 속이기를 잘하는 외삼촌을 위하여 7년을 더 섬기기 시작했습니다.

이 결혼의 아이러니는 하나님만이 이루실 수 있었던 일이었습니다. 야곱은 에서가 그를 섬길 것이라는 "큰 자가 어린 자를 섬기리라"는 말을 들었지만 그 이전에 그는 먼저 라반을 섬기는 것을 배워야 했다는 것을 내가 방금 전에 지적했습니다. 그러나 아이러니가 두 가지 더 있습니다. 두 번째 것은 먼저 레아가 주어지고 그 다음으로 라헬이 주어지는 것에서 야곱은 먼저 난 자의 권리가 존중되어야 한다는 것을 강제적으로 배우게 되었는데 이것은 그의 형 에서의 경우에서는 하기 싫었던 것이었습니다. 세 번째이면서 가장 큰 아이러니는 야곱이 과거 그의 아버지를 속일 때 도구가 되었던 것과 같이 라헬의 아버지에게서 속임을 당하고 있었다는 것입니다. 여기서 속이는 자가 속임을 당했습니다. 그는 심은 대로 거두었고, 심지어 그의 긴 생애와 가족관계들을 망쳐 놓을 속임의 틀의 요소가 되었습니다. 아더 핑크(Arthur Pink)는 야곱에 대해서 이런 관찰을 하고 있습니다.

"첫째, 그는 그의 아버지를 속였고, 다음에는 장인에게서 속임을 당했다. 야곱은 동생으로 태어나 형으로 대신해서 아버지를 속였고, 그리고는 라반의 작은딸 대신에 큰딸이 아내로 주어진다. 둘째, 야곱의 아내의 경우에서도 같은 원리가 작용하고 있음을 볼 수 있다. 레아와 관련하여 야곱을 속임에 있어 라반은 라헬을 속였는데 나중에 우리는 라헬이 아버지 라반을 속이는 것을 본다(31:35). 우리는 에서로부터 장자의 명분을 죽 한 그릇으로 사는 데서 욕심에 찬 마음이 야곱을 움직이는 것을 보는 데 이는 결국 라반의 욕심에 찬 마음이 야곱의 품삯을 열 번이나 변경하는(31:41) 것으로 귀착됨을 보게 된다. 셋째, 모든 것들 중에 가장 충격적인 것에 주목하는데 그것은 야곱이 그의 어머니로 하여금 그의 손과 목을 '염소 새끼의 가죽' (27:16)으로 가리도록 허용함으로써 이삭을 속였는데 나중에 야곱의 아들들은 요셉의 옷을 '숫염소' (37:31)의 피에 묻혀 그로 하여금 악한 짐승이 그를 잡아먹었다고 믿도록 속였다. 야곱은 이삭이 좋아하는 아들 에서와 관련해서 그를 속였는데 야곱도 그가 좋아하는 아들인 요셉과 관련해서 속임을 당했다는 사실 또한 주목해 보라."[4]

은혜 안에서의 성장

이것은 시적인 응보의 슬픈 경험담입니다. 그러나 우리는 그것이 하나님의 손 안에 있었고, 그분의 역사하심에 의해 조종되었다는 것을 잊지 말아야 합니다. 그러므로 그 결과는 실패가 아니었습니다. 야곱의 경우에 그는 실제로 그의 경험에 의하여 배우고 성장하기 시작했습니다.

나는 아더 핑크가 내가 지적했던 비교를 놓쳤을 것으로 생각하지 않습니다. 그 비교는 무엇보다도 그가 라헬의 옷을 입은 레아에게 속임을 당한 것과, 그가 에서의 옷을 입고 그의 아버지를 속이 것 사이의 비교입니다. 그가 그의 아버지를 속였을 때, 그는 그의 아버지나 형이 어떤 상처를 받든지 관계없이 목적은 수단을 합리화한다는 것을 확신했습니다. 라반과 레아 또한 야곱이나 라헬이 어떤 상처를 받든지 관계없이 목적은 수단을 합리화한다고 주장했을 것입니다. 야곱은 이것을 알아야 했습니다. 그러면 그것은 틀림없이 그의 화를 누그러뜨리는 데에 효과가 있었을 것입니다.

특히 그는 다른 사람들에게 조금이나마 동정적으로 대하는 것을 배우기 시작했을 것입니다. 예를 들어 나는 야곱의 생애에서 여기서나 나중의 어떤 곳에서도 그 족장이 레아가 속임에 참여한 것에 대해 그녀를 꾸짖지 않았던 것을 봅니다. 그리고 그는 라반에 대해서조차도 놀랄 정도로 감정을 억제합니다. 두 자매 중에 덜 사랑을 받았던 레아는 야곱이 몰랐을지라도 야곱을 처음부터 사랑했었다고 생각하는 것이 타당합니다. 어쩌면 그는 이제 그것을 알았고 그래서 그녀의 속임에도 불구하고 그녀를 진심으로 보살펴주는 것을 배우게 되었는지도 모릅니다. 그는 여전히 라헬을 사랑하고 원했지만 레아에게 상처 주는 것은 견딜 수가 없었습니다. 그런 까닭에 몇 년 후에 그의 외삼촌에 대하여 힘든 섬김을 강요한 것, 열 번이나 품삯을 변경한 것, 모든 수단을 써서 그의 소유는 보호하고 야곱을 빈손으로 내보내려 했던 것에 대해 참았던 분통을 드디어 터뜨리고 그를 호되게 꾸짖었을 때에도 야곱은 그가 첫째로 원하지 않았던 아내 때문에 7년에서 14년으로 노동을 배가한 것에 대해 한 번도 언급한 적이 없었습니다. 이것은 의심할 바 없이 레아와 그녀의 감정에 대한 그의 진짜 관심에서 우러난 것이었습니다(창 31:36-42).

우리 모두는 어려운 환경에서 그 환경이 여기서처럼 이중성으로 차 있든 아니든 간에 성장해야 합니다. 무엇보다 우리는 "하나님은 업신여김을 받지 아니하신다" (갈 6:7) 라는 사실을 알아야 합니다. 그분은 현세에서 뿐만 아니라 영원히 업신여김을 받지 아니하십니다. 죄에서 돌이켜 모든 사람의 눈에 정직한 삶을 살고 "하나님을 기쁘시게 하는 삶" 을 살도록 노력합시다. 이 말씀을 주신 사도 바울은 적용을 위해 이렇게 말합니다.

"우리가 선을 행하되 낙심하지 말지니 포기하지 아니하면 때가 이르매 거두리라"(갈 6:9).

● 각주 ●

1. 헨리 M. 모리스, *The Genesis Record*, 455.

2. 이삭이 야곱에게 축복을 할 때, 이삭의 나이는 137세였다. 야곱이 출생할 때, 그는 60세였다. 따라서 야곱이 하란으로 갈 때, 그의 나이는 77세였다. 야곱은 147세에 죽었는데(창 47:28) 이때는 그가 라헬을 만난 70년 후였다.

3. 도널드 G. 반하우스, *Genesis*, 2:94.

4. 아더 W. 핑크, *Gleanings in Genesis*, 260-61.

111

강이 넓어지다

창세기 29 : 31-30 : 24

여호와께서 레아가 사랑 받지 못함을 보시고 그의 태를 여셨으나 라헬은 자녀가 없었더라 레아가 임신하여 아들을 낳고 그 이름을 르우벤이라 하여 이르되 여호와께서 나의 괴로움을 돌보셨으니 이제는 내 남편이 나를 사랑하리로다 하였더라 그가 다시 임신하여 아들을 낳고 이르되 여호와께서 내가 사랑 받지 못함을 들으셨으므로 내게 이 아들도 주셨도다 하고 그의 이름을 시므온이라 하였으며 그가 또 임신하여 아들을 낳고 이르되 내가 그에게 세 아들을 낳았으니 내 남편이 지금부터 나와 연합하리로다 하고 그의 이름을 레위라 하였으며 그가 또 임신하여 아들을 낳고 이르되 내가 이제는 여호와를 찬송하리로다 하고 이로 말미암아 그가 그의 이름을 유다라 하였고 그의 출산이 멈추었더라… 라헬이 자기가 야곱에게서 아들을 낳지 못함을 보고 그의 언니를 시기하여 야곱에게 이르되 내게 자식을 낳게 하라 그렇지 아니하면 내가 죽겠노라… 하나님이 라헬을 생각하신지라 하나님이 그의 소원을 들으시고 그의 태를 여셨으므로 그가 임신하여 아들을 낳고 이르되 하나님이 내 부끄러움을 씻으셨다 하고 그 이름을 요셉이라 하니 여호와는 다시 다른 아들을 내게 더하시기를 원하노라 하였더라(**창** 29:31-35, 30:1, 22-24)

스위스 중부에 있는 산맥 고지에 그림젤 패스(Grimsel Pass)와 푸르카 패스(Furka Pass 각각 두 개의 도시를 연결하는 고갯길 이름임 - 역주)가 교차하는 곳이 있는데 그곳에 거대한 론 강(Rhone River)의 수원지가 있습니다. 하지만 그것은 산지에서는 거대하지가 않습니다. 그 강은 론 빙하의 얼음이 녹은 물로 시작하여 작은 시냇물로 진행하면서 시옹(Sion) 골짜기로 흘러내려 제네바 호수(Lake Geneva)에 이르러서야 호수 전체를 채울 만큼 확대됩니다. 거기서부터 그 강은 대부분의 사람들이 아는 큰 강이 되어 프랑스로 흘러들어갑니다. 결국 론 강은 지중해로 흘러들어 대서양의 물과 섞이게 됩니다.

아브라함 가족의 성장이 이와 같았습니다. 하나님이 아브라함에게 갈대아 우르의 집을 떠나 그가 보여주실 땅으로 가라고 하셨을 때, 그분은 이렇게 말씀하셨습니다. "내가 너로 큰 민족을 이루고 네게 복을 주어 네 이름을 창대하게 하리니 너는 복이 될지라" (창 12:2). 후에 하나님은 아브라함에게 "하늘을 우러러 뭇별을 셀 수 있나 보라" 고 하시면서 "네 자손이 이와 같으리라" (창 15:5)고 하셨습니다. 좀 더 후에 그분은 약속을 하셨습니다.

"내가 내 언약을 나와 너 사이에 두어 너를 크게 번성하게 하리라… 내가 너로 심히 번성하게 하리니 내가 네게서 민족들이 나게 하며 왕들이 네게로부터 나오리라"(창 17:2, 6)

그러나 아브라함 전 생애 기간뿐만 아니라 그의 아들 이삭의 전 생애 기간에도 거대한 강의 복은 작은 시냇물에 불과했습니다. 오랜 시간 동안 단지 아브라함과 사라만 있었습니다. 그 후에 이삭과 리브가가 있었습니다. 리브가가 두 아들(야곱과 에서)을 낳았습니다. 그러나 여전히 이들의 숫자는 약속된 큰 은총을 받은 가족으로서의 숫자가 되기에는 극히 소수에 지나지 않았습니다. 별과 같이 무수한 자손은 어디에 있습니까?

드디어 야곱의 세대인 3세대에서 강은 넓어집니다. 야곱은 열 두 아들을 낳았고, 이들은 열 두 지파의 조상이 되었는데 이들에게서 수백만의 유대인들이 나오게 됩니다. 이 자녀들의 출생 이야기는 창세기 29장 끝과 30장 처음에 나옵니다.

실망스럽지만 결실이 많은

이와 같은 큰 복, 즉 대단히 기대했던 복은 나팔소리로 알려져야 했습니다. 그러나 그것은 실제로 흐느끼는 소리와 괴로움으로 왔습니다. 야곱의 여섯 아들은 레아에게서 태어났는데 이것은 그녀에게 큰 영예와 복이었습니다. 그러나 레아는 야곱이 원하지 않았던 아내로 야곱의 그녀에 대한 다정함에도 불구하고, 심지어 아들을 낳은 그녀의 특출한 능력에도 불구하고 야곱의 지속되는 총애를 받지 못했습니다. 야곱이 진심으로 사랑했던 라헬은 아름다웠고, 존중을 받았고, 총애를 받았습니다. 그러나 그녀는 자녀를 낳지 못했습니다. 그녀가 야곱의 사랑을 받기는 했지만, 언니의 자녀가 많은 것을 시기하여 남편에게 몹시 불평했습니다. "내게 자식을 낳게 하라 그렇지 아니하면 내가 죽겠노라"(창 30:1). 두 자매의 내분은 장막들을 부단한 소란과 불행의 장소로 만들었을 것이 분명했고, 이것은 틀림없이 그 흔적들을 자녀들에게 남겨 놓게 되었습니다.

레아를 동정하는 것은 당연합니다. 왜냐하면 본문 구절은 하나님도 그녀를 불쌍히 여기셔서 그녀의 태를 여시고 여러 자녀를 주셨다고 말씀하고 있기 때문입니다. 레아는 혼례를 치루는 첫날밤에 야곱에 대하여 그녀의 아버지와 공모한 죄가 있습니다. 그녀는 야곱이 기대하고 있었던 라헬의 자리를 대신했습니다. 이것은 그녀의 자발적인 참여가 없이는 이루어질 수 없었던 것입니다. 그녀는 필시 야곱을 사랑하여 그와 결혼하고 싶었을 것입니다. 이와 같은 욕망은 정직한 방법을 버리게 했습니다. 그러나 이제 일부다처제의 결혼에서 그녀가 속인 대가가 얼마나 큰 것인지 배우게 되었습니다. 야곱이 필시 그의 경험에서 하나님의 손길을 깨달았던 것은 사실일 것입니다. 그래서 레아에게 다정하게 대하고 그녀를 보호해야 하는 것을 배웠을 것입니다. 그러나 그녀에 대한 애정은 자비에서 나온 것이지 남편으로서의 아내에 대한 당연한 열정에서 나온 것이 아니었습니다.

나는 마르틴 루터가 그 상황에 대해 하는 말이 과장이 아니라고 생각합니다. 그는 이렇게 말합니다.

"가엾은 레아가 그녀의 장막에 그녀의 여종과 함께 슬프게 앉아 실을 자아내며 울면서 시간을 보낸다. 왜냐하면 가솔의 다른 사람들, 특히 라헬이 자기를 얕보고 있기 때문이다. 그 이유는 남편은 라헬을 더 좋아하고, 라헬만을 필사적으로 사랑하고 있기 때문이었다. 그녀는 아름답지도 않고, 호감을 주지도 않는다. 아니, 그녀는 미움과 증오의 대상이 되고 있다… 가엾은 여인이 앉아있는데 아무도 그녀에게 상냥하게 대해 주지 않는다. 라헬은 그녀 앞에서 뽐내고 있다. 그녀는 레아에게 눈길도 주지 않는다. 그녀는 '내가 이 집의 여주인' 이고 '레아는 종' 이라고 생각한다. 이런 일들은 오늘날 우리들 집에서 흔히 일어나는 것처럼 거룩한 부모들에게서 볼 수 있는 참으로 세속적인 것들이다." [1]

오늘날 이와 같은 상황을 찾는 것은 어려울 것입니다. 왜냐하면 오늘날의 사회는 일부다처제로 되어있지 않기 때문입니다. 그러나 레아는 욕구불만 속에 있는 많은 여인들의 정확한 초상화입니다. 많은 아내들이 그녀들의 남편들에 의해 무시와 멸시를 당합니다. 그들은 범죄에서는 결백하지만 레아처럼 잘못을 행했습니다. 그녀들은 남편과 결혼 전에 이것이 남편을 얻는 유일한 길이라고 생각하면서 동침했을지도 모릅니다. 또는 부정하게 행동했을지도 모릅니다.

만일 이것이 당신의 이야기라면 나는 그 일이 당신으로 하여금 비참한 레아가 자신을 위해 분명히 했을 일을 하도록 이끌기를 바랍니다. 레아의 일이 그녀로 하여금 하나님을 의지하게 몰아간 것 같습니다. 성경은 말씀합니다. "내 부모는 나를 버렸으나 여호와는 나를 영접하시리이다"(시 27:10). 레아는 이렇게 증언했을지도 모릅니다. "남편은 나를 무시하고 라헬을 사랑했지만 하나님은 나를 돌아보실 것이다." 이 상황에서 레아는 분명히 하나님께 돌아섰을 것이고, 하나님은 그녀를 불쌍히 여기셔서 그녀에게 여러 아들들의 복을 주셨습니다.

본문은 레아가 두 아내 중에 더 영적이었음을 보여줍니다. 그녀는 참되신 하나님에 대해 그녀의 부모로부터 배워 얻은 것이 없었지만 야곱으로부터 배운 것 같습니다. 그래서 그녀의 어려운 입장을 여호와와의 관계에서 보았던 것입니다. 그녀가 임신을 하고 야곱의 첫 아들을 낳았을 때, 그녀는 르우벤이라고 불렀는데 그것은 "보라, 아들이다"를 의미합니다. 그러나 그녀는 그 개념과 출생을 이런 말로 설명했습니다. "여호와께서 나의 괴로움을 돌보셨다"(창 29:32). 후에 라헬은 그녀의 첫 아들의 출생과 관련하여 이렇게 말합니다. "하나님이 내 부끄러움을 씻으셨다"(창 30:23). 그러나 레아가 사용한 단어는 단순한 "엘로힘"(Elohim)이 아닙니다. 레아는 나중에 보다 덜 중요한 이름을 썼지만(창 30:18, 20), 첫 네 아들의 출생과 관련해서는 여호와라는 언약의 이름을 사용했습니다. 분명히 그녀는 그녀의 괴로움 속에서 하나님에게 이끌려가고 있었습니다.

그리고 그녀는 기도했습니다. 이것은 둘째 아들 시므온의 출생에서 나옵니다. 그의 이름은 히브리 동사 "쉐마"(shema')에서 나온 "들으신다"를 의미하며 다음과 같이 설명됩니다. "여호와께서 내가 사랑 받지 못함을 들으셨으므로 내게 이 아들도 주셨도다"(창 29:33). 하나님은 레아에 대해 누구로부터 들으셨습니까? 명백하게 레아 자신으로부터입니다. 그녀는 하나님에게 그녀의 마음을 쏟아 부었고, 깨어지고 통회하는 심령의 부르짖음을 언제나 들으시는 하나님은 그녀에게 친절하셨습니다.

레아의 셋째 아들이 출생했을 때, 그를 레위라고 불렀습니다. 그것은 "연합해 있는"이란 의미인데 왜냐하면 그녀는 이렇게 생각했기 때문입니다. "내가 그에게 세 아들을 낳았으니 내 남편이 지금부터 나와 연합하리로다"(창 29:34). 그러나 야곱은 그렇게 하지 않았습니다. 그는 여전히 라헬에게 연합해 있었습니다.

넷째 아들은 유다라고 불렀는데 이것은 "찬송"을 의미합니다. 지금쯤 레아는 아들들의 출산을 그녀의 남편의 사랑을 얻는 수단으로 보는 것을 멈추고, 대신에 자녀들의 출산에 대해 하나님을 찬양했습니다.

후에 레아가 여섯 번째이며 마지막인 아들을 출산하자 그녀는 "하나님이 내게 후한 선물을 주시도다 내가 남편에게 여섯 아들을 낳았으니 이제는 그가 나와 함께 살리라"(창 30:20)고 말했는데 이것은 이루어진 것 같습니다. 라헬은 여전히 야곱의 유일하고 진실한 사랑으로 머물러 있었지만 야곱은 레아를 영예롭게 했고 그녀를 친절하게 대우했습니다. 레아의 환경은 나빴지만 하나님은 그것을 온전히 변화시키지는 않으셨습니다. 그러나 하나님은 레아를 변화시키셨습니다. 하나님은 레아에게 덜 완전한 환경에서 살도록 하셨지만 출산으로 그녀의 기쁨을 배가시켜 주셨습니다. 하나님이 그녀에게 주신 아들들은 유대 지파들 중 가장 위대한 지파들의 조상들이 되었습니다. 레아의 아들, 레위는 제사장들의 조상이며, 유다는 메시아가 오신 지파의 조상이 되었습니다.

홍미롭지 않습니까? 예수 그리스도는 비록 야곱이 라헬을 사랑했지만 그녀로부터 나온 계보에서 탄생하지 않으셨습니다. 그분은 레아의 계보에서 나오셨습니다. 만일 당신의 결혼이 그녀의 것과 비슷하다면 이 사실을 기억하십시오.

아름답지만 자녀를 못 낳는

창세기 30장은 라헬을 다시 등장시킵니다. 그녀는 남편으로부터 총애를 받는 위치에 있음에도 불구하고 가련했습니다. 당시 자녀를 낳는 능력은 대단히 존중을 받았고, 자녀를 출산할 능력이 없는 경우에는 하나님의 미움의 표시로 생각되었습니다. 그밖에도 라헬의 경우에는 야곱의 애정을 잃어버릴 위험이 있었습니다. 이제 야곱이 레아에게 돌아설지도 모른다는 염려 때문에 라헬은 그녀의 아름다움에도 불구하고 절망으로 인해 격한 행동을 드러냈습니다.

그녀의 첫 번째 절망은 야곱에 대한 부당한 요구로 나타났습니다. "내게 자식을 낳게 하라 그렇지 아니하면 내가 죽겠노라"(창 30:1). 야곱은 라헬의 요구에 화가 났지만 그는 사실을 가지고 대답해 주었습니다. "그대를 임신하지 못하게 하시는 이는 하나님이시니 내가 하나님을 대신하겠느냐"(2절). 야곱은 삶과 죽음의 문제는 하나님에게 달린 것임을 알았습니다. 그는 라헬을 사랑하고 동침하는 것까지는 할 수 있었습니다. 그러나 자녀를 주시는 것은 하나님의 주권입니다. 따라서 야곱에 대한 그녀의 요구는 실제로 하나님에 대한 반항이었습니다. 이것이 라헬의 큰 문제였습니다. 우리는 본문에 지나치게 파묻혀 읽기를 원하지 않습니다. 그러나 라헬이 언니를 시기한 것을 알기 때문에 우리가 그녀에 대해서 버릇이 없는, 모든 것이 그녀가 원하는 대로 되지 않으면 하나님을 원망하는 여인이라고 생각하는 것은 의심할 여지가 없습니다.

라헬은 아름다움을 자랑으로 여겨 아마도 언니에게 주인 행세를 했을 것입니다. 야곱이 그녀를 얻기 위해 7년의 노동을 제안했을 때, 그녀의 위신은 높이 올라 온 동네에 퍼졌을 것입니다. 그리고 혼례일 밤에 그녀가 레아에게 바꿔치기를 당하고, 야곱이 다시 라헬을 얻기 위해 다시 7년을 일하기로 합의하자 그녀의 허영심은 틀림없이 참을 수 없는 지경이 되었을 것입니다. 하나님은 그녀가 자녀를 낳지 못하는 것을 그녀를 겸손케 하고 그녀가 인격적으로 성장하는 것을 돕는 것에 이용하고 계셨습니다.

만일 외견상 덜 총애를 받는 어떤 여인들이 하나님은 아름다운 여인들에 대해서도 역시 관심을 갖고 계신다는 것을 알 수 있다면 좋을 것입니다. 평범한 여자들은 아름다운 여자들을 시기하지만 아름다운 여자들은 그들대로 문제를 가지고 있습니다. 성경은 이렇게 말씀합니다. "사람은 외모를 보거니와 나 여호와는 중심을 보느니라"(삼상 16:7). 하나님은 필요를 보시고 그것에 공감하십니다. 그분은 문제에 역사하십니다. 만일 그리스도를 아는 자들이 정말로 하나님의 동역자라면 모든 것을 가진 것처럼 보이는 여인들 중에서조차 종종 발견되는 욕구불만에 민감할 뿐만 아니라 그들을 돕도록 노력해야합니다.

라헬의 절망적인 행동의 두 번째는 그녀의 여종 빌하를 야곱에게 주어 자녀를 얻고자 했던 것입니다. 얼마나 통탄할 지경의 일입니까! 라헬이 야곱의 할아버지인 아브라함의 생애에 있었던 이야기, 즉 사라가 그녀의 종 하갈을 아브라함에게 주었던 비슷한 상황의 이야기를 들었을 것이 분명합니다. 그러나 그녀가 비록 그것을 몰랐다고 해도 그것을 분명히 알고 있었을 야곱이 그것에 대해 이렇게 말했어야 했습니다. "아니오, 이것은 우리가 해야 할 일이 아니오. 나는 이것이 우리 시대의 법 아래서는 허용되고 있다는 것을 알고 있소. 그러나 이런 일은 하나님에게서 오는 것이 아니오. 우리는 하나님께서 당신에게 자녀를 주시도록 기도하며 구해야 하오. 할아버지가 하갈을 취한 것이 갖가지 문제를 만들어냈소." 그러나 야곱은 그렇게 하지 않았습니다. 만일 그가 그렇게 했다고 해도 그는 라헬의 고집에 제압당했을 것입니다. 그녀는 하나님을 신뢰하지 않았습니다. 그래서 늙었을 때의 사라처럼 그녀는 문제 해결을 자신이 진행시켰습니다.

빌하는 야곱에 의해 두 아들을 얻었습니다. 라헬은 그 첫째를 단이라 불렀는데 그것은 "판결을 내리다" 또는 "정당함이 입증되다"를 의미합니다. 이것은 레아가 그녀의 네 아들들에게 지어 준 이름만큼 영적인 것이 결코 아니었습니다. 라헬은 빌하의 아들을 단이라고 부른 것은 하나님이 그녀의 지위를 옹호해 주셨다고 믿었기 때문이었습니다. 실상 하나님은 아무 일도 하지 않으셨습니다. 라헬은 제멋대로 행동하고 있었고, 그녀가 하나님

뜻 안에 있다는 것을 입증하려고 하나님의 이름을 억지로 끌어들이고 있었던 것입니다.

라헬의 진짜 동기는 빌하의 두 번째 아들의 이름을 지을 때 드러납니다. 라헬은 그를 납달리라고 불렀는데 그것은 "나의 고투"를 의미합니다. 어떤 주석가들은 이것을 출산시의 빌하의 고투인데 라헬이 자신의 고투로 주장하고 있다고 언급합니다. 그러나 이것은 전혀 그런 것이 아닙니다. 라헬이 레아와 고투하고 있는 가운데 추가적으로 나온 이 아이는 그녀의 병기고의 비할 바 없는 또 하나의 무기인 것입니다. 그녀는 실제로 그를 가지고 언니 레아의 머리를 치고 있습니다.

합환채

불행히도 레아 역시 라헬이 그랬던 것처럼 반응합니다. 라헬은 그녀의 여종을 야곱에게 대리 아내 또는 첩으로 주었습니다. 이제 레아는 같은 일을 벌이는 것을 어떤 것도 막을 수 없다는 판단을 내립니다. 그녀가 야곱과 결혼했을 때, 그녀의 아버지가 라헬에게 빌하를 준 것과 같이 그녀에게 실바를 종으로 주었습니다. 이제 레아는 실바를 야곱에게 줍니다. 이것은 각 편이 판돈을 계속해서 올리는 포커 게임처럼 들립니다.

"나는 한 아내를 걸었습니다."

"나는 한 아내와 네 자녀를 걸었습니다."

"나는 그 아내와 비기고 당신에게 첩과 두 자녀를 올리겠습니다."

"나도 당신에게 다른 첩과 자녀를 두 명 더 올리겠습니다. 그러면 아내 한 명, 첩 한 명 그리고 자녀 두 명에 대해 아내 한 명, 첩 한 명 그리고 자녀 여섯 명이 됩니다."

이는 아주 불쾌한 것이고, 앞으로 불쾌하게 될 예정입니다. 그러나 이것은 시기(猜忌)가 다른 사람들에 대한 진실한 사랑과 하나님의 뜻에 대한 겸손한 복종을 대체하면 반드시 일어나는 것입니다. 나는 이것이 레아에게조차 큰 피해를 주었을 것으로 생각합니다. 왜냐하면 그녀는 하나님을 부르고, 그녀의 네 아들들의 이름을 지으면서 출발을 잘 했지만 이 이야기의 나중 시점에 와서 저급한 입장을 취하는 것으로 보이기 때문입니다. 레아는 실바의 첫 아들의 이름을 갓이라 부르는데 이는 "행운"을 의미하고, 그녀의 둘째 아들은 아셀인데 그저 "행복하다"를 의미합니다. 이제는 하나님에 대한 언급이 없습니다. 분명히 그녀는 단지 숫자 놀음만 하고 있고, 참 행복이 하나님에게서 온다는 것을 잊어버렸습니다.

그 다음으로 이어지는 것은 이상한 사건입니다. 아마도 어린 큰아들 르우벤이 밀을 수확하는 동안에 들에 나가 있다가 합환채를 발견하여 그것을 집으로 가져와 그의 엄마 레아에게 주었습니다. 합환채는 뿌리가 사람의 모양으로 갈라져 있고 작은 오렌지색의 딸기 같은 열매를 맺는 식물입니다. 고대로부터 현대까지 수천 년 동안 그것은 최음제, 혹은 임신 유도 물질로 여겨져 왔는데, 오로지 이 믿음(잘못된 것이지만)이 레아와 라헬 둘 다 르우벤이 가져온 합환채에 관심을 보여준 것을 설명해 줍니다. 라헬은 레아에게 합환채를 간청했습니다. "언니의 아들의 합환채를 청구하노라"(창 30:14). 분명히 그녀는 그것이 자녀를 갖지 못하는 자신의 무능력을 극복하는 데 도움이 될 것이라고 생각했습니다. 그래서 언니에게 그들이 남편 야곱을 사이에 두고 경쟁 관계임에도 불구하고 도움을 호소했습니다.

이때 레아는 매우 괴로웠습니다. 그래서 처음에는 내면에 있던 경쟁심이 밖으로 나와 쏘아붙였습니다. "네가 내 남편을 빼앗은 것이 작은 일이냐 그런데 네가 내 아들의 합환채도 빼앗고자 하느냐"(창 30:15). 그녀가 그런 말을 할 수 있도록 한 것은 오직 욕구불만이었습니다. 왜냐하면 혼례식 날 밤에 라헬로부터 야곱을 빼앗은 것은 그녀와 아버지 라반이 공모하였기 때문입니다. 레아의 말대꾸는 바보 같아서 라헬은 적절하게 대답할 수 있었습니다. "내가 언니의 남편을 빼앗다니! 그게 무슨 말이냐? 내 남편을 빼앗은 것이 바로 언니지." 그러나 라헬은 그렇게 하지 않았습니다. 아마도 그녀의 문제가 그녀의 콧대를 꺾었는지도 모릅니다. 반박하는 대신에 그녀의 불임을 치유해 줄 것으로 소망하는 합환채에 대한 보답으로 그날 밤 야곱을 레아에게 보내기로 합의했습니다.

어떤 사람들은 이 지점에서 성경이 오류를 범하고 있다고 생각했습니다. 왜냐하면 합환채가 그러한 능력을 지니고 있다는 증거가 없기 때문입니다. 그러나 성경은 그것이 그런 능력이 있다고 가르치고 있지 않습니다. 성경은 단지 라헬과 레아가 당시의 믿음에 따라 그렇다고 생각한 것을 기록하고 있는 것뿐입니다.

실제로 그 단락은 전혀 다른 방향으로 끝이 납니다. 야곱이 레아에게 들어간 후에 한 동안 자녀가 없던 그녀는 다시 임신을 해서 아들을 낳아 이름을 잇사갈이라고 불렀는데 그것은 "보상"을 의미하고 그리고 여섯 번째이자 마지막 아들을 스불론이라 불렀는데 그것은 "영예"를 의미합니다. 그리고 라헬까지도 임신을 했습니다. 그녀는 어려운 시간을 보냈지만 이것이 그녀를 매우 겸손하게 했습니다. 그래서 성경은 이렇게 말씀합니다. "하나님이 라헬을 생각하신지라 하나님이 그의 소원을 들으시고 그의 태를 여셨으므로"(창 30:22). 분명히 라헬은 일을 스스로 처리하려고 애쓰는 것을 멈추고 하나님께 부르짖기 시작했습니다. 그 결과로 하나님이 그녀를 불쌍히 여기셔서 그녀에게 아들을 주셨는데 그 아들인 요셉의 생애가 창세기 마지막 장들에 기술되어 있습니다. 이 마지막 세 아들들의 각각의 출생에서 (열두 번째 베냐민은 나중에 태어날 것입니다. 창 35:18 참조) 하나님이 근원이 되심을 다시 한 번 확인하게 됩니다.

"하나님이 레아의 소원을 들으셨으므로 그가 임신하여 다섯째 아들을 야곱에게 낳은지라 레아가 이르되 내가 내 시녀를 내 남편에게 주었으므로 하나님이 내게 그 값을 주셨다 하고 그의 이름을 잇사갈이라 하였으며… 레아가 이르되 하나님이 내게 후한 선물을 주시도다 내가 남편에게 여섯 아들을 낳았으니 이제는 그가 나와 함께 살리라 하고 그의 이름을 스불론이라 하였으며… 하나님이 라헬을 생각하신지라 하나님이 그의 소원을 들으시고 그의 태를 여셨으므로 그가 임신하여 아들을 낳고 이르되 하나님이 내 부끄러움을 씻으셨다 하고 그 이름을 요셉이라 하니 여호와는 다시 다른 아들을 내게 더하시기를 원하노라 하였더라"(창 30:17-18, 20, 22-24)

영광을 하나님께 돌리라!

이것은 하나님은 하나님이시라는 것, 하나님은 주권적이시라는 것 그리고 우리는 다른 사람들과 경쟁하기 위해서가 아니라 하나님을 기쁘시게 하기 위해 여기에 있다는 것을 인정하는 것입니다. 그리고 우리는 하나님을 신뢰해야 합니다.

로버트 캔들리시(Robert Candlish))는 이렇게 기술합니다.

"이 흙속의 가련한 벌레들인 라반, 레아, 라헬, 야곱 자신 그리고 나머지 사람들은 누구인가? 아브라함의 하나님이 그분의 이름을 기록하실 집 또는 가정(거기서 아브라함의 자손이자 예수님이 모든 민족을 구원하시기 위해 나오실 것인데)을 세우시는데 야비한 방식을 따라 음모를 꾸미고 계획하는 일에 힘쓰는 그들은 누구인가? 그 어울리지 않는 가정에서 불쾌한 언쟁과 불화를 일삼는 자들이 얼마나 야비한가? 무슨 목적으로 이 여인들은 추잡하게 서두르는가? 왜 이 모든 경쟁의 비참한 게임이 합환채에 대한 그 비열한 담합과 거래 등 우리를 심히 불쾌하게 하는 모든 사건로 명예로운 결혼을 더럽히며, 하나님의 사람이라고 공언한 집의 지붕 아래서 일어났는가? 하나님은 아브라함을 위한 자손을 세우시기 위하여 이 모든 계략과 행동이 필요한 입장이신가?"[2]

대답은 분명히 하나님은 그렇지 않으시다는 것입니다. 하나님은 우리의 고집에 의한 계획을 필요로 하지 않으십니다. 우리의 경쟁은 더욱 필요로 하지 않으십니다. 하나님이 필요로 하시는 것과 그리고 하나님이 받으시는 것은 하나님께 "온전히 굴복"하는 마음과 정신입니다.

● 각주 ●

1. 마르틴 루터, *Luther's Works*, 5:314.
2. 로버트 S. 캔들리시, *Studies in Genesis*, 514.

112

야곱의 품삯

창세기 30 : 25-43

라헬이 요셉을 낳았을 때에 야곱이 라반에게 이르되 나를 보내어 내 고향 나의 땅으로 가게 하시되 내가 외삼촌에게서 일하고 얻은 처자를 내게 주시어 나로 가게 하소서 내가 외삼촌에게 한 일은 외삼촌이 아시나이다 라반이 그에게 이르되 여호와께서 너로 말미암아 내게 복 주신 줄을 내가 깨달았노니 네가 나를 사랑스럽게 여기거든 그대로 있으라 또 이르되 네 품삯을 정하라 내가 그것을 주리라 야곱이 그에게 이르되 내가 어떻게 외삼촌을 섬겼는지, 어떻게 외삼촌의 가축을 쳤는지 외삼촌이 아시나이다 내가 오기 전에는 외삼촌의 소유가 적더니 번성하여 떼를 이루었으니 내 발이 이르는 곳마다 여호와께서 외삼촌에게 복을 주셨나이다 그러나 나는 언제나 내 집을 세우리이까 라반이 이르되 내가 무엇으로 네게 주랴 야곱이 이르되 외삼촌께서 내게 아무것도 주시지 않아도 나를 위하여 이 일을 행하시면 내가 다시 외삼촌의 양 떼를 먹이고 지키리이다 오늘 내가 외삼촌의 양 떼에 두루 다니며 그 양 중에 아롱진 것과 점 있는 것과 검은 것을 가려내며 또 염소 중에 점 있는 것과 아롱진 것을 가려내리니 이같은 것이 내 품삯이 되리이다 후일에 외삼촌께서 오셔서 내 품삯을 조사하실 때에 나의 공의가 내 대답이 되리이다 내게 혹시 염소 중 아롱지지 아니한 것이나 점이 없는 것이나 양 중에 검지 아니한 것이 있거든 다 도둑질한 것으로 인정하소서 라반이 이르되 내가 네 말대로 하리라 하고… 이에 그 사람이 매우 번창하여 양 떼와 노비와 낙타와 나귀가 많았더라(**창** 30:25-34, 43)

많은 사람들이 노동의 대가인 임금에 관심을 갖습니다. 연간 예산을 세울 때가 되면 고용인들은 그들의 임금이 오를 것인지, 만일 오른다면 물가상승률 만큼만 오를 것인지 또는 그 이상이 되는지 알고 싶어 합니다. 만일 그들의 임금이 계약 조건으로 되어 있다면 그들은 계약 협상에 관심을 갖습니다.

자신의 임금에 대해 문제를 경험했던 사람들이라면 야곱과 이기적이고, 욕심이 많고, 교활하고, 사기성이 있고, 부정직한 사람인 그의 외삼촌 라반과의 관계에 관심을 가질 것입니다. 야곱이 삼촌 라반에게 인생이 좌지우지되었다면 그는 이곳에 올 때 빈손이었던 것처럼 이곳을 빈손으로 떠났을 것입니다. 그의 외삼촌은 그에게 아무 보상도 주지 않고 일만 시키려고 작정했습니다. 그러나 야곱에게는 인색하지 않으시고, 정직하시고, 관대하시고, 자비로우신 하나님이 계셨습니다. 라반을 위해 일한 야곱의 성공 비결은 불쾌한 세속적 친족 관계에서 조차도 그는 그를 보호하시고 그의 수고를 번성케 하실 하나님을 위해 일을 한 것이었습니다. 이것은 바울이 사람들에게 권고했던 것과 같습니다.

"기쁜 마음으로 섬기기를 주께 하듯 하고 사람들에게 하듯 하지 말라 이는 각 사람이 무슨 선을 행하든지 종이나 자유인이나 주께로부터 그대로 받을 줄을 앎이라"(엡 6:7-8)

하나님은 야곱을 번성케 하셨는데 그의 웅대한 꿈 이상으로 번성케 하셨습니다. 하나님과 거래를 시도하면서 야곱은 이렇게 말했습니다.

"야곱이 서원하여 이르되 하나님이 나와 함께 계셔서 내가 가는 이 길에서 나를 지키시고 먹을 떡과 입을 옷을 주시어 내가 평안히 아버지 집으로 돌아가게 하시오면 여호와께서 나의 하나님이 되실 것이요 내가 기둥으로 세운 이 돌이 하나님의 집이 될 것이요 하나님께서 내게 주신 모든 것에서 십분의 일을 내가 반드시 하나님께 드리겠나이다"(창 28:20-22)

야곱은 하나님에게 안전과 먹을 떡과 입을 옷을 구했습니다. 많은 것이 아니었습니다.

그러나 그가 실제로 얻은 것은 훨씬 더 좋은 것이었습니다. 단순한 필수품 대신에 하나님은 그에게 많은 가족과 거대한 부를 주셨습니다. 단락을 마치면서 본문은 이렇게 말씀합니다. "이에 그 사람이 매우 번창하여 양 떼와 노비와 낙타와 나귀가 많았더라"(창 30:43).

자신보다 다른 사람들을 우선

야곱이 번성하게 된 데에는 여러 가지 원리가 내포되어 있는데 이 원리를 면밀히 생각해 볼 가치가 있습니다. 그것은 세상이 사람에게 경제적인 사닥다리 꼭대기에 오르라고 권고하는 그런 방식이 아닙니다. 자조(自助)에 대한 많은 책들은 독자들에게 진취적이고 최고를 추구하라고 말합니다. 어떻게 모임을 지배하는가를 말합니다. 어떻게 더 나은 계약을 위한 협상을 하는가에 대해 권고를 합니다. 어떤 정해진 한계 내에서는 특히 비양심적인 사람들을 다룰 때, 이 기술이 조금은 효과적이고 유용할지도 모릅니다. 그러나 이 시점에서 확실히 하나님을 따르고 있는 야곱이 그런 어떤 기술도 사용하지 않았다는 것은 의미 깊은 것입니다. 그는 다른 방식으로 움직였습니다.

첫째 원리는 야곱이 번성했던 것처럼 번성한 사람에게는 이상해 보이는 것이지만 그 원리를 알고 이해하는 것은 중요합니다. 그것은 야곱이 부해지려고 노력하지 않았다는 것입니다. 정확하게 이해한다면 이것은 모든 번성에 대한 첫 비결입니다. 이점은 본문 25절과 26절에서 쉽게 알 수 있습니다. 창세기의 탁월한 주석가인 로버트 캔들리시는 그것을 이렇게 기술합니다.

"분명히 그는 부를 탐한 적이 없다. 14년의 봉사 막바지에도 그는 처음처럼 가난한 상태였다. 그런 궁핍한 상태에서 그는 그의 봉사를 그만두고자 했다(26절). 분명히 그 근처에 그의 생활 형편을 더 낫게 해 줄 노동 기회는 있었다. 그가 있는 곳에 주저하지 않고 노동력을 이용하려는 사람들이 많이 있었기 때문이다. 그래서 그가 처해진 형편이 어떠했고, 그가 어떻게 이용당했는가를 생각해보면 나는 야곱이 단순히 라반을 부유하게 만들기 위해서가 아니라 자신을 위해서 무엇인가를 저축해 놓는 부정직함을 내가 보았다고 해도 그를 그다지 비난하고 싶은 마음이 없다. 그러나 야곱은 다르게 행동한다. 그의 믿음에 충실해서 그는 표리부동한 고용인으로서가 아니라, 하나님을 경외하는 자로서 라반의 일에 양심적으로 자신을 바친다. 그는 자기 확장의 기교나 방법을 쓰지 않는다. 야곱 때문에 부유하게 되고 있는 장인이 그를 너무 인색하게 대우함에도 그는 그의 가난한 형편에 대해 불평하지 않는다. 그는 조용히 그의 진로를 찾는다. 마침내 그가 탐욕스런 친족을 떠나겠다고 제안할 때, 과거에 대한 비난 한마디 하지 않고 그의 아내들과 그의 자녀들 (이 긴 14년 동안 오직 그들을 위해 이렇게 충성스럽게 봉사했다) 외에는 그에게 더 요구하는 것이 없다."[1]

나는 라반에 대한 야곱의 이타적인 봉사로 예시된 "부하게 되려고 노력하지 않는 것"이 번성의 첫 비결이라고 말했는데 그것을 설명하고자 합니다. 첫째, "부하게 되려고 노력하지 않는 것"이라는 부정적인 표현은 게으르거나 일을 거절하는 것을 의미하지 않습니다. 직무태만한 자는 일하기를 거절하지만 그의 태만이 부의 비결도 아니고, 부에 이르게 하지도 않을 것입니다. 또한 "부하게 되려고 노력하지 않는 것"은 부 자체에 대한 관심의 결여를 의미하는 것도 아닙니다. 야곱은 부하게 되려고 노력하지는 않았지만 그는 그의 일이 라반을 부유하게 했다는 것을 잘 알고 있었습니다.

내가 "부하게 되려고 노력하지 않는 것"이라고 이야기할 때, 나는 그것을 다른 사람을 희생시켜 자신의 부를 증진시키는 것에 관련시키고 있는 것입니다. 다른 사람을 희생시켜 자신의 부를 증진시키는 것은 하나님의 기준에 맞지 않습니다. 그것은 효과도 없는, 즉 장기적으로 효과를 내는 것이 아닙니다. 단순히 그의 사업에서 가능한 한 많은 소득을 올리려고 결심한 고용주는 그의 일꾼들에게 저임금을 지불해서 그들의 노동의욕을 떨어뜨릴 것이고, 이로 인해 생산성이 떨어지면 그는 사업 자체에 대한 투자를 소홀히 할 것이고, 이것은 결과적으로 비효율적인 생산을 점증시켜 종국에 가서는 새로운 제품과 시장 개발에 실패할 것입니다. 자신들만을 위해 일을 하고 그들의 공동체의 번창을 위해 일하지 않는 일꾼들은 그들의 회사에 해를 입힐 것입니다. 그들의 낮은 생산성 또는 부당하게 높은 임금이나 임금 요구는 그들이 생산하는 상품의 가격 상승을 의미하고, 다른 사업체들이 같은 상품을 시장에서 낮은 가격으로 팔 때, 그 회사는 종국적으로 몰락한다는 것을 의미합니다. 해외 생산품이 미국 주요 산업에 대해 이런 일을 하고 있습니다. 예를 들면 철강이나 목제품, 자동차, 전자제품 등입니다. 요컨대 탐욕은 파괴적입니다. 이기주의는 이롭지 못합니다.

그러면 무엇이 이로운 것입니까? 그 답은 자신의 복지와 부를 늘리기 이전에 또는 늘리는 중에라도 다른 사람들의 복지와 부를 늘리고자 시도하며 일하는 것입니다. 이것이 자유 경제 체제를 효과 있게 만드는 것이라고 조지 길더(George Gilder)는 그의 책 「풍부와 궁핍」(Wealth and Poverty)에서 공급 측면의 경제를 변호하며 말합니다. "그것은 사람이 자유를 허용한다는 그리고 성장을 가능케 한다는 특별한 보상이 없이도 주거나 또는 일하는 자발성이다."[2]

안일보다 일이 우선

이것은 야곱의 번성에 기여하는 두 번째 원리로 이끌어 갑니다. 야곱은 그의 고용주를 위해 열심히 일을 했습니다. 만일 그가 열심히 일하지 않았다면 그는 두 아내와 관련하여 라반이 그를 속였고, 라반이 그에게 "빚"을 졌다고 주장할 수 있었습니다. 또한 그가 일해서 얻은 모든 것을 필시 빼앗길 것이기 때문에 열심히 일을 하지 않았다고 주장할 수도 있었습니다. 그리고 이렇게 말할 수도 있었습니다. "하나님은 나를 돌보실 것이다. 그러므로 나는 일할 필요가 없다." 야곱은 이런 것들 중 그 어떤 것도 주장하지 않았습니다. 그는 라반을 위해 열심히 일했고, 그의 일이 천하다거나 무의미하다고 생각하지 않았습니다.

이것이 본문에서 나오는 두 번째 사항으로 이것은 나중에도 역시 강조됩니다. 야곱이 그의 두 아내와 자녀들을 데리고 떠날 것을 허락해 주도록 요청한 직후에 그는 라반에게 이야기합니다. "내가 외삼촌에게 한 일은 외삼촌이 아시나이다"(창 30:26). 라반은 이것을 인정하기 싫었지만 부정하지는 않았습니다. 실제로 그는 야곱이 그에게 온 이래로 눈에 띄게 증대한 그의 부가 야곱으로 인한 것임을 인정했습니다. "여호와께서 너로 말미암아 내게 복 주신 줄을 내가 (점을 쳐서) 깨달았노니 네가 나를 사랑스럽게 여기거든 그대로 있으라"(창 30:27). 점을 언급한 것은 라반이 이방인이었음을 보여주는 것입니다(원어성경에는 27절에 '점을 쳐서' 라는 말이 들어있음 - 역주). 이방인처럼 그는 하나님이 야곱 때문에 복을 주신 것을 알았습니다.

후에 야곱이 그의 가솔들을 데리고 도망을 하여 라반이 그를 추격해서 서로 대치하고 있었을 때, 야곱은 20년 만에 그의 생각을 분명하게 말했습니다. 이것은 야곱이 일찍이 어떤 때에도 이렇게 말해 본 적이 없던 최고의 담화인 것 같습니다.

"야곱이 노하여 라반을 책망할새 야곱이 라반에게 대답하여 이르되 내 허물이 무엇이니이까 무슨 죄가 있기에 외삼촌께서 내 뒤를 급히 추격하나이까 외삼촌께서 내 물건을 다 뒤져보셨으니 외삼촌의 집안 물건 중에서 무엇을 찾아내었나이까 여기 내 형제와 외삼촌의 형제 앞에 그것을 두고 우리 둘 사이에 판단하게 하소서 내가 이 이십 년을 외삼촌과 함께 하였거니와 외삼촌의 암양들이나 암염소들이 낙태하지 아니하였고 또 외삼촌의 양 떼의 숫양을 내가 먹지 아니하였으며 물려 찢긴 것은 내가 외삼촌에게로 가져가지 아니하고 낮에 도둑을 맞았든지 밤에 도둑을 맞았든지 외삼촌이 그것을 내 손에서 찾았으므로 내가 스스로 그것을 보충하였으며 내가 이와 같이 낮에는 더위와 밤에는 추위를 무릅쓰고 눈 붙일 겨를도 없이 지냈나이다 내가 외삼촌의 집에 있는 이 이십 년 동안 외삼촌의 두 딸을 위하여 십사 년, 외삼촌의 양 떼를 위하여 육 년을 외삼촌에게 봉사하였거니와 외삼촌께서 내 품삯을 열 번이나 바꾸셨으며 우리 아버지의 하나님, 아브라함의 하나님 곧 이삭이 경외하는 이가 나와 함께 계시지 아니하셨더라면 외삼촌께서 이제 나를 빈손으로 돌려보내셨으리이다마는 하나님이 내 고난과 내 손의 수고를 보시고 어제 밤에 외삼촌을 책망하셨나이다"(창 31:36-42)

라반은 이 말에 어리벙벙해져서 단순한 허세로 반응했습니다. 그는 두 딸, 손자들 그리고 가축 떼는 모두 자기 것이라고 말했습니다. 명백한 거짓말입니다. 그러나 야곱이 자기 희생적이었고, 정직했으며, 부지런했다는 그의 주장을 라반이 반박하지 않았다는 것은 의미 깊은 것입니다. 분명히 이 면에 있어서 야곱의 장점은 너무 잘 알려져서 라반이나 다른 어떤 사람이라도 그것들을 부인할 수가 없었습니다. 당신도 그런 말을 들을 수 있습니까? 당신은 당신의 고용주를 위해 열심히 일하는 사람이라고 알려져 있습니까?

염려보다 믿음이 우선

야곱이 라반 앞에서 한 감동적인 말(창 31)에 야곱이 번창하게 되는데 기여한 세 번째 원리가 있습니다. 이것은 창세기 30장에도 나옵니다. 야곱은 그의 번창을 위해 하나님을 의지했습니다. 기독교 이전 세대에는 은퇴 계획이란 것이 없었습니다. 사회 보장세나 혜택도 없었습니다. 야곱은 그런 것들보다 더 좋은 것을 소유하고 있었습니다. 야곱은 하나님을 소유했는데 하나님은 우리의 공헌에 인플레가 된 돈으로 보답하시지도 않고, 혜택 자금이 소진되는 것을 허락하지도 않으십니다.

나는 이것이 창세기 30장의 나머지 부분과 관계된 이상한 일들을 이해하는 길이라고 생각합니다. 라반이 야곱에게 품삯을 말하라고 하자, 야곱은 그에게 어떤 것도 달라고 요구하지 않는 대신에 이후에 태어나는 아롱진 것과 점이 있는 모든 양과 염소를 자기 것으로 삼겠다고 대답했습니다. 오늘날 그리고 당시에도 분명히 유목민의 양의 지배적인 색깔은 한결같은 흰색이고, 유목민의 염소의 지배적인 색깔은 진한 갈색이거나 검정색입니다. 점이 있는 짐승은 소수입니다. 이것들을 야곱이 그의 품삯으로 제안한 것입니다. 특히 그는 내가 말한 것처럼 이후에 태어날 것들만 취하고 색깔을 가지고 태어난 염소와 양만 취하겠다고 제안했습니다. 이것은 라반이 아롱진 짐승을 다른 짐승들에게서 따로 떼어 사흘 길을 뜨게 갈라놓은 의미입니다. 그는 유전학에 대해 잘 몰랐을지 모르지만 아롱진 짐승은 아롱진 짐승을 낳기 쉽고, 단색의 짐승은 단색의 짐승을 낳기 쉽다는 것은 알았습니다. 하지만 이 불리한 협정을 제안하고 환영한 사람은 야곱이었습니다.

무엇이 그로 하여금 라반에게 이런 제안을 하게 했습니까? 오직 가능한 대답은 그에게 유리하도록 부정한 수단을 쓰지 않더라도 하나님이 그에게 복을 주실 것이라는 "믿음" 입니다. 그는 오래 동안 짐승들과 함께 지내면서 단색의 암수 짐승이 더러는 아롱지고 점 있는 새끼를 낳는다는 것을 알았습니다. 그는 하나님께 기적을 구하지 않았을 것이지만 그가 번성해야 했다면 그 비율을 변경시켜 주시도록 하나님을 의지했을 것입니다.

그밖에도 나뭇가지를 부분적으로 벗기는 일도 있었습니다. 이것은 성경을 읽는 일부 사람들에게 문제가 되어 왔습니다. 왜냐하면 성경이 태아기 영향(prenatal influence)이라는 것을 확언해 주고 있는 것처럼 보이는데 우리는 그것을 허위라고 믿기 때문입니다. 야곱이 부분적으로 나뭇가지를 벗겨서 무늬가 나거나 얼룩진 나뭇가지를 가지고 물구유에 두고 양떼가 물을 마시러 올 때, 그 앞에 세우면 단순히 무늬가 있고 얼룩진 가지를 본다고 해서 그 짐승들이 아롱진 새끼들을 낳는다고 그가 믿었겠습니까? 창세기의 저자는 이것을 믿었겠습니까? 그들 중 누구라도 이것을 믿었든 안 믿었든 간에 이 계획과 하나님이 정말로 아롱진 짐승 떼를 증식시켜 주신 것 사이에 무슨 관련이 있습니까? 이것은 단순히 야곱 당시에 사람들이 믿었고, 창세기 저자도 틀림없이 믿었다고 해도 오늘날은 우리가 분명한 허위라고 알고 있는 이야기가 아닙니까?

이 문제에 접근하는 세 가지 길이 있습니다. 첫째, 야곱이 그가 준비한 태아기 영향이 아롱진 새끼를 낳게 했다고 정말로 생각하고 있었지만 성경은 이것을 가르치지 않는다고 믿는 주석가들이 있습니다. 그것은 단순히 야곱이 믿었던 것을 이야기하고 있다는 것입니다. 하나님은 야곱의 보조에 맞추어 그의 미신적 관습에도 불구하고 그에게 복을 주셨다는 것입니다. 그 복은 나뭇가지들과 아무 관계가 없다는 것입니다.[3]

둘째, 어떤 주석가들은 여기에 우리가 모르는 어떤 과학적 사실이 있을 수 있다고 제시합니다. 헨리 모리스(Henry Morris)가 이 입장을 취하는 예입니다. 그는 야곱은 바보가 아니었고, 짐승을 기르고 지키는데 수십 년을 보낸 자임을 지적합니다. 그는 그들의 번식 습성을 알았습니다. 그는 약한 짐승보다 튼튼한 짐승으로부터의 번식이 유리함을 알았습니다. 특히 모리스가 지적하는 것처럼 어떤 광경은 강력한 육체적 영향을 줄 수 있습니다. 만일 그런 것이 아니라면 나뭇가지에 있는 화학성분이 가축 사이에서 최음제로 그리고 번식력을 높이는 데 도움이 된 것으로 볼 수도 있습니다. 모리스는 이 나무들에서 발견되는 한 물질이 고대와 현대에서 최음제로 사용되어 왔다고 주장합니다. "야곱은 현대 생물학자들이 아직 다루지 못하고 있는 이 짐승들에 대한 특정한 것을 알았을 수도 있다."[4]

셋째, 나는 그렇게 믿지 않지만 이 주장에 일리가 있을지도 모릅니다. 그러나 대체로 나는 존 칼빈(John Calvin)의 견해를 선호합니다.[5] 하나님은 야곱에게 무늬가 있는 가지들을 세우라고 명령하셨고, 그는 그렇게 했는데 그것은 무늬가 있고 아롱진 새끼를 생산하는 목적을 위한 물리적 수단이 아니라 마치 하나님이 후에 백성들이 뱀에 물렸을 때, 모세로 하여금 광야에 놋뱀을 세우도록 하신 것과 같은 야곱의 믿음과 순종의 상징으로 한 것입니다. 백성은 놋뱀 때문에 치유된 것이 아닙니다. 그들은 놋뱀을 쳐다보는 순종으로 표현된 믿음으로 하나님이 치유하신 것입니다. 이와 병행하여 동일한 방식은 아니지만 야곱의 하나님 신뢰도가 비슷하게 보상을 받게 했을 것입니다. 정말로 다음 장에서 야곱은 얼룩무늬가 있고, 점이 있고, 아롱진 가축에 대한 꿈을 꾸고 거기서 하나님이 그에게 말씀하셨다는 것을 말합니다. 그것은 하나님이 그에게 그런 경우에 무엇을 해야 하는가에 대해 말씀하신 것일지도 모릅니다.

요점은 야곱이 하나님을 신뢰했다는 것이고, 우리 역시 특히 물질적 소유와 관련해서 그래야 한다는 것입니다. 예수님이 이에 대해 말씀하셨습니다.

"그러므로 내가 너희에게 이르노니 목숨을 위하여 무엇을 먹을까 무엇을 마실까 몸을 위하여 무엇을 입을까 염려하지 말라 목숨이 음식보다 중하지 아니하며 몸이 의복보다 중하지 아니하냐 공중의 새를 보라 심지도 않고 거두지도 않고 창고에 모아들이지도 아니하되 너희 하늘 아버지께서 기르시나니 너희는 이것들보다 귀하지 아니하냐 너희 중에 누가 염려함으로 그 키를 한 자라도 더할 수 있겠느냐 또 너희가 어찌 의복을 위하여 염려하느냐 들의 백합화가 어떻게 자라는가 생각하여 보라 수고도 아니하고 길쌈도 아니하느니라 그러나 내가 너희에게 말하노니 솔로몬의 모든 영광으로도 입은 것이 이 꽃 하나만 같지 못하였느니라 오늘 있다가 내일 아궁이에 던져지는 들풀도 하나님이 이렇게 입히시거든 하물며 너희일까보냐 믿음이 작은 자들아 그러므로 염려하여 이르기를 무엇을 먹을까 무엇을 마실까 무엇을 입을까 하지 말라 이는 다 이방인들이 구하는 것이라 너희 하늘 아버지께서 이 모든 것이 너희에게 있어야 할 줄을 아시느니라 그런즉 너희는 먼저 그의 나라와 그의 의를 구하라 그리하면 이 모든 것을 너희에게 더하시리라"(마 6:25-33)

여기에 세 가지 원리가 있습니다. 첫째, 부하게 되려고 노력하지 말 것과 둘째, 고용주를 위해 열심히 일할 것과 셋째, 당신의 번창을 위해 하나님을 신뢰할 것입니다. 이것은 우리 중의 누군가가 이것을 양심적으로 실행한다면 그 사람이 부유하게 될 것임을 의미합니까? 반드시 그렇지는 않습니다. 부를 추구하는 것을 생각조차 하지 말아야 합니다. 그렇지만 그 실행은 당신이 번창하게 될 것임을 의미합니다. 당신은 하나님의 나라와 그분의 의를 얻을 것이고, 당신의 모든 필요도 역시 채워질 것입니다.

● 각주 ●

1. 로버트 S. 캔들리시, *Studies in Genesis*, 519.

2. Gerorge Gilder, *Wealth and Poverty* (New York: Basic Books, 1981), 23. "The Returns of Giving" (pp. 21-27)에서 논한 것을 보라.

3. 도널드 G. 반하우스, *Genesis*, 2:101.

4. 핸리 M. 모리스, *The Genesis Record*, 475.

5. 존 칼빈, *Commentaries on the First Book of Moses Called Genesis*, trans. John King, 2 vols. (Grand Rapids: Eerdmans, 1948), 2:155.

113

먼 집으로 가는 길

창세기 31 : 1-55

야곱이 라반의 아들들이 하는 말을 들은즉 야곱이 우리 아버지의 소유를 다 빼앗고 우리 아버지의 소유로 말미암아 이 모든 재물을 모았다 하는지라 야곱이 라반의 안색을 본즉 자기에게 대하여 전과 같지 아니하더라 여호와께서 야곱에게 이르시되 네 조상의 땅 네 족속에게로 돌아가라 내가 너와 함께 있으리라 하신지라(창 31:1-3)

하란에서 요단 강을 건너 길르앗 산까지는 거의 480km나 되었습니다. 그러나 족장 야곱이 가야 할 거리는 그것보다 더 멀었습니다. 그의 여정은 그의 소심한 성향과 에서에 대한 속임 그리고 라반에게 봉사하면서 이룬 그가 예상치 못했던 번성에서 생긴 극도의 심리적인 여정이었습니다. 20년 전에 야곱은 형인 에서가 그를 죽이려고 위협했기 때문에 브엘세바에 있는 그의 집을 떠났습니다. 그는 하란으로 왔고, 결혼을 하여 두 아내를 얻었고, 하나님이 6년 동안 초자연적으로 번성케 하셔서 가축과 종들로 부유하게 되었지만 라반과는 좋은 관계에 있지 않았습니다. 그러나 야곱은 들뜨거나 안절부절 못하거나 새로운 지시를 말살하는 경향이 없는 인내하는 타입이었습니다. 그밖에도 그는 돌봐야 할 아내들과 자녀들을 가졌습니다. 전 가족과 가축 떼를 송두리째 빼내어 가나안으로 이동시키려고 계획하는 것이 얼마나 벅찬 일이겠습니까!

하지만 그것을 야곱이 하고자 했습니다. 그는 이제 고향으로 돌아갈 시간이 되었고, 그 시간은 그의 아내들이 그의 아버지를 떠나 야곱과 함께 갈 시간이었습니다. 야곱에 대한 하나님의 뜻은 명백했습니다. 그리고 고무적이었습니다. "네 조상의 땅 네 족속에게로 돌아가라 내가 너와 함께 있으리라" (창 31:3).

하나님의 뜻을 알기

야곱이 극복해야 할 막중한 심리적 간격을 가지고 있었기 때문에 그리고 창세기 31장이 말해 주듯이 그가 실제로 그의 고향으로 돌아가기 때문에 하나님이 족장에게 이사를 위해 준비시키신 수단 그리고 야곱이 이제는 이주할 시간이라고 인식한 수단을 물어볼만 합니다.

본문에서 세 가지 사항을 말해 줍니다. 첫째, 야곱은 하란을 떠날 소원을 밝혔습니다. 그는 이미 말씀드린 것처럼 인내하는 타입이었습니다. 라헬을 위해서 7년을 일하겠다고 제안한 후, 그는 레아와 관련된 라반의 속임 때문에 다시 7년을 더한 14년을 일해야 했습니다. 그러나 그는 조급함을 나타내지 않았습니다. 성경은 라헬에 대한 사랑 때문에 그가 첫 7년을 "며칠 같이 여겼더라" (창 29:20)고 말씀합니다. 그러나 자신의 성향과 하란에서의 그의 상황에도 불구하고 야곱은 그의 할아버지 아브라함과 아버지 이삭에게 주신 땅으로 돌아가고자 하는 그의 소원은 분명히 요셉이 출생하고 나서 최고조에 달했습니다. 왜냐하면 그때 야곱이 라반에게 이렇게 말했기 때문입니다. "나를 보내어 내 고향 나의 땅으로 가게 하시되 내가 외삼촌에게서 일하고 얻은 처자를 내게 주시어 나로 가게 하소서" (창 30:25-26).

둘째, 그의 환경이었습니다. 그가 집으로 돌아가겠다고 말한 지 6년이 지났습니다. 그런데 하나님은 그 6년 동안 그에게 양떼를 주셨고, 그 떼를 놀랄만하게 증식시켜 주셨습니다. 이것이 라반과 라반의 아들들 쪽에 시기의 원인이 되었고, 그에 대한 그들의 태도를 바꾸는 원인이 되었습니다. 물론 라반도 역시 번성했습니다. 그는 그것을 고백한 바 있습니다. "여호와께서 너로 말미암아 내게 복 주신 줄을 내가 깨달았노니" (창 30:27). 그러나 이제 야곱의 번창이 그를 라반보다 더 큰 사람으로 만들어가고 있고, 라반은 이것을 참을 수가 없었습니다. 그는 야곱에게 얼굴을 찌푸렸고, 그의 아들들은 시기심을 조장시켜 이렇게 말했습니다. "야곱이 우리 아버지의 소유를 다 빼앗고 우리 아버지의 소유로 말미암아 이 모든 재물을 모았다 하는지라" (창 31:1). 이것을 보면서 야곱은 자기가 집으로 가기를 소원하고 있다는 것뿐만 아니라 그가 갈 시간이 왔다는 것을 알았습니다.

셋째, 그는 하나님이 그에게 말씀하실 때까지 떠나지 않았습니다. 그는 하나님이 이렇게 말씀하실 때까지 기다렸습니다. "네 조상의 땅 네 족속에게로 돌아가라 내가 너와 함께 있으리라" (창 31:3).

아더 핑크(Arthur Pink)는 이러한 현명한 논평을 합니다.

"하나님은 우리에게 항상 이 세 가지 원리를 표현하시는 것은 아니다. 그러나 그것들이 결합을 하고 또 그것들이 명확하다면 어떠한 환경에서도 그분의 뜻을 확신할 수 있다. 첫째, 우리 마음 안에 하나님이 우리로 하여금 어떤 방침을 정하시거나 혹은 어떤 일을 하기를 바라신다는 뚜렷한 확신과 둘째, 우리가 해야 할 일을 인간적으로 가능하게 하거나 편리하게 하는 외적 환경을 보이심으로써 우리로 하여금 취하도록 하시는 길과 셋째, 그것에 대해 하나님을 분명히 기다린 후에 우리 입장에 합당하고, 즉 인도하심을 기다리는 동안 성령님이 우리 눈에 명백하게 띄게 하시는, 하나님이 우리의 개별적 마음에 분명하게 주시는 메시지인 성경에서 오는 어떤 특별한 말씀 등 이런 식으로 우리는 하나님의 **우리에 대한** 뜻을 확신할 수가 있다. 가장 중요한 것은 **하나님을 기다리는** 것이다."[1]

이 말은 옳습니다. 그러나 아더 핑크에게 이의를 제기하고 싶지는 않지만 나는 또 하나의 중요한 사항이 있다는 것을 첨언하고자 합니다. 그것은 일단 하나님의 뜻을 알면 , 반드시 그것을 행하는 것입니다. 이것이 내가 에스라에 대해 기록된 말을 좋아하는 이유입니다. "에스라가 여호와의 율법을 연구하여 준행하며 율례와 규례를 이스라엘에게 가르치기로 결심하였었더라" (스 7:10). 흠정역(Authorized Version)성경은 더욱 강하게 표현하고 있습니다. "에스라는 여호와의 율법을 탐구하고 그것을 **행하려는** 마음의 각오를 했다." 많은 그리스도인들에게 있어 패배하는 삶의 이유는 그들이 하나님의 뜻을 이해하지 못해서가 아니라, 그들이 이해하는 것을 행하지 않기 때문입니다.

집을 향하여

다행히 야곱은 그런 부류가 아니었습니다. 그는 많은 결점을 가지고 있었습니다. 그 중에는 그의 떠날 준비를 한 방식에 대한 결점 같은 것이 있었습니다. 그러나 그는 하나님이 그에게 말씀하셨다는 것을 알았고, 순종하기로 결심했습니다. 이것은 약간 놀랄 일입니다. 왜냐하면 야곱은 그가 하란에서 보낸 전 기간에 걸쳐 단을 쌓았거나, 기도했거나, 외적인 방법으로 특별히 예배를 드렸거나, 하나님의 이름을 불렀다는 언급이 단 한 번도 없습니다. 그는 우리가 "젖먹이(baby)" 그리스도인이라고 부르는 그런 사람이었습니다. 그러나 그는 하나님의 자녀였고, 그의 모든 약점에도 불구하고 그는 그의 삶과 참된 소명이 어디에 있는지 알고 있었습니다.

하지만 그는 어떻게 했습니까? 그의 목적을 라반에게 알리면 필시 그의 떠남을 금하고 그에게서 가족과 가축 떼를 빼앗을 것으로 판단했습니다. 그래서 그는 출발을 몰래 준비했습니다. 먼저 가축 떼를 고향 집으로 가는 방향으로 옮겼을 것이 틀림없고, 두 아내를 들로 불러 그의 의도를 말했습니다. 그는 자신뿐만 아니라 그녀들도 보았던 것, 즉 그녀들의 아버지가 그에 대한 태도가 변했다는 것을 되풀이하여 이야기했습니다. 그는 그의 충성된 섬김과, 그의 품삯을 정당치 못하게 변경함으로써 그의 번성을 저지하려고 했던 라반의 많은 시도에 대해 자세히 회고했습니다. 그는 하나님이 가축의 교배를 통해 복을 받는 길을 보여주셨던 꿈에 대해서도 이야기했습니다. 그리고 하나님이 그에게 나타나셔서 "지금 일어나 이 곳을 떠나서 네 출생지로 돌아가라"(창 31:13하)고 말씀하셨다는 것을 말했습니다.

나는 야곱이 두 아내로부터 어떤 반응을 기대했는지는 모르지만 그는 그의 계획에 그녀들이 전적으로 동의하는 것을 듣고는 매우 만족했을 것입니다. 특히 그들은 그녀들의 아버지에 대한 평가를 서로 나누었습니다. 분명히 그녀들은 이와 같은 이야기를 전에는 말로 나타내지 않았을 것입니다. 당시에는 자녀들이 부모를 비판하는 일이 행해지지 않았습니다. 그러나 이제 그녀들의 남편이 문제를 제기하자 그녀들은 그동안 생각해 왔던 것을 드러내는 것입니다. 헨리 모리스(Henry Morris)는 이렇게 기술하고 있습니다.

"라헬과 레아는… 그들의 아버지가 그들을 본질상 야곱에게 '팔아버린' 점에 대해 오래 동안 원망해 왔던 것을 말로써 드러냈다. 그는 그들을 딸로 보다는 '남' 또는 '외국인' 으로 취급을 해왔었다. 그들을 위해 야곱이 지불한 라반에 대한 14년간의 무료 섬김이라는 터무니없는 값은 그들로 하여금 아버지에 대해 분개하고 야곱을 사랑하게 만들었다. 이 값을 마땅히 그의 딸들의 장래 복지와 안전을 위한 재원으로 삼을 혼인 지참금으로 처리하기보다는 그는 그것을 그의 소유를 쌓아 올리는데 쓰고, 그들에게는 개인적으로 아무 것도 주지 않음으로써 그 모든 것을 자신이 '먹어버렸다.' 그들이 그렇게 느끼는 것은 옳았다. 왜냐하면 그들의 남편으로 인해 그들의 아버지가 대단하게 번성했기 때문이고, 이것은 사실상 야곱이 그들과 결혼하기 위해 한 것이었기 때문에 이 소유는 확실히 그들의 몫이 되어야 했다… 그들의 결심은 야곱과 같은 높은 영적 고려에 근거한 것은 아니었지만 그럼에도 그들은 그것이 하나님에게서 온 것임을 깨달았다. 그래서 그들은 하나님이 야곱에게 하라고 말씀하시는 것은 무엇이든지 이루어야 할 일임을 확신했다. 그들은 갈 준비가 되어 있었다."[2]

한 남자의 가족이 그를 위해 증거 하는 것은 놀라운 일입니다. 야곱은 완전성 하고는 거리가 멀었습니다. 그러나 라반과 그를 지켜보는 모든 사람 앞에서의 그의 행동은 강직했고, 그의 가족부터 시작해서 그를 아는 모든 사람이 이런 사실을 알았습니다. 그래서 그들은 그를 따를 준비가 되어 있었습니다. 그들은 그가 라반보다 강했기 때문에 그를 따른 것이 아니라, 그가 옳았기 때문에 따랐습니다.

본문은 "야곱이 일어나 자식들과 아내들을 낙타들에게 태우고 그 모은 바 모든 가축과 모든 소유물 곧 그가 밧단아람에서 모은 가축을 이끌고 가나안 땅에 있는 그의 아버지 이삭에게로 가려 할새… 그가 그의 모든 소유를 이끌고 강(유브라데 강)을 건너 길르앗 산을 향하여" (창 31:17-18, 21) 갔다고 말씀합니다.

감동적인 드라마

만일 이것이 연극이라면 이미 두 개의 멋진 장면이 있었을 것입니다. 야곱이 라반의 아들들이 말하는 것을 듣고 하나님으로부터 지시를 받는 것 그리고 야곱이 그의 두 아내를 확신시키고 떠나는 것입니다. 그러나 이 드라마의 절정인 가장 멋진 장면은 앞으로 나올 것입니다. 그것은 완강한 인물들의 장면이고, 위험과 긴장감을 지닌 완강하게 표현되는 감정의 장면입니다.

야곱이 도망을 했다는 보고를 듣자 라반은 그의 친척을 거느리고 그의 조카 일행을 7일 동안 추적하여 길르앗 산에서 그에게 이르렀습니다. 야곱은 그들보다 3일 전에 출발했습니다. 그러나 그는 가축들을 몰고 갔기 때문에 기껏해야 하루에 약 32km 정도 밖에는 갈 수가 없었습니다. 라반은 무리하게 달려 그 거리를 일주일 만에 주파한 것입니다. 추측컨대 그는 저녁 무렵에 야곱 일행이 있는 곳에 왔을 것입니다. 그는 야곱과 마주 대하는 지점에 진을 치고 아침에 아랍 추장의 허세를 부리며 주둔지로 들어갔을 것입니다. 우리가 24절에서 알듯이 하나님이 그날 밤 꿈에 그에게 나타나셔서 야곱을 해치지 말도록 경고하셨습니다. 정말로 그는 그에게 선악 간에 어떤 것도 말하지 않을 작정이었습니다. 그러나 야곱은 이것을 알지 못했습니다. 그래서 이튿날 라반이 그의 무장한 종들과 친척들에 둘러싸여 당당하게 들어올 때의 장면은 매우 긴장되었을 것이 분명합니다.

라반은 상처난 체면에 대한 의사 표명을 시작했습니다. "네가 나를 속이고 내 딸들을 칼에 사로잡힌 자 같이 끌고 갔으니 어찌 이같이 하였느냐 내가 즐거움과 노래와 북과 수금으로 너를 보내겠거늘 어찌하여 네가 나를 속이고 가만히 도망하고 내게 알리지 아니하였으며 내가 내 손자들과 딸들에게 입맞추지 못하게 하였으니 네 행위가 참으로 어리석도다"(창 31:26-28).

이 시점에서 라반은 확실히 머뭇거렸을 것입니다. 왜냐하면 그 말이 야곱이나 라반의 두 딸에게 아무런 감명을 주지 못하고 있는 것이 분명해졌기 때문입니다. 그들은 아마도 눈을 가늘게 뜨고 무표정한 얼굴로 함께 서 있었을 것입니다. 이를 보자 라반은 그의 억양을 바꾸어 골목대장이 하듯이 하나님이 그에게 야곱을 해하지 말라고 경고하셨다는 고백을 하면서도 그를 해할 능력을 자랑했습니다. "너를 해할 만한 능력이 내 손에 있으나 너희 아버지의 하나님이 어제 밤에 내게 말씀하시기를 너는 삼가 야곱에게 선악간에 말하지 말라 하셨느니라" (창 31:29). 그리고 야곱이 떠나는 것은 당연한 것이고, 라반은 그것을 실제로 저지할 수 없다고 간접적인 인정을 합니다. "이제 네가 네 아버지 집을 사모하여 돌아가려는 것은 옳거니와" (창 31:30). 그러나 만일 그런 경우라면 그는 야곱 일행을 맹렬히 추격해 온 것을 어떻게 합리화해야 했습니까? 아, 그 집안의 신을 잃어버렸던 것입니다. 그것은 충분한 이유가 되었습니다. 그래서 그는 다시 허세를 부리기 시작했습니다. "어찌 내 신을 도둑질하였느냐?"

이때쯤 야곱은 화가 나기 시작했습니다. 하지만 그는 화를 참으면서 그가 정상적인 작별 인사를 하지 않은 것은 라반이 야곱의 아내들인 그의 두 딸을 빼앗거나 그를 강제로 억류시킬까봐 두려웠기 때문이었다고 설명했습니다. 그러나 신에 관해서는 그는 그것을 가지고 있지 않았습니다. "외삼촌의 신을 누구에게서 찾든지 그는 살지 못할 것이요 우리 형제들 앞에서 무엇이든지 외삼촌의 것이 발견되거든 외삼촌에게로 가져가소서" (32절).

매우 긴장되는 장면이 뒤따랐습니다. 야곱은 그것을 모르고 있었지만 본문 앞부분에서는 라헬이 그의 아버지의 신을 도둑질했다고 말씀했습니다. 이제 그는 누구든지 죄가 발견되면 사형시킬 것을 제안했습니다. 라헬이 놀랐을 것입니다. 그러나 그녀는 침착함을 유지하면서 라반이 장막을 뒤지는 동안 그 집안 우상을 감추었습니다. 라반의 조사는 허사로 끝났습니다. 아무리 찾아도 라반의 것으로 간주될 수 있는 것은 아무 것도 적발되지 않았습니다.[3]

이 시점에서 20년 동안 가두어 두었던 욕구불만과 분통이 야곱에게서 터져 나와 그는 창세기에서 한 번의 대화로는 가장 긴 대화를 합니다.

"야곱이 노하여 라반을 책망할새 야곱이 라반에게 대답하여 이르되 내 허물이 무엇이니이까 무슨 죄가 있기에 외삼촌께서 내 뒤를 급히 추격하나이까 외삼촌께서 내 물건을 다 뒤져보셨으니 외삼촌의 집안 물건 중에서 무엇을 찾아내었나이까 여기 내 형제와 외삼촌의 형제 앞에 그것을 두고 우리 둘 사이에 판단하게 하소서 내가 이 이십 년을 외삼촌과 함께 하였거니와 외삼촌의 암양들이나 암염소들이 낙태하지 아니하였고 또 외삼촌의 양 떼의 숫양을 내가 먹지 아니하였으며 물려 찢긴 것은 내가 외삼촌에게로 가져가지 아니하고 낮에 도둑을 맞았든지 밤에 도둑을 맞았든지 외삼촌이 그것을 내 손에서 찾았으므로 내가 스스로 그것을 보충하였으며 내가 이와 같이 낮에는 더위와 밤에는 추위를 무릅쓰고 눈 붙일 겨를도 없이 지냈나이다 내가 외삼촌의 집에 있는 이 이십 년 동안 외삼촌의 두 딸을 위하여 십사 년, 외삼촌의 양 떼를 위하여 육 년을 외삼촌에게 봉사하였거니와 외삼촌께서 내 품삯을 열 번이나 바꾸셨으며 우리 아버지의 하나님, 아브라함의 하나님 곧 이삭이 경외하는 이가 나와 함께 계시지 아니하셨더라면 외삼촌께서 이제 나를 빈손으로 돌려보내셨으리이다마는 하나님이 내 고난과 내 손의 수고를 보시고 어제 밤에 외삼촌을 책망하셨나이다"(창 31:36-42)

이 감동적인 응수는 라반으로 하여금 말을 못하도록 만들었고, 라반은 그가 졌다는 것을 알았습니다. 그의 친척들은 현장에 있었는데 야곱이 아무 잘못도 하지 않았다는 것을 증거 하는 결과를 가져왔습니다. 그러나 그는 마지막 허세를 부렸습니다. "딸들은 내 딸이요 자식들은 내 자식이요 양 떼는 내 양 떼요 네가 보는 것은 다 내 것이라"(43절). 그리고 필연적인 운명에 따라 그의 것을 야곱에게 기꺼이 넘겨준다는 시늉을 했습니다. 이렇게 해서 두 집안은 헤어졌습니다.

미스바 축복

창세기 31장 끝에 미스바 축복이라고 부르는 구절이 있습니다. NIV성경은 이렇게 말씀합니다. "우리가 서로 떠나 있을 때에 여호와께서 나와 너 사이를 살피시옵소서"(창 31:49). 미스바 축복은 흠정역성경으로 가장 잘 알려져 있습니다. "우리가 서로 부재중에 있을 때에 주께서 나와 그대 사이를 살피시옵소서" 이것이 축복이라 불리고 또 그렇게 사용되어 온 것은 유감스러운 일입니다. 왜냐하면 그것은 실제로 그런 말이 전혀 아니기 때문입니다. 그것은 말하는 자가 불신하는 누군가의 행동을 하나님이 보시고 심판 하실 것이라고 저주 또는 경고하는 것입니다.

이런 식으로 야곱과 라반은 헤어졌습니다. 라반은 그들이 가장 엄숙한 맹세일 수 있는 피의 언약(히브리어로 언약을 새기다)을 맺자고 제안했습니다. 그 언약의 내용은 이후 각자는 경계선의 자기 쪽을 보존하며, 하나님은 각자가 서로를 감시하지 못하는 동안 그들이 하는 행동을 지켜보실 것이라는 것이었습니다. 경계표는 각자가 "증거의 무더기" 라고 부른 돌들로 쌓은 기둥이었습니다. 이 언약을 제정하고, 돌 감시탑을 세우는 과정에서 라반이 "주(여호와)"를 거명하며 그와 그의 조카 사이를 감시해 달라고 한 것은 주목할 가치가 있습니다. 이것이 참되신 하나님을 라반이 인정하고 있었다는 것을 의미하는 것입니까? 전혀 그렇지 않습니다. 자기는 감시의 필요가 없다는 것을 말하고 있는 것입니다. 그는 신의를 존중하는 사람입니다. 그러나 야곱의 하나님은 야곱을 지켜보시고 그가 라반을 해하지 못하도록 그를 지키시라는 것입니다.

이것은 우리가 성경에서 마지막으로 듣는 라반의 말인데 이것이 그의 끝장이라는 것이 다행입니다. 라반은 세상에 속한 사람이며, 야곱은 전심으로 그의 조상의 하나님을 위한 삶을 살기 위해 그 세상에서 자유해질 필요가 있었습니다. 모리스는 이렇게 말합니다.

"라반은 세속적이고 탐욕스런 사람의 불행한 표본이다. 그는 참되신 하나님에 대해 알고 있었고 또 충분한 증거를 받은 사람이다. 그는 야곱의 삶에서 하나님의 실재를 목격했었다. 그는 자신과 야곱과의 관계 때문에 하나님의 많은 복을 즐기기까지 했다. 그럼에도 불구하고 그는 다른 모든 가치를 배제하고 자신을 위한 물질적 소득을 추구하며 우상숭배와 탐욕의 삶을 지속했다. 야곱이 증거한 대로 진실 된 하나님의 계획을 따르려고 노력하기 보다는 그는 단순히 야곱에게 내리신 하나님의 복을 불유쾌해 하고 탐을 냈다. 그는 결국 어느 쪽도 아닌 사람으로 끝이 났다. 그의 생애는 오늘날 반쯤만 종교적이면서 근본적으로는 자신을 예배하고 자아를 추구하는 많은 사람들에 대한 냉엄한 경고가 되고 있다."[4]

이 세상과 사람들은 라반들에게 감탄합니다. 이 세상은 야곱들을 멸시합니다. 그러나 야곱의 단점과 문제점이 무엇이었든지 간에 우리는 야곱이 되고, 그리고 야곱처럼 집으로 돌아가는 것이 더 좋습니다.

● 각주 ●

1. 아더 W. 핑크, *Gleanings in Genesis*, 278-79.

2. 헨리 M. 모리스, *The Genesis Record*, 481.

3. 성경학도들은 라헬이 왜 라반의 신을 도둑질하는 어리석은 행동을 했는지 의아하게 여겨왔다. 그것이 아마도 그렇게 사용되었던 것처럼(창 30:27 참조) 만일 그것이 점을 치는 데 사용한 것이라면 그것은 라반이 도망가는 일행이 어디 있는지 또는 어디로 가고 있는지 알 수 없도록 하기 위해 갖고 온 것일 수도 있다는 설이 있다. 물론 라반은 그것을 쉽게 추측할 수 있었다. 그가 그러한 큰 집단의 행로를 쉽게 뒤따를 수 있다는 것은 말할 것도 없었다. 또 다른 설명은 누지(Nizi 고대 메소포타미아 도시 - 역주)에서 발견된 문서에서 나오는데 그 문서는 집안의 신이 유산권과 관련되어 있음을 보여준다. 라헬은 그것을 소유하는 것이 라반의 재산에 대해 그녀의 남편이 청구한 것을 인정하는 것이라는 믿음으로 그것을 도적질한 것일 수도 있다. 또 그 신은 단순히 라헬의 이전 신앙이나 그녀의 과거를 표현하는 것으로서 그 자체가 소중히 여김을 받은 것일 수도 있다. 이와 같은 우상은 아브라함의 가족 3대와 그가 갈대아 우르를 떠난 후, 여러 해에 걸쳐 있었다는 것과 그것이 이스라엘 역사의 나중 단계에서도 끊임없이 다시 나타난다는 것이 매우 의미심장하다(삿 17:5, 18:14-26, 삼상 19:13 참조).

4. 헨리 M. 모리스, *The Genesis Record*, 492.

114

"모두 드리네"

창세기 32 : 1-21

야곱이 또 이르되 내 조부 아브라함의 하나님, 내 아버지 이삭의 하나님 여호와여 주께서 전에 내게 명하시기를 네 고향, 네 족속에게로 돌아가라 내가 네게 은혜를 베풀리라 하셨나이다 나는 주께서 주의 종에게 베푸신 모든 은총과 모든 진실하심을 조금도 감당할 수 없사오나 내가 내 지팡이만 가지고 이 요단을 건넜더니 지금은 두 떼나 이루었나이다 내가 주께 간구하오니 내 형의 손에서, 에서의 손에서 나를 건져내시옵소서 내가 그를 두려워함은 그가 와서 나와 내 처자들을 칠까 겁이 나기 때문이니이다 주께서 말씀하시기를 내가 반드시 네게 은혜를 베풀어 네 씨로 바다의 셀 수 없는 모래와 같이 많게 하리라 하셨나이다 야곱이 거기서 밤을 지내고 그 소유 중에서 형 에서를 위하여 예물을 택하니 암염소가 이백이요 숫염소가 이십이요 암양이 이백이요 숫양이 이십이요 젖 나는 낙타 삼십과 그 새끼요 암소가 사십이요 황소가 열이요 암나귀가 이십이요 그 새끼 나귀가 열이라 그것을 각각 떼로 나누어 종들의 손에 맡기고 그의 종에게 이르되 나보다 앞서 건너가서 각 떼로 거리를 두게 하라 하고 그가 또 앞선 자에게 명령하여 이르되 내 형 에서가 너를 만나 묻기를 네가 누구의 사람이며 어디로 가느냐 네 앞의 것은 누구의 것이냐 하거든 대답하기를 주의 종 야곱의 것이요 자기 주 에서에게로 보내는 예물이오며 야곱도 우리 뒤에 있나이다 하라 하고 그 둘째와 셋째와 각 떼를 따라가는 자에게 명령하여 이르되 너희도 에서를 만나거든 곧 이같이 그에게 말하고 또 너희는 말하기를 주의 종 야곱이 우리 뒤에 있다 하라 하니 이는 야곱이 말하기를 내가 내 앞에 보내는 예물로 형의 감정을 푼 후에 대면하면 형이 혹시 나를 받아 주리라 함이었더라 그 예물은 그에 앞서 보내고 그는 무리 가운데서 밤을 지내다가(창 32:9-21)

속담에서처럼 "난처한 지경에 빠져" 있는 자신을 발견한 사람이 있다면 그 사람은 에서를 만나기 전의 야곱일 것입니다. 그의 뒤에는 라반이 있습니다. 야곱은 그의 외삼촌과 불과 며칠 전에 헤어졌습니다. 그는 길르앗이라 불리는 장소에서 헤어졌는데 길르앗은 "증거의 무더기" 라는 뜻입니다. 길르앗은 야곱을 라반에게서 가르는 경계 표지였습니다. 양쪽 누구도 이 경계선을 넘지 말아야 했습니다. 라반이 헤어지면서 이렇게 말했습니다. "이 무더기가 증거가 되고 이 기둥이 증거가 되나니 내가 이 무더기를 넘어 네게로 가서 해하지 않을 것이요 네가 이 무더기, 이 기둥을 넘어 내게로 와서 해하지 아니할 것이라" (창 31:52). 그 뜻은 양쪽 중 어느 한 쪽이 경계선을 넘으면 다른 쪽은 이것을 언약을 어긴 것으로 간주하여 그 침입자를 적으로 보아 무력으로 격퇴시킨다는 것입니다. 이런 분할의 결과로 야곱은 후퇴할 수도 없었습니다. 그는 앞으로 가는 것 밖에는 없었습니다.

그러나 앞에는 20년 전에 그가 장자의 명분을 두고 속였던 그의 형 에서의 영토가 펼쳐져 있습니다. 그는 에서를 속였고 그 결과 에서는 그를 죽이겠다고 위협하여 야곱은 하란으로 도망을 하게 되었던 것입니다. 그의 어머니는 "네 형의 분노가 풀려 네가 자기에게 행한 것을 잊어버리거든 내가 곧 사람을 보내어 너를 거기서 불러오리라"(창 27:45)고 말했습니다. 야곱은 에서의 점점 강력해지는 힘과 번성에 대해 들었을 것입니다. 왜냐하면 본문이 말씀하는 것처럼 그는 종들을 에서가 살고 있던 세일 땅 또는 에돔으로 자기보다 앞서 보냈기 때문입니다. 야곱은 되돌아갈 수가 없었습니다. 그러나 앞으로 나아가는 것도 위험한 계획이었습니다.

양심은 겁쟁이를 만든다

야곱이 라반을 만나서 행한 행동(창 31)과 그가 에서를 만날 준비를 하는 행동(창 32)간에는 흥미로운 대조점이 있습니다. 야곱은 라반을 두려워했던 것처럼 에서 또한 두려워했습니다. 그는 라반이 그에게 무슨 짓을 할지 모른다는 두려움 때문에 인사도 없이 몰래 도망가고자 했습니다. 그럼에도 라반이 그의 무리와 함께 야곱의 야영지에 도착했을 때, 야곱은 그를 담대하게 만났고, 지난 20년간의 불의를 비난했습니다. 야곱은 에서에 대해서도 그와 유사한 절망적인 두려움이 있었습니다. 그러나 담대하게 앞으로 나아오는 대신에 에서 앞에서 비굴한 태도를 취했습니다. 이 대조를 어떻게 설명해야 합니까? 그 답은 셰익스피어의 작품에서 한 인물이 "양심은 우리 모두를 겁쟁이로 만든다." 라고 말한 데에 있습니다. 이것이 야곱의 문제였습니다. 그는 라반 앞에서 정직한 삶을 살았기 때문에 담대했습니다. 그러나 에서에게 악을 행했던 기억 때문에 그의 양심이 그의 악한 짓을 유죄로 입증하고 있기에 에서 앞에서는 움츠러들었습니다.

본 이야기의 요지에서 볼 때, 창세기 32장에서 가장 중요한 단어는 "에서" 입니다. 본문에 아홉 번이나 나오는데 이는 본문에서 첫 단락만 제외하고 매 단락마다 적어도 한 번씩 나옵니다. 그 이유는 분명해 보입니다. 야곱이 그의 고향으로 돌아가고자 하란을 출발했을 때는 이미 20년이란 세월이 지나갔습니다. 그의 마음은 라반에게 있었고, 라반의 영향

권에서 자신을 탈출시키는 문제에 있었습니다. 야곱은 에서를 거의 생각하고 있지 않았습니다. 집으로 향하는 여정의 첫 며칠이 지나 에서는 야곱의 맑은 하늘같은 마음에 멀리 떠 있는 한 조각의 구름 정도였을 뿐입니다. 이와 다른 경우에서 엘리야의 종이 엘리야에게 했던 보고와 같이 "사람의 손 만한 작은"(왕상 18:44) 구름이었음에 틀림없습니다. 그러나 몇 날이 지나면서 매일의 여정에서 작은 구름은 점점 커져 갔습니다. 에서! 에서! 야곱이 에서의 지역을 향해 그의 발걸음을 옮길 때마다 "에서" 라는 이름은 틀림없이 조금씩 더 크게 울렸을 것입니다. 에서! 에서! 길르앗에 도착할 때쯤에는 그 작은 구름은 하늘을 덮었고, 어둡고 무서운 얼굴을 하고 있었습니다. 에서! 에서! 야곱이 라반과 헤어지고 얍복강을 건너 에서의 영역으로 들어갈 때 쯤, 그의 귀에는 천둥치는 소리로 들렸을 것이 분명합니다.

이 사건 후에 수 천 년이 지나 사도 바울은 그리스도인들에게 하나님이 그리스도 예수 안에서 영광 가운데 그 풍성한 대로 그들의 모든 쓸 것을 채우실 것이라고 말했습니다(빌 4:19). 하나님이 이제 야곱에게 하시고자 하는 것이 바로 이것입니다.

야곱이 그의 길을 갈 때, 하나님이 천사들을 보내셔서 그를 만나게 하셨습니다. 여기에서 복수 단어를 사용한 것을 볼 때, 우리는 "둘" 혹은 아마도 "셋" 으로 생각하기 쉽습니다. 그러나 여기에서는 그런 것이 아닙니다. NIV성경이 "이는 하나님의 진영이라" 에서 "진영(camp)" 이라고 번역하고 있는 단어는 "다수(host), 군대(army), 사람들의 집단(group of people)" 을 의미하기도 합니다(개역개정성경은 '군대' 라고 번역하고 있음 - 역주). 이 단어는 "마하나임"(2절)과 연결되고, 후에 야곱이 그의 가솔을 두 그룹으로 나눌 때 사용되고 있습니다(7-8절). 하나님이 실제로 보내신 것은 천사 군대였는데 아마도 후에 예수님이 필요하면 쓸 수 있다고 하신 그 "천사 군단"(마 26:53 참조)일 것입니다. 하나님이 비록 단 한 명의 천사만 보내신다고 할지라도 야곱은 그가 하나님의 보호 아래 있고, 에서에게 해를 당하지 않을 것임을 기억했어야 했습니다. 그런데 하나님은 야곱의 양심의 두드림에서 나오는 두려움을 잠잠케 하시려고 군단을 보내셨습니다.

나는 그 시점에서 야곱이 하나님을 믿고, 하나님의 부르심을 받은 축복의 당사자로서 에서에게 용감하게 맞설 수 있었다면 하고 바랍니다. 그러나 그는 여전히 두려움에 차 있었습니다. 하늘에서 땅에 닿은 사닥다리 위에 그가 처음으로 천사들을 보았던 벧엘은 잊어버렸습니다. 하란에서 20년 동안의 보호와 복도 잊어버렸습니다. 얍복강에서 그의 마음을 강하게 하고, 그의 결심을 굳게 하려고 보냄 받은 천사 군대도 잊어버렸습니다. 야곱이 생각할 수 있었던 모든 것은 자신의 죄와 부당성이었습니다.

오늘날 성도들 안에도 많은 야곱들이 있습니다. 그들은 과거에 큰 죄를 범하고 현재 그 과거의 실패 때문에 움직이지 못하고 있습니다. 도널드 반하우스는 이렇게 기술했습니다. "이 글을 읽는 당신은 당신의 두려움에 대해 어떤 명목을 가지고 있다. 이제 멈추고 당신의 두려움을 합리화하는 것을 그치라. 하나님이 당신을 변화시키셔서 열등감으로 변명해온 것에서 해방시켜 주시도록 하나님께 요구하라. 하나님의 자녀로서 하나님의 왕좌에 앉도록 되어 있고, 하나님의 아들처럼 될 사람으로서 보이지 않는 곳에서 인정하라고 극성스럽게 요구하지도 않으면서 오래 동안 찔러 온 어떤 죄의 기억으로 인한 괴로움으로 꽉 차 있다니…"[1] 당신은 하나님이 당신의 죄에 대해 당신을 용서하셨다는 것과 그분의 천사들을 "섬기는 영으로서 구원 받을 상속자들을 위하여 섬기라고"(히 1:14) 보내셨다는 것을 인정해야 합니다.

모든 것이 실패할 때

내가 지적한 대로 천사 군대가 나타난 것이 야곱으로 하여금 에서와의 만남에서 대장부 역할을 하도록 힘을 주지 못했습니다. 그러나 그것은 그에게 그의 메시지를 전달하기 위해 종들을 그에 앞서 에서에게 보낼 충분한 용기는 주었습니다. 그 메시지는 이러했습니다. "주의 종 야곱이 이같이 말하기를 내가 라반과 함께 거류하며 지금까지 머물러 있었사오며 내게 소와 나귀와 양 떼와 노비가 있으므로 사람을 보내어 내 주께 알리고 내 주께 은혜 받기를 원하나이다"(창 32:4-5). 리브가의 태중에 두 아이가 있을 때 "큰 자가 어린 자를 섬기리라"(창 25:23)는 말씀은 에서가 야곱을 섬길 것이라는 말씀입니다. 그래서 이삭이 그의 축복을 에서가 아닌 야곱에게 주었을 때, 이삭은 이렇게 말했습니다. "네가 형제들의 주가 되고 네 어머니의 아들들이 네게 굴복하며"(창 27:29). 에서는 야곱을 섬겨야 했고, 야곱은 에서의 주가 되어야 했습니다. 그러나 여기서 야곱은 에서를 "주" 라고 부르며 자신을 형의 "종" 이라고 말합니다.

야곱이 가나안으로 들어온다는 말이 에서에게 들려온 것이 분명합니다. 왜냐하면 종들이 그에게 도착했을 때, 그는 이미 야곱을 만나고자 오고 있었기 때문입니다. 그는 400명의 부하를 거느리며 오고 있었습니다. 에서가 감정을 가라앉히고 야곱에게 친절히 대해주었기 때문에 우리는 왜 그가 군대를 거느리고 도착할 필요가 있었는지 의아해 할 수 있습니다. 그러나 우리는 에서의 관점에서 보아야 합니다. 20여 년 전에 야곱이 에서의 축복을 훔침으로 에서는 야곱이 약속된 땅의 영역을 주장하고 어쩌면 에서까지도 그 주장의 일부로 예속시키려고 돌아오고 있다고 생각했을 수도 있습니다. 에서는 더 이상 야곱에 대한 살인을 품지 않았으나 그는 무엇인가 준비되기를 원했습니다. 헨리 모리스는 400명의 부하들은 그가 지금 살고 있는 에돔을 정복할 때 이용했던 군대였다고 말했습니다(창 32:3, 33:16, 36:8-9 참조).[2]

에서를 만날 생각만 해도 두려워하는 야곱에게 하나님은 그에게 용기를 주시고자 천사들을 보내셨습니다. 그러나 에서뿐만 아니라 400명의 무장한 병사들이 있었습니다. 그가 어떻게 에서의 군대의 화를 피할 수 있겠습니까?

두려움에 야곱은 "한 떼를 치면 남은 한 떼는 피하리라" (8절)는 생각으로 그의 가솔과 소유를 두 그룹으로 나누기로 결심했습니다. 히브리어에서 "두 그룹" 이란 2절에서 "군대" 를 상기시킵니다. 1절과 2절은 야곱이 하나님의 천사 군대의 환상을 본 것과, 그가 그 환상을 본 장소를 "두 진영" 을 의미하는 마하나임으로 불렀다고 기록하고 있는데 그렇게 부른 이유는 하나님이 그와 함께 계셨고, 그의 힘이 실제로 하나님의 힘이었다는 것을 인정했기 때문이었습니다. 그러나 야곱은 곧바로 그것을 잊어버렸습니다. 이제 하나님의 힘에서 자신의 연약한 책략으로 돌아서서 무리를 둘로 나눔으로 자신을 약화시킵니다. 이것은 우리가 하나님을 의지할 때, 우리는 강하게 되고 우리의 힘을 모으게 됩니다. 그러나 하나님을 외면하게 될 때, 우리는 자신이 약하다는 것과 더욱 약화되는 것을 보게 됩니다.

야곱은 그가 해야 한다고 알고 있는 모든 일을 했습니다. 그래서 오늘날 권고하고 있고 풍자적인 격언인 "모든 것이 실패할 때는 기도를 시도하라" 는 말을 따라야 했습니다. 야곱은 먼저 기도를 해야 했습니다. 그러면 그는 두려움과 그가 이리저리 뛰는 것을 피할 수 있었을 것입니다. 그러나 그의 방책이 절대적인 한계에 이르러서야 야곱이 평생 섬기겠다고 고백해온 하나님의 조언을 구하고 있습니다.

이것은 성경에 기록된 야곱의 첫 기도입니다. 우리는 창세기에서 일곱 장을 통해 그의 삶을 따라왔습니다. 그래서 기록되지 않은 다른 상황에서 기도를 했을 수도 있지만 이 일곱 장에서는 그것에 대한 언급이 없습니다. 야곱은 신앙 이야기는 잘했지만 그의 이야기가 기도를 동반하지는 않았습니다. 그가 방황할 때, 하나님이 그와 함께 계심을 보여주시기 위해 의도하신 굉장한 환상을 받았지만 그런 것들에 대응해서 기도했다는 말씀이 없습니다. 벧엘에서 조차 환상에 뒤따른 것은 기도가 아니라 서원이었습니다. 이것이 야곱의 이제까지의 영적 약함의 원인일 것입니다. 이것은 오늘날 그리스도인이라고 고백하는 많은 사람들이 영적으로 약한 이유가 되는 것입니다. 우리는 신앙적인 용어로 이야기합니다. 우리는 기둥까지 세우고, 중요한 사람들과 우리 삶의 장소에 신앙적 이름도 부여합니다. 그러나 우리는 하나님께 이야기하지 않습니다. 우리는 기도하지 않는 것입니다.

하나님께서 분명하게 야곱을 다루셨던 것처럼 우리를 다루실 수도 있습니다. 아마도 그분은 우리를 난처한 지경에 처하게 하시고, 우리가 그분의 얼굴을 구하고, 그분을 부르기 전에는 우리를 절망으로 떨어뜨려야 하실 지도 모릅니다.

그러나 일단 야곱이 기도하자, 하나님은 기도를 잘했다고, 야곱의 편을 들어 말씀하지 않을 수 없었습니다. 그의 기도는 다섯 부분으로 되어 있습니다. 첫째, 그는 할아버지 아브라함과 아버지 이삭의 하나님이 참되신 하나님이심을 인정하고, 이 참되신 하나님이 그에게 주셨던 명령을 인용했습니다(9절). 기도의 서론적 부분에서 그는 하나님의 일반적 이름(엘로힘)과 하나님의 언약의 이름('주'로 번역된 여호와)을 둘 다 사용했습니다. 둘째, 자신의 무가치함을 고백했는데 이것은 히브리어로 이런 의미입니다. "나는 이제까지 가치가 없었고, 지금도 여전히 가치가 없습니다." 이것은 세리의 기도였습니다. "하나님이여 불쌍히 여기소서 나는 죄인이로소이다"(눅 18:13). 이것은 누구라도 하나님께 나아오는 유일한 방법입니다. 셋째, 야곱은 하나님의 과거의 신실하심과 그에 수반하는 복을 인정했습니다(10절). 하나님은 그가 그의 손에 지팡이 외에는 가진 것이 없었을 때, 그를 받아들이셨는데 그를 번성하게 하셔서 지금의 두 떼를 이루었습니다. 넷째, 그는 간구했습니다. "내가 주께 간구하오니 내 형의 손에서, 에서의 손에서 나를 건져내시옵소서 내가 그를 두려워함은 그가 와서 나와 내 처자들을 칠까 겁이 나기 때문이니이다"(창 32:11). 다섯째, 그는 그의 요구의 근거, 즉 이전의 약속을 말했습니다. "주께서 말씀하시기를 내가 반드시 네게 은혜를 베풀어 네 씨로 바다의 셀 수 없는 모래와 같이 많게 하리라 하셨나이다"(창 32:12). 만일 하나님이 그 약속을 이루셔야 한다면, 그분은 예상되는 에서의 복수에서 야곱을 구출하셔야만 합니다.

이것은 훌륭한 기도입니다. 하지만 그의 할아버지 아브라함과 아버지 이삭의 하나님으로서의 하나님을 인정함에 더하여 야곱은 "그렇습니다. 그리고 나의 하나님도 되십니다."라는 말도 했으면 좋았을 것입니다. 그리고 단순히 하나님이 번성하게 하시고 자손을 증식시켜 주시겠다는 약속을 내세우는 것에 더하여 그가 실제로 그 약속 위에 자리 잡고, 그의 무릎을 일으키고, 그의 일행들을 모은 다음에 에서를 만나기 위해 그들을 인도했었다면 좋았을 것입니다.

염소를… 바치는 것

이 기도에 한 가지 흠이 있습니다. 그것은 야곱이 하나님께 자기가 무엇을 해야 할지를 구하지 않았다는 것입니다. 좀 더 정확히 말하면 그는 도움을 위해 기도했지만 그의 상황에서의 하나님의 뜻을 구하지 않은 것입니다. 야곱은 기도할 수밖에 없도록 약해지기 전에 자신의 계략을 세웠습니다. 기도하는 동안에도 그의 마음은 틀림없이 그의 형의 적의를 돌릴 수 있는 계략을 계속 생각했을 것입니다. 그리고 기도를 마치자마자 또다시 자신의 책략을 집어 들었습니다(13-20절). 우리 중 많은 사람들과 어쩌면 이렇게 똑같습니까! 우리는 하나님을 신뢰하지 않고 있습니다. 여전히 우리의 에서들을 두려워하여 하나님의 군단에 둘러싸여 보호받고 있음에도 자신을 구하려고 구상을 합니다.

야곱은 그의 소유의 일부를 바치기로 결심합니다. 첫째, 그는 암염소 200마리를 종에게 붙여 그들을 에서에게 보내며 종에게 말했습니다. "내 형 에서가 너를 만나 묻기를 네가 누구의 사람이며 어디로 가느냐 네 앞의 것은 누구의 것이냐 하거든 대답하기를 주의 종 야곱의 것이요 자기 주 에서에게로 보내는 예물이오며 야곱도 우리 뒤에 있나이다 하라"(창 32:17-18). 그는 선물로 형 에서의 마음을 달래고 그의 목숨을 건질 수 있을 것으로 생각했습니다.

그러나 200마리의 암염소로는 충분하지 않다면, 에서가 만족해 하지 않는다면 어떻게 합니까? 야곱은 숫염소 20마리를 뒤따라 보내기로 결심했고, 이들을 몰고 가는 종에게도 같은 메시지를 전달하도록 했습니다.

숫염소 20마리 다음에 야곱은 200마리의 암양을 보냈습니다. 암양 다음에 20마리의 숫양을 보냈습니다. 숫양 다음에 암낙타 30마리와 그 새끼들을 보냈습니다. 그런 다음 암소 40마리를 보냈고, 숫소 10마리, 암나귀 20마리, 숫나귀 10마리를 보냈습니다. 야곱은 이렇게 생각했습니다. "내가 내 앞에 보내는 예물로 형의 감정을 푼 후에 대면하면 형이 혹시 나를 받아 주리라"(20절). 선물이 앞서 갔고, 야곱은 그날 밤을 야영지에서 보냈습니다.

아침이 되자 그는 같은 전략을 더 수행했습니다. 가축 떼들이 갔기 때문에 이번에는 그의 가족들이 참여하는 전략입니다. 그는 두 아내와 자녀들 그리고 가장 가까운 가족의 종들을 그에 앞서 얍복강 건너로 보냈습니다. 분명히 창세기 33장에서 그는 종들을 먼저 보냈습니다. 왜냐하면 그들은 가치가 적은 것으로 여겼기 때문입니다. 그런 다음 그는 두 아내 중 덜 사랑하는 아내 레아를 그녀의 자녀들과 함께 보냈습니다. 끝으로 라헬과 요셉을 보냈습니다. 모든 것이 사막을 가로질러 에서를 향해 무리를 지어 쭉 뻗어있었습니다. 그리고 행렬의 맨 뒤에 야곱이 혼자 떨면서 있습니다. 그는 그의 소유 그리고 그의 가족까지도 바쳤습니다. 그러나 그는 자신은 바치지 않았습니다.

이것을 우리도 하고 있습니다. 우리는 찬송을 부릅니다.

내게 있는 모든 것을
아낌없이 드리네
사랑하고 의지하며
주만 따라 살리라

주께 드리네 주께 드리네
사랑하는 구주 앞에
모두 드리네

(찬송가 50장 1절 - 역주)

그러나 우리가 실제로 의미하는 것은 "내게 있는 염소를··· 모두 드리네." 그리고 그것이 충분치 않으면 "내게 있는 양을··· 모두 드리네. 내게 있는 암소를··· 모두 드리네." 우리는 우리가 가장 아끼는 돈과 시간과 가족을 바칩니다. 그러나 정작 우리 자신을 바치지는 않습니다. 그러면 항복을 하도록 하나님이 천사를 보내셔서 우리와 씨름하게 하실 때가 반드시 옵니다.

왜 그 극단의 시간을 기다립니까? 왜 당신 자신의 계획을 하나님께 맡기고, 하나님을 바라보며, 하늘 군단의 힘을 당신의 힘으로 사용하지 않습니까? 만일 당신이 그렇게 한다면 당신은 하나님이 과거를 용서하셨다는 것을 알게 될 것입니다. 그분은 당신의 죄를 지워버리셨고, 지금 당신으로 하여금 하나님을 진정으로 섬기기 위해 담대히 앞으로 나아갈 수 있도록 하십니다.

● 각주 ●

1. 도널드 G. 반하우스, *Genesis*, 2:114.

2. 핸리 M. 모리스, *The Genesis Record*, 495.

115

하나님과 씨름하기

창세기 32 : 22-32

밤에 일어나 두 아내와 두 여종과 열한 아들을 인도하여 얍복 나루를 건널새 그들을 인도하여 시내를 건너가게 하며 그의 소유도 건너가게 하고 야곱은 홀로 남았더니 어떤 사람이 날이 새도록 야곱과 씨름하다가 자기가 야곱을 이기지 못함을 보고 그가 야곱의 허벅지 관절을 치매 야곱의 허벅지 관절이 그 사람과 씨름할 때에 어긋났더라 그가 이르되 날이 새려하니 나로 가게 하라 야곱이 이르되 당신이 내게 축복하지 아니하면 가게 하지 아니하겠나이다 그 사람이 그에게 이르되 네 이름이 무엇이냐 그가 이르되 야곱이니이다 그가 이르되 네 이름을 다시는 야곱이라 부를 것이 아니요 이스라엘이라 부를 것이니 이는 네가 하나님과 및 사람들과 겨루어 이겼음이니라 야곱이 청하여 이르되 당신의 이름을 알려주소서 그 사람이 이르되 어찌하여 내 이름을 묻느냐 하고 거기서 야곱에게 축복한지라 그러므로 야곱이 그 곳 이름을 브니엘이라 하였으니 그가 이르기를 내가 하나님과 대면하여 보았으나 내 생명이 보전되었다 함이더라 그가 브니엘을 지날 때에 해가 돋았고 그의 허벅다리로 말미암아 절었더라 그 사람이 야곱의 허벅지 관절에 있는 둔부의 힘줄을 쳤으므로 이스라엘 사람들이 지금까지 허벅지 관절에 있는 둔부의 힘줄을 먹지 아니하더라 야곱의 생애에서 그가 에서를 만나기 전 날 밤에 얍복 나루에서 하나님과 씨름하는 것보다 더 감동시키는 이야기는 없습니다. 이 이야기에서 주목할 것은 야곱이 하나님과 씨름을 했다는 것과, 이 사건에서 적어도 하나님이 그의 적수였다는 것입니다. 지금까지 야곱은 이 가능성을 생각하지 못하고 있었습니다. 그는 라반이라고 하는 적을 가지고 있었습니다. 그는 에서라는 적을 예상했고 그래서 겁을 먹었습니다. 그런데 하나님은 적이 아니었습니다. 하나님은 자비로우시고, 친절하신 하늘 아버지 모습이셨는데 야곱은 사정이 악화될 때 그분에게 돌아설 수 있었지만 그가 자신의 삶을 정하고 자신의 계획을 체계적으로 세우기를 원했으므로 그분을 무시했습니다. 하나님을 두려워할 아무 것도 없었습니다.

야곱이 얼마나 그릇되었는지 이 기간 내내 하나님을 이용하고 있었습니다. 이제 그는 하나님이 그렇게 무한정으로 이용되지 않으시리라는 것을 깨닫게 될 것입니다. 야곱은 언젠가 나에게 강의를 듣던 한 학생이 루이스(C. S. Lowis)의 「나니아의 연대기」(Chronicles of Narnia)에 관련해서 말한 것처럼, "아슬란(Aslan)은 길든 사자가 아니다." 라는 것을 깨달을 것입니다.

이 사건은 야곱의 생애에서 중요한 것으로서 내 친구 중 한 명은 그 족장이 진짜 하나님의 자녀가 되는 순간이라고 생각했습니다. 그는 야곱이 지금까지는 진짜 하나님의 자녀가 아니었고, 오직 이 충격적인 하나님과의 씨름 후에 야곱이 거듭났다고 말할 수 있다고 믿고 있습니다. 나는 야곱이 이 이전에도 하나님의 사람이었으며, 단지 교육이 부족하고 불순종의 삶을 살았었다고 믿습니다. 그러나 나는 이 논쟁의 강도(强度)를 압니다. 왜냐하면 이 상황에서 거듭났든 아니든 간에 야곱은 확실히 이 경험으로 인해 깊이 변화되었기 때문입니다.

우리가 이 본문을 연구해 가는 데 있어서 결정적인 질문은 우리도 이와 비슷하게 변화가 되었는가 하는 것입니다. 만일 변화되지 않았다면 야곱이 이 경험을 통해 변화된 것 같은 그런 사람이 되기 위해 어떤 일이 일어나야만 합니까?

홀로 떨면서

우리는 본문에서 야곱의 여러 모습을 보는데 그 첫 번째는 아첨하는 모습이 아닙니다. 그는 떨고 있습니다. 이곳 장소는 지난 장(114장) 본문 끝 절(창 32:21)에서 우리가 그를 남겨두었던 곳입니다. 야곱은 에서를 늘 두려워했는데 에서가 400명의 부하를 데리고 오고 있다는 것을 알자 그는 그의 생애 어느 때보다도 더 두려웠습니다. 에서는 적대적이 아니었습니다. 그러나 야곱은 그것을 몰랐습니다. 그에게 있어 400명의 부하는 큰 군대였고, 그는 에서가 여러 해 전에 아버지의 축복 때문에 그가 그를 기만했던 방법으로 복수하고자 오고 있다고 확신했습니다. 야곱은 그의 일행을 두 부분으로 나누었습니다. "에서가 와서 한 떼를 치면 남은 한 떼는 피하리라"(창 32:8). 그리고 형의 마음을 선물로 달래고자 암양 200마리, 숫염소 20마리, 암소 200마리, 숫양 20마리, 암낙타 30마리와 그 새끼들, 암소 40마리, 숫소 10마리, 암나귀 20마리, 숫나귀 10마리를 보냈습니다. 이들 각각은 자동적으로 그룹을 이루었고, 각 그룹마다 한 종이 동반했는데 야곱은 그에게 그것들을 에서에게 바치면서 이렇게 말하도록 했습니다. "나의 주 에서에게로 보내는 예물입니다"(18절). 야곱은 이렇게 생각했습니다. "내가 내 앞에 보내는 예물로 형의 감정을 푼 후에 대면하면 형이 혹시 나를 받아 주리라"(20절).

야곱이 "형이 혹시 나를 받아 주리라"고 말한 것이 흥미롭습니다. 왜냐하면 그의 계획이 효과를 낼지 확신할 수가 없었습니다. 그의 묵계에도 불구하고 그는 여전히 겁을 먹고 있었습니다. 그 전 구절은 야곱이 그날 밤을 야영지에서 보냈다고 말하면서 끝이 났습니다. 얼마나 겁이 나는 밤입니까! 큰 두려움 속에서 그는 얼마나 아침 시간을 기다리고 있었겠습니까!

본문 22-23절은 야곱의 마음 상태를 더 엿볼 수 있는 실마리를 제공해 줍니다. "밤에 일어나 두 아내와 두 여종과 열한 아들을 인도하여 얍복 나루를 건널새 그들을 인도하여 시내를 건너가게 하며 그의 소유도 건너가게 하고" 이 소유는 에서를 달래기 위한 선물로 이미 앞서 보낸 가축 떼가 아니라 그의 개인 재산과 남아있는 가축을 말하는 것이 분명합니다. 여기서 보는 모습은 흥분된 모습입니다. 사막의 밤은 캄캄하여 아무 일도 못합니다.

그러나 야곱은 예상되는 에서와의 만남이 겁이 나서 잠을 이룰 수가 없었습니다. 그는 무엇인가를 해야 했습니다. 그래서 그는 가족을 깨워 그들 모두를 얍복 강 건너로 옮겼습니다. 필시 그는 불안한 행동으로 계속 왔다 갔다 했을 것입니다. 본문이 명확하게 말하고 있지는 않지만 그는 강 건너로 다시 돌아와 아침을 기다렸습니다.

본문은 말씀합니다. "야곱은 홀로 남았더니"(24절). 이것은 잘 된 일입니다. 처음으로 야곱은 마음을 어지럽히는 그의 야영지의 성가신 요구 속에 있지 않게 되었습니다. 그는 평온합니다. 밤은 잠잠합니다. 야곱은 앞 뒤 그리고 오른쪽 왼쪽을 바라봅니다. 그는 위를 향해 별들을 바라봅니다….

하늘의 씨름꾼

갑자기 어둠 속에서 한 손이 야곱을 잡았습니다. 얼마나 무서운 순간이었겠습니까! 야곱의 옷이나 지팡이 또는 신발을 빼앗기 위해 그를 죽이려고 하는 노상강도인지, 격노한 에서가 야곱을 죽이려고 앞서 보낸 자객이었는지 모르지만 야곱은 마치 목숨이 성패에 달려 있다는 듯이 결사적으로 씨름하며 접전을 벌이고 있다는 것을 알았습니다.

창세기 본문이 단순히 "어떤 사람"이라고 말한 이 개인은 누구입니까? 이 구절에 대해 나중에 영감을 받아 주석을 한 호세아 12:4절에서 그를 "천사" 라고 말합니다. 그러나 그 "천사"(the angel)가 그저 어떤 천사(any angel)가 아니라 우리가 이미 다른 경우에서 본 "그 주의 천사"(the angel of the Lord) 라는 것을 인지하지 못하면 호세아 말씀도 완전한 그림을 보여주지 못하게 됩니다. 추측컨대 아브라함이 마므레의 상수리나무 아래 앉아있을 때 그에게 나타났던(창 18장) 인물이 바로 이 인물이었을 것입니다. 그때 세 인물들이 있었는데 그들 중 둘은 실제로 천사였던 것으로 보이고(아브라함에게 말씀하신) 세 번째 인물은 어떤 형상으로 나타나신 하나님 자신이었던 것으로 보입니다. 그 부분 첫 절에 이렇게 바꾸어 말씀합니다. "여호와께서 마므레의 상수리나무들이 있는 곳에서 아브라함에게 나타나시니라"(창 18:1). 대부분의 학자들은 이 인물을 삼위 하나님의 2위이신 예수 그리스도의 성육신 전의 현현(顯現)으로 생각하고 있습니다.

이 본문에 관해 의미심장한 것은 그 사람(예수님)이 "야곱과" 씨름을 했다고 했지 야곱이 그 사람과 씨름했다고 하지 않았다는 것입니다. 이것은 본문을 이해하는 데 중요합니다. 우리는 많은 주석가들이 말하는 것처럼 이 구절이 근본적으로 소위 효과적인 기도에 대한 격려 구절이라고 생각하면 안 됩니다. 즉, 하나님이 야곱에게 접근하셨을 때, 그가 그분을 붙잡고 자신에게 축복하실 때까지 그분이 가시는 것을 거부한 것이 야곱이 하나님을 열심히 추구한 것을 의미하는 것은 아닙니다. 야곱이 나중에 축복을 구한 것은 사실입니다. 그러나 처음에 하나님과 씨름하고자 그분을 찾은 것은 야곱이 아닙니다. 오히려 그분은 야곱을 육신적, 영적 양면에서 복종하는 지점까지 몰아가시려고 그와 씨름하기 위해 오신 하나님이십니다.

아더 핑크(Arthur Pink)는 이렇게 기술하고 있습니다.

"야곱은 축복을 받으려고 이 사람(Man)과 씨름한 것이 아니었다. 그 사람(Man)이 야곱에게서 어떤 목적을 이루시기 위해 그와 씨름을 하신 것이다. 이 목적이 무엇인가에 대해서는 저명한 주석가들이 동의하고 있는 것인데 그것은 야곱을 자신이 아무 것도 아니라는 의식 상태까지 떨어뜨리고, 그로 하여금 그가 얼마나 초라하고, 무력하고, 무가치한 피조물인지 알도록 하기 위한 것이었다. 그리고 그것은 그를 통해서 우리에게 인지된 약함 속에 우리의 힘이 존재한다는 중요한 교훈을 가르치기 위함이었다."[1]

당신이 당신의 길을 가기를 원했을 때, 또는 그분이 불쾌해 하시는 것을 알면서도 어떤 행로를 고집했을 때, 하나님이 당신과 씨름을 하신 적이 있습니까? 나는 당신이 그런 적이 있다고 생각합니다. 왜냐하면 우리들 대부분은 그리스도인 삶의 경험 중 어떤 시기에 하나님과 씨름을 했기 때문입니다.

만일 당신이 그런 경험을 한 적이 있다면, 그 다음에 벌어지는 두 가지 세부사항을 쉽게 이해할 수 있을 것입니다. 첫째, 그 사람은 야곱과 "날이 새도록"(24절) 씨름을 했습니다. 날이 새도록! 이것은 긴 시간입니다. 그리고 솔직히 나는 야곱이 그렇게 긴 고투를 어떻게 지속했는지 모릅니다. 오래 전 내가 고등학생 때, 지금보다 몸의 상태가 더 좋을 때 학교의 레슬링 대표팀에서 몇 차례의 겨울을 보낸 적이 있습니다. 나는 63kg의 체중으로 레슬링을 했습니다. 레슬링 시합은 6분간 지속되었습니다. 그 6분은 각 2분씩의 세 단계로 되어 있었는데 전체 경기는 이 6분의 시합을 대략 열 번 정도 하는 것으로 되어 있었습니다. 6분! 그것은 짧은 시간입니다. 하지만 레슬링은 격렬해서 나는 (시합이 지속되어) 그 6분의 끝에 쯤 오면 미식축구 전 게임을 뛰고 났을 때보다 더 지쳐있는 자신을 발견할 수 있었습니다. 도대체 야곱은 어떻게 온 밤 내내 그의 고투를 지속할 수 있었는지 나는 모릅니다. 그러나 내가 아는 것은 거기서 버티고자 하는 그의 결심이 우리 자신의 길을 가고자 하고 그래서 결국에는 하나님을 이기는 우리의 빈번한 결심보다 더 대단하지 않았다는 것입니다.

이것이 죄의 길이 아닙니까? 죄는 붙잡고 늘어집니다. 그것은 포기를 거절합니다. 이것이 왜 하나님이 때때로 우리의 맹렬한 적대자가 되셔서 우리를 제압하시고 죄의 권세를 파괴하시는가에 대한 이유입니다.

우리 자신의 고집 때문에 우리가 곧바로 이해할 수 있다고 생각하는 그 구절의 두 번째 세부사항은 하나님이 야곱을 치셔서 "야곱의 허벅지 관절을 치매 야곱의 허벅지 관절이 그 사람과 씨름할 때에 어긋났더라"(창 32:25)는 것입니다. 나는 우리가 이것을 이해한다고 생각하기 때문에 내가 한 가지를 관찰하고 싶은데 내가 오해를 받을까봐 망설여집니다. 즉, 하나님은 공정하게 경기하지 않으신다는 것입니다. 내가 "하나님은 공정하게 경기하지 않으신다."고 하는 것이 하나님은 죄가 되거나 불공정한 어떤 일을 하신다는 것을 의미하지 않는다는 것을 제발 이해해 주시기 바랍니다. 만유의 주님은 옳게 행하십니다. 그분은 그 자체로 완전하십니다. 그분은 주권적인 하나님이십니다. 그분의 뜻은 이루어집니다. 그래서 우리가 그분의 경기 방식을 좋아하거나 좋아하지 않거나 하나님은 언제나 시합에서 이기십니다. 만일 우리가 영리하다면 우리는 이것을 일찍 인지하고 그것에 항복해야만 합니다.

당신은 삶에서 하나님에 의해 기선을 제압당한 적이 없습니까? 당신의 작은 계획이 뒤죽박죽이 되었던 적이 없습니까? 당신은 하나님의 뜻에 상반되는 무엇인가를 하려고 시도했습니다. 그런데 뜻밖에 갑자기 하나님이 당신을 막다른 골목으로 몰아넣어 그분에게 돌아서도록 하시기 위해 질병, 실직, 맹렬한 방해, 실망 등을 사용하셨습니다. 내가 모든 질병이나 잃어버림 또는 실망이 하나님의 뜻을 벗어나 있기 때문에 오는 것이라고 말하는 것은 아닙니다. 하나님은 때때로 이런 것들을 가지고 다른 목적에 사용하십니다. 그러나 때로는 그것들을 우리로 하여금 제정신이 들게 하시는 데도 사용하십니다.

내 영혼이 매달리다

우리는 야곱이 떨면서 씨름하는 것을 보았습니다. 우리는 야곱이 그를 이기신 분에게 매달리는 것을 봅니다. 지금쯤 이미 변화가 일어났고 그래서 우리는 완전히 다른 야곱을 보게 됩니다. 처음에 야곱은 자신의 힘과 자신의 방법으로 씨름을 합니다. 그러나 야곱의 힘은 꺾였고, 그는 축복해 달라고 그리스도에게 매달립니다. "무기력하고, 절룩거리고, 금방에라도 넘어질 것 같아 그는 필사적인 집요함으로 그를 심하게 강타한 그 존재에게 매달릴 수밖에 없었다."[2]

당신은 필사적으로 천사에게 매달리고 있는 야곱의 모습에 대해 어떻게 생각합니까? 처량해 보입니까? 지금 야곱은 패자요, 약골로 보입니까? 만일 그렇다면 당신은 영적으로 멀리 나가지 못한 사람입니다. 이것은 슬픈 모습이 아닙니다. 이것은 하나님의 형상으로 다시 만들어져 하나님의 뜻에 맡기는 사람의 모습입니다. 이것은 믿음의 모습입니다.

나는 이 점에서 로버트 캔들리시(Robert S. Candlish)가 연구한 내용의 도움을 받았는데 그는 야곱이 단순한 사람과 씨름하는 것이 아니라 하나님과 씨름을 하고 있다는 것을 시합 중에 발견한 것에서 시작합니다.

"그렇다면 이 불가사의한 적대자는 도대체 누구일까? 그는 에서의 밀사일까? 즉, 에서에게 고용된 폭력배이거나 자객 또는 '내가 내 아우 야곱을 죽이리라' 고 했던 옛날의 위협을 실행하려고 결심한 그의 추종자 중의 한 명일까? 아니다. 그것은 에서의 싸움 양상이 아니다. 그렇다면 그것은 에서의 감시 천사가 야곱에게 가해질 어떤 상해를 예방하기 위해 개입한 것인가? 나중에 유대인들이 그렇게 우화를 만들었지만 그러한 믿음은 야곱의 시대나 그의 믿음과 관계가 없다. 그러면 그 존재는 그 족장이 약속의 땅에 들어가는 것을 자진해서 막으려고 하는 하나님의 백성 중의 지위가 높은 대항자인가? 그렇다 해도 야곱은 물러나지 않을 것이다. 아니다! 그 존재가 바로 '그의 아버지 이삭의 경외의 대상' 이었던 '언약의 천사 자신' 이요, 벧엘에서 그에게 두 번이나 나타나셨던 하나님이 지금 길을 막고, 강력한 사람으로서 그를 넘어뜨리려고 시도하는 것임을 알아낸다고 해도, 그렇다 해도 그는 물러나지 않을 것이다. 그가 그 사실을 알게 될 때, 많은 염려를 할지 모르고, 그의 욕구는 덜 격렬해지고 또 그의 믿음은 약해지며, 그가 찾는 고향과 그가 받은 약속을 두고 그는 그의 가족과 가축떼를 다시 불러 풍성한 목장과 그의 혈족 라반의 호화스러운 거처가 있는 곳으로 다시 돌아가거나 또는 많은 공터 가운데 어떤 새로운 집을 지어 거기서 안락과 영예를 얻기를 소망하는 마음으로 기울 수도 있다. 만일 그가 구실을 원했다면 지금이 기회였다. 그를 위협한 것은 에서뿐만이 아니었다. 하나님 자신이 그에게 대항하고 계셨다. 내키지 않는 마음을 점잖게 과시하고, 저항하는 척 한 후에 그는 나타나 있는 필요에 굴복해서 가나안에 등을 돌릴 수 있었다. 그러나 그는 그렇게 하지 않을 것이다. 그가 포기를 허용하기에는 그의 가나안에 대한 갈망이 너무 맹렬했다(그가 가나안을 찾는 이유는 너무 명백했다). 하나님은 그에게 그곳을 찾도록 가르치신 바 있었다. 하나님은 그에게 그곳에 대해 약속을 주신 바 있었다. 그래서 지금, 하나님 자신이 그에게 대항하는 것처럼 보인다 해도 그는 물러나지 않을 것이다. 그분은 나와 씨름을 하실 수 있다. 그러나 '그분이 나를 죽일지라도 나는 그분을 신뢰할 것이다.' 그분은 내게 생명이 있는 동안, 이 강을 건너지 못하도록 나를 훼방하지 않으실 것이다. 내가 다시 말한다. 오, 야곱이여! 그대의 믿음이 크도다! 그것은 육신을 따라서는 그대의 자녀가 아니지만 그대와 씨름을 했던 구주 하나님이 세상에 거하시고, 선을 행하며 다니셨을 때에 그대와 같은 마음을 가졌던 자의 믿음 같도다. '헬라인이요 수로보니게 족속' (막 7:26)이었던 여인은 그녀의 불쌍한 딸 때문에 예수님에게 나오고, 그대와 거의 같은 취급을 당했다. 그리고 그대처럼 그녀는 패배를 당하지 않았다. 예수님은 그녀와 씨름을 하셨다. 그녀를 거칠게 다루셨다. 퇴짜를 놓으셨다. 아주 단호해 보이셨다. 그리고 그녀를 개라고 부르셨다. 그러나 그녀는 자기 입장을 고수했다. 그 씨름꾼 하나님은 자신이 그녀를 이길 수 없다는 것을 아셨다. 그분은 말하자면 양보하시도록 강요되었다. 천국은 침노를 당했다. 그리고 이 침노의 공격자는 그것을 빼앗았다. '여자여 네 믿음이 크도다 네 소원대로 되리라' (마 15:28)."[3]

찰스 웨슬리(Charles Wesley)는 주님께 매달리는 믿음의 본성을 그의 찬송가 중의 하나인 "비바람이 칠 때와" 에 표현했습니다.

나의 영혼 피할 데
예수 밖에 없으니
혼자 있게 마시고
위로하여 주소서

구주 의지 하옵고
도와주심 비오니
할 수 없는 죄인을
주여 보호 하소서
(찬송가 388장 2절 - 역주)

"무력" 해서 그리스도에게 매달리는 것과, 그분에게 매달리는 자를 붙잡아 주시고 위로해 주실 수 있다는 것을 아는 것은 "믿음의 결단이고 힘" 입니다.

절뚝거리며 앞으로

마지막 모습은 그 족장이 절뚝거리며 에서를 만나기 위해 앞으로 나아가는 모습입니다. 절뚝거리는 것은 그의 허벅지 관절에 입은 상처 때문입니다. 다시 한 번 묻습니다. 이것은 처량한 모습입니까? 지각을 가진 누구라도 알듯이 이 모습은 강한 모습입니다. 지금 야곱은 하나님의 명령으로 그리고 하나님의 능력 안에서 앞으로 나아가고 있기 때문입니다.

이것이 그의 새로운 이름에 대한 중요성입니다. 이전에 그의 이름은 야곱이었는데 그것은 "발꿈치를 잡은 자, 사기꾼, 탈취자"를 의미합니다. 하나님은 그에게 이것을 고백하도록 시키셨습니다(27절). 이제 야곱의 이름은 이스라엘로 바뀝니다. 나는 이 이름의 의미가 NIV성경 본문에 각주를 붙인 학자들을 포함하여 대부분의 주석가들이 잘못 해석하고 있다고 확신합니다. 이스라엘은 두 단어로 된 복합어입니다. 즉, 사라(sarah 이 단어는 '싸우다, 겨루다, 다스리다'를 의미함)와 엘(el 이 단어는 '하나님'을 의미함)로 이루어진 단어입니다. 주석가들은 이것이 "그가 하나님과 분투하다" 또는 28절 때문에 "그가 하나님을 이기다"를 의미하는 것으로 봅니다. 28절은 이렇게 말씀합니다. "네 이름을 다시는 야곱이라 부를 것이 아니요 이스라엘이라 부를 것이니 이는 네가 하나님과 및 사람들과 겨루어 이겼음이니라"

그러나 동사와 하나님 이름으로 복합된 이름들이 나오는 다른 경우에서는 하나님이 동사의 목적어가 아닙니다. 그분이 주어입니다. 따라서 다니엘은 "그가 하나님을 재판한다"가 아니라 "하나님이 재판하신다"를 의미합니다. 사무엘은 "그가 하나님(말씀을) 들었다"가 아니라 "하나님이 들으셨다"를 의미합니다. 만일 우리가 본문에서 동일한 해석 원칙을 따른다면 이스라엘은 "하나님이 다스리신다, 하나님이 명령하신다, 하나님이 이기신다"를 의미하는 것입니다.

그렇다면 "네가 하나님과 및 사람들과 겨루어 이겼기" 때문에 그 족장을 이스라엘이라고 부르고 있는 28절 말씀은 무엇입니까? 나는 그 구절이 풍자적인 것이라고 생각합니다. 사람들과 관련해서 야곱은 싸워서 이긴 적도 있고, 진적도 있습니다. 그는 축복을 두고 에서를 기만했지만 에서의 호의에 대해서는 졌습니다. 그는 잘 보지 못하고 병약한 그의 아버지를 속였지만 그의 명성은 잃었습니다. 이 승리의 어느 것도 만족하게 이루어지지 않았습니다. 그래서 이제 얍복의 언덕에 있으면서 적들 사이에서 봉쇄를 당하고 있습니다. 하나님조차도 그의 적대자가 되고 있습니다. 그러나 하나님과의 씨름에서 야곱은 그의 운명의 역전을 경험하는데 이것은 실제로 그의 승리입니다. 그는 하나님과의 씨름에서 집니다. 하나님은 그의 허벅지 관절을 치셔서 그는 영원한 상처를 입습니다. 그러나 우리의 모든 이해를 초월하시는 하나님의 논리로 볼 때, 이 손실은 야곱의 승리인 것입니다.

왜냐하면 드디어 야곱은 자신을 굴복시키기 때문입니다. 그는 잃어서 승리했고, 이제 하나님의 사람으로서 새로운 힘을 가지고 앞으로 나아갈 수가 있는 것입니다.

나는 이 절뚝거리는 야곱의 모습을 좋아합니다. 그것이 우리를 나타내고 있기 때문입니다. 우리 자신의 힘에 관한 한, 우리는 절뚝거립니다. 세상의 눈으로 우리는 절뚝발이들입니다. 그러나 하나님의 힘은 우리의 약함 속에서 온전하게 됩니다. 그래서 우리가 약하게 드러날 때, 우리는 강합니다. 이와 같은 군대는 (이와 같은 한 개인이라도) 무적의 군대(개인)가 됩니다.

● 각주 ●

1. 아더 W. 핑크, *Gleanings in Genesis*, 290.
2. 로버트 S. 캔들리시, *Studies in Genesis*, 540.
3. 같은 책, 541.

116

"내 주, 에서"

창세기 33 : 1-20

야곱이 눈을 들어 보니 에서가 사백 명의 장정을 거느리고 오고 있는지라 그의 자식들을 나누어 레아와 라헬과 두 여종에게 맡기고 여종들과 그들의 자식들은 앞에 두고 레아와 그의 자식들은 다음에 두고 라헬과 요셉은 뒤에 두고 자기는 그들 앞에서 나아가되 몸을 일곱 번 땅에 굽히며 그의 형 에서에게 가까이 가니 에서가 달려와서 그를 맞이하여 안고 목을 어긋맞추어 그와 입맞추고 서로 우니라… 야곱이 밧단아람에서부터 평안히 가나안 땅 세겜 성읍에 이르러 그 성읍 앞에 장막을 치고 그가 장막을 친 밭을 세겜의 아버지 하몰의 아들들의 손에서 백 크시타에 샀으며 거기에 제단을 쌓고 그 이름을 엘엘로헤이스라엘이라 불렀더라(**창** 33:1-4, 18-20)

유명한 그리스 왕이자 제국의 건설자인 알렉산더 대왕은 다른 민족들을 정복하려고 출정하여 동부 지중해 연안을 따라 진군해 내려와 최종적으로 인더스 강(Indus River)까지 갈 것인데 (거기서 더 이상 정복할 나라가 없어서 울 것임) 그는 두로(Tyre)에서 7개월 동안이나 진군을 멈추었습니다. 두로는 알렉산더가 정복하지 않을 수 없는 도시였기 때문에 그 도시를 포위하고 완전히 파괴시켰습니다. 이 출정 중에 그는 예루살렘으로 무기와 식량 지원을 위해 사신을 보냈습니다. 그러나 대제사장 야두스(Jaddus)는 알렉산더의 명령을 받고 자신은 알렉산더의 적인 바사의 다리우스 왕에게 충성을 맹세했기 때문에 지원할 수가 없다고 대답했습니다. 알렉산더는 격노했고 그래서 모든 사람이 그가 지중해 연안 출정을 매듭지으면서 예루살렘을 공격하여 파괴할 것이라고 예측했습니다.

야두스는 겁이 났습니다. 그가 젊은 군사 전략가인 알렉산더에게 저항할 수 없다는 것을 알기 때문에 그는 예루살렘이 유린될 것이라고 생각했습니다. 요세푸스의 「고대사」(Antiquities)에 의하면 어느 날 밤, 하나님이 꿈에 야두스에게 알렉산더를 두려워하지 말고, 예루살렘 사람들을 대동하고 그를 맞이하러 나가라고 말씀하시며 모든 사람은 흰 옷을 입고, 제사장들은 완전한 정장으로 치장하라고 하셨습니다.

알렉산더가 접근하자 야두스는 예루살렘 성의 문을 열고 그리스의 전사를 환영했습니다. 특히 그는 꿈에 지시를 받은 대로 사람들을 앞으로 인도했습니다. 모든 그리스 군대는 신속한 복수와 배상을 예상하고 있었습니다. 그런데 알렉산더가 대제사장을 보자 그는 유대인들을 잔인하게 살해하는 대신에 대제사장 앞에서 머리를 숙여 절을 했습니다. 부사령관인 파르메니온(Parmenion)이 왜 세계의 정복자인 그가 유대인 제사장에게 절을 하느냐고 물었습니다. 알렉산더는 그가 출정을 시작하기 전, 아직 그가 마게도냐에 있을 때에 대제사장처럼 옷을 입은 한 사람이 꿈에 나타나 알렉산더에게 종국에는 아시아를 정복할 것이라고 예언했다고 말했습니다. 그는 이것을 참되신 하나님으로부터 오는 은총으로 받아들였고, 그래서 지금, 참되신 하나님의 제사장을 보고 그분의 세상 대표에게 절함으로써 하나님을 예배한 것이었습니다. 하나님은 유대인 제사장이 두려워했던 만남을 두고 알렉산더를 준비시키셨던 것입니다.

변화된 삶

창세기 33장에 기록된 에서와 야곱의 만남 전에 이와 비슷한 일이 일어났습니다. 20년 전에 야곱이 아버지의 축복을 두고 그의 쌍둥이 형인 에서를 속였을 때, 에서는 야곱을 죽이겠다고 맹세했습니다. 그래서 야곱은 20년 동안이나 그 맹세의 위협 아래 살았습니다. 그리고 이제 그는 다른 길로는 갈 수가 없기 때문에 에서의 영토를 지나는 통상적인 길로 돌아오고 있었습니다. 그러나 그는 에서를 두려워했고, 실제로 그들이 만나기 전 날 밤, 그는 공포로 떨었습니다. 우리는 이전 연구에서 야곱이 그의 소유와 가족을 얍복 강 건너로 앞서 보낸 후에 하나님이 주의 천사를 보내셔서 그가 항복할 때까지 씨름을 하게 하셨던 것을 압니다. 공포의 만남의 아침이 밝았습니다. 그러나 야곱의 삶에 역사하셨던 하나님은 분명히 에서의 삶에도 역사하셨습니다. 그래서 야곱이 두려워했던 만남은 실제로 애정이 깃든 재회로 변했습니다.

아마도 에서는 400명의 무장된 부하들을 싸움의 필요가 있을 때를 대비해서 데리고 왔을 것입니다. 그러나 에서에 대해 리브가가 말했던 것이 옳았습니다. 그의 노는 풀렸습니다. 하나님은 실제로 그의 마음을 쌍둥이 동생에 대해 애정을 갖도록 만드셨습니다. 이 재회의 이야기는 감동적입니다.

"야곱이 눈을 들어 보니 에서가 사백 명의 장정을 거느리고 오고 있는지라 그의 자식들을 나누어 레아와 라헬과 두 여종에게 맡기고 여종들과 그들의 자식들은 앞에 두고 레아와 그의 자식들은 다음에 두고 라헬과 요셉은 뒤에 두고 자기는 그들 앞에서 나아가되 몸을 일곱 번 땅에 굽히며 그의 형 에서에게 가까이 가니 에서가 달려와서 그를 맞이하여 안고 목을 어긋맞추어 그와 입맞추고 서로 우니라"(창 33:1-4)

에서가 이러한 감정을 나타내는 것은 이전의 행동으로 보건대 에서답지 않은 것이었습니다. 그러나 야곱이 에서 앞에서 절을 하는 것 또한 이전의 행실로 보건대 야곱다운 것이 아니었습니다. 이 두 형제에게는 서로 간에 모진 경쟁이 있었고, 야곱은 에서를 앞지르려고 수년 동안 계획을 했습니다. 그는 그렇게 하는 것이 자신의 권리라고 믿었습니다. 왜냐하면 그 아이들이 어머니 태중에 있을 때, 하나님이 리브가에게 이렇게 말씀하셨기 때문입니다.

"두 국민이 네 태중에 있구나 두 민족이 네 복중에서부터 나누이리라 이 족속이 저 족속보다 강하겠고 큰 자가 어린 자를 섬기리라 하셨더라"(창 25:23)

나중에 아버지 이삭이 속아서 장자 에서가 아닌 차자 야곱을 축복할 때, 그 연로한 족장은 이렇게 선언했습니다.

"만민이 너를 섬기고 열국이 네게 굴복하리니 네가 형제들의 주가 되고 네 어머니의 아들들이 네게 굴복하며 너를 저주하는 자는 저주를 받고 너를 축복하는 자는 복을 받기를 원하노라" (창 27:29)

하나님은 야곱이 에서의 주가 되고, 에서는 야곱에게 절을 하게 된다고 말씀하셨습니다. 그러나 그런 일이 일어나기 전에, 야곱이 그의 형 앞에서 "내 주 에서" 라고 외치며 땅에 굽혀 일곱 번 절을 했습니다.

나는 이 만남에 역사하신 하나님의 손길을 다른 면에서도 봅니다. 나는 에서나 야곱 그 누구도 20년 전에 그들을 갈라놓게 했던 사건에 대해 언급이 없는 것에 주목합니다. 오늘날 우리는 문제를 다루는 유일한 방법은 "모두 상정하는 것" 또는 "모두 털어놓는 것" 이라고 합니다. 그렇게 하는 것이 도움이 될 때가 있겠지만 항상 그런 것은 아닙니다. "모두 털어놓는 것" 은 "그것을 털어놓고 마음의 짐을 덜기" 또는 "나로 하여금 당신에 대한 나의 불만을 늘어놓도록 허용하는 것" 을 의미합니다. 때로는 과거에 대해 잊어버리는 것이 더 좋습니다. 특히 하나님이 각 당사자에게 그렇게 할 능력을 주셨다면 그렇습니다. 이런 의미가 본문에 관련되고 있는 것입니다. 야곱은 에서에 대한 그의 권리를 묵살했습니다. 그는 자신을 높이려는 노력은 문제만 일으킬 뿐이고, 자신을 높이는 것은 하나님께 달렸다는 것을 이미 알았습니다. 에서 편에서는 그가 가진 것으로 만족하는 것을 알았습니다 (9절). 그는 동생을 희생시키면서 자신을 끌어올릴 필요가 없었습니다.

이 만남은 다른 사람과의 긴장된 관계로 고민하고 있는 사람에게 큰 격려가 됩니다. 갈라진 틈이 너무 깊을지도 모릅니다. 그러나 당신의 마음 안에서 역사하시는 하나님은 그 사람 안에서도 역시 역사하실 수 있습니다. 실제로 그렇게 하실 것을 기대할 수 있습니다. 우리의 의무는 우리 자신의 마음이 올바른가를 보는 것입니다.

변화되었지만 아직 변화되지 않은

나는 야곱이 브니엘에서 하나님이 그와 씨름하신 결과로 변화된 사람이 되었다고 말씀드렸습니다. 그러나 나는 이 연구에서 그는 또한 변하지 않았다는 것을 인정하지 않고 앞으로 나아가기를 원하지 않습니다. 변화되었습니까? 그렇습니다. 그러나 또한 변화되지 않았습니다. 우리는 주의 천사가 그의 이름을 "사기꾼" 또는 "탈취자"를 의미하는 야곱에서 "하나님이 다스리신다(또는 이기신다)"를 의미하는 이스라엘로 바꾸어주신 것을 상기합니다. 하나님이 야곱의 이름을 바꾸셨습니다. 그러나 하나님의 영이 창세기 그리고 기타 모든 정경을 기록하는 데 감독하셨지만, 창세기의 이 지점에서부터 보면 야곱이 "이스라엘"이라고 불리는 것보다 "야곱"이라고 불리는 빈도가 두 배나 됩니다. 아브라함이 아브람에서 아브라함으로 바뀌자, 그 이후로 시종일관하게 두 번째 이름이 사용되었습니다. 그러나 창세기 33-50장에서 "야곱"이란 이름은 45번 나오고, "이스라엘"이라는 이름은 단지 23번만 나오는 것을 봅니다. 분명히 "새로운" 족장 안에 "옛 사람"의 많은 부분이 여전히 있었습니다.

이 점을 바로 보지 못해서 이 장에서 야곱에 대한 여러 가지 견해를 낳게 했습니다. 어떤 주석가들은(예를 들면, 헨리 모리스) 야곱을 적절히 그리고 지혜롭게 행동하는, 아주 고결하고 심지어 정직한 자로 봅니다. 다른 주석가들은(예를 들면, 아더 핑크) 야곱이 하나님의 택함 받은 신분에 따라 사는 데 실패하고, 에서 앞에서 사실상 비굴한 태도를 취하고 있다고 합니다.[1]

이 만남에서 야곱에 대해 말할 수 있는 가장 좋은 점은 (이것이 중요한 것은 아니지만) 에서를 만나기 위해 "자기는 그들 앞에서 나아갔다"(3절)는 것입니다. 그가 그동안 해 왔던 행동을 생각해 보면 이것은 진짜 변화를 설명하는 것입니다. 야곱은 자신이 얍복 강의 먼 쪽에 머무는 동안, 그의 두 아내와 자녀들을 포함하여 그의 전 재산을 앞서 보낸 바 있습니다. 그러나 천사와 씨름을 하고 그에게 복종당한 뒤에 야곱은 새로운 용기를 얻게 되었습니다. 그래서 만남이 이루어졌을 때, 그의 가족 앞으로 나섰던 것입니다. 하나님에게 정복당함으로써 야곱은 강해졌고 그래서 그를 정복하신 분의 힘을 덧입어 앞으로 나아갔습니다. 이러한 상세한 기술로 보아 나는 야곱이 에서 앞에서 일곱 번이나 절을 하고 그를 "주" 라고 부른 것은 비굴하게 삼가는 태도가 아니라 적절한 존경의 표시였다는 생각을 합니다.[2]

야곱에게 유리하게 이야기를 했지만 이제는 야곱에게 그다지 유리하지 않은 것들을 살펴보고자 합니다. 사실상 그것들은 불리함을 점점 더해 갑니다. 첫째, **야곱은 에서에게 그의 선물을 받도록 강요했습니다**. 에서는 마음에 내키지 않았지만 그 선물을 받았습니다. 그는 야곱에게 말했습니다. "내 동생아 내게 있는 것이 족하니 네 소유는 네게 두라" 그러나 야곱은 고집했습니다. "그렇지 아니하니이다 내가 형님의 눈앞에서 은혜를 입었사오면 청하건대 내 손에서 이 예물을 받으소서 내가 형님의 얼굴을 뵈온즉 하나님의 얼굴을 본 것 같사오며 형님도 나를 기뻐하심이니이다 하나님이 내게 은혜를 베푸셨고 내 소유도 족하오니 청하건대 내가 형님께 드리는 예물을 받으소서" 성경은 말씀합니다. "그에게 강권하매 받으니라"(9-11절).

이 완고함에 대해서 무슨 말을 할 수 있습니까? 분명히 이것이 나쁜 것은 아닙니다. 야곱은 에서에게 양떼와 소떼를 바친 바 있습니다. 그리고 그 공물로 인해 봐 줄 것을 원했습니다. 그것은 그런대로 괜찮은 것이었습니다. 그러나 분명한 목적은 에서의 호의를 확보하려는 것이었습니다. 당시 문화에서 적으로부터 선물을 받는 것은 부적절했습니다. 그래서 만일 에서가 야곱의 선물을 받았다면 그것은 반목이 끝났다는 것과 동생을 공격하는 대신에 그를 방관하거나 지지한다는 것을 인정하는 것이 되는 것이었습니다. 야곱이 에서로 하여금 선물을 받도록 고집한 것으로 보아 우리는 야곱이 아직도 하나님이 그를 보호하실 것에 대해 온전히 확신하지 못하고 있었다고 의심하는 것이 아마도 옳을 것입니다. 그는 여전히 자신의 계획과 재산을 의지하고 있었습니다.

둘째, **우리는 야곱이 에서에게 거짓말하는 것을 봅니다**. 일부 주석가들은 그렇게 보기를 꺼려하면서 야곱을 위한 변명을 해 왔습니다. 그러나 그가 거짓말을 하고 있었다는 것을 의심하기는 어렵습니다. 그 상황은 에서가 야곱에게 같이 가나안으로 들어가는 길에 동행을 하자고 제안한 것에 관계됩니다. 에서가 동생 야곱에게 말했습니다. "우리가 떠나자 내가 너와 동행하리라"

그러나 야곱은 이렇게 대답했습니다. "내 주도 아시거니와 자식들은 연약하고 내게 있는 양 떼와 소가 새끼를 데리고 있은즉 하루만 지나치게 몰면 모든 떼가 죽으리니 청하건대 내 주는 종보다 앞서 가소서 나는 앞에 가는 가축과 자식들의 걸음대로 천천히 인도하여 세일로 가서 내 주께 나아가리이다"

에서는 이 말에 동의하는 것처럼 보였지만 분명히 야곱을 보호하기 위해 그의 부하 몇 사람을 뒤에 남겨두려고 했습니다. 그러나 "어찌하여 그리하리이까" 야곱이 이의를 제기했습니다. "나로 내 주께 은혜를 얻게 하소서" 이 시점에서 에서는 세일로 출발을 했습니다. 그러나 야곱은 성경이 말씀하기를 "숙곳에 이르러 자기를 위하여 집을 짓고"(12-17절) 그곳에 정착을 했습니다. 야곱은 에서를 따라 세일로 가겠다고 말했습니다. 그러나 에서가 시야에서 사라지자, 그는 다른 방향으로 틀어 요단강을 향해 서쪽으로 더 멀리 가긴 했지만 실제로 얍복 강 반대편 뒤쪽인 숙곳으로 갔던 것입니다.

여기서 무슨 일이 일어납니까? 야곱은 그의 의도를 잊었습니까? 그는 진영을 세우고 나서 성경에 기록은 없지만 에서를 방문하고자 가려고 했습니까? 그렇다고 믿기가 어렵습니다. 야곱이 거짓말을 하고 있는 것으로 보입니다. 그는 에서에게 실제로 그렇게 할 의향이 없으면서도 그를 따르겠다고 이야기합니다. 그는 아브라함이 지혜롭게 롯과 헤어져 산 것처럼 지혜롭게 에서와 진영을 따로 세우려고 했던 것이 확실합니다. 그러나 에서는 영적인 일들을 거침없이 이야기하면서도 이방인처럼 행동하는 "혜택을 받은" 동생의 인격에 대해 이상하게 여겼을 것이 틀림없습니다.

도널드 반하우스는 이렇게 기술하고 있습니다.

"에서는 야곱이 세일로 오지 않는 것을 깨달았을 때 무슨 생각을 했을까? 친절하고, 관대하고, 용서하는 에서는 이 이야기의 모든 세세한 부분에서 하나님을 만났던 적이 있는 그의 동생이 한 것보다 훨씬 좋은 모습을 나타낸다." [3]

숙곳과 세겜

야곱에 대해 유리하지 않은 세 번째 사실은 그가 숙곳과 세겜에 정착했다는 것입니다. 이 사실이 가지고 있는 문제는 야곱이 에서의 영토가 아닌 어떤 다른 장소를 택했다는 것이 아닙니다. 에서에게 그의 의향을 이야기하는 데 있어 정직했어야 했지만 그가 그렇게 한 것은 아마도 지혜로운 일이었을지도 모릅니다. 문제는 하나님이 그에게 이 도시들로 가라고 말씀하지 않으셨다는 것입니다. 하나님은 필시 그에게 벧엘로 가도록 지시하셨을 것입니다.

내가 이렇게 이야기하는 것은 두 가지 이유 때문입니다. 첫째는, 야곱이 아직 라반의 영토 내에 있을 때, 그의 두 아내에게 하나님이 그에게 가나안으로 돌아가라고 명령하셨다는 것을 이야기할 때 그는 하나님에 대해 이렇게 말했습니다. "나는 벧엘의 하나님이라 네가 거기서 기둥에 기름을 붓고 거기서 내게 서원하였으니 지금 일어나 이 곳을 떠나서 네 출생지로 돌아가라 하셨느니라"(창 31:13). 하나님이 야곱에게 구체적으로 어느 곳으로 가라고 분명하게 말씀하지 않고 계신 것은 사실입니다. 그러나 하나님은 자신을 벧엘의 하나님이라고 밝히고 계시기 때문에 그 말씀은 벧엘을 가나안에서 야곱이 머물러야 할 장소로 지적하시는 것으로 보입니다. 야곱은 하늘에서 땅에 닿은 사닥다리의 환상을 보았던 장소로 돌아가 그가 거기서 했던 서원을 이행해야 했습니다. 그는 이렇게 서원했습니다.

> "하나님이 나와 함께 계셔서 내가 가는 이 길에서 나를 지키시고 먹을 떡과 입을 옷을 주시어 내가 평안히 아버지 집으로 돌아가게 하시오면 여호와께서 나의 하나님이 되실 것이요 내가 기둥으로 세운 이 돌이 하나님의 집이 될 것이요 하나님께서 내게 주신 모든 것에서 십분의 일을 내가 반드시 하나님께 드리겠나이다"(창 28:20-22)

야곱이 숙곳과 세겜으로 간 것이 잘못된 것이라고 내가 생각하는 두 번째 이유는 창세기 34장에 기록된 불명예스러운 사건 후에 하나님이 그에게 분명히 벧엘로 가라고 말씀하셨습니다. "일어나 벧엘로 올라가서 거기 거주하며 네가 네 형 에서의 낯을 피하여 도망하던 때에 네게 나타났던 하나님께 거기서 제단을 쌓으라"(창 35:1). 그 사건 전에 하나님이 그렇게 하라고 말씀하신 기록은 없습니다. 그러나 그가 그렇게 했어야 하는 것이 옳았을 것입니다. 야곱이 이를 실행하지 않은 것은 그가 아직도 온전히 하나님을 찾고 섬기고자 하는 결심이 서지 않았다는 것을 가리킵니다.

야곱은 야곱과 이스라엘 둘 다 동시에 되려고 했습니다. 그러나 그것은 궁극적으로 불가능한 것이었습니다. 왜냐하면 안에 있는 새로운 본성이 우리를 무가치한 헌신에서 떼어놓아 우리를 하나님의 사람으로 만들거나 아니면, 무가치한 헌신이 우리를 하나님으로부터 떼어놓아 결국 우리가 참된 하나님의 자녀가 아니었음을 드러낼 것이기 때문입니다. 야곱은 위험하게도 다음 장에서 가리키는 것처럼 이 두 번째 가능성에 접근해 있었습니다.

그러나 내가 말하듯이 그는 반은 야곱이었고, 반은 이스라엘이었는데 이것은 하나님이 그를 정말로 붙잡고 계셨다는 것을 의미합니다. 이렇게 해서 창세기 33장 끝에 오면 우리는 그에 대한 결정적인 좋은 일을 보게 됩니다. 세겜에서 "제단을 쌓고 그 이름을 엘엘로헤이스라엘이라 불렀더라"(창 33:20). 즉, "이스라엘의 전능하신 분, 하나님"이라고 부른 것입니다. 우리가 아는 한 이것은 벧엘 이후 야곱이 세운 첫 제단이었습니다. 그는 하란에서 그렇게 한 적이 없었습니다. 그러나 그가 거주하지 말아야 할 곳이 세겜이었습니다. 그의 불순종은 필연적인 결과를 가져올 것이었습니다. 그러나 그는 제단을 세웠고, 거기에 가족을 모아 참되신 하나님을 예배했습니다.

당신은 야곱과 같을지도 모릅니다. 당신은 잘못된 장소에 있으면서 영적 파멸을 향해 미끄러져 가고 있는지도 모릅니다. 그러나 당신이 제단을 가지고 있는 한, 즉 당신이 다른 믿는 자들과 어울리고, 하나님께 신실하게 예배를 드린다면 믿음의 닻은 안전합니다. 그래서 하나님은 그러한 교제로 당신을 붙잡고 당신을 "온전한 은혜"의 장소로 되돌아오게 하시는 데 사용하실 것입니다. "모이기를 폐하는 어떤 사람들의 습관과 같이 하지 말고 오직 권하여 그 날이 가까움을 볼수록 더욱 그리하자"(히 10:25).

● 각주 ●

1. 헨리 M. 모리스, *The Genesis Record*, 502-8: Arthur W. Pink, *Gleanings in Genesis*, 295-

301. 야곱에 대한 모리스의 취급은 창세기 32장의 씨름 경험 전의 야곱의 삶을 고려하더라도, 일반적으로 호의적이다. "그처럼 비굴하게 굽실거리는 병이 세상 사람의 면전에서 하나님의 자녀가 되었다" (297쪽).

2. 텔 엘 아마르나(Tel-el-Amarna) 서판에 있는 글은 야곱과 같은 태도는 왕을 인정하는 적절한 것임을 가리키고 있다. 야곱은 에서를 사실상 에돔의 "왕" 으로서 인정하고 있는 것일 수가 있다. "나는(그대 발아래) 일곱 번 엎드립니다." 하는 표현이 텔 엘 아마르나(Tel-el-Amarna) 서판에 50번 이상 나오고 있다(참조 H. C. Leupold, *Exposition of Genesis*, 2:886). (텔 엘 아마르나는 기원 전 14세기에 애굽 왕이 세운 수도였으며, 현재 광대한 고고학적 유적지로 되어 있음 - 역주)

3. 도널드 G. 반하우스, *Genesis*, 2:132-33.

117

부끄러운 사건

창세기 34 : 1-31

레아가 야곱에게 낳은 딸 디나가 그 땅의 딸들을 보러 나갔더니 히위 족속 중 하몰의 아들 그 땅의 추장 세겜이 그를 보고 끌어들여 강간하여 욕되게 하고 그 마음이 깊이 야곱의 딸 디나에게 연연하며 그 소녀를 사랑하여 그의 마음을 말로 위로하고 그의 아버지 하몰에게 청하여 이르되 이 소녀를 내 아내로 얻게 하여 주소서 하였더라 야곱이 그 딸 디나를 그가 더럽혔다 함을 들었으나 자기의 아들들이 들에서 목축하므로 그들이 돌아오기까지 잠잠하였고… 야곱의 아들들이 세겜과 그의 아버지 하몰에게 속여 대답하였으니 이는 세겜이 그 누이 디나를 더럽혔음이라 야곱의 아들들이 그들에게 말하되 우리는 그리하지 못하겠노라 할례 받지 아니한 사람에게 우리 누이를 줄 수 없노니 이는 우리의 수치가 됨이니라 그런즉 이같이 하면 너희에게 허락하리라 만일 너희 중 남자가 다 할례를 받고 우리 같이 되면 우리 딸을 너희에게 주며 너희 딸을 우리가 데려오며 너희와 함께 거주하여 한 민족이 되려니와 너희가 만일 우리 말을 듣지 아니하고 할례를 받지 아니하면 우리는 곧 우리 딸을 데리고 가리라 그들의 말을 하몰과 그의 아들 세겜이 좋게 여기므로… 성문으로 출입하는 모든 자가 하몰과 그의 아들 세겜의 말을 듣고 성문으로 출입하는 그 모든 남자가 할례를 받으니라 제삼일에 아직 그들이 아파할 때에 야곱의 두 아들 디나의 오라버니 시므온과 레위가 각기 칼을 가지고 가서 몰래 그 성읍을 기습하여 그 모든 남자를 죽이고 칼로 하몰과 그의 아들 세겜을 죽이고 디나를 세겜의 집에서 데려오고 야곱의 여러 아들이 그 시체 있는 성읍으로 가서 노략하였으니 이는 그들이 그들의 누이를 더럽힌 까닭이라 그들이 양과 소와 나귀와 그 성읍에 있는 것과 들에 있는 것과 그들의 모든 재물을 빼앗으며 그들의 자녀와 그들의 아내들을 사로잡고 집 속의 물건을 다 노략한지라(**창** 34:1-5, 13-18, 24-29)

성경 여기저기에서 이러한 수치스러운 행동을 말하는 대목에 부딪치게 되면 이런 상황들을 어떻게 설명해 주고 설교해야 할지 어려운데 창세기 34장이 그런 장입니다. 이 장은 야곱의 딸 디나가 하몰의 아들 세겜에게 성폭행을 당하고, 야곱의 아들들이 세겜 성에 피의 복수를 하는 것을 이야기하고 있기 때문입니다.

이러한 장을 두고 어떻게 해야 합니까? 창세기 주석을 연구하는 과정에서 나는 일부 저자들이 단순히 이 사건을 건너뛰는 것을 알았는데 아더 핑크는 자신의 독자들로 하여금 스스로 참조하도록 남겨둔다고 기술했습니다. 알렉산더 맥클러렌(Alexander Maclaren) 역시 그의 「성경 강해」(Expositions of Holy Scripture)에서 이 장을 빠뜨리고 있습니다. 가장 흥미로운 학자는 르폴드(H. C. Leupold)로서 그는 다소간의 논평을 합니다. 그러나 그 논평 끝에 있는 "설교를 위한 제안(Homiletical Suggestions)" 이라는 제목의 부분에서 이렇게 말합니다. "적절한 통찰력을 가진 어떤 사람이라도 이 장에서 어떤 주제를 끌어낸 적이 있는지 의아스럽다." 라고 말한 후에 그는 덧붙입니다. "전반적으로 그것은 족장들의 삶에 대한 무가치한 측면 정보다. 그것은 더 성숙한 마음을 가진 사람들에 의해 올바로 평가되고, 또 남자 성경공부 반에서 훌륭하게 다루어질 수 있을 것이다. 그러나 우리는 그것을 다루려고 설교를 위한 제안을 감히 할 수는 없다."[1]

이 장은 확실히 "족장들의 삶에 대한 무가치한 측면 정보"를 주고 있습니다. 그러나 그것 이상을 주고 있습니다. 그것은 우리의 삶을 어떻게 살아야 하는지, 어떻게 살지 않아야 하는지에 대한 교훈과 경고를 줍니다.

또한 이것도 있습니다. 성경이 단지 인간의 일반적인 죄를 드러내는 내용뿐만 아니라 하나님의 사람들의 마음과 삶에 있는 특별한 악의 내용을 심하게 드러내는 경우에 언제나 그것은 성경의 기원이 사람에게 있는 것이 아니라 하나님에게 있다는 증거인 것입니다. 성경에서 유대인 조상들의 타락이 이 장에서보다 더 강하게 보여주는 곳은 어디에도 없습니다. 창세기가 유대인들이 진정으로 사랑하고 소중히 여기는 이스라엘의 첫 번째 신앙 경전이라는 사실에도 불구하고 그 안에 모든 악과 추함을 담은 이 장이 있는 것입니다. 창세기가 단순히 인간의 저술이라면 창세기에 이 장이 어떻게 삽입될 수 있었겠습니까? 인간 저자들이라면 마치 오늘날 주석가들이 때때로 그런 것들을 억지로 감추는 것으로 보이는 것처럼 이러한 사건들을 감추었을 것입니다. 이러한 사건들이 성경에 포함되어 있다는 것에 대한 유일한 설명은 이 책 그리고 그 외의 모든 정경의 궁극적 저자가 사람에게 어떻게 비치든지 관계없이 진리를 말씀하시는 하나님이시라는 것입니다.

이 장을 연구하면서 우리는 디모데후서 3:16-17절의 말씀이 사실임을 깨닫습니다.

"모든 성경은 하나님의 감동으로 된 것으로 교훈과 책망과 바르게 함과 의로 교육하기에 유익하니 이는 하나님의 사람으로 온전하게 하며 모든 선한 일을 행할 능력을 갖추게 하려 함이라"

주거지는 주님이 계신 곳이다

창세기 34장의 첫 교훈은 우리를 창세기 33장 끝 부분으로 데려갑니다. 거기에 보면 야곱은 그가 필시 가야만 했던 벧엘이 아닌 숙곳과 나중에 세겜에 정착하는 실수를 범했습니다. 만일 우리가 야곱에게 왜 그가 벧엘이 아닌 숙곳에 정착했는가를 물었다면 그는 매우 훌륭한 이유를 말했을 것입니다. "우선, 나는 에서와 가까이 있는 것을 싫어합니다. 왜냐하면 그가 나를 호의적으로 맞이했지만 그는 성미가 급하고 그의 의중은 확실하지가 않습니다. 게다가 나는 양과 염소와 가축을 생각해야 합니다. 그 짐승들에게는 좋은 목초지가 필요합니다. 그런데 이 전체 지역에서 세겜 주변의 들보다 더 좋은 목초지는 없습니다." 만일 우리가 그를 조금 더 압박했다면 야곱은 이런 고백까지 했을지도 모릅니다. "우리는 오랫동안 유목민으로 살아왔습니다. 이제는 여기 세겜처럼 문명이 있는 곳에 정착하여 살고 싶습니다." 야곱은 틀림없이 그곳에 정착하기를 원했습니다. 이것이 그가 왜 하몰의 아들들에게서 성읍이 보이는 곳에 있는 밭을 샀는지를 설명합니다(창 33:18-19). 어쩌면 이것은 그가 왜 단을 쌓을 생각을 했는지의 이유가 될 것입니다. 그는 여기서 마침내 그의 순례 여정이 끝났다고 생각했습니다. 그는 가나안으로 돌아왔고, 다시는 떠나지 않을 자신의 작은 보금자리를 만들고 있었습니다.

그러나 그것이 얼마나 잘못되었습니까! 오늘날 사람들이 흔히 생각하는 것처럼 그는 "주거지는 마음이 있는 곳"이라고 생각했습니다. 그러나 그것은 그리스도인이 주거지를 선택하는 기준이 아닙니다. 우리는 우리의 마음을 신뢰할 수가 없기 때문입니다. 예레미야 선지자는 이렇게 말했습니다. "만물보다 거짓되고 심히 부패한 것은 마음이라 누가 능히 이를 알리요"(렘 17:9). 그리스도인에게 주거지는 단순히 마음이 있는 곳이 아닙니다. 주거지는 주님이 계신 곳입니다. 만일 주님이 우리가 이동할 때와 정착할 장소를 간섭하지 않으신다면 우리 재산으로 지반을 단단히 굳히고 있을 때에라도 우리는 영적인 방랑자가 됩니다.

당신은 사는 곳을 어떤 이유로 선택합니까? 이웃이 매력적으로 보이기 때문입니까? 당신의 이웃으로 어울리는 사람들을 원하고, 당신 자녀들의 친구로서 적절한 아이들을 원해서입니까? 그런 것들은 고상한 갈망입니다. 나는 야곱도 같은 생각을 하고 있었다고 확신합니다. 당신은 그런 기준으로 선택을 하는 지식을 갖지 않아야 한다는 것을 아십시오. 영적인 문제가 더욱 중요하다는 것을 아십시오. 당신은 이런 질문을 해 봐야 합니다. "내가 사는 곳에서 좋은 교회를 찾을 수 있는가, 자녀들이 영적인 친구들을 사귈 수 있는가, 이 도시에서는 어떤 종류의 기독교적인 도움을 받을 수 있는가?" 무엇보다도 당신은 이런 질문을 해야 합니다. "여기가 주님이 내게 원하시는 곳인가, 여기가 내가 그분을 잘 섬길 수 있는 곳인가?"

보호자로서 당신의 자녀들을 돌보기

창세기 34장이 주는 두 번째 교훈은 자녀들에 대한 부모의 책임입니다. 우리는 야곱의 딸 디나가 "그 땅의 딸들을 보러"(창 34:1) 나가서 문제에 빠진 것을 봅니다. 이 일에 대해 그 아이가 비난을 받아야 했는지에 대한 자세한 정보는 없습니다. 어린 나이에도 디나가 이른바 문제를 찾아 나갔다고 보는 것은 가능합니다. 그러나 본문은 그렇게 시사하고 있지 않습니다. 따라서 우리는 어떤 특별히 악한 동기를 그 아이에게 돌려야 할 이유가 없습니다. 디나는 세겜 성 근처에 살았고, 그 성을 보고 싶어 했고, 친구에 대한 필요를 가지고 있었을지도 모릅니다. 당시 그녀에게는 열 한 명의 오빠들이 있었습니다. 야곱의 대 가족 안에 다른 여자에 대한 언급이 없습니다. 젊은이들은 친구를 원합니다. 그들은 친구들을 보고 싶어 하고 자신을 친구들에게 보이고 싶어 합니다. 디나도 예외는 아니었습니다.

진짜 문제는 디나가 보호자인 부모로부터 적절한 보호를 받지 못한 것에 있습니다. 만일 부모가 보호를 제안했다면 디나는 아마도 자신을 돌볼 수 있고, 부모가 나서면 그녀처럼 성숙한 사람을 난처하게 한다고 항의를 했을 수도 있었다는 것을 나는 압니다. 이것은 오늘날 젊은이들도 말하는 것입니다.

아버지 야곱은 이 점에서 제일 비난 받아야 합니다. 본문은 그가 매사에 잘못하는 것을 보여주고 있기 때문입니다. 아마도 그가 숙곳과 세겜으로 간 것이 잘못된 선택이었을 것입니다. 단을 쌓는 데 있어 그는 신앙적이고자 애를 썼습니다. 그러나 그는 에서를 속이고, 전혀 영적인 동기 없이 숙곳과 세겜으로 갔습니다. 틀림없이 그의 자녀들은 이것을 알고 있었고, 그의 정직하지 못한 태도를 알아챘습니다. 나중에 야곱은 우유부단해집니다. 하몰이 와서 그의 아들인 세겜과 디나의 결혼을 제안하자 야곱은 처음에 아무 말도 안 합니다. 그리고 논의가 진행 중일 때, 어떤 이유에서인지 그 아들들이 협상을 수행하고, 그들은 속임수로 세겜 사람들에게 할례 의식을 제안합니다. 이때쯤 야곱은 그 일에서 손을 뗀 것 같습니다. 아마도 그의 아들들이 저지른 복수를 그 잔악 행위가 일어난 후까지도 알지 못했던 것 같습니다. 그때 그는 힘없이 한탄하는 불평의 소리만 낼 수 있었을 뿐이었습니다.

"너희가 내게 화를 끼쳐 나로 하여금 이 땅의 주민 곧 가나안 족속과 브리스 족속에게 악취를 내게 하였도다 나는 수가 적은즉 그들이 모여 나를 치고 나를 죽이리니 그러면 나와 내 집이 멸망하리라"(창 34:30)

나는 야곱의 실패인 영적 빈곤, 인격의 연약함 등이 어디에 기인하고 있는지 모릅니다. 그러나 오늘날 많은 아버지들의 실패가 어디서 오는지는 알고 있습니다. 그 실패는 "너무 바쁜" 것에서 오거나 만일 그들이 규율을 세우고 가정의 규칙을 정하면 자녀들이 그들을 싫어하리란 것을 두려워하는 데서 옵니다. 만일 당신이 아버지이고, 이 부분에서 실패해 왔다면 당신의 자녀들이 무슨 생각을 하든지 그 실패를 되돌리십시오.

마크 트웨인(Mark Twain)이 이렇게 말했던 것을 기억하십시오. "내가 열네 살 때, 나는 내 아버지가 어리석다고 생각했다. 스물한 살이 되었을 때, 나는 아버지가 단지 지난 7년 동안 얼마나 많이 배웠는지 깜짝 놀랐다."

악하고 악한 세상이다

본문이 주는 세 번째 교훈은 우리가 매우 악한 세상에 살고 있다는 것입니다. 이것은 열네 살, 혹은 열다섯 살 소녀의 유괴나 성폭행이 일어날 수 있는 세상에 살고 있다는 것을 의미하는 것이 아닙니다. 세상이 악한 것은 사실이지만 말입니다. 내가 의미하는 것은 우리가 너무 쉽게 죄와 타협하고, 악을 알아보지 못하는 세상에 살고 있다는 것입니다.

이것이 본문 이야기에서 중요한 내용입니다. 디나가 세겜에게 성폭행을 당했다는 사실은 세계 역사에 유일무이한 사건은 아닙니다. 사실상 세상 통례로 보아 이것은 대부분의 사건보다 상대적으로 나은 것입니다. 다윗의 아들 암논이 다말을 강제적으로 성폭행하고 나서 이렇게 말했습니다. "암논이 그를 심히 미워하니 이제 미워하는 미움이 전에 사랑하던 사랑보다 더한지라"(삼하 13:15). 그러나 세겜은 이렇게 하지 않았습니다. 세겜은 분명히 디나를 사랑했습니다. "그 마음이 깊이 야곱의 딸 디나에게 연연하며 그 소녀를 사랑하여 그의 마음을 말로 위로하고"(창 34:3). 그는 그녀와 결혼하기를 원했습니다.

결코 이것은 세겜 사람들의 세상이 악함을 보여주는 유괴의 사실을 이야기하고 있는 것이 아닙니다. 오히려 이것은 세겜이나 다른 누군가가 잘못을 저질렀다는 사실에 대한 철저한 무관심을 이야기하는 것입니다. 세겜의 아버지 하몰이 야곱에게 와서 결혼을 제안했을 때, 사과하는 기색도 없었고, 잘못에 대한 작은 자백조차도 없었습니다. 그는 이렇게 말했습니다.

"내 아들 세겜이 마음으로 너희 딸을 연연하여 하니 원하건대 그를 세겜에게 주어 아내로 삼게 하라 너희가 우리와 통혼하여 너희 딸을 우리에게 주며 우리 딸을 너희가 데려가고 너희가 우리와 함께 거주하되 땅이 너희 앞에 있으니 여기 머물러 매매하며 여기서 기업을 얻으라"(창 34:8-10)

하몰이 악을 평온하게 받아들이는 것이 더 충격적입니다. 왜냐하면 그것이 7절에서 야곱 자신의 평가가 나온 직후에 한 이야기이기 때문입니다. 7절에서 세겜의 행동을 "부끄러운 일 곧 행하지 못할 일"이라고 했습니다. 이것은 통찰해 볼 가치가 있습니다. 이것은 부패한 빈털터리가 소위 선량한 사람들이 비난할 어떤 악덕을 변명하는 사건이 아닙니다. 이것은 야곱이 이렇게 말할 처지에 있는 사건이 아닙니다. "글쎄, 너는 저렇게 천하게 사는 사람들에게서 무엇을 기대하겠느냐?" 그는 그 지역의 통치자 하몰이었습니다. 여기는 세겜입니다. 야곱은 이리로 옮겨 왔고, 그는 분명히 이곳을 보고 감탄했을 것입니다. 이 사람들은 선량한 사람들이었습니다. 세련되고, 교양 있고, 개화된 사람들이었습니다. 야곱과 그의 가족은 집시 같은 떠돌이였습니다. 그들은 자신의 부도덕에 대한 감각이 없는 소위 선량한 사람들이었습니다.

그리스도인들은 이 사실에 눈을 떠야 합니다. 우리는 공공연히 악한 사람들 사이에서 죄를 보고, 거기에 반응합니다. 우리는 이런 말을 합니다. "우리는 저 무리들과 함께 시간을 보내고 싶지 않다." 그러나 우리는 "선량한" 사람들의 악이 더욱 나쁘다는 것을 인정하지 않고, 심지어 부정하기 때문에 더욱 나쁘다는 것을 알지 못합니다. 우리는 소위 선량한 사람들과 선량한 사회의 악에 대해 특별히 깨어있어야 합니다. 주님을 십자가에 못 박은 사람들은 소매치기나 창녀들이 아니라 이 선량한 사람들이었습니다.

의인들도 역시 죄를 짓는다

이 세상은 악합니까? 그렇습니다. 그러나 악은 믿지 않는 자들이 독점하고 있는 세상에 있는 어떤 것이 아닙니다. 믿는 자라고 고백하는 사람들 사이에도 악은 흔히 있습니다.

이 본문의 사건에서 누가 더 큰 악을 드러내고 있습니까? 세겜 사람들입니까 아니면 족장 야곱의 아들들입니까? 나는 그 땅의 사람들이 그들이 잘못한 일에 대해 전혀 무감각한 것에서 악하다고 말했습니다. 그 점을 제외하면 그들은 누구나 그 상황에서 할 수 있는 올바른 방식으로 행동했습니다. 세겜은 진실로 디나를 사랑했고 원했습니다. 명예로운 결혼을 통해서 그녀에 대한 모욕을 치료하고자 했습니다. 그의 아버지 역시 아들의 죄스런 불륜에 대해 관대했지만 정직하게 우정의 손을 야곱에게 내밀었습니다. 그는 두 족속간의 결혼을 제안했습니다. 그는 사업을 하고 거래를 하는 자유를 주고, 그들이 살고자 선택하는 땅은 어디라도 차별대우하지 않을 것이라고 외인들에게 보장을 했습니다. 그들이 대화를 마치기 전에 세겜은 디나에 대한 적절한 지참금을 제안했습니다. 그는 그들에게 "아무리 큰 혼수와 예물"이라도 청하라고 했습니다.

세겜 사람들 쪽의 이러한 관대함과 솔직함에 대해 야곱의 아들들은 계략을 짰습니다. 특히 디나가 그들의 누이였고, 그래서 그 모욕을 그들 스스로에 대한 모욕으로 느꼈기 때문에 그들의 자존심은 상처를 받았습니다. 그들은 분노하여 단지 세겜이나 그의 아버지에 대해서만이 아니라 세겜 사람들의 성 전체에 대해 복수를 하기로 결심했습니다.

더욱이 그들은 그 일을 하기 위해 종교를 이용했습니다. 그들은 세겜 사람들에게 말했습니다. "그리하지 못하겠노라 할례 받지 아니한 사람에게 우리 누이를 줄 수 없노니 이는 우리의 수치가 됨이니라 그런즉 이같이 하면 너희에게 허락하리라 만일 너희 중 남자가 다 할례를 받고 우리 같이 되면 우리 딸을 너희에게 주며 너희 딸을 우리가 데려오며 너희와 함께 거주하여 한 민족이 되려니와 너희가 만일 우리 말을 듣지 아니하고 할례를 받지 아니하면 우리는 곧 우리 딸을 데리고 가리라"(창 34:14-17). 시므온, 레위 및 다른 형제들은 세겜 사람들 사이에 정착하거나 그들과 결혼할 의향이 없었습니다. 그들은 오직 대대적인 살인에만 전념하고 있었습니다. 그러나 그들은 그렇게 하기 위해 종교를 이용하고 있습니다. 나중에 그들은 자신들의 행동을 과장하며 변호했습니다. 즉, 세겜과 하몰이 그들의 누이를 창녀처럼 대우했다고 했습니다(31절). 그러나 그들은 그들의 계략으로 언약의 표를 악용했습니다.

거룩한 것에 대해 얼마나 두려운 오용입니까! 한 주석가는 이렇게 말합니다. "하나님의 언약의 표를 세겜은 그의 욕망을 충족시키는 데에, 하몰은 그의 가축을 증가시키는 데에 그리고 야곱의 아들들은 살인을 위한 위장 수단으로 도용했다."[2] 모두가 죄스런 동기들을 가지고 있었습니다. 그러나 그 모든 악 중에서 야곱의 아들들의 악이 제일 나빴습니다. 그들은 하나님의 호의의 보증인 할례를 그들의 살인 의도를 가리는 데에 사용했습니다.

본문은 할례 삼일 후에 그 성의 사람들이 아직 아파할 때, "야곱의 두 아들 디나의 오라버니 시므온과 레위가 각기 칼을 가지고 가서 몰래 그 성읍을 기습하여 그 모든 남자를 죽이고 칼로 하몰과 그의 아들 세겜을 죽이고 디나를 세겜의 집에서 데려오고 야곱의 여러 아들이 그 시체 있는 성읍으로 가서 노략하였으니 이는 그들이 그들의 누이를 더럽힌 까닭이라 그들이 양과 소와 나귀와 그 성읍에 있는 것과 들에 있는 것과 그들의 모든 재물을 빼앗으며 그들의 자녀와 그들의 아내들을 사로잡고 집 속의 물건을 다 노략한지라"(창 34:25-29).

하나님은 포기하지 않으신다

창세기 34장에 언급된 자들은 그 누구도 호의적인 빛을 받으며 등장하지 않습니다. 그것은 가장 부끄러운 사건입니다. 그러나 그 죄와 그 죄로 인한 영향(이 중에는 야곱이 가나안 사람들의 보복을 두려워하여 그 지역을 떠날 필요도 있었음)에도 불구하고 하나님은 여전히 야곱을 포기하지 않으셨고, 여전히 그를 가르치시고 계속해서 그의 인격을 계발하고자 하셨습니다.

나는 그의 임종의 장면을 생각합니다. 창세기 34장의 비극은 사나운 두 아들을 꾸짖는 말이 없는 야곱에게서 발견되었습니다. 그는 단지 자기 연민과 자신의 안전에 대한 두려움에서 마음대로 지껄인 가벼운 비난만 털어놓았습니다. 그러나 그가 죽을 때가 되었을 때, 일은 달라졌습니다. 그는 세겜에서의 그 비극의 날의 사건을 더 경건한 시각에서 보고 이렇게 말했습니다.

"시므온과 레위는 형제요 그들의 칼은 폭력의 도구로다 내 혼아 그들의 모의에 상관하지 말지어다 내 영광아 그들의 집회에 참여하지 말지어다 그들이 그들의 분노대로 사람을 죽이고 그들의 혈기대로 소의 발목 힘줄을 끊었음이로다 그 노여움이 혹독하니 저주를 받을 것이요 분기가 맹렬하니 저주를 받을 것이라 내가 그들을 야곱 중에서 나누며 이스라엘 중에서 흩으리로다" (창 49:5-7)

야곱은 그 문제를 인정하는 데에 늦었습니다. 그러나 적어도 그는 그것을 인정했고, 그것이 어떤 것이었는지 지적했습니다. 중요한 것은 다른 사람들에게서 약점과 악함을 발견하는 능력만큼 우리는 우리 자신 안의 그러한 불완전함을 확인할 각오가 되어 있어야만 합니다.

● 각주 ●

1. H. C. 르폴드, *Exposition of Genesis*, 2:912.
2. 도널드 G. 반하우스, *Genesis*, 2:138.

118

야곱의 만년

창세기 35 : 1-29

하나님이 야곱에게 이르시되 일어나 벧엘로 올라가서 거기 거주하며 네가 네 형 에서의 낯을 피하여 도망하던 때에 네게 나타났던 하나님께 거기서 제단을 쌓으라 하신지라 야곱이 이에 자기 집안 사람과 자기와 함께 한 모든 자에게 이르되 너희 중에 있는 이방 신상들을 버리고 자신을 정결하게 하고 너희들의 의복을 바꾸어 입으라 우리가 일어나 벧엘로 올라가자 내 환난 날에 내게 응답하시며 내가 가는 길에서 나와 함께 하신 하나님께 내가 거기서 제단을 쌓으려 하노라 하매 그들이 자기 손에 있는 모든 이방 신상들과 자기 귀에 있는 귀고리들을 야곱에게 주는지라 야곱이 그것들을 세겜 근처 상수리나무 아래에 묻고 그들이 떠났으나 하나님이 그 사면 고을들로 크게 두려워하게 하셨으므로 야곱의 아들들을 추격하는 자가 없었더라 야곱과 그와 함께 한 모든 사람이 가나안 땅 루스 곧 벧엘에 이르고 그가 거기서 제단을 쌓고 그 곳을 엘벧엘이라 불렀으니 이는 그의 형의 낯을 피할 때에 하나님이 거기서 그에게 나타나셨음이더라 리브가의 유모 드보라가 죽으매 그를 벧엘 아래에 있는 상수리나무 밑에 장사하고 그 나무 이름을 알론바굿이라 불렀더라… 라헬이 죽으매 에브랏 곧 베들레헴 길에 장사되었고… 야곱이 기럇아르바의 마므레로 가서 그의 아버지 이삭에게 이르렀으니 기럇아르바는 곧 아브라함과 이삭이 거류하던 헤브론이더라 이삭의 나이가 백팔십 세라 이삭이 나이가 많고 늙어 기운이 다하매 죽어 자기 열조에게로 돌아가니 그의 아들 에서와 야곱이 그를 장사하였더라(**창** 35:1-8, 19, 27-29)

나는 "후년에 만족하기(Contentment in Later Years)" 라는 제목의 글이 들어가 있는 유명한 사람들이 진술한 책들을 가지고 있습니다. 그 책에는 노년에 대하여 다수의 낙관적인 소견들이 있습니다. 그 예로 해리 포스딕(Harry Fosdick)의 글이 있는데 그는 이렇게 말하고 있습니다. "만일 젊음만 유지한다면 늙는다는 것은 멋진 것이다." 또 제임스 가필드(James Garfield)는 이렇게 말합니다. "비록 이마에 주름살이 그어진다고 할지라도 심장 위에는 그어지지 않도록 하라." 사무엘 울먼(Samuel Ullman)의 말도 있습니다. "당신은 당신이 믿는 만큼 젊어지고, 당신이 의심하는 만큼 늙어지고, 당신이 자족하는 만큼 젊어지고, 두려워하는 만큼 늙어지고, 당신이 소망하는 만큼 젊어지고, 당신이 절망하는 만큼 늙어진다." 그러나 그 중의 백미는 로버트 브라우닝(Robert Browning)의 말입니다. "나와 함께 늙어가자! 삶의 마지막이라는 최선이 아직 남아있다. 그것을 위해 삶의 처음이 만들어진 것이다."

나는 당신이 이 말들에 대해서 어떻게 반응할지 모르지만 나는 그것들이 나를 그다지 기쁘게 하지 않는다는 것을 고백합니다. 그것들은 공허하게 들립니다. 그래서 나는 만일 하나님이 존재하지 않으셔서 우리의 노년을 축복하지 않으시고 특히 육체적 힘이 쇠약해 가는 시기에 우리에게 적합한 기쁨거리를 예비해 주시지 않는다면 늙는 것은 잔인한 우주적 장난이고, 오직 젊은이들만 격려를 받을 수 있게 된다고 이의를 제기합니다. 그러나 당연히 하나님은 존재하십니다! 그리고 하나님은 사람들에게 소위 "만년(晩年)"을 위한 특별한 은혜를 주십니다. 그분의 능력은 만년을 영원한 날의 첫 미광(微光)으로 변화시키실 수 있습니다.

야곱의 마지막 기간이 그랬습니다. 그의 생애는 문젯거리로 차 있었지만 그 대부분은 스스로 만든 것이었습니다. 그러나 그가 그의 생애의 말년(末年)에 들어서면서 그는 벧엘과 헤브론에 있는 그의 조상의 집으로 돌아오고, 거기서 하나님의 임재와 기쁨을 그 이전 어느 때보다도 실컷 맛보는 경험을 했습니다. 창세기 34장에는 하나님이 한 번도 언급이 되고 있지 않습니다. 그 장에 해당되는 기간은 욕망, 속임, 살인 그리고 일어날 수 있는 보복의 두려움으로 차 있었습니다. 그러나 창세기 35장에는 하나님이 어디에나 계십니다. "하나님" 이란 이름이 열한 번 나오고 있습니다. 또한 이스라엘, 벧엘 그리고 엘 벧엘의 이름도 열한 번 더 나오고 있고, 엘 샤다이(전능하신 하나님)라는 이름이 나오기도 합니다. 결과적으로 이 장은 노년의 많은 문제로 차 있긴 하지만 야곱의 역사의 절정입니다.

야곱은 아마도 30년 내지 40년을 더 살았을 것입니다. 우리는 그가 세겜을 떠날 때가 몇 세 때인지 모릅니다. 그러나 창세기 35장 끝에서 그의 나이는 120세이고, 147세에 죽었습니다.[1] 영적인 관점에서 이 수십 년은 그의 생애의 가장 좋은 때였습니다.

과거의 은총을 기억하다

나는 당신이 야곱의 생애의 이러한 여러 가지 말년의 특징을 보았으면 합니다. 그것은 첫째, 과거 하나님의 은총에 대한 기억과 둘째, 죄를 씻음과 하나님을 향한 진지한 헌신에 대한 관심과 셋째, 추가적인 하나님의 계시와 넷째, 죽음에 대한 슬픔과 전진하는 삶에서의 기쁨 등입니다.

우리는 몇 가지 면으로 과거 하나님의 은총을 생각나게 하는 것을 봅니다. 본문은 야곱이 어디론가 떠나 가야하는데 어디로 갈지를 모르고 아직 세겜에 있을 때, 그에게 하나님이 나타나신 것을 기록하는 것에서 시작합니다. 그는 라반 때문에 뒤의 퇴로가 차단당했던 적이 있었습니다. 그는 앞을 향해 에서 쪽으로 가기도 싫어했습니다. 그런데 지금 역시 그는 세겜 사람들의 땅에서 자신이 환영받지 못할 처지를 만들었습니다. 그는 어떻게 해야 합니까? 이때 하나님이 말씀하셨습니다. "일어나 벧엘로 올라가서 거기 거주하며 네가 네 형 에서의 낯을 피하여 도망하던 때에 네게 나타났던 하나님께 거기서 제단을 쌓으라" (창 35:1).

야곱이 그의 긴 생애를 뒤돌아보았을 때, 그에게 일어났던 모든 일 중에서 그가 다시 에서를 만나기 전날 밤에 천사와 씨름했던 경험을 제외하고는 벧엘에서의 그의 첫 경험을 절정으로 생각했을 것입니다. 그가 20년 전에 에서에게서 도망했을 때, 하나님이 벧엘에서 그에게 나타나셔서 하늘에서부터 땅에 닿은 사닥다리의 환상을 보여주셨습니다. 그것은 하나님의 내재성을 보여준 것이고, 하나님의 야곱에 대한 관심을 증명해준 것이었습니다. 야곱은 여러 해 전에 하나님이 자신을 그의 아버지 이삭과 할아버지 아브라함에게 나타내셨던 것을 알고 있었습니다. 그러나 하나님은 이 사건 전에 야곱에게 자신을 나타내신 적이 없으셨습니다. 그분은 벧엘에서 자신을 나타내셨습니다. 야곱은 감명을 받아 하늘을 보고 말했습니다.

"하나님이 나와 함께 계셔서 내가 가는 이 길에서 나를 지키시고 먹을 떡과 입을 옷을 주시어 내가 평안히 아버지 집으로 돌아가게 하시오면 여호와께서 나의 하나님이 되실 것이요 내가 기둥으로 세운 이 돌이 하나님의 집이 될 것이요 하나님께서 내게 주신 모든 것에서 십분의 일을 내가 반드시 하나님께 드리겠나이다"(창 28:20-22)

이것은 훌륭한 서원은 아니었습니다. 그가 좋아했든 안 했든 간에 하나님은 그의 하나님이셨고, 하나님은 야곱의 십분의 일을 필요로 하지 않으셨습니다. 그럼에도 그의 마음은 올바른 곳에 있었고, 야곱이 여러 해의 타향살이를 견뎌낸 것은 하나님의 약속의 힘 덕분이었습니다.

이제 야곱은 벧엘로 돌아가면서 이전의 환상, 서원, 그리고 하나님이 약속을 지키셨다는 사실을 생각하고 있었을 것이 확실합니다. 하나님은 그를 지켜 주셨고 번성케 해 주셔서 그 결과로 "내가 내 지팡이만 가지고 이 요단을 건넜더니 지금은 두 떼나 이루었나이다"(창 32:10) 라고 말했던 것처럼 되었습니다. 그가 삶을 되돌아보면서 그는 틀림없이 이렇게 말할 수 있었을 것입니다. "하나님은 자신의 말씀에 신실하시다. 하나님은 선하시고, 그분은 내게 풍성한 복을 주셨다." 35장에서 야곱은 하나님이 그의 환난 가운데서 응답하셨고, 그가 어디로 가든지 그와 함께하셨다는 것을 고백합니다(3절).

만일 당신이 노년에 있다면 당신에게 묻습니다. 당신의 삶을 되돌아보면 당신은 하나님이 주신 복을 알 수 있습니까? 당신은 그 복을 세어볼 수 있습니까? 당신은 이렇게 말할 수 있을지 모르겠습니다. "하나님은 그분의 말씀에 충실하셨습니다. 내가 그분에게 처음 헌신했을 때, 나는 충분히 알고 있지를 못했습니다. 그러나 하나님은 알고 계셨고, 하나님은 신실하셨습니다. 하나님은 내게 복을 주셔서 지금 생애의 후반에 나는 뒤를 돌아보며 하나님은 선하시다라는 말을 할 수 있습니다."

만일 당신이 은혜롭게 늙는 비결을 원한다면 나는 이것 이상의 적절한 것은 없다고 생각합니다. 나는 여러 계층의 노인들을 알고 있는데 불쌍한 일부 사람들이 있고, 온전히 기쁨을 주는 사람들이 있다는 것을 압니다. 그 차이는 그들이 하나님과의 관계에 있습니다. 어떤 사람들은 그들의 삶을 되돌아보고 괴로움에 젖습니다. 그들은 이렇게 말합니다. "아무개가 나를 혹사했다." 또는 "내가 정말로 원했던 어떤 것을 얻을 기회를 거의 잡았었는데 아무개가 그것을 내게서 빼앗아 갔다. 나는 아무개를 결코 용서할 수 없다." 그러나 그들에게 있어 과거는 과거라고 말하는 사람들도 있습니다. 그들은 삶의 사소한 것에 대해 염려하지 않습니다. 그들은 하나님이 그의 가족에게 얼마나 큰 복을 주셨는지, 많은 기도 후에 아무개가 어떻게 그리스도인이 되었는지, 특별히 괴로웠던 상황에서 하나님이 어떤 식으로 중요한 교훈을 주셨는지 등 하나님의 선하심으로 선점되어 있습니다. 이런 사람들은 기쁨으로 차 있습니다.

당신은 어떤 노인이 되려고 합니까? 혹은 어떤 노인입니까? 당신의 만년(晩年)은 괴로움의 기간이 될 것입니까 아니면 저 영원한 영광스러운 빛의 전주곡의 기간이 될 것입니까? 그 차이는 당신의 과거 은총에 대해 당신이 어떻게 생각하는가에서 드러날 것입니다.

깨끗케 함과 헌신

야곱의 말년의 두 번째 훌륭한 특징은 자신과 그의 가족을 깨끗케 하는 데 대한 관심과 하나님께 대한 새로운 헌신을 위한 관심이었습니다. 하나님이 그에게 벧엘로 가라고 말씀하시자 야곱은 이때가 헌신을 새롭게 할 때임을 확인했습니다. 그래서 그는 집안의 모든 사람들에게 이렇게 말했습니다. "너희 중에 있는 이방 신상들을 버리고 자신을 정결하게 하고 너희들의 의복을 바꾸어 입으라 우리가 일어나 벧엘로 올라가자 내 환난 날에 내게 응답하시며 내가 가는 길에서 나와 함께 하신 하나님께 내가 거기서 제단을 쌓으려 하노라" (창 35:2-3).

이러한 뒤늦은 때에 야곱의 집안에 신상이 있었다는 것은 얼마나 흥미로운 일입니까! 하나님은 아브라함을 우상숭배의 과거에서 부르셨지만 우리는 아브라함에게서 메소포타미아의 신들을 동경했다는 흔적을 찾지 못합니다. 그런데 이 신상들이 야곱의 가족에게 영향력을 행사했습니다. 당신은 라반이 야곱을 뒤쫓았을 때, 라헬이 집안의 신상을 훔쳤던 것을 기억할 것입니다. 그런데 여기서는 단지 라헬이 감추었던 신상만이 아니라 야곱의 아들들과 딸들이 소유하고 있었을 다른 신상들이 문제였던 것입니다. 어떻게 우리에게 부적절한 과거가 달라붙어 있고, 또 우리가 기독교적 예배를 드리는 데에 평생을 바쳤고, 찬양을 하고, 우리 자신을 예수 그리스도와 관계시켜 왔음에도 불구하고 생애 말년에 조차 제거해야 할 것들이 있고, 도달해야 할 새로운 헌신의 수준이 있는 것인지 흥미를 일으킵니다. 우리 말년의 하나의 기쁨은 지속되는 하나님의 성화의 역사를 경험하고 우리가 더욱 전심으로 하나님께 나아가고 있다는 것을 알게 되는 것입니다. 야곱은 그가 벧엘에서 예배할 때 이것을 경험하고 있었습니다.

나는 이 본문에서 작지만 도움이 되는 한 세부 사항에 주목을 하는데 그것은 엘 벧엘 (El Bethel, 7절)이라는 이름입니다. 일찍이 하나님이 하늘에서 땅에 닿은 사닥다리의 환상 속에서 야곱에게 처음 나타나셨을 때, 야곱은 그 장소를 벧엘 "하나님의 집" 이라고 불렀습니다. 그는 그 장소로 인해 큰 감명을 받았습니다. 그는 이렇게 말했습니다. "여호와께서 과연 여기 계시거늘 내가 알지 못하였도다 이에 두려워하여 이르되 두렵도다 이 곳이여" (창 28:16-17). 그는 벧엘이 특별히 거룩한 장소라고 생각했습니다. 그곳에 하나님의 사닥다리가 내려왔던 곳이기 때문입니다. 그러나 창세기 35장까지 오면서 야곱은 조금 더 성장했고, 지금은 그가 그 장소로 돌아가지만 그의 강조점은 그 장소에 있지 않고 그가 거기서 만났던 "하나님" 에 두고 있습니다. 그는 그곳을 엘 벧엘이라고 불렀습니다. 즉, "하나님의 집의 하나님" 이라고 부른 것입니다. 그의 초점이 옮겨졌습니다. 그의 인식이 높아졌습니다.

이런 일이 당신의 말년에도 일어나야 합니다. 당신이 젊었을 때, 당신의 마음은 재산, 사람, 장소, 사건 등에 있었습니다. 그것은 좋은 것입니다. 그러나 당신이 나이가 들면서 이런 것들이 중요도에서 사라지기 시작하는 것이 옳습니다. 이것은 당신이 사람을 더 이상 돌보지 않는다는 것이 아닙니다. 어쩌면 당신은 젊었을 때보다 지금 더 돌봐주어야 할 것입니다. 또 이것은 당신이 장소에 대해 더 이상 관심을 갖지 않아야 한다는 것이 아닙니다. 그러나 상대적으로 말해서 사람과 장소는 하나님보다 덜 중요해 집니다. 그래서 당신은 하나님으로 가득 차 있는 당신의 마음과 끊임없이 하나님에게로 돌아가는 당신의 생각과 하나님의 임재를 기뻐하는 자신을 발견하게 됩니다. 이것과 하나님의 과거의 은총을 기억하는 것은 노년을 아름답게 하는데 충분합니다.

새로운(그러나 오래된) 계시

이때 하나님은 야곱에게 말씀을 더해 주십니다. "네 이름이 야곱이지마는 네 이름을 다시는 야곱이라고 부르지 않겠고 이스라엘이 네 이름이 되리라 하시고 그가 그의 이름을 이스라엘이라 부르시고 하나님이 그에게 이르시되 나는 전능한 하나님이라 생육하며 번성하라 한 백성과 백성들의 총회가 네게서 나오고 왕들이 네 허리에서 나오리라 내가 아브라함과 이삭에게 준 땅을 네게 주고 내가 네 후손에게도 그 땅을 주리라" (창 35:10-12). 하나님이 늙은 야곱에게 "생육하라"는 단어를 쓰신 것이 흥미롭지 않습니까? 야곱에게는 이미 자녀들이 있습니다(23-26절). 그의 삶에서 생육은 끝이 났습니다. 그러나 하나님은 그에게 생육이 나이에 제한되지 않는다는 것을 생각나게 하고 계십니다. 그는 한 민족의 조상이 될 것이고, 왕들이 그에게서 나올 것이며, 그의 자손들은 땅을 소유할 것입니다.

13절에서 하나님이 야곱과 말씀하신 후에 그를 떠나 올라가셨다고 했습니다. 이것은 어쩌면 하나님이 전에 아브라함에게 그리고 야곱에게까지도 자신을 보이셨던 것처럼 사람으로 나타나셨던 것인지도 모릅니다. 창세기에서 이렇게 나타나시는 것은 이것이 마지막입니다. 이후에는 요셉이 주님에게 가까이 있고, 경건한 삶을 살고 있음에도 하나님이 요셉에게 말씀하실 때는 사람으로 나타나시는 것이 아니라 꿈을 통해 말씀하십니다. 따라서 이 기간은 전환의 기간입니다. 이것은 족장 시대가 끝나고 있다는 것을 의미합니다. 지금 하나님이 새로운 계시를 주시는 것이 아니라 족장들에게 여러 번 말씀하셨던 것을 단순히 생각나게 해 주시는 것은 그 의미가 깊습니다.

노년에 당신은 하나님에 대한 새로운 진리가 필요한 것이 아닙니다. 당신은 성경에 있는 것들을 상기하는 것이 필요합니다. 하나님은 우리를 위해 충분 이상으로 말씀하셨습니다. 성경은 우리 중 누구도 다 꺼내낼 수 없는 교훈으로 가득 차 있습니다. 따라서 당신의 말년은 이 책의 말씀을 계속적으로 먹는 기간이 되어야 합니다. 당신이 성경을 공부하면서 그 말씀을 회고하며 말합니다. "아, 이것이 하나님의 모습이지! 이것이 하나님이 여러 해 전에 자신에 대해 내게 가르쳐주신 것이지! 하나님은 내게 이렇게 역사하셨지! 아, 이것은 영광스러운 진리야! 나는 나의 제자의 삶에서 이것이 진리였다는 것을 알았지!"

당신은 내가 말하는 것을 이해합니까? 나는 당신의 삶이 첫째, 하나님이 과거에 베푸신 은총을 기억하는 것과 둘째, 현재의 삶을 깨끗이 하는 것과 셋째, 하나님께 헌신하는 것과 넷째, 성경을 묵상하고 적용하는 것으로 특징지어져야 한다는 것을 말하는 것입니다. 이런 것에서 예수님이 말씀하신대로 "생수의 강" 이 흘러나와 당신을 아는 이웃 사람들에게 전달되어야만 합니다.

삶은 지속된다

창세기 35장은 야곱의 만년(晩年)의 마지막 특징인 삶과 죽음 사이에서의 변화 이야기입니다. 이 장에는 세 명의 죽음이 나옵니다. 드보라, 라헬 그리고 이삭의 죽음입니다. 드보라는 리브가가 이삭의 아내가 되기 위해 엘리에셀과 함께 가나안으로 갈 때, 리브가와 함께 하란을 떠났던 여인들 중 한 명입니다. 이 충성된 종은 그 집안에서 족히 150 여년을 함께 지냈는데 처음에는 이삭과 리브가와, 다음에는 아마도 리브가가 죽은 후에 야곱과 함께 지낸 것 같습니다. 드보라는 사랑받은 종으로서 그녀가 죽은 장소를 "눈물을 흘리는 상수리나무" 라고 불렀는데 이것이 알론바굿(8절)의 의미입니다. 그녀를 잃은 것을 크게 슬퍼했습니다.

16절은 야곱 생애에서 최고의 슬픔인 라헬의 죽음입니다. 야곱은 라헬을 처음 보는 순간부터 사랑했습니다. 그녀를 위해 7년을 노동했고, 그가 속임을 당하고 7년간 더 노동을 했습니다. 이제 라헬이 요셉을 낳고 둘째 아들인 베냐민을 출산하는 과정에서 라헬은 죽습니다. 여러 해 후에 야곱이 그의 생을 이야기 할 때, 그의 마음에 슬픔이 컸던 라헬에 대해 이야기합니다.

그리고 마지막으로 이삭이 180세에 죽습니다. "이삭이 나이가 많고 늙어 기운이 다하매 죽어 자기 열조에게로 돌아가니"(창 35:29상).

세 명의 죽음! 죽음은 슬프지만 창세기 35장은 내 생각으로는 적합하고, 의미 있게 그리고 의도적으로 새 삶의 약속으로 가득 차 있습니다. 라헬이 죽으면서 베냐민이 태어납니다. 그리고 베냐민의 출생의 기록에 뒤이어 야곱의 열 두 아들이 열거됩니다(22-25절). 창세기 35장에서 야곱은 과거와 미래 사이, 죽음과 삶 사이의 다리가 되고 있습니다.

미국인의 삶에 있어서 한 가지 약점은 연속성을 잃고 있다는 것입니다. 전에는 가족들이 함께 살았습니다. 가정 안의 젊은이들은 노인들의 지혜와 통찰력의 혜택을 보았습니다. 그러나 지금은 유동적인 사회에서 젊은이들은 조부모와 살지 않고 있으며 그로 인한 지혜와 연속성을 잃었습니다. 슬픈 일입니다. 그러나 하나님을 모신 가족의 교제 안에서는 그 연속성이 유지되고 있습니다. 하나님과 함께 살아온 사람들은 젊은이들에게 이런 말을 해 줄 수 있습니다. "젊은이들이 헤쳐 나가야 할 비극은 현실적인 것이며 슬픈 일이오. 그러나 하나님은 비극보다 더 크시고, 그 비극 안에서 신실하실 것이오. 나는 오랜 세월을 살면서 하나님이 하실 수 있는 것을 보아왔소. 그분을 신뢰하시오! 성경을 공부하시오! 기도하시오! 당신들은 그분이 당신들을 도우시고, 더욱 강하게 만드시는 것을 알게 될 것이오!"

이런 도움을 우리는 필요로 하는 것이고, 그것은 하나님의 은혜로 얻는 것입니다. 만일 지금의 때가 당신의 만년(晩年)이라면 나는 당신에게 야곱같이 되라고 도전합니다. 야곱은 거의 성공하지 못할 사람이었던 것을 주목해 보십시오. 그는 구조적인 실패의 씨앗을 품고 있었습니다. 그가 생애에 수많은 실수를 저질러 비참하고, 가련하고, 불평하는 노인으로 생을 마쳤다면 우리는 불순종의 대가였다고 말했을 것입니다. 그러나 하나님은 위대하시고, 하나님의 은혜와 능력으로 야곱은 성공했습니다. 하나님은 그를 죄에서 불러내시고, 교제 안에서 그를 다시 세우시고, 그의 말년을 축복하셔서 그 말년의 기간은 그의 젊을 때의 어느 기간보다도 훨씬 더 좋았습니다.

하나님이 당신에게 그렇게 하시도록 하십시오. 당신이 어디 있든지, 당신의 나이가 얼마이든지 지금 하나님과 함께 시작하십시오. 그리고 그분으로 하여금 당신의 만년을 은총의 근원으로 만들고, 그분의 은혜의 경험을 당신에게 붙박으시도록 허락하십시오.

● 각주 ●

1. 야곱이 태어날 때 이삭은 60세였고(창 25:26 참조), 180세에 죽었으므로 이때 야곱은 120세였다. 그가 죽을 때, 나이는 창세기 47:28절에 나온다. 그러나 창세기 35장의 사건들은 상당한 기간을 걸치고 있는 것이 확실하고, 아마도 여러 해를 헤브론에서 이삭과 보냈을 것이다.

119

에서의 일족

창세기 36 : 1-8

에서 곧 에돔의 족보는 이러하니라 에서가 가나안 여인 중 헷 족속 엘론의 딸 아다와 히위 족속 시브온의 딸인 아나의 딸 오홀리바마를 자기 아내로 맞이하고 또 이스마엘의 딸 느바욧의 누이 바스맛을 맞이하였더니 아다는 엘리바스를 에서에게 낳았고 바스맛은 르우엘을 낳았고 오홀리바마는 여우스와 얄람과 고라를 낳았으니 이들은 에서의 아들들이요 가나안 땅에서 그에게 태어난 자들이더라 에서가 자기 아내들과 자기 자녀들과 자기 집의 모든 사람과 자기의 가축과 자기의 모든 짐승과 자기가 가나안 땅에서 모은 모든 재물을 이끌고 그의 동생 야곱을 떠나 다른 곳으로 갔으니 두 사람의 소유가 풍부하여 함께 거주할 수 없음이러라 그들이 거주하는 땅이 그들의 가축으로 말미암아 그들을 용납할 수 없었더라 이에 에서 곧 에돔이 세일 산에 거주하니라

만일 어떤 사람이 야곱의 형 에서가 그랬던 것처럼 하나님을 잊으려고 시도한다면 하나님도 그 사람을 잊으실 것으로 당신은 생각할 것입니다. 그러나 에서의 경우는 그렇지 않았습니다. 에서는 그의 장자의 명분을 일축했고, 또 그의 생애에 단 한 번도 진실한 영적 지각력이나 관심을 보인 적이 없었습니다. 그

럼에도 하나님은 그를 잊지 않으셨습니다. 에서는 여전히 이삭의 아들이었습니다. 그는 여전히 야곱의 형이었습니다. 그는 에돔이라는 이스라엘의 "형제" 민족의 조상이 되었습니다. 이러한 이유로 그리고 어쩌면 다른 이유로 창세기 36장 전체는 에서와 에서의 자손들에 관해 기록하고 있습니다.

에서가 영적인 것을 무시했지만 그럼에도 하나님은 에서에 대한 약속을 지키셨다는 것이 흥미롭습니다. 인간의 죄가 하나님의 계획을 바꾸지 않습니다. 하나님은 에서의 가족에 대한 계획을 가지고 계셨고, 에서의 출생 이전에 리브가의 쌍둥이 아들이 그녀의 태속에서 서로 싸울 때, 하나님은 에서가 강한 민족이 될 것이라고 말씀하셨습니다.

"여호와께서 그에게 이르시되 두 국민이 네 태중에 있구나 두 민족이 네 복중에서부터 나누이리라 이 족속이 저 족속보다 강하겠고 큰 자가 어린 자를 섬기리라 하셨더라"(창 25:23)

나중에 에서가 아버지 이삭의 축복을 야곱에게 빼앗긴 후에 에서는 최소한 어떤 작은 복이라도 빌어 달라고 간청했습니다.

"네 주소는 땅의 기름짐에서 멀고 내리는 하늘 이슬에서 멀 것이며 너는 칼을 믿고 생활하겠고 네 아우를 섬길 것이며 네가 매임을 벗을 때에는 그 멍에를 네 목에서 떨쳐버리리라 하였더라" (창 27:39-40)

이러한 축복의 말들은 우리에게 대단한 것으로 보이지 않습니다. 창세기 36장을 보면서 우리는 하나님이 얼마나 멋있게 그리고 풍성하게 그것들을 성취하셨는지에 놀랍니다. 에서는 약속의 아들이 아니었습니다. 약속의 아들은 야곱이었습니다. 그러나 하나님은 에서를 번성하게 하셨고, 에돔이라는 큰 민족으로 만들어 주셨는데 에돔의 힘은 창세기 36장의 왕들과 족장들의 명부가 보여주고 있습니다.

하나님이 택하시지 않은 사람들에게도 이렇게 풍성하게 복을 주신다면 택함 받은 사람들에 대한 그분의 복은 얼마나 크겠습니까? 비영적인 사람들에게 이러한 일반적인 은혜가 흘러나오는 것을 경험한다면 거듭난 사람들에 대한 특별한 은혜는 얼마나 크겠습니까!

두 번 거듭한 "족보"

"…의 족보는 이러하니라"의 구절은 창세기 1-35장에서 여덟 번 나오는데, 창세기에서 마지막 세 번 중 두 번이 창세기 36장에 나옵니다. 이 구절은 거명된 사람의 자손에 초점을 두면서 그 사람의 이력을 소개합니다. 따라서 "아담의 계보"(창 5:1)는 홍수 때까지의 기간에 있었던 경건한 자손들로 이어집니다. "노아의 족보"(창 6:9)는 노아의 아들들의 출생을 포함해서 그의 삶을 소개합니다.[1]

창세기 36장에서 이 구절을 사용함에 있어 흥미로운 것은 그것이 같은 사람인 에서에 대해 두 번이나 사용되고 있다는 것입니다. 여기서 그 첫 번째 사용은 1절에 있습니다. "에서 곧 에돔의 족보는 이러하니라"의 뒤에 에서의 아내들과 에서가 가나안에 있을 때에 낳은 아들들의 명단이 나옵니다. 그 구절은 또한 9절에서도 발견됩니다. "세일 산에 있는 에돔 족속의 조상 에서의 족보는 이러하고" 이에 뒤따라 그곳에서 권력의 자리에 오른 다른 사람들과 아울러 에서의 손자들의 명단이 나옵니다.

이 두 부분 사이의 차이점은 첫 번째 경우에서는 에서가 약속의 땅 가나안에 살았을 때 그의 이력을 말해 주고, 두 번째 경우에서는 에서가 세일 땅에 살 때의 이력을 말해 줍니다.

가나안에서 에서는 세 명의 아내와 결혼을 했고, 그들로부터 다섯 아들을 두었습니다. 창세기 36장의 첫 번째 족보에서의 난점은 그 아내들의 이름이 창세기 26:34절의 두 아내들의 이름과 28:9절의 한 아내의 이름과 다르다는 것입니다. 앞에 나온 두 구절은 다음의 이름들로 나와 있습니다.

헷 족속 브에리의 딸 유딧

헷 족속 엘론의 딸 바스맛

이스마엘의 딸 마할랏

창세기 36:2-3절에서의 이름은 다르게 나옵니다.

헷 족속 엘론의 딸 아다

히위 족속 시브온의 손녀요, 아나의 딸인 오홀리바마

이스마엘의 딸 바스맛

이 난점에 대한 가장 쉬운 설명은 아내들이 한 가지 이상의 이름을 가지고 있었는데 한 이름은 아마도 가나안 문화 속에서 살 때의 이름이고, 다른 이름은 헷 족속의 문화 속에서 살 때의 이름일 것으로 보는 것입니다. 아다는 창세기 26:34의 바스맛과 동일인입니다. 왜냐하면 둘 다 헷 족속 엘론의 딸이라고 확인되고 있기 때문입니다. 이와 비슷하게 창세기 36:3절의 바스맛은 마할랏과 동일인입니다. 왜냐하면 둘 다 이스마엘의 딸이라고 말하고 있기 때문입니다. 이렇게 보면 두 아내가 다른 아버지에게서 나온 경우로 되어 있긴 하지만 오홀리바마는 유딧으로 확인됩니다. 아마도 "두" 아버지가 실제로는 같은 사람일 것이고, 아내의 두 이름도 다른 이름으로 알려져 있어서일 것입니다.

이 족보에 의하면 에서가 가나안을 떠날 때, 야곱이 하란을 떠나 가나안으로 올 때보다 더 적은 수의 아내와 아들들을 두고 있었습니다. 그러나 에서는 야곱보다 적어도 40년이나 일찍 결혼 했고, 야곱에게 단지 아들들만 있었을 때, 에서에게는 손자들도 있었을 것입니다.

36장의 두 번째 "족보"가 이것을 가리키는 것으로 보입니다. 첫째 부분인 10-14절은 에서의 두 아들 엘리바스와 르우엘이 그들 사이에 열 아들을 두었다고 말해주고 있습니다. 엘리바스는 데만, 오말, 스보, 가담, 및 그나스에 더해 첩 딤나가 낳은 아말렉을 자식으로 두었습니다. 르우엘은 나핫, 세라, 삼마, 및 미사를 자식으로 두었습니다. 둘째 부분인 15-19절에서는 이 아들들이 에돔에서 모두 "족장" 또는 "큰 사람들"이 되었다고 말하고 있습니다. 이 명부에 별도의 이름 하나가 추가되는데 16절의 고라입니다. 이 이름을 다섯 아버지와 열 아들과 함께 계산하면 에돔의 열여섯 "족장"이 됩니다. 셋째 부분인 20-30절에는 호리 족속 세일의 일곱 아들들이 있는데 세일의 자손 중에는 분명히 에서의 자손과 혈족 결혼을 했을 것입니다. 그들의 열아홉 아들 및 두 딸이 나옵니다. 세일을 계산에 넣으면 모두 스물아홉이 됩니다. 넷째 부분인 31-39절은 에돔의 여덟 왕, 곧 벨라, 요밥, 후삼, 하닷, 삼라, 사울, 바알하난, 및 하달을 명단에 올리고 있습니다. 마지막 다섯 째 부분인 40-43절에는 똑같이 에서의 자손이라고 하는 열한 족장이 나옵니다. 이 사람들을 앞서 나왔던 이름들과 동일시할 필요는 없습니다.

에서와 야곱

그의 형이 크게 번창하는 동안에 야곱에게는 무슨 일이 일어나고 있었습니까? 처음 몇 년 동안 그는 전혀 번성하지 못했습니다. 사실상 그는 외삼촌 라반 집안의 종으로 일을 해야만 했던 유랑자였지만 결국은 두 아내와 두 첩을 거느렸으며 이 네 사람을 통해서 열 두 아들을 얻었습니다. 딸은 단지 한 명만 언급되고 있습니다. 그는 가축으로 부자가 되어 벧엘로 그리고 아버지 이삭이 살았던 헤브론으로 돌아왔습니다. 이때쯤 그는 잘 지내고 있었습니다. 그러나 그는 여전히 그의 소유인 가축 떼들을 크게 감소시킬 가뭄에서 살아남기 위해 애굽으로 이주하게 될 유목민이었습니다. 거기서 그의 자손들은 그 수가 대단히 많아지지만 노예가 될 것이었습니다.

이런 일이 벌어지는 동안에 에서는 부족의 두목과 왕의 세대들을 만들어내고 있었습니다. 그는 에돔의 세력을 강화하여 에돔 왕국이 관리하는 무역으로 부유하게 되었습니다. 이 형제들의 상황은 이전 세대의 두 형제, 즉 이스마엘과 이삭에게로 다시 데려다 줍니다. 에서처럼 이스마엘은 하나님으로부터 큰 복의 약속을 받았습니다. 하나님은 이렇게 말씀하셨습니다. "이스마엘에 대하여는 내가 네 말을 들었나니 내가 그에게 복을 주어 그를 매우 크게 생육하고 번성하게 할지라 그가 열두 두령을 낳으리니 내가 그를 큰 나라가 되게 하려니와" (창 17:20). 이것이 현실화된 것입니다. 이스마엘의 아들들은 북아라비아에 거주했던 열두 족속의 두령들이 되었고, 애굽과 앗수르 사이를 잇는 주요 대상(隊商) 도로를 따라 퍼져갔습니다. 에서는 이 계보에서 이스마엘의 딸인 바스맛(마할랏)과 결혼했습니다. 이 결혼 이야기에서 그 여인이 언제나 이스마엘의 딸이라고 하는 것은 물론, 느바욧의 누이라고 밝히는 것이 흥미롭습니다. 느바욧은 아마도 에돔 안에 살면서 그 수도 페트라성에 거주했던 나바티안족의 조상이었을 것입니다. 이스마엘의 대 번창의 기록과는 대조적으로 창세기는 단순히 "이삭은 사십 세에 리브가를 맞이하여 아내를 삼았고" 리브가는 "임신하지 못했다" (창 25:20-21)고 말씀합니다.

이삭과 야곱은 에서의 번창을 두고 의아해 했을 것이 확실하고, 야곱은 아이가 여전히 없는데 왜 이 호의를 덜 받은 큰아들이 재물을 쌓아가고 있는지에 대해서 이렇게 물었을 것입니다. "하나님께서는 왜 저를 이렇게 대우하십니까?" 우리에게는 이삭의 생각이나 야곱의 생각에 대한 기록이 없습니다. 그러나 나중에 전개되는 양상에 따라서 그들의 역사를 보면 우리는 하나님이 그들의 인격을 세우시고, 궁극적으로 그분을 위해 살고, 그분을 섬길 한 민족을 훈련하셨던 것을 알 수가 있습니다. 그들은 잘못이 많았습니다. 그러나 그들은 은혜 안에서 성장하고 있었고, 결국에는 하나님의 신실하심을 증거하도록 크게 일어섰습니다.

에서와 같이 망령된 자

그러면 에서는 어떠했습니까? 에서는 많은 물질적인 것들에서 번성하여 그의 자손들은 에돔이라는 크고 부유한 민족이 되었습니다. 그러나 영적으로는 성공을 하지 못했습니다. 영적으로 그의 삶은 몰락의 긴 과정이었고, 그가 세운 나라는 오바댜 선지자의 예언에서 묘사된 것처럼 특별한 하나님의 심판의 대상이 되었습니다.

우리는 이 몰락에서 여러 가지 요인을 주목해 볼 수 있습니다. 첫째, 에서는 그의 장자의 명분을 무시했는데 이것은 그가 영적인 일들에 대해 거의 관심이 없었음을 말해 주는 것입니다. 이것을 연구하면서 우리는 장자의 명분이 물질적인 복과 영적인 복을 내포하고 있는 것임을 알았습니다. 물질적으로 장자의 명분은 장자가 다른 아들들이 받는 것보다 아버지의 재산을 두 배 더 많이 받는 것을 의미했습니다. 영적으로는 그가 가족의 가장 또는 대제사장이 되는 것을 의미했습니다. 아브라함 자손들의 경우에는 그것이 메시아를 탄생시킬 계보임을 의미했습니다. 그러나 에서는 이런 것들에 가치를 전혀 두지 않았습니다. 그가 몹시 굶주린 채 들에서 돌아와 야곱이 만들고 있던 죽을 달라고 요청을 하자 야곱은 그에게 장자의 명분을 팔면 죽을 주겠다고 했습니다. "내가 죽게 되었으니 이 장자의 명분이 내게 무엇이 유익하리요"(창 25:32). 성경은 과장 없이 결론을 짓습니다. "에서가 장자의 명분을 가볍게 여김이었더라"(34절).

많은 사람들이 에서를 동정하는데 이것은 그들이 에서와 닮았다는 것을 보여주는 것입니다. 성경 자체는 그렇게 말씀하지 않는 것이 흥미롭습니다. 오히려 성경은 장자의 명분을 팔려고 하는 에서의 결정을 그의 망령된 본성으로 우리에게 그와 같이 되지 말라고 경고합니다. 성경은 말씀합니다.

"음행하는 자와 혹 한 그릇 음식을 위하여 장자의 명분을 판 에서와 같이 망령된 자가 없도록 살피라 너희가 아는 바와 같이 그가 그 후에 축복을 이어받으려고 눈물을 흘리며 구하되 버린 바가 되어 회개할 기회를 얻지 못하였느니라"(히 12:16-17)

둘째, 에서의 영적 몰락은 그의 육신적 욕심의 본성에 대한 탐닉입니다. 장자의 명분이 들어있는 이야기에서 우리는 이 실패를 먼저 말하기가 쉽습니다. 왜냐하면 그가 장자의 명분을 포기한 것이 그의 배고픔을 만족시키려는 것이었기 때문입니다. 그러나 진짜 문제는 다른 데에 있습니다. 첫째, 그는 영적인 것들을 무시했습니다. 둘째, 그의 육신적 욕심에 대한 본성이 커졌습니다. 셋째, 그는 장자의 명분과 그의 식욕을 만족시키는 것 사이에서 선택을 하게 되자 그는 장자의 명분을 팔았습니다. 이것은 에서의 명백한 공식이 되었습니다. 그가 결혼할 때가 되자 그는 또다시 육신적 본능을 따랐고, 영적인 것들을 무시했습니다. 하나님이 축복하신 사람들 중에서 아내를 취하는 대신에 에서는 "이삭과 리브가의 마음에 근심이 되었더라"(창 26:35)고 하는 헷 족속의 여인과 결혼을 했습니다.

항상 이런 식입니다. 만일 당신이 영적인 것들에 가치를 두고 그것들을 당신 삶의 우선순위에 놓지 않으면 육신적인 의지가 홍수처럼 밀려들어와 당신과 당신이 하는 일을 지배할 것입니다. 이것이 현대 문명사회가 갖고 있는 문제입니다. 영적인 관심은 무시되었고, 이기적인 육신의 방종이 들어와 하나님의 자리를 대신했습니다.

사회학자인 아미타이 에치오니(Amitai Etzioni)의 최근 책은 세속적 관점에서 같은 것을 말하고 있습니다. 에치오니는 하나님에 대해서 기술하고 있지는 않지만 그는 가치에 대한 관심을 가지고 있고 "자아 중심적 정신 구조"를 우리 시대의 주 원흉으로 지목하고 있습니다. 이것은 어떤 사람이 다른 사람의 일과 필요에 앞서 자신의 배우자와 자녀들의 필요를 포함하여 자신의 필요, 감흥 그리고 즐거움에 우선순위를 두는 철학입니다. 에치오니는 미국 사람의 17%가 그러한 세계관에 깊이 물들어 있고, 추가적인 63%가 다양한 등급으로 그러한 세계관을 반영하고 있다고 봅니다. 그 결과 가정들은 깨어지고, 일은 보람이 없고 생산적이지 못하며, 법은 점점 더 무시되고 있습니다. 에치오니는 이러한 철학을 가지고는 사회가 존속할 수 없다고 말합니다. 그는 어떻게 해야 할지를 모르지만 이러한 자기중심적이고 제멋대로인 태도는 바뀌져야만 한다고 주장합니다.[2]

셋째, 에서는 자신이 불경건했기 때문에 그가 영적 관심을 그의 가족에게 전달하는 데 실패했다는 것입니다. 우리는 그의 불경건에 대해서 들은 바가 없을지라도 이것이 사실이라고 예상할 것입니다. 그러나 이것은 실제로 에서 자손들의 이름들에 암시되어 있습니다. 오늘날 우리에게 이름은 큰 의미를 주지 않습니다. 우리는 소리내기가 좋기 때문에 또는 우리 가족들에게 이어지고 있는 항렬이기 때문에 이름을 선택합니다. 그러나 고대에서의 이름은 신중히 선택되었고, 자녀의 이름이 지어질 때, 부모의 마음속에 무엇이 있었는가를 짚어보는 통찰력을 줍니다. 에서의 계보에는 위대한 영적 이름이 없습니다. 그 이름들은 육감적입니다. 아다(2절)는 "장신구" 또는 "아침"을 의미합니다. 엘론(2절)은 "사슴이 발견되는 지역"을 의미할 것입니다. 시브온(2절)은 "하이에나"를 의미합니다. 바스맛(3절)은 "향수"를 의미합니다. 엘리바스(4절)는 "순금"을 의미합니다. 나핫(13절)은 "휴식"을 의미합니다. 세라(13절)는 "오름" 또는 "동쪽"을 의미합니다. 디손(21절)은 "가젤"(아프리카 영양의 일종 - 역주)을 의미합니다. 알완(23절)은 "심술궂은"을 의미합니다. 스보(23절)는 "털이 없는"을 의미합니다. 아야(24절)는 "매, 조류"를 의미합니다. 에스반(26절)은 "복원자"를 의미합니다. 이드란(26절)은 "장점"을 의미합니다. 그란(26절)은 "거북이"를 의미합니다. 아간(27절)은 "신속한"을 의미합니다. 아란(28절)은 "산양"을 의미합니다. 요밥(33절)은 "환희"를 의미합니다. 보스라(33절)는 "주름"을 의미합니다. 악볼(39절)은 "생쥐"를 의미합니다.[3]

하나님의 이름을 내포한 이름은 어디에 있습니까? 단지 두 개의 이름만이 적격한 것으로 볼 수 있는데 그 두 이름은 에서가 가나안에 살고 있었던 때의 1세대에 있는 이름입니다. 르우엘은 "하나님의 친구"를 의미하는 바스맛이 낳은 에서의 아들이었고, 여우스는 아마도 "하나님이 도우신다"를 의미하는 오홀리바마가 낳은 에서의 아들이었습니다. 그것이 전부입니다. 이 장에 81개의 개인 이름들이 있지만 단지 두 개만 하나님의 이름을 담고 있습니다. 이 기간 끝으로 가면 한 왕이 나오는데 그의 이름은 거짓 신인 바알의 이름을 품고 있습니다(38절).

본문의 적용

창세기 36장을 다시 돌아볼 때, 우리는 다음의 구체적인 적용을 발견합니다.

첫째, 어떤 사람의 영혼의 상태를 외모로 판단하는 것은 위험하다. 만일 우리가 에서와 야곱의 영적 상태를 각기 받은 물질적인 복으로 판단해야 했다면 우리는 에서를 택함 받은 자로, 야곱을 무시당한 자로 부르고자 했을 것입니다. 그러나 그것은 틀렸습니다. 하나님은 외모를 보시지 않고 마음을 보십니다. 하나님의 에서에 대한 평가는 "망령된 자" 였습니다(히 12:16). 이에 반해 야곱은 참된 믿음의 사람이었습니다(히 11:21). 우리는 우리 자신의 마음의 상태를 하나님이 판단하시는 것 같이 신중하게 판단해야 합니다.

둘째, 삶은 정적(靜的)인 것이 아니다. 우리가 하나님께 나아가는 것을 게을리 해도 우리는 현재의 영적 수준을 그대로 유지할 수 있고 그래서 우리가 멈춘 곳에서 다시 나아갈 수 있다고 잘못 생각합니다. 그러나 만일 우리가 믿음에서 믿음으로 나아가지 않으면, 우리는 불가피하게 불신에서 불신으로 그리고 죄에서 죄로 미끄러져 버립니다. 에서의 삶은 정적인 것이 아니었습니다. 그는 경건한 가정의 혜택을 가지고 있었고, 영적인 것들에 많이 노출되어 있었지만 그는 미끄러졌습니다. 하나님은 이렇게 말씀하셨습니다. "내가 야곱은 사랑하고 에서는 미워하였다" (롬 9:13).

셋째, 우리가 죄를 회개하고 하나님의 메시아를 믿는 데 실패하면 일반 은혜는 하나님의 더욱 크신 심판의 이유가 된다. 에서는 많은 복을 받았지만 그는 그것들로 이익을 보지 못했습니다. 그것들은 하나님의 심판의 때에 그를 규탄하려고 일어설 것입니다.

넷째, 우리는 우리 자신의 삶을 조정함으로써 하나님을 도울 필요가 없다. 그분이 우리를 위해 그 일을 하실 것이다. 야곱의 삶 초기에 하나님이 그가 장자의 명분과 축복을 얻게 될 것임을 말씀하셨음에도 그는 그 둘을 얻기 위해 그의 아버지와 형을 속여야만 한다고 생각했습니다. 그러나 그의 계략은 어느 것도 얻지 못했습니다. 대신에 그는 에서의 적개

심만 얻었습니다. 나중에 그는 하나님을 기다림으로써 모든 것을 얻었습니다. 하나님은 에서가 가나안을 떠날 때가 되자 에서로 하여금 자의로 떠나게 하셨습니다(창 36:6-8). 이와 같이 우리의 삶에 있는 장애물들은 만일 우리가 하나님으로 하여금 그것들을 정복하시도록 허락한다면 극복될 것입니다.

● 각주 ●

1. 이 구절은 하늘과 땅(2:4), 아담(5:1), 노아(6:9), 셈, 함, 야벳(10:1), 셈(11:10), 데라(11:27), 이스마엘(25:12), 이삭(25:19), 에서(36:1, 9), 야곱(37:2)의 족보(내력, 계보)를 소개하는 데 사용되고 있다.

2. 아미타이 에치오니, *An Immodest Agenda: Rebuilding America Before the 21st Century* (New York: McGraw-Hill, 1982), passim(도처에서 인용).

3. H. C. 르폴드, *Exposition of Genesis*, 2:932-33 참조.

120

에서와 에돔

창세기 36 : 9-43

세일 산에 있는 에돔 족속의 조상 에서의 족보는 이러하고… 에서 곧 에돔의 자손으로서 족장 된 자들이 이러하였더라… 막디엘 족장, 이람 족장이라 이들은 그 구역과 거처를 따른 에돔 족장들이며 에돔 족속의 조상은 에서더라(창 36:9, 19, 43)

역사는 반전(反轉)으로 가득 차 있습니다. 야곱이 사막 건너편에서 라반과 함께 살다가 약속의 땅으로 돌아올 때, 에서가 그를 마중하러 에돔에서 왔습니다. 야곱은 그의 아롱진 가축 떼를 가지고 있었던 반면에, 그의 쌍둥이 형은 400명의 무장한 병사를 거느리고 있었습니다. 두 형제는 서로 얼싸안았고, 그런 다음 다시 헤어졌는데 에서는 그의 재산이 계속해서 증가하고 있는 에돔으로 돌아갔습니다. 에서 자손의 명단이 창세기 36장 전체를 채우고 있습니다. "에서 자손 중 족장은 이러하니라… 이스라엘 자손을 다스리는 왕이 있기 전에 에돔 땅을 다스리던 왕들은 이러하니라… 에서에게서 나온 족장들의 이름은 그 종족과 거처와 이름을 따라 나누면 이러하니" (창 36:15, 31, 40). 에서는 왕들을 낳았습니다. 그러나 야곱에 대해서는 이렇게 말씀합니다. "야곱이 가나안 땅 곧 그의 아버지가 거류하던 땅에 거주하였으니" (창 37:1).

야곱은 그에 앞선 조상들이 그랬듯이 가나안에서도 나그네였습니다. 그는 목자였습니다. 그가 그렇게 사는 동안 그리고 그의 자손들이 애굽으로 내려가 노예가 되는 동안에도 에서와 그의 자손들은 번창을 했고, 야곱의 자녀들에 비해 그들의 우월성을 자랑했습니다.

역사가 사태를 얼마나 바꾸는지 오늘날 하나님의 예언의 성취로 에돔은 황무지가 되었고, 그 백성은 사라졌습니다. 에스겔이 이렇게 기록했습니다. "내가 세일 산이 황무지와 폐허가 되게 하여 그 위에 왕래하는 자를 다 끊을지라… 너를 영원히 황폐하게 하여 네 성읍들에 다시는 거주하는 자가 없게 하리니"(겔 35:7, 9). 이스라엘을 보면 그 민족은 다시 약속의 땅에 거하게 됩니다.

에돔의 역사

창세기 36장에서 에돔에 대해 강조하고 있는 것은 놓치기도 힘들고, 그 강조에 놀라지 않을 수도 없습니다. 여기서 다섯 번이나 야곱의 쌍둥이 형인 에서가 에돔과 동일하거나 또는 에돔 족속의 조상으로 간주되고 있습니다(1, 8, 9, 19, 43절). 에돔이란 이름은 독립적으로 여섯 번이 더 나옵니다 (16, 17, 21, 31, 32, 43절). 그리고 에돔의 별칭인 세일은 다섯 번 더 나옵니다(8, 9, 20, 21, 30절). 에돔에 대해 이렇게 강조를 하는 이유는 쌍둥이 아들들의 자손들이 이룬 이 "형제" 민족 간의 특별한 관계 때문입니다. 그러나 진짜 이유는 하나님이 우리로 하여금 에돔이든, 어느 민족이든 간에 그분을 잊을 때, 어떤 일이 생기는지 알도록 하고자 하는 것입니다.

에돔의 영토는 유다의 동쪽과 남쪽을 접하고 있었습니다. 그 영토는 요단강 동쪽 모압 국경에서 남쪽으로 뻗어 아카바 만(Gulf of Aqaba)까지 이르렀습니다. 에돔은 동쪽으로는 사막에 접해 있었습니다. 그 크기는 넓이가 약 32km에서 48km이고 길이가 약 160km정도였습니다.

이 영토의 북쪽과 동쪽은 경작하기에 알맞은 일부 지역을 포함하고 있지만, 이런 지역이 그 땅의 중요성을 더해 준 것은 아닙니다. 에돔의 중요성은 두 가지 요소에 기인했습니다. 첫째, 에돔은 수리아와 애굽 사이에 있는 교역로를 따라 위치해 있음으로 이 교역으로

부터 수익을 얻는 입장에 있었습니다. 교역은 사업을 일으켰고, 주민들은 많은 대상(隊商) 들로부터 받은 통행세로 부유해졌습니다. 둘째, 에돔의 자연적인 견고성과 방위 수단이었습니다. 중심 지역은 높이가 해발 1,500m가 넘는 붉은 사암(砂岩) 절벽의 특색을 이루고 있었습니다. 이런 것들은 손쉽게 요새화가 됩니다. 이 자연적 요새 내에 그들이 집을 가진 결과로 에돔 사람들은 외부의 충돌로부터 상대적으로 자유로운 가운데 다른 사람들에게 마음대로 조세를 부과했습니다.

에돔의 주요 도시는 남쪽의 데만, 북쪽의 보스라 그리고 셀라로 셀라는 거의 접근할 수 없는 지역의 사암 고지에 숨겨져 있는 수도였습니다. 셀라는 나중에 페트라(Petra)로 불렸습니다. 오늘날 우리는 에돔 지역이 초기에 북부 수리아에 있는 반 호수(Lake Van) 인근에서 온 호리 족속의 정착지였다는 것은 알지만 그 지역의 최초기의 역사는 잃어버렸습니다. 호리 족속이 그곳에 있었던 것은 일찍 부터였습니다. 왜냐하면 아브라함 때쯤에 이 지방의 산지에 감추어진 한 왕국이 있었기 때문입니다. 창세기에서 소돔과 고모라 지역을 공격했던 네 왕에 대한 아브라함의 승리 이야기에서 이 왕국이 언급되고 있습니다. 성경은 그돌라오멜의 지휘 하에 있던 네 왕이 "아스드롯 가르나임에서 르바 족속을, 함에서 수스 족속을, 사웨 기랴다임에서 엠 족속을 치고 호리 족속을 그 산 세일에서 쳐서" (창 14:5-6) 라고 말씀하고 있습니다.

성경 역사에서 에돔은 아브라함의 두 손자인 야곱과 에서가 개입된 사건에서 나타납니다. 그 시점은 우리가 지금 연구하고 있는 창세기의 시점입니다. 더 나중에 에돔은 이스라엘 백성이 출애굽 하는 이야기에서 나타납니다. 이스라엘이 애굽에서 시내산으로 나와 에돔을 통과하기를 원하면서 모세가 그들에게 전혀 해를 끼치지 않겠고, 백성과 짐승이 마시는 물 값까지도 지불하겠다고 약속을 했지만 에돔 족속은 그들에게 길을 내주기를 거부했습니다(민 20:14-21).

다윗은 대 전투에서 에돔 족속을 정복했고(삼하 8:13-14), 그때부터 솔로몬의 통치기간 내내 에돔 족속은 야곱의 자손에게 복종했습니다. 한 저자는 이렇게 기술하고 있습니다. "이때까지 에돔은 더 강하고, 더 노련하고, 더 발전된 상태에서 이스라엘의 '형' 으로 생각되어 왔음이 확실하다. 이 전투로 창세기의 야곱과 에서를 비교한 명백한 역사적 유추에 따라 '형' 이 '동생' 에 의해 '밀려났다.' 이 시점부터 오바댜 선지자의 예언에 기록된 쓰라린 적대 행위를 추적할 수 있다."[1]

에돔의 마지막은 불가사의 속에 가려져 있습니다. 우리가 알고 있는 것은 단지 그 민족이 기원전 5세기에 독립을 잃고, 기원전 312년경부터 나바티안 족(Nabateans)에 의해 지배되었다는 것입니다. 이 기간에 에돔은 이두매(Idumea)로 불리어졌는데 그 장소에서 이두매인(人) 헤롯 대왕이 나왔습니다. 이슬람교의 정복시기부터 그 지역은 유목민들과 최근 역사에서 현대 요르단 국가의 군사 전진기지 외에는 사실상 점거되지 않았습니다. 오바댜가 예언했던 것처럼 에돔은 그야말로 아무 것도 남긴 것이 없습니다.

에돔의 죄

내가 오바댜를 언급했으므로 에서가 세운 민족이 자신의 길로 가버리고 그래서 하나님을 거스른 후에 짧지만 중요한 이 예언이 에돔에 대해 거의 독점적으로 언급되었다는 것은 주목할 가치가 있습니다. 오바댜가 강조한 죄는 두 가지입니다. 첫째, 하나님 앞에서 자랑을 한 교만이었고 둘째, 이스라엘에게 행한 형제답지 못한 행동이었습니다.

에돔이 자랑한 것은 무엇이었습니까? 주로 방위력이었습니다. 독특한 지리적 상황 때문에 에돔은 거의 난공불락이었습니다. 여러 해 동안 그 비상한 방위력의 본질이 학자들에게 알려지지 않았습니다. 왜냐하면 에돔의 진짜 요새인 페트라를 서양 세계가 놓치고 있었기 때문입니다. 고대에는 널리 알려졌고 대단한 감탄을 자아냈던 것이었지만 스위스의 탐험가 요한 부르크하르트(Johann Burkhardt)가 1812년에 재발견할 때까지 천여 년 동안 페트라는 서양 지식에서 빠져있었습니다. 부르크하르트는 그 성에 대한 풍문을 듣고 그것을 보고 싶어 했습니다. 그래서 그 지역의 아랍인들이 그가 그 성에 들어가는 것을 통상적으로 절대 허락하지 않는다는 것을 알았기 때문에 그는 그들에게 그가 고대 이스라엘의 대제사장이었던 아론에게, 전통적으로 아론의 묘지로 알려진 장소에서 염소를 제물로 바치겠다고 서원한 바가 있었다고 알렸습니다. 그 장소는 페트라 성 위로 솟아있는 산 위에 위치해 있었습니다. 아랍 정찰대는 그렇게 거룩한 서원에 반대를 할 수가 없어서 부르크하르트에게 들어가도록 허락을 했습니다.

부르크하르트의 눈앞에 전개된 경탄스런 광경은 놀랍습니다. 그 성은 시크(siq)라고 부르는 좁은 길로 꼬불꼬불한 골짜기 또는 협곡을 통해 들어가게 되어 있습니다. 그 길은 약 1.6km쯤 되는데 아주 좁은 길입니다. 평균적으로 높이 솟은 벽에서 높이 솟은 벽까지가 약 4.5m입니다. 작은 개울이 흐르는 도랑이 길게 뻗어있고, 이 아슬아슬한 협곡을 저자가 1960년에 그렇게 지났던 것처럼 지나가게 되면 옛 포장도로, 조각된 도수관(導水管)의 잔존물, 벽에 화려하게 새겨진 벽화 동굴들이 시작되는 곳을 주목하게 됩니다. 동굴들은 그곳에 살았던 사람들의 집으로 사용되었습니다. 그 통로가 끝날 즈음에 여행자는 갑자기 바위 표면에 조각을 한 웅대한 건물들을 만나게 됩니다. 그것은 그 협곡 바닥에서 40m나 높이 솟은 알 카즈네(Al-Kahzneh)의 신전입니다.

또 하나의 모퉁이를 돌면 여행자는 바로 페트라 성 안에 있게 됩니다. 페트라는 1.6평방km가 조금 못 되는 많은 산으로 둘러싸인 평탄한 계곡입니다. 그 안에는 그 지역을 점령했던 잇따른 몇 문명의 흔적들이 있는데 그 마지막이고 가장 인상적인 문명은 로마 문명입니다. 거기에는 가정집들과 신전들과 보물들이 있습니다. 여러 산에는 방위를 위한 추가적인 안전 지역들이 있습니다.

이 모든 것이 얼마나 난공불락으로 보입니까! 전문가들은 페트라로 들어가는 시크의 지형 때문에 십여 명만으로도 군대에 대항하여 그 성을 지킬 수 있을 것이라고 말합니다. 또 시크가 파괴된다고 할지라도 주민들이 산지에서 성공적인 방위를 하는 것이 가능할 것입니다. 인간적인 관점에서 에돔과 그 수도 페트라보다 더 안전한 곳을 상상하기가 어렵습니다. 오바댜 1장에서 거주민들이 오바댜가 에돔 족속이 그렇게 말한다고 한 것처럼 "누가 능히 나를 땅에 끌어내리겠느냐"(3절)고 말하는 것이 이해할만 합니다. 그러나 하나님은 에돔을 끌어내리실 것이라고 말씀하셨습니다. "네가 독수리처럼 높이 오르며 별 사이에 깃들일지라도 내가 거기에서 너를 끌어내리리라"(4절).

둘째, 에돔의 죄는 형제답지 못한 행동인데 이것은 에돔이 동생에 대하여 또는 다른 가족원들, 즉 에돔의 형제 민족인 이스라엘에 대하여 행해서는 안 될 행동을 의미합니다. 오바다에 의하면 예루살렘이 적에 의해 파괴되었을 때, 에돔 족속은 처음에는 중립적이었지만, 나중에 그 성을 습격하고 도망하는 사람들의 얼마를 잡아 그들의 적에게 넘겨줌으로써 유다의 재난에 가담했습니다(11-14절).

이 사건은 역사적으로 어느 때인지 판정하기가 쉽지 않습니다. 우리가 아는 것은 예루살렘은 네 번 침략을 당했습니다. 이 중 두 번은 에돔이 개입될 수가 없었습니다(역대하 12장에 언급된 시삭에 의한 예루살렘 점령, 역대하 25장에 기록된 요아스의 아마샤에 대한 승리). 에돔의 형제답지 못한 행동이 개입될 수 있었던 두 번의 침략은 여호람이 다스리던 기원전 약 840년 블레셋 족속과 아랍 족속에 의한 예루살렘 약탈 그리고 바벨론에 의한 예루살렘 멸망인 기원전 587년입니다.

그 둘 중 어느 침략에 개입했는지에 대해 우선 생각되는 것은 자연적으로 바벨론에 의한 예루살렘 멸망을 생각하게 됩니다. 왜냐하면 에스겔이 이때 에돔의 예루살렘에 대한 구체적인 범죄를 이야기하고 있기 때문입니다(겔 35, 왕하 25:1-7, 시 137:7 참조). 에스겔은 이렇게 말씀했습니다.

"주 여호와께서 이같이 말씀하시되 세일 산아 내가 너를 대적하여 내 손을 네 위에 펴서 네가 황무지와 공포의 대상이 되게 할지라 내가 네 성읍들을 무너뜨리며 네가 황폐하게 되리니 네가 나를 여호와인 줄을 알리라 네가 옛날부터 한을 품고 이스라엘 족속의 환난 때 곧 죄악의 마지막 때에 칼의 위력에 그들을 넘겼도다"(겔 35:3-5)

이 말씀은 오바댜 1:14절 말씀과 거의 같습니다. "네거리에 서서 그 도망하는 자를 막지 않을 것이며 고난의 날에 그 남은 자를 원수에게 넘기지 않을 것이니라"

다른 사건은 덜 명확합니다. 역대하 21:16-17절은 블레셋 족속과 아랍 족속의 예루살렘 침공을 말씀합니다. "여호와께서 블레셋 사람들과 구스에서 가까운 아라비아 사람들의 마음을 격동시키사 여호람을 치게 하셨으므로 그들이 올라와서 유다를 침략하여 왕궁의 모든 재물과 그의 아들들과 아내들을 탈취하였으므로 막내 아들 여호아하스 외에는 한 아들도 남지 아니하였더라" 이 구절은 에돔 족속을 언급하고 있지 않지만 8-10절은 여호람에 대한 에돔의 배반과 여호람이 에돔 사람들을 다시 그의 지배하에 두고자 했던 실패한 시도에 대한 반란을 말씀합니다. 구체적으로 말씀하고 있지는 않지만 에돔 족속이 블레셋 족속과 아랍 족속의 예루살렘 침공 때, 그들과 협력했다는 것은 가능합니다.

예레미야가 오바댜 1-9절을 명백히 사용하고 있다는 관점에서 아마도 시기적으로 앞선 날짜가 택해져야 하겠지만 지금 이 문제를 완전히 해결하는 것은 정확히 불가능하다는 역사적인 문제가 있습니다.[2] 그러나 흥미로운 것은 만일 오바댜가 언급한 사건이 두 사건 중 앞에 있는 것, 즉 기원전 약 850년이라면 두 가지 결론이 분명해지는데 그 범죄는 나중에 바벨론의 침공 때도 되풀이 되었다는 것과, 그 두 사건은 모두 에돔 족속의 형제답지 않은 행동의 영속적인 모형이라는 것입니다. 분명히 에서와 야곱 간의 불화는 지우기가 어려웠고 그래서 에돔 편의 매번의 나쁜 행실은 다음의 나쁜 행실을 더 쉽고 더 심하게 만들 뿐이었습니다.

죄의 성장

이것은 강조할 가치가 있습니다. 왜냐하면 에돔의 역사는 사실상 쇠약하게 하는 죄의 성장의 역사이기 때문입니다. 에돔 안의 죄의 근원은 에서와 야곱 간의 마찰에 나타나고 있습니다(창 25:19-34, 27:1-46, 33:1-17). 우리는 그것을 또한 이스라엘의 출애굽에서 봅니다(민 20:14-21).

큰 죄는 하루 밤 사이에 돋아나는 것이 아닙니다. 다윗은 밧세바와 간통을 저지르고 그녀의 남편을 살해했지만, 이것은 다윗에게 있어 쉽고 빠르게 일어난 것이 아닙니다. 그는 전쟁에 나가는 대신에 예루살렘 집에 머무는 죄를 먼저 지은 것입니다. 비슷하게 오바댜 선지자는 에돔의 형제답지 못한 행동의 성장을 일곱 단계로 언급합니다.

첫째, 그의 형제가 넘어졌을 때, **멀리 서 있던** 죄였습니다. 본문은 말씀합니다. "네가 멀리 섰던 날 곧 이방인이 그의 재물을 빼앗아 가며 외국인이 그의 성문에 들어가서 예루살렘을 얻기 위하여 제비 뽑던 날에 너도 그들 중 한 사람 같았느니라"(옵 1:11). 에돔 편의 이러한 태만이 죄의 진행 목록의 첫 번째가 되고 있다는 것은 흥미롭습니다. 왜냐하면 그것은 우리에게 형제답지 않은 행동에 대한 성경의 첫 번째 예를 회상시켜주기 때문입니다.

세상의 최초 형제인 가인과 아벨은 하나님이 아벨의 제사는 받으시고 가인의 것은 기뻐하지 않으신 것에서 나누어졌습니다. 가인은 화가 났고 그래서 아우를 들로 유인을 하여 죽였습니다. 하나님이 나타나셔서 물으셨습니다. "네 아우 아벨이 어디 있느냐" 가인은 멀리 서 있으려고 했습니다. "내가 내 아우를 지키는 자니이까"(창 4:9). 이것이 에돔이 말하고 있던 것이었습니다. 예루살렘이 적들에 의해 위협을 받았습니다. 그런데 에돔 사람들은 말했습니다. "이것은 우리 일이 아니다. 우리는 그들을 지키는 자들이 아니다. 그들이 함락이 되는 것은 그들이 당할 마땅한 대우다. 우리는 우리 일에나 신경 쓰고자 한다." 당신은 말합니다. "그들이 옳지 않았는가? 우리는 형제들을 지키는 자들이 아니다." 하지만 당신은 형제들을 지키는 자들입니다. 당신은 다른 모든 사람에게 책임이 있고, 당신의 직계가족과 하나님의 가족인 교회 안에 있는 자들에게 특별한 책임이 있습니다. 하나님은 당신에게 책임을 지우셨습니다. 당신이 도울 수 있는 곳에서 당신은 도와야 합니다. 당신이 격려할 수 있는 곳에서 당신은 격려해야 합니다.

둘째, 이 첫 번째 범죄는 그 상태로도 나쁜 것인데 이내 두 번째 범죄로 이끌어 갔습니다. 오바댜는 말씀합니다. "네가 형제의 날 곧 그 재앙의 날에 방관할 것이 아니며"(옵 1:12상), "내 백성이 환난을 당하는 날에 네가 그 성문에 들어가지 않을 것이며 환난을 당하는 날에 네가 그 고난을 방관하지 않을 것이며 환난을 당하는 날에 네가 그 재물에 손을 대지 않을 것이며"(13절). "방관하다"로 번역된 동사는 이 구절에서 두 가지 중 하나를 의미할 수 있습니다. NIV성경은 "무시하다(despise)"의 개념을 줍니다. 만일 이것이 본문의 의미라면 에돔 족속은 그들이 유대인들보다 더 강하고, 더 지혜롭다고 생각하는 것에 대한 비난을 받고 있는 것이며, 이는 첫 부분(3절)에서 언급된 교만을 되돌아보게 하는 죄입니다.

흠정역성경에서의 "구경하다(look on)"라는 단어는 "들여다 보다, 탐구하다" 또는 "다른 사람의 불행에 관련하여 특별한 호기심을 보이다"를 의미합니다. 만일 이것이 본문의 의미라면 11절에 언급된 방관의 자세에서 유다의 비극에 대한 부적절한 호기심으로의 진행이 있는 것입니다. 에돔 사람들이 유다가 멸망할 때 멀리 섰던 것은 사실입니다. 그러나 그것이 그 자체로 나쁜 것이지만 여기에는 그들이 상당히 멀리 서 있지 않았다는 어느 정도의 뜻이 있습니다. 돕는 것과 관련되어서는 그들이 멀리 섰지만, 그들은 그들의 적수의 멸망의 처참한 내용을 자세히 보기 위해 그렇게 멀지 않은 곳에 있었습니다.

일부 그리스도인들이 그와 같이 행동하고 있습니다. 그들은 누구도 도와주지 않지만 다른 어떤 그리스도인들의 실수의 자세한 내용을 찾으려는 것은 싫어하지 않습니다. 죄에 빠진 누군가에 대해 이야기를 듣고 나서 당신은 문제가 무엇인지 알고 싶은 호기심을 가진 적이 있습니까? 선지자 오바댜에 의하면 그렇게 해서는 안 됩니다. 다른 그리스도인들의 문제에 대해 지나친 호기심을 갖지 마십시오. 그들은 주님의 종들입니다. 주님 앞에서 그들은 서거나 넘어질 것입니다. 이것은 다른 그리스도인이 죄에 빠져 있을 때, 그 죄를 묵살하라는 의미가 아닙니다. 죄를 다루는 원리는 갈라디아서 6:1절에 나와 있습니다. "사람이 만일 무슨 범죄한 일이 드러나거든 신령한 너희는 온유한 심령으로 그러한 자를 바로 잡고 너 자신을 살펴보아 너도 시험을 받을까 두려워하라"

셋째, 형제답지 못한 행동의 잘못된 성장은 오바댜 1:12상반절에 나옵니다. "네가 형제의 날 곧 그 재앙의 날에 방관할 것이 아니며 유다 자손이 패망하는 날에 기뻐할 것이 아니며" 이 반응은 이해하기 쉽습니다. 왜냐하면 두 형제나 두 민족이나 두 교회 간에 적의가 있고, 한 편이 다른 편의 불행을 볼 때, 그것에 대해 행복해 하는 것이 자연스러운 일이기 때문입니다.

넷째, 오바댜 1:12절에 자랑이 기록되어 있습니다. "네가 형제의 날 곧 그 재앙의 날에 방관할 것이 아니며 유다 자손이 패망하는 날에 기뻐할 것이 아니며 그 고난의 날에 네가 입을 크게 벌릴 것이 아니며" 이것은 교만에서 자라나는 것이며 다른 사람의 불행에 대해 기뻐하는 것과 밀접하게 관련되어 있습니다. 우리는 우리 자신이 더 낫다고 생각하기 때문에 기뻐합니다. 만일 우리가 다른 사람과 동일한 수준에 있다는 것을 알았다면 우리는 그들과 함께 슬퍼할 것이고, 우리 죄도 역시 많지만 고난에서 면제된 것을 감사하며 겸손히 하나님께 돌아설 것입니다.

지금까지 형제답지 못한 행동의 혐오스런 성장의 모든 단계는 태도 또는 적어도 부정적인 종류의 행동이었습니다. 에돔 족속은 예루살렘의 고난의 날에 멀리 서 있었습니다. 이것이 그들을 형제들에 대한 방관으로 이끌었고, 그들의 재난을 기뻐했으며, 궁극적으로 그들이 멸망당한 자들에 비해 더 강하고, 더 지혜롭고, 더 우수하다는 것을 자랑했습니다.

그러나 우리는 이 특별한 형제답지 못함의 죄가 태도에만 제한된다고 결론내지 말아야 합니다. 생각하는 것은 필연적으로 행동으로 나타나는데 이것이 선지자가 언급한 다섯 번째, 여섯 번째, 일곱 번째 항목인 것을 봅니다.

다섯째, 에돔 족속이 "내 백성이 환난을 당하는 날에 그 성문에 들어간 것"(옵 1:13상)이었습니다.

여섯째, 그들이 "그 재물에 손을 댄 것"(13절)이었습니다.

일곱째, 세 가지의 연관된 행동이 혼합되어 있는 것으로 그들이 "네거리에 서서 그 도망하는 자를 막은 것이고, (또) 고난의 날에 그 남은 자를 원수에게 넘긴 것"(14절)이었습니다.

이 마지막 절은 에돔 족속이 실제로 예루살렘에서 도망하는 유대인들을 붙잡아 그들의 적에게 넘겨주었다고 말씀합니다. 이것이 그들의 죄의 절정입니다. 무섭게 들리고, 무섭습니다. 그런데 이런 것은 그리스도인들 역시 때로 범하는 죄입니다. 문자적 의미의 죄가 아닙니다. 그러나 죄를 범했거나 또는 어떤 교리에서 잘못된 그리스도인들을 대우하는 과정에서 결과적으로 사탄을 섬기는 데서 범하는 죄입니다. 이 문제에서 내가 틀릴 수도 있습니다. 그러나 나는, 하나님을 섬기는 것보다는 믿음의 형제들을 믿지 않는 자들의 손에 넘김으로써 적을 섬기는 일에 더 많은 시간을 보내는 일부 그리스도인들이 있다고 믿습니다. 믿는 사람들에 대한 우리의 의무는 그들을 세워주고(고전 14:26, 엡 4:16), 그들이 범죄했을 때, 회복시켜 주는 것(갈 6:1)입니다.

십자가의 길

이 강해를 마치고자 합니다. 내가 보인 것처럼 오랫동안 탐닉해온 에돔의 죄는 이 족속의 실질적 특성을 형성하는 데 끼어들었고, 따라서 필연적으로 역사 속으로 흘러들었습니다. 그러나 그와 똑같은 역사의 흐름이 전혀 다른 기준으로 살면서 그의 추종자들에게 자기처럼 되라고 도전한 분을 만들었습니다.

역사상 두 왕이 처음으로 서로 마주 대한 날이 있었습니다. 한 사람은 권력의 정점에 앉아 있었습니다. 그의 이름은 헤롯 안디바(Herod Antipas)였습니다. 그는 헤롯 대왕의 둘째 아들이었습니다. 헤롯 대왕은 에돔 사람 이두매인이었는데 메시아이신 예수 그리스도를 근절시키려는 욕망으로 베들레헴의 아기들을 죽인 자였습니다. 우리와 관계된 그의 후계자 안디바도 더 낫지 못한 자였습니다. 그는 세례 요한의 목을 베었고, 예수님은 그를 "저 여우" 라고 불렀습니다(눅 13:32). 헤롯 안디바는 그가 원하는 모든 것을 가지고 있었습니다. 그의 소득은 미국 돈으로 환산해서 1년에 600만 달러가 넘었을 것입니다. 생의 모든 쾌락은 다 그의 것이었습니다. 만일 누가 그를 방해했다면 그 사람의 생명은 그에게 있어서는 마치 그의 아버지에게 베들레헴의 순결한 생명들처럼 거의 무가치한 것이 되었습니다. 그의 통치의 좌우명은 "그것이 내게 무슨 이익이 될 것인가?" 였습니다.

다른 왕은 야곱의 자손 예수님이셨습니다. 그분은 육체를 따라서는 다윗의 왕위의 당연한 상속자이셨고, 그분의 신성에 따라서는 이 세상의 모든 왕 위의 최고의 왕이신 왕 중 왕이셨습니다. 그러나 그분은 왕처럼 보이지 않았습니다. 그분은 변변치 않은 옷을 입고 서셨습니다. 그분은 그분의 백성에게서 거절을 당하셨습니다. 몇 시간 내에 그분은 중죄인으로 죽으셔야 했습니다. 만일 예수님이 원하셨다면 그분은 그분의 소송을 즉각적으로 변호하고 찬탈자인 헤롯을 왕좌에서 쓸어버릴 천사 군단을 부르실 수도 있었습니다. 그러나 예수님은 그런 식으로 왕좌를 차지하는 것을 원하지 않으셨습니다. 그분은 당신과 내가 그분과 거기에 함께 참여할 수 있을 때까지 왕좌를 원하지 않으셨습니다. 그것을 얻기 위해 그분은 죽으셔야만 했습니다. 헤롯이 말했습니다. "그것이 내게 무슨 이익이 되는가?" 예수님이 말씀하셨습니다. "내 형제들에게 가능한 한 최고의 이익이 될 무엇을 할 수 있는가?" 예수님은 십자가로 가셨습니다. 그분은 죽으셨습니다. 하나님이 예수님의 정당성을 입증하셨습니다. 그분의 죽음에 부활이 뒤따랐습니다. 그래서 오늘날 그분은 살아계셔서 그분을 믿는 자들로 하여금 그분이 하신 것처럼 행동하고, 그렇게 해서 이 세상에 참되고 초자연적인 형제애를 일으킬 수 있도록 하셨습니다. 헤롯은 그의 환락과 함께 계속 살았지만, 프랑스 리용(Lyons)으로 추방되어 거기서 비참하게 죽었습니다.[3]

당신 앞에 이 선택이 있습니다. "헤롯의 길" 을 가는 것과 "예수님의 길" 을 가는 것의 선택입니다. 둘 다 선택할 수는 없습니다. 당신이 선택하지 않으면 그 길은 헤롯의 길이 됩니다. 당신은 자신을 위해 살 것이고, 당신의 삶은 당신이 다른 사람들보다 더 낫다고 생각하여 그들을 학대하는 삶으로 끝날 것입니다. 만일 당신의 삶이 그리고 당신의 끝도 마찬가지로 그렇게 되지 않으려면, 당신은 반드시 예수님을 따라야만 합니다.

● 각주 ●

* 이 장은 제임스 몽고메리 보이스, *The Minor Prophets: An Exposition Commentary*, vol. 1(Grand Rapids: Zondervan, 1983)의 27-29장에서 거의 전체적으로 자료를 수집했다.

1. 존 D. W. 왓츠, *Obadiah: A Critical Exegetical Commentary*(Grand Rapids: Eerdmans, 1969), 15.

2. 프랭크 E. 가벨레인, *Four Minor Prophets*(Chicago: Moody, 1977), 여기서 각 편에서 알려진 학자들을 열거하며 이 가능성들을 논의한다. 자유주의 학자와 보수주의 학자 간에의 분열은 나타나지 않는다.

3. 나는 이 비교에 대해 조셉 H. 콘이 미국유대인선교회(American Board of Missions to the Jews)를 위해 수년 전에 쓴 논문의 도움을 받았다. 그 제목은 "What Every Christian Should Know about the Jews" 시리즈 안의 "The Man from Petra," No. 65이다(1961년에 개정됨, 원래 출판일이 없음).

주제 색인

Subject Index

가

나

다

마

바

아

자

차

1~9

A~Z

성구 색인

Scripture Index

출

레

고전

고후

갈

엡

빌

살전

딤전

딤후

히

새로운 시작 (창세기 2)

저자 : 제임스 몽고메리 보이스

발행처 : 솔라피데출판사

전화 : (031)992-8692 / 팩스 : (031)955-4433

공급처 : 미스바출판유통

전화 : (031)992-8691 / 팩스 : (031)955-4433

값 25,000원